회계사 · 세무사 · 경영지도사 합격을 위한

해커스 경영아카데미
합격 시스템

해커스 경영아카데미 인강

취약 부분 즉시 해결!
교수님께 질문하기
게시판 운영

무제한 수강 가능+
PC 및 모바일
다운로드 무료

온라인 메모장+
필수 학습자료
제공

* 인강 시스템 중 무제한 수강, PC 및 모바일 다운로드 무료 혜택은 일부 종합반/패스/환급반 상품에 한함

해커스 경영아카데미 학원

쾌적한 환경에서 학습 가능!
개인 좌석 독서실
제공

철저한 관리 시스템
미니 퀴즈+출석체크
진행

복습인강 무제한 수강+
PC 및 모바일
다운로드 무료

* 학원 시스템은 모집 시기별로 변경 가능성 있음

회계사 · 세무사 · 경영지도사 단번에 합격! **해커스 경영아카데미 cpa.Hackers.com**

공인회계사·세무사 1, 2차 시험 대비

해커스
允원가관리회계

ㄇㄷ 해커스 경영아카데미

▎이 책의 저자

엄윤

학력
홍익대학교 경영대학원 세무학 석사
서울벤처대학원대학교 경영학 박사수료

자격증
한국공인회계사, 세무사

경력
현 | 해커스 경영아카데미 교수
전 | 나무회계사무소 대표
　　세무회계사무소 윤 대표
　　안세회계법인
　　하나금융경영연구소
　　웅지세무대학 조교수
　　한국사이버대학 겸임교수
　　목원대학교 겸임교수
　　아이파경영아카데미 회계학 교수
　　한성학원 회계학 교수
　　삼일인포마인 칼럼니스트
　　조세일보 칼럼니스트

저서
해커스 允원가관리회계
해커스 객관식 允원가관리회계
해커스 允원가관리회계 1차 기출문제집
해커스 세무사 允원가관리회계 2차 핵심문제집
해커스 세무사 允원가관리회계연습
중소기업회계기준

머리말

지난 수년간의 원가·관리회계 관련 자격시험의 문제 유형 및 출제범위를 살펴보면 문제가 대형화되었고, 원가·관리회계의 전반적인 흐름을 묻는 문제들이 다수 출제되었다. 따라서 기존의 주제별 문제풀이 접근방법으로는 최신 출제경향에 효율적으로 대처하기 어렵다. 저자는 이러한 점을 해소하기 위하여 원가·관리회계의 기본지식을 바탕으로 하고, 전체적인 흐름을 파악하면서 응용력을 키울 수 있도록 본서를 저술하였다.

본서의 목적은 원가·관리회계를 처음 접하더라도 비교적 짧은 시간에 원가·관리회계 전체 내용을 일관된 흐름으로 이해하여 이론을 정리하고 실전문제풀이 능력을 향상시키는 데에 있다. 원가·관리회계의 이론과 연습문제를 체계적으로 수록하여, 공인회계사·세무사 자격시험을 준비하는 수험생들이 체계적으로 이론을 숙지하고 실전능력을 배양할 수 있도록 하였다. 또한, 저자의 실무 경험을 본서의 주제별 내용과 적절히 접목하여, 원가 관련 부서 실무자들로 하여금 실제 현장에서 응용하는 데 지침이 될 거라 생각한다.

본서의 특징은 다음과 같다.

1. 논리적인 일관성으로 원가·관리회계 전체 흐름을 이해할 수 있다.
   본서는 총 17장으로 구성되어 있으며, 독자들로 하여금 원가관리회계 전체 흐름을 이해할 수 있도록 각 장의 순서를 논리적인 일관성을 유지하며 배열하였다.

2. 도식화와 그림을 활용하여 직관적으로 이해할 수 있다.
   복잡한 내용은 상세한 설명과 함께 도식화와 그림을 추가하여, 해당 내용을 직관적으로 이해할 수 있도록 구성하였다.

3. 문제풀이에 필요한 단서를 제공할 수 있도록 상세한 해설을 제시하였다.
   예제의 풀이에 자료 정리와 더불어 상세한 해설을 제시하여, 문제해석과 문제에 필요한 단서를 찾는 능력을 배양할 수 있도록 하였다.

4. 고급 내용을 포함한 보론을 수록하였다.
   원가관리회계 수험범위에서 약간 벗어날 수 있는 내용과 좀 더 복잡한 사례를 보론에서 확인할 수 있도록 하였다.

5. 전략적 원가관리를 체계적으로 이해할 수 있다.
   최근 계속해서 출제되는 전략적 원가관리 분야를 대비하기 위해서 관련 이론과 문제들을 수록하여, 문제를 통하여 최신 이론들을 체계적으로 이해할 수 있도록 하였다.

지난 수년간 원가·관리회계를 강의하면서, 수험생들에게 기본적인 논리와 본질에 대한 이해에 중점을 두고 성실하게 학습하여 실력을 배양하는 것이 중요함을 강조하였다. 원가·관리회계는 기본 이론의 확실한 이해를 바탕으로 문제 응용력을 향상시킨다면 좋은 결과를 얻을 수 있는 과목이라고 확신한다.

출간하기까지 여러 가지 어려운 여건에서도 원고의 교정과 책의 완성을 위해 노력해주신 해커스 경영아카데미 임직원 여러분의 노고에 감사의 뜻을 전한다. 그리고 필자에게 한결같이 믿고 아낌없는 성원을 보내주는 가족과 지인들에게도 감사의 마음을 전하고 싶다.

엄윤

목차

목차

제1장

원가회계의 기초개념

1. 서론
2. 원가의 개념과 분류

1 서론

01 의의

변화하는 새로운 환경에서 적응하면서 성공적인 경영활동과 미래에 대한 계획을 수립하기 위해서는 의사결정을 위한 여러 가지 정보가 필요하다. 회계는 정보이용자들로 하여금 보다 합리적인 의사결정을 할 수 있도록 충분한 정보를 제공하는 데 목적이 있다.

02 재무회계와 관리회계

회계는 정보를 제공하는 기업과 그 정보를 이용하는 이용자집단의 관계를 기준으로 하여 재무회계와 관리회계의 영역으로 구분된다.

1. 재무회계

재무회계(financial accounting)는 기업의 외부이해관계자인 투자자 및 채권자 등 정보이용자들의 경제적 의사결정에 유용한 정보를 제공하는 것으로 일반적으로 인정된 회계원칙에 의한 재무제표 작성을 목적으로 하고 있다. 이러한 재무제표는 주관적인 해석이나 특정 집단의 편익에 영향을 받아서는 안 되며 서로 다른 이해관계자가 해석해도 동일한 결과를 얻을 수 있도록 객관적이며 신뢰성을 가져야 한다.

2. 관리회계

관리회계(managerial accounting)는 경영자 등 기업 내부의 정보이용자들을 위한 회계로서 관리목적을 효율적으로 달성할 수 있는 정보를 제공하는 것을 말한다. 이러한 관리회계는 재무제표 작성을 목적으로 하는 재무회계와는 달리 경영계획의 수립, 경영통제 및 기타 경영의사결정을 위하여 회계정보를 수집·정리·해석하여 해당 경영자에게 제공하는 것으로 어떠한 규제에 의해서 강제되는 것이 아니므로 목적적합하고 미래지향적이어야 한다.

재무회계와 관리회계 비교

구분	재무회계	관리회계
목적	외부정보이용자에게 유용한 정보 제공	내부정보이용자에게 유용한 정보 제공
정보의 범위	범위가 넓고 전체적	범위가 좁고 특수
정보유형	과거정보	미래정보
준거기준	일반적으로 인정된 회계원칙	준거기준이 없음
보고서	재무제표(일반목적보고서)	특수목적보고서
정보의 질적특성	신뢰성	목적적합성

03 원가관리회계

1. 원가회계의 역할

원가회계(cost accounting)란 제조업에서 제품원가를 계산하는 것을 말하며 원가계산의 결과는 손익계산서의 매출원가와 재무상태표의 재고자산을 결정하는 재무회계 영역과 경영자의 효율적인 경영관리를 위하여 예산편성, 성과평가 및 경영의사결정을 위한 원가정보를 제공하는 관리회계 영역을 모두 가지고 있다. 따라서, 원가회계는 다음의 그림처럼 내용적인 측면으로 재무회계와, 활용적인 측면으로 관리회계와 밀접한 관계를 가지고 있다.

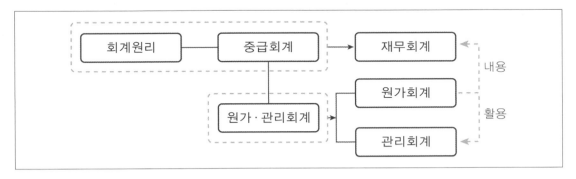

2. 원가관리회계의 목적

외부이해관계자와 내부이해관계자에 대한 정보제공이라는 본질적인 목표로 인하여 원가관리회계는 다음과 같이 재무회계와 관리회계 두 가지 목적을 동시에 가지고 있다.

- 재무제표 작성을 위한 제조원가의 집계·산출
- 의사결정과 성과평가에 필요한 정보제공

원가회계는 원가자료의 집계 및 측정을 강조하고 관리회계는 기업의 계획, 의사결정 및 성과평가에 필요한 정보를 강조하여 서로 역할을 구분하지만 오늘날에 있어서는 관리회계를 위해서는 원가정보가 필요하고 원가계산에 있어서도 관리적 기법에 반영되어 원가회계와 관리회계의 구분은 의미가 없다고 할 수 있다.

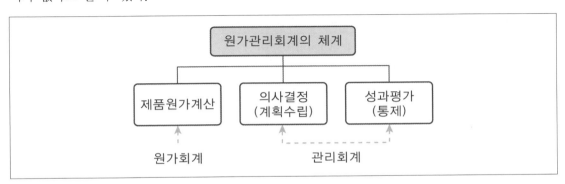

2 원가의 개념과 분류

01 의의

기업의 경영활동과정에서 특정 재화나 용역을 얻기 위하여 희생된 자원을 화폐로 표시한 것을 원가(cost)라 한다. 또한, 원가는 미소멸원가와 소멸원가로 구분하는데, 미소멸원가는 미래 현금창출능력이 기대되는 것으로 재무상태표에 자산으로 표시하며 소멸원가는 해당 기간의 수익창출에 기여하고 더 이상 미래 경제적 효익을 창출할 수 없으므로 해당 기간에 비용(expense)으로 처리한다. 반면에 수익창출에 기여하지 못한 채 소멸되는 원가를 손실(loss)이라 한다.

원가(cost)와 비용(expense)

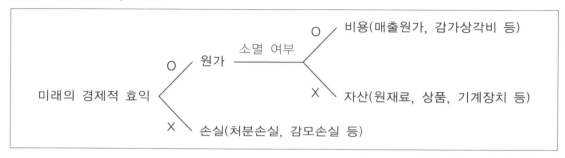

02 원가의 분류

원가는 원가담당자의 목적에 따라 여러 유형으로 분류할 수 있으며 이를 "상이한 목적에 따른 상이한 원가(different costs for different purposes)"라 한다.
특정 목적에 따라 각각 적합한 원가정보를 제공하기 위해서는 해당 목적에 필요한 원가자료를 결정해야 하며 원가를 측정하는 방법도 제품원가계산과 의사결정 및 성과평가의 내용에 따라 달라져 그에 적합한 원가자료를 사용해야 한다.

원가의 분류기준	원가의 분류	관련 분야
기능상 분류	제조원가(Manufacturing Cost), 비제조원가(Non-manufacturing Cost)	제조원가의 흐름
추적가능성 분류	직접원가(Direct Cost), 간접원가(Indirect Cost)	개별원가계산
원가행태상 분류	변동원가(Variable Cost), 고정원가(Fixed Cost), 준변동원가(Semi-variable Cost), 준고정원가(Semi-fixed Cost)	표준원가계산, 변동원가계산, 원가함수의 추정, CVP분석

의사결정관련성 분류	관련원가(Relevant Cost), 비관련원가(Irrelevant Cost)	관련원가분석
통제가능성 분류	통제가능원가(Controllable Cost), 통제불능원가(Uncontrollable Cost)	책임회계제도
경영활동상 분류	연구개발원가, 디자인원가, 생산원가, 마케팅원가, 유통원가, 고객서비스원가	제품수명주기원가계산, 목표원가계산, 카이젠원가계산, 가치사슬, 활동기준경영 등

1. 기능상 분류

기업의 주요활동은 제조활동과 비제조활동인 판매관리활동으로 구분할 수 있어 총원가를 제조원가와 비제조원가로 구분할 수 있다.

(1) 제조원가(manufacturing cost)

제품을 생산하는 과정에서 소요되는 모든 원가를 말하며 재료원가, 노무원가 및 제조경비로 구분한다.

> - 재료원가(material cost): 제품을 생산하는 데 필요한 원재료 사용분을 말한다. 재료구입량 중 소비된 부분이 재료원가이며 소비되지 않은 재고는 차기로 이월된다.
> - 노무원가(labor cost): 제품을 생산하는 데 필요한 노동력에 지출된 금액으로 급여·상여·기타 수당 및 퇴직급여가 포함된다.
> - 제조경비(manufacturing expense): 제품을 생산하는 데 필요한 지출 중 재료원가와 노무원가를 제외한 나머지 생산요소를 말한다.

(2) 비제조원가(non-manufacturing cost)

기업의 제조활동과 직접적인 관련 없는 판매활동 및 기타 일반관리활동에서 발생하는 원가로 판매비와 일반관리비로 구성되어 있다.

> - 판매비(marketing cost): 고객으로부터 주문을 받아 제품을 제공하는 데 소요되는 비용을 말한다.
> - 일반관리비(administrative cost): 기업조직을 운영하고 유지하기 위해서 소요되는 비용을 말한다.

2. 추적가능성 분류

어떤 원가가 실질적 또는 경제적으로 특정 대상과 직접적인 관련이 있을 때 이를 "추적가능하다." 라고 하며 추적가능성 여부에 따라 직접원가와 간접원가로 구분한다.

(1) 직접원가(direct cost)

특정 대상에 실질적 또는 경제적으로 직접 대응시킬 수 있는 원가로서 직접재료원가, 직접노무원가 및 직접경비 등이 있다.

(2) 간접원가(indirect cost)

특정 대상에 실질적 또는 경제적으로 직접 대응시킬 수 없는 원가로서 간접재료원가, 간접노무원가 및 기타 간접경비 등이 있다. 이를 합하여 제조간접원가(manufacturing overhead cost)라 한다.

3. 원가행태상 분류

원가행태(cost behavior)란 조업도 수준의 변화에 따른 총원가의 변동양상을 말하며 변동원가, 고정원가, 준변동원가 및 준고정원가로 구분한다. 조업도란 기업의 생산활동의 이용정도를 말하는 것으로 투입량 기준 조업도는 직접노동시간, 기계시간 등이 있으며 산출량 기준 조업도는 생산량, 판매량 등이 있다.

(1) 변동원가(variable cost)

조업도 수준이 변화함에 따라 원가총액이 직접적으로 변동하는 원가로서 조업이 중단되면 발생하지 않는 원가를 말한다. 직접재료원가, 직접노무원가, 변동제조간접원가 및 변동판매관리비가 이에 해당한다.

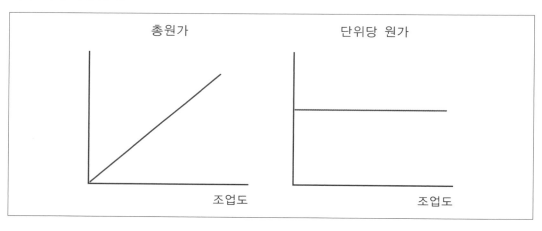

(2) 고정원가(fixed cost)

조업도 수준에 관계없이 원가총액이 항상 일정하게 발생하는 원가를 말한다. 따라서 조업도 수준이 증가하면 원가총액은 변함이 없지만 단위당 고정원가는 점차 감소한다. 고정제조간접원가와 고정판매관리비가 이에 해당한다. 또한, 고정원가는 관리자의 통제가능 여부에 따라 기초고정원가와 임의고정원가로 구분할 수 있다.

- 기초고정원가(committed fixed cost): 현재의 조업도 수준을 유지하기 위하여 필요한 고정원가로서 감가상각비, 재산세, 보험료, 임차료 등이 있다.
- 임의고정원가(discretionary fixed cost): 조업도 수준과는 무관하게 경영자의 의사결정에 따라 탄력적으로 운용될 수 있는 고정원가로서 연구개발비 및 광고비 등이 있다.

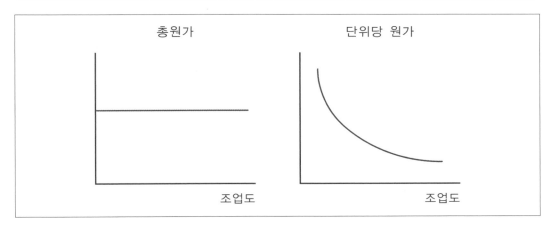

(3) 준변동원가(semi-variable cost, 또는 혼합원가, mixed cost)

변동원가와 고정원가를 혼합한 원가로서 조업도 수준이 영(0)일 때에도 일정 금액이 지출되며 조업도 수준이 증가함에 따라 추가적인 지출이 발생하는 것을 말한다. 기본요금이 있는 수도료, 전화요금 등 제조간접원가, 판매관리비가 이에 해당한다.

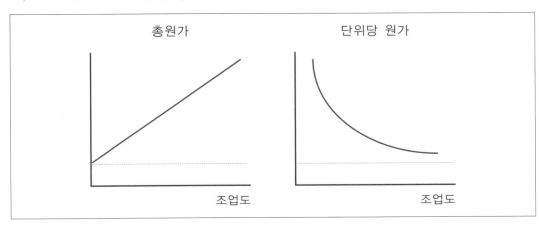

(4) 준고정원가(semi-fixed cost, 또는 계단원가, step cost)

특정 조업도 수준에서는 일정한 금액으로 고정되어 있으나 조업도 수준을 벗어나면 금액이 증감하는 원가를 말한다. 준고정원가의 발생원인은 일정 범위 내에서는 금액을 나눌 수 없는 생산투입요소의 불가분성(indivisibility) 때문이며 설비투자비용 및 공장감독자 급여 등이 이에 해당한다.

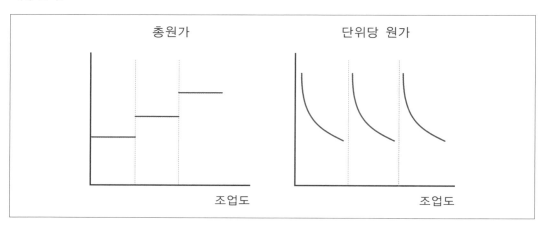

4. 의사결정관련성 분류

효율적인 의사결정을 위해서는 특정 의사결정과 관련이 있는 원가를 분석해야 한다.

(1) 관련원가(relevant cost)

여러 대체안 사이에 차이가 있는 미래 지출원가로 특정 의사결정에 있어 고려대상인 원가를 말한다.

> • 차액원가(differential cost): 서로 다른 대체안의 총원가 차액을 말한다.
> • 증분원가(incremental cost): 특정안을 다른 대체안과 비교할 때 증감되는 원가를 말한다.
> • 회피가능원가(avoidable cost): 조업도 수준이 감소하거나 경영자의 의사결정에 의해 특정 원가의 발생을 회피할 수 있는 원가를 말한다.
> • 기회원가(opportunity cost): 보유하고 있는 자원을 현재의 용도가 아닌 차선의 용도로 사용했더라면 얻을 수 있었던 최대금액을 말한다.

(2) 비관련원가(irrelevant cost)

여러 대체안 사이에 차이가 없는 원가로 특정 의사결정에 있어 고려대상이 아닌 원가를 말한다.

> • 매몰원가(sunk cost): 과거의 의사결정의 결과로 인하여 이미 지출된 원가로 더 이상 통제할 수 없고 대체안 간 차이가 발생하지 않으므로 의사결정에 고려할 필요가 없는 원가를 말한다.
> • 회피불능원가(unavoidable cost): 조업도 수준이 감소하거나 경영자의 의사결정에 의해 특정 원가의 발생을 회피할 수 없는 원가를 말한다.

5. 통제가능성 분류

경영자의 통제가능성에 따라 통제가능원가와 통제불능원가로 구분할 수 있으며 특정 관리자를 평가할 때 해당 관리자가 통제할 수 있는 원가와 통제할 수 없는 원가를 명확하게 구분해야 한다.

(1) 통제가능원가(controllable cost)

경영자가 직접적으로 영향을 미칠 수 있는 원가로 해당 경영자가 관리하는 부문에서 직접 발생하는 변동원가이다.

(2) 통제불능원가(uncontrollable cost)

경영자가 직접적으로 영향을 미칠 수 없는 원가로 해당 경영자가 관리하는 부문에서 이미 지출된 고정원가 또는 다른 부문에서 발생하는 원가이다.

6. 경영활동상 분류

원가는 경영활동에 따라 연구개발원가, 디자인원가, 생산원가, 마케팅원가, 유통원가, 고객서비스원가로 구분할 수 있다. 이와 같이 구분된 원가는 원가정보의 이용목적에 따라 다양하게 활용될 수 있다. 이를 제품수명주기원가(product life cycle costing)라 한다.

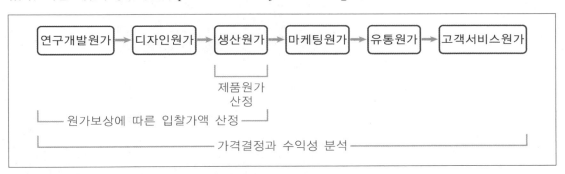

회계사 · 세무사 · 경영지도사 단번에 합격!
해커스 경영아카데미
cpa.Hackers.com

제2장

제조원가의 흐름

1 서론

01 의의

기업은 제조활동 여부에 따라 상기업과 제조업으로 구분할 수 있다. 상기업의 주요경영활동은 판매가능한 상품을 매입하여 판매하는 것이며 제조업은 판매가능한 제품을 만들어 판매하는 것으로 생산이라는 과정이 필요하며 이러한 과정에서 투입되는 자원을 제조원가라 한다.

1. 제조원가

제조원가(manufacturing costs)란 제품을 생산하기 위하여 희생된 자원을 말하며 재료원가, 노무원가 및 제조경비로 구성되어 있다. 또한, 제조원가는 재고자산의 형태로 존재하며 판매시점에 매출원가로 소멸되어 재고가능원가(inventoriable costs)라 한다.

> **핵심 Check** 기간원가[또는 기간비용, period costs]
>
> 재고가능원가와는 달리 발생시점에 비용으로 처리하는 것을 기간비용이라 하며 대표적인 기간비용은 판매비와 일반관리비이다.

(1) 재료원가

제품생산에 사용할 목적으로 구입한 원재료 중 당해 제조과정에 투입된 사용분을 의미하며 주재료원가, 부재료원가, 연료비 등이 있다. 이 중 특정 제품과 직접 관련되어 소비된 것을 직접재료원가라 하고 여러 제품에 공통으로 소비된 것을 간접재료원가라 한다.

(2) 노무원가

제품생산에 소비된 노동력의 가치를 의미하며 임금, 잡급, 수당, 퇴직급여 및 복리후생비 등이 있다. 이 중 특정 제품과 직접 관련되어 발생한 것을 직접노무원가라 하고 여러 제품에 공통으로 발생한 것을 간접노무원가라 한다.

(3) 제조경비

재료원가와 노무원가 이외의 제품생산에 소비된 자원을 의미하며 전력비, 운반비, 수선비, 보험료, 감가상각비 등이 있다.

2. 추적가능성에 의한 구분

원가는 여러 가지 목적에 따라 다르게 분류되며 원가계산에 있어 가장 기본적인 분류방법은 추적가능성이다. 즉, 특정 제품에 직접 추적할 수 있는 원가를 직접원가라 하며 그렇지 못한 원가를 간접원가라 한다. 직접원가의 비중이 크거나 간접원가배분이 정확할수록 원가계산의 정확도는 높아진다. 앞에서 살펴본 제조원가는 다음과 같이 추적가능성에 따라 구분할 수 있다.

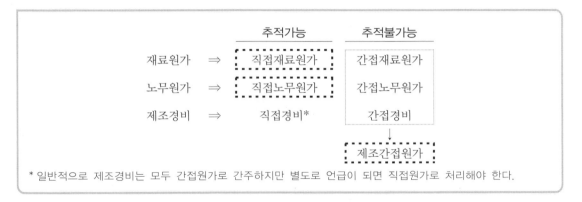

이 중 직접경비는 특정 제품에 직접 추적할 수 있는 재료원가와 노무원가 이외의 경비로 특정 제품에 소비되는 시험검사비, 외주가공비, 설비의 감가상각비 등을 말한다. 그러나, 일반적인 제조원가의 분류방법에서 제조경비는 모두 간접원가로 처리하여 제조원가는 추적가능성에 따라 직접재료원가(DM, direct material costs), 직접노무원가(DL, direct labor costs), 및 제조간접원가(OH, factory overhead costs)로 구분할 수 있다. 또한, 직접재료원가와 직접노무원가를 합하여 기초원가(또는 기본원가, prime costs)라 하고 직접노무원가와 제조간접원가를 합하여 가공원가(또는 전환원가, conversion costs)라 한다.

총원가 구성요소

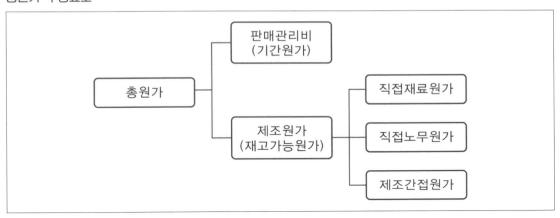

제조원가의 3분류법과 2분류법

> **예제 1: 제조원가 구분**
>
> (주)한국의 원가발생액은 다음과 같다.
>
> | | 개별제품에 대한 추적가능성 | |
> |---|---|---|
> | | 추적가능 | 추적불가능 |
> | 재료원가 | ₩50,000 | ₩40,000 |
> | 노무원가 | 15,000 | 50,000 |
> | 기타 제조경비 | – | 90,000 |
>
> **요구사항**
>
> 위의 자료를 이용하여 기초원가와 가공원가를 구하시오.
>
> **풀이**
>
> 1. 기초원가
>   직접재료원가(₩50,000) + 직접노무원가(₩15,000) = ₩65,000
> 2. 가공원가
>   직접노무원가(₩15,000) + 제조간접원가(₩40,000 + ₩50,000 + ₩90,000) = ₩195,000

02 제조원가 구성요소

1. 재료원가

직접재료원가는 특정 제품에 직접 추적할 수 있는 원재료 사용분으로 제품별로 구분할 수 있는 주요 재료를 말한다. 즉, 가구점에서 특정 가구에 사용되는 목재 등 금액이 크거나 중요한 재료를 의미하며 공통으로 사용하는 못, 접착제 등 금액이 적고 제품별로 구분할 수 없는 재료는 간접재료원가로서 제조간접원가로 처리한다.

(1) 재료원가 사용분

원재료를 전량 사용하지 않고 일부가 재고로 남아 있다면 구입물량과 사용물량이 다르고 재료원가는 원재료 사용분을 말한다.

> 재료원가 = 기초원재료 + 당기매입액 − 기말원재료

(2) 회계처리

직접재료원가는 재공품에 대체하고 간접재료원가는 제조간접원가에 대체한다.

원재료				
기초	×××	직접재료원가	×××	⇒ 재공품
		간접재료원가	×××	⇒ 제조간접원가
매입	×××	기말	×××	
	×××		×××	

[원재료 구입]

(차)	원재료	×××	(대)	매입채무(또는 현금)	×××

[재공품 대체]

(차)	재공품(직접재료원가)	×××	(대)	원재료	×××
	제조간접원가(간접재료원가)	×××			

예제 2: 재료원가 회계처리

(주)한국의 기초원재료재고액은 ₩30,000이며, 당기에 외상으로 구입한 원재료매입액은 ₩150,000이다. 기말원재료재고액은 ₩20,000이었으며 당기에 사용한 원재료 중 간접재료원가는 ₩40,000이었다.

기말 수정전시산표

원재료	₩180,000*	

* 수정전시산표상의 원재료 잔액은 기초원재료재고액에 당기원재료매입액을 가산한 금액이다.

요구사항

원재료와 관련된 일련의 회계처리와 각 계정별원장에 해당 금액을 나타내시오.

풀이

1. 원재료 구입

(차) 원재료	150,000	(대) 매입채무	150,000

2. 기말수정분개(원가계산분개)

(차) 재공품	120,000*²	(대) 원재료	160,000*¹
제조간접원가	40,000*³		

*1 ₩30,000 + ₩150,000 − ₩20,000 = ₩160,000
*2 직접재료원가
*3 간접재료원가

3. 계정별원장

원재료

기초	₩30,000	재공품(직접재료원가)	₩120,000
		제조간접원가(간접재료원가)	40,000
매입채무	150,000	기말	20,000
	₩180,000		₩180,000

재공품

직접재료원가	₩120,000	

제조간접원가

간접재료원가	₩40,000	

2. 노무원가

직접노무원가는 특정 제품에 직접 추적할 수 있는 생산직 직원의 급여로 제품별로 구분할 수 있는 노무원가를 말한다. 즉, 자동차 제조라인 직원의 급여 등을 의미하며 구매부문, 설계부문, 생산관리부문 등 지원부문 직원의 급여, 감독자급여 등은 간접노무원가로서 제조간접원가로 처리한다.

(1) 노무원가 발생분

실제 지급한 금액뿐만 아니라 기말 현재 미지급분, 기말 선급액 및 소득세 공제분까지 포함한 금액을 말한다.

> 노무원가 = 현금지급액 + 미지급액 증가분 − 선급액 증가분 + 소득세 공제분

(2) 회계처리

직접노무원가는 재공품에 대체하고 간접노무원가는 제조간접원가에 대체한다.

```
                              노무원가
      발생          ×××    직접노무원가      ×××  ⇒ 재공품
                            간접노무원가      ×××  ⇒ 제조간접원가
                    ×××                      ×××
```

[노무원가 발생]

| (차) | 노무원가 | ××× | (대) | 미지급급여(또는 현금) | ××× |

[재공품 대체]

| (차) | 재공품(직접노무원가) | ××× | (대) | 노무원가 | ××× |
| | 제조간접원가(간접노무원가) | ××× | | | |

예제 3: 노무원가 회계처리

(주)한국은 당기에 ₩120,000의 노무원가를 지급하였으며, 기말 현재 미지급노무원가는 ₩30,000이다. 또한, 노무원가 지출액 중 ₩20,000은 간접노무원가이다.

기말 수정전시산표

| 노무원가 | ₩120,000 | |

요구사항

노무원가와 관련된 일련의 회계처리와 각 계정별원장에 해당 금액을 나타내시오.

> **풀이**

1. 노무원가 지급

(차) 노무원가	120,000	(대) 현금	120,000

2. 기말수정분개(원가계산분개)

   (1) 미지급노무원가

(차) 노무원가	30,000	(대) 미지급노무원가	30,000

   (2) 원가계산분개

(차) 재공품	130,000[*2]	(대) 노무원가	150,000[*1]
제조간접원가	20,000[*3]		

   [*1] ₩30,000 + ₩120,000 = ₩150,000
   [*2] 직접노무원가
   [*3] 간접노무원가

3. 계정별원장

노무원가

현금	₩120,000	재공품(직접노무원가)	₩130,000
미지급노무원가	30,000	제조간접원가(간접노무원가)	20,000
	₩150,000		₩150,000

재공품		**제조간접원가**	
직접노무원가	₩130,000	간접노무원가	₩20,000

3. 제조간접원가

직접재료원가, 직접노무원가를 제외한 나머지 제조원가를 말하며 간접재료원가, 간접노무원가, 기계감가상각비, 소모품비, 전기료, 수도료 등을 의미한다. 또한, 비제조원가인 판매관리비와 구분해야 한다.

제조간접원가와 판매관리비 비교

제조간접원가	판매관리비
생산직관리자 급여	판매원 급여
공장사무실 운영비	판매부서 및 본사 운영비
공장 소모품비	판매부서 및 본사 소모품비
공장 수도광열비	판매부서 및 본사 수도광열비
기계장치 및 공장 건물 감가상각비	판매부서 및 본사 건물 감가상각비
간접재료원가, 간접노무원가	–

(1) 제조간접원가 통제계정

제조간접원가는 그 구성항목이 다양하여 제조간접원가 통제계정에 먼저 집계한 후 집계된 전체 제조간접원가를 재공품에 대체한다.

(2) 회계처리

각 항목별 원가를 먼저 제조간접원가 통제계정에 대체하고 전체 제조간접원가를 재공품에 대체한다.

제조간접원가 통제계정			
감가상각비	×××	제조간접원가	××× ⇒ 재공품
임차료	×××		
보험료	×××		
	⋮		
	×××		×××

[항목별 발생]

(차)	감가상각비	×××	(대)	감가상각누계액	×××
	임차료	×××		미지급비용(또는 현금)	×××
	보험료 등	×××		미지급비용(또는 현금)	×××

[제조간접원가 통제계정 대체]

(차)	제조간접원가	×××	(대)	감가상각비	×××
				임차료	×××
				보험료 등	×××

[재공품 대체]

(차)	재공품	×××	(대)	제조간접원가	×××

예제 4: 제조간접원가 회계처리

다음은 (주)한국의 기말 수정전시산표와 기말수정사항의 일부이다.

기말 수정전시산표

기계장치	₩2,000,000	감가상각누계액 – 기계장치	₩600,000
건물	1,500,000	감가상각누계액 – 건물	500,000
동력비	35,000		
복리후생비	50,000		

[기말수정사항]

1. 당기 감가상각비 산출내역은 다음과 같다.
   기계장치   ₩30,000
   건물   150,000(이 중 1/3은 공장분임)
2. 동력비는 기계장치 관련하여 발생하였다.
3. 복리후생비 중 1/2은 공장분이다.
4. 간접재료원가와 간접노무원가는 각각 ₩40,000, ₩20,000이다.

요구사항

제조간접원가와 관련된 일련의 회계처리와 각 계정별원장에 해당 금액을 나타내시오.

> **[풀이]**

1. 동력비와 복리후생비 발생

(차) 동력비	35,000	(대) 현금(미지급비용)	85,000
복리후생비	50,000		

2. 기말수정분개

(1) 감가상각비

(차) 감가상각비 – 기계장치	30,000	(대) 감가상각누계액 – 기계장치	30,000
감가상각비 – 건물	150,000	감가상각누계액 – 건물	150,000

(2) 원가계산분개

① 제조간접원가집계

(차) 제조간접원가	200,000	(대) 간접재료원가	40,000
		간접노무원가	20,000
		동력비	35,000
		복리후생비	25,000
		감가상각비 – 기계장치	30,000
		감가상각비 – 건물	50,000*

$$ * \ ₩150,000 \times \frac{1}{3} = ₩50,000 $$

② 재공품 대체

(차) 재공품	200,000	(대) 제조간접원가	200,000

3. 계정별원장

제조간접원가

간접재료원가	₩40,000	재공품	₩200,000
간접노무원가	20,000		
동력비	35,000		
복리후생비	25,000		
감가상각비 – 기계장치	30,000		
감가상각비 – 건물	50,000		
	₩200,000		₩200,000

재공품

직접재료원가	×××
직접노무원가	×××
제조간접원가	₩200,000

03 현금주의와 발생주의

1. 의의

제조원가는 실제 지급한 금액뿐만 아니라 미지급분과 선급분을 고려한 발생주의금액이다. 따라서, 현금지출금액이 제시된 경우 발생주의금액으로 전환해야 한다.

2. 방법

제시된 현금지출금액을 모두 당기 발생금액으로 처리하고 현금지출과 관련 없는 비용을 가산하고 비용과 관련 없는 현금지출을 차감한다.

(1) 현금지출과 관련 없는 비용

현금은 지출되지 않았지만 비용이 증가하는 상황으로 미지급비용이 증가하거나 선급비용이 감소하는 경우를 말한다.

[미지급비용 증가]

(차)	비용	×××	(대)	미지급비용	×××

[선급비용 감소]

(차)	비용	×××	(대)	선급비용	×××

(2) 비용과 관련 없는 현금지출

현금은 지출되었으나 비용이 아닌 상황으로 미지급비용이 감소하거나 선급비용이 증가하는 경우를 말한다.

[미지급비용 감소]

(차)	미지급비용	×××	(대)	현금	×××

[선급비용 증가]

(차)	선급비용	×××	(대)	현금	×××

예제 5: 현금주의와 발생주의

(주)한국의 지난 1월 중에 발생한 제조원가는 다음과 같다.

재료원가: 재료원가 중 간접재료원가는 ₩70,000이다.

월초 재고	₩10,000
당월 매입	₩1,390,000
월말 재고	₩30,000

노무원가: 노무원가 중 간접노무원가는 ₩100,000이다.

전월 말 미지급노무원가	₩100,000
당월 현금지급	₩2,300,000
당월 말 미지급노무원가	₩300,000

기타 제조경비: 직접경비는 없다.

전월 말 미지급비용	₩400,000
당월 현금지급	₩1,500,000
당월 말 미지급비용	–
당월 말 선급비용	₩100,000

요구사항

위 자료를 참고하여 직접재료원가, 직접노무원가 및 제조간접원가를 각각 구하시오.

[풀이]

1. 직접재료원가

원재료			
월초	₩10,000	직접재료원가	₩1,300,000
		간접재료원가	70,000 → 제조간접원가
매입	1,390,000	월말	30,000
	₩1,400,000		₩1,400,000

당월 재료원가 사용금액 ₩1,370,000 중 간접재료원가 ₩70,000은 제조간접원가에 가산하므로 직접재료원가는 ₩1,300,000이다.

2. 직접노무원가

(1) 미지급노무원가

미지급노무원가			
감소	–	월초	₩100,000
월말	₩300,000	증가	200,000[*1]
	₩300,000		₩300,000

*1 현금이 지출되지 않은 미지급노무원가 증가분 ₩200,000을 당월 발생금액에 가산한다.

(차) 노무원가　　　　　　200,000　　　(대) 미지급노무원가　　　　　200,000

(2) 직접노무원가

노무원가			
현금지급	₩2,300,000	직접노무원가	₩2,400,000
미지급노무원가	200,000	간접노무원가	100,000 → 제조간접원가
	₩2,500,000		₩2,500,000

당월 노무원가 ₩2,500,000 중 간접노무원가 ₩100,000은 제조간접원가에 가산하므로 직접노무원가는 ₩2,400,000이다.

3. 제조간접원가

(1) 미지급비용

	미지급비용		
감소	₩400,000[*2]	월초	₩400,000
월말	–	증가	–
	₩400,000		₩400,000

*2 현금은 지출되었으나 당월 비용과 관련 없는 미지급비용 감소분 ₩400,000은 당월 발생금액 계산과정에서 차감한다.

　　(차) 미지급비용　　　　　400,000　　　(대) 현금　　　　　400,000

(2) 선급비용

	선급비용		
월초	–	감소	–
증가	₩100,000[*3]	월말	₩100,000
	₩100,000		₩100,000

*3 현금은 지출되었으나 당월 비용이 아닌 선급비용 증가분 ₩100,000은 당월 발생금액 계산과정에서 차감한다.

　　(차) 선급비용　　　　　100,000　　　(대) 현금　　　　　100,000

(3) 제조간접원가

	제조간접원가		
기타 제조경비 발생금액	₩1,000,000[*4]	제조간접원가	₩1,170,000
간접재료원가	70,000		
간접노무원가	100,000		
	₩1,170,000		₩1,170,000

*4 기타 제조경비 발생금액
　　현금지급금액 – 미지급비용 감소 – 선급비용 증가
　　= ₩1,500,000 – ₩400,000 – ₩100,000 = ₩1,000,000

당월 제조간접원가는 기타 제조경비 발생금액 ₩1,000,000에 간접재료원가 ₩70,000과 간접노무원가 ₩100,000을 합한 ₩1,170,000이다.

2 제조원가흐름

01 의의

제조과정을 살펴보면 원재료를 구입한 후 사용분은 제조공정에 투입되고 미사용분은 원재료재고로 재무상태표에 기록된다. 또한, 노무원가와 제조간접원가를 추가로 투입하여 미완성품은 재공품재고로 재무상태표에 기록되며 최종 완성된 제품은 일부는 판매되어 손익계산서 매출원가로 기록되고 남은 제품재고는 재무상태표에 기록된다.

제조원가와 재무제표

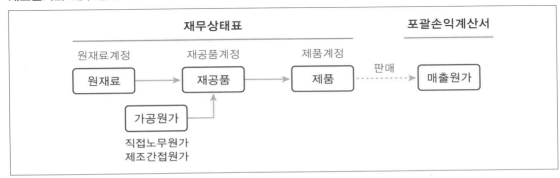

따라서, 제조업은 원재료재고, 재공품재고 및 제품재고를 기록해야 할 원재료계정, 재공품계정 및 제품계정이 필요하며 재료원가, 노무원가 및 제조경비는 재공품계정으로 대체한 후 제품이 완성되면 재공품계정에서 제품계정으로 대체한다. 그리고 판매한 제품원가를 제품계정에서 매출원가로 대체한다.

- 원재료계정: 회사가 보유하고 있는 원재료를 기록하는 자산계정이다.
- 재공품계정: 제조과정에 투입된 제조원가를 기록하는 자산계정이다.
- 제품계정: 제조과정이 완료되어 판매할 수 있는 제품을 기록하는 자산계정이다.

02 제조원가흐름의 주요 개념

제조원가흐름에서 나타나는 중요한 개념으로 당기총제조원가와 당기제품제조원가가 있다.

1. 당기총제조원가

당기총제조원가(total manufacturing cost)란 당기의 제조과정에 투입된 모든 제조원가로서 직접재료원가, 직접노무원가 및 제조간접원가의 합계금액을 말한다. 단, 기초재공품원가는 포함하지 않는다.

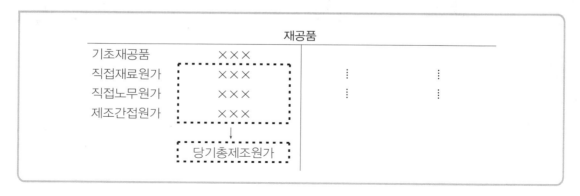

2. 당기제품제조원가

당기제품제조원가(cost of goods manufactured)란 당기에 완성된 제품의 제조원가로서 기초재공품에서 당기총제조원가를 더한 금액에서 기말재공품을 차감하여 계산한다.

당기제품제조원가 = 기초재공품 + 당기총제조원가 − 기말재공품

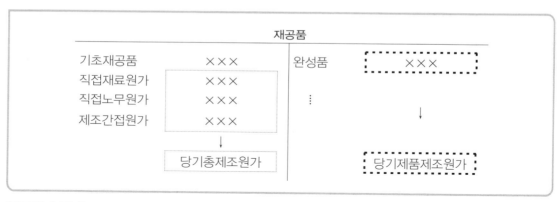

[제조원가 집계]

(차)	재공품(당기총제조원가)	×××	(대)	직접재료원가	×××
				직접노무원가	×××
				제조간접원가	×××

[제품 대체]

(차)	제품(당기제품제조원가)	×××	(대)	재공품	×××

상기업과 제조업의 손익계산서 비교

상기업			제조업		
매출		×××	매출		×××
매출원가		(×××)	매출원가		(×××)
기초상품	×××		기초제품	×××	
당기매입	×××		당기제품제조원가*	×××	
기말상품	(×××)		기말제품	(×××)	
매출총이익		×××	매출총이익		×××

* 상기업에서 당기매입과 동일한 의미를 가진다.

예제 6: 당기총제조원가와 당기제품제조원가

(주)한국은 20×1년 초에 영업을 시작하였으며, 20×1년과 20×2년에 발생한 제조원가는 다음과 같다.

	20×1년	20×2년
기초재공품	–	₩150,000
직접재료원가	₩100,000	120,000
직접노무원가	150,000	130,000
제조간접원가	250,000	200,000
기말재공품	150,000	180,000

요구사항

20×1년과 20×2년의 당기총제조원가와 당기제품제조원가를 구하시오.

[풀이]

1. 20×1년
   (1) 당기총제조원가
       직접재료원가(₩100,000) + 직접노무원가(₩150,000) + 제조간접원가(₩250,000) = ₩500,000
   (2) 당기제품제조원가
       기초재공품(₩0) + 당기총제조원가(₩500,000) - 기말재공품(₩150,000) = ₩350,000
2. 20×2년
   (1) 당기총제조원가
       직접재료원가(₩120,000) + 직접노무원가(₩130,000) + 제조간접원가(₩200,000) = ₩450,000
   (2) 당기제품제조원가
       기초재공품(₩150,000) + 당기총제조원가(₩450,000) - 기말재공품(₩180,000) = ₩420,000

20×1년				20×2년			
기초	–	완성	₩350,000	기초	₩150,000	완성	₩420,000
DM	₩100,000			DM	120,000		
DL	150,000			DL	130,000		
OH	250,000	기말	150,000	OH	200,000	기말	180,000
	₩500,000		₩500,000		₩600,000		₩600,000

3. 매출원가

매출원가(cost of sales)란 당기에 판매한 제품의 원가를 의미하는 것으로 기초제품에서 당기제품제조원가를 더한 금액에서 기말제품을 차감하여 계산한다.

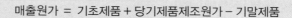

매출원가 = 기초제품 + 당기제품제조원가 – 기말제품

[제품 대체]

(차)	제품(당기제품제조원가)	×××	(대)	재공품	×××

[제품 판매] ① 또는 ②

① (차) 매출원가 ××× (대) 제품 ×××

② (차) 매출원가 ××× (대) 기초제품 ×××
　　　 매출원가 ××× 　　　당기제품제조원가 ×××
　　　 기말제품 ××× 　　　매출원가 ×××

원가계산 절차

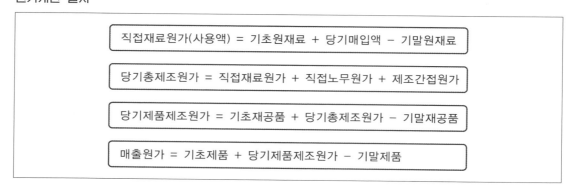

직접재료원가(사용액) = 기초원재료 + 당기매입액 – 기말원재료

당기총제조원가 = 직접재료원가 + 직접노무원가 + 제조간접원가

당기제품제조원가 = 기초재공품 + 당기총제조원가 – 기말재공품

매출원가 = 기초제품 + 당기제품제조원가 – 기말제품

제조원가흐름(T-계정)

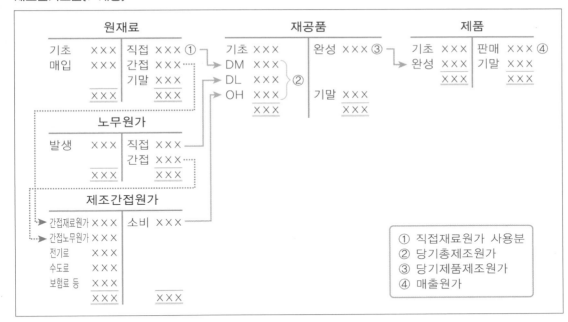

① 직접재료원가 사용분
② 당기총제조원가
③ 당기제품제조원가
④ 매출원가

제조원가의 흐름

제2장

해커스 允원가관리회계

예제 7: 매출원가

(주)한국의 당해연도에 발생한 제조원가와 기초 및 기말재고자산은 다음과 같다.

	기초		기말
재공품	₩150,000		₩180,000
제품	150,000		170,000
직접재료원가		₩120,000	
직접노무원가		130,000	
제조간접원가		200,000	

요구사항

당해연도 매출원가를 구하시오.

[풀이]

1. 당기총제조원가

   직접재료원가(₩120,000) + 직접노무원가(₩130,000) + 제조간접원가(₩200,000) = ₩450,000

2. 당기제품제조원가

   기초재공품(₩150,000) + 당기총제조원가(₩450,000) − 기말재공품(₩180,000) = ₩420,000

3. 매출원가

기초제품(₩150,000) + 당기제품제조원가(₩420,000) − 기말제품(₩170,000) = ₩400,000

재공품				제품			
기초	₩150,000	완성	₩420,000	기초	₩150,000	판매	₩400,000
DM	120,000						
DL	130,000						
OH	200,000	기말	180,000	완성	420,000	기말	170,000
	₩600,000		₩600,000		₩570,000		₩570,000

03 제조원가명세서

일정 기간 동안 발생한 재료원가, 노무원가 및 제조경비 등 그 내역을 상세히 기록하여 완성된 제품의 원가인 당기제품제조원가를 나타내기 위하여 작성된 명세서이다.

제조원가명세서		
Ⅰ　재료원가		×××
기초원재료재고액	×××	
당기원재료매입액	×××	
기말원재료재고액	(×××)	
Ⅱ　노무원가		×××
기본급	×××	
제수당 등	×××	
Ⅲ　제조경비		×××
감가상각비	×××	
동력비	×××	
보험료	×××	
수선유지비 등	×××	
Ⅳ　당기총제조원가		×××
Ⅴ　기초재공품재고액		×××
합계		×××
Ⅵ　기말재공품재고액		(×××)
Ⅶ　당기제품제조원가		×××

예제 8: 제조원가명세서

(주)한국의 당해연도에 발생한 제조원가와 기초 및 기말재고자산은 다음과 같다.

	기초	기말
원재료	₩20,000	₩30,000
재공품	50,000	60,000
제품	150,000	170,000
당기재료매입액	₩100,000	
직접노무원가	80,000	
제조간접원가	120,000	

요구사항

당해연도 제조원가명세서를 작성하시오.

[풀이]

원재료				재공품			
기초	₩20,000	사용	₩90,000	기초	₩50,000	완성	₩280,000
				DM	90,000		
				DL	80,000		
매입	100,000	기말	30,000	OH	120,000	기말	60,000
	₩120,000		₩120,000		₩340,000		₩340,000

제품			
기초	₩150,000	판매	₩260,000
완성	280,000	기말	170,000
	₩430,000		₩430,000

제조원가명세서

I	직접재료원가		₩90,000
	기초재료재고액	₩20,000	
	당기재료매입액	100,000	
	기말재료재고액	(30,000)	
II	직접노무원가		80,000
III	제조간접원가		120,000
IV	당기총제조원가		₩290,000
V	기초재공품재고액		50,000
	합계		₩340,000
VI	기말재공품재고액		(60,000)
VII	당기제품제조원가		₩280,000

3 원가계산제도

01 의의

제조업은 재무제표 작성과 기타 관리목적에 유용한 정보를 도출하기 위하여 제조과정에서의 원가흐름을 분석하고 완성품과 재공품의 원가를 계산해야 한다. 이러한 절차를 원가계산이라 한다. 즉, 제품원가계산의 본질은 기초재공품과 당기에 총투입된 제조원가를 더한 금액을 완성품과 재공품으로 배분하는 과정이다.

재공품 T-계정

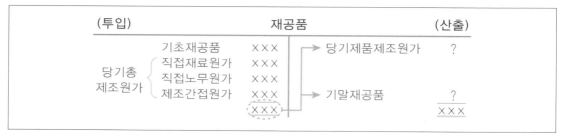

02 종류

원가계산은 다음과 같은 여러 관점에서 분류할 수 있으며 이를 원가계산제도라 한다.

- 제품의 생산방식
- 원가의 실제성(속성)
- 제품원가의 구성요소

1. 제품의 생산방식

제품을 생산하는 활동의 성격에 따라 개별원가계산(job-order cost system)과 종합원가계산 (process cost system)으로 구분할 수 있다.

구분	생산형태	관련 산업의 예	비고
개별원가계산 (job-order cost system)	다품종 소량 주문생산	조선업, 건설업 및 기계제조업 등	제3장
종합원가계산 (process cost system)	소품종(단일) 대량 연속생산	화학공업, 식품가공업 및 제지업 등	제5장

2. 원가의 실제성(속성)

실제자료를 이용한 원가계산을 실제원가계산 또는 사후원가계산이라 하고 예측자료를 이용한 원가계산을 사전원가계산이라 한다. 사전원가계산은 원가요소의 일부 또는 전부를 사전에 예측한 자료를 이용하여 원가계산을 진행하며 대표적인 사전원가계산으로 정상원가계산과 표준원가계산이 있다.

구분	직접재료원가	직접노무원가	제조간접원가	비고
실제원가계산 (actual cost system)	실제원가	실제원가	실제원가	제3장, 제4장 제5장, 제6장
정상원가계산 (normal cost system) 또는 예정원가계산 (pre-determined cost system)	실제원가	실제원가	정상(예정)원가	제7장
표준원가계산 (standard cost system)	표준원가	표준원가	표준원가	

3. 제품원가의 구성요소

제조원가는 재료원가, 노무원가 및 제조경비가 있으며 이 중 제품원가에 포함하는 항목에 따라 전부원가계산, 변동원가계산 및 초변동원가계산으로 구분할 수 있다.

구분	제조원가				비제조원가 (판매관리비)
	직접 재료원가	직접 노무원가	변동 제조간접원가	고정 제조간접원가	
전부원가계산 (full cost system) 또는 흡수원가계산 (absorption cost system)	제품원가	제품원가	제품원가	제품원가	기간비용
변동원가계산 (variable cost system)	제품원가	제품원가	제품원가	기간비용	기간비용
초변동원가계산 (super-variable cost system)	제품원가	기간비용	기간비용	기간비용	기간비용

원가계산제도는 생산방식, 실제성(속성) 및 제품원가의 구성요소로 분류할 수 있으며 모두 상호조합이 가능하다. 그러나, 생산방식, 실제성(속성) 및 제품원가의 구성요소의 특징을 개별적으로 살펴보기 위해 먼저 실제성과 제품원가의 구성요소는 각각 실제원가계산과 전부원가계산을 가정한 후 생산방식의 특징을 살펴본 다음 순차적으로 살펴보기로 한다.

생산방식		실제성(속성)		구성요소
개별원가계산		실제원가계산		전부원가계산
종합원가계산	→	정상원가계산	→	변동원가계산
그 밖의 원가계산		표준원가계산		초변동원가계산

4 원가배분

01 의의

원가배분(cost allocation)이란 일정한 배부기준에 따라 공통으로 발생한 원가를 각 원가집적대상에 합리적으로 대응시키는 과정이다.

핵심 Check 원가집적대상(cost object)

> 제품, 활동 및 조직 등 원가를 부담할 수 있는 대상을 의미한다.

원가배분

02 배분과정

원가대상에 대한 추적가능성에 따라 직접원가는 원가대상에 직접 부과하고 간접원가(공통원가)는 합리적인 배부기준에 따라 배분한다. 합리적인 배부기준의 지침은 다음과 같다.

- **인과관계기준**: 배분하고자 하는 원가의 발생과 원가대상 사이의 인과관계를 고려한다.
- **수혜기준**: 배분하고자 하는 원가를 원가대상에 제공된 경제적 효익에 따라 배분한다.
- **부담능력기준**: 원가를 부담할 수 있는 능력에 따라 배분한다.
- **증분원가기준**: 특정 원가대상에 직접 지출되는 원가는 배분하지 않고 직접 부과한다.
- **공정성과 공평성기준**: 원가배분은 공정하고 공평해야 한다.

위 지침 중에서 인과관계기준이 가장 이상적인 기준이다.

03 원가배분목적

원가배분은 여러 가지 목적으로 사용될 수 있으며 주요 목적은 다음과 같다.

- **외부보고목적**: 외부보고를 위한 재고자산가액의 결정이나 당기 성과를 측정하기 위한 이익을 산출하기 위하여 원가를 배분한다.
- **의사결정목적**: 합리적인 의사결정을 수행할 수 있는 정보를 획득하기 위하여 원가를 배분한다.
- **동기부여목적**: 직원이나 부문책임자에게 바람직한 동기를 부여하고 합리적인 보상을 위하여 원가를 배분한다.
- **계약금액결정**: 입찰가격이나 원가보상계약을 수행하기 위하여 원가를 배분한다.

제2장 | 객관식 문제

01 원가배부와 관련된 다음의 설명 중에서 올바른 것은? [세무사 01]

① 원가배부기준은 인과관계기준에 의해서만 설정해야 한다.

② 제조간접원가가 전체 제조원가에서 차지하는 비중이 증가할수록 단순한 원가배분기준을 설정해야 보다 정확한 원가계산을 할 수 있다.

③ 활동기준원가계산제도에서는 제품의 생산수량과 직접 관련이 없는 비단위기준원가동인(ununit based cost drivers)을 사용하지 않는다.

④ 제조간접원가의 배부가 정확하게 이루어질 수 없기 때문에 원가배부는 어떠한 경우에도 경제적 의사결정을 위한 정보를 제공하지 않는다.

⑤ 활동기준원가계산제도에서 원가배부기준으로 선택된 원가동인이 원가발생의 인과관계를 잘 반영하지 못하는 경우 제품원가계산이 왜곡될 가능성이 있다.

02 원가배부에 관한 설명 중 옳지 않은 것은?

① 원가배부의 기준은 가능한 한 인과관계를 충분히 반영하여야 한다.

② 분리점에서의 판매가치기준에 의한 결합원가배부는 부담능력기준에 근거한 배부방법이다.

③ 제조간접원가의 비중이 커질수록 좀 더 다양한 배부기준과 배부방법을 설정하여야 한다.

④ 보조부문의 배부에 있어서 단계배부법이 직접배부법보다 항상 더 합리적인 배부결과를 가져오는 것은 아니다.

⑤ 제품의 다양화는 더욱 더 단순화된 배부기준을 요구하고 있다.

03 다음은 대한상사의 20×1년 3월 중 원가자료이다.

	20×1년 3월 1일	20×1년 3월 31일
원재료	₩20,000	₩25,000
재공품	35,000	30,000
제품	100,000	110,000

대한상사의 20×1년 3월 중의 원재료매입액은 ₩125,000이고, 제조간접원가는 직접노무원가의 50%이었으며, 매출원가는 ₩340,000이었다. 대한상사의 20×1년 3월의 기본원가(prime costs)는 얼마인가?　　　　　　　　[세무사 07]

① ₩255,000　　　　　② ₩260,000　　　　　③ ₩265,000
④ ₩270,000　　　　　⑤ ₩275,000

04 (주)서울의 1월 중 발생한 비용과 월초 및 월말 재고자산 자료는 다음과 같다.

1월 중 발생비용		재고자산	1월 초	1월 말
직접노무원가	₩300	재공품재고	₩1,000	₩800
감가상각비-공장	50	직접재료재고	300	100
감가상각비-영업점포	50			
감가상각비-본부사옥	100			
공장감독자급여	100			
그 밖의 제조간접원가	200			

1월 중 직접재료의 매입은 발생하지 않았다. (주)서울의 1월달 당기제품제조원가는?

[회계사 01]

① ₩850　　　　　② ₩900　　　　　③ ₩1,050
④ ₩1,100　　　　　⑤ ₩1,200

05 20×1년 초 대규모의 자본을 투입하여 제조를 시작한 (주)제조는 20×1년 말 현재 판매실적이 부진하여 창고에는 완성품과 미완성품이 가득하다. 20×2년 6월에 (주)제조의 경영자는 모든 재고를 싼 값에 처분하고 공장을 폐쇄하였다. (주)제조의 20×2년 원가를 큰 순서대로 나타낸 것은 무엇인가?

① 매출원가, 당기제품제조원가, 당기총제조원가
② 매출원가만 높고, 당기제품제조원가와 당기총제조원가는 같다.
③ 매출원가, 당기총제조원가, 당기제품제조원가
④ 모든 금액이 같다.
⑤ 당기총제조원가, 당기제품제조원가, 매출원가

06 (주)경기는 원재료를 항상 외상으로 매입하고 있으며, 당기의 원재료에 관한 자료는 다음과 같다.

외상매입금 지급액	₩2,000
외상매입금계정의 감소	300
원재료계정의 감소	500

(주)경기의 당기 원재료 사용액은 얼마인가?

① ₩1,800 　　　② ₩2,100 　　　③ ₩2,300
④ ₩2,200 　　　⑤ ₩2,700

07 수원회사는 제품 A, B, C를 생산하고 있다. 제품 A의 제조와 관련한 다음의 자료를 토대로 당기에 발생한 제품 A의 직접재료원가는 얼마인가? [세무사 05]

당기총제조원가	₩6,000,000
당기제품제조원가	4,900,000

제조간접원가는 직접노무원가의 60%가 배부되었는데, 이는 당기총제조원가의 25%에 해당한다.

① ₩4,125,000 ② ₩2,000,000 ③ ₩4,500,000
④ ₩3,600,000 ⑤ ₩900,000

08 다음은 (주)한국의 20×1년 12월 31일 현재의 회계자료이다.

원재료매입액	₩75,000
노무원가 발생액	32,000
제조간접원가 발생액	18,000
원재료재고 증가액	10,000
재공품재고 감소액	15,000
제품재고 증가액	8,000

매출총이익률이 매출액의 20%라 할 때, 20×1년의 매출액은 얼마인가?

① ₩152,500 ② ₩160,500 ③ ₩145,750
④ ₩170,000 ⑤ ₩138,500

09 본사와 생산공장이 동일 건물에 소재하는 (주)대한의 3월 중 발생한 비용과 재고 자산 자료는 다음과 같다. 3월 중 직접재료매입액은 ₩1,200,000이며, 매출액은 ₩7,400,000이다.

〈3월 중 발생비용〉

직접노무원가	₩3,000,000
공장감독자급여	100,000
기타 제조간접원가	200,000
전기료(본사에 40%, 공장에 60% 배부)	200,000
감가상각비(본사에 20%, 공장에 80% 배부)	500,000
본사의 기타 판매관리비	400,000
합계	₩4,400,000

〈재고자산〉

	3월 초	3월 말
재공품재고	₩1,000,000	₩800,000
직접재료재고	300,000	100,000
제품재고	700,000	400,000

위의 자료를 토대로 (주)대한의 3월 1일부터 3월 31일까지의 영업이익을 구하면 얼마인가?

[세무사 09]

① ₩1,000,000　　　② ₩1,100,000　　　③ ₩1,280,000
④ ₩1,600,000　　　⑤ ₩1,680,000

10 다음은 (주)세무의 당기 및 전기 제조간접원가에 관련된 자료이다. 이 자료에 의할 때 (주)세무의 당기 제조간접원가 발생액은?

[세무사 19]

	당기 지급액	당기 말 잔액		전기 말 잔액	
		선급 비용	미지급 비용	미지급 비용	선급 비용
공장관리비	₩250,000	₩150,000	–	₩25,000	–
수도광열비	300,000	–	₩100,000	25,000	–
복리후생비	150,000	–	100,000	–	₩35,000

① ₩615,000　　　② ₩735,000　　　③ ₩765,000
④ ₩965,000　　　⑤ ₩1,065,000

11 (주)대한의 20×1년 재고자산과 관련된 자료는 다음과 같다.

구분	원재료	재공품	제품
기초금액	₩23,000	₩30,000	₩13,000
기말금액	12,000	45,000	28,000

20×1년 원재료 매입액은 ₩55,000이며, 가공원가는 ₩64,000이다. 이 경우 (주)대한의 20×1년 당기제품제조원가에서 매출원가를 차감한 금액은 얼마인가?

[회계사 21]

① ₩12,000　　　② ₩15,000　　　③ ₩23,000
④ ₩28,000　　　⑤ ₩30,000

12 (주)세무의 20×1년 1월의 재고자산 자료는 다음과 같다.

	직접재료	재공품	제품
20×1. 1. 1.	₩80,000	₩100,000	₩125,000
20×1. 1. 31.	60,000	75,000	80,000

20×1년 1월 중 직접재료의 매입액은 ₩960,000이고, 직접노무원가는 제조간접원가의 40%이다. 1월의 매출액은 ₩2,500,000이며, 매출총이익률은 16%이다. 20×1년 1월의 기본원가(prime costs)는? [세무사 22]

① ₩1,050,000   ② ₩1,160,000   ③ ₩1,280,000
④ ₩1,380,000   ⑤ ₩1,430,000

13 (주)대한은 의료장비를 생산하고 있으며, 20×1년 2월 원가 관련 자료는 다음과 같다.

- 재료 구입액은 ₩4,000, 재료 기말재고액은 ₩1,400이다.
- 노무원가는 공장에서 발생한 것이며, 노무원가의 80%는 생산직 종업원의 임금이다.
- 지급한 노무원가는 ₩3,700, 기초 미지급노무원가는 ₩200, 기말 미지급노무원가는 ₩500이다.
- 기본원가(기초원가, prime costs)는 ₩5,700이다.
- 제조경비는 ₩2,100이며, 전액 제조간접원가이다.

20×1년 2월 (주)대한의 제조간접원가는 얼마인가? (단, 기초재고자산은 없다) [회계사 22]

① ₩2,100   ② ₩2,200   ③ ₩2,800
④ ₩3,000   ⑤ ₩3,100

제2장 | 객관식 문제 정답 및 해설

01 ⑤ ① 원가배부기준은 인과관계기준뿐만 아니라 수혜기준, 부담능력기준, 공정성과 공평성기준, 증분원가기준 등이 있다.
② 제조간접원가가 전체 제조원가에서 차지하는 비중이 증가할수록 다양한 원가배분기준을 설정해야 보다 정확한 원가계산을 할 수 있다.
③ 활동기준원가계산제도에서는 제품의 생산수량과 직접 관련이 없는 비단위기준원가동인을 사용한다. 처리횟수, 소요시간 등이 이러한 예이다.
④ 제조간접원가의 배부가 정확하게 이루어진다면 경제적 의사결정을 위한 정보를 제공할 수 있다.

02 ⑤ 제품의 다양화로 인하여 더욱 더 복잡하고 세밀한 배부기준이 요구되고 있다. 활동기준원가계산은 이러한 문제점을 해결할 수 있는 원가계산방법 중 하나이다.

03 ④ (1) 직접재료원가
기초원재료(₩20,000) + 당기매입액(₩125,000) − 기말원재료(₩25,000) = ₩120,000
(2) 직접노무원가
① 당기제품제조원가: 매출원가(₩340,000) + 기말제품(₩110,000) − 기초제품(₩100,000) = ₩350,000
② 당기총제조원가: 당기제품제조원가(₩350,000) + 기말재공품(₩30,000) − 기초재공품(₩35,000) = ₩345,000
③ 직접노무원가 = x
당기총제조원가(₩345,000) − 직접재료원가(₩120,000) = $x + 0.5x$
그러므로, x는 ₩150,000이다.
(3) 기본원가: 직접재료원가(₩120,000) + 직접노무원가(₩150,000) = ₩270,000

04 ③

I	직접재료원가		₩200
	기초재료	₩300	
	당기재료	0	
	기말재고	(100)	
II	직접노무원가		300
III	제조간접원가		350
	감가상각비−공장	₩50	
	공장감독자급여	100	
	기타 제조간접원가	200	
IV	당기총제조원가		₩850
V	기초재공품재고액		1,000
VI	기말재공품재고액		(800)
VII	당기제품제조원가		₩1,050

05 ① (1) "당기제품제조원가 = 당기총제조원가 + 기초재공품 − 기말재공품"이므로,
"당기제품제조원가 > 당기총제조원가"이다.
(2) "매출원가 = 당기제품제조원가 + 기초제품 − 기말제품"이므로,
"매출원가 > 당기제품제조원가"이다.
∴ "매출원가 > 당기제품제조원가 > 당기총제조원가"

06 ④ ₩2,000 − ₩300 + ₩500 = ₩2,200

07 ② (1) 제조간접원가: ₩6,000,000 × 25% = ₩1,500,000
(2) 직접노무원가: ₩1,500,000 ÷ 0.6 = ₩2,500,000
(3) 직접재료원가: ₩6,000,000 − (₩2,500,000 + ₩1,500,000) = ₩2,000,000

08 ① (1) 직접재료원가: 당기매입액(₩75,000) − 재고 증가액(₩10,000) = ₩65,000
(2) 당기총제조원가: 직접재료원가(₩65,000) + 직접노무원가(₩32,000) + 제조간접원가
(₩18,000) = ₩115,000
(3) 당기제품제조원가: 당기총제조원가(₩115,000) + 재고 감소액(₩15,000) = ₩130,000
(4) 매출원가: 당기제품제조원가(₩130,000) − 재고 증가액(₩8,000) = ₩122,000
(5) 매출액: 매출원가(₩122,000) ÷ (1 − 20%) = ₩152,500

09 ② (1) 제조원가의 흐름
① 직접재료원가 투입액: ₩300,000 + ₩1,200,000 − ₩100,000 = ₩1,400,000
② 직접노무원가 투입액: ₩3,000,000
③ 제조간접원가 투입액

구분	제조간접원가	판매관리비	합계
공장감독자급여	₩100,000	−	₩100,000
기타 제조간접원가	200,000	−	200,000
전기료	120,000	₩80,000	200,000
감가상각비	400,000	100,000	500,000
본사의 기타 판매관리비	−	400,000	400,000
합계	₩820,000	₩580,000	₩1,400,000

그러므로, 제조간접원가 투입액은 ₩820,000이다.
④ 당기총제조원가
₩1,400,000 + ₩3,000,000 + ₩820,000 = ₩5,220,000
⑤ 당기제품제조원가
기초재공품(₩1,000,000) + 당기총제조원가(₩5,220,000) − 기말재공품(₩800,000)
= ₩5,420,000

(2) 포괄손익계산서

매출액		₩7,400,000
매출원가		(5,720,000)
기초제품	₩700,000	
(+) 당기제품제조원가	5,420,000	
(−) 기말제품	(400,000)	
매출총이익		₩1,680,000
판매관리비		(580,000)
영업이익		₩1,100,000

10 ② 1. 공장관리비: ₩250,000 − ₩150,000 − ₩25,000 = ₩75,000
　　 2. 수도광열비: ₩300,000 + ₩100,000 − ₩25,000 = ₩375,000
　　 3. 복리후생비: ₩150,000 + ₩100,000 + ₩35,000 = ₩285,000
　　 4. 당기 제조간접원가 발생액: ₩75,000 + ₩375,000 + ₩285,000 = ₩735,000

11 ② 1. 직접재료원가 투입금액

원재료

기초	₩23,000	사용	₩x
매입	55,000	기말	12,000
	₩78,000		₩78,000

　　　 직접재료원가 투입금액(x): ₩23,000 + ₩55,000 − ₩12,000 = ₩66,000

　　 2. 당기총제조원가 및 당기제품제조원가

재공품

기초	₩30,000	완성	₩y
재료원가	66,000		
가공원가	64,000	기말	45,000
	₩160,000		₩160,000

　　　 (1) 당기총제조원가
　　　　　 ₩66,000 + ₩64,000 = ₩130,000
　　　 (2) 당기제품제조원가(y)
　　　　　 ₩30,000 + ₩130,000 − ₩45,000 = ₩115,000

　　 3. 매출원가

제품

기초	₩13,000	판매	₩z
대체	115,000	기말	28,000
	₩128,000		₩128,000

　　　 매출원가(z): ₩13,000 + ₩115,000 − ₩28,000 = ₩100,000

　　 4. 당기제품제조원가(y)에서 매출원가(z)를 차감한 금액
　　　　 ₩115,000 − ₩100,000 = ₩15,000

12 ③   1. 직접재료원가: ₩980,000

직접재료

월초	₩80,000	판매	₩980,000
매입	960,000	월말	60,000
	₩1,040,000		₩1,040,000

  2. 당기제품제조원가: ₩2,055,000

제품

월초	₩125,000	판매	₩2,100,000*
대체	2,055,000	월말	80,000
	₩2,180,000		₩2,180,000

      * ₩2,500,000 × 84% = ₩2,100,000

  3. 직접노무원가: ₩300,000

     제조간접원가를 x, 직접노무원가를 $0.4x$라 한 후 정리하면 다음과 같다.

재공품

월초	₩100,000	완성	₩2,055,000
직접재료원가	980,000		
직접노무원가	$0.4x$		
제조간접원가	x	월말	75,000
	₩2,130,000		₩2,130,000

     ₩100,000 + ₩980,000 + $1.4x$ = ₩2,130,000

     → x = ₩750,000, $0.4x$ = ₩300,000

  4. 기본원가

     ₩980,000 + ₩300,000 = ₩1,280,000

13 ④   1. 간접노무원가

     노무원가 × (1 − 80%) = (₩3,700 + ₩500 − ₩200) × (1 − 80%) = ₩800

  2. 직접재료원가

     기본원가 − 직접노무원가 = ₩5,700 − (₩3,700 + ₩500 − ₩200) × 80% = ₩2,500

  3. 간접재료원가

원재료

기초	−	사용	₩2,600
매입	₩4,000	기말	1,400
	₩4,000		₩4,000

     → 간접재료원가: ₩2,600 − ₩2,500 = ₩100

  4. 제조간접원가

     ₩2,100 + ₩100 + ₩800 = ₩3,000

제2장 | 주관식 문제

문제 01 재고자산 추정

(주)한국은 지난 6월 30일 화재로 인하여 모든 재고자산이 소실되었다. 회사책임자는 화재로 인한 손실을 추정하기 위하여 다음과 같은 자료를 수집하였다.

〈자료 1〉재고자산

구분	1월 1일	6월 30일
원재료	₩15,000	?
재공품	18,000	?
제품	23,000	?

〈자료 2〉당기발생원가
  기초원가: ₩400,000
  가공원가: ₩450,000

〈자료 3〉기타 자료

원재료 구입액	₩150,000	매출액	₩500,000
공장 보험료	20,000	본사 사무용품비	15,000
공장 수선비	15,000	영업부 임차료	115,000
공장 전력비	17,000	영업부 복리후생비	56,000
공장 감가상각비	70,000	영업부 차량유지비	42,000

화재 직전 6월 30일 현재 당기총판매가능제품은 ₩450,000이며 매출총이익률은 30%이다.

요구사항

[물음 1] 화재로 인하여 소실된 기말제품가액을 구하시오.

[물음 2] 화재로 인하여 소실된 기말재공품가액을 구하시오.

[물음 3] 화재로 인하여 소실된 기말원재료가액을 구하시오.

풀이

(1) 제조간접원가
  공장 보험료 + 공장 수선비 + 공장 전력비 + 공장 감가상각비
  = ₩20,000 + ₩15,000 + ₩17,000 + ₩70,000 = ₩122,000
(2) 직접노무원가
  가공원가 − 제조간접원가
  = ₩450,000 − ₩122,000 = ₩328,000
(3) 직접재료원가
  기초원가 − 직접노무원가
  = ₩400,000 − ₩328,000 = ₩72,000

[물음 1] 기말제품가액

제품

기초	₩23,000	판매	₩350,000*
입고	427,000	기말	?
	₩450,000		₩450,000

* ₩500,000 × (1 − 0.3) = ₩350,000
∴ ₩450,000 − ₩350,000 = ₩100,000

[물음 2] 기말재공품가액

재공품

기초	₩18,000	완성	₩427,000
직접재료원가	72,000		
직접노무원가	328,000		
제조간접원가	122,000	기말	?
	₩540,000		₩540,000

∴ ₩540,000 − ₩427,000 = ₩113,000

[물음 3] 기말원재료가액

원재료

기초	₩15,000	사용	₩72,000
매입	150,000	기말	?
	₩165,000		₩165,000

∴ ₩165,000 − ₩72,000 = ₩93,000

(주)한국의 20×1년 회계자료는 다음과 같다. 아래의 자료를 이용하여 물음에 답하시오.

〈자료 1〉 재고현황

구분	기초	기말
원재료	₩9,000	₩9,500
재공품	7,000	8,000
제품	11,000	9,500

〈자료 2〉 추가자료

당기 원재료 사용액	₩19,300
당기 제조간접원가 발생원가	16,700
당기 총제조원가	58,400
당기 총판매가능제품원가	68,400

요구사항

[물음 1]　당기에 구입한 총원재료금액을 구하시오.

[물음 2]　당기 발생한 직접노무원가를 구하시오.

풀이

[물음 1] 총원재료금액

원재료

기초	₩9,000	사용	₩19,300
매입	?	기말	9,500
	₩28,800		₩28,800

∴ ₩28,800 − ₩9,000 = ₩19,800

[물음 2] 직접노무원가

(1) 당기제품제조원가

제품

기초	₩11,000	판매	₩58,900*
입고	?	기말	9,500
	₩68,400		₩68,400

* ₩68,400 − ₩9,500 = ₩58,900

∴ ₩68,400 − ₩11,000 = ₩57,400

(2) 직접노무원가

재공품

기초	₩7,000	완성	₩57,400
직접재료원가	19,300		
직접노무원가	x		
제조간접원가	16,700	기말	8,000
	₩65,400		₩65,400

∴ 직접노무원가(x) = ₩65,400 − ₩7,000 − ₩19,300 − ₩16,700 = ₩22,400

다음을 읽고 물음에 답하시오.

(주)한국은 부품 B를 주문받아 생산·판매하고 있다. 다음은 (주)한국의 20×1년 1월 중 부품 B의 생산·판매와 관련한 재공품계정의 자료이다.

기초재공품	₩120,000
당기투입원가	
직접재료원가	840,000
직접노무원가	500,000
당기제품제조원가	1,760,000

20×1년 1월 말 현재 유일한 미완성품으로 남아 있는 제조지시서 #117의 제조간접원가는 ₩24,000이다. 또한, (주)한국은 직접노무원가의 80%를 제조간접원가로 배부하고 있다.

요구사항

[물음 1]　20×1년 1월 말 (주)한국의 기말재공품의 직접재료원가는 얼마인지 구하시오.

[물음 2]　20×1년 1월 (주)한국의 제품계정에 기초 및 기말재고가 없다고 가정한다. 매출총이익률이 20%일 때 20×1년 1월 중 (주)한국의 매출액을 구하시오.

풀이

[물음 1] 기말재공품의 직접재료원가

재공품

기초	₩120,000	완성	₩1,760,000
직접재료원가	840,000		
직접노무원가	500,000		
제조간접원가	400,000*	기말	100,000
	₩1,860,000		₩1,860,000

* ₩500,000 × 80% = ₩400,000

(1) 당기총제조원가

 ₩840,000 + ₩500,000 + ₩500,000 × 80% = ₩1,740,000

(2) 기말재공품

 ₩120,000 + ₩1,740,000 − ₩1,760,000 = ₩100,000

∴ 기말재공품의 직접재료원가(DM)

 DM + ₩30,000 + ₩30,000 × 80% = ₩100,000

 DM = ₩46,000

[물음 2] 매출액

매출총이익률이 20%이므로 매출원가율은 80%이다.

∴ 매출액(S)

 S × 80% = ₩1,760,000이므로, S = ₩2,200,000이다.

(주)한국은 당해연도에 영업을 개시하였으며, 당해연도의 원가자료는 다음과 같다. 다음을 읽고 물음에 답하시오.

(1) 재고자산

구분	기초	기말
원재료	–	₩150,000
재공품	–	?
제품	–	?

(2) 당기발생원가

당기 원재료 구입액	₩800,000		
당기 노무원가 지급액	100,000	기말 미지급노무원가 잔액	₩30,000
		기말 선급노무원가 잔액	10,000
공장 리스료 지급액	120,000	기말 미지급리스료 잔액	10,000
공장 전력비 지급액	130,000	기말 미지급전력비 잔액	20,000
공장 보험료 지급액	125,000	기말 선급보험료 잔액	75,000
공장 건물 감가상각비	250,000		
본사 건물 감가상각비	80,000		
본사 관리부 급여 지급액	50,000	기말 미지급급여 잔액	70,000
		기말 선급급여 잔액	30,000
본사 판매부 급여 지급액	100,000	기말 미지급급여 잔액	50,000

(3) 기타 자료

당기총매출액은 ₩1,200,000이며 총판매가능제품은 ₩1,000,000이다.
회사는 매출총이익률을 30%로 추정하고 있다.

요구사항

[물음 1]　기말제품금액과 기말재공품금액을 구하시오.

[물음 2]　제조원가명세서를 작성하시오.

[물음 3]　당해연도 영업이익을 구하시오.

풀이

[물음 1] 기말제품금액 및 기말재공품금액

(1) 기말제품

<table>
<tr><td colspan="4" style="text-align:center">제품</td></tr>
<tr><td>기초</td><td>−</td><td>판매</td><td>₩840,000*1</td></tr>
<tr><td>입고</td><td>₩1,000,000</td><td>기말</td><td>?</td></tr>
<tr><td></td><td>₩1,000,000</td><td></td><td>₩1,000,000</td></tr>
</table>

*1 ₩1,200,000 × (1 − 0.3) = ₩840,000

∴ 기말제품은 ₩160,000이다.

(2) 기말재공품

<table>
<tr><td colspan="4" style="text-align:center">재공품</td></tr>
<tr><td>기초</td><td>−</td><td>완성</td><td>₩1,000,000</td></tr>
<tr><td>직접재료원가</td><td>₩650,000*2</td><td></td><td></td></tr>
<tr><td>직접노무원가</td><td>120,000*3</td><td></td><td></td></tr>
<tr><td>제조간접원가</td><td>580,000*4</td><td>기말</td><td>?</td></tr>
<tr><td></td><td>₩1,350,000</td><td></td><td>₩1,350,000</td></tr>
</table>

*2 ₩800,000 − ₩150,000 = ₩650,000
*3 현금지급액(₩100,000) + 미지급액(₩30,000) − 선급액(₩10,000) = ₩120,000
*4 리스료(₩120,000 + ₩10,000) + 전력비(₩130,000 + ₩20,000)
   + 보험료(₩125,000 − ₩75,000) + 감가상각비(₩250,000) = ₩580,000

∴ 기말재공품은 ₩350,000이다.

[물음 2] 제조원가명세서

<table>
<tr><td colspan="2" style="text-align:center">제조원가명세서</td></tr>
<tr><td>Ⅰ. 재료원가</td><td>₩650,000</td></tr>
<tr><td>Ⅱ. 노무원가</td><td>120,000</td></tr>
<tr><td>Ⅲ. 제조경비</td><td>580,000</td></tr>
<tr><td>Ⅳ. 당기총제조원가</td><td>₩1,350,000</td></tr>
<tr><td>Ⅴ. 기초재공품</td><td>−</td></tr>
<tr><td>합계</td><td>₩1,350,000</td></tr>
<tr><td>Ⅵ. 기말재공품</td><td>(350,000)</td></tr>
<tr><td>Ⅶ. 당기제품제조원가</td><td>₩1,000,000</td></tr>
</table>

[물음 3] 당해연도 영업이익

<table>
<tr><td colspan="2" style="text-align:center">포괄손익계산서</td></tr>
<tr><td>매출액</td><td>₩1,200,000</td></tr>
<tr><td>매출원가</td><td>(840,000)</td></tr>
<tr><td>매출총이익</td><td>₩360,000</td></tr>
<tr><td>판매관리비</td><td>(320,000)*</td></tr>
<tr><td>영업이익</td><td>₩40,000</td></tr>
</table>

* 감가상각비(₩80,000) + 관리부 급여(₩50,000 + ₩70,000 − ₩30,000)
   + 판매부 급여(₩100,000 + ₩50,000) = ₩320,000

제3장

개별원가계산

1 서론

01 의의

원가계산제도는 생산방식, 실제성(속성) 및 제품원가의 구성요소로 분류할 수 있으며 모두 상호조합이 가능하다. 그러나, 생산방식에 따라 달라지는 특징을 살펴보기 위해 실제성과 제품원가의 구성요소는 각각 실제원가계산과 전부원가계산을 가정하고 생산방식의 차이에 대해 먼저 살펴보기로 한다.

생산방식	실제성(속성)	구성요소
개별원가계산		
종합원가계산	실제원가계산	전부원가계산
그 밖의 원가계산		

개별원가계산이란 서로 다른 제품을 주문에 의하여 생산하는 업종에 적합한 원가계산제도로 건설업, 항공업, 선박업 등에서 주로 사용된다. 개별원가계산은 특정 작업별로 원가계산이 진행되어 작업이 완성된 제품과 미완성된 재공품으로 구분한다. 따라서, 작업별 원가계산(job order costing)이라고도 한다.

핵심 Check 작업(job)

> 투입된 재료원가나 노무원가를 구분할 수 있는 단위로 하나의 제품 또는 여러 제품의 묶음단위를 말한다.

02 제조원가의 구분

개별원가계산은 서로 다른 제품을 생산하기 때문에 제품별로 직접 대응(추적)할 수 있는 원가와 여러 제품에 공통으로 발생한 원가의 구분이 중요하며 재료원가, 노무원가, 제조경비를 추적가능성에 따라 구분하면 다음과 같다.

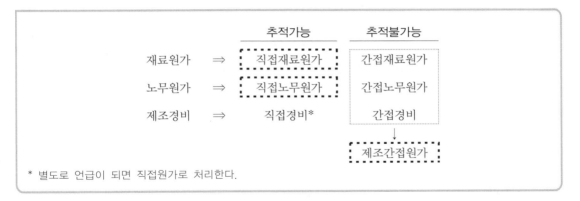

* 별도로 언급이 되면 직접원가로 처리한다.

따라서, 개별원가계산은 제조원가를 직접재료원가(DM, direct material costs), 직접노무원가 (DL, direct labor costs) 및 제조간접원가(OH, factory overhead costs)로 구분한다.

03 개별원가계산의 절차

제조원가를 직접원가와 간접원가로 구분한 후 직접원가는 해당 제품에 직접 대응할 수 있어 직접 부과하고 간접원가는 합리적인 기준을 설정하여 나누어 준다.

[1단계] 직접원가를 제품별로 부과한다.
직접재료원가와 직접노무원가는 작업별 직접 추적할 수 있는 원가로 발생시점에 해당 작업에 직접 부과할 수 있다.

[2단계] 간접원가를 적절하게 나누어 준다.
제조간접원가는 모든 작업에 공통으로 발생된 원가로 총원가를 집계한 후 일정 기준에 따라 나누어 준다. 이를 제조간접원가 배부(또는 배분)라 한다.

직접재료원가와 직접노무원가는 개별제품별로 직접 추적이 가능하여 직접 부과하고 제조간접원가 는 적절한 배부기준에 따라 다음과 같이 배분한다.

			유람선	유조선	화물선
DM	×××	⇒	×××	×××	×××
DL	×××	⇒	×××	×××	×××
OH	×××		?	?	?

04 작업원가표

제조지시서(production order)란 고객으로부터 주문을 받은 후 제조부문에 작업을 지시하기 위한 서류이다. 작업이 진행되면 작업별로 작업원가표(job-order sheet)가 작성되는데 이는 직접재료원가, 직접노무원가 및 제조간접원가로 구분하여 기재된다.

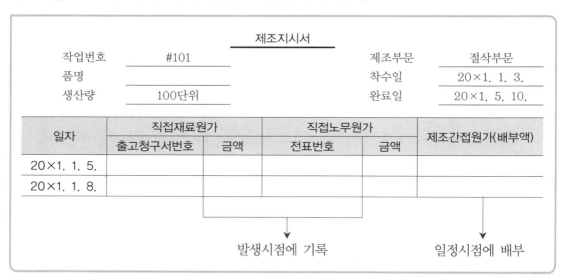

2 제조간접원가 배부절차

01 의의

원가계산의 목적은 작업별 원가를 정확하게 집계하는 데 있다. 직접원가는 작업별로 직접 대응할 수 있어 해당 작업에 정확하게 부과되지만 간접원가는 여러 작업에 배분하기 때문에 배분방법에 따라 배분금액이 달라져 작업별 원가는 달라질 수 있다. 즉, 원가계산의 정확도는 간접원가 배분에 달려있어 합리적인 배분기준을 설정하는 것이 매우 중요하다.

1. 제조간접원가 배부기준

제조간접원가를 적절하게 배부하기 위해서는 합리적인 배부기준을 선택하는 것이 중요하다.

(1) 배부기준 선택에 있어 고려할 사항

　① 제조간접원가의 발생과 높은 상관관계를 가져야 한다.

　② 쉽게 적용할 수 있어야 한다.

(2) 일반적으로 사용하는 배부기준

　① 시간기준: 직접노동시간, 기계시간 등

　② 금액기준: 직접재료원가, 직접노무원가, 매출액 등

2. 제조간접원가 배부율

제조간접원가 배부기준을 선택한 후 제조간접원가를 배부기준으로 나누어 배부율을 계산할 수 있다.

$$제조간접원가\ 배부율 = \frac{제조간접원가}{배부기준}$$

3. 제조간접원가 배부

제조간접원가 배부율을 계산한 후 작업별 배부기준 소비량에 곱하여 제조간접원가를 배부할 수 있다.

$$제조간접원가\ 배부 = 제조간접원가\ 배부율 \times 작업별\ 배부기준\ 소비량$$

(주)한국은 20×1년 초에 영업을 시작하였으며, 1월 중 제조지시서 #301, #302, #303을 착수하였고 1월 말 현재 #301, #302는 완성하였으나 #303은 작업 중에 있다. 세 가지 작업에 대한 제조원가 및 관련 자료는 다음과 같다.

	#301	#302	#303	합계
직접재료원가	₩20,000	₩30,000	₩50,000	₩100,000
직접노무원가	25,000	25,000	50,000	100,000
직접노동시간	120시간	80시간	200시간	
기계시간	150	250	100	

1월 중 발생한 제조간접원가는 ₩120,000이었다.

요구사항

❶ 다음의 배부기준에 따라 제조간접원가를 배부하여 작업별 제조원가를 구하시오.
　(1) 직접노무원가기준
　(2) 직접노동시간기준
　(3) 기계시간기준

❷ 제조간접원가를 **❶**의 (2) 직접노동시간기준으로 배부할 경우 1월의 당기제품제조원가와 기말재공품원가를 구하시오.

[풀이]

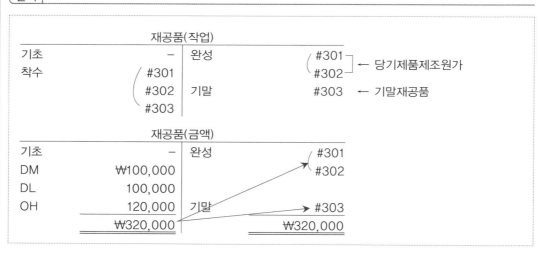

1

(1) 직접노무원가기준

	#301	#302	#303	합계
직접재료원가	₩20,000	₩30,000	₩50,000	₩100,000
직접노무원가	25,000	25,000	50,000	100,000
제조간접원가*1	30,000	30,000	60,000	120,000
합계	₩75,000	₩85,000	₩160,000	₩320,000

*1 #301 : #302 : #303 = ₩25,000 : ₩25,000 : ₩50,000
　　배부율 = ₩120,000 ÷ ₩100,000 = ₩1.2/직접노무원가

(2) 직접노동시간기준

	#301	#302	#303	합계
직접재료원가	₩20,000	₩30,000	₩50,000	₩100,000
직접노무원가	25,000	25,000	50,000	100,000
제조간접원가*2	36,000	24,000	60,000	120,000
합계	₩81,000	₩79,000	₩160,000	₩320,000

*2 #301 : #302 : #303 = 120시간 : 80시간 : 200시간
　　배부율 = ₩120,000 ÷ 400시간 = ₩300/직접노동시간

(3) 기계시간기준

	#301	#302	#303	합계
직접재료원가	₩20,000	₩30,000	₩50,000	₩100,000
직접노무원가	25,000	25,000	50,000	100,000
제조간접원가*3	36,000	60,000	24,000	120,000
합계	₩81,000	₩115,000	₩124,000	₩320,000

*3 #301 : #302 : #303 = 150시간 : 250시간 : 100시간
　　배부율 = ₩120,000 ÷ 500시간 = ₩240/기계시간

2

당기제품제조원가(당기 완성품): #301(₩81,000) + #302(₩79,000) = ₩160,000
기말재공품원가(당기 미완성품): #303 = ₩160,000

02 복수부문

제조부문(production department, 이하 '부문')이란 생산활동을 수행하는 제조과정으로 성형부문, 압연부문, 조립부문 등이 있다. 일반적인 제조과정은 둘 이상의 부문들이 유기적으로 연결되어 제품을 생산하게 된다. 또한, 각 부문들은 서로 다른 기능과 역할을 수행하고 제조간접원가의 발생항목도 달라 부문별 별도의 배부기준을 적용한다면 좀 더 정확한 배분이 가능해질 것이다. 따라서, 제조간접원가를 배부하는 방법은 전체 제조간접원가를 부문별로 구분하지 않고 하나의 배부기준으로 배부하는 방법과 제조부문별로 별도의 배부기준을 적용하여 각 부문별로 배부하는 방법으로 구분할 수 있다.

1. 공장 전체 배부

제조간접원가를 부문별로 구분하지 않고 전체 금액을 하나의 배부기준을 적용하여 배부하는 방법이다.

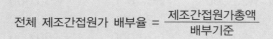

$$\text{전체 제조간접원가 배부율} = \frac{\text{제조간접원가총액}}{\text{배부기준}}$$

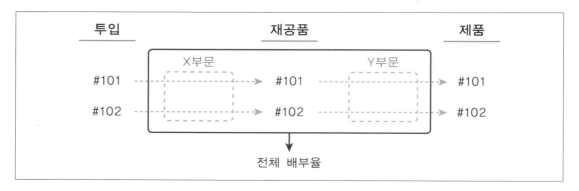

(1) 장점
계산이 단순하고 간편하다.

(2) 단점
부문별 성격을 고려하지 못하여 부정확한 배부가능성이 있다.

2. 부문별 배부

제조간접원가를 부문별로 구분하여 각 부문별 별도의 배부기준을 적용하여 배부하는 방법이다. 즉, 배부율은 부문별로 존재한다.

$$\text{부문별 제조간접원가 배부율} = \frac{\text{부문별 제조간접원가}}{\text{부문별 배부기준}}$$

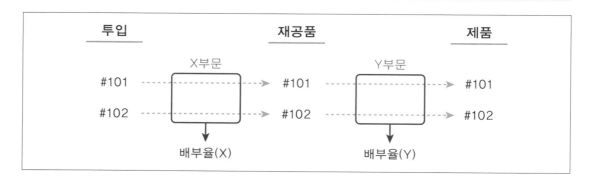

(1) 장점

부문별 성격을 고려하여 보다 합리적으로 배부할 수 있다.

(2) 단점

계산이 복잡하고 많은 시간이 요구된다.

예제 2: 제조간접원가 부문별 배부

(주)한국은 20×1년 초에 영업을 시작하였으며, 1월 중 제조지시서 #301, #302, #303을 착수하였고 1월 말 현재 #301, #302는 완성하였으나 #303은 작업 중에 있다. 공장에는 두 개의 제조부문인 X(절삭)부문과 Y(조립)부문이 있다. 세 가지 작업에 대한 제조원가 및 관련 자료는 다음과 같다.

	#301	#302	#303	합계
직접재료원가	₩20,000	₩30,000	₩50,000	₩100,000
직접노무원가	25,000	25,000	50,000	100,000
직접노동시간				
X부문	60시간	60시간	80시간	200시간
Y부문	60	70	120	250
기계시간				
X부문	90시간	100시간	10시간	200시간
Y부문	60	150	90	300

1월 중 발생한 제조간접원가는 X부문과 Y부문 각각 ₩30,000과 ₩90,000이었다.

요구사항

제조간접원가 배부 시 부문별 배부율을 사용하며, X부문은 직접노동시간, Y부문은 기계시간일 때 작업별 제조원가를 구하시오. 또한, 1월의 당기제품제조원가와 기말재공품원가를 구하시오.

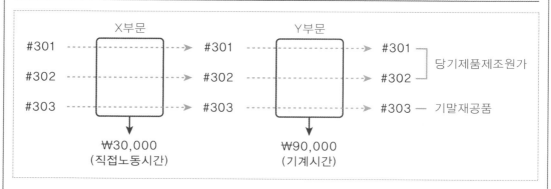

1. 작업별 제조원가

	#301	#302	#303	합계
직접재료원가	₩20,000	₩30,000	₩50,000	₩100,000
직접노무원가	25,000	25,000	50,000	100,000
제조간접원가				
X부문*1	9,000	9,000	12,000	30,000
Y부문*2	18,000	45,000	27,000	90,000
합계	₩72,000	₩109,000	₩139,000	₩320,000

*1 #301 : #302 : #303 = 60시간 : 60시간 : 80시간
  배부율 = ₩30,000 ÷ 200시간 = ₩150/직접노동시간
*2 #301 : #302 : #303 = 60시간 : 150시간 : 90시간
  배부율 = ₩90,000 ÷ 300시간 = ₩300/기계시간

2. 1월의 당기제품제조원가와 기말재공품원가
   (1) 당기제품제조원가(당기 완성품)
       #301(₩72,000) + #302(₩109,000) = ₩181,000
   (2) 기말재공품원가(당기 미완성품)
       #303 = ₩139,000

3 보조부문

01 의의

제조과정에는 원재료를 투입하여 최종제품으로 전환하는 데 직접적으로 필요한 제조부문(production department)과 효율적인 제조활동을 위하여 제조부문을 지원하는 부문으로 구성되어 있다. 이러한 부문을 보조부문(auxiliary department) 또는 서비스부문이라 하며 동력부문, 수선부문 및 공장사무부문 등이 이에 해당한다.

제조부문과 보조부문에서 발생한 원가는 모두 제품생산에 지출된 원가로서 궁극적으로 개별제품에 배부되어야 한다. 또한, 보조부문은 직접적인 제조활동을 하지 않고 제조부문을 지원하는 역할을 하기 때문에 개별제품과 직접적인 인과관계가 없다. 따라서, 보조부문의 원가는 제조부문에 먼저 배부한 후 해당 제조부문원가와 합하여 개별제품에 배부한다.

> **핵심 Check** 보조부문의 원가
>
> 보조부문에서는 직접적인 제조활동을 하지 않아 이론적으로 직접원가는 발생할 수 없어 특별한 언급이 없는 한 모두 제조간접원가로 간주한다.

보조부문의 제조간접원가 배부

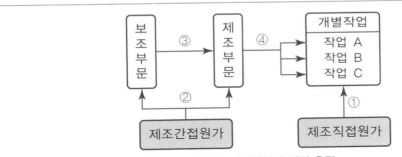

① 제조직접원가(직접재료원가, 직접노무원가)는 개별작업에 직접 추적
② 총제조간접원가를 제조부문과 보조부문에 배부*
③ 보조부문의 원가를 제조부문에 배부
④ 제조부문의 원가를 개별작업에 배부

* 만약 총제조간접원가를 제조부문과 보조부문을 구별하지 않고 전체 금액을 하나의 배부기준으로 개별작업에 배부한다면 공장 전체 제조간접원가 배부가 된다.

또한, 보조부문의 원가를 제조부문에 배부하는 경우에도 합리적인 배부기준을 선택해야 하며 다음과 같은 기준이 많이 사용된다.

보조부문	배부기준
수선유지부문	수선시간
건물관리부문	점유면적(m^2)
동력부문	전력사용량(kwh)
식당부문	종업원 수
창고부문	점유면적(m^2)
공장인사관리부문	종업원 수

예제 3: 제조간접원가의 부문별 집계

(주)한국은 두 개의 보조부문인 전력부문, 수선부문과 두 개의 제조부문인 절삭부문, 조립부문을 운영하고 있다.

(1) 공장에서 발생한 제조간접원가

구분	금액
복리후생비	₩24,000
통신비	26,000
보험료	30,000
임차료	20,000
감가상각비	50,000
	₩150,000

(2) 부문별 직접원가(부문개별원가)

구분	보조부문		제조부문		합계
	전력	수선	절삭	조립	
복리후생비	₩2,500	₩15,000	₩4,000	₩2,500	₩24,000
통신비	7,500	10,500	5,000	3,000	26,000

(3) 부문공통원가 배분기준

구분	배부기준	보조부문		제조부문		합계
		전력	수선	절삭	조립	
보험료	인원 수	20명	30명	40명	10명	100명
임차료	면적	100m^2	200m^2	100m^2	100m^2	500m^2
감가상각비	기계시간	20h	35h	20h	25h	100h

요구사항

전체 제조간접원가를 부문별로 집계하시오.

풀이

1. 부문개별원가는 각 부문에 직접 부과하고 부문공통원가는 항목별 배부기준에 따라 배분한다.
2. 부문공통원가 배분비율

구분	배부기준	보조부문		제조부문		합계
		전력	수선	절삭	조립	
보험료	인원 수	20%	30%	40%	10%	100%
임차료	면적	20	40	20	20	100
감가상각비	기계시간	20	35	20	25	100

3. 부문별 제조간접원가

구분		보조부문		제조부문		합계
		전력	수선	절삭	조립	
개별원가	복리후생비	₩2,500	₩15,000	₩4,000	₩2,500	₩24,000
	통신비	7,500	10,500	5,000	3,000	26,000
공통원가	보험료 ₩30,000×20% =	6,000	9,000	12,000	3,000	30,000
	임차료 ₩20,000×20% =	4,000	8,000	4,000	4,000	20,000
	감가상각비 ₩50,000×20% =	10,000	17,500	10,000	12,500	50,000
		₩30,000	₩60,000	₩35,000	₩25,000	₩150,000

02 보조부문 상호용역수수관계

보조부문이 제조부문에만 용역을 제공한다면 제조부문에 대한 용역제공비율에 따라 보조부문원가를 배부하면 된다. 그러나, 제조부문뿐만 아니라 다른 보조부문에도 용역을 제공한다면 절차는 다소 복잡해진다. 이를 보조부문 간 상호용역수수관계라 하며 다음과 같은 세 가지 방법이 사용된다.

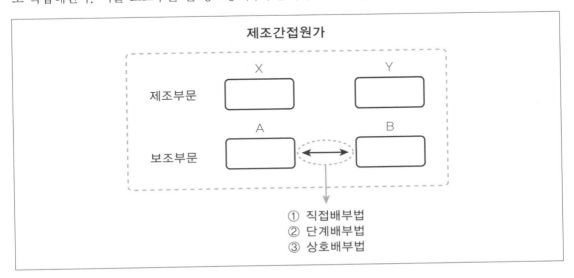

1. 직접배부법

직접배부법(direct method)은 보조부문 상호 간에 주고받는 관계를 무시하고 보조부문원가를 제조부문에만 배부하는 방법이다.

(1) 장점

계산과정이 쉽고 단순하다.

(2) 단점

정확성이 상대적으로 낮다.

직접배부법

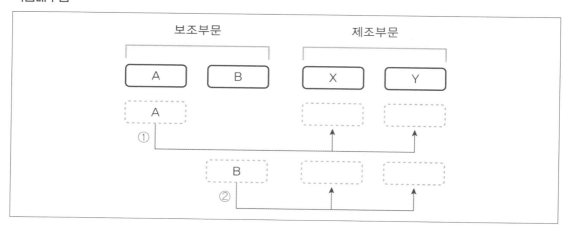

2. 단계배부법

단계배부법(step method)은 보조부문 상호 간에 주고받는 관계를 부분적으로 인식하는 방법으로 보조부문 간 배부순서를 결정한 후 순서에 따라 순차적으로 배부하는 방법이다. 이 방법은 순서에 따라 배부가 끝난 보조부문에는 원가를 다시 배부하지 않는 방법이다.

(1) 장점

용역수수관계를 부분적으로 고려한다.

(2) 단점

배부순서에 따라 배부금액이 달라진다.

핵심 Check 배부순서

상대적으로 미치는 영향이 큰 보조부문부터 배부하며 일반적인 지침은 다음과 같다.
- 다른 보조부문에 대한 용역제공비율이 큰 부문
- 다른 보조부문에 용역을 제공하는 수가 많은 부문
- 다른 보조부문에 배부할 원가가 큰 부문

단계배부법(A부문을 먼저 배부)

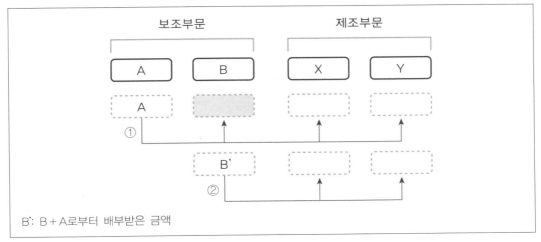

B': B+A로부터 배부받은 금액

단계배부법(B부문을 먼저 배부)

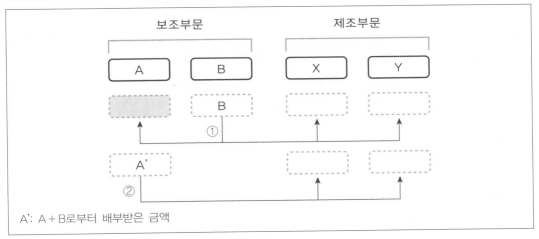

A': A+B로부터 배부받은 금액

3. 상호배부법

상호배부법(reciprocal method)은 보조부문 상호 간에 주고받는 관계를 모두 인식하는 방법으로, 이론적으로 가장 타당한 방법이며 다음과 같이 배부할 총원가를 먼저 계산해야 한다.

> 배부할 총원가 = 자기부문의 원가 + 타부문으로부터 배부받은 원가

(1) 장점
정확성이 상대적으로 높다.

(2) 단점
계산과정이 상대적으로 복잡하다.

상호배부법

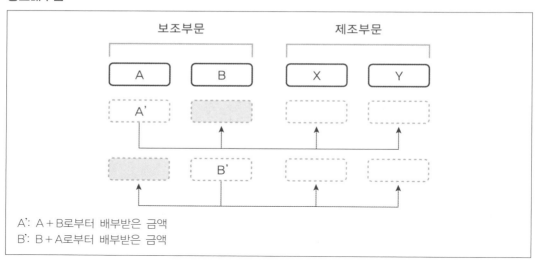

A': A+B로부터 배부받은 금액
B': B+A로부터 배부받은 금액

예제 4: 보조부문원가 배부

(주)한국은 두 개의 보조부문 A(동력부), B(식당부)와 두 개의 제조부문 X, Y가 있다. 각 부문의 용역수수관계와 부문별 발생원가는 다음과 같다.

	보조부문		제조부문		합계
	A	B	X	Y	
A(동력부)	–	600kwh	360kwh	240kwh	1,200kwh
B(식당부)	40명	–	20명	40명	100명
배분 전 원가	₩30,000	₩60,000	₩35,000	₩25,000	₩150,000

요구사항

다음의 방법에 따라 보조부문원가를 제조부문에 배부하시오.

1 직접배부법

2 단계배부법

  ① A부문부터 배부

  ② B부문부터 배부

3 상호배부법

풀이

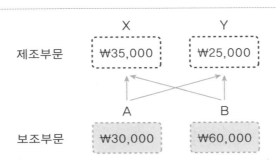

용역제공량을 용역제공비율로 정리하면 다음과 같다.

	보조부문		제조부문		합계
	A	B	X	Y	
A(동력부)	–	0.5	0.3	0.2	100%
B(식당부)	0.4	–	0.2	0.4	100%
배분 전 원가	₩30,000	₩60,000	₩35,000	₩25,000	₩150,000

1 직접배부법

	보조부문		제조부문		합계
	A	B	X	Y	
배분 전 원가	₩30,000	₩60,000	₩35,000	₩25,000	₩150,000
A*1	(30,000)	–	18,000	12,000	–
B*2	–	(60,000)	20,000	40,000	–
배분 후 원가	–		₩73,000	₩77,000	₩150,000

*1 X : Y = 0.3 : 0.2
  배부율 = ₩30,000 ÷ 0.5 = ₩60,000
*2 X : Y = 0.2 : 0.4
  배부율 = ₩60,000 ÷ 0.6 = ₩100,000

2 단계배부법

① A부문부터 배부

	보조부문		제조부문		합계
	A	B	X	Y	
배분 전 원가	₩30,000	₩60,000	₩35,000	₩25,000	₩150,000
A*3	(30,000)	15,000	9,000	6,000	–
B*4	–	(75,000)	25,000	50,000	–
배분 후 원가	–		₩69,000	₩81,000	₩150,000

*3 B : X : Y = 0.5 : 0.3 : 0.2
  배부율 = ₩30,000 ÷ 100% = ₩30,000
*4 X : Y = 0.2 : 0.4
  배부율 = ₩75,000 ÷ 0.6 = ₩125,000

② B부문부터 배부

	보조부문		제조부문		합계
	A	B	X	Y	
배분 전 원가	₩30,000	₩60,000	₩35,000	₩25,000	₩150,000
B*5	24,000	(60,000)	12,000	24,000	–
A*6	(54,000)	–	32,400	21,600	–
배분 후 원가	–	–	₩79,400	₩70,600	₩150,000

*5 A : X : Y = 0.4 : 0.2 : 0.4
　배부율 = ₩60,000 ÷ 100% = ₩60,000
*6 X : Y = 0.3 : 0.2
　배부율 = ₩54,000 ÷ 0.5 = ₩108,000

❸ 상호배부법

	보조부문		제조부문		합계
	A	B	X	Y	
배분 전 원가	₩30,000	₩60,000	₩35,000	₩25,000	₩150,000
A*8	(67,500)*7	33,750	20,250	13,500	–
B*9	37,500	(93,750)*7	18,750	37,500	–
배분 후 원가	–	–	₩74,000	₩76,000	₩150,000

*7 각 보조부문의 배부될 총원가 계산
　A = ₩30,000 + 0.4B
　B = ₩60,000 + 0.5A
　위 연립방정식을 풀면 A와 B는 각각 ₩67,500, ₩93,750이 된다.
*8 B : X : Y = 0.5 : 0.3 : 0.2
　배부율 = ₩67,500 ÷ 100% = ₩67,500
*9 A : X : Y = 0.4 : 0.2 : 0.4
　배부율 = ₩93,750 ÷ 100% = ₩93,750

03 보조부문 기타사항

1. 단일배부율법과 이중배부율법

지금까지는 보조부문원가를 변동원가와 고정원가로 구분하지 않고 전체 금액을 실제용역사용비율에 따라 제조부문에 배부하였다. 이를 단일배부율법이라 한다. 그러나, 고정원가는 최대용역사용가능량에 따라 결정되고 변동원가는 실제용역사용량에 비례하여 발생하므로 고정원가는 최대용역사용량을 기준으로 배부하고 변동원가는 실제용역사용량을 기준으로 배부하는 것을 이중배부율법이라 한다.

(1) 단일배부율법(single rate method)
　보조부문 총원가를 실제용역사용량을 기준으로 배부하는 방법이다.

(2) 이중배부율법(dual rate method)
　고정원가는 최대용역사용가능량, 변동원가는 실제용역사용량을 기준으로 배부하는 방법이다.

예제 5: 단일배부율법과 이중배부율법

(주)한국은 하나의 보조부문 A(동력부)와 두 개의 제조부문 X, Y가 있다. 당월의 각 부문의 발생원가와 각 제조부문의 최대용역사용량 및 실제용역사용량은 다음과 같다.

1. 당월 각 부문의 발생원가

	보조부문	제조부문		합계
	A	X	Y	
변동원가	₩10,000	₩17,000	₩5,000	₩32,000
고정원가	20,000	18,000	20,000	58,000
합계	₩30,000	₩35,000	₩25,000	₩90,000

2. 당월 각 제조부문의 최대용역사용량 및 실제용역사용량

	제조부문		합계
	X	Y	
최대사용량	1,000kwh	1,000kwh	2,000kwh
실제사용량	600	400	1,000
합계	1,600kwh	1,400kwh	3,000kwh

요구사항

❶ 단일배부율법을 사용하여 보조부문원가를 제조부문에 배부하시오.
❷ 이중배부율법을 사용하여 보조부문원가를 제조부문에 배부하시오.

풀이

❶ 단일배부율법

	보조부문	제조부문		합계
	A	X	Y	
배분 전 원가	₩30,000	₩35,000	₩25,000	₩90,000
A*1	(30,000)	18,000	12,000	–
배분 후 원가	–	₩53,000	₩37,000	₩90,000

*1 X : Y = 600 : 400, 배부율 = ₩30,000 ÷ 1,000kwh = ₩30/kwh

❷ 이중배부율법

	보조부문	제조부문		합계
	A	X	Y	
배분 전 원가	₩30,000	₩35,000	₩25,000	₩90,000
변동원가*2	(10,000)	6,000	4,000	–
고정원가*3	(20,000)	10,000	10,000	–
배분 후 원가	–	₩51,000	₩39,000	₩90,000

*2 X : Y = 600 : 400, 배부율 = ₩10,000 ÷ 1,000kwh = ₩10/kwh
*3 X : Y = 1,000 : 1,000, 배부율 = ₩20,000 ÷ 2,000kwh = ₩10/kwh

2. 자가소비용역

특정 보조부문에서 제공하는 용역을 해당 보조부문이 일부 소비하는 것을 자가소비용역(self service)이라 한다. 이런 경우 자기부문에서의 원가를 배부받아 다시 다른 부문으로 배부하는 절차가 반복되므로 자기부문 소비량을 고려하지 않고 다른 부문에만 배부한다.

예제 6: 자가소비용역

(주)한국은 제조부문(성형, 조립)과 보조부문(수선, 동력)을 이용하여 제품을 생산하고 있으며, 제조부문과 보조부문에 관련된 자료는 다음과 같다.

	제조부문		보조부문		합계
	성형	조립	수선	동력	
수선	400시간	200시간	–	400시간	1,000시간
동력	4,000kw	4,000kw	8,000kw	2,000kw	18,000kw

요구사항

수선부문과 동력부문에 집계된 부문원가는 각각 ₩160,000과 ₩80,000이다. (주)한국은 상호배분법을 사용하여 보조부문원가를 제조부문에 배분한다. 조립부문에 배분될 보조부문원가를 구하시오.

풀이

자가소비용역 2,000kwh를 제거하고 용역제공량을 용역제공비율로 정리하면 다음과 같다.

	보조		제조	
	수선	동력	성형	조립
수선	–	40%	40%	20%
동력	50%	–	25%	25%
배분 전 원가	₩160,000	₩80,000	–	–
수선	(250,000)*	100,000	100,000	50,000
동력	90,000	(180,000)*	45,000	45,000
배분 후 원가	–	–	₩145,000	₩95,000

* 수선 = ₩160,000 + 0.5×동력
  동력 = ₩80,000 + 0.4×수선
  연립방정식을 풀면 수선은 ₩250,000, 동력은 ₩180,000이다.

따라서 조립부문에 배분될 보조부문의 원가는 ₩95,000이다.

---

1. 세 가지 작업에 대한 제조원가 및 기타 자료

	#301	#302	#303	합계
직접재료원가	₩36,000	₩24,000	₩60,000	₩120,000
직접노무원가	40,000	50,000	40,000	130,000
직접노동시간				
X부문	60시간	90시간	50시간	200시간
Y부문	70	100	130	300
기계시간				
X부문	150시간	80시간	70시간	300시간
Y부문	120	190	90	400

2. 각 부문별 용역수수관계와 발생원가

	보조부문		제조부문		합계
	A	B	X	Y	
A(동력부)	–	600kwh	360kwh	240kwh	1,200kwh
B(식당부)	20명	50명	10명	20명	100명
발생원가	₩30,000	₩60,000	₩35,000	₩25,000	₩150,000

요구사항

1 공장 전체 배부율을 사용하여 각 작업별 제조원가를 구하시오(단, 제조간접원가 배부기준으로 직접노동시간을 사용하시오).

2 부문별 배부율을 사용하여 각 작업별 제조원가를 구하시오(단, 보조부문원가 배부 시 상호배부법을 사용하고 각 제조부문별 배부기준은 X부문은 직접노동시간, Y부문은 기계시간을 사용한다).

풀이

1

	#301	#302	#303	합계
직접재료원가	₩36,000	₩24,000	₩60,000	₩120,000
직접노무원가	40,000	50,000	40,000	130,000
제조간접원가[*1]	39,000	57,000	54,000	150,000
합계	₩115,000	₩131,000	₩154,000	₩400,000

[*1] #301 : #302 : #303 = 130 : 190 : 180
배부율 = ₩150,000 ÷ 500직접노동시간 = ₩300/직접노동시간

2

1. 보조부문원가 배부

자가소비용역 50명을 제거하고 용역제공량을 용역제공비율로 정리하면 다음과 같다.

	보조부문		제조부문		합계
	A	B	X	Y	
A(동력부)	–	0.5	0.3	0.2	100%
B(식당부)	0.4	–	0.2	0.4	100%
발생원가	₩30,000	₩60,000	₩35,000	₩25,000	₩150,000

	보조부문		제조부문		합계
	A	B	X	Y	
배분 전 원가	₩30,000	₩60,000	₩35,000	₩25,000	₩150,000
A^{*3}	(67,500)^{*2}	33,750	20,250	13,500	–
B^{*4}	37,500	(93,750)^{*2}	18,750	37,500	–
배분 후 원가	–	–	₩74,000	₩76,000	₩150,000

*2 각 보조부문의 배부될 총원가 계산
   A = ₩30,000 + 0.4B
   B = ₩60,000 + 0.5A
   위 연립방정식을 풀면 A와 B는 각각 ₩67,500, ₩93,750이 된다.
*3 B : X : Y = 0.5 : 0.3 : 0.2
   배부율 = ₩67,500 ÷ 100% = ₩67,500
*4 A : X : Y = 0.4 : 0.2 : 0.4
   배부율 = ₩93,750 ÷ 100% = ₩93,750

2. 각 작업별 제조원가계산

	#301	#302	#303	합계
직접재료원가	₩36,000	₩24,000	₩60,000	₩120,000
직접노무원가	40,000	50,000	40,000	130,000
제조간접원가				
X부문^{*5}	22,200	33,300	18,500	74,000
Y부문^{*6}	22,800	36,100	17,100	76,000
합계	₩121,000	₩143,400	₩135,600	₩400,000

*5 #301 : #302 : #303 = 60 : 90 : 50
   배부율 = ₩74,000 ÷ 200직접노동시간 = ₩370/직접노동시간
*6 #301 : #302 : #303 = 120 : 190 : 90
   배부율 = ₩76,000 ÷ 400기계시간 = ₩190/기계시간

4 서비스업과 개별원가계산

01 의의

회계법인, 세무법인 및 법무법인 등과 같은 서비스업의 경우에도 제공하는 용역의 원가를 계산해야 하며 제조업의 원가계산절차를 응용하여 적용할 수 있다. 단, 제조업과 다른 점은 재료원가는 거의 없고 노무원가의 비중이 상대적으로 크다는 것이다.

02 절차

총원가를 직접원가와 간접원가로 구분한 후 직접원가는 해당 서비스에 직접 대응할 수 있어 직접 부과하고 간접원가는 합리적인 기준을 설정하여 나누어 준다.

[1단계] 직접원가를 서비스별로 부과한다.

직접노무원가와 직접경비는 서비스별 직접 추적할 수 있는 원가로 발생시점에 해당 서비스에 직접 부과할 수 있다.

[2단계] 간접원가를 적절하게 나누어 준다.

간접원가는 모든 서비스에 공통으로 발생된 원가로 총원가를 집계한 후 일정 기준에 따라 나누어 준다.

한국회계법인은 계약업체별로 추적이 가능한 원가는 직접원가로 파악하고, 간접원가에 대해서는 복수의 간접원가 집합으로 분류한 다음 각각의 간접원가 배부율을 적용하여 회계감사의 원가를 계산하고 있다.

(1) 인건비

한국회계법인은 책임회계사 10명과 업무담당회계사 40명으로 구성되어 있으며 책임회계사의 시간당 임률은 ₩1,000,000, 업무담당회계사의 시간당 임률은 ₩200,000이다.

(2) 간접원가

일반관리비와 보험료는 직접노무원가의 20%를 감사계약에 할당하며 비서실운영비는 책임회계사 직접노무원가의 10%를 할당한다.

(3) 주식회사 서울의 감사를 위해서 책임회계사 1명이 20시간, 업무담당회계사 4명이 각각 50시간을 제공하였다.

(4) 동 회계감사를 위해서 발생한 회계사의 식대와 교통비 등 영수증에 의해 확인된 기타 제반비용이 ₩500,000이다.

요구사항

다음 자료를 토대로 주식회사 서울의 재무제표에 대한 감사계약 원가를 계산하시오.

[풀이]

주식회사 서울

1. 직접원가			₩60,500,000
(1) 인건비			
책임회계사	1명 × 20시간 × ₩1,000,000 = ₩20,000,000		
업무담당회계사	4명 × 50시간 × ₩200,000 = ₩40,000,000	₩60,000,000	
(2) 기타 제반비용		500,000	
2. 간접원가			14,000,000
(1) 일반관리비 및 보험료	₩60,000,000 × 20% = ₩12,000,000		
(2) 비서실운영비	₩20,000,000 × 10% = ₩2,000,000		
계			₩74,500,000

5 공손

01 의의

공손품(spoiled units)이란 정상품에 비하여 품질 및 규격이 미달하는 불량품을 말한다. 이러한 불량은 폐기처분되거나 재작업을 거쳐 판매되기도 한다.

1. 종류

공손품은 효율적인 생산환경에서도 발생할 수 있는 부분과 비효율적인 생산환경으로 인하여 발생하는 부분으로 구분할 수 있다.

① 정상공손(normal spoilage): 생산이 효율적으로 진행되더라도 현재의 기술수준으로 개선할 수 없어 양질의 제품을 얻기 위해서 불가피하게 발생하는 것을 말한다.

② 비정상공손(abnormal spoilage): 생산이 효율적으로 진행된다면 피할 수 있는 작업자의 부주의, 생산계획의 차질 등의 원인으로 발생하는 것을 말한다.

2. 공손품원가

공손품의 원가를 별도로 집계하는지 여부에 따라 인식법과 무인식법으로 구분할 수 있으며 공손의 원가를 별도로 집계하는 인식법이 일반적으로 사용된다.

① 인식법: 정상공손과 비정상공손의 원가를 각각 집계하는 방법으로 정상공손의 원가는 합격품원가에 가산하고 비정상공손원가는 당기손익으로 처리한다.

② 무인식법: 공손의 원가를 별도로 집계하지 않고 정상품에만 원가를 배부하는 방법을 말한다.

3. 정상공손원가 처리방법

정상공손은 양품을 생산하기 위하여 불가피하게 발생하는 것으로 정상공손의 원가는 별도로 집계하여 합격품에 배부해야 한다. 또한, 특정 작업에 대한 추적가능 여부에 따라 다음과 같이 처리한다.

① 특정 작업에서 발생: 해당 작업원가에 가산한다.

② 여러 작업에서 공통으로 발생: 제조간접원가에 가산하여 배부한다.

또한, 공손을 처분할 수 있는 경우에는 총공손원가에서 공손의 순실현가치를 차감한 순공손원가를 계산한다.

$$순공손원가 = 총공손원가 - 공손의 \underline{순실현가치}$$
$$최종판매가치 - 추가원가$$

- 공손의 순실현가치: 공손품(자산)으로 인식한 후 처분시점에 현금유입과 상계처리한다.
- 순공손원가: 순정상공손원가는 합격품에 가산하고 순비정상공손원가는 당기손익으로 처리한다.

02 재작업

공손품은 그대로 폐기되거나 재작업을 거쳐 합격품으로 판매되기도 한다. 결국, 재작업에 지출된 원가는 합격품을 위해 희생한 것으로 합격품의 원가에 가산하므로 정상공손의 원가처리방법과 유사하여 특정 작업에 대한 추적가능 여부에 따라 다음과 같이 처리한다.

① 특정 작업에서 발생: 해당 작업원가에 가산한다.
② 여러 작업에서 공통으로 발생: 제조간접원가에 가산하여 배부한다.

예제 9: 개별원가계산 공손

(주)한국은 LCD TV를 주문생산하고 있다. 20×1년 3월 중 제조지시서 #501(작업량 5,000개)의 생산과 관련된 자료는 다음과 같다.

단위당 직접재료원가	₩1,000
단위당 직접노무원가	900
단위당 제조간접원가 배부액	1,500
합계	₩3,400

요구사항

제품의 최종검사과정에서 1,300개의 공손품이 발견되었다. 이 중 500개는 ₩50,000의 추가원가를 투입하여 재작업하였으며, 나머지는 모두 ₩250,000을 받고 처분하였다. 제조지시서 #501과 관련하여 발생한 정상품의 단위당 원가를 구하시오(단, 재작업원가와 공손원가는 제품원가에 가산한다).

풀이

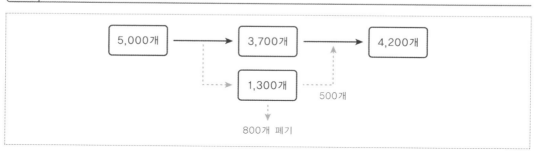

1. 폐기수량
   1,300개 − 500개 = 800개
2. 총원가
   ₩3,400 × 5,000개 + 재작업원가(₩50,000) − 처분가치(₩250,000) = ₩16,800,000
3. 단위당 원가
   ₩16,800,000 ÷ (5,000개 − 800개) = ₩4,000

01 (주)서울은 개별원가계산제도를 채택하고 있으며 당월 말 현재 재공품계정의 기록 내역은 다음과 같다.

월초잔액	₩8,000
기본원가	33,000
제조간접원가	9,000
매출원가	15,000

당월 말 현재 생산진행 중에 있는 것은 작업 #501뿐이다. 회사는 직접노무원가의 50%를 제조간접원가로 배부하는데 작업 #501에 ₩7,500의 제조간접원가가 배부되어 있다. 기초 및 기말제품재고액이 없다면, 작업 #501의 생산에 투입된 직접재료원가는 얼마인가?

① ₩12,500
② ₩18,500
③ ₩12,000
④ ₩17,000
⑤ ₩13,500

02 (주)경기는 개별원가계산을 실시하고 있다. 제조간접원가는 직접노무원가의 120%이다. 작업 #201에서 발생한 직접재료원가는 ₩1,764,000이며, 제조간접원가는 ₩1,058,400이다. 또한 작업 #301에서 발생한 직접재료원가는 ₩294,000이며, 직접노무원가는 ₩735,000이다. 작업 #201에서 발생한 직접노무원가 및 작업 #301의 총원가는 얼마인가?

	작업 #201의 직접노무원가	작업 #301의 총원가
①	₩1,270,000	₩2,263,800
②	₩1,058,400	₩1,234,800
③	₩2,116,800	₩2,263,800
④	₩1,045,800	₩2,123,400
⑤	₩882,000	₩1,911,000

03 (주)서울은 개별원가계산제도를 채택하고 있으며, 직접노무원가를 기준으로 제조간접원가를 배부한다. 20×1년도의 제조간접원가 배부율은 A부문에 대해서는 200%, B부문에 대해서는 50%이다. 제조지시서 #04는 20×1년 중에 시작되어 완성되었으며, 원가 발생액은 다음과 같다.

	A	B
직접재료원가	₩50,000	₩10,000
직접노무원가	?	40,000
제조간접원가	60,000	?

제조지시서 #04와 관련된 총제조원가는 얼마인가?

① ₩170,000   ② ₩190,000   ③ ₩210,000
④ ₩270,000   ⑤ ₩290,000

04 다음은 (주)한국의 20×1년 부문별 제조원가계산자료이다.

	A부문	B부문	합계
직접재료원가	₩700,000	₩800,000	₩1,500,000
직접노무원가	200,000	400,000	600,000
제조간접원가	400,000	100,000	500,000
합계	₩1,300,000	₩1,300,000	₩2,600,000

20×1년도 말 공정 중에 있는 주문품 X의 작업원가표에 집계된 원가가 다음과 같을 때, 직접노무원가를 기준으로 공장 전체 제조간접원가 배부율과 부문별 제조간접원가 배부율을 이용할 경우 기말재무상태표에 계상된 주문품 X의 원가차이는 얼마인가?

	A부문	B부문	합계
직접재료원가	₩12,000	₩15,000	₩27,000
직접노무원가	20,000	4,000	24,000
합계	₩32,000	₩19,000	₩51,000

① 공장 전체 제조간접원가 배부율에 의할 경우가 ₩21,000 작다.
② 공장 전체 제조간접원가 배부율에 의할 경우가 ₩18,000 작다.
③ 공장 전체 제조간접원가 배부율에 의할 경우가 ₩15,000 작다.
④ 공장 전체 제조간접원가 배부율에 의할 경우가 ₩3,000 크다.
⑤ 공장 전체 제조간접원가 배부율에 의할 경우가 ₩15,000 크다.

05 부문별 개별원가계산을 채택하고 있는 대한조선의 다음 원가계산자료를 이용하여 화물선에 배부될 제조간접원가를 구하면 얼마인가?

[세무사 03]

(1) 제조간접원가에 대한 부문원가 내역

구분	제조부문		보조부문		
	제1공장	제2공장	수선부	동력부	생산관리부
금액	₩3,800,000	₩3,200,000	₩1,100,000	₩900,000	₩2,000,000

(2) 보조부문원가의 배부는 단계(계단식)배부법을 사용하며, 보조부문 상호 간의 배부순서는 생산관리, 동력, 수선부문의 순으로 하여 다음의 배부기준에 의한다.

구분	제1공장	제2공장	수선부	동력부
생산관리부	40%	40%	15%	5%
동력부	50%	40%	10%	–
수선부	60%	40%	–	–

(3) 제품별 제조간접원가 배부를 위한 공장별 작업시간집계표

구분	화물선	유조선	군함	합계
제1공장	800시간	500시간	700시간	2,000시간
제2공장	400시간	300시간	300시간	1,000시간

① ₩4,686,000   ② ₩4,595,000   ③ ₩4,400,000
④ ₩4,690,000   ⑤ ₩4,658,000

06 (주)대한은 두 개의 보조부문 A와 B, 두 개의 생산부문 C와 D를 가지고 있다. 3월의 각 부문에 대한 자료는 다음과 같다.

| | 보조부문 | | 생산부문 | |
	A(동력부문)	B(시간관리부문)	C	D
기계시간	–	500시간	400시간	100시간
사용면적	400m²	–	200m²	400m²
각 부문의 제조간접원가	₩30,000	₩50,000	₩10,000	₩20,000
직접노무시간			200시간	300시간

C부문에서만 40시간의 직접노무시간이 발생하여 50단위의 갑제품이 생산되었는데 갑제품에 대한 단위당 기초원가(prime cost)는 ₩500이다. (주)대한은 갑제품의 제품제조원가에 20%를 가산해서 판매가격을 결정한다. 보조부문의 원가는 상호배분법을 사용하여 생산부문에 배분하며, A부문의 원가는 기계시간에 의하여, B부문의 원가는 사용면적에 의하여 배분한다. 갑제품에 대한 월초 및 월말 재공품잔액은 모두 ₩0이다. 갑제품의 단위당 판매가격은 얼마인가? (단, C부문은 직접노무시간을 기준으로 제조간접원가를 배분한다)

[회계사 20]

① ₩800 ② ₩705 ③ ₩205

④ ₩846 ⑤ ₩246

07 (주)수지는 제품 A와 제품 B를 생산하고 있는데 두 제품은 모두 제조부문 X와 제조부문 Y를 거쳐야 한다. 제조부문 X에서 발생한 제조간접원가는 각 제품이 소비한 기계시간을 기준으로 배부하고, 제조부문 Y에서 발생한 제조간접원가는 각 제품이 소비한 노무시간을 기준으로 배부한다. 또한 각 제조부문의 제조간접원가는 월별로 실제 배부한다.

다음은 5월 중 제품 A와 제품 B를 생산하는 데 각각 소비한 기계시간과 노무시간 그리고 각 제품에 최종적으로 배부된 제조간접원가 자료이다.

구분	제품 A	제품 B	합계
기계시간	10시간	30시간	40시간
노무시간	90시간	60시간	150시간
제조간접원가 배부액	₩870,000	₩930,000	₩1,800,000

제조부문 X에서 5월 중 발생한 제조간접원가는 얼마인가? [회계사 11]

① ₩600,000 ② ₩720,000 ③ ₩800,000
④ ₩960,000 ⑤ ₩1,080,000

08 (주)세무는 개별원가계산제도를 채택하고 있으며, 제품 A와 제품 B를 생산하고 있다. 기초재공품은 없으며, 제품이 모두 기말에 완성되었다. (주)세무의 20×1년 원가자료는 다음과 같다. 제조간접원가를 직접노무원가 발생액에 비례하여 배부하는 경우, 제품 A와 제품 B의 제조원가는? [세무사 20]

구분	제품 A	제품 B
직접재료원가		
기초재고액	₩20,000	₩10,000
당기매입액	40,000	30,000
기말재고액	10,000	15,000
직접노무원가		
전기 말 미지급액	₩22,000	₩30,000
당기지급액	45,000	60,000
당기 말 미지급액	20,000	27,000
제조간접원가	₩30,000	

① 제품 A: ₩94,900   제품 B: ₩110,100
② 제품 A: ₩99,100   제품 B: ₩105,900
③ 제품 A: ₩105,900   제품 B: ₩94,900
④ 제품 A: ₩105,900   제품 B: ₩99,100
⑤ 제품 A: ₩110,100   제품 B: ₩94,900

09 (주)세무는 제조부문인 절단부문과 조립부문을 통해 제품을 생산하고 있으며, 동력부문을 보조부문으로 두고 있다. 각 부문에서 발생한 제조간접원가 및 각 제조부문의 전력 실제사용량과 최대사용량에 관한 자료는 다음과 같다.

	동력부문	절단부문	조립부문	제품
변동제조간접원가	₩240,000	₩400,000	₩650,000	₩1,290,000
고정제조간접원가	300,000	700,000	750,000	1,750,000
실제사용량	–	500kwh	300kwh	800kwh
최대사용가능량	–	600kwh	600kwh	1,200kwh

절단부문에 배부되는 동력부문의 원가는 이중배분율법을 적용하는 경우, 단일배분율법과 비교하여 얼마만큼 차이가 발생하는가? [세무사 22]

① ₩30,000 ② ₩32,500 ③ ₩35,000
④ ₩37,500 ⑤ ₩40,000

10 (주)대한은 두 개의 보조부문 A와 B, 그리고 두 개의 생산부문 C와 D를 이용하여 제품을 생산하고 있다. 20x3년 2월의 각 부문에 대한 자료는 다음과 같다.

제공 부문	보조부문 A	보조부문 B	생산부문 C	생산부문 D	합계
A	200시간	800시간	800시간	400시간	2,200시간
B	4,000kW	1,000kW	2,000kW	2,000kW	9,000kW

- 제조간접원가는 A부문에서 시간당 ₩100, B부문에서 kW당 ₩20의 변동원가가 발생하며, C부문과 D부문에서 각각 ₩161,250과 ₩40,000이 발생하였다.
- 보조부문의 원가는 상호배분법을 사용하여 생산부문에 배분한다.
- C부문에서 생산하는 갑제품에 대한 단위당 기초원가(prime costs)는 ₩10,000이며, 생산단위는 50단위이다.
- 갑제품에 대한 월초 및 월말재공품은 없다.

갑제품의 단위당 원가는 얼마인가? [회계사 23]

① ₩4,775 ② ₩14,775 ③ ₩18,000
④ ₩22,775 ⑤ ₩24,000

제3장 | 객관식 문제 정답 및 해설

01 ① (1) 당월 말 재공품원가

(₩8,000 + ₩33,000 + ₩9,000) − ₩15,000 = ₩35,000

(2) 작업 #501의 직접재료원가

₩35,000 − (₩7,500 ÷ 50% + ₩7,500) = ₩12,500

02 ⑤ (1) 작업 #201의 직접노무원가: ₩1,058,400 ÷ 120% = ₩882,000

(2) 작업 #301의 제조간접원가: ₩735,000 × 120% = ₩882,000

∴ 총원가: ₩294,000 + ₩735,000 + ₩882,000 = ₩1,911,000

03 ③

	A	B
직접재료원가	₩50,000	₩10,000
직접노무원가	30,000[*1]	40,000
제조간접원가	60,000	20,000[*2]
합계	₩140,000	₩70,000

*1 ₩60,000 ÷ 200% = ₩30,000
*2 ₩40,000 × 50% = ₩20,000

∴ ₩140,000 + ₩70,000 = ₩210,000

04 ①

	공장 전체 배부	부문별 배부
직접재료원가	₩27,000	₩27,000
직접노무원가	24,000	24,000
제조간접원가	20,000[*1]	
A부문		40,000[*2]
B부문		1,000[*3]
합계	₩71,000	₩92,000

*1 (₩20,000 + ₩4,000) × [(₩400,000 + ₩100,000) ÷ (₩200,000 + ₩400,000)] = ₩20,000
*2 ₩20,000 × (₩400,000 ÷ ₩200,000) = ₩40,000
*3 ₩4,000 × (₩100,000 ÷ ₩400,000) = ₩1,000

05 ③ (1) 보조부문원가의 배부(단계배부법)

	생산관리	동력	수선	제1공장	제2공장
배분 전 원가	₩2,000,000	₩900,000	₩1,100,000	₩3,800,000	₩3,200,000
생산관리*	(2,000,000)	100,000	300,000	800,000	800,000
동력	–	(1,000,000)	100,000	500,000	400,000
수선	–	–	(1,500,000)	900,000	600,000
배분 후 원가	–	–	–	₩6,000,000	₩5,000,000

* 동력 : 수선 : 제1공장 : 제2공장 = 5% : 15% : 40% : 40%

(2) 제조부문별 제조간접원가 배부율

제1공장: ₩6,000,000 ÷ 2,000시간 = ₩3,000/시간

제2공장: ₩5,000,000 ÷ 1,000시간 = ₩5,000/시간

(3) 화물선의 제조간접원가

₩3,000 × 800시간 + ₩5,000 × 400시간 = ₩4,400,000

06 ④ (1) 보조부문의 원가배분

① 용역제공비율

	보조부문		생산부문	
	A(동력부문)	B(시간관리부문)	C	D
기계시간	–	50%	40%	10%
사용면적	40%	–	20%	40%
각 부문의 제조간접원가	₩30,000	₩50,000	₩10,000	₩20,000

② 상호배분법

	보조부문		생산부문	
	A(동력부문)	B(시간관리부문)	C	D
배분 전 원가	₩30,000	₩50,000	₩10,000	₩20,000
A	(62,500)*1	31,250	25,000	6,250
B	32,500	(81,250)*1	16,250	32,500
배분 후 원가	–	–	₩51,250	₩58,750

*1 A = ₩30,000 + 0.4 × B

B = ₩50,000 + 0.5 × A

→ A는 ₩62,500, B는 ₩81,250이다.

(2) 생산부문 C의 제조간접원가 배부율

₩51,250 ÷ 200시간 = ₩256.25/시간

(3) 갑제품의 단위당 판매가격

단위당 기초원가	₩500
단위당 제조간접원가	205*2
단위당 제조원가	₩705
	× 120%
단위당 판매가격	₩846

*2 40시간 × ₩256.25 ÷ 50단위 = ₩205

07 ① 제조부문 X와 Y의 원가를 각각 X, Y라 한 후 정리하면 다음과 같다.

	제품		원가
	A	B	
제조부문 X	0.25X	0.75X	X
제조부문 Y	0.60Y	0.40Y	Y
	₩870,000	₩930,000	

- 0.25X + 0.60Y = ₩870,000
- 0.75X + 0.40Y = ₩930,000
- → X = ₩600,000, Y = ₩1,200,000
- ∴ 제조부문 X에서 5월 중 발생한 제조간접원가는 ₩600,000이다.

08 ④

	제품 A	제품 B
직접재료원가	₩50,000[*1]	₩25,000[*4]
직접노무원가	43,000[*2]	57,000[*5]
제조간접원가	12,900[*3]	17,100[*6]
합계	₩105,900	₩99,100

[*1] ₩20,000 + ₩40,000 − ₩10,000 = ₩50,000

[*2] ₩45,000 − (₩22,000 − ₩20,000) = ₩43,000

[*3] $\dfrac{₩43,000}{₩43,000 + ₩57,000} \times ₩30,000 = ₩12,900$

[*4] ₩10,000 + ₩30,000 − ₩15,000 = ₩25,000

[*5] ₩60,000 − (₩30,000 − ₩27,000) = ₩57,000

[*6] $\dfrac{₩57,000}{₩43,000 + ₩57,000} \times ₩30,000 = ₩17,100$

09 ④ 1. 이중배분율법

	동력부문	절단부문	조립부문
실제사용량	−	500kwh	300kwh
최대사용가능량	−	600kwh	600kwh
변동제조간접원가	₩240,000	−	−
	(240,000)	₩150,000[*1]	₩90,000
고정제조간접원가	₩300,000	−	−
	(300,000)	150,000[*2]	150,000
		₩300,000	₩240,000

[*1] $₩240,000 \times \dfrac{500kwh}{800kwh} = ₩150,000$

[*2] $₩300,000 \times \dfrac{600kwh}{1,200kwh} = ₩150,000$

2. 단일배분율법

	동력부문	절단부문	조립부문
실제사용량	−	500kwh	300kwh
최대사용가능량	−	600kwh	600kwh
총제조간접원가	₩540,000	−	−
	(540,000)	₩337,500*3	₩202,500
		₩337,500	₩202,500

*3 $₩540,000 \times \dfrac{500kwh}{800kwh} = ₩337,500$

3. 차이금액

₩337,500 − ₩300,000 = ₩37,500

10 ③ (1) 보조부문 배분 전 원가

A: 2,200시간 × ₩100 = ₩220,000

B: 9,000kW × ₩20 = ₩180,000

(2) 보조부문원가 배분(상호배분법)

자가소비 용역을 제외한 나머지 용역제공량을 비율로 환산하면 다음과 같다.

구분	A	B	C	D	합계
A	−	0.4	0.4	0.2	1
B	0.5	−	0.25	0.25	1
배분 전 원가	₩220,000	₩180,000	₩161,250	₩40,000	₩601,250
A	(387,500)*1	155,000*2	155,000	77,500	−
B	167,500	(335,000)*1	83,750	83,750	−
배분 후 원가	−	−	₩400,000	₩201,250	₩601,250

*1 배분할 원가

A = ₩220,000 + 0.5B

B = ₩180,000 + 0.4A

→ A = ₩387,500, B = ₩335,000

*2 ₩387,500 × 0.4 = ₩155,000

(3) 갑제품 단위당 원가

기초원가	₩10,000
제조간접원가	8,000*3
	₩18,000

*3 ₩400,000 ÷ 50단위 = ₩8,000

제3장 | 주관식 문제

문제 01 직접배부법과 단계배부법

다음을 읽고 물음에 답하시오. 단, 모든 금액은 소수점 첫째 자리에서 반올림하시오.

(주)한국은 기판인쇄와 부품조립의 두 개의 제조부문과 공장관리와 전산시스템의 두 개의 보조부문을 운영하고 있다.

〈자료 1〉 보조부문의 20×1년 예산 서비스 제공비율

| | 보조부문 | | 제조부문 | |
	공장관리	전산시스템	기판인쇄	부품조립
공장관리	–	15%	35%	50%
전산시스템	20%	–	25%	55%

〈자료 2〉 보조부문의 20×1년 실제 서비스 제공비율

| | 보조부문 | | 제조부문 | |
	공장관리	전산시스템	기판인쇄	부품조립
공장관리	–	10%	25%	65%
전산시스템	30%	–	20%	50%

〈자료 3〉 20×1년에 집계된 보조부문의 실제원가

	변동원가	고정원가
공장관리	₩600,000	₩200,000
전산시스템	250,000	750,000

(주)한국은 보조부분의 원가 중 변동원가는 실제 서비스 제공비율에 따라 배부하고, 고정원가는 예산 서비스 제공비율에 따라 배부한다.

요구사항

[물음 1]   직접배부법에 의해 보조부문원가를 배분할 때 각 제조부문에 배부될 보조부문의 변동원가와 고정원가는 각각 얼마인가?

[물음 2]   단계배부법에 의해 보조부문원가를 배분할 때 각 제조부문에 배부될 보조부문의 변동원가와 고정원가는 각각 얼마인가? (단, 공장관리부문을 먼저 배부한다고 가정한다)

풀이

[물음 1] 직접배부법

		보조부문		제조부문	
		공장관리	전산시스템	기판인쇄	부품조립
공장관리	변동원가 (₩600,000)	–	–	₩166,667*1	₩433,333
	고정원가 (₩200,000)	–	–	82,353*2	117,647
전산시스템	변동원가 (₩250,000)	–	–	71,429*3	178,571
	고정원가 (₩750,000)	–	–	234,375*4	515,625
합계		–	–	₩554,824	₩1,245,176

*1 ₩600,000 × 25%/90% = ₩166,667
*2 ₩200,000 × 35%/85% = ₩82,353
*3 ₩250,000 × 20%/70% = ₩71,429
*4 ₩750,000 × 25%/80% = ₩234,375

[물음 2] 단계배부법

		보조부문		제조부문	
		공장관리	전산시스템	기판인쇄	부품조립
공장관리	변동원가 (₩600,000)	–	₩60,000*1	₩150,000	₩390,000
	고정원가 (₩200,000)	–	30,000*2	70,000	100,000
전산시스템	변동원가 (₩250,000)	–	(60,000)	88,571*3	221,429
	고정원가 (₩750,000)	–	(30,000)	243,750*4	536,250
합계		–	–	₩552,321	₩1,247,679

*1 ₩600,000 × 10% = ₩60,000
*2 ₩200,000 × 15% = ₩30,000
*3 ₩310,000 × 20%/70% = ₩88,571
*4 ₩780,000 × 25%/80% = ₩243,750

| 문제 02 | 서비스업의 원가계산 |

다음을 읽고 물음에 답하시오.

(주)한국은 최근에 설립된 법무법인으로 단순한 원가계산제도를 사용하여 원가를 산정해 고객에게 제공한 용역에 대한 대금을 청구하고 있다.

(1) 원가는 단일의 직접원가 항목(변호사 등의 전문가: 직접작업시간기준)과 단일의 간접원가 항목(일반관리비)으로 구성되어 있고 간접원가는 각 의뢰사건별 전문가의 직접작업시간을 기준으로 배부되고 있다.

(2) 다음은 회사의 고객인 A기업과 B기업에 대하여 회사가 제공한 전문가의 직접작업시간이다.

구분	A기업	B기업	합계
전문가 직접작업시간	104시간	96시간	200시간

(3) 전문가 작업시간당 평균임률은 ₩70,000이며 간접원가는 전문가 직접작업시간당 ₩105,000의 비율로 배부된다. 가장 최근의 회계기간에 발생한 실제간접원가는 ₩21,000,000이었다. 한편 두 고객 A기업과 B기업의 사장은 최근 회사의 용역청구대금에 대하여 A기업은 불만을, B기업은 만족을 보였다. A기업과 B기업 두 고객으로부터의 불만과 만족의 상반된 반응을 접한 후 회사는 간접원가 ₩21,000,000을 다음과 같이 재분류하였다. 이에 의하면 ₩21,000,000의 간접원가 중에서 ₩14,000,000은 A기업과 B기업 두 고객에게 부담시킬 수 있는 직접원가이다.

구분(기타 직접원가)	A기업	B기업
연구보조 인건비	₩1,600,000	₩3,400,000
컴퓨터 작업시간	500,000	1,300,000
여비	600,000	4,400,000
통신료	200,000	1,000,000
복사비	250,000	750,000
합계	₩3,150,000	₩10,850,000

(4) 회사는 기존의 전문가 직접인건비 항목 이외에 추가로 파악된 다섯 가지 항목의 직접원가 항목을 포함하여 모두 여섯 항목의 직접원가를 사용하여 원가를 집계하기로 결정하였다. 그리고 ₩21,000,000 중에서 직접원가로 분류되지 않는 ₩7,000,000의 간접원가는 전문가 직접작업시간을 기준으로 배부하기로 결정하였다.

요구사항

[물음 1] 변경 전(₩21,000,000을 간접원가로 간주) 원가계산방법을 사용하여 A기업과 B 기업에 청구할 금액을 산정하시오.

[물음 2] 변경 후(₩7,000,000만을 간접원가로 간주), 즉 여섯 개의 직접원가 항목과 단 하 나의 간접원가 항목을 사용하여 A기업과 B기업에 청구할 금액을 산정하시오.

[물음 3] 청구된 용역대금에 대하여 A기업이 불만을, B기업이 만족을 나타내는 이유를 설명 하시오.

풀이

[물음 1] 변경 전 용역별 원가계산

	A기업	B기업
직접원가(₩70,000)	₩7,280,000	₩6,720,000
간접원가(₩105,000)	10,920,000	10,080,000
합계	₩18,200,000	₩16,800,000

[물음 2] 변경 후 용역별 원가계산

	A기업	B기업
직접원가		
전문가 인건비(₩70,000)	₩7,280,000	₩6,720,000
연구보조 인건비	1,600,000	3,400,000
컴퓨터 작업시간	500,000	1,300,000
여비	600,000	4,400,000
통신료	200,000	1,000,000
복사비	250,000	750,000
간접원가(₩35,000)*	3,640,000	3,360,000
합계	₩14,070,000	₩20,930,000

* ₩7,000,000 ÷ 200시간 = ₩35,000/시간

[물음 3] 회사별 만족/불만족 이유

A기업의 경우 B기업에 비하여 상대적으로 전문가 직접작업시간을 제외한 직접원가의 발생이 적다. 기존의 방법(₩21,000,000을 간접원가로 간주)에 의할 경우 전문가 작업시간이 많은 관 계로 간접원가가 부당하게 많이 배부되고 있다. B기업의 경우 A기업과는 정반대의 현상이 발생 하고 있어 상대적으로 발생비용보다 적은 비용이 청구되고 있다.

제3장

문제 03	보조부문원가의 이중배분율법

다음을 읽고 물음에 답하시오.   [세무사 이]

서울주식회사는 조립과 포장의 두 제조부문과 동력과 수선의 두 보조부문으로 구성되어 있다. 내년도 각 부문의 예상원가와 운영자료는 다음과 같으며 이는 제조부문의 제조간접원가 예정배부율을 산정하기 위해 마련된 것이다.

구분	동력부문	수선부문	조립부문	포장부문
직접노무원가	-	-	₩30,000	₩40,000
수선 관련 노무원가	-	₩5,000(변동원가)	-	-
직접재료원가	-	-	50,000	80,000
수선 관련 재료원가	-	7,536(변동원가)	-	-
동력 관련 재료원가	₩3,630(변동원가)	-		
기타간접원가	₩7,500(고정원가)	6,000(고정원가)	104,000	155,000
합계	₩11,130	₩18,536	₩184,000	₩275,000
직접노동시간	-	-	6,000시간	10,000시간
전력공급량(kwh)				
현재 전력공급량	300	800	3,800	6,400
장기 전력공급량	300	1,000	6,000	8,000
점유면적(m²)	800	1,500	8,000	12,000

서울주식회사는 제품의 원가를 산정하기 위해 변동원가와 고정원가를 구분하여 단계배분법(동력부문, 수선부문의 순서로 배분)을 사용하여 보조부문의 원가를 제조부문에 배분하고 있다. 보조부문원가의 배분기준은 다음과 같다.

구분	비용형태	배부기준
동력부문	변동원가	현재 전력공급량
	고정원가	장기 전력공급량
수선부문	변동원가	직접노동시간
	고정원가	점유면적(m²)

요구사항

[물음 1]   보조부문원가를 제조부문에 배부하시오.

[물음 2]   각 제조부문(조립, 포장)의 제조간접원가 예정배부율을 산정하시오. 제조간접원가 예정배부율 산정 시 각 부문의 배부기준으로는 직접노동시간을 사용하시오(단, 소수점 셋째 자리에서 반올림하여 둘째 자리까지 계산하시오).

[물음 3] 내년도 포장부문에서의 제품의 생산량이 20,000단위일 경우 포장부문에서 생산되는 제품 한 단위의 원가를 산정하시오(단, 제조간접원가는 예정원가를 사용하고, 소수점 셋째 자리에서 반올림하여 둘째 자리까지 계산하시오).

풀이

[물음 1] 보조부문원가의 배분(단계배분법 + 이중배분율법)

구분	보조부문		제조부문		합계
	동력	수선	조립	포장	
배분 전 원가	₩11,130	₩18,536	₩104,000	₩155,000	₩288,666
동력부문원가 (변동원가)*1	(3,630)	264	1,254	2,112	—
동력부문원가 (고정원가)*2	(7,500)	500	3,000	4,000	—
수선부문원가 (변동원가)*3	—	(12,800)*5	4,800	8,000	—
수선부문원가 (고정원가)*4	—	(6,500)*6	2,600	3,900	—
배분 후 원가	₩0	₩0	₩115,654	₩173,012	₩288,666

*1 수선 : 조립 : 포장 = 800kwh : 3,800kwh : 6,400kwh
*2 수선 : 조립 : 포장 = 1,000kwh : 6,000kwh : 8,000kwh
*3 조립 : 포장 = 6,000시간 : 10,000시간
*4 조립 : 포장 = 8,000m² : 12,000m²
*5 ₩5,000 + ₩7,536 + ₩264 = ₩12,800
*6 ₩6,000 + ₩500 = ₩6,500

[물음 2] 제조간접원가 예정배부율
    (1) 조립부문
        ₩115,654 ÷ 6,000시간 = ₩19.28/직접노무시간
    (2) 포장부문
        ₩173,012 ÷ 10,000시간 = ₩17.30/직접노무시간

[물음 3] 포장부문에서 생산된 제품의 단위당 원가
    (1) 총제조원가
        ₩80,000 + ₩40,000 + ₩173,012(포장부문 제조간접원가) = ₩293,012
    (2) 단위당 원가
        ₩293,012 ÷ 20,000단위 = ₩14.65

다음을 읽고 물음에 답하시오. 단, 각 물음은 서로 독립적이다. 　　　　[CMA 수정]

개별원가계산제도를 채택하고 있는 (주)한국은 식당용 가구를 제작하고 있다. (주)한국의 제조간접원가는 주로 감독자급여, 복리후생비, 수선비, 재산세 및 감가상각비로 구성되는데 (주)한국은 실제직접노동시간을 기준으로 한 실제제조간접원가 배부율을 사용하고 있다.

(주)한국은 20×1년 10월 초부터 가정용 가구를 생산·판매하기 시작하였다. 회사는 11월 말 손익계산서를 작성한 결과 식당용 가구의 이익은 양호했으나, 가정용 가구의 수익성은 기대보다 낮았다.

올해 제품별 10월과 11월의 영업결과는 다음과 같다.

(1) 10월 1일 ~ 10월 31일

	가정용	식당용	합계
총매출액	₩400,000	₩1,000,000	₩1,400,000
직접재료원가	150,000	230,000	380,000
직접노무원가			
금형부문	40,000	80,000	120,000
마무리부문	50,000	90,000	140,000
조립부문	45,000	65,000	110,000
제조간접원가	85,000	275,000	360,000
매출총이익	₩30,000	₩260,000	₩290,000
매출총이익률	7.50%	26.00%	20.71%

(2) 11월 1일 ~ 11월 30일

	가정용	식당용	합계
총매출액	₩700,000	₩900,000	₩1,600,000
직접재료원가	300,000	350,000	650,000
직접노무원가			
금형부문	65,000	80,000	145,000
마무리부문	100,000	110,000	210,000
조립부문	60,000	50,000	110,000
제조간접원가	95,000	130,000	225,000
매출총이익	₩80,000	₩180,000	₩260,000
매출총이익률	11.42%	20.00%	16.25%

원가담당자는 직접노동시간에 기초한 제조간접원가 배부는 적합하지 않다고 판단하여 제조간접원가 배부기준을 감독자급여, 복리후생비만 직접노동시간에 의하여 배부하고 나머지 제조간접원가는 기계시간에 의하여 배부하는 것이 타당하다고 판단했다. 그의 판단에 따르면 식당용 가구의 수익성이 증가한 것은 제조간접원가를 잘못 배분하였기 때문이다.

과거 2개월 동안의 실제직접노동시간과 기계시간은 다음과 같다.

			가정용	식당용
기계시간	10월	금형부문	500	12,000
		마무리부문	500	8,000
		조립부문	–	–
			1,000	20,000
	11월	금형부문	700	8,975
		마무리부문	700	6,500
		조립부문	–	–
			1,400	15,475
직접노동시간	10월	금형부문	2,000	8,500
		마무리부문	1,500	10,000
		조립부문	5,000	9,000
			8,500	27,500
	11월	금형부문	3,500	8,000
		마무리부문	6,000	12,000
		조립부문	9,500	6,000
			19,000	26,000

과거 2개월 동안의 실제제조간접원가는 다음과 같다.

	10월	11월
감독자급여	₩20,000	₩20,000
복리후생비	88,000	70,000
수선비	72,000	25,000
감가상각비	30,000	35,000
재산세	20,000	8,000
기타	130,000	67,000
합계	₩360,000	₩225,000

요구사항

[물음 1] 감독자급여와 복리후생비는 직접노동시간을 기준으로 배부하고, 기타 제조간접원가는 기계시간을 기준으로 배부하는 경우 10월, 11월의 제조간접원가 배부금액을 계산하시오.

[물음 2] 새로운 배부방식을 적용하여 10월과 11월 가정용 가구 및 식당용 가구의 월별 매출총이익과 매출총이익률을 각각 구하시오.

[물음 1] 제조간접원가 배부금액

    (1) 감독자급여 및 복리후생비 배부율

        ① 월별 직접노동시간

	가정용	식당용	합계
10월	8,500	27,500	36,000
11월	19,000	26,000	45,000

        ② 월별 배부율

	10월	11월
감독자급여	₩20,000	₩20,000
복리후생비	88,000	70,000
합계	₩108,000	₩90,000
직접노동시간	÷ 36,000시간	÷ 45,000시간
배부율	₩3	₩2

    (2) 기타 제조간접원가 배부율

        ① 월별 기계시간

	가정용	식당용	합계
10월	1,000	20,000	21,000
11월	1,400	15,475	16,875

        ② 월별 배부율

	10월	11월
수선비	₩72,000	₩25,000
감가상각비	30,000	35,000
재산세	20,000	8,000
기타	130,000	67,000
합계	₩252,000	₩135,000
기계시간	÷ 21,000시간	÷ 16,875시간
배부율	₩12	₩8

(3) 제조간접원가 배부

① 10월

	가정용	식당용
감독자급여 등	₩25,500	₩82,500
기타 배부금액	12,000	240,000
	₩37,500	₩322,500

② 11월

	가정용	식당용
감독자급여 등	₩38,000	₩52,000
기타 배부금액	11,200	123,800
	₩49,200	₩175,800

	10월		11월	
	가정용	식당용	가정용	식당용
제조간접원가	₩37,500	₩322,500	₩49,200	₩175,800

[물음 2] 월별 매출총이익과 매출총이익률

(1) 새로운 배부기준에 의한 손익계산서

	10월		11월	
	가정용	식당용	가정용	식당용
총매출액	₩400,000	₩1,000,000	₩700,000	₩900,000
직접재료원가	150,000	230,000	300,000	350,000
직접노무원가				
금형부문	40,000	80,000	65,000	80,000
마무리부문	50,000	90,000	100,000	110,000
조립부문	45,000	65,000	60,000	50,000
제조간접원가	37,500	322,500	49,200	175,800
매출총이익	₩77,500	₩212,500	₩125,800	₩134,200
매출총이익률	19.38%	21.25%	17.97%	14.91%

(2) 매출총이익률 비교

	10월		11월	
	가정용	식당용	가정용	식당용
기존 방식	7.50%	26.00%	11.42%	20.00%
새로운 방식	19.38%	21.25%	17.97%	14.91%

회계사 · 세무사 · 경영지도사 단번에 합격!
해커스 경영아카데미
cpa.Hackers.com

제4장

활동기준원가계산

1 서론

01 의의

원가계산제도는 생산방식, 실제성(속성) 및 제품원가의 구성요소로 분류할 수 있으며 지금까지 실제성과 제품원가의 구성요소는 각각 실제원가계산과 전부원가계산을 가정한 개별원가계산에 대해서 살펴보았다.

이제 그 밖의 원가계산 중 활동기준원가계산에 대해서 살펴보기로 한다.

생산방식	실제성	구성요소
개별원가계산		
종합원가계산	실제원가계산	전부원가계산
그 밖의 원가계산		

핵심 Check 개별원가계산(전통적 원가계산) VS 활동기준원가계산

> 편의상 활동기준원가계산과 비교대상이 되는 전통적 원가계산은 개별원가계산으로 이해하면 된다.

노동집약적 생산환경에서 자본집약적 생산환경으로 변하는 과정에서 직접노무원가 등 직접원가의 비중은 감소하고 제조간접원가의 비중은 점차 증가하였다. 또한, 제조간접원가의 발생원인이 다양하여 기존의 조업도기준의 배부방법은 정확한 원가를 기대하기 어려워졌다. 활동기준원가계산의 도입배경은 다음과 같다.

- 정확한 원가계산과 수익성 분석이 필요하다.
- 소품종 대량생산에서 다품종 소량생산으로의 변화는 다양한 원가동인을 요구한다.
- 정보기술의 발달은 상대적으로 적은 비용으로 방대한 자료의 수집 및 분석을 가능하게 한다.
- 연구개발부터 최종소비자에게 전달되는 모든 과정의 원가를 집계할 필요가 있다.

즉, 활동기준원가계산(ABC, activity based costing)이란 기존의 조업도기준의 배부방식에서 벗어나 다양한 원가동인(배부기준)을 사용하여 제품, 고객, 서비스 등에 배부하는 것을 말한다.

핵심 Check 조업도기준

노동시간, 직접노무원가, 기계시간 등은 생산량과 인과관계가 높은 조업도이다. 결과적으로 조업도기준은 생산량기준과 유사하다.

핵심 Check 원가동인(cost driver)

원가를 유발하는 원인으로 배부기준과 동일한 의미로 해석하면 된다.

02 배부대상 원가

활동기준원가계산은 제조 이전과 제조 이후를 포함한 영업활동 전 과정에서 발생하는 공통원가를 합리적으로 배부하는 방법이다. 따라서, 제조 이전, 제조 및 제조 이후 모든 단계에서 발생하는 원가를 추적가능성에 따라 구분한 후 추적불가능한 원가를 배부대상 원가로 한다. 만약, 배부대상 원가를 제조원가로 한정하면 개별원가계산에서의 제조간접원가 배부절차와 유사하다.

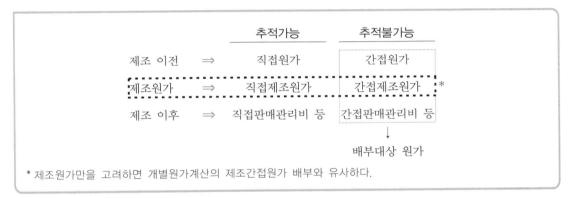

03 활동기준원가계산의 절차

배부대상 원가를 제조원가로 한정하면 개별원가계산 절차와 유사하다. 즉, 제조원가를 직접원가와 간접원가로 구분한 후 직접원가는 해당 제품에 직접 대응할 수 있어 직접 부과하고 간접원가는 합리적인 기준을 설정하여 나누어 준다.

[1단계] 직접원가를 제품별로 부과한다.
직접재료원가와 직접노무원가는 작업별 직접 추적할 수 있는 원가로 발생시점에 해당 작업에 직접 부과할 수 있다.

[2단계] 간접원가를 적절하게 나누어 준다.
제조간접원가는 모든 작업에 공통으로 발생된 원가로 총원가를 활동으로 집계한 후 활동별 원가동인에 따라 나누어 준다.

전통적 원가계산과 활동기준원가계산

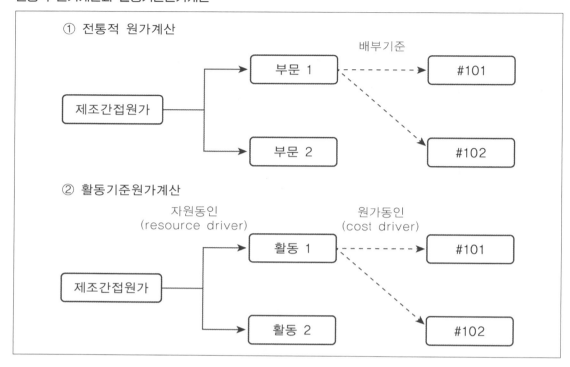

① 전통적 원가계산

배부기준

제조간접원가 → 부문 1 ⟶ #101
제조간접원가 → 부문 2

부문 1 ⤏ #101
부문 1 ⤏ #102

② 활동기준원가계산

자원동인
(resource driver)

원가동인
(cost driver)

제조간접원가 → 활동 1 ⟶ #101
제조간접원가 → 활동 2

활동 1 ⤏ #101
활동 1 ⤏ #102

핵심 Check 자원동인(resource driver)

각 항목별 원가를 활동별로 배부하기 위한 배부기준을 말한다.

04 활동

활동(activity)은 자원을 사용하여 가치를 창출하는 기본적인 단위로 자원을 소비하는 사건이나 작업을 말한다. 활동은 다음과 같이 네 가지로 구분할 수 있으며 원가계층(cost hierarchy)이라 한다.

(1) 단위수준활동(unit level activities)

제품 한 단위별로 수행되는 활동(조립활동, 절삭활동, 도장활동, 전수검사활동 등)

(2) 묶음수준활동(batch level activities)

처리된 묶음별로 수행되는 활동(구매주문활동, 재료수령활동, 표본검사활동 등)

(3) 제품수준활동(product level activities)

제품 종류별로 수행되는 활동(설계활동, 제품개량활동, 라인변경활동 등)

(4) 설비수준활동(facility level activities)

현재조업도를 유지 및 관리하는 활동(건물관리활동, 조경활동, 인사관리활동 등)

또한, 묶음수준활동, 제품수준활동, 설비수준활동을 합하여 비단위수준활동이라 한다.

05 활동기준원가계산의 장·단점

활동기준원가계산의 장점과 단점은 다음과 같다.

(1) 장점
  ① 다양한 원가동인을 사용하여 상대적으로 정확한 원가계산이 가능하다.
  ② 제품구성이 변하더라도 신축적인 원가계산이 가능하다.
  ③ 활동분석을 통하여 비부가가치활동의 제거 또는 축소 등 원가통제가 가능하다.
  ④ 비재무적인 원가동인을 사용하여 이해하기 쉽고 성과평가에 용이하다.

(2) 단점
  ① 활동에 대한 명확한 기준이 없다.
  ② 원가측정비용이 상대적으로 높다.
  ③ 설비수준활동의 원가동인 부재로 정확한 배부가 어렵다.
  ④ 묶음수준활동의 경우 원가동인(처리횟수) 절감을 위하여 과잉생산 우려가 있다.

06 활동기준원가계산의 효익이 큰 기업의 유형

활동기준원가계산을 적용하면 보다 정확한 원가정보를 산출할 수 있지만 계산절차가 복잡하고 많은 시간과 비용이 필요하다. 따라서, 활동기준원가계산을 도입하기 위해서는 비용과 효익을 고려해야 하며 다음과 같은 상황의 기업은 활동기준원가계산을 적용하면 비용보다 효익이 상대적으로 크다고 볼 수 있다.

> • 제조간접원가의 비중이 상대적으로 큰 기업
> • 제조공정에서 요구되는 활동이 제품별로 차이가 큰 기업
> • 복잡한 생산공정에서 여러 제품을 생산하는 기업
> • 기존의 생산방식에서 제조공정이 급격히 변하거나 제품의 종류가 다양한 기업

07 활동기준원가계산의 경제성

원가계산의 효익과 비용의 관점에서 보면 정확한 원가계산을 위한 원가측정비용과 원가왜곡에 따른 잘못된 의사결정으로 인한 손실의 합계를 최소화할 수 있는 활동중심점의 수와 원가동인의 수준을 결정해야 한다. 즉, 활동중심점의 수가 증가하거나 원가동인의 수준이 보다 정교할수록 원가계산의 정확도는 높아져 원가왜곡위험은 감소하지만 원가측정과정에서 많은 시간과 비용이 소비되므로 적정 수준을 유지해야 한다.

적정 활동 수와 원가동인수준

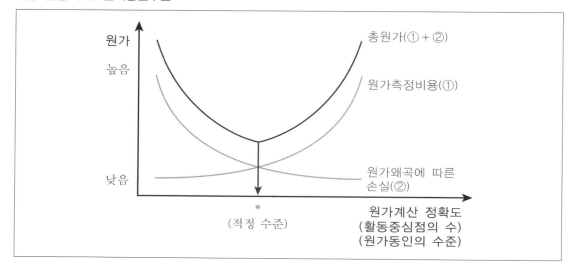

118 회계사·세무사·경영지도사 단번에 합격! 해커스 경영아카데미 cpa.Hackers.com

2 활동기준원가계산 절차

01 의의

직접원가와 간접원가로 분류한 후 직접원가는 개별제품별로 직접 대응할 수 있어 해당 제품에 직접 부과하고 간접원가는 활동중심점별로 집계하여 활동별 원가동인에 따라 개별제품에 배부한다.

1. 활동분석

활동분석(activity analysis)이란 활동을 구체적으로 확인하고 분류하는 것을 말한다. 활동분석을 통하여 부가가치활동과 비부가가치활동으로 구분할 수 있어 경영관리에 유용한 정보를 제공할 수 있다.

- 부가가치활동(value-added activity): 고객가치를 증가시키는 활동이다.
- 비부가가치활동(non-value-added activity): 고객가치를 증가시키지 못하는 활동이다.

핵심 Check 원가통제

비부가가치활동은 제거, 축소 또는 다른 활동으로 대체하여 원가절감 및 통제에 기여할 수 있다.

2. 활동중심점 원가집계

활동분석으로 결정된 활동별로 해당 활동을 수행하는 데 소비된 자원을 집계하는 절차를 말한다.

3. 활동중심점 원가동인

활동별 원가를 적절하게 배부하기 위해서는 합리적인 원가동인을 선택하는 것이 중요하다.

(1) 원가동인 선택에 있어 고려할 사항
① 제조간접원가의 발생과 높은 상관관계를 가져야 한다.
② 쉽게 적용할 수 있어야 한다.

(2) 일반적으로 사용하는 원가동인
① 거래건수동인(transaction driver): 수행된 활동의 횟수를 원가동인으로 사용하는 것으로 재료주문건수, 작업준비횟수 등이 있다.
② 기간동인(duration driver): 활동을 수행하기 위한 시간을 원가동인으로 사용하는 것으로 작업준비시간, 검사시간 등이 있다.
③ 직접동인(intensity driver): 활동을 수행하는 데 소요된 자원을 직접 추적할 수 있는 것으로 특정 작업을 위한 특수설비비용 등이 있다.

4. 활동중심점 배부율

활동별 원가동인을 선택한 후 활동별 원가를 원가동인으로 나누어 배부율을 계산할 수 있다.

$$활동별\ 배부율 = \frac{활동별\ 원가}{활동별\ 원가동인}$$

5. 활동중심점별 원가배부

활동별 배부율을 계산한 후 제품별 원가동인 소비량에 곱하여 활동별 원가를 배부할 수 있다.

$$활동별\ 원가배부 = 활동별\ 배부율 \times 제품별\ 원가동인\ 소비량$$

활동별 원가동인의 예

계층별 분류	활동	원가동인
단위수준활동	기계작업활동 품질검사활동(전수검사)	기계시간 생산량, 검사시간 등
묶음수준활동	구매주문활동 작업준비활동 재료이동활동 재료처리활동 품질검사활동(표본검사)	구매주문횟수 작업준비횟수 재료이동횟수 재료처리횟수 품질검사횟수
제품수준활동	제품설계활동 제품광고활동 제품시험활동	제품설계시간 제품광고횟수 제품시험횟수
설비수준활동	공장관리활동 조정활동 냉난방활동	기계시간, 노동시간 등

02 전통적 원가계산과 활동기준원가계산의 비교

1. 전통적 원가계산의 원가왜곡현상

전통적 원가계산은 비단위수준활동의 원가동인을 별도로 구분하지 않고 단위수준활동과 관련된 노동시간, 기계시간 등을 기준으로 제품에 배부한다. 이로 인하여 대부분 원가는 조업도기준으로 배부되기 때문에 동일한 생산량 수준이라면 상대적으로 제조과정이 복잡한 제품원가는 과소평가되는 제품원가의 상호보조(product cost subsidization)현상이 발생한다. 이는 원가발생의 다양성을 무시한 획일적인 원가배분으로 인한 원가평준화(cost smoothing)현상을 말한다.

2. 전통적 원가계산과 활동기준원가계산의 비교

전통적 원가계산은 개별제품이 자원을 소비하는 것으로 보고 있지만 활동기준원가계산은 활동이 자원을 소비하고 개별제품은 활동을 소비하는 것으로 보고 있다. 따라서, 활동과 관련된 자원동인 (resource driver)과 원가동인(cost driver)의 분석은 원가계산과 관리목적에 유용한 정보를 제공한다.

구분	전통적 원가계산	활동기준원가계산
제조간접원가집계	공장 전체 또는 부문	활동중심점
배부기준(원가동인)	조업도 관련 배부기준	다양한 원가동인
원가계산 정확도	상대적으로 낮음	상대적으로 높음
원가측정비용	상대적으로 낮음	상대적으로 높음
원가대상	제품 또는 부문	제품, 공급자, 고객 등 다양

> **예제 1: 활동중심점 원가집계**
>
> (주)한국은 20×1년 초에 영업을 시작하였으며, 1월 중 제조지시서 #301(고급형), #302(일반형)를 착수하였으며 모두 다 완성되었다. 두 가지 작업에 대한 제조원가 및 관련 자료는 다음과 같다.
>
> | | #301(고급형) | #302(일반형) | 합계 |
> |---|---|---|---|
> | 직접재료원가 | ₩107,000 | ₩139,000 | ₩246,000 |
> | 직접노무원가 | 105,000 | 75,000 | 180,000 |
> | 직접노동시간 | 600시간 | 900시간 | 1,500시간 |
> | 기계시간 | 6,000 | 4,000 | 10,000 |
>
> 회사는 활동기준원가계산을 적용하고자 한다. 활동분석의 결과 기계가동활동, 조립활동, 품질검사활동을 활동중심점으로 설정하였으며 관련 자료는 다음과 같다.
>
> **(1) 제조간접원가 내역**
>
> | | 금액 |
> |---|---|
> | 간접노무원가 | ₩50,000 |
> | 감가상각비 | 100,000 |
> | 임차료 | 25,000 |
> | 수선유지비 | 75,000 |
> | 합계 | ₩250,000 |

(2) 활동별 자원 소비내역

	간접노무원가 (감독시간)	감가상각비 (기계시간)	임차료 (점유면적 m²)	수선유지비 (직접노동시간)
기계가동활동	200시간	3,000시간	300m²	700시간
조립활동	200	2,000	100	300
품질검사활동	100	5,000	100	500
합계	500시간	10,000시간	500m²	1,500시간

요구사항

1 총제조간접원가를 활동중심점별로 집계하시오.

2 활동별 원가동인과 제품별 원가동인 소비량은 다음과 같다. 각 활동중심점별 원가를 각 작업에 배부하시오.

(1) 활동중심점별 원가동인

	활동원가	원가동인
기계가동활동	₩100,000	기계시간
조립활동	60,000	직접노동시간
품질검사활동	90,000	품질검사횟수
합계	₩250,000	

(2) 작업별 원가동인 소비내역

	#301	#302	합계
기계시간	6,000시간	4,000시간	10,000시간
직접노동시간	600	900	1,500
품질검사횟수	80회	10회	90회

3 각 작업별 생산량은 다음과 같다. 각 작업별 단위당 제조원가를 구하시오.

	#301	#302
생산량	800단위	1,000단위

4 (주)한국이 전통적 배부기준인 직접노동시간을 기준으로 제조간접원가를 배부한다고 가정할 경우 각 작업별 단위당 제조원가를 구하시오(단, 직접노동시간은 **2**의 자료를 이용하시오).

> **풀이**

1

	기계가동활동	조립활동	품질검사활동	합계
간접노무원가*¹	₩20,000	₩20,000	₩10,000	₩50,000
감가상각비*²	30,000	20,000	50,000	100,000
임차료*³	15,000	5,000	5,000	25,000
수선유지비*⁴	35,000	15,000	25,000	75,000
합계	₩100,000	₩60,000	₩90,000	₩250,000

*1 기계가동활동 : 조립활동 : 품질검사활동 = 200 : 200 : 100
　　배부율 = ₩50,000 ÷ 500시간 = ₩100/감독시간
*2 기계가동활동 : 조립활동 : 품질검사활동 = 3,000 : 2,000 : 5,000
　　배부율 = ₩100,000 ÷ 10,000시간 = ₩10/기계시간
*3 기계가동활동 : 조립활동 : 품질검사활동 = 300 : 100 : 100
　　배부율 = ₩25,000 ÷ 500m² = ₩50/m²
*4 기계가동활동 : 조립활동 : 품질검사활동 = 700 : 300 : 500
　　배부율 = ₩75,000 ÷ 1,500시간 = ₩50/직접노동시간

❷

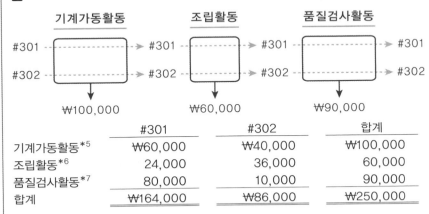

	#301	#302	합계
기계가동활동*5	₩60,000	₩40,000	₩100,000
조립활동*6	24,000	36,000	60,000
품질검사활동*7	80,000	10,000	90,000
합계	₩164,000	₩86,000	₩250,000

*5 #301 : #302 = 6,000 : 4,000
　　배부율 = ₩100,000 ÷ 10,000시간 = ₩10/기계시간
*6 #301 : #302 = 600 : 900
　　배부율 = ₩60,000 ÷ 1,500시간 = ₩40/직접노동시간
*7 #301 : #302 = 80 : 10
　　배부율 = ₩90,000 ÷ 90회 = ₩1,000/품질검사횟수

❸

	#301	#302	합계
직접재료원가	₩107,000	₩139,000	₩246,000
직접노무원가	105,000	75,000	180,000
제조간접원가	164,000	86,000	250,000
합계	₩376,000	₩300,000	₩676,000
생산량	÷ 800단위	÷ 1,000단위	
단위당 제조원가	₩470/단위	₩300/단위	

❹

	#301	#302	합계
직접재료원가	₩107,000	₩139,000	₩246,000
직접노무원가	105,000	75,000	180,000
제조간접원가*8	100,000	150,000	250,000
합계	₩312,000	₩364,000	₩676,000
생산량	÷ 800단위	÷ 1,000단위	
단위당 제조원가	₩390/단위	₩364/단위	

*8 #301 : #302 = 600 : 900
　　배부율 = ₩250,000 ÷ 1,500시간 = 166.67/직접노동시간

3 활동기준원가계산 활용

01 고객수익성분석

활동기준원가계산은 원가계산뿐만 아니라 고객별 수익성을 분석하는 데 활용할 수 있다. 즉, 수익성이 높은 고객을 찾을 수 있는 고객수익성분석이 가능하고 성과를 개선할 수 있는 방법을 제시할 수 있다. 고객수익성분석에서의 주요 활동원가는 판매비와 일반관리비이다.

고객수익성분석을 위한 고객 관련 활동 계층구조는 다음과 같다.

(1) 고객판매단위수준원가
고객에게 한 단위의 제품을 판매할 때마다 수행되는 활동(제품취급원가 등)

(2) 고객묶음수준원가
고객에게 한 묶음의 제품을 판매할 때마다 수행되는 활동(고객주문처리원가, 배달원가 등)

(3) 고객유지원가
고객을 유지하기 위하여 수행되는 활동(고객방문원가 등)

(4) 유통경로원가
특정 유통경로와 관련한 활동(대리점 관리자급여 등)

(5) 기업수준원가
일반적인 판매관리에 관련한 활동(경영자급여, 일반관리비 등)

예제 2: 고객수익성분석

다음은 회사가 보고한 20×1년 2월의 판매지원비용이다.

활동	원가동인	원가동인 소비량	원가동인배부율	
주문	주문횟수	30회	주문횟수당	₩250
목록 작성	와인종류	20종	종류당	₩150
배달과 지원	배달의 수	400건	배달당	₩15
대금청구 및 회수	고객의 수	300명	고객당	₩50

와인종류는 A, B, C 세 가지이며 20×1년 2월 판매 관련 자료는 다음과 같다. 단, 대금청구 및 회수비용은 고정원가이다. 따라서, 품목을 추가해도 증가하지 않는다.

	A	B	C
판매수량	300단위	250단위	250단위
단위당 판매가격	₩500	₩600	₩800
단위당 매입비용	200	400	450

요구사항

1 당월 총발생한 판매지원비용을 각 와인의 실제매출액을 기준으로 배분할 경우 와인 A의 영업이익을 구하시오.

2 와인 B의 판매지원활동의 원가동인 소비량이 다음과 같을 경우 와인 B의 영업이익을 구하시오.

	원가동인 소비량
주문	10회
목록 작성	8종
배달과 지원	60건
대금청구 및 회수	100명

3 회사에서 새로운 와인 D를 판매하고자 한다. 예상판매량은 300단위이며 예상 단위당 판매가격과 단위당 매입비용이 각각 ₩700, ₩500이다. 판매지원활동의 원가동인 소비량이 다음과 같을 경우 와인 D로 인한 회사 전체의 손익증감액을 구하시오.

	원가동인 소비량
주문	20회
목록 작성	3종
배달과 지원	30건
대금청구 및 회수	50명

풀이

1

	A	B	C
매출액	300단위 × ₩500 = ₩150,000	250단위 × ₩600 = ₩150,000	250단위 × ₩800 = ₩200,000
매입비용	300단위 × ₩200 = (60,000)	250단위 × ₩400 = (100,000)	250단위 × ₩450 = (112,500)
판매지원비용*1	₩31,500 × 0.3 = (9,450)	₩31,500 × 0.3 = (9,450)	₩31,500 × 0.4 = (12,600)
	₩80,550	₩40,550	₩74,900

*1 판매지원비용 배분액
  (1) 판매지원비용 총액

주문	30회 × ₩250 =	₩7,500
목록 작성	20종 × ₩150 =	3,000
배달과 지원	400건 × ₩15 =	6,000
대금청구 및 회수	300명 × ₩50 =	15,000
합계		₩31,500

  (2) 매출액 비율

	A	B	C	합계
매출액	₩150,000	₩150,000	₩200,000	₩500,000
비율	30%	30%	40%	100%

❷

	B
매출액	₩150,000
매입비용	(100,000)
판매지원비용*2	(9,600)
	₩40,400

*2

	원가동인 소비량	금액
주문	10회 × ₩250 =	₩2,500
목록 작성	8종 × ₩150 =	1,200
배달과 지원	60건 × ₩15 =	900
대금청구 및 회수	100명 × ₩50 =	5,000
합계		₩9,600

❸

대금청구 및 회수비용은 고정원가이므로 추가로 발생하지 않는다.

	D
매출액	300단위 × ₩700 = ₩210,000
매입비용	300단위 × ₩500 = ₩(150,000)
판매지원비용*3	(5,900)
	₩54,100

*3

	원가동인 소비량	금액
주문	20회 × ₩250 =	₩5,000
목록 작성	3종 × ₩150 =	450
배달과 지원	30건 × ₩15 =	450
합계		₩5,900

∴ ₩54,100만큼 추가적 영업이익이 발생한다.

02 공급자 선정 분석

활동기준원가계산은 원재료나 부품을 납품하는 공급자를 선정하는 데 활용할 수 있다. 과거에는 주로 납품단가를 기준으로 부품 등 공급자를 선택했지만 활동기준원가계산을 활용하여 납품단가 이외에 품질, 납기 및 운송비 등을 고려한 총원가를 최소화할 수 있는 공급자를 찾을 수 있다.

예제 3: 공급자 선정

(주)한국은 제품생산에 필요한 부품 100단위를 외부로부터 구입하고자 한다. 회사는 필요한 부품을 서로 다른 세 곳(A, B, C)에서 구입할 수 있으며, 구입단가 및 기타 추가비용에 관한 자료는 다음과 같다.

(1) 구입단가 및 활동수

	A	B	C
단위당 구입단가	₩900	₩800	₩1,000
처리횟수	10회	30회	1회
검수시간	20시간	20시간	10시간
진열건수	1건	1건	1건

(2) 활동별 원가동인배부율

활동	원가동인	원가동인당 배부율
입고처리	처리횟수	횟수당 ₩900
검수	검수시간	시간당 200
진열	진열건수	건수당 500

요구사항

(주)한국의 원가최소화를 위한 구입처와 구입금액 및 기타 부대비용을 포함한 원가총액을 구하시오.

[풀이]

	A	B	C
구입가격			
총구입가격	₩90,000[*1]	₩80,000	₩100,000
기타비용			
입고처리	9,000[*2]	27,000	900
검수	4,000[*3]	4,000	2,000
진열	500[*4]	500	500
총비용	₩103,500	₩111,500	₩103,400

*1 총구입가격: 100단위 × ₩900 = ₩90,000
*2 입고처리: 10회 × ₩900 = ₩9,000
*3 검수: 20시간 × ₩200 = ₩4,000
*4 진열: 1건 × ₩500 = ₩500

∴ C사로부터 구입하는 것이 가장 원가를 최소화할 수 있으며, 이때의 총원가는 ₩103,400이다.

01 활동기준원가계산(Activity Based Costing)시스템은 조업도기준 원가계산 (Volume Based Costing)시스템에 비하여 보다 정확한 제품원가를 제공할 수 있다. 다음 중에서 활동기준원가계산시스템을 도입함에 따라서 그 효과를 크게 볼 수 있는 기업의 일반적 특성에 해당되지 않는 것은? [회계사 02]

① 생산과정에 거액의 간접원가가 발생하는 경우

② 제품, 고객 및 생산공정이 매우 단순한 경우

③ 회사가 치열한 가격경쟁에 직면한 경우

④ 제품의 제조와 마케팅 원가에 대해서 생산작업자와 회계담당자 사이에 심각한 견해차이가 있는 경우

⑤ 제조 이전과 이후 단계의 원가 비중이 높아 적절한 수익성 파악이 요구되는 경우

02 활동기준원가계산시스템에 대한 설명 중 옳은 것을 모두 묶은 것은? [세무사 09]

> ㄱ. 제품과 고객이 매우 다양하고 생산공정이 복잡한 경우, 일반적으로 활동기준원가계산이 전통적 원가계산보다 정확한 제품원가정보를 제공한다.
>
> ㄴ. (ㄱ)설명의 주된 이유는 활동기준원가계산은 원가 발생행태보다 원가를 소모하는 활동에 초점을 맞추어 원가를 집계하여 배부하기 때문이다.
>
> ㄷ. 생산과정에서 거액의 간접원가가 발생하는 경우 활동기준원가계산이 전통적 원가계산보다 원가관리에 효과적이다.

① ㄱ   ② ㄱ, ㄴ   ③ ㄱ, ㄷ

④ ㄴ, ㄷ   ⑤ ㄱ, ㄴ, ㄷ

03 활동기준원가계산에 관한 설명으로 옳지 않은 것은? [세무사 15]

① 활동기준원가계산은 생산환경의 변화에 따라 증가되는 제조간접원가를 좀 더 정확하게 제품에 배부하고 효과적으로 관리하기 위한 새로운 원가계산방법이라 할 수 있다.

② 활동기준원가계산에서는 일반적으로 활동의 유형을 단위수준활동, 묶음수준활동(배치수준활동), 제품유지활동, 설비유지활동의 4가지로 구분한다.

③ 제품유지활동은 주로 제조공정이나 생산설비 등을 유지하고 관리하기 위하여 수행되는 활동으로서 공장시설관리, 환경관리, 안전유지관리, 제품별 생산설비 관리 등의 활동이 여기에 속한다.

④ 묶음수준활동은 원재료구매, 작업준비 등과 같이 묶음단위로 수행되는 활동을 의미하는데 품질검사의 경우 표본검사는 묶음수준활동으로 분류될 수 있지만, 전수조사에 의한 품질검사는 단위수준활동으로 분류된다.

⑤ 단위수준활동은 한 단위의 제품을 생산하는데 수반되어 이루어지는 활동으로서 주로 생산량에 비례적으로 발생하며, 주로 직접노무시간, 기계작업시간 등을 원가동인으로 한다.

04 활동기준원가계산(ABC)에 관한 설명으로 옳지 않은 것은? [세무사 22]

① 제조기술이 발달되고 공장이 자동화되면서 증가되는 제조간접원가를 정확하게 제품에 배부하고 효과적으로 관리하기 위한 원가계산기법이다.

② 설비유지원가(facility sustaining cost)는 원가동인을 파악하기가 어려워 자의적인 배부기준을 적용하게 된다.

③ 제품의 생산과 서비스 제공을 위해 수행하는 다양한 활동을 분석하고 파악하며, 비부가가치활동을 제거하거나 감소시킴으로써 원가를 효율적으로 절감하고 통제할 수 있다.

④ 원가를 소비하는 활동보다 원가의 발생행태에 초점을 맞추어 원가를 집계하여 배부하기 때문에 전통적인 원가계산보다 정확한 제품원가 정보를 제공한다.

⑤ 고객별·제품별로 공정에서 요구되는 활동의 필요량이 매우 상이한 경우에 적용하면 큰 효익을 얻을 수 있다.

05 활동기준원가계산에 대한 다음 설명 중 옳지 않은 것은? [회계사 22]

① 활동기준원가계산은 발생한 원가를 활동중심점별로 집계하여 발생한 활동원가 동인수로 배부하는 일종의 사후원가계산제도이다.

② 활동기준원가계산을 활용한 고객수익성분석에서는 제품원가뿐만 아니라 판매 관리비까지도 활동별로 집계하여 경영자의 다양한 의사결정에 이용할 수 있다.

③ 제조간접원가에는 생산량 이외의 다른 원가동인에 의하여 발생하는 원가가 많이 포함되어 있다.

④ 활동이 자원을 소비하고 제품이 활동을 소비한다.

⑤ 원재료구매, 작업준비, 전수조사에 의한 품질검사는 묶음수준활동(batch level activities)으로 분류된다.

06 (주)대한은 휴대전화기를 생산한다. 현재 회사는 제조간접원가를 단일배부율을 사용하여 공장 전체에 배부하고 있다. 회사의 경영진은 제조간접원가를 좀 더 정교하게 배부할 필요가 있다고 판단하고, 회계담당부서로 하여금 주요 생산활동과 그 활동에 대한 원가동인을 파악하라고 지시하였다. 다음은 활동, 원가동인 그리고 배부율에 대한 자료이다.

활동	원가동인	배부율
재료취급	부품의 수	부품당 ₩1,000
조립	직접노무시간	시간당 ₩40,000
검사	검사부문에서의 검사시간	분당 ₩10,000

현재의 전통적인 원가계산방법은 직접노무시간에 기초하여 1시간당 ₩150,000의 배부율을 사용한다.

휴대전화 제작을 위하여 한 번의 작업(batch)으로 50대의 휴대전화가 제조되었다. 전통적인 원가계산방법과 활동기준원가계산방법을 사용할 경우 휴대전화 한 대당 배부될 제조간접원가는 각각 얼마인가? (단, 한 번의 작업(batch)에는 1,000개의 부품, 직접노무시간 8시간, 그리고 검사시간 15분이 필요하다)

① 전통적 방법: ₩24,000 활동기준방법: ₩29,400
② 전통적 방법: ₩29,400 활동기준방법: ₩29,400
③ 전통적 방법: ₩24,000 활동기준방법: ₩24,000
④ 전통적 방법: ₩24,000 활동기준방법: ₩24,900
⑤ 전통적 방법: ₩24,000 활동기준방법: ₩47,000

07 (주)한호기계는 활동기준원가계산(Activity Based Costing)을 적용하고 있다. 회사는 제품생산을 위해 세 가지 활동을 수행하고 있다. 당기에 발생된 활동별 실제원가는 기계가동활동 ₩84,000, 엔지니어링활동 ₩60,000, 품질검사활동 ₩41,000이었다. 당기에 두 종류의 제품 A와 B를 생산하였으며, 생산 관련 실제자료는 다음과 같다.

항목	제품 A	제품 B
생산량	500단위	1,200단위
기계가동(기계시간)	2,000시간	3,000시간
엔지니어링(작업시간)	500시간	700시간
품질검사(품질검사횟수)	10회	15회

* 괄호 안은 각 활동의 원가동인을 의미한다.

활동기준원가계산 및 위의 자료와 관련된 (주)한호기계의 원가계산 결과에 대한 설명이다. 다음 중 타당하지 않은 것은?   [회계사 08]

① 생산과정에서 직접원가보다는 간접원가의 비중이 높을수록 활동기준원가계산의 도입효과가 큰 것으로 알려져 있다.
② 품질검사를 전수조사에 의할 경우 품질검사활동은 단위수준활동으로 분류된다.
③ 제품 A에 배부되는 총활동원가는 ₩72,000이다.
④ 기계가동활동의 원가배부율은 기계시간당 ₩16.8이다.
⑤ 제품 B에 배부되는 엔지니어링 활동원가는 ₩35,000이다.

08 (주)세무는 가공부문(도색 및 조립)과 보조부문(수선 및 동력)으로 구성된다. 다음의 서비스 공급량 자료를 이용하여 상호배부법으로 보조부문의 원가를 가공부문에 배부한다.

	보조부문		가공부문	
	수선	동력	도색	조립
수선	–	75시간	45시간	30시간
동력	200kw	–	100kw	200kw

수선부문과 동력부문에 각각 집계된 원가는 ₩300,000과 ₩200,000이다. 가공부문에 배부된 원가는 도색 횟수와 조립시간에 비례하여 각각 제품 A와 제품 B에 전액 배부된다. 제품 A와 제품 B에 사용된 도색 횟수와 조립시간이 다음과 같을 때, 제품 B에 배부되는 보조부문의 총원가는?

	제품 A	제품 B
도색 횟수	10회	13회
조립시간	200시간	100시간

① ₩210,000   ② ₩220,000   ③ ₩240,000

④ ₩250,000   ⑤ ₩280,000

(주)세무는 고객별 수익성 분석을 위하여 판매관리비에 대해 활동기준원가계산을 적용한다. 당기 초에 수집한 관련 자료는 다음과 같다.

> (1) 연간 판매관리비 예산 ₩3,000,000(급여 ₩2,000,000, 기타 ₩1,000,000)
> (2) 자원소비단위(활동)별 판매관리비 배분비율
>
> | | 고객주문처리 | 고객관계관리 | 계 |
> | --- | --- | --- | --- |
> | 급여 | 40% | 60% | 100% |
> | 기타 | 20% | 80% | 100% |
>
> (3) 활동별 원가동인과 연간 활동량
>
> | 활동 | 원가동인 | 활동량 |
> | --- | --- | --- |
> | 고객주문처리 | 고객주문횟수 | 2,000회 |
> | 고객관계관리 | 고객수 | 100명 |

(주)세무는 당기 중 주요 고객인 홍길동이 30회 주문할 것으로 예상하고 있다. 홍길동의 주문 1회당 예상되는 (주)세무의 평균 매출액은 ₩25,000이며 매출원가는 매출액의 60%이다. 활동기준원가계산을 적용하여 판매관리비를 고객별로 배분하는 경우, (주)세무가 당기에 홍길동으로부터 얻을 것으로 예상되는 영업이익은?

[세무사 19]

① ₩255,000   ② ₩265,000   ③ ₩275,000
④ ₩279,500   ⑤ ₩505,000

10 (주)국세는 활동기준원가계산 방법에 의하여 제품의 가공원가를 계산하고 있다. (주)국세의 각 활동과 활동별 원가배부율은 다음과 같다.

활동	원가동인	단위당 배부율
재료처리	부품수	₩10
기계작업	기계시간	120
조립작업	조립시간	75
검사	검사시간	100

제품 A 1단위를 제조하기 위해서는 부품 200개, 기계작업 10시간, 조립작업 20시간, 검사 5시간이 요구된다. (주)국세는 50단위의 제품 A를 단위당 ₩50,000에 판매하여 ₩1,500,000의 매출총이익을 달성하였다. 이 경우, 제품 A의 단위당 직접재료원가는 얼마인가? (단, 기초재고자산과 기말재고자산은 없다고 가정한다)

[세무사 12]

① ₩5,200   ② ₩14,800   ③ ₩15,250
④ ₩20,000   ⑤ ₩30,000

11 (주)서울은 가전제품을 생산하여 판매하는 기업이다. (주)서울의 경영자는 현재 생산하고 있는 양문냉장고의 설계를 변경하는 경우 원가를 얼마나 절감할 수 있는지 알아보려 한다. 20×2년의 양문냉장고 예상판매량 100대를 현재 설계된 대로 생산하는 경우 직접재료원가 ₩100,000, 직접노무원가 ₩50,000, 그리고 제조간접원가 ₩350,000이 발생할 것으로 추정된다. (주)서울은 활동기준원가계산(activity-based costing)을 적용하고 있는데 제조간접원가를 발생원인에 따라 항목별로 구분한 결과 다음과 같다.

제조간접원가 항목	금액	원가동인 및 발생 현황	
기계가동원가	₩100,000	기계가동시간	100시간
작업준비원가	50,000	작업준비시간	10시간
검사원가	100,000	검사시간	10시간
재작업원가	100,000	재작업시간	20시간

설계를 변경하는 경우 기계가동시간과 재작업시간은 20% 감소되며, 작업준비시간은 25% 감소될 것으로 예상된다. 그러나 검사시간은 현재보다 20% 늘어날 것으로 예상된다. (주)서울이 설계를 변경하는 경우 단위당 제조간접원가를 얼마나 절감할 수 있는가? (단, 상기 자료 외의 원가는 고려하지 않는다) [세무사 10]

① ₩275   ② ₩325   ③ ₩375
④ ₩425   ⑤ ₩475

12 (주)세무는 20×1년 제품 A 1,500단위, 제품 B 2,000단위, 제품 C 800단위를 생산하였다. 제조간접원가는 작업준비 ₩100,000, 절삭작업 ₩600,000, 품질검사 ₩90,000이 발생하였다. 다음 자료를 이용한 활동기준원가계산에 의한 제품 B의 단위당 제조간접원가는? [세무사 20]

활동	원가동인	제품 A	제품 B	제품 C
작업준비	작업준비횟수	30	50	20
절삭작업	절삭작업시간	1,000	1,200	800
품질검사	검사시간	50	60	40

① ₩43   ② ₩120   ③ ₩163

④ ₩255   ⑤ ₩395

13 (주)세무는 20×1년 제품 A와 B를 각각 1,800개와 3,000개를 생산·판매하였다. 각 제품은 배치(batch)로 생산되고 있으며, 제품 A와 B의 배치당 생산량은 각각 150개와 200개이다. 활동원가는 총 ₩1,423,000이 발생하였다. 제품생산과 관련된 활동내역은 다음과 같다.

활동	원가동인	활동원가
재료이동	이동횟수	₩189,000
재료가공	기계작업시간	1,000,000
품질검사	검사시간	234,000
합계		₩1,423,000

제품 생산을 위한 활동사용량은 다음과 같다.
- 제품 A와 B 모두 재료이동은 배치당 2회씩 이루어진다.
- 제품 A와 B의 총 기계작업시간은 각각 300시간과 500시간이다.
- 제품 A와 B 모두 품질검사는 배치당 2회씩 이루어지며, 제품 A와 B의 1회 검사시간은 각각 2시간과 1시간이다.

제품 A에 배부되는 활동원가는? (단, 재공품은 없다) [세무사 23]

① ₩405,000   ② ₩477,000   ③ ₩529,000

④ ₩603,000   ⑤ ₩635,000

제4장 │ 객관식 문제 정답 및 해설

01 ② 제품, 고객 및 생산공정이 복잡한 경우 ABC를 도입하면 그 효과가 더 커진다.

02 ⑤ 모두 옳은 설명이다.

03 ③ 제조공정이나 생산설비 등을 유지하고 관리하기 위하여 수행되는 활동은 설비유지활동으로서 공장시설관리, 환경관리 등이 여기에 속한다.

04 ④ 원가의 발생행태에 초점을 맞추어 변동제조원가만을 제품원가로 처리하는 것은 변동원가계산이다.

05 ⑤ 전수조사에 의한 품질검사는 단위수준활동(unit level activities)으로 분류된다.

06 ① (1) 전통적 방법: (₩150,000 × 8시간) ÷ 50 = ₩24,000
(2) 활동기준방법: (₩1,000 × 1,000개 + ₩40,000 × 8시간 + ₩10,000 × 15분) ÷ 50 = ₩29,400

07 ③ (1) 활동별 원가동인배부율
① 기계가동: ₩84,000 ÷ 5,000시간 = ₩16.8/시간
② 엔지니어링: ₩60,000 ÷ 1,200시간 = ₩50/시간
③ 품질검사: ₩41,000 ÷ 25회 = ₩1,640/회
(2) 제품 A에 배부되는 활동원가

기계가동	2,000시간 × ₩16.8 =	₩33,600
엔지니어링	500시간 × ₩50 =	25,000
품질검사	10회 × ₩1,640 =	16,400
합계		₩75,000

(3) 제품 B에 배부되는 엔지니어링 활동원가: 700시간 × ₩50 = ₩35,000

08 ②

	수선부문	동력부문	도색부문	조립부문
수선부문	–	0.5	0.3	0.2
동력부문	0.4	–	0.2	0.4
	₩300,000	₩200,000		
	(475,000)*	237,500	142,500	95,000
	175,000	(437,500)*	87,500	175,000
			₩230,000	₩270,000
			÷ 23회	÷ 300시간
			₩10,000/회	₩900/시간

* 상호배부법
A = ₩300,000 + 0.4B
B = ₩200,000 + 0.5A
→ A = ₩475,000, B = ₩437,500
∴ 제품 B에 배부되는 보조부문원가: 13회 × ₩10,000 + 100시간 × ₩900 = ₩220,000

09 ② 1. 활동별 배부율

	고객주문처리	고객관계관리
급여	₩800,000*1	₩1,200,000*3
기타	200,000*2	800,000*4
소계	₩1,000,000	₩2,000,000
활동량	÷ 2,000회	÷ 100명
배부율	₩500	₩20,000

*1 ₩2,000,000 × 40% = ₩800,000
*2 ₩1,000,000 × 20% = ₩200,000
*3 ₩2,000,000 × 60% = ₩1,200,000
*4 ₩1,000,000 × 80% = ₩800,000

2. 영업이익

		홍길동
매출액	₩25,000 × 30회 =	₩750,000
매출원가	₩750,000 × 60% =	450,000
매출총이익		₩300,000
고객주문처리	₩500 × 30회 =	15,000
고객관계관리	₩20,000 × 1명 =	20,000
영업이익		₩265,000

10 ② 단위당 직접재료원가를 P라 한 후 정리하면 다음과 같다.

매출액	50단위 × ₩50,000 = ₩2,500,000
제조원가	
직접재료원가	(50단위 × P)
가공원가	
재료처리	₩10 × 200개 × 50단위 = (100,000)
기계작업	₩120 × 10시간 × 50단위 = (60,000)
조립작업	₩75 × 20시간 × 50단위 = (75,000)
검사	₩100 × 5시간 × 50단위 = (25,000)
매출총이익	₩1,500,000

$50P + ₩100,000 + ₩60,000 + ₩75,000 + ₩25,000 = ₩2,500,000 - ₩1,500,000$

∴ 제품 A의 단위당 직접재료원가(P)는 ₩14,800이다.

11 ② 1. 활동별 원가동인배부율

항목	원가동인배부율
기계가동원가	₩100,000 ÷ 100시간 = ₩1,000/기계가동시간
작업준비원가	₩50,000 ÷ 10시간 = ₩5,000/작업준비시간
검사원가	₩100,000 ÷ 10시간 = ₩10,000/검사시간
재작업원가	₩100,000 ÷ 20시간 = ₩5,000/재작업시간

2. 설계변경 후 절감액

항목	절감액	
기계가동원가	₩1,000 × (20시간) =	₩(20,000)
작업준비원가	₩5,000 × (2.5시간) =	(12,500)
검사원가	₩10,000 × 2시간 =	20,000
재작업원가	₩5,000 × (4시간) =	(20,000)
합계		₩(32,500)

∴ 단위당 절감액: ₩32,500 ÷ 100대 = ₩325

12 ③ 1. 활동별 배부율

작업준비	₩100,000 ÷ 100회 =	₩1,000
절삭작업	₩600,000 ÷ 3,000시간 =	₩200
품질검사	₩90,000 ÷ 150시간 =	₩600

2. 제품 B의 제조간접원가

작업준비	₩1,000 × 50회 =	₩50,000
절삭작업	₩200 × 1,200시간 =	240,000
품질검사	₩600 × 60시간 =	36,000
합계		₩326,000

∴ 제품 B의 단위당 제조간접원가: ₩326,000 ÷ 2,000단위 = ₩163

13 ④ (1) 제품별 배치수

	제품 A	제품 B
제품별 배치수	1,800개 ÷ 150개 = 12배치	3,000개 ÷ 200개 = 15배치

(2) 활동중심점별 원가동인수

활동	제품 A	제품 B	합계
재료이동	12배치 × 2회 = 24회	15배치 × 2회 = 30회	54회
재료가공	300시간	500시간	800시간
품질검사	12배치 × 2회 × 2시간 = 48시간	15배치 × 2회 × 1시간 = 30시간	78시간

(3) 활동중심점별 배부율

재료이동	₩189,000 ÷ 54회 = ₩3,500
재료가공	₩1,000,000 ÷ 800시간 = ₩1,250
품질검사	₩234,000 ÷ 78시간 = ₩3,000

(4) 제품별 원가

	제품 A	제품 B	
재료이동	₩3,500 × 24회 = ₩84,000	₩3,500 × 30회 =	₩105,000
재료가공	₩1,250 × 300시간 = 375,000	₩1,250 × 500시간 =	625,000
품질검사	₩3,000 × 48시간 = 144,000	₩3,000 × 30시간 =	90,000
합계	₩603,000		₩820,000

제4장 | 주관식 문제

문제 01   서비스업의 활동기준원가계산

다음을 읽고 물음에 답하시오.

신문사업부, 방송사업부, 교육사업부로 구성된 (주)한국은 20×1년 사업연도 종료 후 사업부별 성과평가 보고서를 작성 중이다. 사업부의 성과평가에 있어서 본사공통원가의 배부는 매년 논란의 대상이 되어 왔다. 20×1년도 각 사업부별 성과 및 기타 자료는 다음과 같다.

구분	신문사업부	방송사업부	교육사업부	합계
매출액	₩400,000	₩800,000	₩400,000	₩1,600,000
영업비용	(150,000)	(750,000)	(350,000)	(1,250,000)
영업이익(본사공통원가 차감 전)	₩250,000	₩50,000	₩50,000	₩350,000
종업원 수(명)	750	1,000	750	2,500

현재 회사는 본사공통비를 하나의 원가집합(cost pool)에 집계하여 각 사업부의 실제 매출액을 기준으로 배부하고 있다. 각 사업부의 부서장은 사업부의 이익에 의해 성과를 평가받는데 각 사업부의 이익은 본사공통원가 차감 전 영업이익에서 본사공통원가 배부액을 차감하여 결정한다.

회사는 매년 논란의 대상이 되어 왔던 본사공통원가 배부에 새로운 방법을 도입하고자 한다. 즉, 본사공통원가를 비용항목의 성격에 따라 복수의 원가집합에 집계하여 각 사업부에 배부하려고 한다. 20×1년도 본사공통원가와 관련된 비용항목명, 실제발생금액, 새로운 대안에 의한 원가집합, 그리고 각 원가집합의 배부기준은 다음과 같다.

비용항목	실제발생금액	원가집합	배부기준
본사임원급여	₩50,000	#1	사업부매출액
홍보비	70,000	#2	본사공통원가 차감 전 영업이익
인사부문원가	20,000	#3	종업원 수
합계	₩140,000		

요구사항

[물음 1] 사업부의 실제매출액에 기초하여 본사공통원가를 배부하는 경우 각 사업부의 본사 공통원가 배부액 차감 후 이익을 구하시오.

[물음 2] 회사가 고려하고 있는 새로운 대안에 의해서 본사공통원가를 복수의 원가집합을 사용하여 배부하는 경우 각 사업부의 본사공통원가 배부액 차감 후 이익을 구하시오.

풀이

[물음 1] 영업이익계산(실제매출액을 기초로 배부)

	신문사업부	방송사업부	교육사업부	합계
매출액	₩400,000	₩800,000	₩400,000	₩1,600,000
영업비용	(150,000)	(750,000)	(350,000)	(1,250,000)
영업이익(본사공통원가 차감 전)	₩250,000	₩50,000	₩50,000	₩350,000
본사공통원가 배부액	(35,000)[*1]	(70,000)[*2]	(35,000)[*3]	(140,000)
배부액 차감 후 이익	₩215,000	₩(20,000)	₩15,000	₩210,000

*1 $₩140,000 \times \dfrac{₩400,000}{₩1,600,000} = ₩35,000$

*2 $₩140,000 \times \dfrac{₩800,000}{₩1,600,000} = ₩70,000$

*3 $₩140,000 \times \dfrac{₩400,000}{₩1,600,000} = ₩35,000$

[물음 2] 영업이익 계산(새로운 배부기준)

(1) 본사공통원가 원가집합별 배부율

구분	실제발생금액	원가동인 수	원가동인당 배부율
본사임원급여	₩50,000	₩1,600,000	사업부매출액당 ₩0.03125
홍보비	₩70,000	₩350,000	본사공통원가 차감 전 영업이익당 ₩0.2
인사부문원가	₩20,000	2,500명	종업원당 ₩8

(2) 각 사업부별 본사공통원가 차감 후 영업이익

	신문사업부	방송사업부	교육사업부	합계
차감 전 영업이익	₩250,000	₩50,000	₩50,000	₩350,000
본사임원급여	(12,500)[*1]	(25,000)	(12,500)	(50,000)
홍보비	(50,000)[*2]	(10,000)	(10,000)	(70,000)
인사부문원가	(6,000)[*3]	(8,000)	(6,000)	(20,000)
배부액 차감 후 이익	₩181,500	₩7,000	₩21,500	₩210,000

*1 ₩400,000 × ₩0.03125 = ₩12,500
*2 ₩250,000 × ₩0.2 = ₩50,000
*3 750명 × ₩8 = ₩6,000

다음을 읽고 물음에 답하시오.   [세무사 11]

(주)한국은 20×1년 1월 초에 창업한 회사로 제품 A와 제품 B를 생산·판매한다. 20×1년 12월 말까지 발생된 제조간접원가는 ₩4,000,000이었다. (주)한국은 활동기준원가계산을 적용하기 위하여 제조활동을 4가지로 구분하고 활동별로 제조간접원가를 집계하였다. (주)한국은 무재고 정책을 시행하고 있으며 전수조사를 통해 품질검사를 실시한다. 제품 A는 1회 생산에 1,000단위씩 생산하며, 제품 B는 1회 생산에 500단위씩 생산한다. 또한, 각 제품은 1회 생산을 위하여 1회의 작업준비를 실시한다.

1. 생산량, 판매가격 및 직접원가 내역

구분	제품 A	제품 B
생산량	10,000단위	5,000단위
판매가격	₩1,000/단위	₩1,500/단위
직접재료원가	₩3,000,000	₩4,000,000
직접노무원가	₩1,000,000	₩1,000,000

2. 활동원가 및 원가동인 내역

활동	활동원가	원가동인	원가동인 소비량 제품 A	원가동인 소비량 제품 B
작업준비	₩1,500,000	작업준비시간	15분/작업준비 1회	10분/작업준비 1회
품질검사	1,200,000	검사시간	2분/제품 1단위	4분/제품 1단위
공정수리	700,000	수리횟수	5회	2회
포장	?	생산량	?	?

3. 제품 A 시장의 경쟁이 심화되어, 20×2년도에 (주)한국은 제품 A의 대체품인 제품 C를 10,000단위 생산하고자 한다. (주)한국은 가격 경쟁력을 확보하기 위하여 제품 C의 판매가격을 제품 A보다 낮출 것을 고려하고 있다. 제품 C는 1회 생산에 1,000단위씩 생산하며, 제품 C를 생산할 경우 제품 A보다 절감되는 원가 및 원가동인은 다음과 같다. 각 활동별 원가동인당 활동원가는 20×2년에도 20×1년과 동일할 것으로 예상된다.

항목	절감되는 원가 및 원가동인
직접재료원가	제품 1단위당 ₩20 감소
직접노무원가	제품 1단위당 ₩10 감소
작업준비시간	작업준비 1회당 5분 감소
품질검사시간	제품 1단위당 1분 감소
공정수리횟수	1회 감소

요구사항

[물음 1] 20×1년도에 활동기준원가계산을 적용하여 각 제품의 단위당 제조원가와 매출총이익률을 구하시오.

[물음 2] 20×2년도에 제품 C를 생산하면서 달성할 수 있는 단위당 최대 원가절감액을 구하시오.

[물음 3] 제품 C의 목표매출총이익률을 제품 A의 20×1년도 매출총이익률의 1.2배가 되도록 설정한 경우, 제품 C의 단위당 제조원가를 구하시오(단, 제품 C의 판매가격은 제품 A 판매가격의 80%로 책정된다).

풀이

[물음 1] 단위당 제조원가와 매출총이익률
(1) 활동별 배부율

활동	활동원가	원가동인 소비량			활동별 배부율
		제품 A	제품 B	합계	
작업준비	₩1,500,000	150분[*1]	100분	250분	₩6,000/분
품질검사	1,200,000	20,000분[*2]	20,000분	40,000분	30/분
공정수리	700,000	5회	2회	7회	100,000/회
포장	600,000	10,000단위	5,000단위	15,000단위	40/단위
계	₩4,000,000				

[*1] 10,000단위/1,000단위 × 15분 = 150분
[*2] 10,000단위 × 2분 = 20,000분

(2) 제품별 제조간접원가

활동	제품 A	제품 B
작업준비	₩6,000 × 150분 = ₩900,000	₩6,000 × 100분 = ₩600,000
품질검사	₩30 × 20,000분 = 600,000	₩30 × 20,000분 = 600,000
공정수리	₩100,000 × 5회 = 500,000	₩100,000 × 2회 = 200,000
포장	₩40 × 10,000단위 = 400,000	₩40 × 5,000단위 = 200,000
계	₩2,400,000	₩1,600,000

(3) 제품별 단위당 원가

구분	제품 A	제품 B
직접재료원가	₩3,000,000	₩4,000,000
직접노무원가	1,000,000	1,000,000
제조간접원가	2,400,000	1,600,000
계	₩6,400,000	₩6,600,000
생산량	÷ 10,000단위	÷ 5,000단위
단위당 원가	₩640	₩1,320

(4) 제품별 매출총이익률

구분	제품 A	제품 B
단위당 판매가격	₩1,000	₩1,500
단위당 원가	(640)	(1,320)
단위당 매출총이익	₩360	₩180
매출총이익률	36%	12%

[물음 2] 제품 C의 단위당 원가절감액

구분	제품 C	
직접재료원가	₩20 × 10,000단위 =	₩200,000
직접노무원가	₩10 × 10,000단위 =	100,000
작업준비활동	₩6,000 × 10배치 × 5분 =	300,000
품질검사활동	₩30 × 10,000단위 × 1분 =	300,000
공정수리활동	₩100,000 × 1회 =	100,000
계		₩1,000,000
생산량		÷ 10,000단위
단위당 절감액		₩100

[물음 3] 제품 C의 단위당 제조원가

(1) 제품 C의 단위당 판매가격

₩1,000 × 80% = ₩800

(2) 매출총이익률

36% × 1.2 = 43.2%

(3) 단위당 매출총이익

₩800 × 43.2% = ₩345.6

∴ 단위당 제조원가를 x라 하면, ₩800 - x = ₩345.6이므로 x = ₩454.4이다.

다음을 읽고 물음에 답하시오.

(주)한국은 A, B, C 세 가지 제품을 생산하여 판매하고 있다. (주)한국의 20×1년 회계연도의 각 제품별 관련 자료는 다음과 같다. 기초 및 기말재고는 없다.

제품명	A	B	C
생산 및 판매수량	5,000단위	3,000단위	800단위
단위당 판매가격	₩500	₩400	₩600
단위당 직접재료원가	180	130	200
단위당 직접노무원가	100	100	100

이 회사의 총제조간접원가는 ₩1,320,000이며, 총판매관리비는 ₩125,400이다.

요구사항

[물음 1] 제조간접원가는 직접노무원가를 기준으로, 판매관리비는 매출액을 기준으로 배부할 때 각 제품별 영업이익률을 계산하라.

[물음 2] 제조간접원가와 판매관리비를 분석한 결과 다음과 같은 4개의 활동원가로 구분할 수 있다.

활동	활동원가
생산준비활동	₩560,000
검사활동	400,000
제품유지활동	360,000
고객관리활동	125,400

또한, 각 제품별로 활동원가를 계산하기 위하여 필요한 활동 관련 자료는 다음과 같으며 생산준비활동원가는 생산준비시간에 연동된다.

제품명	A	B	C
생산횟수	10회	2회	8회
1회 생산당 준비시간	2시간	2시간	4시간
고객 수	6명	4명	10명

검사는 매회 생산된 제품에서 첫 5단위에 대해서만 실시한다. 검사에 소요되는 시간은 제품종류에 관계없이 일정하다. 제품유지활동은 각 제품의 설계, 제품사양, 소요재료 등의 자료를 관리하는 활동으로 각 제품별로 유사하다. 고객관리활동은 제품종류에 관계없이 한 고객에게 투입되는 자원이 유사하다. 활동기준원가계산을 사용하여 각 제품별 영업이익률을 계산하시오.

[물음 3]　[물음 1]과 [물음 2]에서 영업이익률을 기준으로 한 가지 제품을 폐지한다고 한다면 각각의 경우 어떤 제품을 폐지하여야 하는가?

풀이

[물음 1]　영업이익률 계산(전통적 기준)

(1) 배부율 계산

① 제조간접원가 배부율: ₩1,320,000 ÷ ₩880,000 = 직접노무원가의 150%

② 판매관리비 배부율: ₩125,400 ÷ ₩4,180,000 = 매출액의 3%

(2) 영업이익률 계산

	A	B	C
매출액	₩2,500,000	₩1,200,000	₩480,000
직접재료원가	(900,000)	(390,000)	(160,000)
직접노무원가	(500,000)	(300,000)	(80,000)
제조간접원가	(750,000)*1	(450,000)	(120,000)
매출총이익	₩350,000	₩60,000	₩120,000
판매관리비	(75,000)*2	(36,000)	(14,400)
영업이익	₩275,000	₩24,000	₩105,600
영업이익률	0.11	0.02	0.22

*1 제조간접원가 배부액
　₩500,000 × 150% = ₩750,000
*2 판매관리비 배부액
　₩2,500,000 × 3% = ₩75,000

[물음 2] 영업이익률 계산(활동기준원가계산 기준)

(1) 각 활동별 배부율 계산

활동	활동별 배부율
생산준비활동	₩560,000/(10회 × 2시간 + 2회 × 2시간 + 8회 × 4시간) = ₩10,000/시간
검사활동	₩400,000/(10회 + 2회 + 8회) = 20,000/회
제품유지활동	₩360,000/3종류 = 120,000/종류
고객관리활동	₩125,400/(6명 + 4명 + 10명) = 6,270/명

(2) 영업이익률 계산

	A	B	C
매출액	₩2,500,000	₩1,200,000	₩480,000
직접재료원가	(900,000)	(390,000)	(160,000)
직접노무원가	(500,000)	(300,000)	(80,000)
생산준비활동원가	(200,000)[*1]	(40,000)	(320,000)
검사활동원가	(200,000)[*2]	(40,000)	(160,000)
제품유지활동원가	(120,000)	(120,000)	(120,000)
고객관리활동원가	(37,620)[*3]	(25,080)	(62,700)
영업이익	₩542,380	₩284,920	₩(422,700)
영업이익률	0.217	0.237	−0.88

*1 ₩10,000/시간 × 10회 × 2시간 = ₩200,000
*2 ₩20,000/회 × 10회 = ₩200,000
*3 ₩6,270/명 × 6명 = ₩37,620

[물음 3] 제품폐지 여부 결정

영업이익률에 따라 제품의 폐지 여부를 결정한다면, [물음 1]의 경우 제품 B, [물음 2]의 경우
제품 C를 폐지하여야 한다.

다음을 읽고 물음에 답하시오. [회계사 00]

(주)한국은 두 개의 제품 A, B를 생산하고 있으며, 당해연도 생산된 제품에 대한 재무자료는 다음과 같다.

	A제품	B제품
생산량(= 판매량)	5,000단위	2,500단위
매출액	₩5,000,000	₩3,500,000
직접재료원가	1,250,000	1,200,000
직접노무원가	1,000,000	675,000
직접기계작동원가	160,000	215,000

과거 전통적 원가계산에서는 제조간접원가는 직접노무원가를 기준으로 A제품에 직접노무원가의 180%, B제품에 직접노무원가의 120%로 배부하였다. 당사는 ABC를 도입하여 원가계산을 하는데 각 활동내역과 활동별 배부율은 다음과 같다.

셋업활동	셋업시간당 ₩500
시험활동	시험시간당 ₩40
엔지니어링활동	별도의 계산절차를 통해 계산
포장활동	제품 단위당 ₩120

(1) A는 500개가 1뱃치, B는 250개가 1뱃치이며 A는 뱃치당 16시간, B는 뱃치당 10시간의 셋업시간이 소요된다.
(2) 시험시간은 A는 단위당 3시간, B는 단위당 4시간이다.
(3) 엔지니어링 원가는 A에 ₩180,000, B에 ₩134,000이 소요된다.

또한, 당사는 A제품을 대체할 S제품을 고려하고 있으며 시장경쟁이 심화됨에 따라 제품의 판매가를 ₩80만큼 내리려고 한다. 제품가격을 인하한다고 해서 더 많이 팔리는 것은 아니지만 내리지 않으면 판매량이 감소할 것이다. S제품은 직접재료원가가 단위당 ₩35이 감소하고 직접노무원가는 단위당 ₩10이 감소한다. 또한 셋업시간이 뱃치당 4시간, 시험시간이 단위당 1시간이 감소되며 뱃치 단위에는 변화가 없다. 직접기계작동원가는 고정원가이며 직접기계시간이 감소된다. 포장활동은 변화가 없다.

요구사항

[물음 1] 활동기준원가계산을 이용하여 제조간접원가를 제품별로 배부하시오.

[물음 2] 활동기준원가계산을 이용하여 제품별 단위당 전부원가를 계산하시오.

[물음 3] 활동기준원가계산을 이용하여 제품별 매출총이익을 계산하시오.

[물음 4] 회사는 S부품을 통한 단위당 ₩80의 원가절감을 달성할 수 있겠는가? 계산근거를 나타내시오.

풀이

[물음 1] 제조간접원가 배부

	A제품		B제품	
셋업활동	5,000단위/500단위 × 16시간 × ₩500 =	₩80,000	2,500단위/250단위 × 10시간 × ₩500 =	₩50,000
시험활동	5,000단위 × 3시간 × ₩40 =	600,000	2,500단위 × 4시간 × ₩40 =	400,000
엔지니어링활동		180,000		134,000
포장활동	5,000단위 × ₩120 =	600,000	2,500단위 × ₩120 =	300,000
합계		₩1,460,000		₩884,000

[물음 2] 제품별 단위당 전부원가

	A제품	B제품
직접재료원가	₩1,250,000	₩1,200,000
직접노무원가	1,000,000	675,000
직접기계작동원가	160,000	215,000
제조간접원가	1,460,000	884,000
합계	₩3,870,000	₩2,974,000
생산량	÷ 5,000단위	÷ 2,500단위
단위당 원가	₩774	₩1,189.6

[물음 3] 제품별 매출총이익

	A제품	B제품
단위당 매출총이익	₩1,000 − ₩774 = ₩226	₩1,400 − ₩1,189.6 = ₩210.4
매출총이익	₩226 × 5,000단위 = 1,130,000	₩210.4 × 2,500단위 = 526,000

∴ A제품의 매출총이익이 B제품의 매출총이익보다 ₩604,000만큼 크다.

[물음 4] 원가절감목표 달성 여부

(1) 제조간접원가 절감액

셋업활동	5,000단위/500단위 × 4시간 × ₩500 =	₩20,000
시험활동	5,000개 × 1시간 × ₩40 =	200,000
합계		₩220,000
생산량		÷ 5,000단위
단위당 제조간접원가 절감액		₩44

(2) 단위당 원가절감액

	단위당 원가절감액
직접재료원가	₩35
직접노무원가	10
제조간접원가	44
합계	₩89

[참고] 전통적 원가계산

	A제품	B제품
직접재료원가	₩1,250,000	₩1,200,000
직접노무원가	1,000,000	675,000
직접기계작동원가	160,000	215,000
제조간접원가	1,800,000[*1]	810,000[*2]
합계	₩4,210,000	₩2,900,000
생산량	÷ 5,000단위	÷ 2,500단위
단위당 원가	₩842	₩1,160

*1 ₩1,000,000 × 180% = ₩1,800,000
*2 ₩675,000 × 120% = ₩810,000

다음을 읽고 물음에 답하시오.

[Atkinson 수정]

(주)한국은 구두와 운동화를 생산하여 판매하고 있다. 회사의 마케팅 담당 김부장은 최근 구두의 시장점유율이 꾸준히 높아지고 있지만 운동화의 시장점유율은 반대로 계속 낮아지고 있다는 사실을 발견하였다. 김부장은 그 원인을 분석한 결과 구두의 판매가격은 경쟁사보다 낮으나 운동화의 판매가격은 경쟁사에 비하여 오히려 높은 것을 파악하고 이상하다는 생각이 들었다. 동종업계의 모든 회사가 동일한 제조기술과 생산효율 그리고 가격정책을 가지고 있기 때문에 판매가격의 차이가 발생하는 이유를 도무지 이해할 수 없었기 때문이다. 김부장은 판매가격을 변경해야 하는지를 알아보기 위하여 회계담당자인 이부장에게 원가분석을 요구하였다. 이부장이 파악한 분석자료는 다음과 같다. 회사의 제조부문은 절단부문과 조립부문으로 이루어졌으며, 구두는 작은 뱃치(batch) 규모(각 뱃치당 1,000켤레)로 생산되고, 운동화는 큰 뱃치 규모(각 뱃치당 3,000켤레)로 생산된다. 회사는 현재 직접노동시간을 배부기준으로 하는 공장 전체 제조간접원가 배부율을 사용하고 있다. 연간예산자료는 다음과 같다.

총제조간접원가	₩1,200,000
총직접노동시간	40,000시간
총기계시간	50,000시간
총작업준비시간	500시간

각 제품별 예산자료는 다음과 같다.

	구두의 각 뱃치(1,000켤레)			운동화의 각 뱃치(3,000켤레)		
	절단부문	조립부문	합계	절단부문	조립부문	합계
직접노동시간	80시간	100시간	180시간	150시간	200시간	350시간
기계시간	200	120	320	150	120	270
작업준비시간	3	1	4	1	1	2
기본원가	₩7,500	₩6,000	₩13,500	₩9,000	₩7,200	₩16,200

두 개의 보조부문(수선유지부문과 작업준비부문)과 두 개의 제조부문(절단부문과 조립부문)의 예산자료는 다음과 같다.

	수선유지부문	작업준비부문	절단부문	조립부문	합계
제조간접원가	₩160,000	₩400,000	₩440,000	₩200,000	₩1,200,000
직접노동시간	–	–	15,000시간	25,000시간	40,000시간
기계시간	–	–	40,000	10,000	50,000
작업준비시간	–	–	320	180	500

또한, 활동별 원가 및 원가동인에 관한 예산자료는 다음과 같다.

활동분야	예산원가	활동유형	원가동인
수선유지	₩160,000	제품수준	기계시간
작업준비	400,000	뱃치수준	작업준비시간
절단부문 감독	280,000	뱃치수준	작업준비시간
절단부문 감가상각	160,000	설비수준	기계시간
조립부문 감독	160,000	단위수준	직접노동시간
조립부문 감가상각	40,000	설비수준	기계시간
	₩1,200,000		

요구사항

[물음 1] 직접노동시간을 배부기준으로 하는 공장 전체 제조간접원가 배부율을 이용하여 구두와 운동화의 컬레당 예산원가를 구하시오.

[물음 2] 절단부문에서는 기계시간을, 조립부문에서는 직접노동시간을 배부기준으로 하는 부문별 제조간접원가 배부율을 이용하여 구두와 운동화의 컬레당 예산원가를 구하시오(단, 보조부문원가의 배분은 직접배분법을 사용하되, 수선유지부문을 기계시간, 작업준비부문은 작업준비시간을 기준으로 배분하시오).

[물음 3] 활동기준원가계산을 이용하여 구두와 운동화의 컬레당 예산원가를 구하시오.

[물음 4] 부문별 제조간접원가 배부율을 사용할 경우가 공장 전체 제조간접원가 배부율을 사용할 경우보다 구두의 컬레당 원가가 더 높은 이유를 설명하시오.

[물음 5] 활동기준원가계산을 사용할 경우가 공장 전체 제조간접원가 배부율을 사용할 경우보다 운동화의 컬레당 원가가 더 낮은 이유를 설명하시오.

[물음 1] 공장 전체 제조간접원가 배부율을 이용할 경우

(1) 공장 전체 제조간접원가 배부율

$$\frac{₩1,200,000}{40,000시간} = 직접노동시간당 ₩30$$

(2) 켤레당 예산원가

	구두		운동화	
기본원가		₩13,500		₩16,200
제조간접원가	180시간 × ₩30 =	5,400	350시간 × ₩30 =	10,500
총원가		₩18,900		₩26,700
생산량		÷ 1,000켤레		÷ 3,000켤레
단위당 원가		₩18.9		₩8.9

[물음 2] 부문별 제조간접원가 배부율을 이용할 경우

(1) 부문별 제조간접원가 배부율

① 보조부문원가의 배분

	보조부문		제조부문		합계
	수선유지부문	작업준비부문	절단부문	조립부문	
배분 전 원가	₩160,000	₩400,000	₩440,000	₩200,000	₩1,200,000
수선유지부문*1	(160,000)	–	128,000	32,000	–
작업준비부문*2	–	(400,000)	256,000	144,000	–
배분 후 원가	₩0	₩0	₩824,000	₩376,000	₩1,200,000

*1 기계시간기준으로 배분(40,000시간 : 10,000시간)
*2 작업준비시간기준으로 배분(320시간 : 180시간)

② 부문별 제조간접원가 배부율

$$절단부문: \frac{₩824,000}{40,000시간} = 기계시간당 ₩20.6$$

$$조립부문: \frac{₩376,000}{25,000시간} = 직접노동시간당 ₩15.04$$

(2) 켤레당 예산원가

	구두		운동화	
기본원가		₩13,500		₩16,200
제조간접원가				
절단부문	200시간 × ₩20.6 =	4,120	150시간 × ₩20.6 =	3,090
조립부문	100시간 × ₩15.04 =	1,504	200시간 × ₩15.04 =	3,008
총원가		₩19,124		₩22,298
생산량		÷ 1,000켤레		÷ 3,000켤레
단위당 원가		₩19.124		₩7.433

[물음 3] 활동기준원가계산을 이용할 경우
(1) 활동별 제조간접원가 배부율
수선유지: ₩160,000/50,000시간 = ₩3.2/기계시간당

작업준비: ₩400,000/500시간 = ₩800/작업준비시간당

절단부문 감독: ₩280,000/320시간 = ₩875/절단부문 작업준비시간당

절단부문 감가상각: ₩160,000/40,000시간 = ₩4/절단부문 기계시간당

조립부문 감독: ₩160,000/25,000시간 = ₩6.4/조립부문 직접노동시간당

조립부문 감가상각: ₩40,000/10,000시간 = ₩4/조립부문 기계시간당

(2) 켤레당 예산원가

	구두		운동화	
기본원가		₩13,500		₩16,200
제조간접원가				
수선유지	320시간 × ₩3.2 =	1,024	270시간 × ₩3.2 =	864
작업준비	4시간 × ₩800 =	3,200	2시간 × ₩800 =	1,600
절단부문 감독	3시간 × ₩875 =	2,625	1시간 × ₩875 =	875
절단부문 감가상각	200시간 × ₩4 =	800	150시간 × ₩4 =	600
조립부문 감독	100시간 × ₩6.4 =	640	200시간 × ₩6.4 =	1,280
조립부문 감가상각	120시간 × ₩4 =	480	120시간 × ₩4 =	480
총원가		₩22,269		₩21,899
생산량		÷ 1,000켤레		÷ 3,000켤레
단위당 원가		₩22,269		₩7,300

[물음 4] 제조간접원가 배부방식의 비교
공장 전체 제조간접원가 배부율을 이용할 경우에는 총제조간접원가가 운동화에 더 많이 배부되나(구두 : 운동화 = 180 : 350), 부문별 제조간접원가 배부율을 이용할 경우에는 비중이 큰 절단부문 제조간접원가가 구두에 더 많이 배부되기 때문이다(구두 : 운동화 = 200 : 150). 이는 궁극적으로 구두의 절단부문 기계시간이 운동화에 비하여 상대적으로 더 많이 소요되는 데에 기인한 것이다.

[물음 5] 활동기준원가시스템하에서의 배부방식
공장 전체 제조간접원가 배부율을 이용할 경우에는 총제조간접원가가 운동화에 더 많이 배부되나, 활동기준원가계산을 이용할 경우에는 비중이 큰 작업준비 및 절단부문 감독원가가 구두에 더 많이 배부되기 때문이다. 이는 궁극적으로 운동화가 구두보다 큰 뱃치 규모로 생산되므로 상대적으로 작업준비시간이 더 적게 소요되는 데에 기인한 것이다.

다음을 읽고 물음에 답하시오.

[회계사 18]

스타 카페는 음료, 샌드위치를 판매하고 있다(제조와 동시에 판매하므로 재고는 없음). 스타 카페는 5월 중 음료, 샌드위치에 대하여 전통적 원가방식 및 ABC 원가방식을 이용하여 손익 분석을 실시한다.

전통적 원가방식에서 제조판매활동원가는 재료원가에 비례 배분하며, 관리활동원가(고정원가)는 직접노동시간에 비례 배분한다. 5월 중 스타 카페 자료는 다음과 같다.

〈자료 1〉

	음료	샌드위치
판매가격	1,000 원	2,000 원
5월 중 판매개수	5,000 개	1,000 개
단위당 재료원가	300 원	500 원
주문횟수	3,000 회	1,000 회
직접노동시간	150 시간	50 시간
전산작업횟수	200 회	300 회
회의횟수	5 회	5 회

〈자료 2〉

(단위: 원)

	활동	원가동인	발생원가
제조판매활동원가	주문접수활동	주문횟수	200,000
	판매기록활동	주문횟수	400,000
	재료처리활동	직접노동시간	400,000
	제조판매활동원가 계		1,000,000
관리활동원가 (고정원가)	전산활동	전산작업횟수	500,000
	회의활동	회의보고횟수	500,000
	관리활동원가(고정원가) 계		1,000,000

요구사항

[물음 1] 5월 스타 카페의 영업이익을 전통적 원가방식과 ABC 원가방식으로 구분하여 산정하시오.

[물음 2]   스타 카페는 경쟁 카페의 등장으로 경쟁이 심화됨에 따라 6월 이후에는 음료의 판매가격을 900원으로, 샌드위치의 판매가격을 1,800원으로 각각 조정하는 것을 계획하고 있다.

스타 카페는 6월 제품별 판매가격의 조정에도 불구하고 제품별 단위당 이익은 5월과 동일하게 유지되는 것을 목표로 한다. 6월 제품별 단위당 목표 이익 달성을 위해 필요한 제품별 단위당 목표 원가를 전통적 원가방식과 ABC 원가방식으로 구분하여 산정하시오(스타 카페의 6월 총 영업이익 규모는 고려하지 않음).

[물음 3]   스타 카페는 7월을 맞이하여 아이스크림 판매를 추가로 검토하고 있다. 아이스크림 판매와 관련된 활동의 종류는 음료, 샌드위치와 동일하며, 구체적인 내역은 〈자료 3〉과 같다. 음료, 샌드위치 관련 자료는 5월과 동일하다. 아이스크림을 추가로 판매해도 관리활동원가(고정원가)는 변화가 없으며, 제조판매활동의 단위당 원가도 동일하다.

〈자료 3〉

	아이스크림
판매가격	1,100 원
7월 중 판매개수	2,000 개
단위당 재료원가	500 원
주문횟수	3,000 회
직접노동시간	200 시간
전산작업횟수	300 회
회의횟수	30 회

(1) ABC 원가방식을 적용하여 아래 〈표〉와 같이 나타내시오.

(단위: 원)

	음료	샌드위치	아이스크림
매출액			
재료원가			
제조판매활동원가			
관리활동원가 (고정원가)			
영업이익			

(2) 카페 지배인은 영업이익에 의해 성과평가를 받는다. 위 (1)의 제품별 영업이익 분석 결과를 참고하여 카페 지배인은 아이스크림 제품의 유지 또는 중단에 대해 어떤 결정을 내려야 하는지 설명하시오.

(1) 제조판매활동원가와 관리활동원가(고정원가) 배분
  ① 전통적 원가방식

	음료	샌드위치
제조판매활동원가	₩1,000,000 × 75% = ₩750,000	₩1,000,000 × 25% = ₩250,000
관리활동원가	₩1,000,000 × 75% = 750,000	₩1,000,000 × 25% = 250,000
	₩1,500,000	₩500,000

  ② ABC 원가방식

	음료	샌드위치
제조판매활동원가		
주문접수활동	$₩200,000 \times \dfrac{3,000회}{3,000회+1,000회} = ₩150,000$	$₩200,000 \times \dfrac{1,000회}{3,000회+1,000회} = ₩50,000$
판매기록활동	$₩400,000 \times \dfrac{3,000회}{3,000회+1,000회} = 300,000$	$₩400,000 \times \dfrac{1,000회}{3,000회+1,000회} = 100,000$
재료처리활동	$₩400,000 \times \dfrac{150시간}{150시간+50시간} = 300,000$	$₩400,000 \times \dfrac{50시간}{150시간+50시간} = 100,000$
소계	₩750,000	₩250,000
관리활동원가		
전산활동	$₩500,000 \times \dfrac{200회}{200회+300회} = ₩200,000$	$₩500,000 \times \dfrac{300회}{200회+300회} = ₩300,000$
회의활동	$₩500,000 \times \dfrac{5회}{5회+5회} = 250,000$	$₩500,000 \times \dfrac{5회}{5회+5회} = 250,000$
소계	₩450,000	₩550,000

(2) 아이스크림 추가 시 ABC 원가방식에 의한 제조판매활동원가와 관리활동원가(고정원가) 원가동인 당 원가 및 배분비율([물음 3])
  • 제조판매활동원가 원가동인당 원가
    주문접수활동 ₩200,000 ÷ (3,000회 + 1,000회) = ₩50/회
    판매기록활동 ₩400,000 ÷ (3,000회 + 1,000회) = ₩100/회
    재료처리활동 ₩400,000 ÷ (150시간 + 50시간) = ₩2,000/회
  • 관리활동원가 배분비율

	음료	샌드위치	아이스크림
전산활동	$\dfrac{200회}{200회+300회+300회} = 25\%$	$\dfrac{300회}{200회+300회+300회} = 37.5\%$	$\dfrac{300회}{200회+300회+300회} = 37.5\%$
회의활동	$\dfrac{5회}{5회+5회+30회} = 12.5\%$	$\dfrac{5회}{5회+5회+30회} = 12.5\%$	$\dfrac{30회}{5회+5회+30회} = 75\%$

(3) 아이스크림 추가 시 ABC 원가방식에 의한 제조판매활동원가와 관리활동원가(고정원가) 배분금액 ([물음 3])

	음료		샌드위치		아이스크림	
제조판매활동원가						
주문접수활동	₩50×3,000회=	₩150,000	₩50×1,000회=	₩50,000	₩50×3,000회=	₩150,000
판매기록활동	₩100×3,000회=	300,000	₩100×1,000회=	100,000	₩100×3,000회=	300,000
재료처리활동	₩2,000×150시간=	300,000	₩2,000×50시간=	100,000	₩2,000×200시간=	400,000
관리활동원가						
전산활동	₩500,000×25%=	125,000	₩500,000×37.5%=	187,500	₩500,000×37.5%=	187,500
회의활동	₩500,000×12.5%=	62,500	₩500,000×12.5%=	62,500	₩500,000×75%=	375,000
		₩937,500		₩500,000		₩1,412,500

[물음 1] 5월 스타 카페의 영업이익

① 전통적 원가방식

	음료		샌드위치	
매출액	5,000개 × ₩1,000 =	₩5,000,000	1,000개 × ₩2,000 =	₩2,000,000
재료원가	5,000개 × ₩300 =	(1,500,000)	1,000개 × ₩500 =	(500,000)
제조판매활동원가		(750,000)		(250,000)
관리활동원가		(750,000)		(250,000)
		₩2,000,000		₩1,000,000

② ABC 원가방식

	음료		샌드위치	
매출액	5,000개 × ₩1,000 =	₩5,000,000	1,000개 × ₩2,000 =	₩2,000,000
재료원가	5,000개 × ₩300 =	(1,500,000)	1,000개 × ₩500 =	(500,000)
제조판매활동원가				
주문접수활동		(150,000)		(50,000)
판매기록활동		(300,000)		(100,000)
재료처리활동		(300,000)		(100,000)
관리활동원가				
전산활동		(200,000)		(300,000)
회의활동		(250,000)		(250,000)
		₩2,300,000		₩700,000

[물음 2] 6월 제품별 단위당 목표 원가

- 현재 단위당 이익

	음료	샌드위치
전통적 원가방식	₩2,000,000 ÷ 5,000개 = ₩400	₩1,000,000 ÷ 1,000개 = ₩1,000
ABC 원가방식	₩2,300,000 ÷ 5,000개 = ₩460	₩700,000 ÷ 1,000개 = ₩700

① 전통적 원가방식

	음료	샌드위치
목표가격	₩900	₩1,800
(−) 목표이익	(400)	(1,000)
목표원가	₩500	₩800

② ABC 원가방식

	음료	샌드위치
목표가격	₩900	₩1,800
(−) 목표이익	(460)	(700)
목표원가	₩440	₩1,100

[물음 3]

	음료	샌드위치	아이스크림
매출액	₩5,000,000	₩2,000,000	₩2,200,000[*1]
재료원가	(1,500,000)	(500,000)	(1,000,000)[*2]
제조판매활동원가			
주문접수활동	(150,000)	(50,000)	(150,000)
판매기록활동	(300,000)	(100,000)	(300,000)
재료처리활동	(300,000)	(100,000)	(400,000)
관리활동원가			
전산활동	(125,000)	(187,500)	(187,500)
회의활동	(62,500)	(62,500)	(375,000)
	₩2,562,500	₩1,000,000	₩(212,500)

*1 2,000개 × ₩1,100 = ₩2,200,000
*2 2,000개 × ₩500 = ₩1,000,000

(1) 제품별 영업이익

	음료	샌드위치	아이스크림
매출액	₩5,000,000	₩2,000,000	₩2,200,000
재료원가	(1,500,000)	(500,000)	(1,000,000)
제조판매활동원가	(750,000)	(250,000)	(850,000)
관리활동원가 (고정원가)	(187,500)	(250,000)	(562,500)
영업이익	₩2,562,500	₩1,000,000	₩(212,500)

(2) 아이스크림 제품의 유지 또는 중단 의사결정

증분수익	매출 증가	₩2,200,000
증분원가	재료원가	(1,000,000)
	제조판매활동원가	(850,000)
증분이익		₩350,000

증분이익이 ₩350,000이므로 아이스크림 제품을 유지한다.

제5장

종합원가계산

1 서론

01 의의

원가계산제도는 생산방식, 실제성(속성) 및 제품원가의 구성요소로 분류할 수 있으며 지금까지 내용은 실제성과 제품원가의 구성요소는 각각 실제원가계산과 전부원가계산을 가정하고 생산방식에 따라 개별원가계산과 그 밖의 원가계산방법에서 활동기준원가계산에 대해서 살펴보았다.

이제 종합원가계산에 대해서 살펴보기로 한다.

생산방식	실제성(속성)	구성요소
개별원가계산		
종합원가계산	실제원가계산	전부원가계산
그 밖의 원가계산		

종합원가계산이란 단일 종류의 제품을 연속적으로 대량생산하는 업종에 적합한 원가계산제도로 화학공정, 제지업 및 식품가공업 등에서 주로 사용된다. 특정 작업별로 원가계산이 진행되는 개별원가계산과는 달리 특정 공정별로 원가계산이 진행되어 완성된 제품과 미완성된 재공품으로 구분한다. 따라서, 공정별 원가계산(process costing)이라고도 한다.

핵심 Check 공정(process)

> 표준화된 제조과정을 말하며 특정 공정에서 생산된 제품은 동질적이라고 가정하므로 총원가를 평균화하여 배분할 수 있다.

02 제조원가의 구분

개별원가계산은 제품별로 원가를 계산하므로 개별제품별 추적가능성이 중요하지만 종합원가계산은 단일 제품을 연속적으로 생산하기 때문에 추적가능성은 중요하지 않으며 제조과정에서의 원가투입행태가 중요하다. 재료원가, 노무원가, 제조경비를 원가투입행태에 따라 구분하면 다음과 같다.

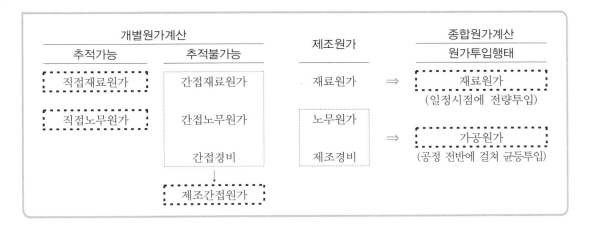

일정시점에 전량투입

재료원가는 일정시점에 전량투입되는 것이 일반적이다. 여기에서 일정시점이란 항상 공정시작시점을 의미하는 것은 아니며 제조과정 중 특정시점으로 이해해야 한다.

따라서, 종합원가계산은 제조원가를 재료원가와 가공원가(또는, 전환원가)로 구분한다.

03 종합원가계산의 절차

제조원가를 원가투입행태에 따라 재료원가와 가공원가로 구분한 후 각각의 원가투입정도를 반영한 물량을 기준으로 나누어 준다.

[1단계] 제조원가를 원가투입행태에 따라 구분한다.
일정시점에 투입되는 재료원가와 공정 전반에 걸쳐 균등투입되는 가공원가로 구분한다.

[2단계] 각 원가항목별 원가를 적절하게 나누어 준다.
재료원가는 해당 시점을 통과한 물량을 기준으로 배분하고 가공원가는 물량의 진행률을 고려한 물량을 기준으로 배분한다.

재료원가는 공정 초기에 전량 투입되고 가공원가는 공정 전반에 걸쳐 균등발생하는 상황에서 완성품과 재공품 모두 수량은 1개이지만 재공품의 진행률이 50%인 경우 재료원가와 가공원가의 원가투입정도를 반영한 물량은 다음과 같다.

			완성품 (1개, 100%)	재공품 (1개, 50%)	
DM	×××	⇒	1개	1개	
DL	×××		1개	0.5개	(= 1개 × 50%)
OH	×××	⇒			

핵심 Check 원가투입정도를 반영한 물량

종합원가계산에서 가장 중요한 개념으로 후술하는 완성품환산량을 의미한다.

04 제조원가보고서

개별원가계산의 경우 작업별로 투입되는 원가는 작업원가표에 집계되며 종합원가계산의 경우 완성품과 재공품에 대한 원가계산은 제조원가보고서에서 진행된다.

Ⅰ. 물량의 흐름				Ⅱ. 원가요소별 완성품환산량	
				재료원가	가공원가
기초	×××	완성	×××	×××	×××
착수	×××	기말	×××	×××	×××
	×××		×××	×××	×××

Ⅲ. 총원가의 집계

	재료원가	가공원가
기초재공품원가	×××	×××
당기투입원가	×××	×××
계	×××	×××

Ⅳ. 완성품환산량 단위당 원가(= Ⅲ ÷ Ⅱ)

	재료원가	가공원가
완성품환산량	÷ ×××	÷ ×××
완성품환산량 단위당 원가	×××	×××

Ⅴ. 총원가의 배분

		가공원가
완성품원가		×××
기말재공품원가		×××
		×××

또한, 제조원가보고서에서의 원가계산은 다음과 같은 5단계를 거쳐 진행된다.

[1단계] 총물량흐름 파악
제조과정에 투입된 물량은 산출된 물량과 동일해야 한다.

기초재공품물량 + 당기투입물량 = 당기완성물량 + 기말재공품물량

[2단계] 원가요소별 완성품환산량
재료원가와 가공원가 등 원가의 투입행태가 다르기 때문에 완성품환산량은 별도로 계산한다.

[3단계] 원가요소별 원가 집계
원가요소별로 원가를 집계한다.

[4단계] 원가요소별 완성품환산량 단위당 원가 = [3단계] ÷ [2단계]
원가요소별 원가를 원가요소별 완성품환산량으로 나누어 계산한다.

[5단계] 완성품원가 및 재공품원가
완성품과 재공품의 원가요소별 완성품환산량에 원가요소별 완성품환산량 단위당 원가를 곱하여 계산한다.

2 완성품환산량

01 의의

종합원가계산은 하나의 제품을 표준화된 제조과정을 통하여 연속적으로 생산하는 형태이므로 생산이 완료된 모든 물량의 원가는 동일하다고 가정한다. 따라서, 모든 물량이 동시에 착수하여 모두 완성된다면 단위당 원가는 총원가를 생산된 총수량으로 나누면 된다. 그러나, 일부는 완성되고 일부는 미완성된 상황이라면 물리적인 물량기준이 아닌 원가투입정도를 반영한 물량개념이 필요하며 이를 완성품환산량(equivalent unit)이라 한다.

1. 완성품환산량

완성품환산량은 완성정도를 반영하여 측정한 원가계산을 위한 물량단위이다. 또한, 완성품환산량은 원가요소별로 원가투입행태가 달라 원가요소별로 측정되어야 한다. 예를 들어 공정 초기에 투입되는 재료원가의 경우 완성품 1개와 재공품 1개에 투입되는 재료원가는 동일하지만 공정 전반에 걸쳐 균등투입되는 가공원가의 경우 완성품 1개와 재공품 1개에 투입되는 가공원가는 동일하다 할수 없다. 만약 재공품의 완성도가 50%라면 완성품의 환산량이 1인 경우 재공품의 환산량은 0.5 (= 1 × 50%)가 된다.

> **예제 1: 완성품환산량**
>
> (주)한국은 20×1년 초에 영업을 개시하였으며 단일(절삭)공정을 통하여 제품을 생산하고 있다. 다음은 20×1년 1월 공정에서 진행된 물량에 관련된 자료이다. 월말의 재공품에 대한 완성도는 80%라고 가정한다. 재료원가는 공정 초기에 모두 투입되고 가공원가는 공정 전반에 걸쳐 균등발생한다.
>
> | | 물량(개) |
> |---|---|
> | 기초재공품 | – |
> | 당기투입 | 1,000 |
> | 합계 | 1,000 |
> | 당기완성 | 800 |
> | 기말재공품(80% 완성) | 200 |
> | 합계 | 1,000 |
>
> **요구사항**
>
> 재료원가와 가공원가의 완성품환산량을 구하시오.

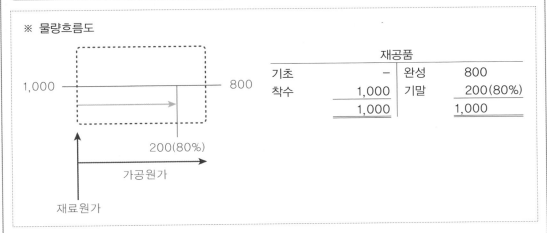

※ 물량흐름도

	재공품		
기초	–	완성	800
착수	1,000	기말	200(80%)
	1,000		1,000

Ⅰ. 물량흐름 파악

"기초재공품물량 + 당기착수물량 = 완성품물량 + 기말재공품물량"의 성립 여부를 파악한다.

즉, 기초재공품의 물량은 없으므로 당기착수물량 1,000개는 완성품물량 800개와 기말재공품물량 200개의 합과 같다.

Ⅱ. 원가요소별 완성품환산량

(1) 재료원가

공정 초기에 모두 투입되므로 완성품환산량은 "완성품물량 + 기말재공품물량"이다.

∴ 800개 + 200개 = 1,000개

(2) 가공원가

공정 전반에 걸쳐 균등발생하므로 기말재공품은 완성도를 기준으로 환산한다.

따라서 완성품환산량은 "완성품물량 + 기말재공품물량 × 완성도"이다.

∴ 800개 + 200개 × 0.8 = 960개

[비교] 5단계법

	Ⅰ. 물량의 흐름			Ⅱ. 원가요소별 완성품환산량	
				재료원가	가공원가
기초	–	완성	800	800	800
착수	1,000	기말	200(0.8)	200	160*
	1,000		1,000	1,000	960

* 200개 × 0.8 = 160개

2. 원가요소별 완성품환산량 단위당 원가

원가요소별 완성품환산량을 계산한 후 해당 원가를 완성품환산량으로 나누어 원가요소별 완성품환산량 단위당 원가를 계산할 수 있다.

$$완성품환산량\ 단위당\ 원가 = \frac{해당\ 원가}{완성품환산량}$$

3. 원가요소별 원가 배부

완성품환산량 단위당 원가를 계산한 후 완성품과 재공품의 완성품환산량에 곱하여 원가요소별 제조원가를 배부할 수 있다.

$$원가요소별\ 원가\ 배부 = 완성품환산량\ 단위당\ 원가 \times 완성품과\ 재공품의\ 완성품환산량$$

예제 2: 원가요소별 원가 배부

(주)한국은 20×1년 초에 영업을 개시하였으며 단일(절삭)공정을 통하여 제품을 생산하고 있다. 다음은 20×1년 1월 공정에서 진행된 물량에 관련된 자료이다. 월말의 재공품에 대한 완성도는 80%라고 가정한다. 재료원가는 공정 초기에 모두 투입되고 가공원가는 공정 전반에 걸쳐 균등발생한다.

	물량(개)	재료원가	가공원가
기초재공품	–	–	–
당기투입	1,000	₩100,000	₩144,000
합계	1,000	₩100,000	₩144,000
당기완성	800	?	?
기말재공품(80% 완성)	200	?	?
합계	1,000	₩100,000	₩144,000

요구사항

완성품 및 기말재공품의 원가를 구하시오.

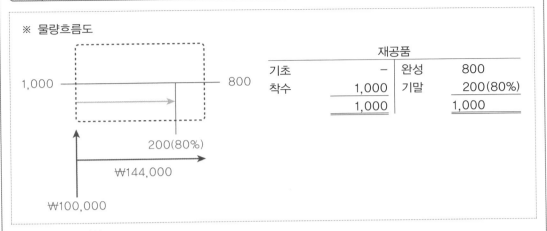

Ⅰ. 물량흐름 파악

"기초재공품물량 + 당기착수물량 = 완성품물량 + 기말재공품물량"의 성립 여부를 파악한다.

즉, 기초재공품의 물량은 없으므로 당기착수량 1,000개는 완성품물량 800개와 기말재공품물량 200개의 합과 같다.

Ⅱ. 원가요소별 완성품환산량

(1) 재료원가

공정 초기에 모두 투입되므로 완성품환산량은 "완성품물량 + 기말재공품물량"이다.

∴ 800개 + 200개 = 1,000개

(2) 가공원가

공정 전반에 걸쳐 균등발생하므로 기말재공품은 완성도를 기준으로 환산한다.

따라서 완성품환산량은 "완성품물량 + 기말재공품물량 × 완성도"이다.

∴ 800개 + 200개 × 0.8 = 960개

Ⅲ. 원가요소별 당기발생원가 집계

(1) 재료원가

₩100,000

(2) 가공원가

₩144,000

Ⅳ. 원가요소별 완성품환산량 단위당 원가(= Ⅲ ÷ Ⅱ)

(1) 재료원가

₩100,000 ÷ 1,000개 = ₩100/개

(2) 가공원가

₩144,000 ÷ 960개 = ₩150/개

Ⅴ. 완성품 및 기말재공품원가 계산(= Ⅱ × Ⅳ)

(1) 완성품원가

800개 × ₩100/개 + 800개 × ₩150/개 = ₩200,000
    재료원가   가공원가

(2) 기말재공품원가

200개 × ₩100/개 + 160개 × ₩150/개 = ₩44,000
    재료원가   가공원가

Ⅰ. 물량의 흐름				Ⅱ. 원가요소별 완성품환산량	
				재료원가	가공원가
기초	–	완성	800	800	800
착수	1,000	기말	200(0.8)	200	160
	1,000		1,000	1,000	960

Ⅲ. 총원가의 집계

	재료원가	가공원가
기초재공품원가	–	–
당기투입원가	₩100,000	₩144,000
계	₩100,000	₩144,000

Ⅳ. 완성품환산량 단위당 원가(= Ⅲ ÷ Ⅱ)

	재료원가	가공원가
완성품환산량	÷ 1,000개	÷ 960개
완성품환산량 단위당 원가	₩100	₩150

Ⅴ. 총원가의 배분

완성품원가	800개 × ₩100/개 + 800개 × ₩150/개 =	₩200,000
기말재공품원가	200개 × ₩100/개 + 160개 × ₩150/개 =	44,000
		₩244,000

02 연속공정

공정(process)이란 표준화된 제조과정을 말하며 성형부문, 압연부문, 조립부문 등이 있다. 일반적인 제조과정은 둘 이상의 부문들이 유기적으로 연결되고 전공정에서의 완성된 중간제품은 다음 공정에 투입되어 순차적으로 제조과정이 진행되므로 연속공정이라 한다.

연속공정의 원가흐름

재공품(제1공정)				재공품(제2공정)			
기초재공품	×××	중간제품원가	×××→	기초재공품	×××	완성품원가	×××
				전공정원가	×××		
재료원가	×××			재료원가	×××		
가공원가	×××	기말재공품	×××	가공원가	×××	기말재공품	×××
	×××		×××		×××		×××

1. 전공정원가(또는 전공정대체원가)

전공정에서 대체된 중간제품은 다음 공정(이하 차공정)에 투입되어 전체 공정이 완료되면 최종 완성품이 된다. 전공정원가(transferred-in cost)는 전공정에서 완성된 중간제품의 원가로 차공정 초기에 투입되므로 완성품환산량은 차공정 초기에 투입되는 재료원가로 처리하면 된다.

(주)한국은 20×1년 초에 영업을 개시하였으며 절삭공정과 조립공정을 통하여 제품을 생산하고 있다. 다음은 20×1년 1월 조립공정에서 진행된 물량에 관련된 자료이다. 월말 재공품에 대한 완성도는 60%라고 가정한다. 조립공정에서의 재료원가는 공정 종료시점에 모두 투입되고 가공원가는 공정 전반에 걸쳐 균등발생한다. 단, 절삭공정에서 대체된 물량은 800개이며 원가는 ₩200,000이다.

	물량(개)	재료원가	가공원가
기초재공품	–	–	–
당기투입	800	₩56,000	₩91,200
합계	800	₩56,000	₩91,200
당기완성	700	?	?
기말재공품(60% 완성)	100	?	?
합계	800	₩56,000	₩91,200

요구사항

완성품 및 기말재공품원가를 구하시오.

풀이

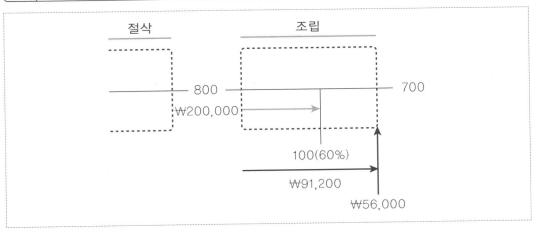

(1) 전공정에서 대체된 800개의 원가 ₩200,000은 전공정원가이다.

(2) 조립공정에서의 원가요소는 전공정원가, 가공원가 및 재료원가 세 가지이다.

(3) 전공정원가의 완성품환산량은 조립공정 초기에 투입되는 재료원가로 처리한다.

(4) 조립공정에서 재료원가는 공정 종료시점에 투입되므로 재공품에는 배분하지 않는다.

① 물량흐름 파악				② 완성품환산량			
	재공품				전공정원가	가공원가	재료원가
기초	−	완성	700		700	700	700
착수	800	기말	100(0.6)		100	60	−
	800		800		800	760	700

	③ 원가		
	₩200,000	₩91,200	₩56,000
④ 환산량 단위당 원가(= ③ ÷ ②)			
	₩250	₩120	₩80

⑤ 완성품원가와 기말재공품원가

완성품원가	700개 × ₩250 + 700개 × ₩120 + 700개 × ₩80 =	₩315,000
기말재공품원가	100개 × ₩250 + 60개 × ₩120 =	32,200
		₩347,200

2. 개별원가계산과의 관계

(1) 부문(department)과 공정(process)

부문과 공정은 개별원가계산과 종합원가계산의 특징을 구분하기 위한 개념적인 차이에 지나지 않는다. 즉, 모두 제품을 생산하는 제조과정을 의미한다.

(2) 개별원가계산의 복수부문

개별원가계산은 제품별로 원가계산이 진행되기 때문에 전 부문의 제조과정이 완료된 작업은 완성품으로, 일부 과정이 완료되지 않으면 재공품으로 분류되어 원가계산을 단순화한 공장 전체배부방법이 사용된다. 그러나, 종합원가계산은 공정별로 진행되고 공정에서의 완성품과 미완성품의 원가를 계산하는 것이 목적이므로 투입되는 원가요소와 투입행태에 따라 공정별 원가계산이 어떻게 달라지는가에 초점이 맞추어져 있다.

3 보조부문

01 의의

종합원가계산을 적용하는 제조현장에도 제조부문에 서비스를 제공하는 보조부문이 존재한다. 이러한 보조부문의 원가는 개별원가계산과 동일하게 먼저 제조부문에 배부한 후 해당 제조부문의 원가와 합하여 완성품과 재공품에 배부한다.

02 보조부문과 종합원가계산

보조부문원가는 보조부문 간의 용역수수관계를 고려하여 제조부문에 배부한 후 제조부문에 집계된 가공원가를 재료원가와 합하여 공정별 원가계산과정을 통하여 완성품과 재공품에 배부한다.

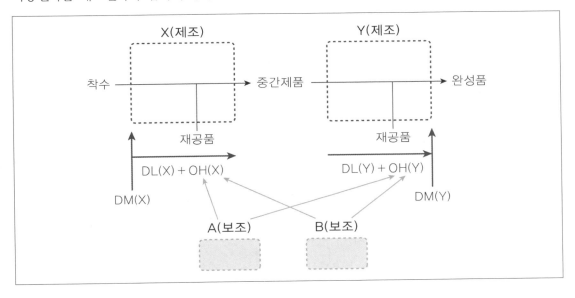

(주)한국은 20×1년 초에 영업을 개시하였으며 두 개의 보조부문인 동력부문, 수선부문과 두 개의 제조부문인 절삭공정, 조립공정을 통하여 제품을 생산하고 있다. 절삭공정과 조립공정에서의 재료원가는 각각 공정시작 및 종료시점에 모두 투입되고 가공원가는 공정 전반에 걸쳐 균등발생한다.

다음은 20×1년 1월 제조부문에서 진행된 물량에 관련된 자료이다.

(1) 절삭공정

	물량	재료원가	노무원가	제조간접원가
기초재공품	–	–	–	–
당기투입	100개	₩100,000	₩58,000	₩?
합계	100개	₩100,000	₩58,000	₩?
당기완성	60	?	?	?
기말재공품(50%)	40	?	?	?
합계	100개	₩100,000	₩58,000	₩?

(2) 조립공정

	물량	재료원가	노무원가	제조간접원가
기초재공품	–	–	–	–
당기투입	60개	₩60,000	₩32,000	₩?
합계	60개	₩60,000	₩32,000	₩?
당기완성	40	?	?	?
기말재공품(25%)	20	?	?	?
합계	60개	₩60,000	₩32,000	₩?

또한, 각 부문의 용역수수관계와 부문별 발생원가는 다음과 같다. 단, 보조부문원가는 직접배부법을 사용하여 제조부문에 배부한다.

구분	배부기준	보조부문		제조부문		합계
		동력	수선	절삭	조립	
동력부문	전력사용량	–	50kwh	100kwh	100kwh	250kwh
수선부문	기계시간	20h	–	20h	80h	120h
배분 전 원가		₩20,000	₩10,000	₩30,000	₩40,000	₩100,000

요구사항

완성품 및 기말재공품원가를 구하시오.

풀이

(1) 총제조간접원가는 배분 전 원가의 합계인 ₩100,000이다.

(2) 보조부문원가를 제조부문에 배분한 후 공정별 가공원가를 집계한다.

(3) 조립공정에서의 원가요소는 전공정원가, 가공원가 및 재료원가 세 가지이다.

(4) 전공정원가의 완성품환산량은 조립공정 초기에 투입되는 재료원가로 처리한다.

(5) 조립공정에서 재료원가는 공정 종료시점에 투입되므로 재공품에는 배분하지 않는다.

(6) 보조부문원가 배분

구분	배부기준	보조부문		제조부문		합계
		전력	수선	절삭	조립	
동력부문	전력사용량	–	–	50%	50%	100%
수선부문	기계시간	–	–	20%	80%	100%
배분 전 원가		₩20,000	₩10,000	₩30,000	₩40,000	₩100,000
동력부문		(20,000)	–	10,000	10,000	–
수선부문		–	(10,000)	2,000	8,000	–
배분 후 원가		–	–	₩42,000	₩58,000	₩100,000

(7) 물량흐름도

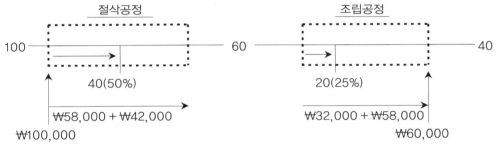

[절삭공정]

① 물량흐름 파악

재공품			
기초	–	완성	60
착수	100	기말	40(50%)
	100		100

② 완성품환산량

	재료원가	가공원가
	60	60
	40	20
	100	80

③ 원가

    ₩100,000   ₩100,000

④ 환산량 단위당 원가(= ③ ÷ ②)

     ₩1,000   ₩1,250

⑤ 완성품원가와 기말재공품원가

완성품원가	60개 × ₩1,000 + 60개 × ₩1,250 =	₩135,000
기말재공품원가	40개 × ₩1,000 + 20개 × ₩1,250 =	65,000
		₩200,000

3. 보조부문 **177**

종합원가계산

제5장

해커스 손원기 관리회계

[조립공정]

① 물량흐름 파악

	재공품			전공정원가	가공원가	재료원가
기초	–	완성	40	40	40	40
착수	60	기말	20(25%)	20	5	–
	60		60	60	45	40

② 완성품환산량

③ 원가

전공정원가	가공원가	재료원가
₩135,000	₩90,000	₩60,000

④ 환산량 단위당 원가(= ③ ÷ ②)

전공정원가	가공원가	재료원가
₩2,250	₩2,000	₩1,500

⑤ 완성품원가와 기말재공품원가

완성품원가	40개 × ₩2,250 + 40개 × ₩2,000 + 40개 × ₩1,500 =	₩230,000
기말재공품원가	20개 × ₩2,250 + 5개 × ₩2,000 =	55,000
		₩285,000

그러므로, 완성품원가와 재공품원가는 다음과 같다.

완성품원가: ₩230,000

재공품원가: ~~₩65,000~~ + ~~₩55,000~~ = ₩120,000
　　　　　　절삭공정　　조립공정

4 원가흐름의 가정

01 의의

종합원가계산은 공정별로 제조원가를 집계하여 완성품과 재공품에 배분한다. 따라서 전기에 이월된 기초재공품이 있다면 기초재공품의 원가를 당기 발생한 원가와 합하여 당기 완성품과 재공품에 배부해야 한다. 일반적으로 기초재공품원가와 당기 발생한 원가는 동일하지 않기 때문에 원가흐름에 대한 가정이 필요하다. 원가흐름의 가정은 선입선출법, 평균법 그리고 후입선출법이 있으나 후입선출법은 실제 물량흐름과는 상반되는 가정이므로 선입선출법과 평균법에 대해서 살펴보기로 한다.

1. 선입선출법

선입선출법(FIFO, first-in first-out method)이란 기초재공품을 우선적으로 가공한 후 당기 착수물량이 순차적으로 가공되는 것을 가정한다. 따라서, 완성품원가는 기초재공품원가에 당기 발생한 원가에서 배부받은 금액의 합으로 계산된다.

(1) 장점

전기와 당기 원가를 구분하여 원가통제 목적으로 유용하다.

(2) 단점

평균법에 비하여 계산과정이 복잡하다.

(3) 절차

선입선출법에 의한 종합원가계산 절차는 다음과 같다.

[1단계] 총물량흐름 파악

제조과정에 투입된 물량은 산출된 물량과 동일해야 한다.

> 기초재공품물량 + 당기투입물량 = 당기완성물량 + 기말재공품물량

[2단계] 원가요소별 완성품환산량

① 재료원가: 기초재공품이 전기에 재료원가를 배부받은 경우 당기 배부대상에서 제외한다.
② 가공원가: 기초재공품이 당기에 진행된 부분만 환산량에 반영한다.

[3단계] 원가요소별 원가집계

① 재료원가: 당기발생원가만을 집계한다.
② 가공원가: 당기발생원가만을 집계한다.

[4단계] 원가요소별 완성품환산량 단위당 원가 = [3단계] ÷ [2단계]

원가요소별 원가를 원가요소별 완성품환산량으로 나누어 계산한다.

[5단계] 완성품원가 및 재공품원가

① 완성품원가: 기초재공품원가와 완성품의 원가요소별 완성품환산량에 원가요소별 완성품환산량 단위당 원가를 곱한 금액을 합산한다.

② 재공품원가: 재공품의 원가요소별 완성품환산량에 원가요소별 완성품환산량 단위당 원가를 곱하여 계산한다.

예제 5: 선입선출법

(주)한국은 단일(절삭)공정을 통하여 제품을 생산하고 있다. 다음은 20×1년 2월 공정에서 진행된 물량에 관련된 자료이다. 월초 및 월말의 재공품에 대한 완성도는 각각 80%와 30%라고 가정한다. 재료원가는 공정 초기에 모두 투입되고 가공원가는 공정 전반에 걸쳐 균등발생한다. 단, 완성품과 기말재공품의 평가는 선입선출법에 의한다.

	물량(개)	재료원가	가공원가
기초재공품(80% 완성)	200	₩20,000	₩24,000
당기투입	1,000	130,000	124,500
합계	1,200	₩150,000	₩148,500
당기완성	900	?	?
기말재공품(30% 완성)	300	?	?
합계	1,200	₩150,000	₩148,500

요구사항

완성품 및 기말재공품의 원가를 구하시오.

풀이

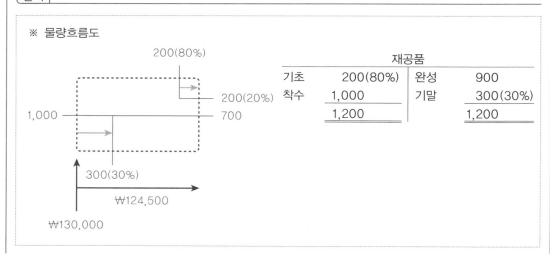

Ⅰ. 물량흐름 파악

"기초재공품물량 + 당기착수물량 = 완성품물량 + 기말재공품물량"의 성립 여부를 파악한다.

즉, 기초재공품물량 200개와 당기착수물량 1,000개의 합은 완성품물량 900개와 기말재공품물량 300개의 합과 같다. 단, 완성품 900개에는 기초재공품물량 200개가 먼저 완성되었으며 나머지 700개는 당기착수완성품이다.

Ⅱ. 원가요소별 완성품환산량

(1) 재료원가

공정 초기에 모두 투입되므로 완성품환산량은 당기착수물량인 "당기착수완성품물량 + 기말재공품물량"이다. 따라서 기초재공품물량은 제외한다.

∴ 700개 + 300개 = 1,000개

(2) 가공원가

공정 전반에 걸쳐 균등발생하므로 기초재공품과 기말재공품은 당기 완성도를 기준으로 환산한다. 따라서 완성품환산량은 "완성품물량(기초재공품물량 × 당기진행 완성도 + 당기착수완성물량) + 기말재공품물량 × 완성도"이다.

∴ (200개 × 0.2 + 700개) + 300개 × 0.3 = 830개

Ⅲ. 원가요소별 당기발생원가 집계

(1) 재료원가

₩130,000

(2) 가공원가

₩124,500

Ⅳ. 원가요소별 완성품환산량 단위당 원가(= Ⅲ ÷ Ⅱ)

(1) 재료원가

₩130,000 ÷ 1,000개 = ₩130/개

(2) 가공원가

₩124,500 ÷ 830개 = ₩150/개

Ⅴ. 완성품 및 기말재공품원가 계산(= Ⅱ × Ⅳ)

(1) 완성품원가

기초재공품이 먼저 완성되므로 기초재공품의 원가는 완성품원가에 가산함에 주의하여야 한다.

$\underset{\text{기초재공품원가}}{\underline{\text{₩44,000}}} + \underset{\text{재료원가}}{700개 \times \underline{\text{₩130/개}}} + \underset{\text{가공원가}}{740개 \times \underline{\text{₩150/개}}} = \text{₩246,000}$

(2) 기말재공품원가

$\underset{\text{재료원가}}{300개 \times \underline{\text{₩130/개}}} + \underset{\text{가공원가}}{90개 \times \underline{\text{₩150/개}}} = \text{₩52,500}$

Ⅰ. 물량의 흐름				Ⅱ. 원가요소별 완성품환산량	
				재료원가	가공원가
기초	200(0.8)	완성 ┌기초분	200(0.2)	–	40
		└당기분	700	700	700
착수	1,000	기말	300(0.3)	300	90
	1,200		1,200	1,000	830

Ⅲ. 총원가의 집계
  당기투입원가   ₩130,000   ₩124,500

Ⅳ. 완성품환산량 단위당 원가(= Ⅲ ÷ Ⅱ)
  완성품환산량   ÷ 1,000개   ÷ 830개
  완성품환산량 단위당 원가   ₩130   ₩150

Ⅴ. 총원가의 배분
  완성품원가   ₩44,000 + 700개 × ₩130 + 740개 × ₩150 =   ₩246,000
  기말재공품원가   300개 × ₩130 + 90개 × ₩150 =   52,500
                           ₩298,500

2. 평균법

평균법(WA, weighted average method)이란 기초재공품을 당기에 착수한 것으로 가정하여 기초재공품물량을 당기투입물량에 가산하고 기초재공품의 원가를 원가요소별로 당기 발생한 원가와 합한 금액을 완성품과 재공품에 배분한다.

핵심 Check 기초재공품을 당기에 착수한 것으로 가정

> 기초재공품물량과 원가를 당기물량과 원가에 합산하여 결과적으로 완성품환산량 단위당 원가는 평균단가를 의미한다.

(1) 장점
선입선출법에 비하여 계산과정이 간편하다.

(2) 단점
전기와 당기 원가를 평균하여 원가 정확도는 낮아진다.

(3) 절차
평균법에 의한 종합원가계산 절차는 다음과 같다.

[1단계] 총물량흐름 파악

제조과정에 투입된 물량은 산출된 물량과 동일해야 한다.

> 기초재공품물량 + 당기투입물량 = 당기완성물량 + 기말재공품물량

[2단계] 원가요소별 완성품환산량

기초재공품물량을 당기에 착수한 물량에 합산하여 계산한다. 따라서, 완성품은 모두 당기착수 완성물량이 된다.

[3단계] 원가요소별 원가 집계

기초재공품원가와 당기 발생한 원가를 합산한다.

[4단계] 원가요소별 완성품환산량 단위당 원가 = [3단계] ÷ [2단계]

원가요소별 원가를 원가요소별 완성품환산량으로 나누어 계산한다.

[5단계] 완성품원가 및 재공품원가

① 완성품원가: 완성품의 원가요소별 완성품환산량에 원가요소별 완성품환산량 단위당 원가를 곱한 금액을 합산한다.
② 재공품원가: 재공품의 원가요소별 완성품환산량에 원가요소별 완성품환산량 단위당 원가를 곱하여 계산한다.

예제 6: 평균법

(주)한국은 단일(절삭)공정을 통하여 제품을 생산하고 있다. 다음은 20×1년 2월 공정에서 진행된 물량에 관련된 자료이다. 월초 및 월말의 재공품에 대한 완성도는 각각 80%와 30%라고 가정한다. 재료원가는 공정 초기에 모두 투입되고 가공원가는 공정 전반에 걸쳐 균등발생한다. 단, 완성품과 기말재공품의 평가는 평균법에 의한다.

	물량(개)	재료원가	가공원가
기초재공품(80% 완성)	200	₩20,000	₩24,000
당기투입	1,000	130,000	124,500
합계	1,200	₩150,000	₩148,500
당기완성	900	?	?
기말재공품(30% 완성)	300	?	?
합계	1,200	₩150,000	₩148,500

요구사항

완성품 및 기말재공품의 원가를 구하시오.

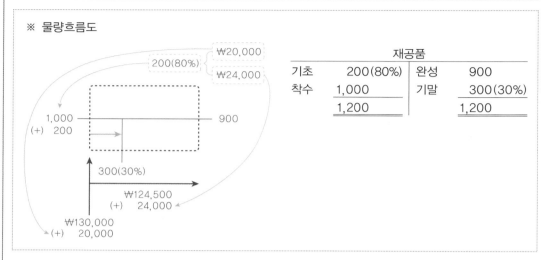

※ 물량흐름도

재공품			
기초	200(80%)	완성	900
착수	1,000	기말	300(30%)
	1,200		1,200

Ⅰ. 물량흐름 파악

원가흐름의 가정이 평균법이므로 기초재공품이 당기에 착수한 것으로 가정하여, 기초재공품물량을 당기착수물량에 가산한다.

"기초재공품물량 + 당기착수물량 = 완성품물량 + 기말재공품물량"의 성립 여부를 파악한다.

즉, 기초재공품의 물량은 없으므로 당기착수물량 1,200개와 완성품물량 900개와 기말재공품물량 300개의 합은 같다.

Ⅱ. 원가요소별 완성품환산량

(1) 재료원가

공정 초기에 모두 투입되므로 완성품환산량은 "완성품물량 + 기말재공품물량"이다.

∴ 900개 + 300개 = 1,200개

(2) 가공원가

공정 전반에 걸쳐 균등발생하므로 기말재공품은 완성도를 기준으로 환산한다.

따라서 완성품환산량은 "완성품물량 + 기말재공품물량 × 완성도"이다.

∴ 900개 + 300개 × 0.3 = 990개

Ⅲ. 원가요소별 당기발생원가 집계

원가흐름의 가정이 평균법이므로 기초재공품이 당기에 착수한 것으로 가정하여, 기초재공품 제조원가를 원가요소별로 당기발생한 제조원가에 가산한다.

(1) 재료원가

₩20,000 + ₩130,000 = ₩150,000

(2) 가공원가

₩24,000 + ₩124,500 = ₩148,500

Ⅳ. 원가요소별 완성품환산량 단위당 원가(= Ⅲ ÷ Ⅱ)

   (1) 재료원가

      ₩150,000 ÷ 1,200개 = ₩125/개

   (2) 가공원가

      ₩148,500 ÷ 990개 = ₩150/개

Ⅴ. 완성품 및 기말재공품원가 계산(= Ⅱ × Ⅳ)

   (1) 완성품원가

      900개 × ₩125/개 + 900개 × ₩150/개 = ₩247,500
          재료원가   가공원가

   (2) 기말재공품원가

      300개 × ₩125/개 + 90개 × ₩150/개 = ₩51,000
          재료원가   가공원가

[비교] 5단계법

	Ⅰ. 물량의 흐름		Ⅱ. 원가요소별 완성품환산량	
			재료원가	가공원가
기초	−	완성 900	900	900
착수	1,200	기말 300(0.3)	300	90
	1,200	1,200	1,200	990

Ⅲ. 총원가의 집계

	재료원가	가공원가
기초재공품원가	₩20,000	₩24,000
당기투입원가	130,000	124,500
계	₩150,000	₩148,500

Ⅳ. 완성품환산량 단위당 원가(= Ⅲ ÷ Ⅱ)

	재료원가	가공원가
완성품환산량	÷ 1,200개	÷ 990개
완성품환산량 단위당 원가	₩125	₩150

Ⅴ. 총원가의 배분

완성품원가	900개 × ₩125 + 900개 × ₩150 =	₩247,500
기말재공품원가	300개 × ₩125 + 90개 × ₩150 =	51,000
		₩298,500

3. 선입선출법과 평균법 비교

원가흐름의 가정은 기초재공품이 있는 경우에 필요하며 선입선출법에서 기초재공품원가는 모두 당기 완성품에 합산하고 평균법은 당기발생원가와 합하여 평균단가로 완성품과 재공품에 배분된다.

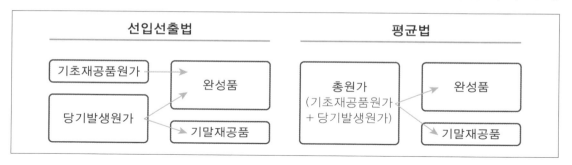

또한, 선입선출법과 평균법의 완성품환산량에 대한 차이는 다음과 같다(단, 재료원가는 공정 초기에 전량 투입되고 가공원가는 공정 전반에 걸쳐 균등발생한다).

(1) 재료원가

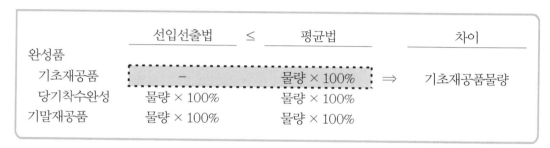

즉, 평균법의 재료원가 환산량이 "기초재공품물량"만큼 더 크다.

(2) 가공원가

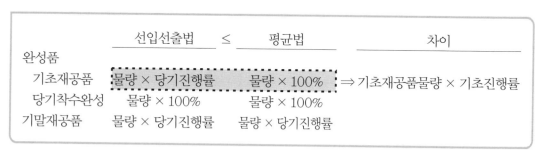

즉, 평균법의 가공원가 환산량이 "기초재공품물량×기초진행률"만큼 더 크다.

(주)한국은 종합원가계산제도를 채택하고 있다. 원재료는 공정 초기에 전량 투입되며, 가공원가는 공정 전반에 걸쳐서 균등하게 발생한다. 재료원가의 경우 평균법에 의한 완성품환산량은 12,000단위이고, 선입선출법에 의한 완성품환산량은 10,000단위이다. 또한, 가공원가의 경우 평균법에 의한 완성품환산량은 9,000단위이고, 선입선출법에 의한 완성품환산량은 7,200단위이다.

요구사항

기초재공품의 진행률은 몇 %인가?

풀이

평균법이 선입선출법에 비하여 다음의 환산량만큼 항상 크거나 같다.

	선입선출법	평균법	차이
재료원가			
기초추가진행분	–	물량 × 100%	물량 × 100%
당기착수완성분	물량 × 100%	물량 × 100%	
기말재공품	물량 × 100%	물량 × 100%	
가공원가			
기초추가진행분	물량 × 당기진행률	물량 × 100%	물량 × 기초진행률
당기착수완성분	물량 × 100%	물량 × 100%	
기말재공품	물량 × 당기진행률	물량 × 당기진행률	

따라서 기초재공품의 진행률은 다음과 같다.

	선입선출법	가중평균법	차이
재료원가	10,000	12,000	2,000(기초재공품물량)
가공원가	7,200	9,000	1,800(기초재공품물량 × 기초진행률)

기초재공품수량이 2,000이고 기초재공품의 진행률을 x라 하면, $2,000 \times x = 1,800$이므로 $x = 90\%$이다.

(주)한국은 절삭공정과 조립공정을 통하여 제품을 생산하고 있다. 즉, [예제 5]의 절삭공정에서 완성된 중간제품은 조립공정을 거쳐 최종완성된다. 다음은 20×1년 2월 조립에서 진행된 물량에 관련된 자료이다. 월초 및 월말의 재공품에 대한 완성도는 각각 30%와 50%라고 가정한다. 조립공정에서의 재료원가는 공정완료시점에 모두 투입되고 가공원가는 공정 전반에 걸쳐 균등발생한다. 단, 완성품과 기말재공품의 평가는 평균법에 의한다.

	물량(개)	전공정원가	재료원가	가공원가
기초재공품(30% 완성)	100	₩25,000	–	₩4,200
당기투입	900	?	₩152,000	174,000
합계	1,000	?	₩152,000	₩178,200
당기완성	800	?	?	?
기말재공품(50% 완성)	200	?	?	?
합계	1,000	?	₩152,000	₩178,200

요구사항

[예제 5(선입선출법)]의 자료를 이용하여 조립공정의 완성품 및 기말재공품의 원가를 구하시오.

풀이

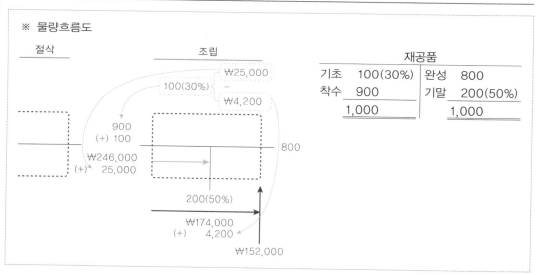

I. 물량흐름 파악

원가흐름의 가정이 평균법이므로 기초재공품을 당기에 착수한 것으로 가정하여, 기초재공품물량을 당기착수물량에 가산한다.

"기초재공품물량 + 당기착수물량 = 완성품물량 + 기말재공품물량"의 성립 여부를 파악한다.

즉, 기초재공품의 물량은 없으므로 당기착수물량 1,000개와 완성품물량 800개와 기말재공품물량 200개의 합은 같다.

Ⅱ. 원가요소별 완성품환산량
  (1) 전공정원가
      공정 초기에 모두 투입되므로 완성품환산량은 "완성품물량 + 기말재공품물량"이다.
      ∴ 800개 + 200개 = 1,000개
  (2) 가공원가
      공정 전반에 걸쳐 균등발생하므로 기말재공품은 완성도를 기준으로 환산한다.
      따라서 완성품환산량은 "완성품물량 + 기말재공품물량 × 완성도"이다.
      ∴ 800개 + 200개 × 0.5 = 900개
  (3) 재료원가
      공정완료시점에 모두 투입되므로 완성품환산량은 완성품물량이다.
      ∴ 800개
Ⅲ. 원가요소별 당기발생원가 집계
    원가흐름의 가정이 평균법이므로 기초재공품이 당기에 착수한 것으로 가정하여, 기초재공품 제조원
    가를 원가요소별로 당기발생한 제조원가에 가산한다.
  (1) 전공정원가
      ₩25,000 + ₩246,000 = ₩271,000
  (2) 가공원가
      ₩4,200 + ₩174,000 = ₩178,200
  (3) 재료원가
      ₩152,000
Ⅳ. 원가요소별 완성품환산량 단위당 원가(= Ⅲ ÷ Ⅱ)
  (1) 전공정원가
      ₩271,000 ÷ 1,000개 = ₩271/개
  (2) 가공원가
      ₩178,200 ÷ 900개 = ₩198/개
  (3) 재료원가
      ₩152,000 ÷ 800개 = ₩190/개
Ⅴ. 완성품 및 기말재공품원가 계산(= Ⅱ × Ⅳ)
  (1) 완성품원가
      800개 × ₩271/개 + 800개 × ₩198/개 + 800개 × ₩190/개 = ₩527,200
          전공정원가   가공원가   재료원가
  (2) 기말재공품원가
      200개 × ₩271/개 + 100개 × ₩198/개 + 0개 × ₩190/개 = ₩74,000
          전공정원가   가공원가   재료원가

[비교] 5단계법

Ⅰ. 물량의 흐름

				Ⅱ. 원가요소별 완성품환산량		
				전공정원가	가공원가	재료원가
기초	100(0.3)	완성	800	800	800	800
착수	900	기말	200(0.5)	200	100	–
	1,000		1,000	1,000	900	800

Ⅲ. 총원가의 집계

	전공정원가	가공원가	재료원가
기초재공품원가	₩25,000	₩4,200	–
당기투입원가	246,000	174,000	₩152,000
계	₩271,000	₩178,200	₩152,000

Ⅳ. 완성품환산량 단위당 원가(= Ⅲ ÷ Ⅱ)

	전공정원가	가공원가	재료원가
완성품환산량	÷ 1,000개	÷ 900개	÷ 800개
완성품환산량 단위당 원가	₩271	₩198	₩190

Ⅴ. 총원가의 배분

완성품원가	800개 × ₩271 + 800개 × ₩198 + 800개 × ₩190 =	₩527,200
기말재공품원가	200개 × ₩271 + 100개 × ₩198 =	74,000
		₩601,200

5 공손품

01 의의

공손품(spoiled units)이란 정상품에 비하여 품질 및 규격이 미달하는 불량품을 말한다. 이러한 불량은 폐기처분되거나 재작업을 거쳐 판매되기도 한다.

1. 종류

공손품은 효율적인 생산환경에서도 발생할 수 있는 부분과 비효율적인 생산환경으로 인하여 발생하는 부분으로 구분할 수 있다.

(1) 정상공손(normal spoilage)

생산이 효율적으로 진행되더라도 현재의 기술수준으로 개선할 수 없어 양질의 제품을 얻기 위해서 불가피하게 발생하는 것을 말한다.

(2) 비정상공손(abnormal spoilage)

생산이 효율적으로 진행된다면 피할 수 있는 작업자의 부주의, 생산계획의 차질 등의 원인으로 발생하는 것을 말한다.

2. 공손품원가

공손품의 원가를 별도로 집계하는지 여부에 따라 인식법과 무인식법으로 구분할 수 있으며 공손의 원가를 별도로 집계하는 인식법이 일반적으로 사용된다.

(1) 인식법

정상공손과 비정상공손의 원가를 각각 집계하는 방법으로 정상공손의 원가는 합격품원가에 가산하고 비정상공손원가는 당기손익으로 처리한다.

(2) 무인식법

공손의 원가를 별도로 집계하지 않고 정상품에만 원가를 배부하는 방법을 말한다.

3. 정상공손수량 결정

공손은 정상공손과 비정상공손으로 구분할 수 있으며 정상공손의 원가는 합격품원가에 가산한다. 종합원가계산은 단일 제품을 대량생산하므로 총공손수량에서 정상공손수량을 구분해야 한다. 이를 위해서 기업에서는 정상적인 공손이라고 인정할 수 있는 허용한도를 사전에 설정한다.

(1) 검사시점 통과기준

당기에 검사를 통과한 합격품의 일정비율을 정상공손으로 간주한다.

> 정상공손 허용수량 = 당기 합격품 × 정상공손허용률

(2) 검사시점 도달기준

당기에 검사를 받은 총물량의 일정비율을 정상공손으로 간주한다.

> 정상공손 허용수량 = $\dfrac{\text{당기 검사물량}}{\text{합격품 + 공손}}$ × 정상공손허용률

예제 9: 공손수량

(주)한국은 컴퓨터칩을 생산하고 있다. 재료는 공정 초기에 투입되며, 가공원가는 공정의 전반에 걸쳐 균등하게 발생한다. 공정과정에서 공손품이 발생하는데 이러한 공손품은 제품을 검사하는 시점에서 발생한다. 정상적인 공손품은 품질검사시점을 통과한 합격품의 10%의 비율로 발생한다. 1월의 생산자료를 보면, 월초재공품(완성도 30%) 5,000개, 당월 생산착수량 25,000개, 당월 생산착수완성품 10,000개, 월말재공품(완성도 80%) 8,000개, 공손품 7,000개이다.

요구사항

품질검사가 생산공정의 20%시점과 50%시점에서 실시되는 경우 각각의 정상공손품수량을 구하시오.

풀이

주어진 자료에서 당월 생산착수완성품 10,000개는 당월 착수물량 중 완성품수량이므로 총 완성품수량은 기초재공품물량 5,000개를 합한 15,000개이다.

	20%시점	50%시점
총공손수량	7,000	7,000
합격수량	25,000 − 7,000 = 18,000	25,000 + 5,000 − 7,000 = 23,000
정상공손수량	18,000 × 10% = 1,800	23,000 × 10% = 2,300

공손과 제조원가보고서

공손품에 대해서 인식법을 적용하면 제조원가보고서에 추가로 반영되는 내용은 다음과 같다.

[1단계] 총물량흐름 파악
산출물량에 공손물량을 포함하여 파악해야 한다.

> 기초재공품물량 + 당기투입물량 = 당기완성물량 + 정상공손물량 + 비정상공손물량 + 기말재공품물량

[2단계] 원가요소별 완성품환산량
원가요소별 완성품환산량을 계산한다.

> **핵심 Check** 공손의 완성도
>
> 공손으로 판명된 시점에서 더 이상 작업이 진행되지 않으므로 공손의 완성도는 검사시점이다.

[3단계] 원가요소별 원가 집계
원가요소별로 원가를 집계한다.

[4단계] 원가요소별 완성품환산량 단위당 원가 = [3단계] ÷ [2단계]
원가요소별 원가를 원가요소별 완성품환산량으로 나누어 계산한다.

[5단계] 완성품원가 및 재공품원가
① 1차배분: 완성품, 정상공손, 비정상공손, 재공품의 원가를 계산한다.
② 2차배분: 정상공손의 원가는 합격품에 추가로 배부한다.

정상공손원가 처리방법

정상공손은 양품을 생산하기 위하여 불가피하게 발생하는 것으로 정상공손의 원가는 별도로 집계하여 합격품에 배부해야 한다. 여기서 합격품이란 당기에 검사시점을 통과한 물량으로 당기착수완성품과 검사시점을 통과한 재공품을 말한다. 또한, 검사를 통과한 물량을 기준으로 배부하므로 재공품의 경우 완성도에 따라 환산하지 않는다.

또한, 공손을 처분할 수 있는 경우에는 총공손원가에서 공손의 순실현가치를 차감한 순공손원가를 계산한다.

> 순공손원가 = 총공손원가 − 공손의 순실현가치
> 최종판매가치 − 추가원가

(1) 공손의 순실현가치
공손품(자산)으로 인식한 후 처분시점에 현금유입과 상계처리한다.

(2) 순공손원가
순정상공손원가는 합격품에 가산하고 순비정상공손원가는 당기손익으로 처리한다.

종합원가계산

제5장

해커스 전산세무관리회계

정상공손이 발생할 수 있는 상황은 크게 다음과 같이 네 가지로 구분할 수 있다. 단, 모든 공손은 정상공손으로 가정한다.

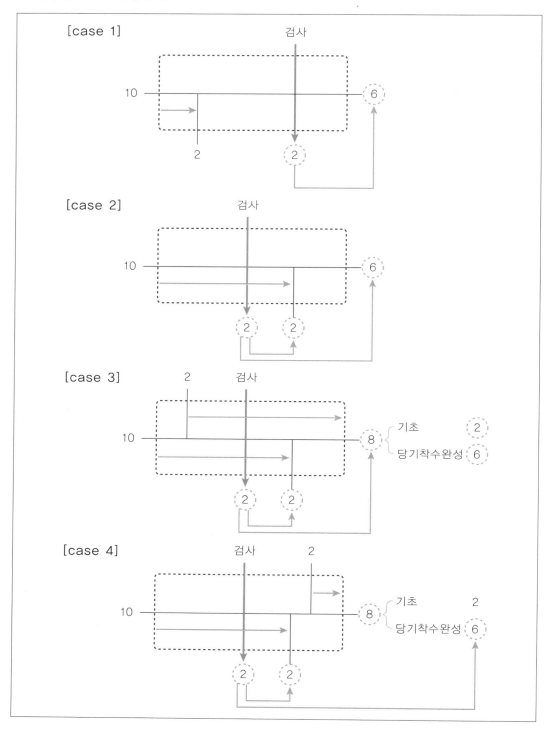

[case 1] 기초재공품은 없고 기말재공품이 검사시점을 통과하지 않은 경우

재공품은 합격품이 아니므로 정상공손원가는 모두 완성품에 가산한다.

예제 10: 기말재공품이 검사시점을 통과하지 않은 경우

(주)한국은 20×1년 초에 영업을 개시하였으며 단일(절삭)공정을 통하여 제품을 생산하고 있다. 다음은 20×1년 1월 공정에서 진행된 물량에 관련된 자료이다. 월말의 재공품에 대한 완성도는 80%라고 가정한다. 재료원가는 공정 초기에 모두 투입되고 가공원가는 공정 전반에 걸쳐 균등 발생한다. 단, 검사는 공정완료시점에 이루어지며 검사시점을 통과한 정상품의 10%를 정상공손으로 가정한다.

	물량(개)	재료원가	가공원가
기초재공품	–	–	–
당기투입	1,000	₩100,000	₩144,000
합계	1,000	₩100,000	₩144,000
당기완성	700	?	?
공손	100	?	?
기말재공품(80% 완성)	200	?	?
합계	1,000	₩100,000	₩144,000

요구사항

완성품 및 기말재공품의 원가를 구하시오.

풀이

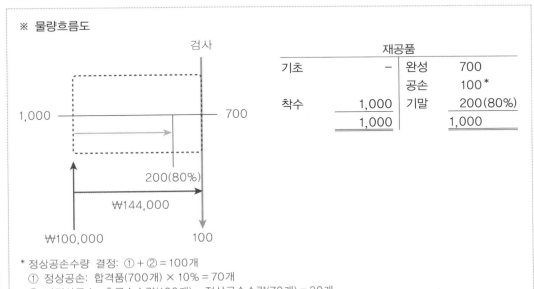

※ 물량흐름도

재공품			
기초	–	완성	700
		공손	100*
착수	1,000	기말	200(80%)
	1,000		1,000

* 정상공손수량 결정: ① + ② = 100개
  ① 정상공손: 합격품(700개) × 10% = 70개
  ② 비정상공손: 총공손수량(100개) − 정상공손수량(70개) = 30개

Ⅰ. 물량흐름 파악

"기초재공품물량 + 당기착수물량 = 완성품물량 + 정상공손물량 + 비정상공손물량 + 기말재공품물량"의 성립 여부를 파악한다.

즉, 기초재공품의 물량은 없으므로 당기착수물량 1,000개와 완성품물량 700개, 정상공손물량 70개, 비정상공손수량 30개, 기말재공품물량 200개의 합은 같다.

Ⅱ. 원가요소별 완성품환산량

(1) 재료원가

공정 초기에 모두 투입되므로 완성품환산량은 "완성품물량 + 정상공손물량 + 비정상공손물량 + 기말재공품물량"이다.

∴ 700개 + 70개 + 30개 + 200개 = 1,000개

(2) 가공원가

공정 전반에 걸쳐 균등발생하므로 기말재공품은 완성도를 기준으로 환산한다. 따라서 완성품환산량은 "완성품물량 + 정상공손물량 × 완성도 + 비정상공손물량 × 완성도 + 기말재공품물량 × 완성도"이다.

∴ 700개 + 70개 × 1 + 30개 × 1 + 200개 × 0.8 = 960개

※ 공손은 검사시점 이후에는 작업이 진행되지 않으므로 공손의 완성도는 검사시점이다.

Ⅲ. 원가요소별 당기발생원가 집계

(1) 재료원가

₩100,000

(2) 가공원가

₩144,000

Ⅳ. 원가요소별 완성품환산량 단위당 원가(= Ⅲ ÷ Ⅱ)

(1) 재료원가

₩100,000 ÷ 1,000개 = ₩100/개

(2) 가공원가

₩144,000 ÷ 960개 = ₩150/개

Ⅴ. 완성품 및 기말재공품원가 계산(= Ⅱ × Ⅳ)

1) 1차배분

(1) 완성품원가

700개 × ₩100/개 + 700개 × ₩150/개 = ₩175,000
　　　　재료원가　　　　　　가공원가

(2) 정상공손원가

70개 × ₩100/개 + 70개 × ₩150/개 = ₩17,500
　　　재료원가　　　　　　가공원가

(3) 비정상공손원가

30개 × ₩100/개 + 30개 × ₩150/개 = ₩7,500
　　　재료원가　　　　　　가공원가

(4) 기말재공품원가

200개 × ₩100/개 + 160개 × ₩150/개 = ₩44,000
　　　재료원가　　　　　　가공원가

2) 2차배분

정상공손의 원가는 합격품인 완성품원가에 가산한다.

∴ 완성품원가: ₩175,000 + ₩17,500 = ₩192,500

[비교] 5단계법

I. 물량의 흐름			II. 원가요소별 완성품환산량	
			재료원가	가공원가
기초	−	완성 700	700	700
		정상공손 70	70	70
		비정상공손 30	30	30
착수	1,000	기말 200(0.8)	200	160
	1,000	1,000	1,000	960

III. 총원가의 집계

	재료원가	가공원가
기초재공품원가	−	−
당기투입원가	₩100,000	₩144,000
계	₩100,000	₩144,000

IV. 완성품환산량 단위당 원가(= III ÷ II)

	재료원가	가공원가
완성품환산량	÷ 1,000개	÷ 960개
완성품환산량 단위당 원가	₩100	₩150

V. 총원가의 배분

1차배분

완성품원가	700개 × ₩100 + 700개 × ₩150 =	₩175,000
정상공손원가	70개 × ₩100 + 70개 × ₩150 =	17,500
비정상공손원가	30개 × ₩100 + 30개 × ₩150 =	7,500
기말재공품원가	200개 × ₩100 + 160개 × ₩150 =	44,000
		₩244,000

2차배분	배분 전	배분	배분 후
완성품원가	₩175,000	₩17,500	₩192,500
정상공손원가	17,500	(17,500)	−
비정상공손원가	7,500		7,500
기말재공품원가	44,000		44,000
	₩244,000	−	₩244,000

[case 2] 기초재공품은 없고 기말재공품이 검사시점을 통과한 경우

재공품은 합격품이므로 정상공손원가는 완성품과 재공품의 물량을 기준으로 배부한다. 여기서 주의할 점은 재공품 완성도에 따라 환산하지 않는다는 것이다.

예제 11: 기말재공품이 검사시점을 통과한 경우

(주)한국은 20×1년 초에 영업을 개시하였으며 단일(절삭)공정을 통하여 제품을 생산하고 있다. 다음은 20×1년 1월 공정에서 진행된 물량에 관련된 자료이다. 월말의 재공품에 대한 완성도는 80%라고 가정한다. 재료원가는 공정 초기에 모두 투입되고 가공원가는 공정 전반에 걸쳐 균등 발생한다. 단, 검사는 공정의 40%시점에서 이루어지며 검사시점을 통과한 정상품의 10%를 정상공손으로 가정한다.

	물량(개)	재료원가	가공원가
기초재공품	–	–	–
당기투입	1,000	₩100,000	₩144,000
합계	1,000	₩100,000	₩144,000
당기완성	700	?	?
공손(40% 완성)	100	?	?
기말재공품(80% 완성)	200	?	?
합계	1,000	₩100,000	₩144,000

요구사항

완성품 및 기말재공품의 원가를 구하시오.

풀이

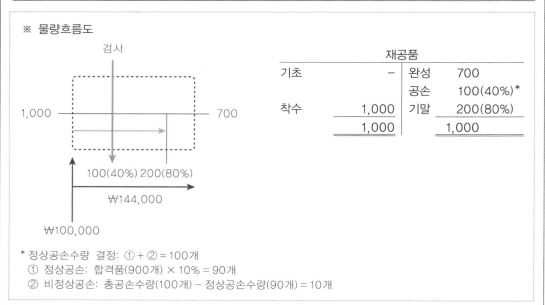

※ 물량흐름도

재공품			
기초	–	완성	700
		공손	100(40%)*
착수	1,000	기말	200(80%)
	1,000		1,000

* 정상공손수량 결정: ① + ② = 100개
　① 정상공손: 합격품(900개) × 10% = 90개
　② 비정상공손: 총공손수량(100개) − 정상공손수량(90개) = 10개

Ⅰ. 물량흐름 파악

"기초재공품물량 + 당기착수물량 = 완성품물량 + 정상공손물량 + 비정상공손물량 + 기말재공품물량"
의 성립 여부를 파악한다.

즉, 기초재공품의 물량은 없으므로 당기착수물량 1,000개와 완성품물량 700개, 정상공손물량 90
개, 비정상공손수량 10개와 기말재공품물량 200개의 합은 같다.

Ⅱ. 원가요소별 완성품환산량

(1) 재료원가

공정 초기에 모두 투입되므로 완성품환산량은 "완성품물량 + 정상공손물량 + 비정상공손물량 + 기
말재공품물량"이다.

∴ 700개 + 90개 + 10개 + 200개 = 1,000개

(2) 가공원가

공정 전반에 걸쳐 균등발생하므로 기말재공품은 완성도를 기준으로 환산한다. 따라서 완성품환산
량은 "완성품물량 + 정상공손물량 × 완성도 + 비정상공손물량 × 완성도 + 기말재공품물량 × 완성도"
이다.

∴ 700개 + 90개 × 0.4 + 10개 × 0.4 + 200개 × 0.8 = 900개

※ 공손은 검사시점 이후에는 작업이 진행되지 않으므로 공손의 완성도는 검사시점이다.

Ⅲ. 원가요소별 당기발생원가 집계

(1) 재료원가

₩100,000

(2) 가공원가

₩144,000

Ⅳ. 원가요소별 완성품환산량 단위당 원가(= Ⅲ ÷ Ⅱ)

(1) 재료원가

₩100,000 ÷ 1,000개 = ₩100/개

(2) 가공원가

₩144,000 ÷ 900개 = ₩160/개

Ⅴ. 완성품 및 기말재공품원가 계산(= Ⅱ × Ⅳ)

1) 1차배분

(1) 완성품원가

700개 × ₩100/개 + 700개 × ₩160/개 = ₩182,000
　　　　　재료원가　　　　　　　　　가공원가

(2) 정상공손원가

90개 × ₩100/개 + 36개 × ₩160/개 = ₩14,760
　　　재료원가　　　　　　　　가공원가

(3) 비정상공손원가

10개 × ₩100/개 + 4개 × ₩160/개 = ₩1,640
　　　재료원가　　　　　　　가공원가

(4) 기말재공품원가

200개 × ₩100/개 + 160개 × ₩160/개 = ₩45,600
　　　재료원가　　　　　　　　　가공원가

2) 2차배분

정상공손의 원가는 합격품인 완성품과 기말재공품의 원가에 가산한다.

∴ 완성품원가: ₩182,000 + ₩14,760 × (700개 ÷ 900개) = ₩193,480

기말재공품원가: ₩45,600 + ₩14,760 × (200개 ÷ 900개) = ₩48,880

※ 정상공손원가는 완성품과 기말재공품의 물량을 기준으로 배부한다. 기말재공품을 환산하지 않는 이유는 완성품과 기말재공품 모두 당기에 검사시점을 통과하였으므로 동등한 자격을 갖기 때문이다.

[비교] 5단계법

Ⅰ. 물량의 흐름			Ⅱ. 원가요소별 완성품환산량	
			재료원가	가공원가
기초	−	완성 700	700	700
		정상공손 90(0.4)	90	36
		비정상공손 10(0.4)	10	4
착수	1,000	기말 200(0.8)	200	160
	1,000	1,000	1,000	900

Ⅲ. 총원가의 집계

		재료원가	가공원가
기초재공품원가		−	−
당기투입원가		₩100,000	₩144,000
계		₩100,000	₩144,000

Ⅳ. 완성품환산량 단위당 원가(= Ⅲ ÷ Ⅱ)

	재료원가	가공원가
완성품환산량	÷ 1,000개	÷ 900개
완성품환산량 단위당 원가	₩100	₩160

Ⅴ. 총원가의 배분

1차배분

완성품원가	700개 × ₩100 + 700개 × ₩160 =	₩182,000
정상공손원가	90개 × ₩100 + 36개 × ₩160 =	14,760
비정상공손원가	10개 × ₩100 + 4개 × ₩160 =	1,640
기말재공품원가	200개 × ₩100 + 160개 × ₩160 =	45,600
		₩244,000

2차배분

	배분 전	배분	배분 후
완성품원가	₩182,000	₩11,480*	₩193,480
정상공손원가	14,760	(14,760)	−
비정상공손원가	1,640		1,640
기말재공품원가	45,600	3,280	48,880
	₩244,000	−	₩244,000

* $₩14,760 × \dfrac{700개}{700개 + 200개} = ₩11,480$

[case 3] 기초재공품이 전기에 검사시점을 통과하지 않은 경우

완성품에 포함된 기초재공품은 당기에 검사시점을 통과한 합격품이므로 당기정상공손원가 배부대상에 포함한다. 또한, 기초재공품으로 인하여 원가흐름의 가정이 필요하다.

(1) 선입선출법

기초재공품이 당기에 검사를 받으므로 공손의 일부는 기초재공품에서 발생한 물량이다. 따라서 기초재공품에서 발생한 공손은 기초재공품원가에 배부해야 한다. 그러나, 총공손물량을 기초재공품과 당기착수에서 발생한 물량으로 각각 구분하는 것은 복잡하고 구분에 대한 실익이 없어 모든 공손은 당기착수물량에 발생한 것으로 가정한다. 이를 수정된 선입선출법이라 한다.

(2) 평균법

기초재공품을 당기에 착수한 것으로 처리하여 평균단가를 기준으로 원가계산이 진행되므로 공손이 발생하지 않은 경우와 절차는 동일하다.

예제 12: 수정된 선입선출법

(주)한국은 단일(절삭)공정을 통하여 제품을 생산하고 있다. 다음은 20×1년 2월 공정에서 진행된 물량에 관련된 자료이다. 월말의 재공품에 대한 완성도는 30%라고 가정한다. 재료원가는 공정 초기에 모두 투입되고 가공원가는 공정 전반에 걸쳐 균등발생한다. 단, 검사는 공정완료시점에 이루어지며 검사시점을 통과한 정상품의 10%를 정상공손으로 가정한다.

	물량(개)	재료원가	가공원가
기초재공품(80% 완성)	200	₩20,000	₩24,000
당기투입	1,000	130,000	124,500
합계	1,200	₩150,000	₩148,500
당기완성	800	?	?
공손	100	?	?
기말재공품(30% 완성)	300	?	?
합계	1,200	₩150,000	₩148,500

요구사항

완성품 및 기말재공품의 원가를 구하시오(단, 원가흐름의 가정은 선입선출법에 의한다).

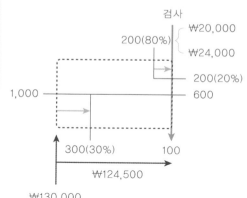

※ 물량흐름도

	재공품		
기초	200(80%)	완성	800
		공손	100*
착수	1,000	기말	300(30%)
	1,200		1,200

* 정상공손수량 결정: ① + ② = 100개
① 정상공손: 합격품(800개) × 10% = 80개
② 비정상공손: 총공손수량(100개) − 정상공손수량(80개) = 20개

Ⅰ. 물량흐름 파악

"기초재공품물량 + 당기착수물량 = 완성품물량 + 정상공손물량 + 비정상공손물량 + 기말재공품물량" 의 성립 여부를 파악한다.

즉, 기초재공품물량 200개와 당기착수물량 1,000개의 합은 완성품물량 800개, 정상공손물량 80 개, 비정상공손물량 20개 및 기말재공품물량 300개의 합과 같다.

Ⅱ. 원가요소별 완성품환산량

(1) 재료원가

공정 초기에 모두 투입되므로 완성품환산량은 "완성품 중 당기착수완성물량 + 정상공손물량 + 비 정상공손물량 + 기말재공품물량"이다.

∴ 800개 − 200개 + 80개 + 20개 + 300개 = 1,000개

(2) 가공원가

공정 전반에 걸쳐 균등발생하므로 기초재공품의 추가진행과 기말재공품의 완성도를 기준으로 환 산한다. 즉, 완성품환산량은 "기초재공품 × 당기완성도 + 당기착수완성물량 + 정상공손물량 × 완 성도 + 비정상공손물량 × 완성도 + 기말재공품물량 × 완성도"이다.

∴ 200개 × 0.2 + 600개 + 80개 + 20개 + 300개 × 0.3 = 830개

Ⅲ. 원가요소별 당기발생원가 집계

(1) 재료원가

₩130,000

(2) 가공원가

₩124,500

Ⅳ. 원가요소별 완성품환산량 단위당 원가(= Ⅲ ÷ Ⅱ)

(1) 재료원가

₩130,000 ÷ 1,000개 = ₩130/개

    (2) 가공원가

        ₩124,500 ÷ 830개 = ₩150/개

Ⅴ. 완성품 및 기말재공품원가 계산(= Ⅱ×Ⅳ)

    1) 1차배분

        (1) 완성품원가

            ₩44,000 + 600개 × ₩130 + 640개 × ₩150 = ₩218,000

        (2) 정상공손원가

            80개 × ₩130 + 80개 × ₩150 = ₩22,400

        (3) 비정상공손원가

            20개 × ₩130 + 20개 × ₩150 = ₩5,600

        (4) 기말재공품원가

            300개 × ₩130 + 90개 × ₩150 = ₩52,500

    2) 2차배분

        정상공손의 원가는 합격품인 완성품원가에 가산한다.

        ∴ 완성품원가: ₩218,000 + ₩22,400 = ₩240,400

[참고] 수정된 선입선출법
기초재공품 200단위(80% 완성)는 당기에 검사를 받았으므로 당기 발생한 공손물량 100단위의 일부는 기초재공품에서 발생한 공손이다. 또한, 기초재공품에서 발생한 공손은 기초재공품의 원가인 ₩44,000 에서 배부해야 하지만 공손물량 구분의 번거로움과 공손원가의 중요성을 고려하여 당기공손물량은 모두 당기투입량에서 발생한다고 가정한다.

[case 4] 기초재공품이 전기에 검사시점을 통과한 경우

기초재공품은 전기에 검사시점을 통과한 합격품이므로 당기정상공손원가 배부대상에서 제외한다. 또한, 기초재공품으로 인하여 원가흐름의 가정이 필요하다.

(1) 선입선출법

기초재공품이 전기에 검사를 통과한 합격품으로 전기에 배부받은 정상공손원가는 기초재공품 원가에 포함되어 있고, 선입선출법이므로 기초재공품원가는 합격품원가에 가산하면 된다. 따라서, 공손이 발생하지 않은 경우와 절차는 동일하다. 완성품에 배부할 정상공손원가는 다음과 같다.

$$\text{당기정상공손원가} \times \frac{\text{당기착수완성품물량}}{\text{당기착수완성품물량} + \text{검사시점을 통과한 기말재공품물량}}$$

(2) 평균법

기초재공품을 당기에 착수한 것으로 처리하여 평균단가를 기준으로 원가계산이 진행된다. 또한, 전기에 배부받은 기초재공품의 정상공손원가는 당기정상공손원가와 합하여 합격품에 배부한다. 여기서 주의할 점이 두 가지 있다.

① 정상공손물량을 구분하는 경우 기초재공품을 당기착수물량에 가산하는 과정에서 정상공손의 물량이 달라질 수 있으나 평균법을 적용하더라도 정상공손물량은 기초재공품물량을 포함하지 않은 실제 물량흐름을 기준으로 결정해야 한다.

② 전기에 배부받은 정상공손원가를 당기정상공손원가에 가산하므로 합격품은 기초재공품을 포함한 완성품과 당기 검사시점을 통과한 기말재공품이다.

완성품에 배부할 정상공손원가는 다음과 같다.

$$(\text{당기정상공손원가} + \text{기초재공품정상공손원가}) \times \frac{\text{완성품물량}}{\text{완성품물량} + \text{검사시점을 통과한 기말재공품물량}}$$

예제 13: 기초재공품이 전기에 검사를 받은 경우[선입선출법과 평균법]

(주)한국은 단일(절삭)공정을 통하여 제품을 생산하고 있다. 다음은 20×1년 2월 공정에서 진행된 물량에 관련된 자료이다. 월말의 재공품에 대한 완성도는 30%라고 가정한다. 재료원가는 공정 초기에 모두 투입되고 가공원가는 공정 전반에 걸쳐 균등발생한다. 단, 검사는 공정의 40% 시점에서 이루어지며 검사시점을 통과한 정상품의 10%를 정상공손으로 가정한다.

	물량(개)	재료원가	가공원가	정상공손원가
기초재공품(80% 완성)	200	₩20,000	₩25,600	₩3,280
당기투입	1,000	130,000	123,200	?
합계	1,200	₩150,000	₩148,800	?
당기완성	800	?	?	?
공손(40% 완성)	100	?	?	?
기말재공품(30% 완성)	300	?	?	?
합계	1,200	₩150,000	₩148,800	?

요구사항

❶ 완성품 및 기말재공품의 원가를 구하시오(단, 원가흐름의 가정은 선입선출법에 의한다).

❷ 공손의 처분가치가 단위당 ₩50인 경우 완성품 및 기말재공품의 원가를 구하시오(단, 원가흐름의 가정은 선입선출법에 의한다).

❸ 원가흐름의 가정을 평균법을 적용할 경우 완성품 및 기말재공품원가를 구하시오(단, 공손의 처분가치는 없다).

❹ 검사는 공정의 20%시점에서 이루어지며 평균법에 의한 원가요소별 완성품환산량 단위당 원가는 다음과 같다.
  • 재료원가 ₩100
  • 가공원가 ₩120
  원가흐름의 가정을 평균법을 적용할 경우 완성품 및 기말재공품원가를 구하시오(단, 공손의 처분가치는 없다).

1

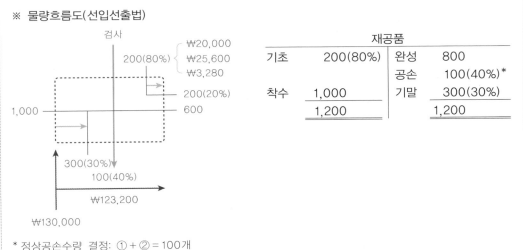

※ 물량흐름도(선입선출법)

* 정상공손수량 결정: ① + ② = 100개
　① 정상공손: 합격품(600개) × 10% = 60개
　② 비정상공손: 총공손수량(100개) − 정상공손수량(60개) = 40개

I. 물량의 파악

"기초재공품물량 + 당기착수물량 = 완성품물량 + 정상공손물량 + 비정상공손물량 + 기말재공품물량"의 성립 여부를 파악한다.

즉, 기초재공품물량 200개와 당기착수물량 1,000개의 합은 완성품물량 800개, 정상공손물량 60개, 비정상공손물량 40개 및 기말재공품물량 300개의 합과 같다.

II. 원가요소별 완성품환산량

(1) 재료원가

공정 초기에 모두 투입되므로 완성품환산량은 "완성품 중 당기착수완성물량 + 정상공손물량 + 비정상공손물량 + 기말재공품물량"이다.

∴ 800개 − 200개 + 60개 + 40개 + 300개 = 1,000개

(2) 가공원가

공정 전반에 걸쳐 균등발생하므로 기초재공품의 추가진행과 기말재공품의 완성도를 기준으로 환산한다. 따라서 완성품환산량은 "기초재공품 × 당기완성도 + 당기착수완성물량 + 정상공손물량 × 완성도 + 비정상공손물량 × 완성도 + 기말재공품물량 × 완성도"이다.

∴ 200개 × 0.2 + 600개 + 60개 × 0.4 + 40개 × 0.4 + 300개 × 0.3 = 770개

III. 원가요소별 당기발생원가 집계

(1) 재료원가

₩130,000

(2) 가공원가

₩123,200

Ⅳ. 원가요소별 완성품환산량 단위당 원가(= Ⅲ ÷ Ⅱ)

    (1) 재료원가

        ₩130,000 ÷ 1,000개 = ₩130/개

    (2) 가공원가

        ₩123,200 ÷ 770개 = ₩160/개

Ⅴ. 완성품 및 기말재공품원가 계산(= Ⅱ × Ⅳ)

    1) 1차배분

      (1) 완성품원가

         ₩48,880 + 600개 × ₩130 + 640개 × ₩160 = ₩229,280

      (2) 정상공손원가

         60개 × ₩130 + 24개 × ₩160 = ₩11,640

      (3) 비정상공손원가

         40개 × ₩130 + 16개 × ₩160 = ₩7,760

      (4) 기말재공품원가

         300개 × ₩130 + 90개 × ₩160 = ₩53,400

    2) 2차배분

      정상공손의 원가는 합격품인 완성품원가에 가산한다.

      ∴ 완성품원가: ₩229,280 + ₩11,640 = ₩240,920

❷

위 **❶**의 풀이에서의 공손원가는 처분가치를 반영하여 다음과 같이 순공손원가를 구할 수 있다.

(1) 순공손원가

    • 정상공손: ₩11,640 − 60개 × ₩50 = ₩8,640

    • 비정상공손: ₩7,760 − 40개 × ₩50 = ₩5,760

(2) 완성품원가

    정상공손의 원가는 합격품인 완성품원가에 가산한다.

    ∴ 완성품원가: ₩229,280 + ₩8,640 = ₩237,920

(3) 기말재공품원가

    ₩53,400

[참고] 회계처리

(차) 제품	237,920	(대) 재공품	248,680
공손품	5,000		
비정상공손손실	5,760		

3

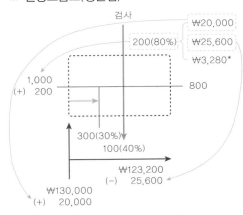

※ 물량흐름도(평균법)

재공품			
기초	200(80%)	완성	800
		공손	100(40%)
착수	1,000	기말	300(30%)
	1,200		1,200

검사 ₩20,000
200(80%) ₩25,600
₩3,280*

1,000
(+) 200   800

300(30%)
100(40%)

₩123,200
(−) 25,600

₩130,000
(+) 20,000

* 당기 정상공손과 합하여 완성품과 당기 합격한 기말재공품에 배부한다.

Ⅰ. 물량흐름 파악

"기초재공품물량 + 당기착수물량 = 완성품물량 + 정상공손물량 + 비정상공손물량 + 기말재공품물량"의 성립 여부를 파악한다.

원가흐름의 가정이 평균법이므로 기초재공품을 당기에 착수한 것으로 가정하여, 기초재공품물량을 당기착수물량에 가산한다. 즉, 기초재공품물량 200개와 당기착수물량 1,000개의 합은 완성품물량 800개, 정상공손물량 60개, 비정상공손물량 40개 및 기말재공품물량 300개의 합과 같다.

Ⅱ. 원가요소별 완성품환산량

(1) 재료원가

기초재공품을 당기에 착수한 것으로 가정하므로 완성품환산량은 "완성물량 + 정상공손물량 + 비정상공손물량 + 기말재공품물량"이다.

∴ 800개 + 60개 + 40개 + 300개 = 1,200개

(2) 가공원가

기초재공품을 당기에 착수한 것으로 가정하므로 완성품환산량은 "완성물량 + 정상공손물량 × 완성도 + 비정상공손물량 × 완성도 + 기말재공품물량 × 완성도"이다.

∴ 800개 + 60개 × 0.4 + 40개 × 0.4 + 300개 × 0.3 = 930개

Ⅲ. 원가요소별 당기발생원가 집계

(1) 재료원가

₩20,000 + ₩130,000 = ₩150,000

(2) 가공원가

₩25,600 + ₩123,200 = ₩148,800

Ⅳ. 원가요소별 완성품환산량 단위당 원가(= Ⅲ ÷ Ⅱ)

(1) 재료원가

₩150,000 ÷ 1,200개 = ₩125/개

(2) 가공원가

₩148,800 ÷ 930개 = ₩160/개

Ⅴ. 완성품 및 기말재공품원가 계산(= Ⅱ × Ⅳ)
  1) 1차배분
    (1) 완성품원가
        800개 × ₩125 + 800개 × ₩160 = ₩228,000
    (2) 정상공손원가
        60개 × ₩125 + 24개 × ₩160 = ₩11,340
    (3) 비정상공손원가
        40개 × ₩125 + 16개 × ₩160 = ₩7,560
    (4) 기말재공품원가
        300개 × ₩125 + 90개 × ₩160 = ₩51,900
  2) 2차배분
    정상공손의 원가는 기초재공품의 정상공손원가와 합하여 합격품인 완성품원가에 가산한다.
    ∴ 완성품원가: ₩228,000 + (₩3,280 + ₩11,340) = ₩242,620

4

(1) 정상공손수량 결정
- 정상공손: 합격품(600개 + 300개) × 10% = 90개
- 비정상공손: 총공손수량(100개) − 정상공손수량(90개) = 10개

(2) 완성품 및 기말재공품원가 계산
  ① 1차배분

완성품원가	800개	800개 × ₩100 + 800개 × ₩120 =	₩176,000
정상공손원가	90개(0.2)	90개 × ₩100 + 90개 × 0.2 × ₩120 =	11,160
비정상공손원가	10개(0.2)	10개 × ₩100 + 10개 × 0.2 × ₩120 =	1,240
기말재공품원가	300개(0.3)	300개 × ₩100 + 300개 × 0.3 × ₩120 =	40,800
			₩229,200

  ② 2차배분
    기초재공품 정상공손원가를 당기정상공손원가에 가산한 총정상공손원가는 완성품(800개)과 기말재공품(300개)에 물량기준으로 배분한다.

		1차배분		정상공손배분	2차배분
완성품원가	800개	₩176,000		₩10,501.8[*1]	₩186,501.8
정상공손원가	90개(0.2)	11,160	+3,280 = ₩14,440	(14,440)	
비정상공손원가	10개(0.2)	1,240			1,240
기말재공품원가	300개(0.3)	40,800		3,938.2[*2]	44,738.2
		₩229,200		−	₩232,480

    *1 완성품에 배분된 정상공손원가

$$₩14,440 \times \frac{800개}{1,100개} = ₩10,501.8$$

    *2 기말재공품에 배분된 정상공손원가

$$₩14,440 \times \frac{300개}{1,100개} = ₩3,938.2$$

04 재작업

(1) 의의

표준규격에 미달하여 재작업하여 정상품으로 만드는 과정을 말하며 재작업물량은 결과적으로 완성품물량, 재공품물량 또는 공손물량*으로 전환된다.

* 재작업 이후 공손에 대한 검사를 하는 경우

(2) 재작업원가(인식법으로 처리하는 경우)

재작업원가를 별도로 집계하여 재작업시점을 통과한 물량에 배부한다. 또한, 정상적인 재작업과 비정상적인 재작업으로 구분한다면 정상재작업원가는 재작업시점을 통과한 물량에 배부하고 비정상재작업원가는 당기비용으로 처리한다.

① 정상재작업과 비정상재작업

> • 정상재작업: 생산이 효율적으로 진행되더라도 불가피하게 발생하는 것으로 사전에 허용한도를 설정한다.
> • 비정상재작업: 생산이 효율적으로 진행된다면 피할 수 있는 것으로 정상재작업 허용한도를 초과한 부분을 말한다.

② 정상재작업원가와 비정상재작업원가

> • 정상재작업원가: 재작업시점을 통과한 물량에 물량기준으로 배분한다.
> • 비정상재작업원가: 당기비용으로 처리한다.

6 감손

01 의의

감손(shrinkage)이란 제조과정에서 증발·분산·소멸 등으로 인하여 투입물량이 감소하는 것을 말하며 일반적으로 물리적실체와 처분가치는 없다.

- 감손율 $= \dfrac{\text{감손량}}{\text{투입량}}$

- 수율 $= \dfrac{\text{산출량}}{\text{투입량}} = \dfrac{\text{투입량} - \text{감손량}}{\text{투입량}} = 1 - \text{감손율}$

1. 종류

감손은 효율적인 생산환경에서도 발생할 수 있는 부분과 비효율적인 생산환경으로 인하여 발생하는 부분으로 구분할 수 있으나 일반적으로 감손은 정상감손으로 간주한다.

2. 감손처리방법

원가계산을 위한 물량에 감손을 고려할지 여부에 따라 분리법과 비분리법으로 구분할 수 있으며 감손 전 물량을 기준으로 계산하는 비분리법이 일반적으로 사용된다.

(1) 분리법

감손을 분리하여 감손 후 물량을 기준으로 계산한다.

(2) 비분리법

감손을 분리하지 않고 감손 전 물량을 기준으로 계산한다.

3. 감손발생행태

공정의 일정시점에 발생하는 경우와 공정 전반에 걸쳐 비례적으로 발생하는 경우로 구분할 수 있으며 비례적으로 발생하는 경우가 일반적이다. 공정의 일정시점에서 발생하는 감손은 공손과 유사하며 비례적으로 발생하는 경우는 물량의 완성도에 따라 감손의 진행정도가 달라진다.

비례적으로 발생하는 감손

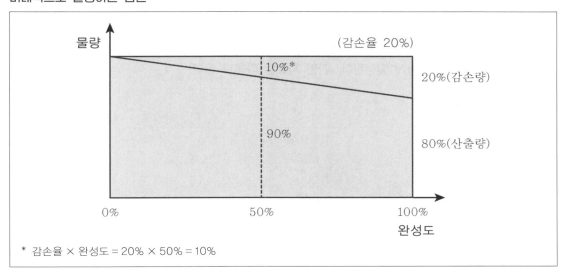

* 감손율 × 완성도 = 20% × 50% = 10%

02 감손과 제조원가보고서(비분리법 적용)

감손에 대해서 비분리법을 적용하면 제조원가보고서에 추가로 반영되는 내용은 다음과 같다.

[1단계] 총물량흐름 파악
모든 물량을 감손 전 물량으로 재계산해야 한다.

$$감손 후 물량 = 감손 전 물량 × (1 - 감손율 × 완성도)$$

[2단계] 원가요소별 완성품환산량
원가요소별 완성품환산량을 계산한다.

[3단계] 원가요소별 원가 집계
원가요소별로 원가를 집계한다.

[4단계] 원가요소별 완성품환산량 단위당 원가 = [3단계] ÷ [2단계]
원가요소별 원가를 원가요소별 완성품환산량으로 나누어 계산한다.

[5단계] 완성품원가 및 재공품원가
완성품과 재공품의 원가요소별 완성품환산량에 원가요소별 완성품환산량 단위당 원가를 곱하여 계산한다.

핵심 Check 단위당 완성품원가

원가계산은 감손 전 물량으로 하지만 단위당 원가는 실제 물량인 감손 후 물량으로 나누어 계산한다.

(주)한국은 하나의 제조공정을 거쳐서 동일 종류의 제품을 생산하고 있다. 제조과정의 전 공정을 통하여 비례적으로 20%의 감손이 발생하며, 재료는 공정의 초기에 전량 투입되고 가공원가는 공정 전반에 걸쳐 균등하게 발생한다. 관련 자료는 다음과 같다.

(1) 물량흐름과 완성도

	수량	완성도
기초재공품	1,840kg	40%
당기착수	6,000	
당기완성	4,000	
기말재공품	2,640	60

(2) 당기 원가발생액

	재료원가	가공원가	합계
기초재공품	₩24,000	₩60,000	₩84,000
당기발생액	192,000	429,600	621,600
합계	₩216,000	₩489,600	₩705,600

요구사항

❶ 선입선출법에 의한 완성품과 기말재공품원가를 구하시오.
❷ 평균법에 의한 완성품과 기말재공품원가를 구하시오.

[풀이]

❶

※ 감손 전 수량으로 환산

재공품(감손율 20%)

	투입	산출		투입	산출
기초	2,000kg[*1]	1,840kg(40%)	완성	5,000kg[*2]	4,000kg
착수	6,000		기말	3,000[*3]	2,640(60%)
	8,000kg			8,000kg	

[*1] 1,840kg ÷ (1 − 0.2 × 40%) = 2,000kg
[*2] 4,000kg ÷ (1 − 0.2 × 100%) = 5,000kg
[*3] 2,640kg ÷ (1 − 0.2 × 60%) = 3,000kg

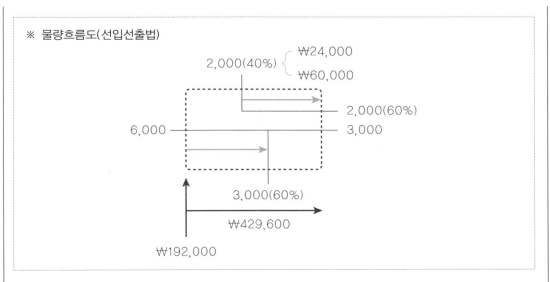

※ 물량흐름도(선입선출법)

	[1단계]		[2단계]	
	재공품(물량)		완성품환산량	
			재료원가	가공원가
기초	2,000(40%)	완성		
		기초 2,000(60%)	0kg	1,200kg
		당기 3,000	3,000	3,000
착수	6,000	기말 3,000(60%)	3,000	1,800
	8,000	8,000	6,000kg	6,000kg

[3단계]

			합계
기초재공품원가			₩84,000
당기발생원가	₩192,000	₩429,600	621,600
			₩705,600

[4단계]

완성품환산량	÷6,000kg	÷6,000kg
단위당 원가	₩32	₩71.6

[5단계]

완성품원가	₩84,000 + 3,000kg × ₩32 + 4,200kg × ₩71.6 =	₩480,720
기말재공품원가	3,000kg × ₩32 + 1,800kg × ₩71.6 =	224,880
		₩705,600

❷

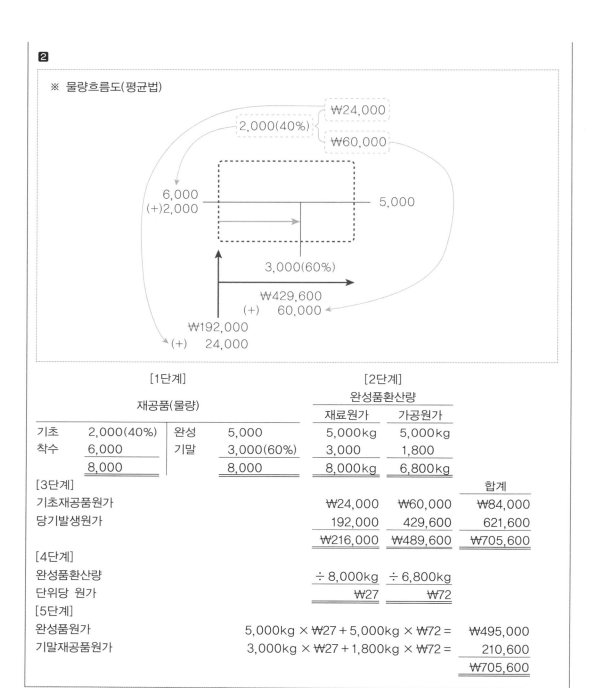

※ 물량흐름도(평균법)

[1단계]				[2단계]	
	재공품(물량)			완성품환산량	
				재료원가	가공원가
기초	2,000(40%)	완성	5,000	5,000kg	5,000kg
착수	6,000	기말	3,000(60%)	3,000	1,800
	8,000		8,000	8,000kg	6,800kg

[3단계]				합계
기초재공품원가		₩24,000	₩60,000	₩84,000
당기발생원가		192,000	429,600	621,600
		₩216,000	₩489,600	₩705,600

[4단계]
완성품환산량 ÷ 8,000kg ÷ 6,800kg
단위당 원가 ₩27 ₩72

[5단계]
완성품원가 5,000kg × ₩27 + 5,000kg × ₩72 = ₩495,000
기말재공품원가 3,000kg × ₩27 + 1,800kg × ₩72 = 210,600
₩705,600

보론 │ 감손(분리법)

감손의 원가계산은 분리법과 비분리법이 있다. 분리법은 감손을 분리하여 감손 후 물량을 기준으로 계산하는 것을 말하며 비분리법은 감손을 분리하지 않고 감손 전 물량을 기준으로 계산하는 것을 말한다. 또한, 감손은 일반적으로 제조과정에서 정상적으로 발생하는 것으로 보아 감손을 별도로 구분하지 않는 비분리법을 많이 사용한다. 만약, 분리법을 사용한다면 모든 물량은 감손 후 물량으로 진행되므로 원가요소별 완성품환산량은 다음 사항을 고려하여 계산해야 한다. 단, 감손은 제조과정에서 비례적으로 발생하며 재료원가는 일정시점에 전량 투입되고 가공원가는 공정 전반에 걸쳐 균등발생한다고 가정한다.

(1) 재료원가: 투입시점에서의 실제 물량을 기준으로 계산한다.

(2) 가공원가: 제조과정에서의 평균 물량을 기준으로 계산한다.

예제 1

(주)한국은 올해 초 영업을 개시하고 단일의 제조공정을 통하여 하나의 제품을 생산하고 있다. 제조과정의 전 공정을 통하여 비례적으로 40%의 감손이 발생한다. 재료는 공정 초기에 전량 투입되고 가공원가는 공정 전반에 걸쳐 균등하게 발생한다.

관련 자료는 다음과 같다.

(1) 물량흐름과 완성도

	수량	완성도
기초재공품	0단위	–
당기착수	1,000	–
당기완성	360	100%
기말재공품	320	50

(2) 당기발생원가

재료원가	₩500,000
노무원가	660,000
합계	₩1,160,000

요구사항

❶ 감손에 대하여 비분리법을 적용하여 완성품원가와 기말재공품원가를 구하시오.

❷ 감손에 대하여 분리법을 적용하여 완성품원가와 기말재공품원가를 구하시오.

[풀이]

(1) 비분리법 물량흐름

감손 전 수량으로 환산한다.

재공품			
기초	–	완성	600*1
착수	1,000	기말	400*2
	1,000		1,000

*1 360단위 ÷ (1 – 0.4) = 600단위
*2 320단위 ÷ (1 – 0.4 × 50%) = 400단위

(2) 분리법 물량흐름(가공원가 완성품환산량)

실제산출량을 기준으로 계산한다.

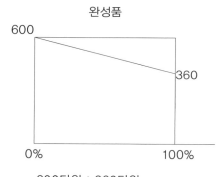

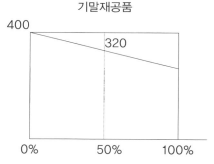

$$\frac{600단위 + 360단위}{2} \times 100\% = 480$$

$$\frac{400단위 + 320단위}{2} \times 50\% = 180$$

1 비분리법 완성품원가와 기말재공품원가

① 물량흐름 파악

재공품				② 완성품환산량	
				재료원가	가공원가
기초	–	완성	600	600	600
착수	1,000	기말	400(0.5)	400	200
	1,000		1,000	1,000	800

③ 원가

재료원가	가공원가
₩500,000	₩660,000

④ 환산량 단위당 원가(= ③ ÷ ②)

재료원가	가공원가
₩500	₩825

⑤ 완성품원가와 기말재공품원가

완성품원가	600단위 × ₩500 + 600단위 × ₩825 =	₩795,000
기말재공품원가	400단위 × ₩500 + 200단위 ×₩825 =	365,000
		₩1,160,000

2 분리법 완성품원가와 기말재공품원가

① 물량흐름 파악

재공품				② 완성품환산량	
				재료원가	가공원가
기초	–	완성	600	600	480
착수	1,000	기말	400(0.5)	400	180
	1,000		1,000	1,000	660

③ 원가

재료원가	가공원가
₩500,000	₩660,000

④ 환산량 단위당 원가(= ③ ÷ ②)

재료원가	가공원가
₩500	₩1,000

⑤ 완성품원가와 기말재공품원가

완성품원가	600단위 × ₩500 + 480단위 × ₩1,000 =	₩780,000
기말재공품원가	400단위 × ₩500 + 180단위 × ₩1,000 =	380,000
		₩1,160,000

보론 | 공손(균등발생)

공손은 일정시점에 진행되는 검사를 통하여 발생한 불량품으로 검사시점까지 원가를 집계하여 공손의 원가를 계산할 수 있다. 따라서, 공손은 검사시점에서 발생한다고 볼 수 있다. 만약, 공손이 제조과정에서 평균적으로 발생한다면 공손의 완성품환산량과 정상공손의 배부과정이 다음과 같이 달라질 수 있다. 단, 재료원가는 일정시점에 전량 투입되고 가공원가는 공정 전반에 걸쳐 균등발생한다고 가정한다.

(1) 공손의 완성도

공손이 제조과정에서 평균적으로 발생하므로 공손의 완성도는 50%이다.

(2) 정상공손원가 배분

완성도가 높을수록 더 많은 공손원가를 부담하므로 가공원가 완성도를 반영한 물량을 기준으로 배분한다.

예제 1

(주)한국은 올해 초 영업을 개시하고 단일의 제조공정을 통하여 하나의 제품을 생산하고 있다. 재료는 공정 초기에 전량 투입되고 가공원가는 공정 전반에 걸쳐 균등하게 발생한다. 또한, 정상공손은 완성품의 10%이며 공손은 공정 전반에 걸쳐 균등발생한다.

관련 자료는 다음과 같다.

(1) 물량흐름과 완성도

	수량	완성도
기초재공품	0단위	–
당기착수	1,000	–
당기완성	600	100%
정상공손	?	?
비정상공손	?	?
기말재공품	300	80

(2) 당기발생원가

재료원가	₩100,000
노무원가	133,500
합계	₩233,500

요구사항

완성품원가와 기말재공품원가를 구하시오.

---

(1) 공손수량 결정

정상공손수량: 600단위 × 10% = 60단위

비정상공손수량: 100단위 − 60단위 = 40단위

(2) 공손의 완성도

공손은 공정 전반에 걸쳐 균등발생하므로 공손의 완성도는 50%로 한다.

(3) 정상공손원가 배분

공손은 공정 전반에 걸쳐 균등발생하므로 완성도가 증가할수록 더 많은 공손원가를 부담하여 가공원가의 완성도에 따라 배분한다.

1) 1차배분

① 물량흐름 파악

② 완성품환산량

재공품			재료원가	가공원가
기초	−	완성 600	600	600
		정상공손 60(0.5)	60	30
		비정상공손 40(0.5)	40	20
착수	1,000	기말 300(0.8)	300	240
	1,000	1,000	1,000	890

③ 원가

₩100,000 ₩133,500

④ 환산량 단위당 원가(= ③ ÷ ②)

₩100 ₩150

⑤ 완성품원가와 기말재공품원가

완성품원가	600단위 × ₩100 + 600단위 × ₩150 =	₩150,000
정상공손원가	60단위 × ₩100 + 30단위 × ₩150 =	10,500
비정상공손원가	40단위 × ₩100 + 20단위 × ₩150 =	7,000
기말재공품원가	300단위 × ₩100 + 240단위 × ₩150 =	66,000
		₩233,500

2) 2차배분

	1차배분	정상공손원가	2차배분
완성품원가	₩150,000	₩7,500*1	₩157,500
정상공손원가	10,500	(10,500)	−
비정상공손원가	7,000		7,000
기말재공품원가	66,000	3,000*2	69,000
	₩233,500	−	₩233,500

*1 완성품에 배분된 정상공손원가

$$₩10,500 × \frac{600단위}{600단위 + 240단위} = ₩7,500$$

*2 기말재공품에 배분된 정상공손원가

$$₩10,500 × \frac{240단위}{600단위 + 240단위} = ₩3,000$$

보론 | 보조부문과 종합원가계산

종합원가계산에서 보조부문이 있는 경우 개별원가계산과 동일하게 먼저 보조부문 상호용역수수관계를 고려하여 보조부문원가를 제조부문에 배부한 후 해당 제조부문의 원가와 합하여 완성품과 재공품에 배부한다.

보조부문이 있는 경우 공정별 재료원가와 가공원가를 집계하기 위한 사전 절차는 다음과 같다.

[1단계] 재료원가와 노무원가를 공정별로 집계한다.

[2단계] 제조간접원가를 보조부문과 제조부문에 집계한다.

[3단계] 보조부문원가를 제조부문에 배부한다.

예제 1

(주)한국은 20×1년 1월 초 영업을 개시하였다. 회사는 두 개의 보조부문 A, B와 두 개의 제조공정 X, Y가 있다. X공정에서는 P제품을 생산하고 있는데, 이 중 20%는 완제품으로 판매되고 80%는 Y공정에서 추가가공을 거쳐 판매된다. Y공정에서는 X공정에서 생산된 P제품을 추가가공하여 Q제품을 생산하고 있다. X, Y공정의 원재료는 각각 공정의 초기 및 50%시점에서 모두 투입되고 두 공정의 가공원가는 모두 공정 전반에 걸쳐 균등하게 발생된다.

20×1년의 원가계산에 대한 자료는 다음과 같다.

	X공정		Y공정	
	수량(개)	완성도	수량(개)	완성도
기초재공품	0	–	0	–
당기착수	9,000		6,400	
당기완성	8,000		4,000	
공손품	0		?	
기말재공품	1,000	80%	1,500	60%

1년 동안 발생한 제조원가에 관한 자료는 다음과 같다.

	직접재료원가	직접노무원가	제조간접원가
X공정	₩270,000	₩85,000	?
Y공정	55,000	105,000	?

Y공정에서는 50% 완성시점 즉, 원재료를 투입하기 직전에 품질검사를 실시한다. 품질검사를 합격한 수량의 10%에 해당하는 공손수량은 정상공손으로 간주한다. 공손품은 추가적으로 단위당 ₩20을 투입하여 가공하면 단위당 ₩30에 판매할 수 있다고 한다.

20×1년 중의 거래 및 기타 자료는 다음과 같다.

(1) ₩400,000의 원재료를 외상으로 구입하였다.

(2) 당기 중 노무원가 발생액은 ₩250,000이다.

(3) 당기 중 제조간접원가 발생액은 다음과 같다.

간접노무원가	₩60,000
감가상각비	80,000
수선유지비	20,000
동력비	40,000
합계	₩200,000

(4) 각 부문 용역수수관계와 발생원가(제조간접원가)는 다음과 같다.

제공 \ 사용	보조부문 A	보조부문 B	제조공정 X	제조공정 Y	합계
A	–	20%	50%	30%	100%
B	50%	–	10%	40%	100%
발생원가	₩20,000	₩40,000	₩62,000	₩78,000	₩200,000

요구사항

1 단계배분법(B부문부터 배분)에 의하여 보조부문원가를 제조공정에 배분하시오.

2 X공정과 Y공정의 완성품원가를 구하시오.

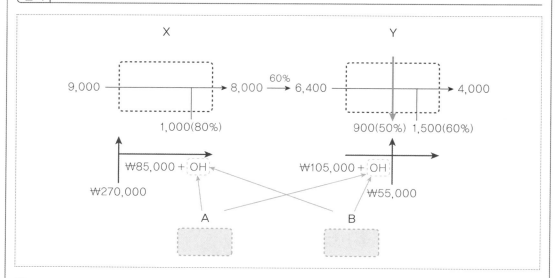

1 보조부문원가의 배분(단계배분법)

	보조부문		제조공정		합계
	A	B	X	Y	
배분 전 원가	₩20,000	₩40,000	₩62,000	₩78,000	₩200,000
B[*1]	20,000	(40,000)	4,000	16,000	–
A[*2]	(40,000)		25,000	15,000	–
배분 후 원가	–	–	₩91,000	₩109,000	₩200,000

*1 A : X : Y = 50 : 10 : 40
*2 X : Y = 50 : 30

2 X공정과 Y공정의 완성품원가

(1) X공정의 완성품원가

제조원가보고서(X공정)

	[1단계]	[2단계] 완성품환산량	
	물량의 흐름	재료원가	가공원가
기초재공품	0		
당기착수	9,000		
	9,000개		
당기완성	8,000	8,000	8,000
기말재공품	1,000(80%)	1,000	800
	9,000개	9,000개	8,800개

[3단계] 총원가의 요약   합계

			합계
기초재공품원가			–
당기발생원가	₩270,000	₩176,000[*3]	₩446,000
합계			₩446,000

[4단계] 환산량 단위당 원가

완성품환산량		÷9,000개	÷8,800개
환산량 단위당 원가		₩30	₩20

[5단계] 원가의 배분

완성품원가	8,000개 × ₩30 + 8,000개 × ₩20 =	₩400,000
기말재공품원가	1,000개 × ₩30 + 800개 × ₩20 =	46,000
합계		₩446,000

*3 직접노무원가 ₩85,000 + 제조간접원가 ₩91,000 = ₩176,000

(2) Y공정의 완성품원가

제조원가보고서(Y공정)

	[1단계]	[2단계] 완성품환산량		
	물량의 흐름	전공정원가	재료원가	가공원가
기초재공품	0			
당기착수	6,400			
	6,400개			
당기완성	4,000	4,000	4,000	4,000
정상공손	550(50%)[*4]	550	–	275
비정상공손	350(50%)	350	–	175
기말재공품	1,500(60%)	1,500	1,500	900
	6,400개	6,400개	5,500개	5,350개

[3단계] 총원가의 요약 | | | | 합계
기초재공품원가   －
당기발생원가   ₩320,000*5   ₩55,000   ₩214,000*6   ₩589,000
합계   ₩589,000

[4단계] 환산량 단위당 원가
완성품환산량   ÷ 6,400개   ÷ 5,500개   ÷ 5,350개
환산량 단위당 원가   ₩50   ₩10   ₩40

[5단계] 원가의 배분

1) 1차배분
완성품원가   4,000개 × ₩50 + 4,000개 × ₩10 + 4,000개 × ₩40 =   ₩400,000
정상공손원가   550개 × ₩50 + 275개 × ₩40 =   38,500
비정상공손원가   350개 × ₩50 + 175개 × ₩40 =   24,500
기말재공품원가   1,500개 × ₩50 + 1,500개 × ₩10 + 900개 × ₩40 =   126,000
합계   ₩589,000

2) 2차배분

	배분 전 원가	공손품가치	공손원가배분	배분 후 원가
완성품원가	₩400,000		₩24,000	₩424,000
정상공손원가	38,500	₩(5,500)	(33,000)*8	－
비정상공손원가	24,500	(3,500)		21,000
기말재공품원가	126,000		9,000	135,000
공손품	－	9,000*7		9,000
합계	₩589,000	－	－	₩589,000

*4 1차 정상공손수량 = 당기에 1차 검사를 합격한 수량 × 10%
                    = (4,000개 + 1,500개) × 10% = 550개
                      당기착수완성량   기말재공품
*5 X공정 완성품 8,000개 중 Y공정에 대체된 6,400개의 원가이다.
*6 직접노무원가 ₩105,000 + 제조간접원가 ₩109,000 = ₩214,000
*7 공손품처분가치계상: 공손품의 처분가치에서 추가가공원가 등을 차감한 순실현가치를 공손품계정(재고
    자산)에 계상한다.
    정상공손   550개 × (₩30 − ₩20) = ₩5,500
    비정상공손   350개 × (₩30 − ₩20) =   3,500
    합계   ₩9,000
*8 정상공손원가배분: 기말재공품이 검사시점을 통과하였으므로 순정상공손원가 ₩33,000을 완성품과 기
    말재공품에 배분한다.
    완성품   ₩33,000 × 4,000개/(4,000개 + 1,500개) = ₩24,000
    기말재공품   ₩33,000 × 1,500개/(4,000개 + 1,500개) =   9,000
    합계   ₩33,000

01 (주)경기는 한 가지 종류의 플라스틱 장난감을 제조한다. 이번 기의 자료는 다음과 같다.

	단위	재료원가	가공원가
기초재공품	1,000	₩9,000	₩12,000
당기착수	30,000	240,000	305,000
기말재공품	500	–	

모든 재료는 공정 초기에 100% 투입된다. 기초재공품은 가공원가가 40%만큼 투입되었으며, 기말재공품에는 80%가 투입되었다. 이 회사는 공정별 원가계산방법(process costing)을 사용하고 있으며, 원가흐름에 대한 가정으로 선입선출법(FIFO)을 사용하고 있다. 이번 기에 발생한 전출원가(transfer-out cost)는 얼마인가? (단, 공손은 발생하지 않았다) [회계사 07]

① ₩531,000   ② ₩552,000   ③ ₩558,000

④ ₩549,000   ⑤ ₩560,000

02 다음의 자료에 의해 선입선출법을 적용할 경우 기말재공품에 포함된 가공원가를 구하면 얼마인가? (단, 가공원가는 공정 전반에 걸쳐 균등발생하고 당기에 발생한 공손과 감손은 없다)

	물량(개)	가공원가
기초재공품(80% 완성)	300	₩1,280,000
당기투입	?	10,600,000
합계	?	₩11,880,000
당기완성	1,200	
기말재공품(50% 완성)	200	
합계	1,400	

① ₩1,000,000   ② ₩879,246   ③ ₩716,924
④ ₩533,334   ⑤ ₩695,124

03 서울회사는 평균법에 의한 종합원가계산을 채택하고 있다. 기초재공품이 75,000단위이고 당기착수량이 225,000단위이다. 기말재공품이 50,000단위인데 직접재료는 전량 투입되었고, 가공원가 완성도는 70%이다. 기초재공품에 포함된 가공원가가 ₩14,000이고 당기발생 가공원가가 ₩100,000이면 기말재공품에 얼마의 가공원가가 배부되어야 하는가?

[세무사 08]

① ₩20,000   ② ₩10,000   ③ ₩18,000
④ ₩8,000   ⑤ ₩14,000

04 가중평균법(weighted average method)을 적용한 공정별 원가계산에 대한 설명으로 가장 부적절한 것은? [회계사 이]

① 가중평균법은 기초재공품 모두를 당기에 착수, 완성한 것처럼 가정한다.

② 적시재고관리(JIT, just-in-time)를 적용하고 원가요소의 기간별 가격차이가 크지 않다면 선입선출법과 거의 차이가 없다.

③ 가중평균법은 착수 및 원가발생시점에 관계없이 당기완성량의 평균적 원가를 계산한다.

④ 선입선출법에 비해 가중평균법은 당기의 성과를 이전의 기간과 독립적으로 평가할 수 있는 보다 적절한 기회를 제공한다.

⑤ 흐름생산의 경우 선입선출법이 가중평균법에 비해 실제 물량흐름(physical flow)에 보다 충실한 원가흐름의 가정이라 볼 수 있다.

05 대한회사는 선입선출법에 의한 종합원가계산을 채택하고 있다. 제품제조를 위하여 원재료 A와 원재료 B가 사용되는데 원재료 A는 공정 초기에 전부 투입되고 원재료 B는 공정의 50%시점에 전부 투입된다. 그리고 가공원가는 공정 전체를 통하여 균등하게 발생한다. 대한회사의 당기 제품제조활동과 관련한 다음의 자료를 토대로 당기에 완성된 제품의 원가와 기말재공품의 원가를 구하면 각각 얼마인가? [세무사 08]

	물량(개)	재료 A	재료 B(50%)	가공원가
기초재공품(60% 완성)	5,000	₩850,000	₩900,000	₩400,000
당기투입	?	3,400,000	4,500,000	1,600,000
합계	?	₩4,250,000	₩5,400,000	₩2,000,000
당기완성	80,000			
기말재공품(30% 완성)	10,000			
합계	90,000			

	완성품원가	기말재공품원가
①	₩11,025,000	₩625,000
②	₩11,150,000	₩500,000
③	₩11,190,000	₩460,000
④	₩9,600,000	₩2,050,000
⑤	₩10,200,000	₩1,450,000

06 (주)청주는 단일공정을 거쳐서 제품을 생산하며, 선입선출법에 의한 종합원가계산을 적용하고 있다. 20×1년도 기초재공품은 1,000단위(완성도 40%)이고, 기말재공품은 3,000단위(완성도 80%)이며, 당기 완성품은 5,000단위이다. 공정 중에 품질검사를 실시한 결과 공손품 500단위 발생하였고, 모두 정상공손으로 간주하였으며, 공손품의 처분가치는 없다. 기초재공품과 기말재공품은 모두 당기에 품질검사를 받은 것으로 판명되었다. 직접재료원가와 가공원가는 공정 전반에 걸쳐 균등하게 발생한다. 제품원가계산 결과 당기의 완성품환산량 단위당 원가는 ₩180이고, 완성품에 배부된 정상공손원가는 ₩33,750이었다. 품질검사는 완성도 몇 %시점에서 이루어진 것으로 추정되는가? [세무사 10]

① 55%　　　　② 60%　　　　③ 65%

④ 70%　　　　⑤ 75%

07 (주)세무는 직접재료를 가공하여 제품을 생산하고 있다. 직접재료는 공정 초기에 전량 투입되며, 전환원가는 공정 전반에 걸쳐 균등하게 발생한다. 직접재료의 20%가 제조과정에서 증발되는데, 이러한 증발은 정상적이며 제조과정에서 평균적으로 발생한다. 완성품 1단위에는 직접재료 0.1kg이 포함되어 있고, 당기에 2,000단위가 완성되었다. 당기에 투입된 직접재료는 190kg, 기말재공품(전환원가 완성도 25%)은 38kg, 기초재공품은 90kg이었다. 기초재공품의 전환원가 완성도는? (단, 공손은 발생하지 않는다) [세무사 18]

① 25%　　　　② 30%　　　　③ 40%

④ 50%　　　　⑤ 60%

08 (주)대한은 유리컵을 생산하는 기업으로 종합원가계산제도를 채택하고 있으며, 재고자산 평가방법은 선입선출법(FIFO)을 사용한다. 직접재료는 공정 초에 전량 투입되며, 전환원가(가공원가)는 공정에 걸쳐 균등하게 발생한다. 다음은 (주)대한의 생산 및 제조에 관한 자료이다.

항목	물량
기초재공품(가공완성도%)	800개(70%)
당기착수물량	6,420개
기말재공품(가공완성도%)	1,200개(40%)

품질검사는 가공완성도 80%시점에 이루어지며, 당기에 품질검사를 통과한 물량의 5%를 정상공손으로 간주한다. 당기에 착수하여 당기에 완성된 제품이 4,880개일 때 (주)대한의 비정상공손은 몇 개인가?　　　　　　　　　　　　　　　[회계사 20]

① 34개　　　　　　　② 56개　　　　　　　③ 150개
④ 284개　　　　　　⑤ 340개

09 (주)대한은 종합원가계산을 적용하고 있다. 직접재료는 공정의 시작시점에서 100% 투입되며, 가공원가는 공정 전반에 걸쳐 균등하게 발생한다. (주)대한의 생산 관련 자료는 다음과 같다.

구분	물량	재료원가	가공원가
기초재공품	2,000단위 (가공원가완성도 60%)	₩24,000	₩10,000
당기착수량	10,000단위		
기말재공품	4,000단위 (가공원가완성도 50%)		
당기투입원가		₩1,500,000	₩880,000

(주)대한의 종합원가계산과 관련된 다음의 설명 중 옳지 않은 것은? [회계사 21]

① 평균법을 사용한다면 가공원가에 대한 완성품환산량은 10,000단위이다.
② 평균법을 사용한다면 기말재공품원가는 ₩686,000이다.
③ 선입선출법을 사용한다면 완성품원가는 ₩1,614,000이다.
④ 선입선출법을 사용한다면 기초재공품원가는 모두 완성품원가에 배부된다.
⑤ 완성품원가는 선입선출법으로 계산한 값이 평균법으로 계산한 값보다 크다.

10 (주)세무는 단일제품을 생산하고 있으며, 선입선출법에 의한 종합원가계산을 적용하고 있다. 직접재료 A는 공정 초기에 전량 투입되고, 직접재료 B는 품질검사 직후 전량 투입되며, 전환원가는 공정 전반에 걸쳐 균등하게 발생한다. 품질검사는 공정의 80%시점에서 이루어지며, 당기 검사를 통과한 합격품의 10%를 정상공손으로 간주한다. 당기 생산 및 원가 자료는 다음과 같다.

구분	물량 (전환원가 완성도)
기초재공품	500(60%)
당기 착수	4,500
당기 완성	3,500
기말재공품	1,000(60%)

구분	직접재료원가		전환원가
	직접재료 A	직접재료 B	
기초재공품	₩11,200	₩0	₩18,000
당기발생원가	90,000	87,500	210,000

정상공손원가 배부 후, (주)세무의 당기 완성품원가는? [세무사 21]

① ₩307,500   ② ₩328,500   ③ ₩336,700
④ ₩357,700   ⑤ ₩377,450

11 (주)대한은 반도체를 생산하고 있으며, 선입선출법에 의한 종합원가계산을 적용하여 반도체 원가를 계산하고 있다. 직접재료는 생산공정의 초기에 전량 투입되며, 전환원가(conversion costs)는 공정 전반에 걸쳐 균등하게 발생한다. 2월의 생산자료를 보면, 기초재공품 15,000개(전환원가 완성도 40%, 원가 ₩10,000), 당월 생산착수수량 70,000개, 당월 생산착수완성품 55,000개, 기말재공품 5,000개(전환원가 완성도 80%), 공손품 10,000개이다. 2월 중 직접재료원가 ₩140,000과 전환원가 ₩210,000이 발생하였다. 공정의 20%시점에서 품질검사를 실시하며, 정상공손 허용수준은 합격품의 10%이다. 정상공손원가는 합격품에 가산되고, 비정상공손원가는 기간비용으로 처리된다. 공손품은 모두 폐기되며, 공손품의 처분가치는 없다. (주)대한의 2월의 정상공손원가는 얼마인가? [회계사 23]

① ₩15,000   ② ₩15,600   ③ ₩16,200
④ ₩16,800   ⑤ ₩17,400

12 (주)세무는 단일 공정을 통해 제품을 대량으로 생산하고 있으며, 평균법으로 종합원가계산을 적용하고 있다. 원재료는 공정 초에 전량 투입되며, 가공원가는 공정 전반에 걸쳐 균등하게 발생한다. 20×1년 당기착수량은 1,250개이며, 당기완성량은 1,210개, 기초재공품수량은 250개(가공원가 완성도 80%), 기말재공품수량은 50개(가공원가 완성도 60%)이다. 품질검사는 가공원가 완성도 40%시점에서 이루어진다. 정상공손허용률은 10%이며, 검사시점 통과기준과 도달기준을 각각 적용하였을 때 두 방법 간의 비정상공손수량의 차이는 몇 개인가?　　　　　　　[세무사 23]

① 20개　　　　　　② 22개　　　　　　③ 24개
④ 26개　　　　　　⑤ 28개

01 ③

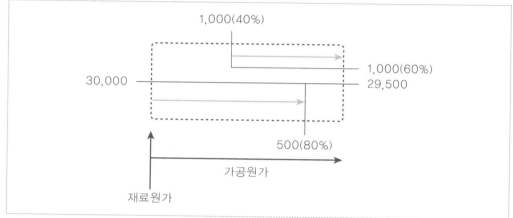

(1) 완성품환산량

	완성품		기말재공품	합계
	기초완성	당기착수완성		
물량	1,000(0.6)	29,500	500(0.8)	
재료원가	–	29,500	500	30,000
가공원가	600	29,500	400	30,500

(2) 원가요소별 환산량 단위당 원가

	당기발생원가 ÷	완성품환산량 =	환산량 단위당 원가
재료원가	₩240,000	30,000개	₩8
가공원가	305,000	30,500	10

(3) 제조원가계산(= 완성품환산량 × 환산량 단위당 원가)

	완성품	재공품
기초	₩21,000	–
재료원가	236,000	₩4,000
가공원가	301,000	4,000
	₩558,000	₩8,000

[별해]

	I. 물량의 흐름			II. 원가요소별 완성품환산량	
				재료원가	가공원가
기초	1,000(0.4)	완성 ┌ 기초	1,000(0.6)	–	600
		└ 당기	29,500	29,500	29,500
착수	30,000	기말	500(0.8)	500	400
	31,000		31,000	30,000	30,500

Ⅲ. 총원가의 집계
　　당기투입원가　　　　　　　　　　　　₩240,000　　₩305,000

Ⅳ. 완성품환산량 단위당 원가(= Ⅲ ÷ Ⅱ)
　　완성품환산량　　　　　　　　　　　　÷ 30,000개　÷ 30,500개
　　완성품환산량 단위당 원가　　　　　　　　₩8　　　　₩10

Ⅴ. 총원가의 배분
　　완성품원가　　　₩21,000 + 29,500개 × ₩8 + 30,100개 × ₩10 =　₩558,000
　　기말재공품원가　　　　　　　　500개 × ₩8 + 400개 × ₩10 =　　　8,000
　　　　　　　　　　　　　　　　　　　　　　　　　　　　　　₩566,000

 02 ①　(1) 가공원가 환산량 단위당 원가
　　　₩10,600,000 ÷ (300개 × 0.2 + 900개 + 200개 × 0.5) = ₩10,000
　　(2) 기말재공품에 포함된 가공원가
　　　₩10,000 × 200개 × 0.5 = ₩1,000,000

03 ⑤

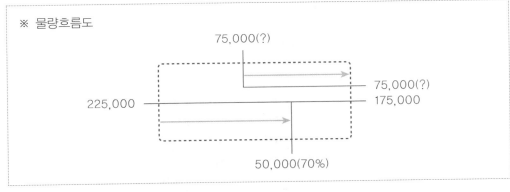

※ 물량흐름도

(1) 가공원가 환산량 단위당 원가
　　(₩14,000 + ₩100,000) ÷ (250,000개 + 50,000개 × 70%) = ₩0.4
(2) 기말재공품에 배분될 가공원가
　　₩0.4 × (50,000개 × 70%) = ₩14,000

04 ④ 가중평균법보다 선입선출법에 의한 가정이 전기와 당기의 성과를 평가하기 위한 보다 적절한 방법이다.

05 ③

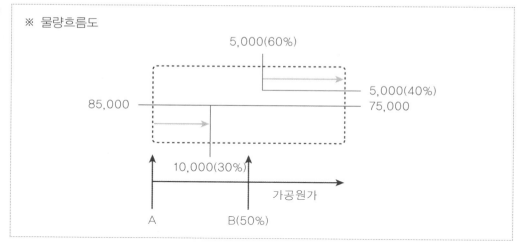

(1) 완성품환산량

	완성품		기말재공품	합계
	기초완성	당기착수완성		
물량	5,000(0.4)	75,000	10,000(0.3)	
재료원가				
A	–	75,000	10,000	85,000
B(0.5)	–	75,000	–	75,000
가공원가	2,000	75,000	3,000	80,000

(2) 원가요소별 환산량 단위당 원가

	당기발생원가 ÷	완성품환산량 =	환산량 단위당 원가
재료원가			
A	₩3,400,000	85,000개	₩40
B(0.5)	4,500,000	75,000	60
가공원가	1,600,000	80,000	20

(3) 제조원가계산(= 완성품환산량 × 환산량 단위당 원가)

	완성품	재공품
기초	₩2,150,000	–
재료원가		
A	3,000,000	₩400,000
B	4,500,000	–
가공원가	1,540,000	60,000
	₩11,190,000	₩460,000

[별해]

	Ⅰ. 물량의 흐름				Ⅱ. 원가요소별 완성품환산량		
					A	B(0.5)	가공원가
기초	5,000(0.6)	완성	기초	5,000(0.4)	–	–	2,000
			당기	75,000	75,000	75,000	75,000
착수	85,000	기말		10,000(0.3)	10,000	–	3,000
	90,000			90,000	85,000	75,000	80,000

Ⅲ. 총원가의 집계
당기투입원가   ₩3,400,000   ₩4,500,000   ₩1,600,000

Ⅳ. 완성품환산량 단위당 원가(= Ⅲ ÷ Ⅱ)
완성품환산량   ÷ 85,000개   75,000개   80,000개
완성품환산량 단위당 원가   ₩40   ₩60   ₩20

Ⅴ. 총원가의 배분
완성품원가 ₩2,150,000 + 75,000개 × ₩40 + 75,000개 × ₩60 + 77,000개 × ₩20 = ₩11,190,000
기말재공품원가   10,000개 × ₩40 + 3,000개 × ₩20 =   460,000
                                                        ₩11,650,000

06 ② 기말재공품과 당기완성품 모두 당기에 검사를 통과한 물량이므로, 검사시점을 x라 하면 완성품에 배분된 정상공손원가는 다음과 같다.

$$(500단위 \times x) \times ₩180 \times \frac{5,000단위}{5,000단위 + 3,000단위} = ₩33,750$$

$$\therefore x = 60\%$$

07 ④ 1. 감손 전 물량(k)
    (1) 완성품: $200kg^* = k \times (1 - 0.2 \times 100\%)$
         $k = 250kg$
         * 2,000단위 × 0.1kg = 200kg
    (2) 기말재공품: $38kg = k \times (1 - 0.2 \times 25\%)$
         $k = 40kg$
    ∴ 감손 전 기초재공품물량은 100kg(= 250kg + 40kg − 190kg)이다.
  2. 기초재공품의 완성도(a)
     $90kg = 100kg \times (1 - 0.2 \times a)$
    ∴ 기초재공품의 전환원가 완성도는 50%이다.

08 ② 1. 총공손수량

당기착수완성물량이 4,880개이므로 총완성물량은 4,880개 + 800개 = 5,680개이다. 또한, 물량흐름 파악을 통해 총공손수량은 340개임을 알 수 있다.

재공품			
기초	800(70%)	완성	800(30%)
			4,880
		총공손수량	340(80%)
착수	6,420	기말	1,200(40%)
	7,220		7,220

2. 정상공손수량과 비정상공손수량

정상공손수량 = 합격품 × 5% = (800개 + 4,880개) × 5% = 284개

재공품			
기초	800(70%)	완성	800(30%)
			4,880
		정상공손	284(80%)
		비정상공손	56(80%)
착수	6,420	기말	1,200(40%)
	7,220		7,220

∴ 비정상공손수량 = 340개 − 284개 = 56개

09 ⑤ 1. 선입선출법

① 물량흐름 파악   ② 완성품환산량

재공품				재료원가	가공원가
기초	2,000(0.6)	완성	2,000(0.4)	−	800
			6,000	6,000	6,000
착수	10,000	기말	4,000(0.5)	4,000	2,000
	12,000		12,000	10,000	8,800

③ 원가   ₩1,500,000   ₩880,000

④ 환산량 단위당 원가(= ③ ÷ ②)   ₩150   ₩100

∴ 완성품원가: ₩34,000 + 6,000개 × ₩150 + 6,800개 × ₩100 = ₩1,614,000

2. 평균법

① 물량흐름 파악   ② 완성품환산량

재공품				재료원가	가공원가
기초	2,000(0.6)	완성	8,000	8,000	8,000
착수	10,000	기말	4,000(0.5)	4,000	2,000
	12,000		12,000	12,000	10,000

③ 원가   ₩1,524,000   ₩890,000

④ 환산량 단위당 원가(= ③ ÷ ②)   ₩127   ₩89

∴ 완성품원가: 8,000개 × ₩127 + 8,000개 × ₩89 = ₩1,728,000

10 ④ 1. 완성품원가

(1) 완성품환산량 단위당 원가

직접재료원가(A): ₩90,000 ÷ 4,500개 = ₩20

직접재료원가(B): ₩87,500 ÷ 3,500개 = ₩25

전환원가: ₩210,000 ÷ 4,200개 = ₩50

(2) 완성품원가

₩29,200 + 3,000개 × ₩20 + 3,500개 × ₩25 + 3,200개 × ₩50 = ₩336,700

2. 정상공손원가

350개 × ₩20 + 350개 × 0.8 × ₩50 = ₩21,000

3. 정상공손원가를 반영한 완성품원가

₩336,700 + ₩21,000 = ₩357,700

11 ② (1) 정상공손수량 및 비정상공손수량

• 정상공손수량: 60,000단위 × 10% = 6,000단위

• 비정상공손수량: 10,000단위 − 6,000단위 = 4,000단위

(2) 완성품환산량 단위당 원가

① 물량흐름 파악

재공품			② 완성품환산량	
			직접재료원가	전환원가
기초	15,000(0.4)	완성 15,000(0.6)	−	9,000
		55,000	55,000	55,000
		정상공손 6,000(0.2)	6,000	1,200
		비정상공손 4,000(0.2)	4,000	800
착수	70,000	기말 5,000(0.8)	5,000	4,000
	85,000	85,000	70,000	70,000

③ 원가

₩140,000 ₩210,000

④ 환산량 단위당 원가(= ③ ÷ ②)

₩2 ₩3

(3) 정상공손원가

6,000단위 × ₩2 + 6,000단위 × 20% × ₩3 = ₩15,600

12 ③ (1) 총공손수량

250개 + 1,250개 − 1,210개 − 50개 = 240개

(2) 비정상공손수량

	검사시점 통과기준		검사시점 도달기준
총공손수량	240개	총공손수량	240개
합격수량	1,250개 − 240개 = 1,010개	검사받은 수량	1,250개
정상공손수량	1,010개 × 10% = 101개	정상공손수량	1,250개 × 10% = 125개
비정상공손수량	240개 − 101개 = 139개	비정상공손수량	240개 − 125개 = 115개

(3) 비정상공손수량차이

139개 − 115개 = 24개

제5장 | 주관식 문제

문제 01 연속공정의 종합원가계산

다음을 읽고 물음에 답하시오.

다음은 (주)한국의 제1공정에 관한 자료이다. 원재료는 공정 초에 모두 투입되며, 가공원가는 전 공정에 걸쳐 균등하게 발생한다. 제1공정에서는 선입선출법을 적용하여 제품원가를 계산하고 있다.

(1) 생산자료

	물량단위	가공원가 완성도
기초재공품	10,000단위	80%
기말재공품	20,000	40
당기투입	100,000	
완성품	90,000	

(2) 원가자료

	재료원가	가공원가	합계
기초재공품	₩315,000	₩138,800	₩453,800
당기투입	1,500,000	900,000	2,400,000

요구사항

[물음 1] 제1공정의 완성품환산량과 환산량 단위당 원가를 계산하시오.

[물음 2] 제1공정의 완성품원가와 기말재공품원가를 계산하시오.

[물음 3] 다음은 제2공정에 관한 자료이다.

> - 완성품환산량 단위당 원가(전공정원가 ₩20, 재료원가 ₩30, 가공원가 ₩15)
> - 기말재공품수량 30,000단위(가공원가 완성도 60%)

제2공정의 원재료는 공정 말에 모두 투입되며, 가공원가는 전 공정에 걸쳐 균등하게 발생한다. 제2공정의 기말재공품원가는 얼마인가? (단, 제2공정의 기초재공품은 없었으며 제1공정 완성수량이 제2공정으로 전량 대체되었다)

풀이

※ 물량흐름도

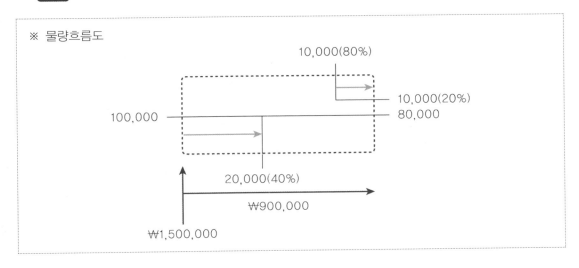

[물음 1] 제1공정의 완성품환산량과 환산량 단위당 원가(선입선출법)

(1) 물량흐름 및 완성품환산량계산

생산흐름	물량단위	완성품환산량	
		재료원가	가공원가
기초재공품	10,000(0.8)		
당기착수량	100,000		
	110,000		
당기완성품	10,000(0.2)	–	2,000
	80,000	80,000	80,000
기말재공품	20,000(0.4)	20,000	8,000
	110,000	100,000	90,000

(2) 총원가요약 및 환산량 단위당 원가

	재료원가	가공원가	합계
당기발생원가	₩1,500,000	₩900,000	₩2,400,000
완성품환산량	÷100,000단위	÷90,000단위	
환산량 단위당 원가	₩15	₩10	

[물음 2] 제1공정의 완성품원가와 기말재공품원가

완성품원가	₩453,800 + 80,000단위 × ₩15 + 82,000단위 × ₩10 =	₩2,473,800
기말재공품원가	20,000단위 × ₩15 + 8,000단위 × ₩10 =	380,000
		₩2,853,800

[물음 3] 제2공정의 기말재공품원가

전공정원가	30,000단위 × ₩20 =	₩600,000
재료원가*		–
가공원가	30,000단위 × 0.6 × ₩15 =	270,000
기말재공품원가		₩870,000

* 제2공정의 원재료는 공정 말에 투입되므로 기말재공품에 재료원가는 배부되지 않는다.

다음을 읽고 물음에 답하시오.

다음은 6월과 7월에 걸친 공정자료이다. 재료 X는 공정 초기에 투입되고 재료 Y는 공정 50%시점에 투입되며, 가공원가는 공정 전반에 걸쳐서 투입된다. 선입선출법을 가정한다.

(1) 6월의 완성품환산량 단위당 원가는 다음과 같다.

재료 X: ₩130	재료 Y: ₩80	가공원가: ₩250

(2) 7월의 완성품환산량 단위당 원가는 다음과 같다.

재료 X: ₩135	재료 Y: ₩85	가공원가: ₩260

(3) 6월 초 재공품원가는 ₩620,000이다.

(4) 6월과 7월의 생산자료는 다음과 같다.

	6월	7월
당기착수	4,500개	5,000개
당기완성	5,000	6,000

(5) 6월 말 재공품 2,000개의 완성도는 다음과 같다.

1,000개: 90%	500개: 40%	500개: 20%

요구사항

[물음 1]　6월의 가공원가 완성품환산량이 5,200개이다. 기초재공품의 완성도를 구하시오.

[물음 2]　6월의 기말재공품과 완성품원가를 구하시오.

[물음 3]　7월의 가공원가 완성품환산량은 5,600개이다. 기말재공품의 완성도를 구하시오.

[물음 4]　7월의 기말재공품과 완성품원가를 구하시오.

[물음 1] 6월 기초재공품의 완성도

(1) 월초재공품 수량

재공품

월초	?	완성	5,000
착수	4,500	월말	2,000
	7,000		7,000

∴ 월초재공품 수량은 5,000개 + 2,000개 − 4,500개 = 2,500개이다.

(2) 월초재공품 완성도(x)

월초재공품 당기진행		$2,500 \times (1-x)$개
당기착수 완성	5,000개 − 2,500개 =	2,500
월말재공품	1,000개 × 0.9 + 500개 × 0.4 + 500개 × 0.2 =	1,200
		5,200개

∴ 월초재공품 완성도는 40%이다.

[물음 2] 6월 기말재공품원가와 완성품원가

(1) 6월 말 재공품원가 계산

재료 X	2,000개 × ₩130 =	₩260,000
재료 Y	1,000개 × ₩80 =	80,000
가공원가	1,200개 × ₩250 =	300,000
합계		₩640,000

(2) 6월 완성품원가 계산

6월 초 재공품원가		₩620,000
재료 X	2,500개 × ₩130 =	325,000
재료 Y	5,000개 × ₩80 =	400,000
가공원가	4,000개 × ₩250 =	1,000,000
합계		₩2,345,000

[물음 3] 7월 기말재공품의 완성도

(1) 월말재공품 수량

재공품

월초	2,000	완성	6,000
착수	5,000	월말	?
	7,000		7,000

∴ 월말재공품 수량은 2,000개 + 5,000개 − 6,000개 = 1,000개이다.

(2) 월말재공품 완성도(x)

월초재공품 당기진행	2,000개 − 1,200개 =	800개
당기착수 완성	6,000개 − 2,000개 =	4,000
월말재공품		1,000 × x
		5,600개

1,000개 × x = 800개이므로, 월말재공품 완성도는 80%이다.

[물음 4] 7월 기말재공품원가와 완성품원가

(1) 7월 말 재공품원가 계산

재료 X	1,000개 × ₩135 =	₩135,000
재료 Y	1,000개 × ₩85 =	85,000
가공원가	800개 × ₩260 =	208,000
합계		₩428,000

(2) 7월 완성품원가 계산

7월 초 재공품원가		₩640,000
재료 X	4,000개 × ₩135 =	540,000
재료 Y	5,000개 × ₩85 =	425,000
가공원가	4,800개 × ₩260 =	1,248,000
합계		₩2,853,000

(주)한국은 단일제품을 대량으로 생산하고 있다. 이 제품의 제조과정에서 두 가지의 재료가 투입되는데 재료 A는 공정의 25%시점에 투입되고 재료 B는 75%시점에서 투입된다. 품질 검사는 재료 B를 투입하기 직전에 실시하며 검사를 통과한 합격품에만 재료 B를 투입한다. 가공원가는 공정 전반에 걸쳐 균등하게 발생한다. 이 기업의 정상공손허용한도는 검사를 통과한 수량의 2%이다. 기초재공품의 완성도는 40%이고 기말재공품 중 1,000개의 완성도는 80%, 900개의 완성도는 10%일 때, 다음의 원가계산자료를 보고 물음에 답하시오.

기초재공품	수량	2,500개	완성품	수량	4,000개
	원가	₩677,000			
당기발생원가	수량	3,520개	기말재공품	수량	1,900개
	재료 A	₩524,000			
	재료 B	415,000			
	가공원가	1,194,000			

요구사항

[물음 1] 정상공손수량, 비정상공손수량을 계산하시오.

[물음 2] 선입선출법을 가정하고 완성품, 기말재공품, 비정상공손원가를 계산하시오.

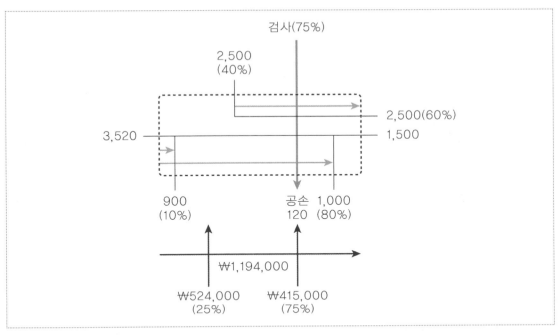

[물음 1] 정상공손수량과 비정상공손수량

    (1) 합격품수량

        3,520개 − 900개 + 2,500개 − 120개 = 5,000개

    (2) 정상공손수량

        5,000개 × 2% = 100개

    (3) 비정상공손수량

        120개 − 100개 = 20개

[물음 2] 완성품, 기말재공품 및 비정상공손원가

    (1) 물량흐름 및 완성품환산량 계산

생산흐름	물량단위	완성품환산량		
		재료 A	재료 B	가공원가
기초재공품	2,500(0.4)			
당기착수량	3,520			
	6,020			
당기완성품	2,500(0.6)	–	2,500	1,500
	1,500	1,500	1,500	1,500
정상공손	100(0.75)	100	–	75
비정상공손	20(0.75)	20	–	15
기말재공품(10%)	900(0.10)	–	–	90
기말재공품(80%)	1,000(0.80)	1,000	1,000	800
	6,020	2,620	5,000	3,980

(2) 총원가요약 및 환산량 단위당 원가

	재료 X	재료 Y	가공원가	합계
기초재공품				₩677,000
당기제조원가	₩524,000	₩415,000	₩1,194,000	2,133,000
계				₩2,810,000
완성품환산량	÷ 2,620개	÷ 5,000개	÷ 3,980개	
환산량 단위당 원가	₩200	₩83	₩300	

(3) 원가배분

1) 1차배분

완성품	₩677,000 + 1,500개 × ₩200 + 4,000개 × ₩83 + 3,000개 × ₩300 =	₩2,209,000
정상공손	100개 × ₩200 + 75개 × ₩300 =	42,500
비정상공손	20개 × ₩200 + 15개 × ₩300 =	8,500
기말재공품	1,000개 × ₩200 + 1,000개 × ₩83 + 890개 × ₩300 =	550,000
		₩2,810,000

2) 2차배분

	배분 전 원가	정상공손원가	배분 후 원가
완성품	₩2,209,000	₩34,000*	₩2,243,000
정상공손	42,500	(42,500)	–
비정상공손	8,500	–	8,500
기말재공품	550,000	8,500	558,500
	₩2,810,000	–	₩2,810,000

* 완성품에 대한 정상공손원가 배분액

$$₩42,500 × \frac{4,000개}{4,000개 + 1,000개} = ₩34,000$$

다음을 읽고 물음에 답하시오.

[회계사 04 수정]

서울회사는 X, Y 두 개의 연속된 제조공정을 통하여 단일제품을 생산하고 있다. Y공정의 원재료는 Y공정의 60% 완성시점에서 전량 투입되며, 가공원가는 Y공정 전반에 걸쳐 균등하게 발생한다. Y공정에서는 ① 40% 완성시점(1차 검사), ② 80% 완성시점(2차 검사)에서 품질검사가 두 번 이루어지며, 각 검사시점에서 품질검사를 합격한 수량의 5%에 해당하는 공손수량은 정상공손으로 간주한다.

11월 Y공정의 원가계산에 대한 자료는 다음과 같다.

	수량	완성도
기초재공품	2,000개	50%
당기착수	18,000	
당기완성	14,000	
공손품	1,000	40
	1,000	80
기말재공품	4,000	90

11월 중 Y공정의 제조원가에 관한 자료는 다음과 같다.

	전공정원가	재료원가	가공원가	정상공손원가	합계
기초재공품원가	₩40,000	₩0	₩10,600	₩3,400	₩54,000
당기발생원가	540,000	190,000	356,000		1,086,000

1차 검사시점에서 발견된 공손품의 처분가치는 단위당 ₩8이고, 2차 검사시점에서 발견된 공손품의 처분가치는 단위당 ₩10이다.

요구사항

[물음 1]　각각의 검사시점에서 발견된 공손을 정상공손과 비정상공손으로 구분하시오.

[물음 2]　선입선출법을 이용하여 완성품과 기말재공품원가를 계산하시오.

[물음 3]　평균법을 이용하여 완성품과 기말재공품원가를 계산하시오.

※ 물량흐름도

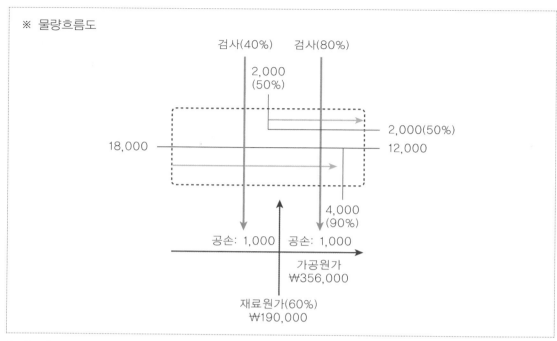

[물음 1] 정상공손 및 비정상공손수량 결정

    (1) 1차검사

        ① 합격수량: 18,000개 − 1,000개 = 17,000개

        ② 정상공손: 17,000개 × 5% = 850개

        ③ 비정상공손: 1,000개 − 850개 = 150개

    (2) 2차검사

        ① 합격수량: 17,000개 + 2,000개 − 1,000개 = 18,000개

        ② 정상공손: 18,000개 × 5% = 900개

        ③ 비정상공손: 1,000개 − 900개 = 100개

[물음 2] 완성품과 기말재공품원가 계산(선입선출법)

제조원가보고서(선입선출법)
Y공정

| | [1단계]
물량의 흐름 | [2단계] 완성품환산량 | | |
		전공정원가	재료원가	가공원가
기초재공품	2,000(50%)			
당기착수	18,000			
	20,000			
당기완성				
기초재공품	2,000	0	2,000	1,000
당기착수	12,000	12,000	12,000	12,000

제조원가보고서(선입선출법)

Y공정

	[1단계] 물량의 흐름	[2단계] 완성품환산량		
		전공정원가	재료원가	가공원가
정상공손(1차)	850(40%)*1	850	0	340
비정상공손(1차)	150(40%)*2	150	0	60
정상공손(2차)	900(80%)*3	900	900	720
비정상공손(2차)	100(80%)*4	100	100	80
기말재공품	4,000(90%)	4,000	4,000	3,600
	20,000개	18,000개	19,000개	17,800개

[3단계] 총원가의 요약

		전공정원가	재료원가	가공원가	합계
기초재공품원가					₩54,000
당기발생원가		₩540,000	₩190,000	₩356,000	1,086,000
합계					₩1,140,000

[4단계] 환산량 단위당 원가

	전공정원가	재료원가	가공원가
완성품환산량	÷18,000개	÷19,000개	÷17,800개
환산량 단위당 원가	₩30	₩10	₩20

[5단계] 원가의 배분

1) 1차배분

완성품원가	₩54,000 + 12,000개 × ₩30 + 14,000개 × ₩10 + 13,000개 × ₩20 =	₩814,000
정상공손원가(1차)	850개 × ₩30 + 340개 × ₩20 =	32,300
비정상공손원가(1차)	150개 × ₩30 + 60개 × ₩20 =	5,700
정상공손원가(2차)	900개 × ₩30 + 900개 × ₩10 + 720개 × ₩20 =	50,400
비정상공손원가(2차)	100개 × ₩30 + 100개 × ₩10 + 80개 × ₩20 =	5,600
기말재공품원가	4,000개 × ₩30 + 4,000개 × ₩10 + 3,600개 × ₩20 =	232,000
합계		₩1,140,000

2) 2차배분

	배분 전 원가	공손품처분 가치계상	1차정상공손 원가배분	2차정상공손 원가배분	배분 후 원가
완성품원가	₩814,000		₩18,000	₩33,250	₩865,250
정상공손원가(1차)	32,300	₩(6,800)	(25,500)		0
비정상공손원가(1차)	5,700	(1,200)			4,500
정상공손원가(2차)	50,400	(9,000)	1,350	(42,750)	0
비정상공손원가(2차)	5,600	(1,000)	150		4,750
기말재공품원가	232,000		6,000	9,500	247,500
공손품	0	18,000			18,000
합계	₩1,140,000	₩0	₩0	₩0	₩1,140,000

*1 1차 정상공손수량 = 당기에 1차 검사를 합격한 수량 × 5%

  = (12,000개 + 1,000개 + 4,000개) × 5% = 850개

   당기착수완성량 2차 공손량 기말재공품

*2 1차 비정상공손수량 = 1차 공손수량 − 1차 정상공손수량 = 1,000개 − 850개 = 150개

*3 2차 정상공손수량 = 당기에 2차 검사를 합격한 수량 × 5%

  = (2,000개 + 12,000개 + 4,000개) × 5% = 900개

  기초재공품완성량 당기착수완성량 기말재공품

*4 2차 비정상공손수량 = 2차 공손수량 − 2차 정상공손수량 = 1,000개 − 900개 = 100개

[물음 3] 완성품과 기말재공품원가계산(평균법)

제조원가보고서(평균법)

Y공정

	[1단계] 물량의 흐름	[2단계] 완성품환산량		
		전공정원가	재료원가	가공원가
기초재공품	2,000(50%)			
당기착수	18,000			
	20,000			
당기완성	14,000	14,000	14,000	14,000
정상공손(1차)	850(40%)	850	0	340
비정상공손(1차)	150(40%)	150	0	60
정상공손(2차)	900(80%)	900	900	720
비정상공손(2차)	100(80%)	100	100	80
기말재공품	4,000(90%)	4,000	4,000	3,600
	20,000개	20,000개	19,000개	18,800개

[3단계] 총원가의 요약

		전공정원가	재료원가	가공원가	정상공손원가	합계
기초재공품원가		₩40,000	₩0	₩10,600	₩3,400	₩54,000
당기발생원가		540,000	190,000	356,000	–	1,086,000
합계		₩580,000	₩190,000	₩366,600	₩3,400	₩1,140,000

[4단계] 환산량 단위당 원가

	전공정원가	재료원가	가공원가
완성품환산량	÷20,000개	÷19,000개	÷18,800개
환산량 단위당 원가	₩29	₩10	₩19.5

[5단계] 원가의 배분

1) 1차배분

완성품원가	14,000개 × ₩29 + 14,000개 × ₩10 + 14,000개 × ₩19.5 =	₩819,000
정상공손원가(1차)	₩3,400*¹ + 850개 × ₩29 + 340개 × ₩19.5 =	34,680
비정상공손원가(1차)	150개 × ₩29 + 60개 × ₩19.5 =	5,520
정상공손원가(2차)	900개 × ₩29 + 900개 × ₩10 + 720개 × ₩19.5 =	49,140
비정상공손원가(2차)	100개 × ₩29 + 100개 × ₩10 + 80개 × ₩19.5 =	5,460
기말재공품원가	4,000개 × ₩29 + 4,000개 × ₩10 + 3,600개 × ₩19.5 =	226,200
합계		₩1,140,000

2) 2차배분

	배분 전 원가	공손품처분 가치계상	1차정상공손 원가배분	2차정상공손 원가배분	배분 후 원가
완성품원가	₩819,000		₩20,543	₩32,247	₩871,790
정상공손원가(1차)	34,680	₩(6,800)	(27,880)*²		0
비정상공손원가(1차)	5,520	(1,200)			4,320
정상공손원가(2차)	49,140	(9,000)	1,321	(41,461)*³	0
비정상공손원가(2차)	5,460	(1,000)	147		4,607
기말재공품원가	226,200		5,869	9,214	241,283
공손품	0	18,000			18,000
합계	₩1,140,000	₩0	₩0	₩0	₩1,140,000

*1 기초재공품의 완성도가 50%이므로 기초재공품의 정상공손원가 ₩3,400은 전기의 기말재공품에 배분된 1차 정상공손원가이다.

*2 1차 정상공손원가배분

완성품	₩27,880 × 14,000개/(14,000개 + 900개 + 100개 + 4,000개) =	₩20,543
2차 정상공손	₩27,880 × 900개/(14,000개 + 900개 + 100개 + 4,000개) =	1,321
2차 비정상공손	₩27,880 × 100개/(14,000개 + 900개 + 100개 + 4,000개) =	147
기말재공품	₩27,880 × 4,000개/(14,000개 + 900개 + 100개 + 4,000개) =	5,869
합계		₩27,880

*3 2차 정상공손원가배분

완성품	₩41,461 × 14,000개/(14,000개 + 4,000개) =	₩32,247
기말재공품	₩41,461 × 4,000개/(14,000개 + 4,000개) =	9,214
합계		₩41,461

다음을 읽고 물음에 답하시오.

(주)한국은 유일한 보조부문인 전력부문과 연속적인 두 개의 제조부문 A와 제조부문 B로 구성되어 있다. 회사는 선입선출법을 사용하여 종합원가계산을 하고 있다.

회사의 제조부문 A에서는 공정 초기에 원재료가 전량 투입되며 가공원가는 전 공정에 걸쳐 균등하게 발생한다. 제조부문 A의 20×1년 6월 중 생산 자료는 다음과 같다.

	물량
기초재공품(완성도: 60%)	1,000단위
당기착수량	23,580
당기완성량	20,000
기말재공품(완성도: 25%)	4,000

검사는 공정의 50%시점에서 이루어지며, 검사시점을 통과한 합격품의 2%를 정상공손으로 간주한다. 20×1년 6월 중 제조부문 A의 원가 자료는 다음과 같다.

	직접재료원가	가공원가
기초재공품원가	₩3,100	₩4,800
당기발생원가(보조부문원가 배부 전)	70,740	144,830

전력부문의 생산설비용량은 각 제조부문의 예상 전력수요를 감안하여 결정된다. 매 기간마다 예상되는 회사 전체의 전력수요는 각 제조부문의 예상 기계가동시간에 의해 추정된다. 전력부문의 예산원가는 각 제조부문에 배부된다.

전력부문의 20×1년 6월 변동예산은 다음과 같다.

고정원가	₩50,000
변동원가	0.25/기계시간

회사의 20×1년 6월 정상조업도는 200,000기계시간이며, 이 중 제조부문 A에서는 75,000기계시간을 사용할 것으로 예상하였다. 당월 제조부문 A에서는 단위당 3시간의 기계시간이 사용되었다.

요구사항

[물음 1] 20×1년 6월 제조부문 A에 배부된 전력부문원가의 금액을 구하시오.

[물음 2] 20×1년 6월 제조부문 A의 당기완성품원가를 구하시오(단, 가공원가의 완성품환산량 단위당 원가는 소수점 셋째 자리에서 반올림하시오).

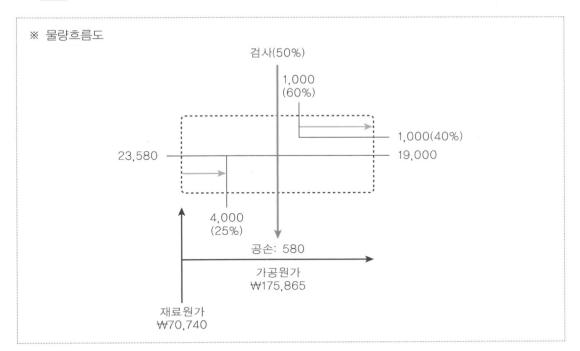

※ 물량흐름도

[물음 1] 제조부문 A에 배분된 전력부문의 원가
  (1) 정상공손수량 결정
    ① 합격수량: 23,580개 − 4,000개 − 580개 = 19,000개
    ② 정상공손수량: 19,000개 × 0.02 = 380개(50%)
    ③ 비정상공손수량: 580개 − 380개 = 200개(50%)
  (2) 보조부문의 예정배부율 및 실제기계시간을 파악하여 배부액을 구한다.
    ① 예정배부율
      • 전력부문의 예상원가: ₩50,000 + ₩0.25 × 200,000시간 = ₩100,000
      • 전력부문의 예정배부율: ₩100,000/200,000시간 = ₩0.5/시간
    ② 실제기계시간(가공원가 완성품환산량을 근거로 계산)
      • A부문의 가공원가 완성품환산량
        1,000개 × 0.4 + 19,000개 × 1 + 4,000개 × 0.25 + 580개 × 0.5 = 20,690개
      • A부문의 실제기계시간: 20,690개 × 3시간 = 62,070시간
    ③ A부문의 전력비배부액: ₩0.5/시간 × 62,070시간 = ₩31,035

[물음 2] 제조부문 A의 당기완성품원가

(1) 환산량 단위당 원가

	[1단계] 물량의 흐름	[2단계] 완성품환산량	
		재료원가	가공원가
당기완성			
기초재공품	1,000(60%)	0	400
당기착수	19,000	19,000	19,000
정상공손	380(50%)	380	190
비정상공손	200(50%)	200	100
기말재공품	4,000(25%)	4,000	1,000
	24,580개	23,580개	20,690개
[3단계] 총원가의 요약			
기초재공품원가			₩7,900
당기발생원가		₩70,740	₩175,865 215,570
합계			₩223,470
[4단계] 환산량 단위당 원가			
완성품원가		÷ 23,580개	÷ 20,690개
환산량 단위당 원가		₩3	₩8.5

(2) 완성품원가계산

$$= ₩7,900 + 19,000개 \times ₩3 + 19,400개 \times ₩8.5 + \underline{380개 \times ₩3 + 380개 \times ₩0.5 \times ₩8.5}$$

정상공손원가*

$$= ₩232,555$$

* 정상공손원가를 완성품에 배부하여야 한다.

문제 06   부산물과 종합원가계산

(주)한국은 A, B 두 공정을 통해 화학제품 X를 생산한다. 원재료는 A공정 초기에 투입되는데, 이 중 15%는 A공정 말에 부산물로 남고 나머지만 B공정으로 대체된다. 부산물은 더 이상 가공되지 않고 즉시 kg당 ₩2에 판매되는데, 이때 지출되는 판매 및 운반비용은 kg당 ₩0.5이다. (주)한국은 부산물의 순실현가치를 A공정의 원재료원가에서 차감한 후에 A공정 생산물의 제조원가를 계산하고 있다. B공정으로 대체되는 A공정의 생산물은 즉시 정제수와 혼합되어 완제품으로 완성된다. A공정 생산물과 정제수의 혼합비율은 3 : 1이다. 제조과정에서 공손이나 감손은 발생하지 않는다.

[CMA 수정]

당해연도 3월의 생산활동에 관한 자료는 다음과 같다.

	월초재공품 수량	월초재공품 금액	월말재공품 수량
A공정	없음	–	없음
B공정	1,200kg	₩23,500	2,000kg

또한, 당월투입원가는 다음과 같다.

	원재료원가	가공원가
A공정	₩261,750	₩102,000
B공정	–	86,100

(1) 3월 중 A공정 초에 투입된 원재료: 30,000kg
(2) B공정의 월초 및 월말재공품에 대한 가공원가 완성도: 각각 30%, 80%
(3) B공정 초에 투입되는 정제수의 원가는 ₩0으로 처리하며, B공정의 월초재공품 재고액 ₩23,500 중 ₩12,000은 전공정원가이고, ₩11,500은 가공원가이다.

요구사항

선입선출법에 따라 B공정의 완성품과 기말재공품을 구하시오.

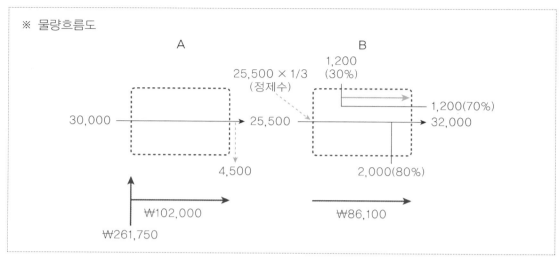

(1) 물량흐름(A공정)

부산물의 순실현가치를 원재료에서 차감한 후 원가계산이 진행되므로 완성품환산량에서 부산물은 제외한다.

① 물량흐름 파악(선입선출법)				② 완성품환산량	
				재료원가	가공원가
기초	–	완성품	25,500kg	25,500	25,500
		부산물	4,500*	–	–
착수	30,000kg	기말	–	–	–
	30,000kg		30,000kg	25,500	25,500

* 30,000 × 15%= 4,500kg

(2) 물량흐름(B공정)

A공정과 정제수가 3 : 1의 비율로 혼합되므로 A공정의 25,500kg은 정제수 8,500kg(= 25,500kg × 1/3)과 혼합되어 B공정의 착수량은 34,000kg이 된다.

① 물량흐름 파악(선입선출법)				② 완성품환산량	
				전공정원가	가공원가
기초	1,200kg	완성품	1,200kg(70%)	–	840
			32,000	32,000	32,000
착수	34,000	기말	2,000 (80%)	2,000	1,600
	35,200kg		35,200kg	34,000	34,440

(3) 제조원가보고서(A공정)

① 물량흐름 파악(선입선출법)				② 완성품환산량	
				재료원가	가공원가
기초	–	완성품	25,500kg	25,500	25,500
		부산물	4,500	–	–
착수	30,000kg	기말	–	–	–
	30,000kg		30,000kg	25,500	25,500

③ 당월투입원가

부산물의 순실현가치를 재료원가에서 차감한다.
- 재료원가 ₩261,750 − 4,500kg × (₩2 − ₩0.5) = ₩255,000
- 가공원가   ₩102,000

④ 완성품환산량 단위당 원가

- 재료원가 ₩255,000 ÷ 25,500 = ₩10
- 가공원가 ₩102,000 ÷ 25,500 = ₩4

⑤ 완성품 및 기말재공품원가

- 완성품원가   25,500kg × ₩10 + 25,500kg × ₩4 = ₩357,000
- 기말재공품원가   –

(4) 제조원가보고서(B공정)

① 물량흐름 파악(선입선출법)				② 완성품환산량	
				재료원가	가공원가
기초	1,200kg	완성품	12,000kg(70%)	0	840
			32,000	32,000	32,000
착수	34,000	기말	2,000 (80%)	2,000	1,600
	35,200kg		35,200kg	34,000	34,440

③ 당월투입원가

- 전공정원가 ₩357,000
- 가공원가   ₩86,100

④ 완성품환산량 단위당 원가

- 전공정원가 ₩357,000 ÷ 34,000kg = ₩10.5
- 가공원가   ₩86,100 ÷ 34,440kg = ₩2.5

⑤ 완성품 및 기말재공품원가

- 완성품원가   ₩23,500 + 32,000kg × ₩10.5 + 32,840kg × ₩2.5 = ₩441,600
- 기말재공품원가   2,000kg × ₩10.5 + 1,600kg × ₩2.5 = ₩25,000

회계사 · 세무사 · 경영지도사 단번에 합격!
해커스 경영아카데미
cpa.Hackers.com

제6장

원가계산의 확장

01 의의

원가계산제도는 생산방식, 실제성(속성) 및 제품원가의 구성요소로 분류할 수 있으며 지금까지 내용은 실제성과 제품원가의 구성요소는 각각 실제원가계산과 전부원가계산을 가정하고 생산방식에 따라 개별원가계산, 활동기준원가계산 및 종합원가계산에 대해서 살펴보았다.

이제 활동기준원가계산을 제외한 나머지 원가계산에 대해서 살펴보기로 한다.

생산방식	실제성(속성)	구성요소
개별원가계산		
종합원가계산	실제원가계산	전부원가계산
그 밖의 원가계산		

02 종류

그 밖의 원가계산으로는 다음과 같이 세 가지 형태가 있다.

① 작업공정별 원가계산
② 등급별 원가계산
③ 결합원가계산(연산품원가계산)

작업공정별 원가계산

01 의의

작업공정별 원가계산은 특정 기업의 생산방식이 다양한 종류의 제품을 생산하면서도 대량생산이 가능하다면 이러한 기업은 개별원가계산과 종합원가계산이 혼합된 원가계산방법이 요구되는데 이때 이용되는 원가계산방법을 말하며 혼합원가계산(또는 변형원가계산, hybrid costing)이라고도 한다.

핵심 Check

개별원가계산(작업별 원가계산)	다품종 소량주문생산
(+) 종합원가계산(공정별 원가계산)	단일 대량연속생산
혼합원가계산(작업공정별 원가계산)	다품종 대량연속생산

이 방법은 서로 다른 제품을 생산하기 때문에 먼저 총제조원가를 공정별로 제조직접원가와 제조간접원가로 구분(개별원가계산 특징)한 후, 각 제품별 직접원가는 해당 제품에 직접부과하고 간접원가는 각 공정에 투입된 물량을 기준(종합원가계산 특징)으로 배부한다. 즉, 각 제품별로 투입되는 재료는 다르지만 공정과정에서 투입되는 시간과 가공원가는 동일한 경우에 사용되는 방법이다.

02 원가계산 절차

원재료는 각 제품별로 직접부과하고, 가공원가는 각 공정별로 집계한 후에 완성품환산량을 기준으로 배부한다. 이는 원재료는 제품별로 구분되지만 가공과정에서 발생하는 가공원가는 동일하다고 가정하기 때문이다. 만약, 가공과정에서 발생하는 가공원가가 제품별로 다르다면 완성품환산량이 아닌 별도의 합리적인 배부기준을 선택하여 배부해야 한다.

핵심 Check

직접재료원가: 제품 종류별로 다르다. ⇒ 개별원가계산을 적용한다.
가공원가: 생산과정이 동일하다. ⇒ 종합원가계산을 적용한다.

1단계		2단계		3단계
총제조원가를 집계한다.	⇒	직접재료원가는 개별제품에 직접 추적한다.	⇒	가공원가는 완성품환산량을 기준으로 배부한다.

원가계산의 확장

제6장

해커스 允원가관리회계

작업공정별 원가계산 절차

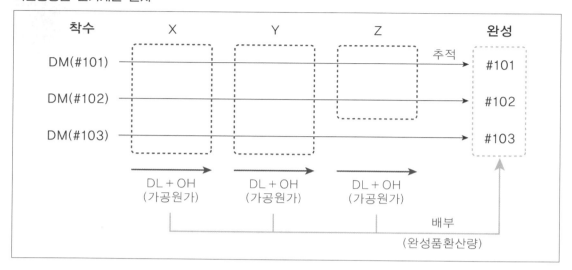

예제 1: 작업공정별 원가계산

(주)한국은 당해연도에 영업을 개시하였으며 세 가지 형태의 제품 A, B, C를 생산하고 있다. 이들 제품은 두 가지의 X, Y공정을 거쳐 최종제품으로 완성되는데 제품 C는 반제품 형태로 판매되기 때문에 Y공정은 불필요하다. 원재료는 제품별로 상이하며 X공정 초기에 모두 투입되지만 X, Y공정에서 발생하는 가공원가는 각 제품의 수량에 비례하고 공정 전반에 걸쳐 균등하게 발생한다(단, 모든 공정의 기초 및 기말재공품은 없다).

(1) 제품별 생산량 및 직접재료원가

	생산량	원재료
제품 A	9,000개	₩2,070,000
제품 B	4,000	1,320,000
제품 C	6,000	1,740,000

(2) 공정별 가공원가 발생액

	X공정	Y공정
노무원가	₩500,000	₩1,000,000
제조경비	70,000	300,000

요구사항

❶ 당기 생산량이 모두 완성품일 경우 제품별 제조원가를 구하시오.

❷ ❶과 별도로 제품 B와 C는 모두 완성품이지만 제품 A의 Y공정 생산량 중 5,000개는 미완성품이며 완성도가 40%인 경우 제품 A의 완성품원가와 재공품원가를 구하시오.

(1) 물량흐름도

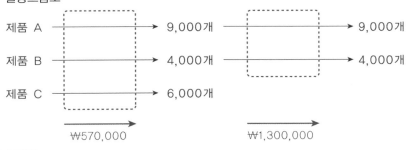

제품 A ──────→ 9,000개 ──────→ 9,000개

제품 B ──────→ 4,000개 ──────→ 4,000개

제품 C ──────→ 6,000개

₩570,000   ₩1,300,000

(2) 원재료

　제품별로 상이하므로 직접 추적한다.

(3) 가공원가

　각 제품별 수량에 비례하여 발생하므로 각 제품별 완성품환산량을 기준으로 배부한다.

(4) 공정별 가공원가, 완성품환산량 단위당 원가

　1) X공정

　　① 물량흐름 파악

재공품			
기초	－	완성 ┌ A	9,000
착수 ┌ A	9,000	├ B	4,000
├ B	4,000	└ C	6,000
└ C	6,000	기말	－
	19,000		19,000

　　② 완성품환산량

가공원가
9,000
4,000
6,000
－
19,000

　　③ 원가

　　　₩570,000

　　④ 환산량 단위당 원가(= ③ ÷ ②)

　　　₩30

　2) Y공정

　　① 물량흐름 파악

재공품			
기초	－	완성 ┌ A	9,000
착수 ┌ A	9,000	└ B	4,000
└ B	4,000	기말	－
	13,000		13,000

　　② 완성품환산량

가공원가
9,000
4,000
－
13,000

　　③ 원가

　　　₩1,300,000

　　④ 환산량 단위당 원가(= ③ ÷ ②)

　　　₩100

원가계산의 확장

제6장

해커스 允원가관리회계

❶

		제품 A	제품 B	제품 C
직접재료원가		₩2,070,000	₩1,320,000	₩1,740,000
가공원가				
X공정	(₩30 × 9,000개 =)	270,000	120,000	180,000
Y공정	(₩100 × 9,000개 =)	900,000	400,000	–
		₩3,240,000	₩1,840,000	₩1,920,000

❷

(1) 제품 A의 단위당 원재료

$$\frac{₩2,070,000}{9,000개} = ₩230$$

(2) 제품 A의 재공품을 고려한 Y공정에서의 완성품환산량 단위당 원가

• X공정 가공원가 환산량 단위당 원가

  ₩30

• Y공정 가공원가 환산량 단위당 원가

① 물량흐름 파악

재공품				
기초	–	완성 ┌ A	4,000	
착수 ┌ A	9,000	└ B	4,000	
└ B	4,000	기말 – A	5,000(0.4)	
	13,000		13,000	

② 완성품환산량

가공원가
4,000
4,000
2,000
10,000

③ 원가

  ₩1,300,000

④ 환산량 단위당 원가(= ③ ÷ ②)

  ₩130

(3) 제품 A의 완성품원가와 재공품원가

		완성품 (4,000개)		재공품 (5,000개)	계
직접재료원가	₩230 × 4,000개 =	₩920,000	₩230 × 5,000개 =	₩1,150,000	₩2,070,000
가공원가					
X공정	₩30 × 4,000개 =	120,000	₩30 × 5,000개 =	150,000	270,000
Y공정	₩130 × 4,000개 =	520,000	₩130 × 2,000개* =	260,000	780,000
		₩1,560,000		₩1,560,000	₩3,120,000

* 5,000개 × 40% = 2,000개

3 등급별 원가계산

01 의의

등급별 원가계산(class costing)은 동일한 원재료를 투입하여 동일공정을 거쳐 생산되는 제품들 간에 성격·형태·품질 등이 상이한 등급품(class products)의 생산에 적용되는 원가계산방법이다. 예를 들어 제분업에서의 품질이 서로 다른 소맥분, 양조장에서의 순도가 서로 다른 주류 등이 있다.

02 원가계산절차

등급별 원가계산은 등급품의 총원가를 집계한 후 제품별 등가계수(equivalent coefficient)에 따라 등급별로 안분하여 배부하는 방법이다.

1. 등가계수

각 등급품의 원가부담에 대한 상대적인 비중을 의미한다. 등가계수는 원가발생과 높은 상관관계가 있어야 정확한 원가배분이 가능해진다.

등가계수를 결정하는 기준은 다음과 같다.

① **물량기준**: 등급품의 중량·면적·길이·주요원가 소비량 등을 배부기준으로 사용한다.
② **원가기준**: 등급품에 대한 정상적인 생산활동을 전제로 하여 발생가능한 원가를 배부기준으로 사용하는 방법으로 직접재료원가기준, 직접노무원가기준, 제조간접원가기준이 있다.
③ **시가기준**: 등급품의 시가를 배부기준으로 사용한다.

2. 절차

총제조원가를 집계한 후 등급품별 등가계수에 따라 배부한다.

1단계		2단계		3단계
총제조원가를 집계한다.	⇒	등급품별 등가계수를 결정한다.	⇒	등가계수에 따라 총제조원가를 배부한다.

(주)한국은 등급품 A, B, C를 생산한다. 다음 자료를 이용하여 물음에 답하시오(단, 기초 및 기말재공품은 없다).

(1) 총제조원가

구분	금액
재료원가	₩12,000
노무원가	8,000
제조경비	20,000
계	₩40,000

(2) 기타 자료

등급품	생산량	단위당 원재료	단위당 판매가격
A	100단위	10kg	₩50
B	150	20	100
C	250	24	120
	500단위		

요구사항

❶ 등급품별 등가계수를 물량(생산량)을 기준으로 하여 총제조원가를 배분하시오.
❷ 등급품별 등가계수를 원재료투입량을 기준으로 하여 총제조원가를 배분하시오.
❸ 등급품별 등가계수를 시가를 기준으로 하여 총제조원가를 배분하시오.

[풀이]

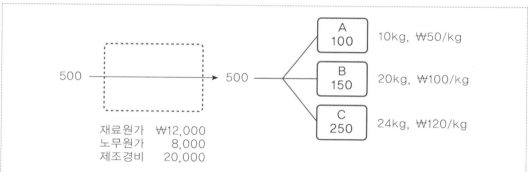

총제조원가는 등가계수를 결정하는 각 기준에 따라 배분비율 또는 배부율을 구한 후 각 등급품에 배부한다. 또한, 원재료투입량과 시가는 주어진 자료가 단위당 원재료 및 판매가격이므로 생산량을 곱하여 계산해야 한다.

등급품	물량(생산량)	원재료투입량	시가
A	100단위	1,000kg	₩5,000
B	150	3,000	15,000
C	250	6,000	30,000
	500단위	10,000kg	₩50,000

1 물량(생산량)기준

등급품	물량(생산량)	배분비율	배분액
A	100단위	20%	₩8,000[*1]
B	150	30	12,000
C	250	50	20,000
	500단위	100%	₩40,000

*1 다음과 같이 배부율을 이용하여 계산할 수 있다.

$$\frac{₩40,000}{500단위} = ₩80/단위$$

∴ ₩80/단위 × 100단위 = ₩8,000

2 원재료투입량기준

등급품별 원재료투입량은 생산량에 단위당 원재료수량을 곱하여 계산한다.

등급품	원재료투입량	배분비율	배분액
A	1,000kg[*2]	10%	₩4,000
B	3,000	30	12,000
C	6,000	60	24,000
	10,000kg	100%	₩40,000

*2 원재료투입량
　　100단위 × 10kg = 1,000kg

[비교] 배부율

$$\frac{₩40,000}{10,000kg} = ₩4/kg$$

∴ ₩4/kg × 1,000kg = ₩4,000

3 시가기준

등급품별 시가는 생산량에 단위당 판매가격을 곱하여 계산한다.

등급품	시가	배분비율	배분액
A	₩5,000[*3]	10%	₩4,000
B	15,000	30	12,000
C	30,000	60	24,000
	₩50,000	100%	₩40,000

*3 시가
　　100단위 × ₩50 = ₩5,000

[비교] 배부율

$$\frac{₩40,000}{₩50,000} = 0.8/시가$$

∴ 0.8/시가 × ₩5,000 = ₩4,000

4 결합원가계산(연산품원가계산)

01 의의

동일한 종류의 원재료를 투입하여 동일공정(결합공정)에서 동시에 생산되는 종류가 서로 다른 제품(결합제품)을 생산하는 공정에 적용하는 원가계산방법이다. 결합제품(joint products)은 연산품이라고도 하며 연산품의 예로는 정유업의 휘발유, 경유, 등유 등이 있으며 낙농업의 우유, 버터, 치즈 등이 있다.

연산품의 예

산업	원재료	연산품
낙농업	생우유	버터, 치즈, 생크림 등
화학농업	나프타	에틸렌, 메탄, 프로필렌 등
정육업	돼지	베이컨, 햄, 돼지갈비 등
석유산업	원유	휘발유, 경유, 등유 등

02 용어정리

결합원가계산은 결합공정을 거쳐 생산되는 결합제품의 원가를 결정하는 방법으로 다음과 같은 용어가 널리 사용된다.

1. 연산품(결합제품, joint products)

동일한 원재료로 동일한 가공을 통해서 생산된 서로 다른 종류의 제품을 말한다.

2. 주산물(main products)

판매를 위한 주요생산품을 말하며 후술하는 부산물과 구분하여 주산물이라 한다.

> **핵심 Check**
>
> 주산물과 연산품을 혼용하여 사용하는 경우가 있으나 부산물은 명백히 대비되는 개념이므로 문맥을 통하여 구분할 수 있어야 한다.
> 예) 연산품과 부산물 또는, 주산물과 부산물

3. 부산물(by-products)

주산물의 생산과정에서 부수적으로 생산되는 것으로 주산물에 비하여 판매가치가 낮은 제품을 말한다.

4. 작업폐물(scrap)

생산과정에서 발생한 찌꺼기와 조각을 의미하는 것으로 일반적으로 판매가치가 없거나 판매가치보다 판매비용이 더 크다.

5. 분리점(split-off point)

결합제품이 개별적으로 식별가능한 시점을 말한다.

6. 결합원가(joint costs)

분리점 이전의 제조과정에서 발생한 제조원가로서 결합공정에서의 완성품원가를 말한다.

7. 개별원가(separable costs) 또는 추가가공원가(additional processing costs)

분리점 이후에 개별제품을 추가로 가공하는 과정에서 발생하는 원가를 말한다.

03 원가계산 절차

결합공정에 투입된 총제조원가를 완성품과 재공품으로 배분한 후 완성품은 서로 다른 연산품으로 구성되어 있으므로 완성품원가를 합리적인 배부기준에 따라 결합제품에 배부한다.

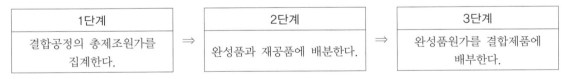

물량흐름도

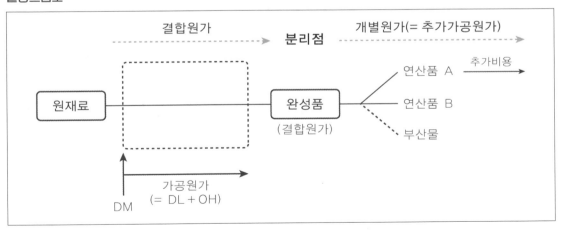

04 결합원가 배부기준

결합원가는 합리적인 배부기준에 따라 연산품에 배부해야 한다. 또한, 정확한 원가배분을 위해서는 원가발생과 합리적인 인과관계를 가진 배부기준을 찾아야 한다. 개별원가계산은 서로 다른 제품을 생산하기 때문에 원가투입정도가 명백히 달라 직접노무원가, 직접노동시간, 기계시간 등을 배부기준으로 사용하고, 종합원가계산은 단일제품을 연속적으로 생산하기 때문에 물량(완성품환산량)을 배부기준으로 사용하였다. 그러나, 결합제품의 경우 분리점에서 개별제품이 식별되므로 결합공정에서의 개별제품에 대한 원가투입정도를 명확하게 파악하기 어렵다. 따라서 기존에 사용하던 배부방식과는 다른 접근방법이 필요하다.

1. 물량기준법

연산품의 생산량, 중량, 용량, 면적 등을 기준으로 결합원가를 배분하는 방법이다.

핵심 Check 물량기준법 단점

> 물량이라는 객관적인 수치를 사용하며 간편하다. 그러나, 제품별로 판매가치가 다른 경우 제품별 수익에 대한 비교가 어렵다.

2. 판매가치법

수혜기준 또는 부담능력기준에 근거한 방법으로 제품별 판매가치를 기준으로 결합원가를 배분하는 방법이다.

(1) 분리점에서의 판매가치법

분리점에서의 판매가치를 기준으로 결합원가를 배분하는 방법이다.

핵심 Check 제품별 매출총이익률

> 추가비용(가공원가, 판매비)이 발생하지 않는다면 제품별 매출총이익률은 동일하다. 그러나, 분리점에서 판매가치가 없는 제품이 있는 경우 적용할 수 없다.

(2) 순실현가치법(net realizable value method)

분리점에서 판매가치가 없는 경우 적용할 수 있으며 순실현가치란 최종판매가치에서 추가비용을 차감하여 계산한다.

순실현가치 = 최종판매가치 − 추가가공원가 − 판매비용

핵심 Check 제품별 매출총이익률

분리점에서 판매가치가 없는 경우 적용할 수 있다. 그러나, 추가가공하는 제품의 매출총이익률이 낮아져 제품별 수익성 비교가 왜곡될 수 있다.

핵심 Check 순실현가치가 (-)인 경우 결합원가배분

순실현가치를 기준으로 결합원가를 배분하는 경우 특정 결합제품의 순실현가치가 (-)인 경우 결합원가를 배분하지 않는 것이 타당하다.

핵심 Check 분리점과 추가가공 후 판매가치가 동시에 있는 경우

순실현가치를 기준으로 결합원가를 배분하는 경우 순실현가치란 분리점에서 실현 가능한 최대가치를 의미하므로 분리점 판매가치와 순실현가치 중 큰 금액으로 처리하는 것이 타당하다.

Max[분리점 판매가치, (최종 판매가치 – 추가원가)]

3. 균등매출총이익률법

연산품은 동일한 원재료를 동일공정에서 가공하여 생산되는 서로 다른 제품이므로 최종판매가치에 대하여 모두 동일한 매출총이익률을 갖도록 결합원가를 배분하는 방법이다.

핵심 Check 매출총이익률과 영업이익률

매출총이익률과 영업이익률과는 다르며 균등매출총이익률법은 제품별 매출총이익률을 동일하게 하는 방법이다. 만약, 명시적으로 균등영업이익률법으로 표현한 경우에는 영업이익률이 동일하도록 결합원가를 배분해야 한다.

핵심 Check 제품별 결합원가배분금액

제품별 매출총이익률이 동일하므로 논리적으로 우수하다. 그러나, 추가가공원가가 많은 결합제품에 상대적으로 작은 결합원가가 배분된다.

(주)한국은 연산품 A, B, C를 생산·판매하고 있다. 당월 원재료 1,000kg을 투입하여 A, B, C를 각각 500kg, 300kg, 200kg을 생산하는 데 발생한 원가는 다음과 같다(단, 결합공정의 기초 및 기말재공품은 없다).

재료원가	₩100,000
노무원가	40,000
제조경비	60,000
	₩200,000

또한, 제품 kg당 판매가격은 다음과 같다.

A	₩280
B	250
C	175

요구사항

1️⃣ 제품별 생산량을 기준으로 결합원가를 배부하고 제품별 포괄손익계산서를 작성하시오.

2️⃣ 제품별 분리점에서의 판매가치를 기준으로 결합원가를 배부하고 제품별 포괄손익계산서를 작성하시오.

3️⃣ 1️⃣, 2️⃣와 별도로 제품 A는 분리점에서 kg당 ₩280에 판매될 수 있지만 제품 B와 C는 분리점에서 판매시장이 형성되어 있지 않아 추가가공 후 판매되고 있다. 제품 B와 C에 대한 추가자료는 다음과 같다.

	kg당 최종판매가격	추가가공원가	kg당 판매비
B	₩350	₩7,000	−
C	250	5,400	₩13

제품별 순실현가치를 기준으로 결합원가를 배부하고 제품별 포괄손익계산서를 작성하시오.

4️⃣ 3️⃣의 상황에서 모든 제품이 최종판매가격에 대해서 동일한 매출총이익률을 갖도록 결합원가를 배부하고 제품별 포괄손익계산서를 작성하시오.

[풀이]

결합공정에 재공품이 없으므로 제시된 모든 제조원가의 합이 결합공정의 완성품원가이며 연산품 A, B, C의 결합원가이다.

1 물량기준법

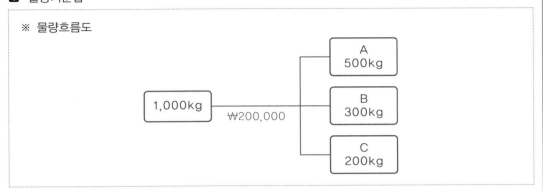

※ 물량흐름도

(1) 결합원가배분

	생산량	배분비율	배분액
A	500kg	50%	₩100,000[*1]
B	300	30	60,000
C	200	20	40,000
	1,000kg	100%	₩200,000

*1 다음과 같이 배부율을 이용하여 계산할 수 있다.

$$\frac{₩200,000}{1,000kg} = ₩200/kg$$

∴ ₩200/kg × 500kg = ₩100,000

(2) 제품별 포괄손익계산서

추가가공원가가 없으므로 각 제품별 결합원가배분금액은 각 제품별 매출원가이다.

	A	B	C
매출액	₩140,000[*2]	₩75,000	₩35,000
매출원가	(100,000)	(60,000)	(40,000)
매출총이익	₩40,000	₩15,000	₩(5,000)
매출총이익률	0.28	0.20	(0.14)

*2 수량 × 단위당 판매가격
500kg × ₩280 = ₩140,000

2 분리점에서의 판매가치법

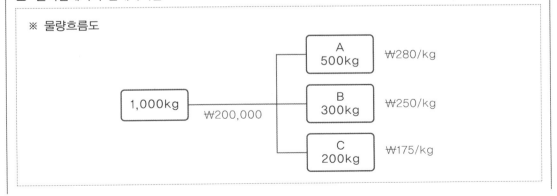

※ 물량흐름도

(1) 결합원가배분

분리점 판매가치는 생산량에 단위당 판매가격을 곱하여 계산한다.

	분리점 판매가치	배분비율	배분액
A	₩140,000[*3]	56%	₩112,000
B	75,000	30	60,000
C	35,000	14	28,000
	₩250,000	100%	₩200,000

[*3] 분리점 판매가치
    수량 × 단위당 판매가격
    = 500kg × ₩280 = ₩140,000

[비교] 배부율

$$\frac{₩200,000}{₩250,000} = 0.8$$

$$\therefore\ 0.8 \times ₩140,000 = ₩112,000$$

(2) 제품별 포괄손익계산서

추가가공원가가 없으므로 각 제품별 결합원가배분금액은 각 제품별 매출원가이다.

	A	B	C
매출액	₩140,000[*4]	₩75,000	₩35,000
매출원가	(112,000)	(60,000)	(28,000)
매출총이익	₩28,000	₩15,000	₩7,000
매출총이익률	0.2	0.2	0.2

[*4] 수량 × 단위당 판매가격
    500kg × ₩280 = ₩140,000

❸ 순실현가치법

※ 물량흐름도

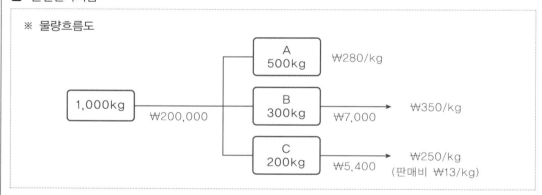

(1) 결합원가배분

제품별 순실현가치는 최종판매가격에서 추가원가를 차감하여 계산한다.

	순실현가치	배분비율	배분액
A	₩140,000	50%	₩100,000
B	98,000[*5]	35	70,000
C	42,000[*6]	15	30,000
	₩280,000	100%	₩200,000

*5 제품 B의 순실현가치
  수량 × 단위당 판매가격 − 추가원가
  = 300kg × ₩350 − ₩7,000 = ₩98,000
*6 제품 C의 순실현가치
  수량 × 단위당 판매가격 − 추가원가 − 판매비
  = 200kg × ₩250 − ₩5,400 − 200kg × ₩13 = ₩42,000

[비교] 배부율

$$\frac{₩200,000}{₩280,000} = 0.714$$

∴ 0.714 × ₩140,000 = ₩100,000

(2) 제품별 포괄손익계산서
매출원가는 결합원가배분금액과 추가가공원가의 합이다.

		A	B	C
매출액		₩140,000	₩105,000[*7]	₩50,000
매출원가	결합원가	(100,000)	(70,000)	(30,000)
	추가원가	−	(7,000)	(5,400)
매출총이익		₩40,000	₩28,000	₩14,600
판매비		−	−	(2,600)[*8]
영업이익		₩40,000	₩28,000	₩12,000
영업이익률		0.28	0.26	0.24

*7 제품 B의 판매가치
  수량 × 단위당 판매가격
  = 300kg × ₩350 = ₩105,000
*8 제품 C의 판매비
  수량 × 단위당 판매비
  = 200kg × ₩13 = ₩2,600

4 균등매출총이익률법

※ 물량흐름도

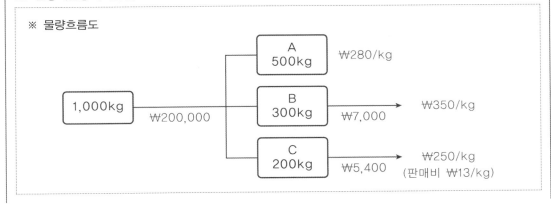

(1) 결합원가배분

회사 전체 매출총이익률을 계산한 후 제품별 매출총이익을 달성할 수 있는 결합원가배분금액을 역산하여 계산한다.

먼저, 회사 전체 매출총이익률을 계산하면 다음과 같다.

		A	B	C	합계
매출액		₩140,000	₩105,000	₩50,000	₩295,000
매출원가	결합원가	?	?	?	(200,000)
	추가원가	–	(7,000)	(5,400)	(12,400)
매출총이익		?	?	?	₩82,600
매출총이익률					0.28

회사 전체 매출총이익률이 28%이므로 각 제품별 매출총이익률도 28%가 되어야 하므로 각 제품별 매출총이익을 계산할 수 있다.

		A	B	C	합계
매출액		₩140,000	₩105,000	₩50,000	₩295,000
매출원가	결합원가	?	?	?	(200,000)
	추가원가	–	(7,000)	(5,400)	(12,400)
매출총이익		₩39,200[*9]	₩29,400	₩14,000	₩82,600
매출총이익률		0.28	0.28	0.28	0.28

[*9] 제품 A의 매출총이익
매출액 × 매출총이익률
= ₩140,000 × 0.28 = ₩39,200

마지막으로, 각 제품별 매출총이익을 달성할 수 있는 결합원가배분액을 역산한다.

		A	B	C	합계
매출액		₩140,000	₩105,000	₩50,000	₩295,000
매출원가	결합원가	(100,800)[*10]	(68,600)	(30,600)	(200,000)
	추가원가	–	(7,000)	(5,400)	(12,400)
매출총이익		₩39,200	₩29,400	₩14,000	₩82,600
매출총이익률		0.28	0.28	0.28	0.28

[*10] 제품 A의 결합원가배분금액
매출액 – 매출총이익
= ₩140,000 – ₩39,200 = ₩100,800

(2) 제품별 포괄손익계산서

매출원가는 결합원가배분금액과 추가가공원가의 합이다.

		A	B	C	합계
매출액		₩140,000	₩105,000	₩50,000	₩295,000
매출원가	결합원가	(100,800)	(68,600)	(30,600)	(200,000)
	추가원가	–	(7,000)	(5,400)	(12,400)
매출총이익		₩39,200	₩29,400	₩14,000	₩82,600
판매비		–	–	(2,600)	(2,600)
영업이익		₩39,200	₩29,400	₩11,400	₩80,000
영업이익률		0.28	0.28	0.23	0.27

(주)한국은 결합공정을 통하여 연산품 A와 B를 생산·판매하고 있다. 연산품 A는 분리점에서 판매할 수 있으나 연산품 B는 추가가공 후 판매할 수 있다(단, 결합공정의 기초 및 기말재공품은 없다).

다음은 연산품 판매가격과 제조원가에 대한 자료이다.

(1) 판매가격

A	₩100
B	200

(2) 제조원가

결합공정	₩100
추가공정(연산품 B)	100
	₩200

요구사항

1 제품별 순실현가치를 기준으로 결합원가를 배부하고 제품별 매출총이익률을 계산하시오.

2 최종판매가격에 대해서 동일한 매출총이익률을 갖도록 결합원가를 배부하고 제품별 결합원가배분금액을 계산하시오.

[풀이]

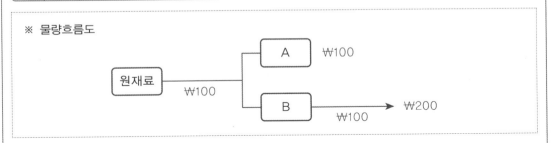

※ 물량흐름도

1 순실현가치법의 특징

(1) 결합원가배분

제품별 순실현가치는 최종판매가치에서 추가원가를 차감하여 계산한다.

	순실현가치	배분비율	배분액
A	₩100	50%	₩50
B	100*1	50	50
	₩200	100%	₩100

*1 제품 B의 순실현가치
판매가격 − 추가원가
= ₩200 − ₩100 = ₩100

(2) 제품별 매출총이익률

매출원가는 결합원가배분금액과 추가가공원가의 합이다.

		A	B
매출액		₩100	₩200
매출원가	결합원가	(50)	(50)
	추가원가	–	(100)
매출총이익		₩50	₩50
매출총이익률		0.50	0.25

∴ 매출총이익은 모두 ₩50으로 동일하지만 추가가공하는 제품 B의 매출총이익률은 제품 A에 비하여 작다.

2 균등매출총이익률법의 특징

(1) 결합원가배분

회사 전체 매출총이익률을 계산한 후 제품별 매출총이익을 달성할 수 있는 결합원가배분금액을 역산하여 계산한다.

		A	B	합계
매출액		₩100	₩200	₩300
매출원가	결합원가	(67)*3	(33)	(100)
	추가원가	–	(100)	(100)
매출총이익		₩33*2	₩67	₩100
매출총이익률		0.33	0.33	0.33

*2 제품 A의 매출총이익
   매출액 × 매출총이익률
   = ₩100 × 0.33 = ₩33
*3 제품 A의 결합원가배분금액
   매출액 − 매출총이익
   = ₩100 − ₩33 = ₩67

(2) 제품별 매출총이익률

매출원가는 결합원가배분금액과 추가가공원가의 합이다.

		A	B	합계
매출액		₩100	₩200	₩300
매출원가	결합원가	(67)	(33)	(100)
	추가원가	–	(100)	(100)
매출총이익		₩33	₩67	₩100
매출총이익률		0.33	0.33	0.33

∴ 매출총이익률은 모두 33%로 동일하지만 추가가공하는 제품 B의 결합원가배분금액은 제품 A에 비하여 작다.

05 복수의 분리점이 있는 경우 결합원가배분

결합공정을 통해서 생산된 결합제품은 경우에 따라서 추가가공과정을 필요로 하며 이는 다시 수 개의 서로 다른 결합제품으로 분리될 수 있다. 이와 같이 개별제품을 식별할 수 있는 분리점이 두 개 이상 존재할 수 있다. 이러한 경우 다음과 같은 과정을 거쳐 순실현가치법을 적용하여 순차적으로 결합원가를 배분할 수 있다.

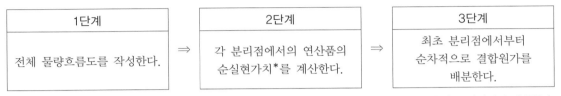

1단계		2단계		3단계
전체 물량흐름도를 작성한다.	⇒	각 분리점에서의 연산품의 순실현가치*를 계산한다.	⇒	최초 분리점에서부터 순차적으로 결합원가를 배분한다.

* 추가가공하는 제품의 순실현가치는 최종적으로 생산되는 결합제품의 순실현가치에서 추가원가를 차감하여 계산한다.

복수의 분리점에서의 순실현가치

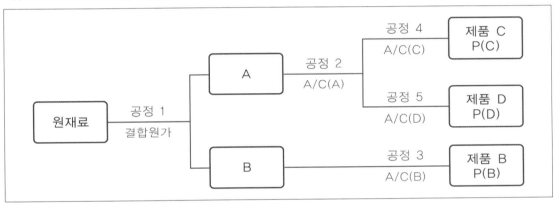

A의 순실현가치: $[P(C) - A/C(C) + P(D) - A/C(D)] - A/C(A)$
B의 순실현가치: $P(B) - A/C(B)$

(주)한국은 세 개의 제조공정을 거쳐 연산품 A, B, D, E를 생산·판매하고 있다. 제1공정에서 원재료 1,000kg을 투입하여 연산품 A, B와 중간제품 C를 각각 5 : 3 : 2의 비율로 생산한다. 연산품 B는 제2공정에서 추가가공하며 중간제품 C는 제3공정에서 추가가공하여 연산품 D, E를 1 : 1의 비율로 생산한다(단, 결합공정과 추가공정의 기초 및 기말재공품은 없다).

(1) 공정별 발생원가

	제1공정	제2공정	제3공정
재료원가	₩100,000	–	–
노무원가	40,000	₩3,000	₩1,500
제조경비	60,000	4,000	6,500
	₩200,000	₩7,000	₩8,000

(2) **제품별 kg당 최종판매가격**

A	₩280
B	350
D	300
E	200

요구사항

제품별 순실현가치를 기준으로 결합원가를 배분하고 각 제품별 포괄손익계산서를 작성하시오.

[풀이]

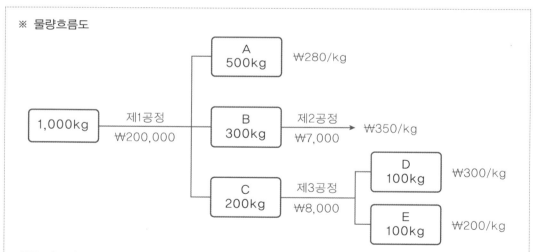

※ 물량흐름도

제품 C는 제3공정에서 원재료(전공정원가)의 성격으로 투입된 후 추가가공하여 제품 D, E가 생산되므로 제품 C의 순실현가치는 제품 D, E의 순실현가치에서 제3공정 추가가공원가를 차감하여 계산한다.

(1) 제1공정 결합원가배분

제품별 순실현가치는 최종판매가치에서 추가원가를 차감하여 계산한다.

	순실현가치	배분비율	배분액
A	₩140,000	50%	₩100,000
B	98,000	35	70,000
C	42,000[*1]	15	30,000
	₩280,000	100%	₩200,000

[*1] 제품 C의 순실현가치

(제품 D의 순실현가치 + 제품 E의 순실현가치) − 추가가공원가

= (100kg × ₩300 + 100kg × ₩200) − ₩8,000 = ₩42,000

(2) 제3공정의 결합원가배분

제3공정의 결합원가는 제1공정에서의 결합원가배분금액과 제3공정에서의 추가가공원가를 합하여 다음과 같이 계산한다.

→ ₩30,000 + ₩8,000 = ₩38,000

	순실현가치	배분비율	배분액
D	₩30,000	60%	₩22,800[*2]
E	20,000	40	15,200
	₩50,000	100%	₩38,000

[*2] 제품 D의 결합원가배분금액

₩38,000 × 60% = ₩22,800

(3) 제품별 포괄손익계산서

		A	B	D	E
매출액		₩140,000	₩105,000	₩30,000	₩20,000
결합원가	제1공정	(100,000)	(70,000)	−	−
	제3공정	−	−	(22,800)	(15,200)
추가원가		−	(7,000)	−	−
매출총이익		₩40,000	₩28,000	₩7,200	₩4,800
매출총이익률		0.28	0.26	0.24	0.24

06 재공품이 존재하는 경우 결합원가계산

결합원가란 결합공정에서 생산된 결합제품원가의 합을 말하므로 결합공정에서의 완성품원가를 의미한다. 따라서, 결합공정에 재공품이 존재한다면 결합공정의 총제조원가를 완성품과 기말재공품에 배분하는 절차가 선행되어야 한다. 또한, 추가가공공정에 재공품이 존재한다면 연산품의 순실현가치는 완성량이 아닌 투입량을 기준으로 계산해야 한다.

1. 결합공정에 재공품이 존재하는 상황

결합공정의 총제조원가를 집계한 후 원가요소별 투입행태를 고려하여 완성품과 기말재공품에 배분한다. 또한, 기초재공품이 있다면 원가흐름의 가정에 따라 선입선출법과 평균법을 적용할 수 있다.

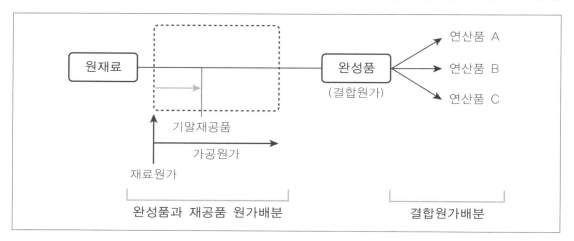

예제 6: 결합공정에 재공품이 존재

(주)한국은 세 개의 제조공정을 거쳐 연산품 A, B, C를 생산·판매하고 있다. 제1공정에서 원재료를 투입하여 중간제품 A, B와 제품 C를 생산한다. 제품 C는 분리점에서 판매되지만 중간제품 A와 B는 각각 제2공정과 제3공정에서 추가가공한다. 단, 재료원가는 제1공정 초기에 전량 투입되고 노무원가 및 제조원가는 해당 공정 전반에 걸쳐 균등발생한다.

(1) 공정별 물량과 발생원가

	제1공정	제2공정	제3공정
재료원가	₩100,000	–	–
노무원가	30,000	₩2,000	₩1,500
제조경비	70,000	5,000	4,000
계	₩200,000	₩7,000	₩5,500
기초재고	–	–	–
당기착수	1,000단위	350단위	150단위
계	1,000단위	350단위	150단위
당기완성	600단위	350단위	150단위
기말재고	400(0.5)*	–	–
계	1,000단위	350단위	150단위

* 재공품의 완성도

---

(2) 제품별 단위당 판매가격

A	₩300
B	250
C	200

요구사항

재료원가는 공정 초기에 모두 투입되고 가공원가(노무원가와 제조경비)는 공정 전반에 걸쳐 균등발생한다. 제품별 순실현가치를 기준으로 결합원가를 배분하시오.

풀이

※ 물량흐름도

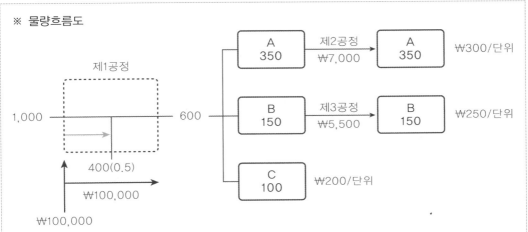

제1공정의 총제조원가를 완성품과 기말재공품에 배분한다. 제1공정의 완성품원가는 결합원가이므로 결합제품의 순실현가치를 기준으로 제1공정의 완성품원가를 결합제품에 배분한다.

(1) 제1공정의 총제조원가를 완성품과 기말재공품에 배분

I. 물량흐름의 파악

"기초재공품물량 + 당기착수물량 = 완성품물량 + 기말재공품물량"의 성립 여부를 파악한다.

즉, 기초재공품이 없으므로 당기착수물량 1,000단위와 완성품물량 600단위, 기말재공품물량 400단위의 합은 같다.

II. 원가요소별 완성품환산량

① 재료원가

공정 초기에 전량 투입되므로 완성품환산량은 "완성품물량 + 기말재공품물량"이다.

∴ 600단위 + 400단위 = 1,000단위

② 가공원가(= 전환원가)

공정 전반에 걸쳐 균등발생하므로 기말재공품은 완성도를 기준으로 환산한다.

∴ 600단위 + 400단위 × 0.5 = 800단위

Ⅲ. 원가요소별 당기발생원가 집계
　① 재료원가
　　₩100,000
　② 가공원가(= 전환원가)
　　₩30,000 + ₩70,000 = ₩100,000
Ⅳ. 원가요소별 완성품환산량 단위당 원가(= Ⅲ ÷ Ⅱ)
　① 재료원가
　　₩100,000 ÷ 1,000단위 = ₩100
　② 가공원가(= 전환원가)
　　₩100,000 ÷ 800단위 = ₩125
Ⅴ. 완성품 및 기말재공품원가 계산(= Ⅱ × Ⅳ)
　① 완성품원가
　　600단위 × ₩100 + 600단위 × ₩125 = ₩135,000
　② 기말재공품원가
　　400단위 × ₩100 + 200단위 × ₩125 = ₩65,000

[비교] 5단계법

Ⅰ. 물량흐름 파악　　　　　　　　　　　　Ⅱ. 원가요소별 완성품환산량

		재공품		재료원가	가공(전환)원가
기초	–	완성	600	600	600
착수	1,000	기말	400(0.5)	400	200
	1,000		1,000	1,000	800

Ⅲ. 총원가집계

	재료원가	가공(전환)원가
기초재공품원가	–	–
당기투입원가	₩100,000	₩100,000
계	₩100,000	₩100,000

Ⅳ. 완성품환산량 단위당 원가(= Ⅲ ÷ Ⅱ)

완성품환산량	÷ 1,000단위	÷ 800단위
완성품환산량 단위당 원가	₩100	₩125

Ⅴ. 총원가의 배분

완성품원가	600단위 × ₩100 + 600단위 × ₩125 =	₩135,000
기말재공품원가	400단위 × ₩100 + 200단위 × ₩125 =	65,000
		₩200,000

∴ 제1공정의 완성품원가(결합원가)는 ₩135,000이다.

(2) 제1공정 결합원가배분

제1공정의 완성품은 총 600단위이며 제품 A와 B의 착수량이 각각 350단위와 150단위이므로 제품
C의 수량은 100단위(= 600단위 − 350단위 − 150단위)이다.

	순실현가치	배분비율	배분액
A(350단위)	₩98,000*	65.3%	₩88,200
B(150단위)	32,000	21.3	28,800
C(100단위)	20,000	13.3	18,000
	₩150,000	100.0%	₩135,000

* 제품 A의 순실현가치
  350단위 × ₩300 − ₩7,000 = ₩98,000

2. 추가공정에 재공품이 존재하는 상황

추가공정에 재공품이 존재하는 경우 추가공정 착수량의 일부만이 완성되며 일부는 재공품으로 존
재한다. 배분대상 원가인 결합원가는 결합공정에서 생산된 물량에 대한 원가이므로 이 경우 순실
현가치를 계산할 때 물량은 추가공정에 투입된 물량을 기준으로 계산해야 한다.

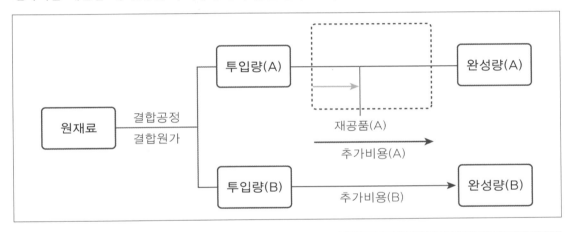

A의 순실현가치: 투입량 × 최종판매가치 − 추가비용(투입량기준으로 재계산)
B의 순실현가치: 완성량 × 최종판매가치 − 추가비용

(주)한국은 두 개의 제조공정을 통하여 연산품 A, B를 생산·판매하고 있다. 제1공정에서 원재료를 투입하여 제품 A와 중간제품 X를 각각 6 : 4의 비율로 생산한다. 중간제품 X는 제2공정에서 추가가공되어 제품 B가 된다. 단, 재료원가는 제1공정 초기에 전량 투입되고 노무원가 및 제조원가는 해당 공정 전반에 걸쳐 균등발생한다.

(1) 공정별 물량과 발생원가

	제1공정	제2공정
재료원가	₩100,000	–
노무원가	30,000	₩6,000
제조경비	70,000	12,500
계	₩200,000	₩18,500
기초재고	–	–
당기착수	1,000단위	400단위
계	1,000단위	400단위
당기완성	1,000단위	250단위
기말재고	–	150(0.8)*
계	1,000단위	400단위

* 재공품의 완성도

(2) 제품별 단위당 판매가격

A	₩250
B	300

요구사항

제품별 순실현가치를 기준으로 결합원가를 배분하시오.

※ 물량흐름도

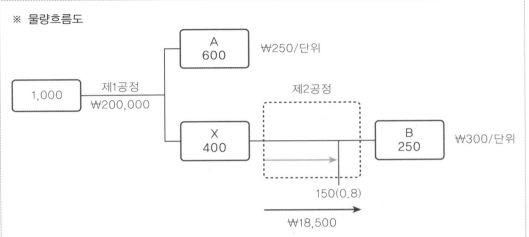

제1공정의 완성품원가는 제품 A와 중간제품 X에 순실현가치를 기준으로 배분하며 제1공정에서 배분받은 중간제품 X의 원가는 제2공정에 전공정원가로 투입된다. 제2공정에서 원가계산 절차는 제1공정에서 배분받은 전공정원가와 제2공정의 가공원가를 완성품환산량을 기준으로 완성품과 기말재공품에 배분한다.

(1) 제1공정 결합원가배분

제1공정의 완성품은 총 1,000단위이며 중간제품 X의 착수량이 400단위이므로 제품 A의 수량은 600단위(= 1,000단위 − 400단위)이다. 또한, 중간제품 X의 순실현가치는 투입량인 400단위를 기준으로 계산해야 한다. 따라서, 제2공정에서 발생한 가공원가는 400단위를 기준으로 재계산해야 한다.

	순실현가치	배분비율	배분액
A(600단위)	₩150,000	60%	₩120,000
X(400단위)	100,000*	40	80,000
	₩250,000	100%	₩200,000

* • 제2공정의 가공원가 완성품환산량
  250단위 + 150단위 × 0.8 = 370단위
* • 제2공정의 가공원가 완성품환산량 단위당 원가
  ₩18,500 ÷ 370단위 = ₩50
* • 중간제품 X의 순실현가치
  400단위 × ₩300 − 400단위 × ₩50 = ₩100,000

(2) 제2공정의 총제조원가를 완성품과 기말재공품에 배분

I. 물량흐름 파악

"기초재공품물량 + 당기착수물량 = 완성품물량 + 기말재공품물량"의 성립 여부를 파악한다.

즉, 기초재공품이 없으므로 당기착수물량 400단위와 완성품물량 250단위, 기말재공품물량 150단위의 합은 같다.

Ⅱ. 원가요소별 완성품환산량
  ① 전공정원가
    공정 초기에 전량 투입되므로 완성품환산량은 "완성품물량 + 기말재공품물량"이다.
    ∴ 250단위 + 150단위 = 400단위
  ② 가공원가(= 전환원가)
    공정 전반에 걸쳐 균등발생하므로 기말재공품은 완성도를 기준으로 환산한다.
    ∴ 250단위 + 150단위 × 0.8 = 370단위
Ⅲ. 원가요소별 당기발생원가 집계
  ① 전공정원가(= 결합원가배분금액)
    ₩80,000
  ② 가공원가(= 전환원가)
    ₩6,000 + ₩12,500 = ₩18,500
Ⅳ. 원가요소별 완성품환산량 단위당 원가(= Ⅲ ÷ Ⅱ)
  ① 전공정원가(= 결합원가배분금액)
    ₩80,000 ÷ 400단위 = ₩200
  ② 가공원가(= 전환원가)
    ₩18,500 ÷ 370단위 = ₩50
Ⅴ. 완성품 및 기말재공품원가 계산(= Ⅱ × Ⅳ)
  ① 완성품원가
    250단위 × ₩200 + 250단위 × ₩50 = ₩62,500
  ② 기말재공품원가
    150단위 × ₩200 + 120단위 × ₩50 = ₩36,000

[비교] 5단계법

Ⅰ. 물량흐름 파악

재공품				
기초	–	완성	250	
착수	400	기말	150(0.8)	
	400		400	

Ⅱ. 원가요소별 완성품환산량

	전공정원가	가공(전환)원가
	250	250
	150	120
	400	370

Ⅲ. 총원가집계

	전공정원가	가공(전환)원가
기초재공품원가	–	–
당기투입원가	₩80,000	₩18,500
계	₩80,000	₩18,500

Ⅳ. 완성품환산량 단위당 원가(= Ⅲ ÷ Ⅱ)

	전공정원가	가공(전환)원가
완성품환산량	÷ 400단위	÷ 370단위
완성품환산량 단위당 원가	₩200	₩50

Ⅴ. 총원가의 배분

완성품원가	250단위 × ₩200 + 250단위 × ₩50 =	₩62,500
기말재공품원가	150단위 × ₩200 + 120단위 × ₩50 =	36,000
		₩98,500

07 연산품의 추가가공 의사결정

지금까지는 연산품이 분리점에서 판매가치가 있거나 분리점에서 판매가치가 없다면 추가가공 후 판매가치를 가지는 경우를 살펴보았다. 만약, 특정 연산품이 분리점에서 판매가치가 있고 추가가공 후에도 판매가치가 있다면 둘 중 어느 시점에 판매하는 것이 유리한지 고려해야 한다. 이러한 의사결정에 있어서 고려해야 할 사항은 분리점에서의 판매가치, 추가원가 및 최종 판매가치이며 결합원가는 과거에 이미 지출된 매몰원가(sunk costs)이므로 결합원가배분방법과 함께 고려대상이 아니다.

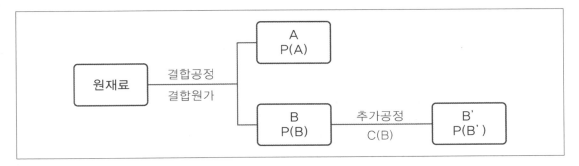

추가수익: P(B') − P(B)
추가비용: C(B)

즉, [P(B') − P(B)] − C(B) > 0인 경우 추가가공이 유리하다.

예제 8: 추가가공 의사결정

(주)한국은 연산품 A, B, C를 생산·판매하고 있다. 당월 원재료 1,000kg을 투입하여 A, B, C를 각각 500kg, 300kg, 200kg을 생산하는 데 발생한 원가는 다음과 같다(단, 결합공정의 기초 및 기말재공품은 없다).

재료원가	₩100,000
노무원가	40,000
제조경비	60,000
	₩200,000

또한, 제품 kg당 판매가격은 다음과 같다.

A	₩280
B	250
C	175

요구사항

제품 C는 ₩5,400의 추가가공원가를 투입하면 kg당 판매가격은 ₩250이고 kg당 판매비는 ₩13이 발생한다. 제품 C의 추가가공 여부를 결정하시오.

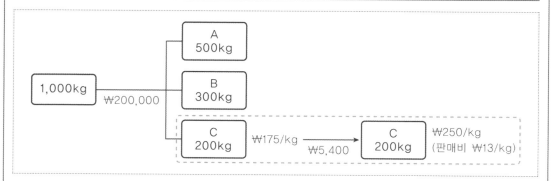

제품 C를 추가가공하는 데에 있어서 고려할 사항은 다음과 같다.

- 최종 판매가치   200kg × ₩250 = ₩50,000
- 분리점 판매가치   200kg × ₩175 = ₩35,000
- 추가가공원가   ₩5,400
- 추가판매비   200kg × ₩13 = ₩2,600

그러므로, 위의 사항을 고려한 추가가공 의사결정은 다음과 같다.

		총액접근법			증분접근법
		분리점	추가가공		③
		①	②		(= ② − ①)
수익		₩35,000	₩50,000	증분수익	₩15,000
비용	추가가공원가	−	(5,400)	증분비용	(5,400)
	판매비	−	(2,600)		(2,600)
이익		₩35,000	₩42,000	증분이익	₩7,000 ≥ 0

↑ ₩7,000 ≥ 0 ↑

두 대안의 수익과 비용을 모두 고려하는 총액접근법은 두 대안의 총이익을 기준으로 판단한다. 또한, 증분접근법은 두 대안의 차이만을 고려한 방법으로, 두 가지 방법 모두 추가가공하는 것이 ₩7,000만큼 이익이 증가하므로 추가가공하는 것이 더 유리하다.

(주)한국은 동일한 원재료를 투입하여 연산품 A, B, C를 생산한다. (주)한국은 분리점에서의 상대적 판매가치를 기준으로 결합원가를 배분한다. 결합제품 및 추가가공과 관련된 자료는 다음과 같다(단, 결합공정과 추가공정의 기초 및 기말재공품은 없다).

구분	제품 A	제품 B	제품 C	합계
생산량	200단위	?단위	?단위	?단위
결합원가	?	?	₩25,000	₩50,000
분리점에서의 판매가치	₩30,000	?	?	100,000
추가가공원가	12,000	₩8,000	6,000	26,000
추가가공 후 판매가치	40,000	30,000	60,000	130,000

요구사항

1 제품 A, B, C에 배분될 결합원가를 각각 구하시오.

2 제품 A, B, C의 추가가공 여부를 결정하시오.

3 회사 전체 이익을 극대화하는 방향으로 각 제품의 추가가공 여부를 결정하는 경우 예상되는 회사 전체 최대 매출총이익을 구하시오.

[풀이]

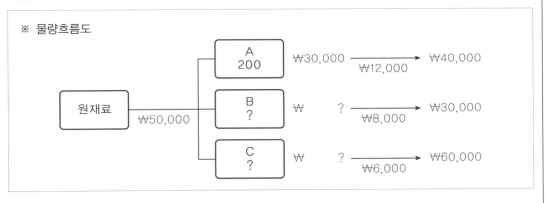

1 결합원가배분금액

• 결합원가와 분리점 판매가치
분리점에서의 상대적 판매가치를 기준으로 결합원가를 배분하므로 총결합원가와 분리점에서의 판매가치의 합계를 근거로 제품별 결합원가와 분리점 판매가치를 추정할 수 있다.

제품	분리점 판매가치	비율	결합원가
A	₩30,000	30%	?
B	?	?	?
C	?	50	₩25,000
	₩100,000	100%	₩50,000

↑ 결합원가는 분리점 판매가치의 50% ↑

총결합원가는 분리점에서의 판매가치의 합계의 50%이므로 결합원가배분금액은 다음과 같다.

제품	분리점 판매가치	비율	결합원가
A	₩30,000	30%	₩15,000[*1]
B	20,000[*3]	20	10,000
C	50,000[*2]	50	25,000
	₩100,000	100%	₩50,000

↑ 결합원가는 분리점 판매가치의 50% ↑

*1 제품 A의 결합원가배분금액
  ₩50,000 × 30% = ₩15,000
*2 제품 C의 분리점 판매가치(C)
  C × 50% = ₩25,000
  C = ₩25,000 ÷ 50% = ₩50,000
*3 제품 B의 분리점 판매가치
  ₩100,000 − ₩30,000 − ₩50,000 = ₩20,000

2 추가가공 의사결정

추가가공 여부를 결정하는 데 있어 고려할 사항은 추가가공으로 인한 증분수익(= 최종판매가치 − 분리점 판매가치)과 증분비용(추가원가)이다.

제품	분리점 판매가치 ①	추가원가 ②	최종판매가치 ③	추가가공 증분손익 ④(= ③ − ① − ②)	추가가공 여부
A	₩30,000	₩12,000	₩40,000	₩(2,000)	×
B	20,000	8,000	30,000	2,000	○
C	50,000	6,000	60,000	4,000	○
	₩100,000	₩26,000	₩130,000		

∴ 제품 B와 C를 추가가공한다.

3 회사 전체 매출총이익

회사 전체 이익을 극대화하기 위하여 제품 A는 분리점에서 판매하고, 제품 B와 C는 추가가공 후 판매한다.

		A	B	C	합계
매출		₩30,000	₩30,000	₩60,000	₩120,000
매출원가	결합원가	(15,000)	(10,000)	(25,000)	(50,000)
	분리원가	−	(8,000)	(6,000)	(14,000)
매출총이익					₩56,000

08 부산물

부산물(by-products)이란 주산물(main products)에 비하여 판매가치가 상대적으로 낮은 제품을 말하며 작업폐물(scrap)은 제조과정에서 발생한 조각 및 찌꺼기 등을 의미한다. 부산물은 주산물을 생산하는 과정에서 부수적으로 발생하는 것으로 결합원가배분에 있어서 주산물과는 구분하여 달리 처리된다.

1. 생산기준법

결합원가 배분대상에 부산물을 포함시키는 방법으로 부산물의 순실현가치에 해당하는 금액을 부산물에 먼저 배부함에 따라 동 금액만큼 연산품에 배분될 결합원가에서 차감된다. 부산물은 순실현가치만큼 결합원가를 배분받게 되어 결과적으로 판매시점에 부산물 판매로 인한 손익이 발생하지 않는다. 만약, 예상 판매가격과 실제 판매가격과의 차이가 발생하는 경우 그 차이는 당기손익에 반영한다.

이 방법은 부산물의 가치가 확실하거나 중요하여 재고자산이나 이익에 미치는 영향이 클 때 사용하는 방법이다.

핵심 Check 회계처리

생산시점	(차)	연산품 A	×××	(대)	재공품	×××
		연산품 B	×××			
		부산물 X	×××			
추가가공시점	(차)	부산물 X	×××	(대)	제경비	×××
판매시점	(차)	현금(매출채권)	×××	(대)	부산물 X	×××

예제 10: 추가공정의 부산물과 감손

(주)한국은 두 개의 공정을 통하여 연산품 A, B와 일부 부산물을 생산·판매하고 있다. 회사는 각 제품별 순실현가치를 기준으로 결합원가를 배분하고 있으며 부산물에 대해서는 생산시점에 부산물의 순실현가치를 연산품에 배분될 결합원가에서 차감하는 방법을 채택하고 있다. 당기의 생산과 관련된 자료는 다음과 같다(단, 결합공정 및 추가공정 모두 기초 및 기말재공품은 없다).

(1) 제1공정에서 원재료 1,100kg을 가공하는 데 소요된 총제조원가는 ₩100,000이다. 제1공정에서는 제품 A와 제품 B를 7 : 3의 비율로 생산한다.

(2) 제품 B는 제2공정에서 추가가공되며 이때 ₩29,000이 추가로 발생한다. 또한, 제2공정의 완성량의 10%는 단위당 ₩100에 판매할 수 있는 부산물이다.

(3) 제품 A와 제품 B의 판매가격은 각각 ₩300과 ₩600이다.

요구사항

1️⃣ 결합원가 배분 후 각 제품별 제조원가를 구하시오.

2️⃣ 1️⃣과는 별도로 제품 A의 판매비는 ₩4,500이며 제2공정에서의 완성량의 10%는 공정 전반에 걸쳐 평균적으로 발생하는 감손이라고 가정하자. 결합원가 배분 후 각 제품별 제조원가를 구하시오. (단, 연산품 B 순실현가치는 감손 후 물량을 적용하여 계산하시오)

풀이

※ 물량흐름도

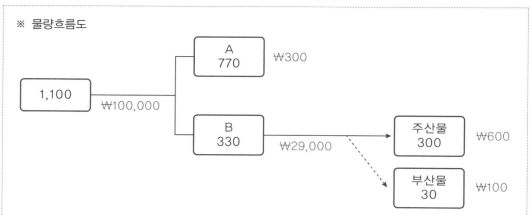

(1) 추가공정의 부산물

부산물은 제2공정에서 발생하므로 부산물의 순실현가치는 제2공정의 제조원가에서 차감해야 한다.

(2) 감손이 있는 경우 순실현가치

감손은 가공과정에서 소멸되는 것으로 판매가치가 없다.

(3) 제품별 수량

① 분리점에서의 수량

	수량	
A	770kg	(70%)
B	330	(30%)
	1,100kg	

② 제2공정에서 제품 B(주산물)의 수량(x)

	수량
주산물	$x$kg
부산물(감손)	$x \times 10\%$
	330kg

$x + x \times 10\% = 330$kg이므로 x는 300kg이다.

1 추가공정의 부산물처리

(1) 제1공정의 결합원가배분

제품 B의 순실현가치는 부산물을 포함한 최종판매가치에서 추가원가를 차감하여 계산한다.

	순실현가치	배분비율	배분액
A	₩231,000*1	60%	₩60,000
B	154,000*2	40	40,000
	₩385,000	100%	₩100,000

*1 제품 A의 순실현가치
　수량 × 단위당 판매가격
　= 770kg × ₩300 = ₩231,000

*2 제품 B의 순실현가치
　수량 × 단위당 판매가격 − 추가원가
　= 300kg × ₩600 + 30kg × ₩100 − ₩29,000 = ₩154,000

(2) 제2공정의 결합원가배분

제2공정의 결합원가는 제1공정에서 배부받은 ₩40,000과 제2공정의 추가원가 ₩29,000을 합한 ₩69,000이다. 또한, 부산물의 순실현가치를 결합원가에서 차감한 후 나머지 원가를 주산물에 부과한다.

	순실현가치	배분비율	배분액	
B(부산물)	₩3,000*3	−	₩3,000*3	
소계	₩3,000	−	₩3,000	₩69,000
B(주산물)	−	100%	₩66,000	
소계	−	100%	₩66,000	

*3 부산물의 순실현가치
　수량 × 단위당 판매가격
　= 30kg × ₩100 = ₩3,000

(3) 각 제품별 제조원가

	제품 A	제품 B(주산물)	제품 B(부산물)
결합원가	₩60,000	₩66,000	₩3,000
추가원가	−	−	−
	₩60,000	₩66,000	₩3,000

2 감손처리

(1) 제1공정의 결합원가배분

제품 A의 판매비를 순실현가치 계산에 반영하며 제품 B는 산출량 기준으로 순실현가치를 계산한다.

	순실현가치	배분비율	배분액
A	₩226,500*4	60%	₩60,000
B	151,000*5	40	40,000
	₩377,500	100%	₩100,000

*4 제품 A의 순실현가치
수량 × 단위당 판매가격 – 판매비
= 770kg × ₩300 – ₩4,500 = ₩226,500

*5 제품 B의 순실현가치
수량 × 단위당 판매가격 – 추가원가
= 300kg × ₩600 – ₩29,000 = ₩151,000

(2) 각 제품별 제조원가

	제품 A	제품 B
결합원가	₩60,000	₩40,000
추가원가	–	29,000
	₩60,000	₩69,000

2. 판매기준법

결합원가 배분대상에 부산물을 포함하지 않는 방법으로 결합원가는 모두 연산품에만 배분된다. 결합원가를 배분받지 않으므로 판매시점에 판매가격에서 부산물의 추가가공원가와 판매비와의 차이만큼 당기손익으로 인식한다.

이 방법은 부산물의 가치가 확실하지 않거나 작아 재고자산이나 이익에 미치는 영향이 거의 없을 때 사용하는 방법이다.

핵심 Check 회계처리

생산시점	(차) 연산품 A	×××	(대) 재공품	×××
	연산품 B	×××		
추가가공시점	(차) 부산물 X	×××	(대) 제경비	×××
판매시점	(차) 현금(매출채권)	×××	(대) 부산물 X	×××
			기타수익	×××
			(또는 매출원가)	

생산기준법과 판매기준법의 비교

구분	생산시점	판매시점
생산기준법	부산물의 순실현가치만큼 결합원가를 배분하여 부산물 인식	판매가치와 부산물 상계처리
판매기준법	N/A	• 판매가치만큼 잡이익 인식 • 판매가치를 주산품 매출원가에서 차감

예제 11: 생산기준법과 판매기준법

(주)한국은 결합공정을 통하여 주산물 A, B와 부산물 X를 생산한다. 결합공정에서 발생한 총제조원가는 ₩10,000이며 주산물 A는 추가가공 없이 분리점에서 판매되지만 주산물 B와 부산물 X는 추가가공 후 판매된다. 회사는 제품별 순실현가치를 기준으로 결합원가를 배분한다. 당해연도 생산 및 기타 관련 자료는 다음과 같다(단, 결합공정과 추가공정 모두 기초 및 기말재공품은 없다).

	주산물 A	주산물 B	부산물 X
추가가공원가	–	₩2,000	₩100
생산량	100단위	100단위	30단위
단위당 판매가격	₩120	₩100	₩10

요구사항

1 회사는 부산물의 순실현가치를 연산품에 배분될 결합원가에서 차감한다. 각 제품별 결합원가배분금액을 구하고 결합원가배분시점, 부산물 추가가공 및 처분시점의 회계처리를 하시오.

2 회사는 부산물에 대해서 결합원가를 배분하지 않고 처분가치를 판매시점에 기타수익으로 처리한다. 각 제품별 결합원가배분금액을 구하고 결합원가배분시점, 부산물 추가가공 및 처분시점의 회계처리를 하시오.

풀이

※ 물량흐름도

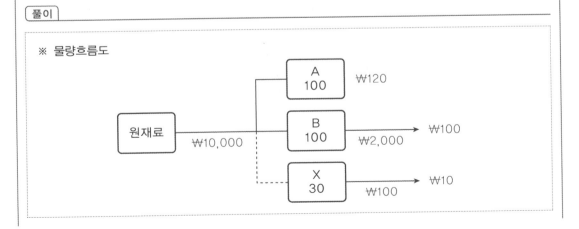

❶ 생산기준법

(1) 연산품에 배분될 결합원가

생산기준법이므로 부산물의 순실현가치를 연산품에 배분될 결합원가에서 차감한다.

총결합원가 – 부산물의 순실현가치

= ₩10,000 – (30단위 × ₩10 – 100) = ₩9,800

(2) 결합원가배분

		순실현가치	비율	결합원가	
부산물 X	30단위 × ₩10 – ₩100 =	₩200	–	₩200	
소계		₩200		₩200	
연산품 A	100단위 × ₩120 =	₩12,000	60%	₩5,880[*1]	₩10,000
연산품 B	100단위 × ₩100 – ₩2,000 =	8,000	40	3,920	
소계		₩20,000	100%	₩9,800	

*1 연산품 A에 배분될 결합원가
  ₩9,800 × 60% = ₩5,880

(3) 회계처리

생산시점	(차) 연산품 A	5,880	(대) 재공품	10,000
	연산품 B	3,920		
	부산물 X	200		
추가가공시점	(차) 부산물 X	100	(대) 제경비	100
판매시점	(차) 현금(매출채권)	300	(대) 부산물 X	300

❷ 판매기준법

(1) 연산품에 배분될 결합원가

판매기준법이므로 결합원가는 모두 연산품에 배부된다.

(2) 결합원가배분

		순실현가치	비율	결합원가	
부산물 X		–	–	–	
소계		–		–	
연산품 A	100단위 × ₩120 =	₩12,000	60%	₩6,000[*2]	₩10,000
연산품 B	100단위 × ₩100 – ₩2,000 =	8,000	40	4,000	
소계		₩20,000	100%	₩10,000	

*2 연산품 A에 배분될 결합원가
  ₩10,000 × 60% = ₩6,000

(3) 회계처리

생산시점	(차)	연산품 A	6,000		(대) 재공품	10,000
		연산품 B	4,000			
추가가공시점	(차)	부산물 X	100		(대) 제경비	100
판매시점	(차)	현금(매출채권)	300		(대) 부산물 X	100
					기타수익	200

3. 작업폐물의 처분가치가 (−)인 경우

작업폐물은 처분가치가 없는 것이 일반적이며, 작업폐물의 폐기비용으로 인하여 순실현가치가 (−)인 경우 연산품의 생산과정에서 필연적으로 발생한다면 결합원가에 가산하여 연산품에 배분하는 것이 논리적으로 타당하다.

예제 12: 작업폐물의 처분가치가 (−)인 경우

(주)한국은 결합공정을 통하여 동일한 원재료를 가공하여 연산품 A, B, C를 생산하며 이 과정에서 작업폐물 X가 발생한다. 당기 결합공정에서 발생한 제조원가는 ₩50,000이다. 결합원가는 각 연산품의 순실현가치를 기준으로 배분하며 부산물과 작업폐물에 대해서는 생산시점에 순실현가치로 평가하여 결합원가에 가감한다. 작업폐물을 폐기하는 데에 지출되는 비용은 ₩4,000이며 결합공정의 기초 및 기말재공품은 없다.

제품별 판매가치는 다음과 같다.

A	₩50,000
B	20,000
C	30,000

요구사항

❶ 결합원가 배분 후 각 제품별 제조원가를 구하시오.
❷ 회사는 외부로부터 작업폐물을 ₩10,000에 구입하겠다는 제안을 받았다. 제안을 수락하기 위해 별도의 가공과정이 필요하며 이때 추가가공원가는 ₩8,000이다. 제안에 대한 의사결정을 제시하시오.

※ 물량흐름도

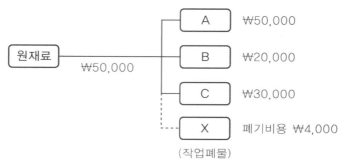

작업폐물에 대한 순실현가치를 연산품에 배부할 결합원가에 가감하므로 연산품에 배부할 결합원가는 ₩50,000 + ₩4,000 = ₩54,000이다.

1 결합원가배분

	순실현가치	배분비율	배분액
A	₩50,000	50%	₩27,000*
B	20,000	20	10,800
C	30,000	30	16,200
	₩100,000	100%	₩54,000

* 제품 A의 결합원가배분금액
  ₩54,000 × 50% = ₩27,000

2 추가가공 의사결정

작업폐물에 대한 추가가공 의사결정이므로 결합원가 및 결합원가배분방법은 고려대상이 아니다.

		총액접근법		증분접근법
		분리점 ①	추가가공 ②	③ (= ② − ①)
수익			₩10,000	증분수익 ₩10,000
비용	추가가공원가	–	(8,000)	증분비용 (8,000)
	폐기비용	₩(4,000)	–	4,000
이익		₩(4,000)	₩2,000	증분이익 ₩6,000 ≥ 0

↑ ₩6,000 ≥ 0 ↑

∴ 제안을 수락하면 ₩6,000만큼의 이익이 증가하므로 제안을 수락한다.

제6장 | 객관식 문제

01 결합원가와 관련된 설명으로 옳지 않은 것은 무엇인가?

① 분리점이란 연산품과 부산품 등 결합제품을 개별적인 제품으로 식별할 수 있게
되는 제조과정 중의 한 시점을 말한다.

② 균등이익률법에서는 조건이 같다면 추가가공원가가 높은 제품에 더 많은 결합
원가가 배부된다.

③ 분리점 판매가치법에서 분리점의 판매가치를 계산할 때에는 판매량이 아닌 생
산량을 이용한다.

④ 물량기준법은 제품의 판매가격을 알 수 없을 때 유용하게 사용될 수 있다.

⑤ 기업이익을 극대화하기 위한 추가가공 의사결정을 할 때에는 기 배분된 결합원
가를 고려하지 않는다.

02 아래 그림과 같이 제품 A는 공정 1, 공정 2, 공정 4를 거쳐서 생산되고 제품 B는 공정 1, 공정 2, 공정 5를 거쳐서 생산된다. 제품 C는 공정 1과 공정 3을 거쳐서 생산된다. 각 공정의 제조원가는 그림에서 주어진 수치와 같다. 결합원가가 순실현가치를 기준으로 배부되고, 제품 A, 제품 B, 제품 C의 판매가액이 각각 ₩500,000, ₩200,000, ₩300,000일 때, 제품 A의 총제조원가는 얼마인가? [세무사 09]

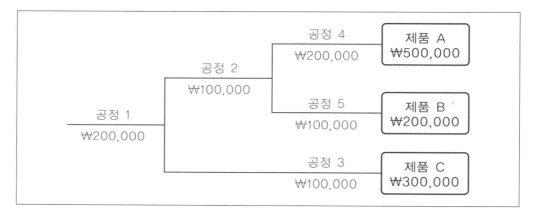

① ₩120,000   ② ₩165,000   ③ ₩250,000

④ ₩285,000   ⑤ ₩365,000

03 수원기업은 A제품과 B제품으로 구성된 두 개의 연산품을 생산하고 있다. 4월의 결합원가는 ₩40,000이다. 4월에 분리점 이후 제품을 판매가능한 형태로 전환하는데 필요한 가공원가는 A제품은 월 생산량 1,500개에 대하여 ₩300,000이고 B제품은 1,375개에 대하여 ₩412,500이다. A제품과 B제품의 단위당 판매가격은 각각 ₩500과 ₩700이다. 수원기업이 순실현가치를 이용하여 결합원가를 배분한다면 4월의 결합원가 중 A제품에 배분될 금액은 얼마인가?

① ₩16,000 ② ₩16,667 ③ ₩17,143
④ ₩18,000 ⑤ ₩22,000

04 (주)서울은 동일 공정에서 3가지 제품 A, B, C를 생산하고 있다. 결합원가는 분리점에서의 상대적 판매가치를 기준으로 배분하고 있다. 이와 관련된 자료는 다음과 같다.

	A	B	C	합계
생산량	?	?	400개	2,000개
결합원가	₩180,000	?	?	₩360,000
분리점에서 판매가치	?	₩280,000	?	800,000

분리점 이후에 C제품 400개에 대하여 총 ₩14,000을 추가로 투입하여 최종제품으로 완성한 다음 단위당 ₩500에 판매하는 경우 C제품의 매출총이익은 얼마인가?

[회계사 02]

① ₩118,000 ② ₩132,000 ③ ₩146,000
④ ₩160,000 ⑤ ₩174,000

05 (주)영남은 동일한 원료를 결합공정에 투입하여 주산품 X, Y와 부산품 B를 생산한다. 결합원가는 순실현가치(net realizable value)를 기준으로 제품에 배부한다. 당기에 결합공정에 투입된 총원가는 ₩150,000이고, 주산품 X, Y 및 부산품 B의 분리점에서 순실현가치의 상대적 비율은 6 : 3 : 1이었다. 주산품 X에 배부된 결합원가가 ₩80,000이었다면, 부산품 B의 순실현가치는 얼마인가? (단, 부산품은 생산된 시점에서 순실현가치로 평가하여 재고자산으로 계상한다) [회계사 09]

① ₩15,000   ② ₩30,000   ③ ₩35,000
④ ₩43,333   ⑤ ₩45,000

06 수원회사는 A, B, C의 세 가지 결합제품을 생산하고 있으며, 결합원가는 분리점에서의 상대적 판매가치에 의해 배분된다. 관련 자료는 다음과 같다. [세무사 06]

	A	B	C	합계
결합원가	?	₩10,000	?	₩100,000
분리점에서 판매가치	₩80,000	?	?	200,000
추가가공원가	3,000	2,000	₩5,000	
추가가공 후 판매가치	85,000	42,000	120,000	

만약 A, B, C 중 하나만을 추가가공한다면 어느 제품을 추가가공하는 것이 가장 유리하며, 이때 추가가공으로 인한 이익은 얼마인가?

① A, ₩2,000   ② B, ₩20,000   ③ C, ₩3,000
④ B, ₩5,000   ⑤ C, ₩15,000

(주)국세는 동일한 원재료를 투입해서 하나의 공정을 거쳐 제품 A, 제품 B, 제품 C를 생산하며, 분리점까지 총 ₩40,000의 원가가 발생한다. (주)국세는 분리점까지 발생한 원가를 분리점에서의 상대적 판매가치를 기준으로 결합제품에 배분한다. 결합제품의 생산량, 분리점에서의 단위당 판매가격, 추가가공원가 및 추가가공 후 단위당 판매가격은 다음과 같다.

제품	생산량(단위)	분리점에서의 단위당 판매가격	추가가공원가	추가가공 후 단위당 판매가격
A	1,500	₩16	₩6,300	₩20
B	2,000	8	8,000	13
C	400	25	3,600	32

(주)국세가 위 결합제품을 전부 판매할 경우에 예상되는 최대 매출총이익은 얼마인가? (단, 결합공정 및 추가가공과정에서 재공품 및 공손은 없는 것으로 가정한다)

[세무사 12]

① ₩10,900 ② ₩12,000 ③ ₩20,000
④ ₩50,900 ⑤ ₩60,000

08 (주)국세는 동일 공정에서 세 가지 결합제품 A, B, C를 생산하고 있으며, 균등이익률법을 사용하여 결합원가를 배부한다. A와 B는 추가가공을 거치지 않고 판매되며, C는 추가가공원가 ₩200,000을 투입하여 가공한 후 판매된다. 결합제품의 생산량 및 단위당 최종 판매가격에 대한 자료는 다음과 같다.

구분	생산량	단위당 최종 판매가격
A	2,000kg	₩200
B	2,000kg	₩100
C	2,500kg	₩160

C제품에 배부된 결합원가가 ₩120,000인 경우, 총결합원가는 얼마인가? (단, 공손 및 감손은 발생하지 않았고, 기초 및 기말재공품은 없는 것으로 가정한다)

[세무사 11]

① ₩600,000   ② ₩620,000   ③ ₩640,000
④ ₩660,000   ⑤ ₩680,000

09 (주)세무는 20×1년 4월에 원재료 X를 가공하여 두 개의 결합제품인 제품 A 1,200 단위와 제품 B 800단위를 생산하는데 ₩100,000의 결합원가가 발생하였다. 제품 B는 분리점에서 판매할 수도 있지만, 이 회사는 제품 B 800단위 모두를 추가가공하여 제품 C 800단위 생산한 후 500단위를 판매하였다. 제품 B를 추가가공하는 데 ₩20,000의 원가가 발생하였다. 4월 초에 각 제품의 예상판매가격은 제품 A는 단위당 ₩50, 제품 B는 단위당 ₩75, 제품 C는 단위당 ₩200이었는데, 20×1년 4월에 판매된 제품들의 가격은 예상판매가격과 동일하였다. (주)세무는 결합원가 배부에 순실현가치법을 적용하고, 경영목적상 각 제품별 매출총이익을 계산한다. 20×1년 4월 제품 C에 대한 매출총이익은 얼마인가? (단, 월초재고와 월말재공품은 없으며, 공손 및 감손도 없다)

[세무사 14]

① ₩30,250   ② ₩35,750   ③ ₩43,750
④ ₩48,250   ⑤ ₩56,250

10 (주)한국은 단일의 원재료를 결합공정에 투입하여 세 가지 제품 A, B, C를 생산하고 있다. 제품 A와 B는 분리점에서 즉시 판매되나, 제품 C는 추가가공을 거쳐서 판매된다. 분리점에서 제품 C의 시장가격은 존재하지 않는다. (주)한국의 20×1년 2월 제품별 생산량, 월말제품재고량 및 판매가격은 다음과 같다.

제품	생산량	월말제품재고량	톤당 판매가격
A	60톤	36톤	₩300
B	80톤	12톤	₩200
C	100톤	5톤	₩140

20×1년 2월 중 발생한 결합원가는 ₩16,000이고, 제품 C의 추가가공원가는 ₩8,000이며, 각 결합제품의 월초재고는 없었다. (주)한국은 순실현가치를 기준으로 결합원가를 배부하고 있다. (주)한국의 20×1년 2월 매출원가와 월말제품은 각각 얼마인가?

[회계사 14]

	매출원가	월말제품
①	₩18,500	₩5,500
②	₩18,200	₩5,800
③	₩17,900	₩6,100
④	₩17,600	₩6,400
⑤	₩17,300	₩6,700

11 (주)대한은 결합공정과 추가공정을 통해 제품을 생산하며, 분리점에서 순실현가능가치를 기준으로 결합원가를 배부한다. 20x1년의 생산 및 원가자료는 다음과 같다.

> (1) 제1공정
>
> 제1공정에서는 원재료를 투입하여 제품 A 100단위와 제품 B 300단위를 생산하였으며, 결합원가는 총 ₩40,000이었다. 제품 A는 단위당 ₩200에 판매되고, 제품 B는 제2공정에서 추가가공을 거쳐 제품 C로 판매된다.
>
> (2) 제2공정
>
> 당기에 제1공정으로부터 대체된 제품 B는 제품 C 280단위로 생산되었으며, 추가가공원가는 총 ₩12,400이었다. 제품 C의 단위당 판매가격은 ₩150이다. 제품 B를 제품 C로 추가가공하는 과정에서 부산물 20단위가 생산되었다. 부산물은 단위당 ₩20에 즉시 판매할 수 있다. 부산물은 생산시점에 순실현가능가치로 인식한다.

제품 C의 총제조원가는 얼마인가? (단, 각 공정의 기초 및 기말 재공품은 없다)

[회계사 19]

① ₩35,600   ② ₩36,000   ③ ₩36,400

④ ₩36,700   ⑤ ₩37,000

12 (주)대한은 동일 공정에서 세 가지 결합제품 A, B, C를 생산한다. 제품 A, 제품 B는 추가가공을 거치지 않고 판매되며, 제품 C는 추가가공원가 ₩80,000을 투입하여 추가가공 후 제품 C+로 판매된다. (주)대한이 생산 및 판매한 모든 제품은 주산품이다. (주)대한은 제품 A, 제품 B, 제품 C+를 각각 판매하였을 때 각 제품의 매출총이익률이 연산품 전체매출총이익률과 동일하게 만드는 원가배부법을 사용한다. 다음은 (주)대한의 결합원가배부에 관한 자료이다. 제품 C+에 배부된 결합원가는 얼마인가?

[회계사 20]

제품	배부된 결합원가	판매(가능)액
A	?	₩96,000
B	₩138,000	?
C+	?	?
합계	₩220,000	₩400,000

① ₩10,000 ② ₩12,000 ③ ₩15,000
④ ₩20,000 ⑤ ₩30,000

13 (주)세무는 결합공정을 통하여 연산품 A, B를 생산한다. 제품 B는 분리점에서 즉시 판매되고 있으나, 제품 A는 추가가공을 거친 후 판매되고 있으며, 결합원가는 순실현가치에 의해 배분되고 있다. 결합공정의 직접재료는 공정 초에 전량 투입되며, 전환원가는 공정 전반에 걸쳐 균등하게 발생한다. 당기 결합공정에 기초재공품은 없었으며, 직접재료 5,000kg을 투입하여 4,000kg을 제품으로 완성하고 1,000kg은 기말재공품(전환원가 완성도 30%)으로 남아 있다. 당기 결합공정에 투입된 직접재료원가와 전환원가는 ₩250,000과 ₩129,000이다. (주)세무의 당기 생산 및 판매 자료는 다음과 같다.

구분	생산량	판매량	추가가공원가 총액	단위당 판매가격
제품 A	4,000단위	2,500단위	₩200,000	₩200
제품 B	1,000단위	800단위	–	₩200

제품 A의 단위당 제조원가는? (단, 공손 및 감손은 없다) [세무사 21]

① ₩98 ② ₩110 ③ ₩120
④ ₩130 ⑤ ₩150

14 (주)세무는 결합공정을 거쳐 분리점에서 주산물 A와 B, 부산물 C를 생산하고 있다. 20×1년 결합공정에 투입된 원재료는 2,200kg이며, 결합원가는 ₩31,960 발생하였다. 제품 A와 부산물 C는 추가가공을 필요로 하지 않지만, 제품 B는 추가가공하여 최종 완성된다. 부산물의 원가는 생산기준법(생산시점의 순실현가치법)을 적용하여 인식한다. 20×1년 생산 및 판매자료는 다음과 같다.

	생산량	추가가공원가	단위당 판매가격	결합원가 배분액
제품 A	1,350kg	–	₩100	₩13,950
제품 B	550	₩11,000	320	?
부산물 C	300	–	?	?
	2,200kg			₩31,960

순실현가치법으로 결합원가를 배분할 때 제품 A에는 ₩13,950이 배분되었다. 부산물 C의 단위당 판매가격은? (단, 재공품은 없다)

[세무사 23]

① ₩3.0   ② ₩3.2   ③ ₩3.4

④ ₩3.6   ⑤ ₩3.8

제6장 | 객관식 문제 정답 및 해설

01 ② 균등이익률법은 회사 전체 이익률과 개별제품의 이익률이 동일하도록 결합원가를 배부하는 방식이므로, 추가가공원가가 높은 제품은 이익률이 하락한다. 따라서 결합원가배분액은 작아질 것이다.

02 ⑤ (1) 공정 1의 결합원가 배분

	제품 A, 제품 B	제품 C	합계
순실현가치	(₩500,000 − ₩200,000) + (₩200,000 − ₩100,000) − ₩100,000 = ₩300,000	₩300,000 − ₩100,000 = ₩200,000	₩500,000
비율	60%	40%	100%
결합원가 배분	₩120,000	₩80,000	₩200,000

(2) 공정 2의 결합원가 배분

공정 2의 결합원가는 ₩120,000 + ₩100,000 = ₩220,000이다.

	제품 A	제품 B	합계
순실현가치	₩500,000 − ₩200,000 = ₩300,000	₩200,000 − ₩100,000 = ₩100,000	₩400,000
비율	75%	25%	100%
결합원가 배분	₩165,000	₩55,000	₩220,000

∴ 제품 A의 총제조원가: 결합원가 배분액(₩165,000) + 개별원가(₩200,000) = ₩365,000

03 ④

	A제품	B제품	합계
순실현가치	1,500개 × ₩500 − ₩300,000 = ₩450,000	1,375개 × ₩700 − ₩412,500 = ₩550,000	₩1,000,000
비율	45%	55%	100%
결합원가 배분	₩18,000(*)	₩22,000	₩40,000
추가가공원가	300,000	412,500	
총원가	₩318,000	₩434,500	

04 ② (1) 결합원가 배분

① 결합원가와 분리점에서의 판매가치비율

$$₩360,000 ÷ ₩800,000 = 0.45$$

② 결합원가 배분표

	A	B	C	합계
결합원가	₩180,000	₩126,000*1	₩54,000*2	₩360,000
분리점에서의 판매가치	₩400,000*3	₩280,000	₩120,000*4	800,000

*1 ₩280,000 × 0.45 = ₩126,000
*2 ₩360,000 – ₩180,000 – ₩126,000 = ₩54,000
*3 ₩180,000 ÷ 0.45 = ₩400,000
*4 ₩800,000 – ₩400,000 – ₩280,000 = ₩120,000

(2) 매출총이익 계산

매출액		₩200,000*5
원가		(68,000)
결합원가	₩54,000*6	
추가가공원가	14,000	
매출총이익		₩132,000

*5 400개 × ₩500 = ₩200,000
*6 ₩360,000 × 120,000/800,000 = ₩54,000

05 ② 부산품 B의 순실현가치 = R

	X	Y	B(부산품)	합계
결합원가	₩80,000	–	R	₩150,000
분리점에서의 판매가치	6	3	1	10

부산품은 생산기준법을 적용하므로 부산품의 순실현가치만큼 결합원가에서 차감하여야 한다.
그러므로 제품 X에 배분되는 결합원가는 다음과 같다.

$$(₩150,000 – R) × 6/(6 + 3) = ₩80,000$$

$$∴ R = ₩30,000$$

06 ② (1) 결합원가 배분

① 결합원가와 분리점에서의 판매가치비율

$$₩100,000 ÷ ₩200,000 = 0.5$$

② 결합원가 배분표

	A	B	C	합계
결합원가	₩40,000*1	₩10,000	₩50,000*2	₩100,000
분리점에서의 판매가치	80,000	20,000*3	100,000*4	200,000

*1 ₩80,000 × 0.5 = ₩40,000
*2 ₩100,000 – ₩40,000 – ₩10,000 = ₩50,000
*3 ₩10,000 ÷ 0.5 = ₩20,000
*4 ₩200,000 – ₩80,000 – ₩20,000 = ₩100,000

(2) 추가가공 시 증분이익 계산

	A	B	C
증분수익			
최종판매가격	₩85,000	₩42,000	₩120,000
증분비용			
추가가공원가	3,000	2,000	5,000
분리점에서의 판매가치	80,000	20,000	100,000
증분이익	₩2,000	₩20,000 (*)	₩15,000

07 ② 1. 추가가공 여부 판단

	최종판매가치	추가가공원가	분리점 판매가치	증분손익
A	₩20 × 1,500단위 = ₩30,000	₩6,300	₩16 × 1,500단위 = ₩24,000	₩(300)
B	₩13 × 2,000단위 = ₩26,000	₩8,000	₩8 × 2,000단위 = ₩16,000	₩2,000
C	₩32 × 400단위 = ₩12,800	₩3,600	₩25 × 400단위 = ₩10,000	₩(800)

∴ A, C는 추가가공 없이 판매하고, B는 추가가공하여 판매한다.

2. 손익계산서

	A	B	C	합계
매출액	₩24,000	₩26,000	₩10,000	₩60,000
결합원가	?	?	?	(40,000)
추가원가	–	(8,000)	–	(8,000)
이익				₩12,000

08 ①

	A	B	C	합계
매출액	₩400,000	₩200,000	₩400,000	₩1,000,000
결합원가	?	?	(120,000)	x
추가원가	–	–	(200,000)	(200,000)
이익			₩80,000	₩200,000*
이익률			(20%) →	(20%)

* ₩1,000,000 × 20% = ₩200,000

매출이익률이 20%이므로 결합원가(x)는 다음과 같다.

₩1,000,000 − x − ₩200,000 = ₩200,000

∴ 결합원가(x) = ₩600,000

09 ③ 1. 결합원가 배분

	판매가격	추가원가	순실현가치	배분비율	결합원가 배분
제품 A	₩60,000	–	₩60,000	0.3	₩30,000
제품 B	160,000*	₩20,000	140,000	0.7	70,000
			₩200,000	1	₩100,000

* 800단위 × ₩200 = ₩160,000

2. 제품 C 단위당 원가

(₩70,000 + ₩20,000) ÷ 800단위 = ₩112.5

3. 제품 C 500단위 판매 시 매출총이익

500단위 × (₩200 − ₩112.5) = ₩43,750

10 ② 1. 결합원가 배부

		순실현가치	배분비율	배분액
A	60톤 × ₩300 =	₩18,000	45%	₩7,200
B	80톤 × ₩200 =	16,000	40%	6,400
C	100톤 × ₩140 − ₩8,000 =	6,000	15%	2,400
		₩40,000	100%	₩16,000

2. 제품별 단위당 원가

	A	B	C	합계
결합원가	₩7,200	₩6,400	₩2,400	₩16,000
추가원가	−	−	8,000	8,000
계	₩7,200	₩6,400	₩10,400	₩24,000
생산량	60톤	80톤	100톤	
단위당 원가	₩120/톤	₩80/톤	₩104/톤	

3. 월말제품

A	₩120 × 36톤 =	₩4,320
B	₩80 × 12톤 =	960
C	₩104 × 5톤 =	520
		₩5,800

4. 매출원가

₩24,000 − ₩5,800 = ₩18,200

11 ② (1) 결합원가 배분(제1공정)

	판매가격	추가가공원가	순실현가치	배분비율	결합원가 배분
제품 A	₩20,000	−	₩20,000	0.4	₩16,000
제품 B	42,400*	₩12,400	30,000	0.6	24,000
			₩50,000	1	₩40,000

* 제품 B의 최종판매가치: 제품 C 판매가치 + 부산물 판매가치
 = 280단위 × ₩150 + 20단위 × ₩20 = ₩42,400

(2) 제품 C의 총제조원가

부산물은 순실현가치만큼 결합원가에서 차감한다.

₩24,000 + ₩12,400 − 20단위 × ₩20 = ₩36,000

12 ①

	A	B	C	합계
매출액	₩96,000	?	?	₩400,000
결합원가	(x)	(138,000)	(y)	(220,000)
추가가공원가	−	−	(80,000)	(80,000)
매출총이익	₩24,000	?	?	₩100,000
매출총이익률	25%	25%	25%	← 25%

1. A에 배부된 결합원가(x)

₩96,000 × (1 − 0.25) = ₩72,000

2. C+에 배부된 결합원가(y)

₩220,000 − ₩72,000 − ₩138,000 = ₩10,000

13 ② 1. 결합원가계산(결합공정의 완성품원가)

    (1) 완성품환산량 단위당 원가

       • 직접재료원가: ₩250,000 ÷ 5,000kg = ₩50

       • 전환원가: ₩129,000 ÷ 4,300kg = ₩30

    (2) 완성품원가

       4,000kg × ₩50 + 4,000kg × ₩30 = ₩320,000

  2. 결합원가 배분

		순실현가치	결합원가
A	4,000단위 × ₩200 − ₩200,000 =	₩600,000(3/4)	₩240,000
B	1,000단위 × ₩200 =	200,000(1/4)	80,000
합계		₩800,000	₩320,000

  3. 제품 A의 단위당 제조원가

    (₩240,000 + ₩200,000) ÷ 4,000단위 = ₩110

14 ②

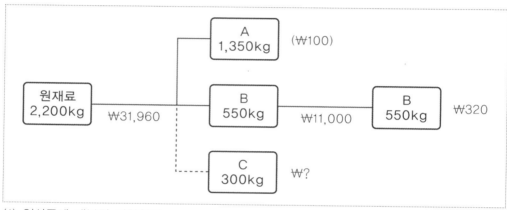

(1) 연산품에 배분될 결합원가

    부산물 순실현가치 = x

    연산품에 배분될 결합원가 = 총 결합원가 − 부산물 순실현가치 = ₩31,960 − x

(2) 부산물 순실현가치

		순실현가치	배분비율	결합원가
A	1,350 × ₩100 =	₩135,000	0.45	₩13,950
B	550 × ₩320 − ₩11,000 =	165,000	0.55	?
		₩300,000	1	₩31,960 − x

    A에 배분될 결합원가: ₩13,950 = (₩31,960 − x) × 0.45

    → x = ₩960

(3) 부산물 단위당 판매가격

    ₩960 ÷ 300kg = ₩3.2/kg

제6장 | 주관식 문제

제6장

문제 01 부산물의 추가가공 의사결정

다음을 읽고 물음에 답하시오.

(주)한국은 결합공정을 통해서 제품 A, 제품 B, 제품 C(부산물)의 3가지 제품을 생산하고 있다. 결합공정의 발생원가는 직접재료원가 ₩395,000와 가공원가 ₩510,000이다. 제품 B는 분리점에서 즉시 판매가능하나, 제품 A는 추가가공하여 제품 AA로 판매하고 있다. 관련 정보는 다음과 같다.

제품명	생산량	단위당 판매가격	추가가공원가
AA	600개	₩1,200	₩90,000
B	400	2,925	–
C*	100	50	–

* 부산물의 순실현가치는 주산품에 배분될 결합원가에서 차감한다.

요구사항

[물음 1] 결합원가를 제품별 순실현가치에 비례하여 배분한다고 할 때, 제품 AA와 B의 단위당 원가를 구하시오.

[물음 2] 기초재고는 없으며, 생산된 제품은 당기에 전부 판매된다고 할 때 최종판매시점에서 주산품의 제품별 매출총이익률을 구하시오.

[물음 3] 부산물 C를 추가가공하면 판매가격이 단위당 ₩300인 제품 CC를 100개 생산할 수 있다. 이때 소요되는 추가가공원가는 ₩26,000이다. 부산물 C를 추가가공해야 하는지를 결정하시오.

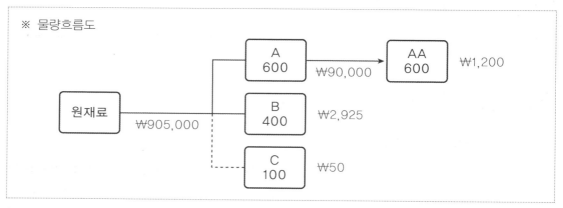

※ 물량흐름도

[물음 1] 주산품 단위당 원가결정

(1) 결합원가배분

제품	최종판매가치	추가가공원가	순실현가치	배분율	배분액
AA	₩720,000	₩90,000	₩630,000	35%	₩315,000
B	1,170,000	–	1,170,000	65%	585,000
			₩1,800,000	100%	₩900,000*

* ₩905,000 – ₩5,000 = ₩900,000

(2) 제품 단위당 원가

AA: (₩315,000 + ₩90,000) ÷ 600개 = ₩675

B: ₩585,000 ÷ 400개 = ₩1,462.5

[물음 2] 제품별 매출총이익률

AA: (₩720,000 – ₩315,000 – ₩90,000) ÷ ₩720,000 = 43.75%

B: (₩1,170,000 – ₩585,000) ÷ ₩1,170,000 = 50%

[물음 3] 부산물의 추가가공 여부

(₩300 × 100개 – ₩26,000) – (₩50 × 100개) = ₩(1,000)

∴ 추가가공하지 않는다.

다음을 읽고 물음에 답하시오.

(주)한국은 제1생산공정에서 원재료 X를 가공하여 중간제품 A, B, C를 생산하고 있다. 지난 해에는 원재료 X 100,000kg을 가공하여 제품 A 30,000kg, 제품 B 50,000kg, 그리고 제품 C 20,000kg을 생산하였다. 이들 세 가지 제품의 생산비율은 매년 동일하게 유지된다. 회사에서 작성한 제품별 손익계산서는 아래와 같다.

구분	제품 A	제품 B	제품 C	합계
생산량	30,000kg	50,000kg	20,000kg	100,000kg
kg당 판매가격	₩60	₩40	₩50	
매출액	₩1,800,000	₩2,000,000	₩1,000,000	₩4,800,000
결합원가	(600,000)	(1,000,000)	(400,000)	(2,000,000)
추가가공원가	(800,000)	(800,000)	(700,000)	(2,300,000)
순이익	₩400,000	₩200,000	(₩100,000)	₩500,000

요구사항

[물음 1]　회사의 현재의 결합원가 배부기준을 나타내시오.

[물음 2]　회사의 재무담당자는 제품 C가 연간 ₩100,000의 손실을 가져오기 때문에 생산을 중단하여야 한다고 주장하고 있다. 이 주장에 대한 당신의 견해를 나타내시오.

[물음 3]　순실현가치법을 사용하여 결합원가를 배부하고 제품별 손익계산서를 작성하시오.

[물음 4]　제품 B를 추가가공하여 제품 D를 생산할 경우 단위당 판매가격이 ₩60이다. 이때 추가가공원가는 ₩500,000 발생하며 제품의 수율은 80%로 떨어진다. 이 경우 제품 B의 추가가공 여부를 결정하시오.

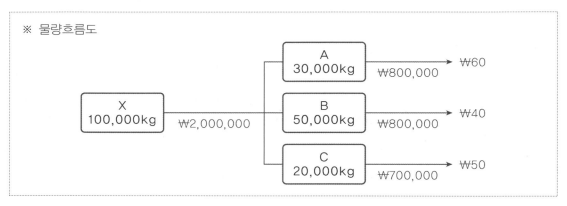

※ 물량흐름도

[물음 1] 결합원가 배부기준
물량기준법

[물음 2] 제품라인폐지 의사결정
제품을 계속 생산할 경우 다음과 같다.

증분수익	₩1,000,000
증분비용	(700,000)
증분이익	₩300,000

∴ 계속 생산해야 한다.

[물음 3] 제품별 포괄손익계산서
(1) 제품별 결합원가배분

구분	제품 A	제품 B	제품 C	계
순실현가치	₩1,000,000	₩1,200,000	₩300,000	₩2,500,000
비율(%)	40%	48%	12%	100%
결합원가 배부액	₩800,000	₩960,000	₩240,000	₩2,000,000

(2) 포괄손익계산서

구분	제품 A	제품 B	제품 C
매출액	₩1,800,000	₩2,000,000	₩1,000,000
매출원가			
결합원가	(800,000)	(960,000)	(240,000)
추가가공원가	(800,000)	(800,000)	(700,000)
순이익	₩200,000	₩240,000	₩60,000

[물음 4] 제품 B의 추가가공 여부

증분수익	₩400,000*
증분비용	(500,000)
증분이익	₩(100,000)

* 50,000kg × 80% × ₩60 − 50,000kg × ₩40 = ₩400,000

∴ 추가가공하지 말아야 한다.

다음을 읽고 물음에 답하시오.

(주)한국은 플라스틱 의자를 생산한다. 한 가지 디자인을 조금씩 변형한 표준형 의자, 고급형 의자, 최고급형 의자 세 가지 제품이 있다. 이 회사는 공정별 원가계산시스템을 사용하고 있다.

회사는 압축, 성형, 다듬기, 마무리공정이 있다. 플라스틱판은 압축공정에서 생산된다. 성형공정에서는 앉는 부분에 플라스틱판을 붙이고 의자 다리를 만든다. 표준형 의자는 이 작업공정이 끝난 직후 판매된다. 다듬기공정에서는 팔걸이를 덧붙여 고급형과 최고급형을 만들며, 의자의 모서리 부분이 다듬어진다. 최고급형만 마무리공정을 거치는데, 이 작업에서 쿠션이 더해진다. 생산된 모든 제품은 각 공정 내에서 동일한 단계를 거친다.

(1) 5월 중 생산량과 발생된 직접재료원가는 다음과 같다.

	생산량	압축공정	성형공정	다듬기공정	마무리공정
표준형	6,000개	₩72,000	₩24,000	–	–
고급형	3,000	36,000	12,000	₩9,000	–
최고급형	2,000	24,000	8,000	6,000	₩12,000
	11,000개	₩132,000	₩44,000	₩15,000	₩12,000

(2) 5월 중 총가공원가는 다음과 같다.

	압축공정	성형공정	다듬기공정	마무리공정
총가공원가	₩269,500	₩132,000	₩69,000	₩42,000

요구사항

[물음 1]　5월 중에 회사가 생산한 각 제품의 단위당 원가와 총원가를 계산하시오.

[물음 2]　6월의 모든 단위당 원가는 [물음 1]에서 계산된 5월 단위당 원가와 동일하다. 6월 말 재공품으로 1,000단위의 고급형 의자가 남아 있다. 이 재공품의 직접재료 완성도는 100%, 다듬기공정 완성도는 60%일 때, 6월 말 재공품 1,000단위 고급형 의자의 원가를 구하시오.

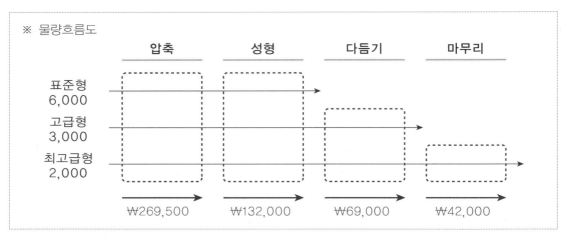

※ 물량흐름도

[물음 1] 제품별 원가

(1) 공정별 가공원가 배부율

압축공정　　₩269,500/11,000개 = ₩24.5
성형공정　　₩132,000/11,000개 = ₩12
다듬기공정　₩69,000/5,000개 = ₩13.8
마무리공정　₩42,000/2,000개 = ₩21

(2) 제품별 단위당 원가

	표준형	고급형	최고급형
직접재료원가	₩96,000	₩57,000	₩50,000
가공원가			
압축공정	147,000*1	73,500	49,000
성형공정	72,000*2	36,000	24,000
다듬기공정	–	41,400*3	27,600
마무리공정	–	–	42,000*4
합계	₩315,000	₩207,900	₩192,600
생산량	÷ 6,000개	÷ 3,000개	÷ 2,000개
단위당 원가	₩52.5	₩69.3	₩96.3

*1　6,000단위 × ₩24.5 = ₩147,000
*2　6,000단위 × ₩12 = ₩72,000
*3　3,000단위 × ₩13.8 = ₩41,400
*4　2,000단위 × ₩21 = ₩42,000

[물음 2] 재공품원가

    (1) 단위당 직접재료원가

고급형 직접재료원가	₩57,000
생산량	÷ 3,000개
단위당 직접재료원가	₩19

    (2) 기말재공품원가

	고급형	
직접재료원가	1,000개 × ₩19 =	₩19,000
가공원가		
압축공정	1,000개 × ₩24.5 =	24,500
성형공정	1,000개 × ₩12 =	12,000
다듬기공정	1,000개 × 0.6 × ₩13.8 =	8,280
합계		₩63,780

다음을 읽고 물음에 답하시오. 단, 각 물음은 서로 독립적이다. [CMA 수정]

(주)한국은 제1공정에서 결합제품 X, Y와 부산물 A를 생산하며 제품 Y는 더 이상 추가가공하지 않고 분리점에서 즉시 판매한다. 그러나, 회사는 제품 X를 제2공정에서 추가가공하여 제품 Z와 부산물 B를 생산할 수 있다. 제1공정과 제2공정에서 생산되는 생산품의 단위당 판매가격과 판매비용은 다음과 같다.

〈제1공정〉

	판매가격	판매비용
제품 X	₩4/kg	₩90,000
제품 Y	5/kg	75,300
부산물 A	1/kg	0.5/kg

〈제2공정〉

	판매가격	판매비용
제품 Z	₩7/kg	₩2/kg
부산물 B	2/kg	1/kg

다음 자료는 (주)한국의 20×1년도 종합예산의 일부 내용이다.

(1) 생산량 예산

제품 X	제품 Y	제품 Z	부산물 A	부산물 B
225,000kg	180,000kg	200,000kg	50,000kg	25,000kg

(2) 제조원가예산

	제1공정	제2공정
직접재료원가	₩250,000	–
전공정대체원가	–	₩?
직접노무원가	180,000	65,000
변동제조간접원가	270,000	75,600
고정제조간접원가	145,000	96,000
합계	₩845,000	₩?

회사는 부산물의 순실현가치를 총결합원가에서 차감하여 주산품의 순결합원가를 계산하고 순결합원가는 분리점에서 상대적 판매가치법에 따라 각 주산품에 배분한다.

요구사항

[물음 1] 제2공정의 전공정대체원가를 구하시오.

[물음 2] 회사는 제품 Z의 가격경쟁력을 높이기 위해서 가격을 현재의 ₩9에서 ₩7로 인하하기로 하였다. 또한, 회사는 제품 X를 추가가공하여 제품 Z를 계속 생산할 것인가 아니면 추가가공을 중단하고 제품 X를 그대로 단위당 ₩4에 판매할 것인가를 결정하고자 한다. 추가가공을 중단한다면 제2공정은 더 이상 필요 없기 때문에 해체해도 무방하며, 이에 따라 감가상각비 ₩16,750과 감독자급여 ₩28,250을 제외한 나머지 고정제조간접원가는 더 이상 발생하지 않게 된다.
회사가 제품 X를 계속 추가가공해야 하는지 여부에 대한 의사결정을 하시오.

[물음 3] 회사는 제품 Z의 가격경쟁력을 높이기 위해서 가격을 현재의 ₩9에서 ₩7로 인하하기로 하였다. 또한, 회사는 제품 X를 추가가공하기로 하였다. 회사는 부산물 B를 외주가공업체에 제품 Z로 재작업을 의뢰할 수 있다. 부산물 B를 재작업하는 과정에서 투입량의 30%의 감손이 발생한다. 회사가 외주가공업체에 지불할 수 있는 최대 금액을 계산하시오.

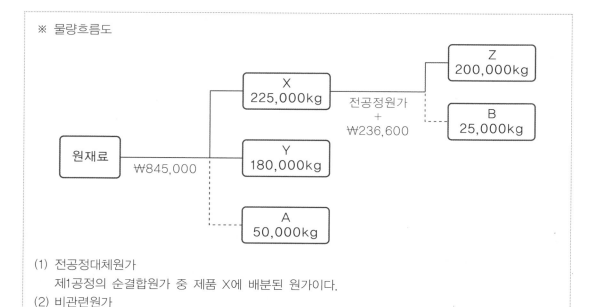

※ 물량흐름도

(1) 전공정대체원가
제1공정의 순결합원가 중 제품 X에 배분된 원가이다.
(2) 비관련원가
제1공정의 결합원가는 비관련원가이다. 또한, 제품 X와 Y의 판매비는 동일하므로 추가가공 의사
결정 시 고려할 필요가 없다.

[물음 1] 전공정대체원가
(1) 제품 A(부산물)의 순실현가치
50,000kg × (₩1 − ₩0.5) = ₩25,000
(2) 순결합원가
₩845,000 − ₩25,000 = ₩820,000
(3) 결합원가배분

	상대적 판매가치	비율	결합원가
제품 X	225,000kg × ₩4 = ₩900,000	0.5	₩410,000
제품 Y	180,000kg × ₩5 = 900,000	0.5	410,000
	₩1,800,000	1	₩820,000

∴ 전공정대체원가는 ₩410,000이다.

[물음 2] 추가가공 의사결정

추가가공 시 증분손익은 다음과 같다.

증분수익
  제품 Z 매출 증가   200,000kg × ₩7 = ₩1,400,000
  부산물 B 매출 증가   25,000kg × ₩2 =   50,000
  제품 X 매출 감소   225,000kg × ₩4 =   (900,000)
증분비용
  제품 X 판매비용 감소   90,000
  제품 Z 판매비용 증가   200,000kg × ₩2 =   (400,000)
  부산물 B 판매비용 증가   25,000kg × ₩1 =   (25,000)
  제2공정 직접노무원가   (65,000)
  제2공정 변동제조간접원가   (75,600)
  제2공정 고정제조간접원가   ₩96,000 − ₩16,750 − ₩28,250 = <u>(51,000)</u>
증분손익   <u>₩23,400</u>

추가가공하는 경우 ₩23,400만큼 영업이익이 증가하므로 제품 X를 추가가공하는 것이 유리하다.

[물음 3] 최대지불금액

부산물 B를 제품 Z로 재작업하는 경우 30%의 감손이 발생하므로 최종산출량은 25,000kg × 0.7 = 17,500kg이다.

재작업을 위한 외주가공비를 x라 하면, 다음과 같이 계산할 수 있다.

증분수익
  제품 Z 매출 증가   25,000kg × 0.7 × ₩7 =   ₩122,500
  부산물 B 매출 감소   25,000kg × ₩2 =   (50,000)
증분비용
  제품 Z 판매비용 증가   25,000kg × 0.7 × ₩2 =   (35,000)
  부산물 B 판매비용 감소   25,000kg × ₩1 =   25,000
  외주가공비 (x)
증분손익   <u>$₩62,500 − x \geq 0$</u>

∴ 최대지불 외주가공비(x) = ₩62,500

다음을 읽고 물음에 답하시오.

(주)한국의 부문 X는 결합생산공정으로, 동일한 원재료 A를 가공처리하여 연산품 B와 C를 생산한다. 연산품 B는 부문 Y에서 추가 가공처리한 후 단위당 ₩15에 판매된다. 연산품 C는 부문 Z에서 추가 가공처리한 후 단위당 ₩13.5에 판매된다. (주)한국의 세 부문 X, Y, Z 모두 실제원가를 이용하여 종합원가계산을 적용하고 있으며, 결합원가는 순실현가능가치법에 의해 각 연산품에 배부된다. (단, 부문 X는 선입선출법을 적용하고 부문 Y, Z는 가중평균법을 적용한다)

부문 X에서 모든 원가는 공정 전반에 걸쳐 균등하게 발생한다. 공손품 검사는 공정의 80% 완성시점에서 실시하며, 검사를 통과한 합격품의 3%를 정상공손으로 간주한다. 20×1년 중 부문 X에서 발견된 공손품은 추가가공 없이 처분하며, 처분가치는 없다. (주)한국은 정상공손원가를 당월에 검사시점을 통과한 합격품에 배부한다.

(주)한국의 20×1년 부문 X의 생산 및 원가 자료는 다음과 같다. 단, 괄호 안 비율은 총원가의 완성도를 의미한다.

구분	물량단위	총원가
기초재공품(50%)	20,000	₩36,160
당기투입	135,000	₩504,000
당기완성품	80,000(연산품 B)	
	40,000(연산품 C)	
공손품	5,000	
기말재공품(40%)	30,000	

부문 Y와 부문 Z에서는 전환원가만 발생하며, 전환원가는 두 공정 전반에 걸쳐 균등하게 발생한다. 부문 Y와 부문 Z에서는 공손 및 감손이 발생하지 않는다.

(주)한국의 20×1년 부문 Y의 생산 및 원가 자료는 다음과 같다. 단, 괄호 안 비율은 전환원가의 완성도를 의미한다.

구분	물량단위	전공정원가	전환원가
기초재공품(40%)	10,000	₩39,240	₩46,000
당기투입	?	?	₩680,000
기말재공품(60%)	5,000		

연산품 C에 대해 20×1년 부문 Z에서 발생한 완성품환산량 단위당 전환원가는 ₩9이었다.

요구사항

[물음 1] (주)한국의 부문 X가 20×1년에 연산품 B와 C에 배부해야 할 결합원가 총액을 계산하시오.

[물음 2] (주)한국의 부문 X에서 20×1년에 발생한 결합원가를 연산품 B와 C 각각에 대해 얼마만큼 배부하여야 하는지 계산하시오.

[물음 3] (주)한국의 부문 X가 수행하여야 하는 20×1년 말 회계처리를 하시오.

[물음 4] (주)한국의 부문 Y의 20×1년 완성품원가를 계산하시오.

[물음 5] 부문 Y의 경영자는 원가효율성을 개선하는 데 노력한 결과 부문 Y의 제조원가를 절감하는 데 성공하였다. 이러한 원가절감 노력이 부문 Y에 배분될 결합원가에 미치는 영향에 대해서 설명하시오.

[물음 6] 회사는 결합원가를 포함한 총원가로 계산된 이익을 기준으로 각 부문의 경영자를 평가하고 있다. 이러한 평가시스템에서 발생할 수 있는 문제점에 대해서 원가의 통제가능성 관점에서 설명하시오.

[물음 1] ① 물량흐름 파악

재공품					② 완성품환산량	
						총원가
기초	20,000(0.5)	완성	20,000(0.5)			10,000
			100,000			100,000
		정상	3,600(0.8)			2,880
		비정상	1,400(0.8)			1,120
착수	135,000	기말	30,000(0.4)			12,000
	155,000		155,000			126,000

③ 원가 ₩504,000

④ 단가 ₩4

⑤ 원가배분

1차배분

완성품원가	₩36,160 + 110,000단위 × ₩4 =	₩476,160
정상공손원가	2,880단위 × ₩4 =	11,520
비정상공손원가	1,120단위 × ₩4 =	4,480
기말재공품원가	12,000단위 × ₩4 =	48,000
계		₩540,160

2차배분

	배분 전 원가	정상공손원가 배분	배분 후 원가
완성품원가	₩476,160	₩11,520	₩487,680
정상공손원가	11,520	(11,520)	–
비정상공손원가	4,480	–	4,480
기말재공품원가	48,000	–	48,000
계	₩540,160	–	₩540,160

[물음 2] (1) 부문 Y 가공원가 완성품환산량 단위당 원가

$$\frac{₩46,000 + ₩680,000}{85,000단위 + 5,000단위 × 60\%} = ₩8.25$$

(2) 결합원가배분

	순실현가치		배분비율	결합원가
연산품 B	80,000단위 × (₩15 – ₩8.25) =	₩540,000	75%	₩365,760
연산품 C	40,000단위 × (₩13.5 – ₩9) =	180,000	25%	121,920
		₩720,000	100%	₩487,680

[물음 3] (차) (재공품)부문 Y 365,760   (대) 제조원가   492,160
(재공품)부문 Z 121,920
비정상공손 손실 4,480

[물음 4] ① 물량흐름 파악

② 완성품환산량

재공품				전공정원가	가공원가
기초	10,000(0.4)	완성	85,000	85,000	85,000
착수	80,000		5,000(0.6)	5,000	3,000
	90,000		90,000	90,000	88,000

③ 원가   ₩405,000^{*1}   ₩726,000^{*2}

③ 원가 $₩405,000^{*1}$ $₩726,000^{*2}$

④ 단가   ₩4.5   ₩8.25

⑤ 원가배분

완성품원가   85,000단위 × ₩4.5 + 85,000단위 × ₩8.25 = ₩1,083,750
기말재공품원가   5,000단위 × ₩4.5 + 3,000단위 × ₩8.25 = _____47,250
                                                    ₩1,131,000

*1 기초재공품원가 + 당기발생원가 = ₩39,240 + ₩365,760 = ₩405,000
*2 기초재공품원가 + 당기발생원가 = ₩46,000 + ₩680,000 = ₩726,000

∴ 완성품원가 = ₩1,083,750

[물음 5] 부문 Y 원가절감으로 인한 순실현가치 증가는 더 많은 결합원가를 배분받게 된다.

[물음 6] 성과평가를 위해서는 발생한 원가를 통제가능성 여부에 따라 구분하여 통제가능원가를 평가대상에 포함해야 한다. 따라서 분리점 이전에 발생한 원가는 추가가공부문 책임자 입장에서 통제 불가능한 원가로서 성과평가 대상에서 제외해야 한다.

회계사 · 세무사 · 경영지도사 단번에 합격!
해커스 경영아카데미
cpa.Hackers.com

제7장

실제/정상/표준원가계산

1 서론

01 의의

원가계산제도는 생산방식, 실제성(속성) 및 제품원가의 구성요소로 분류할 수 있으며 지금까지 내용은 실제성과 제품원가의 구성요소는 각각 실제원가계산과 전부원가계산을 가정하고 생산방식의 차이에 대해서 살펴보았다.

이제 제품원가의 구성요소는 전부원가계산을 가정하고 원가의 실제성(속성)에 대해서 살펴보기로 한다.

생산방식	실제성(속성)	구성요소
개별원가계산	실제원가계산	
종합원가계산	정상원가계산	전부원가계산
그 밖의 원가계산	표준원가계산	

02 실제성에 의한 원가계산분류

제조원가는 직접재료원가, 직접노무원가 및 제조간접원가로 구분할 수 있으며 제조간접원가는 원가행태에 따라 변동제조간접원가와 고정제조간접원가로 나눌 수 있다. 이 중 직접재료원가, 직접노무원가 및 변동제조간접원가를 변동원가의 성격으로 간주하여 변동제조원가라 한다. 실제원가계산은 모든 원가항목을 실제원가로 계산하고 정상원가계산(normal costing, predetermined costing)과 표준원가계산(standard costing)은 그 중 일부 또는 전부를 연초에 예상한 원가로 계산하는 것을 말한다.

원가계산방법에 따라 원가요소별 실제성 여부는 다음과 같다.

	실제원가계산	정상원가계산	표준원가계산
실제원가	직접재료원가 직접노무원가 변동제조간접원가 고정제조간접원가	직접재료원가 직접노무원가 – –	– – – –
예상원가	– – – –	– – 변동제조간접원가 고정제조간접원가	직접재료원가 직접노무원가 변동제조간접원가 고정제조간접원가

핵심 Check 예정원가와 표준원가

정상원가계산에서의 예상원가를 예정원가라 하고 표준원가계산에서의 예상원가를 표준원가라 한다. 또한, 정상원가계산과 표준원가계산의 전체 과정은 거의 동일하며 표준원가계산은 모든 원가항목을 예상원가로 처리하여 정상원가계산을 포함하는 것으로 이해하면 된다. 실무적으로 실제원가계산은 사후원가계산이라 하고 정상원가계산과 표준원가계산을 사전원가계산이라고도 한다.

1. 실제원가계산의 문제점

실제원가계산은 재료원가, 노무원가 및 제조경비 모두 실제원가를 집계하여 계산하는 것으로 일반적으로 받아들일 수 있는 기본적인 방법이다. 하지만 실제원가를 기준으로 하는 경우 다음과 같은 문제점이 발생할 수 있다.
① 원가계산의 지연: 실제원가를 모두 집계하기 전까지는 원가계산을 할 수 없다.
② 제품단가의 변동: 실제원가를 실제산출량으로 나누면 단가가 달라질 수 있다.

이와 같은 문제점을 해결하기 위한 방법이 정상원가계산이다. 다음의 사례를 통하여 살펴보기로 한다.

사례 예정원가와 표준원가

회사는 20×1년에 영업을 개시하였다. 20×1년에 세 개의 작업(A, B, C)을 수주받았으며 생산과 관련된 내용은 다음과 같다. 단, 회사가 연말에 집계한 총제조간접원가는 ₩300이며 직접노동시간에 비례하여 배분한다. 또한 실제직접노동시간은 10시간이다.

$$배부율 = \frac{₩300}{10시간} = ₩30/직접노동시간$$

	A	B	C
착수일	1월 1일	1월 1일	1월 1일
완료일	6월 1일	9월 1일	미완성
직접노동시간	5시간	2시간	3시간
직접재료원가 직접노무원가	직접 추적		
제조간접원가	배부		

		A	B	C	실제배부
연말 제조간접원가 배부 (배부율 ₩30/h)	₩30 × 5시간 =	₩150	₩60	₩90	₩300
생산완료시점 제조간접원가 (배부율 ₩?/h)	?	₩?	₩?	₩?	⇒ 알 수 없음

즉, 실제제조간접원가는 연말에 집계가능하여 작업별 생산완료시점에는 제조간접원가를 집계할 수 없어 작업별 원가를 계산할 수 없는 문제가 발생한다.

회사는 직접노동시간을 기준으로 제조간접원가를 배부하며 연초에 제조간접원가와 직접노동시간을 각 각 ₩400과 20시간으로 추정하였다. 따라서 다음과 같이 제조간접원가 배부율을 연초에 미리 결정할 수 있어 제품이 완료된 시점에 예정배부율을 이용하여 원가계산할 수 있다.

$$미리 결정한 배부율(예정배부율) = \frac{₩400}{20시간} = ₩20/직접노동시간$$

	A	B	C
착수일	1월 1일	1월 1일	1월 1일
완료일	6월 1일	9월 1일	미완성
직접노동시간	5시간	2시간	3시간
직접재료원가 직접노무원가	직접 추적		
제조간접원가	배부		

		A	B	C	미리배부
생산완료시점 제조간접원가 배부 (예정배부율 ₩20/h)	₩20 × 5시간 =	₩100	₩40	₩60	₩200

즉, 제조간접원가 배부율이 미리 결정되어 있어 제품별 생산완료시점에 실제노동시간을 곱하여 제조간접원가를 배부할 수 있다. 또한, 연말에 실제제조간접원가를 집계한 후 차이금액을 조정한다면 결과적으로 실제원가와 동일한 결과를 얻을 수 있다.

미리 배부한 금액	₩200
실제 발생한 금액	300
차이금액	₩100(과소배부)

과소배부된 ₩100을 직접노동시간을 기준으로 각 작업에 추가로 배부한다.

	A	B	C	계
	⋮	⋮	⋮	⋮
미리배부한 금액	₩100	₩40	₩60	₩200
(±)차이 조정 $₩100 \times \dfrac{5시간}{10시간} =$	₩50	₩20	₩30	₩100
차이 조정 후 금액	₩150	₩60	₩90	₩300

결과적으로 작업별 원가는 실제원가계산 결과와 동일하다.

2. 실제원가계산과 정상(또는 표준원가계산)의 관계

실제원가계산은 실제원가를 집계한 후에 원가계산이 가능하여 실제원가를 집계하기 전에 원가계산을 할 수 없고 실제원가를 실제조업도로 나눌 경우 월별 또는 계절별 상황에 따라 배부율이 달라질 수 있다. 그러나, 정상원가계산과 표준원가계산은 사전에 미리 결정한 배부율을 이용하여 원가계산을 진행하고 실제원가와의 차이는 추가적인 조정절차를 거쳐 궁극적으로 실제원가계산과 유사한 결과를 가져오게 되어 실제원가계산의 단점을 보완할 수 있는 방법이다.

개별원가계산과 종합원가계산 모두 정상원가계산과 표준원가계산을 적용할 수 있으나 설명의 편의상 정상원가계산은 개별원가계산으로 설명하고 표준원가계산은 종합원가계산으로 설명하기로 한다.

2 정상원가계산

01 의의

직접재료원가와 직접노무원가는 실제발생원가를 직접부과하고 제조간접원가는 연초에 미리 설정한 예정배부율을 이용하여 배부한 후 연말에 실제제조간접원가와의 차이를 조정하는 방법을 말한다.

(1) 장점
① 원가정보의 적시성을 높일 수 있다.
② 계절적인 차이 또는 조업도의 변동에 따른 원가변동을 방지할 수 있다.

(2) 단점
① 예정배부율 설정을 위한 제조간접원가와 조업도에 대한 추정이 필요하다.
② 실제원가집계 후 실제발생원가와의 차이를 조정해야 한다.

02 정상원가계산의 절차

정상원가계산은 제조간접원가에 대해서 사전원가계산을 적용하는 방법이다. 제조직접원가와 제조간접원가를 구분한 후 제조간접원가의 예정배부율을 설정하는 것을 시작으로 예정배부율을 이용한 원가계산과 차이 조정까지의 일련의 과정은 다음과 같다.

[1단계] 제조간접원가 예정배부율 설정

정상원가계산의 시작은 제조간접원가에 대한 예정배부율을 설정하는 것이다. 예정배부율을 설정하기 위해서는 예산제조간접원가와 예정조업도가 필요하다. 또한, 예정배부율은 변동제조간접원가와 고정제조간접원가로 구분하여 각각 설정할 수 있다.

$$\text{제조간접원가 예정배부율} = \frac{\text{예산제조간접원가}}{\text{예정조업도}}$$

$$\Downarrow$$

$$\bullet \text{ 변동제조간접원가 예정배부율} = \frac{\text{예산변동제조간접원가}}{\text{예정조업도}}$$

$$\bullet \text{ 고정제조간접원가 예정배부율} = \frac{\text{예산고정제조간접원가}}{\text{예정조업도}}$$

(1) 예산제조간접원가

제조간접원가는 준변동원가로 고정제조간접원가와 변동제조간접원가로 구성되어 있으며 고정제조간접원가는 조업도와 관계없이 일정하게 발생하지만 변동제조간접원가는 조업도에 따라 원가총액이 변동하는 원가를 말한다.

> 예산제조간접원가 = 예산고정제조간접원가 + 예산변동제조간접원가
>   조업도 단위당 변동제조간접원가 × 예정조업도

(2) 예정조업도

예정조업도는 예정배부율을 산출하기 위한 기준이 되는 조업도이다. 예정조업도로 사용할 수 있는 조업도는 다음과 같다.

① 이론적 최대조업도(theoretical capacity): 최고의 능률로 생산설비를 최대로 이용하여 달성할 수 있는 조업도이다.
② 실제적 최대조업도(practical capacity): 이론적 최대조업도에서 기계고장, 수선, 휴가 등 불가피한 상황을 고려한 조업도이다.
③ 정상조업도(normal capacity): 과거 3년에서 5년 정도의 조업도를 평균한 조업도이다.
④ 연간기대조업도(annual expected capacity): 예산판매량을 기초로 산출한 조업도이다.

예제 1: 예정배부율

(주)한국은 20×1년 초에 영업을 개시하였으며 직접노동시간을 기준으로 제조간접원가를 예정배부하고 있다. 회사가 추정한 연간 직접노동시간은 10,000시간이며 연간 제조간접원가는 다음과 같다.

> 예산제조간접원가 = ₩2,000,000 + ₩100 × 직접노동시간

요구사항

1 제조간접원가 예정배부율을 구하시오.
2 고정제조간접원가와 변동제조간접원가 각각의 예정배부율을 구하시오.

[풀이]

(1) 제조간접원가의 조업도와 배부기준은 직접노동시간이다.
(2) 예산고정제조간접원가는 ₩2,000,000이고 변동제조간접원가 예정배부율은 직접노동시간당 ₩100 이다.
(3) 예정조업도는 연간 직접노동시간 10,000시간이다.

1 제조간접원가 예정배부율

$$\frac{\text{예산제조간접원가}}{\text{예정조업도}} = \frac{\text{₩2,000,000} + \text{₩100} \times \text{10,000시간}}{\text{10,000시간}} = \text{₩300}$$

2 고정제조간접원가와 변동제조간접원가 예정배부율

- 고정제조간접원가 예정배부율 $= \dfrac{\text{예산고정제조간접원가}}{\text{예정조업도}} = \dfrac{\text{₩2,000,000}}{\text{10,000시간}} = \text{₩200}$

- 변동제조간접원가 예정배부율 $= \dfrac{\text{예산변동제조간접원가}}{\text{예정조업도}} = \dfrac{\text{₩100} \times \text{10,000시간}}{\text{10,000시간}} = \text{₩100}$

[2단계] 예정배부율에 의한 예정배부

예정배부율을 이용하여 각 작업에 제조간접원가를 배부하는 것으로 예정배부율에 실제조업도를 곱한다.

> 예정배부 = 예정배부율 × 실제조업도

핵심 Check 실제원가계산

제조간접원가 실제배부율에 실제조업도를 곱한다.

[회계처리]

| (차) | 재공품(예정배부) | ××× | (대) | 제조간접원가(예정배부) | ××× |

예제 2: 예정배부

(주)한국은 20×1년 초에 영업을 개시하였으며 직접노동시간을 기준으로 제조간접원가를 예정배부하고 있다. 제조간접원가 예정배부율은 직접노동시간당 ₩300이다. 1월 중 제조지시서 #301, #302, #303을 착수하였으며 1월 말 현재 #301, #302는 완성하였으나 #303은 월 말 현재 작업 진행 중에 있다.

다음은 세 가지 작업에 대한 1월 발생한 제조원가 및 관련 자료는 다음과 같다.

	#301	#302	#303	합계
직접재료원가	₩120,000	₩150,000	₩230,000	₩500,000
직접노무원가	180,000	120,000	100,000	400,000
직접노동시간	400시간	250시간	350시간	1,000시간
기계시간	300	400	600	1,300

요구사항

작업별 제조간접원가 예정배부액을 구하시오.

풀이

(1) 조업도는 직접노동시간이므로 기계시간은 관련이 없는 자료이다. 또한, 제조간접원가 예정배부액은 예정배부율을 실제노동시간에 곱하여 계산한다.

(2) 공정현황

재공품(작업)

기초	–	완성	┌ #301
			└ #302
착수	┌ #301	기말	#303
	├ #302		
	└ #303		

재공품(원가)

기초	–	완성	┌ #301	?
직접재료원가	₩500,000		└ #302	?
직접노무원가	400,000			
제조간접원가	300,000	기말	#303	?
(예정배부액)				
	₩1,200,000			₩1,200,000

	#301	#302	#303	합계
직접재료원가	₩120,000	₩150,000	₩230,000	₩500,000
직접노무원가	180,000	120,000	100,000	400,000
제조간접원가	120,000*1	75,000*2	105,000*3	300,000*4
(예정배부액)				
	₩420,000	₩345,000	₩435,000	₩1,200,000
	(완성품)	(완성품)	(재공품)	

*1 ₩300 × 400시간 = ₩120,000
*2 ₩300 × 250시간 = ₩75,000
*3 ₩300 × 350시간 = ₩105,000
*4 ₩300 × 1,000시간 = ₩300,000

[3단계] 배부차이 계산

예정배부율에 의한 제조간접원가 예정배부액은 실제제조간접원가와 달라 연말에 실제제조간접원가와 비교하여 차이금액을 계산할 수 있다. 이를 배부차이라 한다.

배부차이는 다음과 같은 두 가지 상황으로 나타난다.

(1) 실제제조간접원가금액이 큰 경우(과소배부 또는 부족배부)

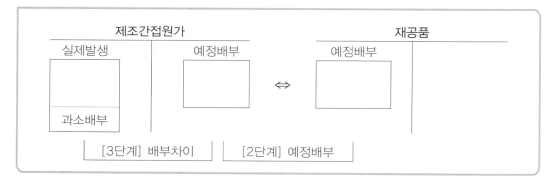

실제발생액이 예정배부액보다 큰 경우로 제조간접원가 차변에 나타난다.

(2) 실제제조간접원가금액이 작은 경우(과대배부 또는 초과배부)

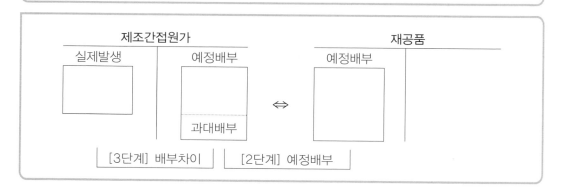

실제발생액이 예정배부액보다 작은 경우로 제조간접원가 대변에 나타난다.

예제 3: 배부차이

(주)한국은 20×1년 초에 영업을 개시하였으며 직접노동시간을 기준으로 제조간접원가를 예정 배부하고 있다. 제조간접원가 예정배부율은 직접노동시간당 ₩300이다. 1월 중 실제직접노동 시간은 1,000시간이며 실제 발생한 제조간접원가는 ₩360,000이다.

요구사항

1 제조간접원가 배부차이를 구하시오.
2 **1**과 별도로 실제 발생한 제조간접원가는 ₩280,000이다. 제조간접원가 배부차이를 구하 시오.

[풀이]

제조간접원가 예정배부액은 ₩300 × 1,000시간 = ₩300,000이다.

1 배부차이

예정배부	₩300 × 1,000시간 =	₩300,000
실제발생		360,000
배부차이		₩60,000(과소배부)

[3단계] 배부차이   [2단계] 예정배부

2 배부차이

예정배부	₩300 × 1,000시간 =	₩300,000
실제발생		280,000
배부차이		₩20,000(과대배부)

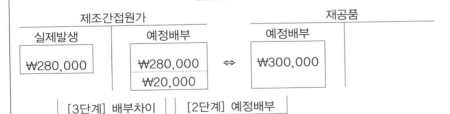

[3단계] 배부차이   [2단계] 예정배부

[4단계] 배부차이 조정

외부보고목적의 재무제표는 실제원가로 기록할 것을 요구하므로 예정배부액은 실제원가로 조정되어야 한다. 즉, 과소배부된 금액은 추가로 배부하고 과대배부된 금액만큼은 차감해야 한다. 조정하는 방법은 차이금액의 중요성에 따라 각 작업에 안분하여 배부하는 방법과 일괄적으로 당기손익에 반영하는 방법이 있다.

(1) 배분법

차이금액이 중요하여 재고자산과 매출원가에 미치는 영향이 큰 경우 각 작업에 안분하여 배부하는 방법으로 배부기준에 따라 원가요소기준법과 총원가기준법이 있다.

① 원가요소기준법: 각 작업의 제조간접원가 예정배부액을 기준으로 배분하는 방법으로 과소배부는 각 작업에 가산하고 과대배부는 각 작업에서 차감한다.

② 총원가기준법: 각 작업의 총원가를 기준으로 배분하는 방법으로 과소배부는 각 작업에 가산하고 과대배부는 각 작업에서 차감한다.

③ 회계처리

[과소배부]

(차)	재공품	×××	(대)	제조간접원가(과소배부)	×××
	제품	×××			
	매출원가	×××			

[과대배부]

(차)	제조간접원가(과대배부)	×××	(대)	재공품	×××
				제품	×××
				매출원가	×××

핵심 Check 원가요소기준 비례배분법

제조간접원가의 배부차이를 제조간접원가 예정배부액을 기준으로 배분하므로 조정 후 원가는 이론적으로 실제원가계산과 동일하다.

(2) 무배분법

차이금액이 중요하지 않아 재고자산과 매출원가에 미치는 영향이 작은 경우 일괄적으로 당기 손익에 반영하는 방법으로 매출원가조정법과 기타손익법이 있다.

① 매출원가조정법: 배부차이를 매출원가에 가감하는 방법으로 과소배부는 매출원가에 가산하고 과대배부는 매출원가에서 차감한다.

② 기타손익법: 배부차이를 기타손익으로 처리하는 방법으로 과소배부는 기타비용으로 과대배부는 기타수익으로 처리한다.

③ 회계처리

[과소배부]

(차) 매출원가(또는 기타비용)	×××	(대) 제조간접원가(과소배부)	×××

[과대배부]

(차) 제조간접원가(과대배부)	×××	(대) 매출원가(또는 기타비용)	×××

예제 4: 배부차이 조정

(주)한국은 20×1년 초에 영업을 개시하였으며 직접노동시간을 기준으로 제조간접원가를 예정 배부하고 있다. 1월 과소배부된 제조간접원가 배부차이는 ₩60,000이다. 1월 중 제조지시서 #301, #302, #303을 착수하였으며 1월 말 현재 #301, #302는 완성하였으나 #303은 월 말 현재 작업 진행 중에 있다. 또한, 제조지시서 #301은 당월에 판매되었다. 1월 말 현재 제조 간접원가 배부차이 조정 전 금액은 다음과 같다.

	#301	#302	#303	합계
직접재료원가	₩120,000	₩150,000	₩230,000	₩500,000
직접노무원가	180,000	120,000	100,000	400,000
제조간접원가(예정배부)	120,000	75,000	105,000	300,000
합계	₩420,000	₩345,000	₩435,000	₩1,200,000

요구사항

배부차이를 다음의 방법에 따라 조정하고 회계처리하시오.

(1) 매출원가조정법

(2) 기타손익법

(3) 원가요소기준 비례배분법

(4) 총원가기준 비례배분법

※ 공정현황

재공품(작업)			제품(작업)		
기초 −	완성 ┌ #301		기초 −	판매 #301(₩420,000)	
	└ #302		입고 ┌ #301	기말 #302(₩345,000)	
착수 ┌ #301	기말 #303(₩435,000)		└ #302		
├ #302					
└ #303					

---

(1) 매출원가조정법

과소배부 ₩60,000을 모두 매출원가에 가산한다.

(차) 매출원가	60,000	(대) 제조간접원가(과소배부)	60,000

(2) 기타손익법

과소배부 ₩60,000을 모두 기타비용으로 처리한다.

(차) 기타비용	60,000	(대) 제조간접원가(과소배부)	60,000

(3) 원가요소기준 비례배분법

과소배부 ₩60,000을 각 작업별 제조간접원가 예정배부액을 기준으로 배분한다.

① 배부차이 배분금액

		예정배부액	배분비율	배분금액
재공품	(#303)	₩105,000	0.35	₩21,000
제품	(#302)	75,000	0.25	15,000
매출원가	(#301)	120,000	0.40	24,000
		₩300,000		₩60,000

② 배부차이 조정 후 원가

	#301	#302	#303	합계
직접재료원가	₩120,000	₩150,000	₩230,000	₩500,000
직접노무원가	180,000	120,000	100,000	400,000
제조간접원가(예정배부)	120,000	75,000	105,000	300,000
차이 조정	24,000	15,000	21,000	60,000
합계	₩444,000	₩360,000	₩456,000	₩1,260,000

③ 회계처리

(차) 재공품	21,000	(대) 제조간접원가(과소배부)	60,000
제품	15,000		
매출원가	24,000		

(4) 총원가기준 비례배분법

과소배부 ₩60,000을 각 작업별 총원가를 기준으로 배분한다.

① 배부차이 배분금액

		총원가금액	배분비율	배분금액
재공품	(#303)	₩435,000	0.3625	₩21,750
제품	(#302)	345,000	0.2875	17,250
매출원가	(#301)	420,000	0.3500	21,000
		₩1,200,000		₩60,000

② 배부차이 조정 후 원가

	#301	#302	#303	합계
직접재료원가	₩120,000	₩150,000	₩230,000	₩500,000
직접노무원가	180,000	120,000	100,000	400,000
제조간접원가(예정배부)	120,000	75,000	105,000	300,000
차이 조정	21,000	17,250	21,750	60,000
합계	₩441,000	₩362,250	₩456,750	₩1,260,000

③ 회계처리

(차) 재공품	21,750	(대) 제조간접원가(과소배부)	60,000
제품	17,250		
매출원가	21,000		

예제 5: 총원가기준 비례배분법

(주)한국은 정상원가계산을 적용하고 있다. 제조간접원가에 대해서 예정배부율을 설정하고 배부차이는 재고자산과 매출원가에 총원가를 기준으로 안분하는 방법을 채택하고 있다. 다음은 당기 배부차이 조정 전 재고자산과 매출원가에 관한 자료이다.

	기초	기말
재공품	–	₩3,000
제품	–	2,000
매출원가	₩15,000	
배부차이	500(과소배부)	

요구사항

배부차이 조정 후 재고자산과 매출원가를 구하시오.

(1) 당기제품제조원가

<table>
<tr><td colspan="4" align="center">제품</td></tr>
<tr><td>기초</td><td>–</td><td>판매</td><td>₩15,000</td></tr>
<tr><td>당기제품제조원가</td><td>₩17,000</td><td>기말</td><td>2,000</td></tr>
<tr><td></td><td>₩17,000</td><td></td><td>₩17,000</td></tr>
</table>

(2) 당기총제조원가

<table>
<tr><td colspan="4" align="center">재공품</td></tr>
<tr><td>기초</td><td>–</td><td>완성</td><td>₩17,000</td></tr>
<tr><td>당기총제조원가</td><td>₩20,000</td><td>기말</td><td>3,000</td></tr>
<tr><td></td><td>₩20,000</td><td></td><td>₩20,000</td></tr>
</table>

(3) 배부차이를 총원가기준으로 배분하므로 과소배부 ₩500을 재고자산과 매출원가의 총원가를 기준으로 배분한다.

① 배부차이 배분금액

	총원가금액	배분비율	배분금액
재공품	₩3,000	0.15	₩75
제품	2,000	0.10	50
매출원가	15,000	0.75	375
	₩20,000		₩500

② 배부차이 조정 후 원가
과소배부이므로 차이금액을 재고자산과 매출원가에 가산한다.

	재공품	제품	매출원가	합계
조정 전 원가	₩3,000	₩2,000	₩15,000	₩20,000
차이 조정	75	50	375	500
조정 후 원가	₩3,075	₩2,050	₩15,375	₩20,500

3 표준원가계산

01 의의

직접재료원가, 직접노무원가 및 제조간접원가, 모든 제조원가에 대하여 연초에 미리 설정한 표준원가를 이용하여 배부한 후 연말에 실제발생원가와의 차이를 조정하는 방법을 말한다.

(1) 장점

① 신속한 원가계산이 가능하고 조업도 변화에 대한 원가변동성을 방지한다.
② 예산수립의 기초자료로 활용할 수 있다.
③ 표준과 실제와의 차이분석으로 원가통제 및 성과평가에 활용할 수 있다.

(2) 단점

① 표준원가 설정에 많은 시간과 비용이 요구되고 표준원가 변경은 쉽지 않다.
② 공장자동화로 인하여 노동시간 통제에 주된 목적을 두었던 유용성이 점차 감소된다.
③ 유리한 조업도차이를 위한 생산량 증가로 불필요한 재고가 발생할 수 있다.

02 표준원가계산의 절차

표준원가계산은 모든 제조원가에 대해서 사전원가계산을 적용하는 방법이다. 직접재료원가, 직접노무원가 및 제조간접원가의 표준원가를 설정하는 것을 시작으로 표준원가를 이용한 원가계산과 차이 조정까지의 일련의 과정은 다음과 같다.

[1단계] 원가요소별 표준원가 설정

표준원가계산의 시작은 모든 제조원가에 대한 표준원가를 설정하는 것이다. 표준은 이상적 표준과 달성가능한 표준이 있으며 표준수량(SQ)과 표준가격(SP)으로 나누어 설정한다.

> 표준원가 = 표준수량(SQ) × 표준가격(SP)
> • 표준수량(SQ): 단위당 표준투입수량
> • 표준가격(SP): 원가요소당 표준단가

핵심 Check 이상적 표준과 달성가능한 표준

- 이상적 표준(ideal standards): 여유시간, 재고부족, 오류 등이 발생하지 않은 상황을 전제로 설정한 표준으로 이론적 표준(theoretical standards)이라 한다.
- 달성가능한 표준(currently attainable standards): 이상적 표준에서 정상적인 기계고장이나 종업원의 휴식 등으로 인한 시간손실 등이 발생하는 상황을 전제로 설정된 표준을 말한다.

1. 직접재료원가

제품 한 단위를 생산하기 위한 표준수량(SQ)과 표준가격(SP)을 곱하여 설정한다.

2. 직접노무원가

제품 한 단위를 생산하기 위한 표준수량(SQ)과 표준가격(SP)을 곱하여 설정한다.

3. 제조간접원가

제조간접원가는 그 구성항목과 원가동인이 다양하여 표준설정은 간단하지 않다. 따라서, 제조간접원가의 표준을 설정하기 위해 다음과 같은 가정이 필요하다.

> • 제조간접원가는 조업도에 따라 변동제조간접원가와 고정제조간접원가로 구분할 수 있다.
> • 제조간접원가의 원가동인은 다양하지만 하나의 원가동인(조업도)으로 설명할 수 있다.

(1) 변동제조간접원가

제품 한 단위를 생산하기 위한 표준수량(SQ)과 표준배부율(SP)을 곱하여 설정한다.

(2) 고정제조간접원가

제품 한 단위를 생산하기 위한 표준수량(SQ)과 표준배부율(SP)을 곱하여 설정한다. 단, 고정제조간접원가의 표준은 연초에 설정된 고정예산이다. 따라서, 표준배부율(SP)은 고정예산을 기준조업도로 나누어 계산한다.

$$\text{고정제조간접원가 표준배부율(SP)} = \frac{\text{예산고정제조간접원가}}{\text{기준조업도}}$$

① 예산고정제조간접원가: 연초에 설정한 고정제조간접원가에 대한 예산을 말한다.

② 기준조업도: 기준조업도는 고정제조간접원가 표준배부율을 산출하기 위한 기준이 되는 조업도이다. 기준조업도로 사용할 수 있는 조업도는 다음과 같다.

> • 이론적 최대조업도(theoretical capacity): 최고의 능률로 생산설비를 최대로 이용하여 달성할 수 있는 조업도이다.
> • 실제적 최대조업도(practical capacity): 이론적 최대조업도에서 기계고장, 수선, 휴가 등 불가피한 상황을 고려한 조업도이다.
> • 정상조업도(normal capacity): 과거 3년에서 5년 정도의 조업도를 평균한 조업도이다.
> • 연간기대조업도(annual expected capacity): 예산판매량을 기초로 산출한 조업도이다.

예제 6: 표준원가표

(주)한국은 표준원가계산제도을 도입하고자 한다. 표준원가를 설정하기 위한 자료가 다음과 같다.

(1) 직접재료원가는 제품 단위당 2kg을 사용하고 kg당 구입가격은 ₩25이다.
(2) 직접노무원가는 제품 단위당 3h이 투입되고 노동시간당 표준임률은 ₩5이다.
(3) 변동제조간접원가는 직접노동시간에 비례하여 배부하며 노동시간당 표준변동제조간접원가 배부율은 ₩3이다.
(4) 고정제조간접원가의 예산은 ₩9,000이며, 기준조업도는 다음과 같다.

이론적 최대조업도	실제적 최대조업도	정상조업도	연간기대조업도
6,000노동시간	5,400노동시간	4,500노동시간	3,600노동시간

단, 표준고정제조간접원가 배부율을 산정하기 위한 기준조업도는 정상조업도를 사용한다.

요구사항

원가요소별 표준원가를 설정하시오.

[풀이]

	표준수량(SQ)	표준가격(SP)	표준원가
직접재료원가	2kg	₩25/kg	₩50/단위
직접노무원가	3h	5/h	15
변동제조간접원가	3h	3/h	9
고정제조간접원가	3h	2/h	6
제품 단위당 표준원가			₩80/단위

[2단계] 표준원가에 의한 표준배부

표준원가를 이용하여 산출량에 제조원가를 배부하는 것으로 표준원가에 실제산출량을 곱한다.

표준배부 = 실제산출량 × 표준원가
= 실제산출량에 허용된 표준수량(SQ)* × 표준가격(SP)
* 실제산출량에 허용된 표준수량(SQ)은 실제산출량에 단위당 표준수량을 곱한다.

핵심 Check 정상원가계산 예정배부

제조간접원가 예정배부율에 실제조업도를 곱한다.

핵심 Check 예정배부와 표준배부 상세 비교

구분	정상원가계산	표준원가계산
대상원가	제조간접원가	총제조원가
조업도	노무시간 등	산출량
배부금액	예정배부 ↓ 실제조업도 × 예정배부율 ↓ (실제노무시간 등) × 예정배부율	표준배부 ↓ (실제산출량 × SQ) × SP ↓ (실제산출량 × 단위당 표준수량(SQ)) × SP

[회계처리]

(차)	재공품(표준배부)	×××	(대)	직접재료원가(표준배부)	×××
				직접노무원가(표준배부)	×××
				변동제조간접원가(표준배부)	×××
				고정제조간접원가(표준배부)	×××

예제 7: 표준배부

당해연도에 영업을 개시한 (주)한국은 단일제품을 대량으로 생산하며 표준원가계산제도를 적용하고 있다. 제조간접원가의 배부기준은 직접노동시간을 사용하며 제품 단위당 표준원가는 다음과 같다.

	표준수량(SQ)	표준가격(SP)	표준원가
직접재료원가	2kg	₩25/kg	₩50/단위
직접노무원가	3h	5/h	15
변동제조간접원가	3h	3/h	9
고정제조간접원가	3h	2/h	6
			₩80/단위

당해연도 실제생산량은 1,000단위이다.

요구사항

표준배부액을 구하시오.

풀이

표준배부액은 실제산출량에 허용된 표준수량(SQ)에 표준가격(SP)을 곱하여 계산한다.

	표준수량(SQ)	표준가격(SP)	표준배부(SQ × SP)
직접재료원가	2kg	₩25/kg	1,000단위 × 2kg × ₩25 = ₩50,000
직접노무원가	3h	5/h	1,000단위 × 3h × ₩5 = 15,000
변동제조간접원가	3h	3/h	1,000단위 × 3h × ₩3 = 9,000
고정제조간접원가	3h	2/h	1,000단위 × 3h × ₩2 = 6,000
			₩80,000

∴ 1,000단위에 대한 표준배부(SQ × SP)는 1,000단위 × ₩80 = ₩80,000임을 알 수 있다.

[3단계] 원가차이 계산

표준원가에 의한 표준배부액은 실제원가와 달라 연말에 실제원가와 비교하여 차이금액을 계산할 수 있다. 이를 원가차이라 한다.

원가차이는 다음과 같은 두 가지 상황으로 나타난다.

(1) 실제발생액이 큰 경우(불리한 차이 U, unfavorable variance)

표준배부액 < 실제발생액

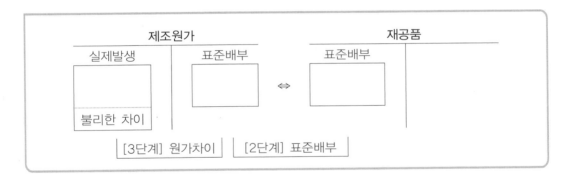

핵심 Check 불리한 차이

실제발생액이 표준배부액보다 큰 경우로 차변에 나타난다.

---

(2) 실제발생액이 작은 경우(유리한 차이 F, favorable variance)

표준배부액 > 실제발생액

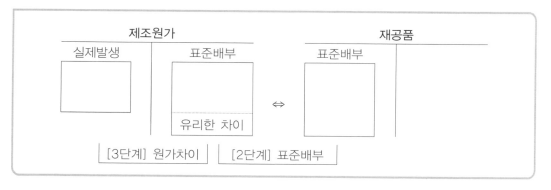

핵심 Check 유리한 차이

실제발생액이 표준배부액보다 작은 경우로 대변에 나타난다.

예제 8: 원가차이

당해연도에 영업을 개시한 (주)한국은 단일제품을 대량으로 생산하며 표준원가계산제도를 적용하고 있다. 제조간접원가의 배부기준은 직접노동시간을 사용하며 당해연도 실제생산량은 1,000단위이다. 관련 자료는 다음과 같다.

(1) 제품 단위당 표준원가

	표준수량(SQ)	표준가격(SP)	표준원가
직접재료원가	2kg	₩25/kg	₩50/단위
직접노무원가	3h	5/h	15
변동제조간접원가	3h	3/h	9
고정제조간접원가	3h	2/h	6
			₩80/단위

(2) 산출량 1,000단위에 대한 표준배부액

	표준수량(SQ)	표준가격(SP)	표준배부(SQ × SP)
직접재료원가	2kg	₩25/kg	1,000단위 × 2kg × ₩25 = ₩50,000
직접노무원가	3h	5/h	1,000단위 × 3h × ₩5 = 15,000
변동제조간접원가	3h	3/h	1,000단위 × 3h × ₩3 = 9,000
고정제조간접원가	3h	2/h	1,000단위 × 3h × ₩2 = 6,000
			₩80,000

(3) 산출량 1,000단위에 대한 실제발생액

직접재료원가	2,300kg × ₩26 =	₩59,800
직접노무원가	2,800h × ₩6 =	16,800
변동제조간접원가		8,000
고정제조간접원가		7,000
		₩91,600

요구사항

원가요소별 원가차이를 구하시오.

[풀이]

원가차이는 실제발생액과 표준배부액과의 차이이며 원가요소별로 각각 계산한다.

	실제발생액	표준배부액	원가차이
직접재료원가	₩59,800	₩50,000	₩9,800 U
직접노무원가	16,800	15,000	1,800 U
변동제조간접원가	8,000	9,000	1,000 F
고정제조간접원가	7,000	6,000	1,000 U
	₩91,600	₩80,000	₩11,600 U

[4단계] 원가차이 조정

외부보고목적의 재무제표는 실제원가로 기록할 것을 요구하므로 표준배부액은 실제원가로 조정되어야 한다. 즉, 불리한 차이는 추가로 배부하고 유리한 차이는 차감해야 한다. 조정하는 방법은 차이금액의 중요성에 따라 각 작업에 안분하여 배부하는 방법과 일괄적으로 당기손익에 반영하는 방법이 있다.

(1) 배분법

차이금액이 중요하여 재고자산과 매출원가에 미치는 영향이 큰 경우 각 작업에 안분하여 배부하는 방법으로 배부기준에 따라 원가요소기준법과 총원가기준법이 있다.

① **원가요소기준법:** 재고자산과 매출원가의 원가요소별 표준배부액을 기준으로 배분하는 방법으로 불리한 차이는 재고자산과 매출원가에 가산하고 유리한 차이는 차감한다.

② **총원가기준법:** 재고자산과 매출원가의 총원가를 기준으로 배분하는 방법으로 불리한 차이는 재고자산과 매출원가에 가산하고 유리한 차이는 차감한다.

③ **회계처리**

[불리한 차이]

(차)	재공품	×××	(대)	원가요소별 원가차이(불리한 차이)	×××
	제품	×××			
	매출원가	×××			

[유리한 차이]

(차)	원가요소별 원가차이(유리한 차이)	×××	(대)	재공품	×××
				제품	×××
				매출원가	×××

핵심 Check 원가요소기준 비례배분법

원가차이를 원가요소별 표준배부액을 기준으로 배분하므로 조정 후 원가는 이론적으로 실제원가계산과 동일하다.

(2) 무배분법

차이금액이 중요하지 않아 재고자산과 매출원가에 미치는 영향이 작은 경우 일괄적으로 당기 손익에 반영하는 방법으로 매출원가조정법과 기타손익법이 있다.

① 매출원가조정법: 총원가차이를 매출원가에 가감하는 방법으로 불리한 차이는 매출원가에 가산하고 유리한 차이는 매출원가에서 차감한다.

② 기타손익법: 총원가차이를 기타손익으로 처리하는 방법으로 불리한 차이는 기타비용으로 유리한 차이는 기타수익으로 처리한다.

③ 회계처리

[불리한 차이]

(차)	매출원가(또는 기타비용)	×××	(대)	총원가차이(불리한 차이)	×××

[유리한 차이]

(차)	총원가차이(유리한 차이)	×××	(대)	매출원가(또는 기타비용)	×××

예제 9: 원가차이 조정

당해연도에 영업을 개시한 (주)한국은 단일제품을 대량으로 생산하며 표준원가계산제도를 적용하고 있다. 제조간접원가의 배부기준은 직접노동시간을 사용하며 당해연도 실제생산량은 1,000단위이다. 기초 및 기말재공품은 없으며 800단위를 판매하였다. 관련 자료는 다음과 같다.

(1) 제품 단위당 표준원가

	표준수량(SQ)	표준가격(SP)	표준원가
직접재료원가	2kg	₩25/kg	₩50/단위
직접노무원가	3h	5/h	15
변동제조간접원가	3h	3/h	9
고정제조간접원가	3h	2/h	6
			₩80/단위

(2) 산출량 1,000단위에 대한 실제발생액

직접재료원가	2,300kg × ₩26 =	₩59,800
직접노무원가	2,800h × ₩6 =	16,800
변동제조간접원가		8,000
고정제조간접원가		7,000
		₩91,600

(3) 원가요소별 원가차이

	실제발생액	표준배부액	원가차이
직접재료원가	₩59,800	₩50,000	₩9,800 U
직접노무원가	16,800	15,000	1,800 U
변동제조간접원가	8,000	9,000	1,000 F
고정제조간접원가	7,000	6,000	1,000 U
	₩91,600	₩80,000	₩11,600 U

요구사항

원가차이를 다음의 방법에 따라 조정하고 회계처리하시오.

1) 매출원가조정법
2) 기타손익법
3) 원가요소기준 비례배분법
4) 총원가기준 비례배분법

[풀이]

(1) 공정현황

재공품			
기초	–	완성	1,000단위
착수	1,000단위	기말	–
	1,000단위		1,000단위

제품			
기초	–	판매	800단위
입고	1,000단위	기말	200
	1,000단위		1,000단위

(2) 원가차이 조정 전 금액(표준배부액)

		제품(200단위)	매출원가(800단위)
직접재료원가	200단위 × 2kg × ₩25 =	₩10,000	₩40,000
직접노무원가	200단위 × 3h × ₩5 =	3,000	12,000
변동제조간접원가	200단위 × 3h × ₩3 =	1,800	7,200
고정제조간접원가	200단위 × 3h × ₩2 =	1,200	4,800
		₩16,000	₩64,000

1) 매출원가조정법

총원가차이인 불리한 차이 ₩11,600을 모두 매출원가에 가산한다.

(차) 매출원가   11,600   (대) 총원가차이(불리한 차이)   11,600

2) 기타손익법

총원가차이인 불리한 차이 ₩11,600을 모두 기타비용으로 처리한다.

(차) 기타비용   11,600   (대) 총원가차이(불리한 차이)   11,600

3) 원가요소기준 비례배분법

원가요소별 원가차이를 재고자산과 매출원가의 원가요소별 표준배부액을 기준으로 배분한다.

① 원가차이 배분금액

- 직접재료원가

	표준배부액	배분비율	배분금액
제품　　　(200단위)	₩10,000	0.2	₩1,960
매출원가(800단위)	40,000	0.8	7,840
	₩50,000		₩9,800 U

- 직접노무원가

	표준배부액	배분비율	배분금액
제품　　　(200단위)	₩3,000	0.2	₩360
매출원가(800단위)	12,000	0.8	1,440
	₩15,000		₩1,800 U

- 변동제조간접원가

	표준배부액	배분비율	배분금액
제품　　　(200단위)	₩1,800	0.2	₩200
매출원가(800단위)	7,200	0.8	800
	₩9,000		₩1,000 F

- 고정제조간접원가

	표준배부액	배분비율	배분금액
제품　　　(200단위)	₩1,200	0.2	₩200
매출원가(800단위)	4,800	0.8	800
	₩6,000		₩1,000 U

② 배부차이 조정 후 원가

	제품(200단위)			매출원가(800단위)			합계
	조정 전	조정	조정 후	조정 전	조정	조정 후	
직접재료원가	₩10,000	₩1,960	₩11,960	₩40,000	₩7,840	₩47,840	₩59,800
직접노무원가	3,000	360	3,360	12,000	1,440	13,440	16,800
변동제조간접원가	1,800	(200)	1,600	7,200	(800)	6,400	8,000
고정제조간접원가	1,200	200	1,400	4,800	800	5,600	7,000
합계	₩16,000	₩2,320	₩18,320	₩64,000	₩9,280	₩73,280	₩91,600

[참고] 실제원가계산과 이론적으로 동일

결과적으로 실제원가 ₩91,600을 제품(200단위)과 매출원가(800단위)에 배분한 것과 동일하다.

③ 회계처리

(차) 제품	2,320	(대) 직접재료원가차이	9,800
매출원가	9,280	직접노무원가차이	1,800
변동제조간접원가차이	1,000	고정제조간접원가차이	1,000

4) 총원가기준 비례배분법

전체 불리한 차이 ₩11,600을 재고자산과 매출원가의 총표준배부액을 기준으로 배분한다.

① 원가차이 배분금액

	총표준배부액	배분비율	배분금액
제품 (200단위)	₩16,000	0.2	₩2,320
매출원가(800단위)	64,000	0.8	9,280
	₩80,000		₩11,600 U

② 원가차이 조정 후 원가

	제품(200단위)			매출원가(800단위)			합계
	조정 전	조정	조정 후	조정 전	조정	조정 후	
직접재료원가	₩10,000			₩40,000			
직접노무원가	3,000		–	12,000		–	–
변동제조간접원가	1,800	–		7,200	–		
고정제조간접원가	1,200			4,800			
합계	₩16,000	₩2,320	₩18,320	₩64,000	₩9,280	₩73,280	₩91,600

③ 회계처리

(차) 제품	2,320	(대) 직접재료원가차이	9,800
매출원가	9,280	직접노무원가차이	1,800
변동제조간접원가차이	1,000	고정제조간접원가차이	1,000

예제 10: 총원가기준 비례배분법

(주)한국은 표준원가계산을 적용하고 있다. 원가차이는 재고자산과 매출원가에 총원가를 기준으로 안분하는 방법을 채택하고 있다.

다음은 당기 원가차이 조정 전 재고자산과 매출원가에 관한 자료이다.

	기초	기말
재공품	–	₩3,000
제품	–	2,000
매출원가	₩15,000	
원가차이	500(유리한 차이)	

요구사항

원가차이 조정 후 재고자산과 매출원가를 구하시오.

(1) 당기제품제조원가

제품

기초	–	판매	₩15,000
당기제품제조원가	₩17,000	기말	2,000
	₩17,000		₩17,000

(2) 당기총제조원가

재공품

기초	–	완성	₩17,000
당기총제조원가	₩20,000	기말	3,000
	₩20,000		₩20,000

(3) 원가차이를 총원가기준으로 배분하므로 유리한 차이 ₩500을 재고자산과 매출원가의 총원가를 기준으로 배분한다.

① 원가차이 배분금액

	총원가금액	배분비율	배분금액
재공품	₩3,000	0.15	₩75
제품	2,000	0.10	50
매출원가	15,000	0.75	375
	₩20,000		₩500

② 원가차이 조정 후 원가

유리한 차이이므로 차이금액을 재고자산과 매출원가에서 차감한다.

	재공품	제품	매출원가	합계
조정 전 원가	₩3,000	₩2,000	₩15,000	₩20,000
차이 조정	(75)	(50)	(375)	(500)
조정 후 원가	₩2,925	₩1,950	₩14,625	₩19,500

4 원가차이분석

01 의의

정상원가계산과 표준원가계산은 실제원가계산의 단점을 개선하여 원가계산의 적시성과 원가의 안
정성을 보완하는 사전원가계산제도이다. 또한, 표준원가계산은 실제원가계산의 단점을 보완하는
것 이외에 추가로 관리목적으로 활용된다. 즉, 연초에 원가요소별 표준원가(standard costs)라는
기준을 설정하므로 실제원가와의 차이를 통하여 원가요소별 성과평가를 가능하게 한다. 이를 원가
차이분석이라 한다.

> **핵심 Check** 원가차이분석의 성격
>
> 원가차이분석은 원가계산과는 내용상 거리가 있으며 관리회계의 성과평가에 대한 내용이다. 따라서 〈제
> 15장 책임회계제도〉에서 다룰 내용을 미리 학습하는 것으로 이해하면 된다.

1. 정상원가계산과 표준원가계산의 관계

표준원가계산과 정상원가계산은 둘 다 사전원가계산이라는 측면에서 앞에서 살펴본 바와 같이 동
일한 절차로 진행한다. 그러나, 표준원가계산은 성과평가의 목적이 추가되어 원가차이를 조정하기
전에 원가차이에 대한 분석이라는 절차가 추가된다.

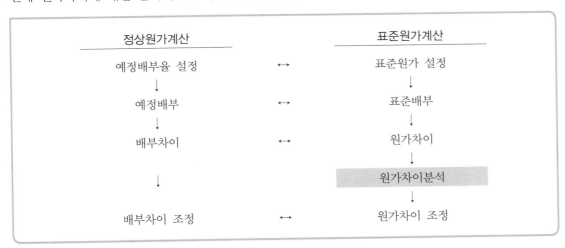

2. 원가차이분석의 목적

표준원가는 현재의 생산환경에서 매우 효율적으로 생산이 이루어질 때 달성할 수 있는 원가를 의미하며 원가요소별로 설정한다. 따라서, 표준원가와 실제원가의 차이분석은 원가요소별로 진행되며 중요한 차이에 대해서는 그 원인을 분석하고 규명하여 원가통제와 가격결정에 활용할 수 있다.

> **핵심 Check 예외에 의한 관리(management by exception)**
>
> 예산과 실적 비교를 통하여 중요한 차이를 나타내는 항목을 중점적으로 관리하는 방법을 말한다.

3. 원가차이분석의 기본모형

원가차이란 연초에 설정한 표준원가와 사후에 집계된 실제원가와의 차이를 분석하는 것을 말하며 각 원가요소별 실제산출량에 허용된 표준수량(SQ)과 표준가격(SP)을 실제수량(AQ)과 실제가격(AP)의 비교를 통해서 진행된다.

> **핵심 Check 실제산출량에 허용된 표준수량(SQ)**
>
> 실제산출량에 단위당 표준수량을 곱하여 계산한다. 즉, 실제산출량에 대한 총표준수량을 의미한다.

원가차이분석의 기본모형은 다음과 같다.

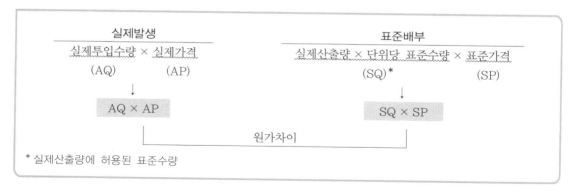

02 원가요소별 원가차이분석

직접재료원가, 직접노무원가, 변동제조간접원가 및 고정제조간접원가는 그 발생과 투입행태가 다르다. 따라서, 원가차이를 분석하는 과정과 결과도 원가요소별로 달라질 수 있어 원가차이는 원가요소별로 진행해야 한다.

> **핵심 Check 종합원가계산을 적용하는 경우 일반적인 가정**
>
> - 원가행태: 변동원가(직접재료원가, 직접노무원가 및 변동제조간접원가), 고정원가(고정제조간접원가)
> - 투입행태: 일정시점(직접재료원가), 균등발생(직접노무원가, 변동제조간접원가 및 고정제조간접원가)

원가차이분석은 원가요소별로 표준배부된 금액과 실제발생한 금액과의 차이를 비교분석하는 것을 말한다. 원가차이분석은 각 원가요소별로 이루어지며, 불리한 차이와 유리한 차이로 구분된다. 불리한 차이는 실제원가가 표준배부된 금액보다 많이 발생하여 순이익을 감소시키는 차이인 반면에 유리한 차이는 실제원가가 표준배부된 금액보다 적게 발생하여 순이익을 증가시키는 차이이다. 원가차이는 원가요소별로 이루어지며 중요한 차이에 대해서는 그 원인을 분석하고 규명함으로써 원가통제와 미래 가격결정의 기초자료로 활용한다.

1. 직접재료원가 차이분석

직접재료원가 총차이는 실제직접재료원가와 실제산출량에 허용된 표준직접재료원가와의 차이를 말한다.

- 직접재료원가 총차이 = 실제원가(AQ × AP) − 표준배부(SQ × SP)
  단, AQ: 원재료의 실제투입량(사용량)
  　　AP: 원재료의 단위당 실제구입가격
  　　SQ: 실제생산량에 허용된 원재료의 표준투입량
  　　SP: 원재료의 단위당 표준구입가격
- 직접재료원가 가격차이 = (AQ × AP) − (AQ × SP)
  　　　　　　　　　　　 = AQ × (AP − SP)
- 직접재료원가 수량차이 = (AQ × SP) − (SQ × SP)
  　　　　　　　　　　　 = (AQ − SQ) × SP

직접재료원가 총차이

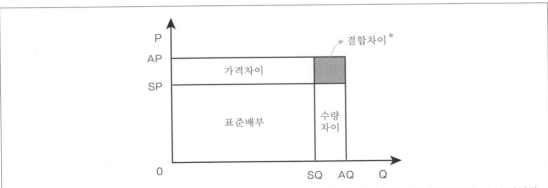

* 결합차이: 일반적으로 순수가격차이는 순수수량차이에 비하여 통제가능성이 낮으므로 결합차이는 순수가격차이에 포함하여 총차이는 가격차이와 수량차이로 구분한다.

(1) 가격차이를 사용시점에서 분리

원재료 사용량을 기준으로 가격차이를 분석하는 것을 말한다.

핵심 Check 투입량기준 변동예산과 산출량기준 변동예산

변동제조원가(직접재료원가, 직접노무원가 및 변동제조간접원가)의 AQ × SP를 투입량기준 변동예산이라 하며, SQ × SP를 산출량기준 변동예산이라 한다.

(2) 가격차이를 구입시점에서 분리(수량차이는 실제사용량을 기준으로 계산함)

원재료 구입량을 기준으로 가격차이를 분석하는 것을 말한다.

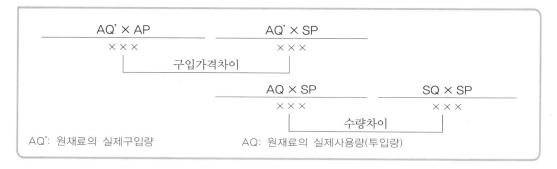

핵심 Check 원재료의 가격차이를 구입시점에서 분석할 경우 다른 표현

- 기말원재료는 표준단가(SP)로 기록되어 있다.
- 가격차이를 가급적 조기에 인식한다.

2. 직접노무원가 차이분석

직접노무원가 총차이는 실제직접노무원가와 실제산출량에 허용된 표준직접노무원가와의 차이를 말한다.

- 직접노무원가 총차이 = 실제원가(AQ × AP) − 표준배부(SQ × SP)
  단, AQ: 실제직접노동시간
    AP: 직접노동시간당 실제임률
    SQ: 실제생산량에 허용된 표준직접노동시간
    SP: 직접노동시간당 표준임률
- 직접노무원가 임률차이 = (AQ × AP) − (AQ × SP) = AQ × (AP − SP)
- 직접노무원가 능률차이 = (AQ × SP) − (SQ × SP) = (AQ − SQ) × SP

직접노무원가 총차이

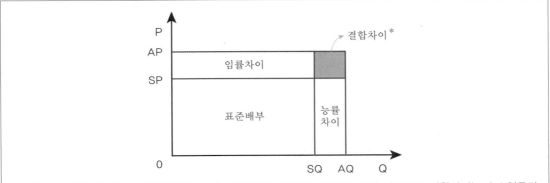

* 결합차이: 일반적으로 순수임률차이는 순수능률차이에 비하여 통제가능성이 낮으므로 결합차이는 순수임률차이에 포함시켜 총차이는 임률차이와 능률차이로 구분한다.

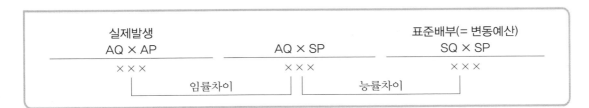

3. 제조간접원가 차이분석

(1) 변동제조간접원가

변동제조간접원가 총차이는 실제변동제조간접원가와 실제산출량에 허용된 표준변동제조간접원가와의 차이를 말한다.

- 변동제조간접원가 총차이 = 실제원가($AQ \times AP$) − 표준배부($SQ \times SP$)
  단, AQ: 실제조업도
      AP: 조업도 단위당 실제배부율
      SQ: 실제생산량에 허용된 표준조업도
      SP: 조업도 단위당 표준배부율
- 변동제조간접원가 소비차이 = ($AQ \times AP$) − ($AQ \times SP$)
  $\qquad\qquad\qquad\qquad\quad = AQ \times (AP - SP)$
- 변동제조간접원가 능률차이 = ($AQ \times SP$) − ($SQ \times SP$)
  $\qquad\qquad\qquad\qquad\quad = (AQ - SQ) \times SP$

(2) 고정제조간접원가

고정제조간접원가 총차이는 실제고정제조간접원가와 실제산출량에 허용된 표준고정제조간접원가와의 차이를 말한다. 그러나 고정제조간접원가에 대한 원가통제 관점에서는 실제 발생한 고정제조간접원가와의 비교대상은 실제산출량에 허용된 표준고정제조간접원가가 아니라 연초에 설정된 고정제조간접원가예산이다.

- 고정제조간접원가 총차이 = 실제발생액 − 표준배부(SQ × SP)
  단, SQ: 실제생산량에 허용된 표준조업도
  　　SP: 조업도 단위당 표준배부율
- 고정제조간접원가 소비차이 = 실제발생액 − (기준조업도 × SP)
- 고정제조간접원가 조업도차이 = (기준조업도 × SP) − (SQ × SP)
  　　　　　　　　　　　　　 = (기준조업도 − SQ) × SP

실제발생	예산 기준조업도 × SP	표준배부 SQ × SP
×××	×××	×××

소비차이	조업도차이

(또는 예산차이)

핵심 Check 정상원가계산 배부차이 상세 분석

- 변동제조간접원가

실제발생 실제발생금액	예정배부 실제조업도 × 예정배부율

배부차이

- 고정제조간접원가

실제발생 실제발생금액	예산 정상조업도 × 예정배부율	예정배부 실제조업도 × 예정배부율

소비(예산)차이	조업도차이

배부차이

---

(3) 제조간접원가에 대한 다양한 분석방법

제조간접원가의 총차이를 변동제조간접원가와 고정제조간접원가로 구분하여 위와 같이 총 4가지 차이로 분석하는 방법을 4분법이라고 한다. 그러나, 다음과 같이 3분법, 2분법 및 1분법으로 다양하게 분석하기도 한다.

① **3분법**: 현실적으로 실제 발생한 총제조간접원가를 변동제조간접원가와 고정제조간접원가로 구분하기가 매우 어렵기 때문에 각각의 소비차이를 구할 수 없고 총제조간접원가의 소비차이만이 분석가능하다. 따라서 총제조간접원가의 소비차이, 변동제조간접원가의 능률차이 및 고정제조간접원가의 조업도차이로 구분하여 총제조간접원가의 원가차이를 세 개의 차이로 분석한다.

② **2분법**: 변동제조간접원가의 (변동)예산과 고정제조간접원가의 예산을 합한 총제조간접원가 예산과 실제 발생한 제조간접원가와의 차이인 예산차이와 고정제조간접원가의 조업도차이로 구분하여 총제조간접원가의 원가차이를 두 개의 차이로 분석한다.

③ **1분법**: 표준배부된 총제조간접원가와 실제 발생한 총제조간접원가와의 차이를 비교하는 것으로 총제조간접원가의 원가차이를 하나의 차이로 분석한다.

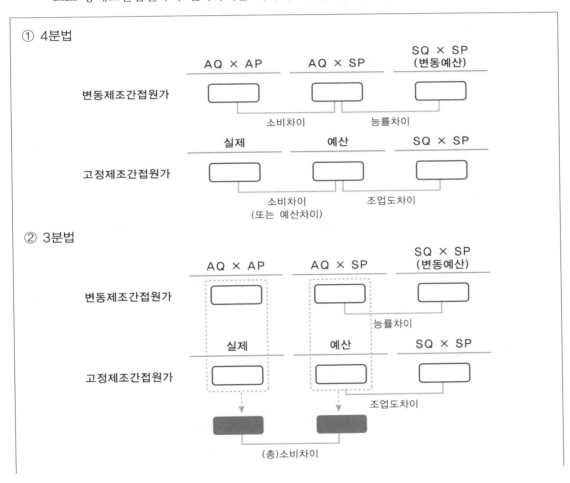

③ 2분법

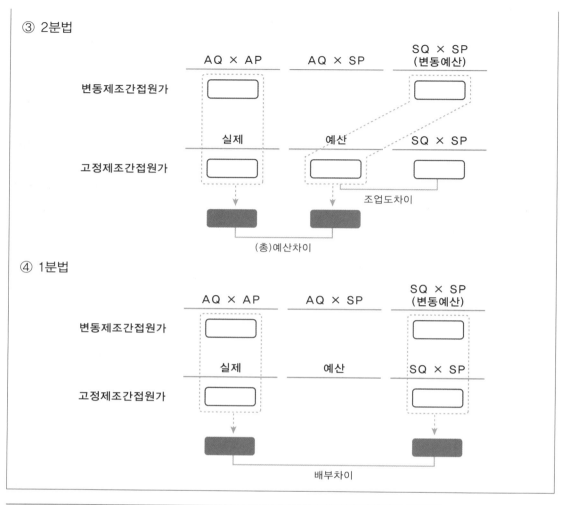

④ 1분법

4분법	3분법	2분법	1분법
변동제조간접원가 소비차이	제조간접원가 총소비차이	제조간접원가 총예산차이	제조간접원가 배부차이
고정제조간접원가 예산차이	제조간접원가 능률차이		
변동제조간접원가 능률차이	제조간접원가 조업도차이	제조간접원가 조업도차이	
고정제조간접원가 조업도차이			

예제 11: 원가차이분석

(주)한국은 단일제품을 대량으로 생산하며 표준원가계산제도를 적용하고 있다. 제조간접원가의 배부기준은 직접노동시간을 사용하며 제품 단위당 표준원가는 다음과 같다.

	표준수량(SQ)	표준가격(SP)	표준원가
직접재료원가	2kg	₩25/kg	₩50/단위
직접노무원가	3h	5/h	15
변동제조간접원가	3h	3/h	9
고정제조간접원가	3h	2/h	6
제품 단위당 표준원가			₩80/단위

회사의 고정제조간접원가의 예산은 ₩9,000이며, 기준조업도는 4,500노동시간이다. 20×1년 실제생산량은 1,000단위이며, 실제 발생한 제조원가는 다음과 같다.

직접재료원가	2,300kg × ₩26 =	₩59,800
직접노무원가	2,800h × ₩6 =	16,800
변동제조간접원가		8,000
고정제조간접원가		7,000
합계		₩91,600

또한, 당기 원재료구입량은 3,000kg이며 실제구입가격은 kg당 ₩26이다.

요구사항

원가차이를 분석하시오.

(1) 직접재료원가 차이

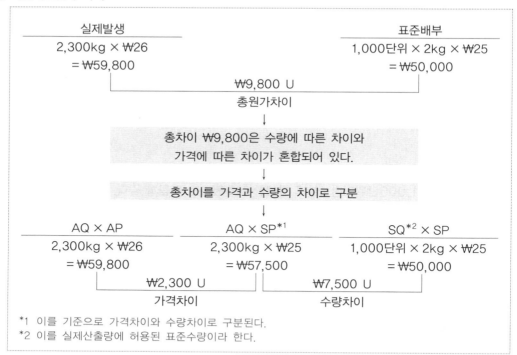

총차이 ₩9,800 중에서 순수가격차이는 ₩2,000[= 2,000kg × (₩26 − ₩25)], 순수수량차이는 ₩7,500[= ₩25 × (2,300kg − 2,000kg)]이고 나머지 ₩300[= (2,300kg − 2,000kg) × (₩26 − ₩25)]은 순수가격차이와 순수수량차이가 결합된 차이이다. 따라서 총차이를 세 가지로 구분할 수 있지만 원가통제 관점에서 수량차이는 조직 내에서 통제가능한 요소이나 가격차이는 조직 외부시장 상황에 따라 영향을 받는 요소이기 때문에 일반적으로 결합차이를 순수가격차이에 포함시켜 가격차이와 수량차이 두 가지로 구분한다.

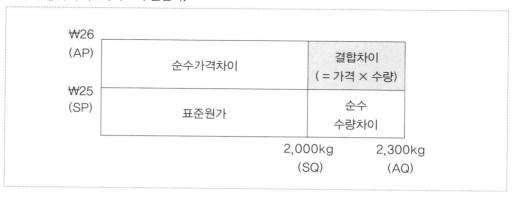

[참고] 가격차이를 구입시점에서 분리하는 경우

원재료의 가격차이를 위와 같이 실제사용량 기준으로 인식할 수 있고 실제구입량 기준으로 인식할 수도 있다. 가격에 대한 통제대상인 구매부서는 실제사용량과는 상관없이 원재료 구매 시 표준단가로 구입해야 하므로 성과평가 시 가격차이에 대한 수량은 실제사용량이 아니고 실제구입량으로 분석하는 것이 더 타당하다고 볼 수 있으며, 가격차이를 실제구입시점마다 인식한다면 가격차이를 조기 인식하여 가능한 조치를 적시에 취할 수 있기 때문이다.

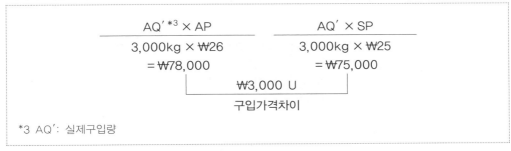

$AQ'^{*3} \times AP$
$3,000kg \times ₩26$
$= ₩78,000$

$AQ' \times SP$
$3,000kg \times ₩25$
$= ₩75,000$

₩3,000 U
구입가격차이

*3 AQ': 실제구입량

(2) 직접노무원가 차이

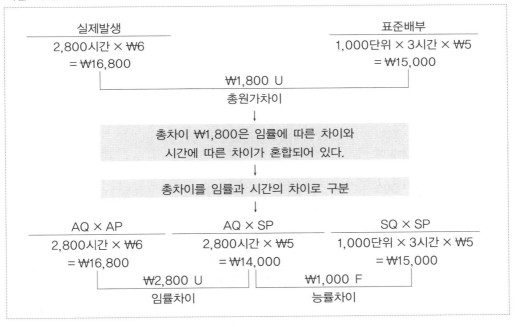

실제발생
$2,800시간 \times ₩6$
$= ₩16,800$

표준배부
$1,000단위 \times 3시간 \times ₩5$
$= ₩15,000$

₩1,800 U
총원가차이

총차이 ₩1,800은 임률에 따른 차이와
시간에 따른 차이가 혼합되어 있다.

↓

총차이를 임률과 시간의 차이로 구분

↓

$AQ \times AP$
$2,800시간 \times ₩6$
$= ₩16,800$

$AQ \times SP$
$2,800시간 \times ₩5$
$= ₩14,000$

$SQ \times SP$
$1,000단위 \times 3시간 \times ₩5$
$= ₩15,000$

₩2,800 U
임률차이

₩1,000 F
능률차이

(3) 변동제조간접원가 차이

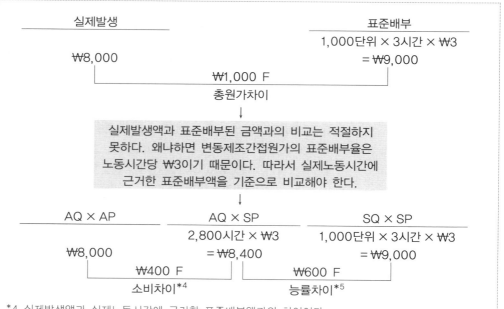

*4 실제발생액과 실제노동시간에 근거한 표준배부액과의 차이이다.
*5 직접노동시간의 비능률에 대한 차이이므로, 직접노무원가의 능률차이와 차이의 방향(유리, 불리)은 같으며, 단지 표준임률과 변동제조간접원가 표준배부율의 차이에 따라서 총액만 달라질 뿐이다.

(4) 고정제조간접원가 차이

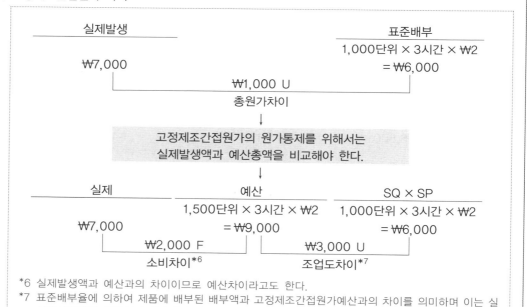

*6 실제발생액과 예산과의 차이이므로 예산차이라고도 한다.
*7 표준배부율에 의하여 제품에 배부된 배부액과 고정제조간접원가예산과의 차이를 의미하며 이는 실제산출량에 허용된 표준수량과 기준조업도가 다르기 때문에 발생한다.

예제 12: 직접재료원가 원가차이 조정

당해연도에 영업을 개시한 (주)한국은 단일제품을 대량으로 생산하며 표준원가계산제도를 적용하고 있다. 당해연도 실제생산량은 1,000단위이다. 기초 및 기말재공품은 없으며 800단위를 판매하였다. 당기 원재료 구입량은 3,000kg이며 실제구입가격은 kg당 ₩26이다.

관련 자료는 다음과 같다.

(1) 제품 단위당 표준직접재료원가

	표준수량(SQ)	표준가격(SP)	표준원가
직접재료원가	2kg	₩25/kg	₩50/단위

(2) 산출량 1,000단위에 대한 실제직접재료원가발생액

직접재료원가   2,300kg × ₩26 = ₩59,800

(3) 직접재료원가 원가차이

구입가격차이	₩3,000 U
가격차이	2,300 U
수량차이	7,500 U

회사는 직접재료원가의 표준배부액을 기준으로 재고자산과 매출원가에 원가차이를 조정한다.

요구사항

1 가격차이를 구입시점에서 분리할 경우 조정 후 재고자산과 매출원가를 구하시오.

2 가격차이를 사용시점에서 분리할 경우 조정 후 재고자산(제품)과 매출원가를 구하시오.

3 **1**, **2**와 별도로 1,000단위에 대한 실제직접재료원가발생액은 다음과 같다.

직접재료원가: 1,800kg × ₩26 = ₩46,800

가격차이는 구입시점에서 분리할 경우 조정 후 재고자산과 매출원가를 구하시오.

(1) 공정현황

수량과 표준배부액은 다음과 같다.

재공품			
기초	–	완성	1,000단위
			(₩50,000)
착수	1,000단위	기말	–
	(₩50,000)		

제품			
기초	–	판매	800단위
			(₩40,000)
입고	1,000단위	기말	200단위
	(₩50,000)		(₩10,000)

(2) 가격차이를 구입시점에서 분리할 경우 원가차이 조정 전 금액(표준배부액)

원재료	수량차이	제품	매출원가
₩17,500*	₩7,500 U	₩10,000	₩40,000

* 700kg × ₩25 = ₩17,500

(3) 원가요소기준 비례배분법 원가차이 조정의 의미

- 가격차이: 표준가격(SP)을 실제가격(AP)으로 바꾸는 과정이다.
- 수량차이: 표준수량(SQ)을 실제수량(AQ)으로 바꾸는 과정이다.
- ∴ 수량차이[(AQ − SQ) × SP]도 표준가격(SP)으로 기록되어 가격차이 배분대상이다.

(4) 실제사용량이 1,800kg인 경우 수량차이

AQ × SP	SQ × SP
1,800kg × ₩25 = ₩45,000	1,000단위 × 2kg × ₩25 = ₩50,000

₩5,000 유리

(5) 실제사용량이 1,800kg인 경우 기말원재료

(구입량 − 투입량) × 표준가격 = (3,000kg − 1,800kg) × ₩25 = ₩30,000

❶ 가격차이를 구입시점에서 분리하는 경우

(1) 구입가격차이 배분금액

구입가격차이 배분대상은 표준가격(SP)으로 기록된 원재료, 직접재료원가 수량차이, 제품 및 매출원가이다.

	표준배부액	배분비율	배분금액
원재료	₩17,500	0.23	₩700
수량차이	7,500 U	0.10	300
제품	10,000	0.13	400
매출원가	40,000	0.54	1,600
	₩75,000		₩3,000 U

∴ 구입가격차이 배분 후 수량차이는 ₩7,500 + ₩300 = ₩7,800이다.

이는 [(AQ − SQ) × AP]인 [(2,300kg − 1,000단위 × 2kg) × ₩26] = ₩7,800과 일치한다.

(2) 수량차이 배분금액

수량차이 배분대상은 표준수량(SQ)으로 기록된 제품 및 매출원가이다. 또한, 수량차이는 구입가격차이 배분금액을 반영한 불리한 차이 ₩7,800이다.

	표준배부액	배분비율	배분금액
제품	₩10,000	0.2	₩1,560
매출원가	40,000	0.8	6,240
	₩50,000		₩7,800 U

(3) 배부차이 조정 후 원가

	구입가격차이	원재료	수량차이	제품	매출원가	합계
조정 전 원가	₩3,000	₩17,500	₩7,500	₩10,000	₩40,000	₩78,000
구입가격차이	(3,000)	700	300	400	1,600	–
수량차이	–	–	(7,800)	1,560	6,240	–
조정 후 원가	–	₩18,200	–	₩11,960	₩47,840	₩78,000
				₩59,800		

[참고] 실제원가계산과 이론적으로 동일

결과적으로 실제투입한 재료원가 ₩59,800을 제품(200단위)과 매출원가(800단위)에 배분한 것과 동일하다.

2 가격차이를 사용시점에서 분리하는 경우

(1) 가격차이 배분금액

가격차이 배분대상은 표준가격(SP)으로 기록된 직접재료원가 수량차이, 제품 및 매출원가이다.

	표준배부액	배분비율	배분금액
수량차이	7,500 U	0.13	300
제품	10,000	0.17	400
매출원가	40,000	0.69	1,600
	₩57,500		₩2,300 U

∴ 가격차이 배분 후 수량차이는 ₩7,500 + ₩300 = ₩7,800이다.

이는 [(AQ – SQ) × AP]인 [(2,300kg – 1,000단위 × 2kg) × ₩26] = ₩7,800과 일치한다.

(2) 수량차이 배분금액

수량차이 배분대상은 표준수량(SQ)으로 기록된 제품 및 매출원가이다. 또한, 수량차이는 가격차이 배분금액을 반영한 불리한 차이 ₩7,800이다.

	표준배부액	배분비율	배분금액
제품	₩10,000	0.2	₩1,560
매출원가	40,000	0.8	6,240
	₩50,000		₩7,800 U

(3) 배부차이 조정 후 원가

	가격차이	수량차이	제품	매출원가	합계
조정 전 원가	₩2,300	₩7,500	₩10,000	₩40,000	₩59,800
가격차이	(2,300)	300	400	1,600	–
수량차이	–	(7,800)	1,560	6,240	–
조정 후 원가	–	–	₩11,960	₩47,840	₩59,800

₩59,800

[참고] 실제원가계산과 이론적으로 동일

결과적으로 실제투입한 재료원가 ₩59,800을 제품(200단위)과 매출원가(800단위)에 배분한 것과 동일하다.

[별해] 가격차이를 사용시점에서 분리할 경우 가격차이를 수량차이에 배분하지 않아도 결과는 동일하다.

(1) 가격차이 배분금액

수량차이를 배분대상에서 제외한다.

	표준배부액	배분비율	배분금액
제품	10,000	0.2	460
매출원가	40,000	0.8	1,840
	₩50,000		₩2,300 U

(2) 수량차이 배분금액

수량차이 배분대상은 표준수량(SQ)으로 기록된 제품 및 매출원가이다.

	표준배부액	배분비율	배분금액
제품	₩10,000	0.2	₩1,500
매출원가	40,000	0.8	6,000
	₩50,000		₩7,500 U

(3) 배부차이 조정 후 원가

	가격차이	수량차이	제품	매출원가	합계
조정 전 원가	₩2,300	₩7,500	₩10,000	₩40,000	₩59,800
가격차이	(2,300)	–	460	1,840	–
수량차이	–	(7,500)	1,500	6,000	–
조정 후 원가	–	–	₩11,960	₩47,840	₩59,800

결과적으로 가격차이를 수량차이에 배분하지 않아도 결과는 동일하다. 반면에, 구입가격차이를 수량차이에 배분하지 않으면 수량차이에 배부될 금액이 원재료, 제품 및 매출원가에 추가로 반영되어 실제원가로 변경되지 않는다. 따라서, 가격차이를 구입시점에서 분리하는 경우에는 구입가격차이를 수량차이에 배분해야 한다.

3 수량차이가 유리한 차이인 경우

(1) 구입가격차이 배분금액

구입가격차이 배분대상은 표준가격(SP)으로 기록된 원재료, 직접재료원가 수량차이, 제품 및 매출원가이다.

	표준배부액	배분비율	배분금액
원재료	₩30,000	0.40	₩1,200
수량차이	(5,000) F	(0.06)	(200)
제품	10,000	0.13	400
매출원가	40,000	0.53	1,600
	₩75,000		₩3,000 U

∴ 구입가격차이 배분 후 수량차이는 ₩5,000 F + (₩200) = ₩5,200이다.

이는 [(AQ − SQ) × AP]인 [(1,800kg − 1,000단위 × 2kg) × ₩26] = ₩5,200과 일치한다.

(2) 유리한 수량차이 배분금액

수량차이 배분대상은 표준수량(SQ)으로 기록된 제품 및 매출원가이다. 또한, 수량차이는 구입가격차이 배분금액을 반영한 유리한 차이 ₩5,200이다.

	표준배부액	배분비율	배분금액
제품	₩10,000	0.2	₩1,040
매출원가	40,000	0.8	4,160
	₩50,000		₩5,200 F

(3) 배부차이 조정 후 원가

	구입가격차이	원재료	수량차이	제품	매출원가	합계
조정 전 원가	₩3,000	₩30,000	₩(5,000)	₩10,000	₩40,000	₩78,000
구입가격차이	(3,000)	1,200	(200)	400	1,600	−
수량차이	−	−	5,200	(1,040)	(4,160)	−
조정 후 원가	−	₩31,200	−	₩9,360	₩37,440	₩78,000

₩46,800

[참고] 실제원가계산과 이론적으로 동일

결과적으로 실제투입한 재료원가 ₩46,800을 제품(200단위)과 매출원가(800단위)에 배분한 것과 동일하다.

03 활동기준원가계산 원가차이분석

1. 의의

활동기준원가계산을 적용하는 경우 원가계층에 따라 변동활동중심점과 고정활동중심점으로 구분할 수 있으며 연초에 설정한 활동중심점별 예산과 실제원가와의 차이를 통하여 활동중심점별 원가차이를 분석할 수 있다.

2. 기본모형

활동중심점별 실제산출량에 허용된 표준수량(SQ)과 표준가격(SP)과 실제수량(AQ)과 실제가격(AP)의 비교를 통해서 진행된다.

핵심 Check 전통적 원가계산의 표준수량(SQ)과 활동기준원가계산의 표준수량(SQ)의 비교

> 전통적 원가계산의 표준수량(SQ)은 단위당 표준투입수량이며, 활동기준원가계산의 표준수량(SQ)은 배치당 표준투입수량이다.

활동기준원가계산 원가차이분석의 기본모형은 다음과 같다.

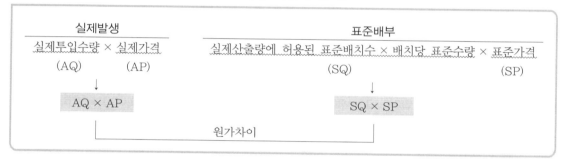

🔍 사례

(주)한국은 20x1년 초에 영업을 개시하였으며, 표준원가계산제도를 채택하고 있다. 표준은 연초에 수립되어 향후 1년 동안 그대로 유지된다. (주)한국은 활동기준원가계산을 이용하여 제조간접원가예산을 설정하며 배치(batch) 단위로 생산한다. 제품 1배치를 생산할 때마다 새로운 작업준비를 해야 하며 원가동인은 기계작업준비시간이다. 기계작업준비활동과 관련하여 20x1년 초 설정한 연간 예산자료와 20x1년 말 수집한 실제결과는 다음과 같다. 또한, 고정제조간접원가 표준을 설정하기 위한 기준조업도는 예산자료를 사용한다.

구분	예산자료	실제결과
생산량(단위수)	625,000단위	500,000단위
배치크기(배치당 단위수)	250단위	200단위
배치당 기계작업준비시간	4시간	5시간
기계작업준비시간당 변동제조간접원가	₩30	₩35
총고정제조간접원가	₩500,000	₩470,000

[1단계] 표준원가표 설정
(1) 고정제조간접원가 표준배부율
    표준수량(SQ)은 배치당 기계작업준비시간이며 고정제조간접원가 표준배부율은 다음과 같다.

$$고정제조간접원가 \; 표준배부율 = \frac{고정제조간접원가 \; 예산}{기준조업도}$$

$$= \frac{500,000}{(625,000단위/250단위) \times 4시간} = ₩50$$

(2) 표준원가표

	표준수량(SQ)	표준가격(SP)
변동제조간접원가	4시간/배치	₩35/시간
고정제조간접원가	4시간/배치	50/시간

[2단계] 표준배부(SQ × SP)
(1) 실제산출량에 허용된 표준수량(SQ)

$$\frac{실제 \; 산출량}{표준배치크기} \times 예산기계작업준비시간(SQ)$$

$$= \frac{500,000단위}{250단위} \times 4시간(SQ) = 8,000시간(SQ)$$

즉, 실제수량(AQ), 실제산출량에 허용된 표준수량(SQ) 및 기준조업도는 다음과 같이 정리할 수 있다.

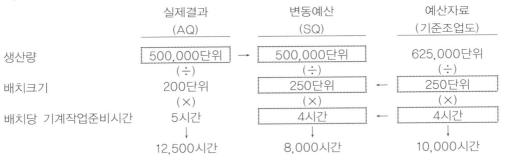

(2) 표준배부(SQ × SP)

• 변동제조간접원가
실제산출량에 허용된 표준수량(SQ) × 표준배부율(SP)
= 8,000시간(SQ) × ₩30(SP) = ₩240,000
• 고정제조간접원가
실제산출량에 허용된 표준수량(SQ) × 표준배부율(SP)
= 8,000시간(SQ) × ₩50(SP) = ₩400,000

[3단계] 원가차이분석

- 변동제조간접원가

AQ × AP	AQ × SP	SQ × SP
12,500시간 × ₩35	12,500시간 × ₩30	8,000시간 × ₩30
= ₩437,500	= ₩375,000	= ₩240,000

소비차이 ₩62,500 불리   능률차이 ₩135,000 불리

- 고정제조간접원가

실제	예산	SQ × SP
	10,000시간 × ₩50	8,000시간 × ₩50
₩470,000	= ₩500,000	= ₩400,000

소비(예산)차이 ₩30,000 유리   조업도차이 ₩100,000 불리

04 원가차이 발생원인

원가차이의 발생원인은 원가요소별로 아래와 같으며, 경영자는 차이가 중요한 원가요소에 대해서 원가차이의 원인을 조사한 후 필요한 조치를 취해야 한다. 이를 예외에 의한 관리(management by exception)라 한다.

구분	직접재료원가	직접노무원가	제조간접원가

가격차이
(또는 소비차이)
	• 가격할인
	• 구매자와의 협상능력
	• 긴급구매
	• 저가의 저품질재료 구입
	• 원재료산업의 공급과잉
	  또는 공급부족
		• 미숙련공 고용
		• 초과근무수당 지급
		• 임률의 변경
			• 물가변동
			• 계절적 요인에 따른 소비
			  량 변화
			• 전력, 수도사용 낭비

능률차이 (또는 조업도차이)	• 작업자의 업무미숙 • 저품질 원재료 사용 • 비능률적 생산방식	• 작업방법 변경 • 작업자의 불성실 • 저품질 원재료 사용	• 기계고장 • 제품수요 감소 • 생산계획 오류

5 표준종합원가계산과 공손

01 의의

지금까지는 재공품이 없는 경우를 가정하였으나 재공품이 있다면 원가의 투입행태에 따라 원가요소별 실제생산량과 실제산출량은 달라진다. 또한, 공손은 정상공손과 비정상공손으로 구분하여 정상공손을 합격품 원가에 가산한다면, 정상공손원가를 반영한 단위당 표준원가를 별도로 계산하여 공손원가를 따로 집계하지 않아도 공손원가를 반영한 표준원가로 표준배부할 수 있다.

02 재공품이 있는 경우 원가차이분석

종합원가계산에서의 일반적인 원가투입행태를 가정하면 직접재료원가의 경우 일정시점에 투입되므로 실제산출량은 해당 시점을 통과한 물량이고 가공원가의 경우 공정 전반에 걸쳐 균등발생하므로 실제산출량은 가공원가가 투입된 물량이다. 즉, 재공품이 있는 경우 실제산출량은 원가요소별 완성품환산량이다.

예제 13: 선입선출법과 평균법의 완성품환산량

(주)한국은 단일제품을 대량으로 생산하며 표준원가계산제도를 적용하고 있다. 제조간접원가의 배부기준은 직접노동시간을 사용하며 제품 단위당 표준원가는 다음과 같다.

	표준수량(SQ)	표준가격(SP)	표준원가
직접재료원가	2kg	₩25/kg	₩50/단위
직접노무원가	3h	5/h	15
변동제조간접원가	3h	3/h	9
고정제조간접원가	3h	2/h	6
제품 단위당 표준원가			₩80/단위

회사의 고정제조간접원가의 예산은 ₩9,000이며, 기준조업도는 4,500노동시간이다. 20×1년 실제 발생한 제조원가는 다음과 같다.

직접재료원가	2,300kg × ₩26 =	₩59,800
직접노무원가	2,800h × ₩6 =	16,800
변동제조간접원가		8,000
고정제조간접원가		7,000
합계		₩91,600

또한, 당기 원재료구입량은 3,000kg이며 실제구입가격은 kg당 ₩26이다. 20×1년 1,000단위를 착수하였고 이 중 800단위는 완성품이며 200단위는 기말 현재 작업 진행 중이다. 기말 재공품의 완성도는 80%이다.

요구사항

1 원가차이 조정 전 완성품과 기말재공품의 원가를 구하시오.

2 원가요소별 원가차이를 구하시오.

3 당기완성품 800개 중 600개는 판매되었으며, 200개는 기말 현재 제품재고로 남아있다. 비례배분법(원가요소기준법)에 의하여 원가차이를 조정하시오(단, 원재료 가격차이는 구입 시점에서 분리한다).

4 **1**, **2**, **3**과 별도로 당기 재공품의 물량흐름이 다음과 같을 경우 직접노무원가의 원가차이를 구하시오.

20×1년 기초재공품은 300단위이며 당기 700단위를 착수하였다. 이 중 800단위는 완성품이며 200단위는 기말 현재 작업 진행 중이다. 기초 및 기말재공품의 가공원가 완성도는 각각 20%, 80%이다.

(**풀이**)

1

(1) 완성품원가

800단위 × 단위당 표준원가(₩80) = ₩64,000

(2) 기말재공품

200단위 × 단위당 재료원가(₩50) + 200단위 × 80% × 단위당 가공원가(₩30) = ₩14,800

2

(1) 직접재료원가

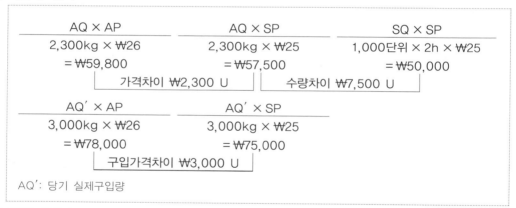

AQ × AP	AQ × SP	SQ × SP
2,300kg × ₩26	2,300kg × ₩25	1,000단위 × 2h × ₩25
= ₩59,800	= ₩57,500	= ₩50,000

가격차이 ₩2,300 U   수량차이 ₩7,500 U

AQ′ × AP	AQ′ × SP
3,000kg × ₩26	3,000kg × ₩25
= ₩78,000	= ₩75,000

구입가격차이 ₩3,000 U

AQ′: 당기 실제구입량

(2) 직접노무원가

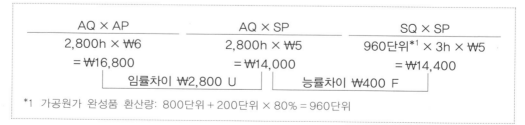

AQ × AP	AQ × SP	SQ × SP
2,800h × ₩6	2,800h × ₩5	960단위[*1] × 3h × ₩5
= ₩16,800	= ₩14,000	= ₩14,400

임률차이 ₩2,800 U   능률차이 ₩400 F

*1 가공원가 완성품 환산량: 800단위 + 200단위 × 80% = 960단위

(3) 변동제조간접원가

AQ × AP	AQ × SP 2,800h × ₩3 = ₩8,400	SQ × SP 960단위 × 3h × ₩3 = ₩8,640
₩8,000		
	소비(예산)차이 ₩400 F	능률차이 ₩240 F

(4) 고정제조간접원가

실제	예산 4,500h × ₩2 = ₩9,000	SQ × SP 960단위 × 3h × ₩2 = ₩5,760
₩7,000		
	소비(예산)차이 ₩2,000 F	조업도차이 ₩3,240 U

❸
(1) 원가차이 조정 전 매출원가 및 기말재고원가

	기말원재료	재공품	제품	매출원가
직접재료원가	₩17,500	₩10,000	₩10,000	₩30,000
직접노무원가	–	2,400	3,000	9,000
변동제조간접원가	–	1,440	1,800	5,400
고정제조간접원가	–	960	1,200	3,600
제품 단위당 표준원가	₩17,500	₩14,800	₩16,000	₩48,000

(2) 원가차이 조정(비례배분법)

	기말원재료	DM 능률	재공품	제품	매출원가
원가차이 조정 전 금액	₩17,500	₩7,500	₩14,800	₩16,000	₩48,000
직접재료원가					
구입가격차이*²	700	300	400	400	1,200
수량차이*³		(7,800)	1,560	1,560	4,680
직접노무원가					
임률차이*⁴			467	583	1,750
능률차이			(67)	(83)	(250)
변동제조간접원가					
소비차이*⁵			(67)	(83)	(250)
능률차이			(40)	(50)	(150)
고정제조간접원가					
소비차이*⁶			(333)	(417)	(1,250)
조업도차이			540	675	2,025
합계	₩18,200	–	₩17,260	₩18,585	₩55,755

*2 원재료 : DM – 수량차이 : 재공품 : 제품 : 매출원가
　= ₩17,500 : ₩7,500 : ₩10,000 : ₩10,000 : ₩30,000
*3 재공품 : 제품 : 매출원가 = ₩10,000 : ₩10,000 : ₩30,000
*4 재공품 : 제품 : 매출원가 = ₩2,400 : ₩3,000 : ₩9,000
*5 재공품 : 제품 : 매출원가 = ₩1,440 : ₩1,800 : ₩5,400
*6 재공품 : 제품 : 매출원가 = ₩960 : ₩1,200 : ₩3,600

❹

(1) 가공원가의 완성품환산량(실제산출량)

차이분석은 당기 실제발생원가와 실제 산출량에 허용된 표준원가를 분석하는 것으로써 당기 실제산출량은 선입선출법에 의한 당기 완성품환산량을 기준으로 계산한다.

① 물량흐름 파악

재공품(원가)				② 완성품환산량 가공원가
기초	300(0.2)	완성	300(0.8)	240
			500	500
착수	700	기말	200(0.8)	160
	1,000		1,000	900

(2) 노무원가 원가차이분석

AQ × AP	AQ × SP	SQ × SP
2,800h × ₩6	2,800h × ₩5	900 × 3h × ₩5
= ₩16,800	= ₩14,000	= ₩13,500
	₩2,800 U	₩500 U

03 정상공손이 반영된 표준원가

일반적으로 정상공손은 합격품의 일정 수준이므로 정상공손원가를 합격품에 가산하여 정상공손원가를 반영한 표준원가를 계산할 수 있다.

정상공손 반영 후 표준원가 = 정상공손 반영 전 표준원가 + 정상공손원가 × 허용비율

예제 14: 공손과 표준종합원가계산

(주)한국은 표준형과 고급형을 생산하며 표준원가계산제도를 사용하고 있다. 회사가 설정한 정상공손원가 반영 후 제품 단위당 표준원가는 다음과 같다.

	표준형	고급형
직접재료원가	2kg × ₩25 = ₩50	2kg × ₩30 = ₩60
직접노무원가	3h × ₩5 = 15	3h × ₩10 = 30
변동제조간접원가	3h × ₩3 = 9	3h × ₩3 = 9
고정제조간접원가	3h × ₩2 = 6	3h × ₩2 = 6
소계	₩80	₩105
정상공손원가	13	9.6
단위당 표준원가	₩93	₩114.6

원재료는 공정 초에 모두 투입되며, 가공원가는 전 공정을 통하여 평균적으로 발생한다. 표준형에 대한 공손 검사는 공정이 50% 진행된 시점에서 이루어지며 정상공손허용수준은 당기에 검사를 통과한 합격품의 20%이다. 또한, 고급형에 대한 공손 검사는 공정이 80% 진행된 시점에서 이루어지며 정상공손허용수준은 당기에 검사를 통과한 합격품의 10%이다.

요구사항

❶ 표준형과 고급형의 표준원가에 가산된 정상공손원가의 근거를 제시하시오.
❷ 표준형의 정상공손원가가 반영된 단위당 표준변동원가를 계산하시오.

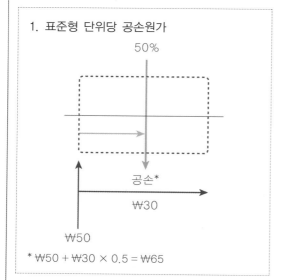

1. 표준형 단위당 공손원가

50%

공손*

₩30

₩50

* ₩50 + ₩30 × 0.5 = ₩65

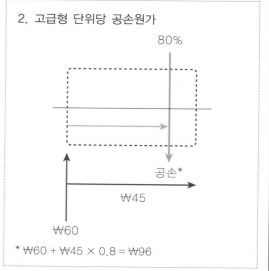

2. 고급형 단위당 공손원가

80%

공손*

₩45

₩60

* ₩60 + ₩45 × 0.8 = ₩96

❶

	표준형			고급형		
직접재료원가	₩50 × 100% × 20% =	₩10		₩60 × 100% × 10% =	₩6	
가공원가	₩30 × 50%*1 × 20%*2 =	3		₩45 × 80% × 10% =	3.6	
		₩13			₩9.6	

*1 완성도(검사시점)
*2 정상공손허용수준

[별해]
1. 표준형
  단위당 공손원가 × 20% = ₩65 × 20% = ₩13
2. 고급형
  단위당 공손원가 × 10% = ₩96 × 10% = ₩9.6

❷

	표준형	
직접재료원가	2kg × ₩25 =	₩50
직접노무원가	3h × ₩5 =	15
변동제조간접원가	3h × ₩3 =	9
소계		₩74
정상공손원가		12.4*3
표준변동원가		₩86.4

*3 ₩50 × 100% × 20% + ₩24 × 50% × 20% = ₩12.4

보론 | (–)비정상공손

01 의의

공손은 정상공손과 비정상공손으로 구분할 수 있다. 또한, 합격품을 얻기 위하여 정상공손이 불가피하게 발생한다면 정상공손의 원가는 합격품에 가산하고 비정상공손원가는 당기손익처리하는 것이 논리적으로 타당하다.

02 (–)비정상공손

표준원가계산제도를 적용하면서 공손이 발생하는 경우 정상공손 허용한도는 합격품의 일정비율만큼 정상공손으로 허용한다는 의미로 총공손수량이 정상공손에 미달하는 경우 (–)비정상공손이 발생할 수 있다.

예제 1

(주)한국은 단일제품을 대량으로 생산하며 표준원가계산제도를 적용하고 있다. 제조간접원가의 배부기준은 직접노동시간을 사용하며 관련 자료는 다음과 같다.

(1) 제품 단위당 표준원가

	표준수량(SQ)	표준가격(SP)	표준원가
직접재료원가	2kg	₩25/kg	₩50/단위
직접노무원가	3h	5/h	15
변동제조간접원가	3h	3/h	9
고정제조간접원가	3h	2/h	6
			₩80/단위

(2) 물량 자료

	수량	완성도
기초재공품	300단위	20%
당기착수량	1,200	
당기완성량	1,000	
기말재공품	450	40

(3) **기타 자료**
- 직접재료원가는 공정 초기에 전량 투입되고 가공원가는 공정 전반에 걸쳐 균등발생한다.
- 공정의 50%시점에 검사를 실시하며 합격품의 10%를 정상공손으로 처리한다.
- 모든 공손은 단위당 ₩5에 처분할 수 있다.
- 원가흐름의 가정은 선입선출법을 적용하고 전기와 당기의 표준원가는 동일하다.
- 고정제조간접원가 표준배부율을 산출하기 위한 기준조업도는 1,500단위이다.
- 고정제조간접원가 실제발생액과 예산은 동일하다.

요구사항

1 원가요소별 완성품환산량을 구하시오.

2 완성품원가, 공손품원가 및 기말재공품원가를 구하시오.

3 **1**, **2**와 관계없이 가공원가의 완성품환산량이 1,300단위인 경우 고정제조간접원가의 소비차이와 조업도차이를 구하시오.

> **풀이**

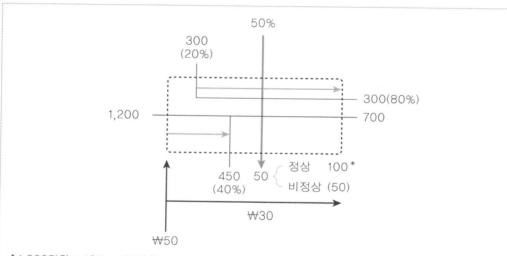

* 1,000단위 × 10% = 100단위

(1) 정상공손수량과 비정상공손수량
- 총공손수량: 300단위 + 1,200단위 − 1,000단위 − 450단위 = 50단위
- 정상공손수량: (300단위 + 700단위) × 10% = 100단위
- 비정상공손수량: 50단위 − 100단위 = (50)단위

(2) 기초재공품 표준배부액
300단위 × ₩50 + 300단위 × 0.2 × ₩30 = ₩16,800

(3) 고정제조간접원가 실제발생액과 예산은 동일하므로 소비차이는 없다.

1 원가요소별 완성품환산량

① 물량흐름 파악

재공품

기초	300(0.2)	완성	300(0.8)
착수	1,200		700
		정상공손	100(0.5)
		비정상공손	(50)(0.5)
		기말	450(0.4)
	1,500		1,500

② 완성품환산량

	재료원가	가공원가
	–	240
	700	700
	100	50
	(50)	(25)
	450	180
	1,200	1,145

③ 원가
　　₩60,000　　₩34,350

④ 환산량 단위당 원가(= ③ ÷ ②)
　　₩50　　₩30

2 완성품원가, 공손품원가 및 기말재공품원가

완성품환산량에 표준원가를 곱하여 표준배부액을 계산한다.

① 1차배분

완성품원가	₩16,800 + 700단위 × ₩50 + 940단위 × ₩30 =	₩80,000
정상공손원가	100단위 × ₩50 + 50단위 × ₩30 =	6,500
비정상공손원가	(50)단위 × ₩50 + (25)단위 × ₩30 =	(3,250)
기말재공품	450단위 × ₩50 + 180단위 × ₩30 =	27,900
계		₩111,150

② 2차배분

	배분 전 원가	공손처분가치	순공손원가	공손원가배분	배분 후 원가
완성품원가	₩80,000	–	–	₩6,000	₩86,000
정상공손원가	6,500	₩(500)	₩6,000	(6,000)	–
비정상공손원가	(3,250)	250	(3,000)	–	(3,000)
기말재공품	27,900	–	–	–	27,900
공손품	–	250	–	–	250
계	₩111,150	–	–	–	₩111,150

3 고정제조간접원가 소비차이와 예산차이

실제발생	예산	SQ × SP
	1,500단위 × 3h × ₩2	1,300단위 × 3h × ₩2
₩9,000	= ₩9,000	= ₩7,800

　　　　　–　　　　　₩1,200 불리

보론 | 종합정상원가계산

01 의의

정상원가계산은 각 작업에 직접재료원가와 직접노무원가는 실제원가를 부과하고 제조간접원가에 대해서는 예정배부율을 이용하여 계산하는 방법으로 종합원가계산을 적용하는 생산방식에도 정상원가계산을 이용할 수 있다.

02 절차

종합원가계산은 제조원가를 투입행태에 따라 직접재료원가와 가공원가로 구분한다. 정상종합원가계산을 적용한다면 직접노무원가는 실제원가를 적용하고 제조간접원가는 예정배부율을 이용하여 가공원가를 계산할 수 있다. 또한, 일반적인 정상원가계산 절차와 마찬가지로 실제원가를 집계한 후 제조간접원가 예정배부액과 실제발생액의 차이는 적절한 방법을 선택하여 조정한다.

예제 1

(주)한국은 20×1년 초에 영업을 개시하였으며 단일공정을 통하여 제품을 생산하고 있다. 다음은 20×1년 1월 공정에서 진행된 물량에 관련된 자료이다. 회사는 직접노무원가를 기준으로 제조간접원가를 예정배부한다. 연초 추정한 제조간접원가는 ₩450,000이고, 직접노무원가는 ₩300,000이다. 직접재료원가는 공정 초기에 전량 투입되고 가공원가는 공정 전반에 걸쳐 균등발생한다.

	수량	완성도
기초재공품	–	
당기착수량	1,100단위	
당기완성량	900	
기말재공품	200	50%

1월 중 직접재료원가 ₩33,000, 직접노무원가 ₩40,000, 제조간접원가 ₩50,000이 발생되었고 생산된 제품 중 600단위가 판매되었다.

요구사항

❶ 제조간접원가 예정배부율을 구하시오.
❷ 원가요소기준 비례배분법을 적용하여 배부차이 조정 후 재공품, 제품 및 매출원가를 구하시오.
❸ 매출원가조정법을 적용하여 배부차이 조정 후 재공품, 제품 및 매출원가를 구하시오.

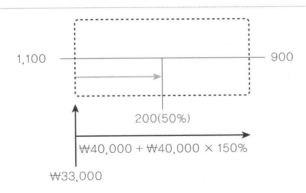

(1) 제조간접원가 예정배부율

$$\frac{예산제조간접원가}{예산직접노무원가} = \frac{₩450,000}{₩300,000} = 직접노무원가의\ 150\%$$

(2) 원가요소기준 비례배분법

제조간접원가 예정배부액을 기준으로 배분한다. 또한, 가공원가는 공정 전반에 걸쳐 균등발생하므로 완성품환산량을 기준으로 배부하는 것과 결과는 동일하다.

(3) 배부차이

예정배부	₩40,000 × 150% =	₩60,000
실제발생		50,000
배부차이		₩10,000(과대배부)

1 제조간접원가 예정배부율
직접노무원가의 150%

2 원가요소기준 비례배분법 배부차이 조정 후 재공품, 제품 및 매출원가

(1) 완성품원가 및 기말재공품원가

① 물량흐름 파악

재공품				
기초	–	완성	900	
착수	1,100	기말	200(0.5)	
	1,100		1,100	

② 완성품환산량

	재료원가	가공원가
	900	900
	200	100
	1,100	1,000

③ 원가

재료원가	가공원가
₩33,000	₩100,000

④ 환산량단위당 원가(= ③ ÷ ②)

재료원가	가공원가
₩30	₩100

⑤ 완성품원가와 기말재공품원가

완성품원가	900단위 × ₩30 + 900단위 × ₩100 =	₩117,000
기말재공품원가	200단위 × ₩30 + 100단위 × ₩100 =	16,000
		₩133,000

(2) 배부차이 조정

		배분 전 금액	완성품환산량*	배분비율	차이 조정	배분 후 금액
매출원가	600	₩78,000	600	0.6	₩(6,000)	₩72,000
제품	300	39,000	300	0.3	(3,000)	36,000
재공품	200(0.5)	16,000	100	0.1	(1,000)	15,000
		₩133,000	1,000		₩(10,000)	₩123,000

* 제조간접원가의 배부기준이 완성품환산량이므로 배부차이를 완성품환산량을 기준으로 배부한다.

❸ 매출원가조정법 배부차이 조정 후 재공품, 제품 및 매출원가
과대배부 ₩10,000을 모두 매출원가에서 차감한다.

		배분 전 금액	차이 조정	배분 후 금액
매출원가	600	₩78,000	₩(10,000)	₩68,000
제품	300	39,000	–	39,000
재공품	200(0.5)	16,000	–	16,000
		₩133,000	₩(10,000)	₩123,000

제7장 | 객관식 문제

01 (주)한국은 정상원가계산을 채택하고 있으며 20×1년의 원가자료는 다음과 같다.

제조간접원가예산	₩255,000
정상조업도(직접노동시간)	100,000시간
제조간접원가 실제발생액	₩270,000
실제직접노동시간	105,000시간

20×1년의 제조간접원가 배부차이는 얼마인가?

① ₩2,250 과소배부   ② ₩2,250 과대배부   ③ ₩2,550 과소배부

④ ₩2,550 과대배부   ⑤ ₩15,000 과소배부

02 대한공업은 제조원가항목을 직접원가항목인 직접재료원가, 직접노무원가, 직접경비 (외주가공비 및 설계비)와 간접원가항목인 제조간접원가로 분류한 후 예정배부기준 에 의해 원가계산을 한다. 다음 자료를 이용하여 계산한 제조간접원가 예정배부액과 실제발생액 간의 배부차이는 얼마인가?

[세무사 03]

(1) 기초와 기말의 제조원가 관련 계정잔액

구분	원재료	선급외주가공비	미지급설계비	재공품	제품
기초잔액	₩500,000	₩100,000	₩150,000	₩700,000	₩750,000
기말잔액	600,000	80,000	80,000	400,000	550,000

(2) 당기 중 원재료 구입액은 ₩1,890,000이다.

(3) 당기 중 직접경비로서 외주가공비 관련 현금지출은 ₩180,000이며, 설계 비 관련 현금지출은 ₩460,000이다.

(4) 제조간접원가는 직접노무원가의 50%를 예정배부한다.

(5) 제조간접원가 실제발생액은 ₩300,000이다.

(6) 당기의 매출원가는 ₩3,660,000이다.

(7) 제조간접원가 배부차이는 비정상적인 것으로 간주하여 영업외비용으로 처 리한다.

① ₩40,000 과소배부 ② ₩40,000 과대배부 ③ ₩46,000 과소배부

④ ₩46,000 과대배부 ⑤ ₩35,000 과소배부

03 (주)한라는 20×1년 초에 설립되었으며 정상원가계산(normal costing)을 적용하고 있다. 제조간접원가는 직접노무시간을 기준으로 예정배부한다. 회사는 제조간접원가 배부차이를 기말재고자산 및 매출원가에 포함된 제조간접원가 예정배부액에 비례하여 안분한다. 당기에 기말재공품, 기말제품 및 매출원가에는 1 : 3 : 4의 비율로 제조간접원가가 각각 예정배부되었고, 기말재공품에 차감하여 조정된 배부차이는 ₩2,500이었다. 당기의 실제 제조간접원가는 ₩180,000이고, 실제 직접노무시간은 총 1,250시간이었다면, 제조간접원가 예정배부율은 직접노무시간당 얼마인가?

[회계사 07]

① ₩144   ② ₩160   ③ ₩168

④ ₩170   ⑤ ₩178

04 (주)한국은 표준원가계산을 채택하고 있는데, 20×1년 재료원가와 관련된 자료는 다음과 같다.

제품 단위당 표준투입량	10kg	재료 단위당 표준가격	₩20
실제직접재료원가	₩21,560	재료 단위당 실제구입가격	₩22
20×1년의 제품생산량	100개		

직접재료원가 능률차이는 얼마인가?

① ₩1,960 불리   ② ₩400 유리   ③ ₩440 유리

④ ₩2,000 불리   ⑤ ₩1,560 불리

05 (주)수원은 직접노무시간을 기준으로 제조간접원가 예정배부율을 산정하고 있으며 20×1년 제조간접원가예산은 다음과 같다.

기준조업도(직접노무시간)	1,000시간
변동제조간접원가	₩14,000
고정제조간접원가	35,400

제품 단위당 표준노무시간은 2시간이다. 20×1년에 회사는 600단위를 생산하였으며 실제발생원가는 다음과 같다.

직접노무시간	1,160시간
변동제조간접원가	₩17,700
고정제조간접원가	36,500

20×1년의 변동제조간접원가 능률차이와 고정제조간접원가 조업도차이는 각각 얼마인가?

[회계사 05]

	능률차이	조업도차이
①	₩560 불리	₩1,100 불리
②	₩560 유리	₩7,080 유리
③	₩560 유리	₩7,080 불리
④	₩1,460 유리	₩7,080 유리
⑤	₩1,460 불리	₩1,100 유리

06 (주)한국은 인공지능 휴대폰을 생산하고 있다. 휴대폰은 뱃치 단위로 생산하고 있으며 관련 제조간접원가는 변동원가와 고정원가로 구분되어 있다. 제조간접원가 관련 자료는 다음과 같다.

	고정예산	실제
생산량	10,000개	8,000개
뱃치의 크기	250개	200개
뱃치당 작업준비시간	10시간	10시간
작업준비시간당 변동원가	₩30	₩25
총고정원가	₩20,000	₩19,000

변동제조간접원가의 능률차이는 얼마인가?

① ₩1,800 유리 ② ₩1,800 불리 ③ ₩2,400 유리
④ ₩2,400 불리 ⑤ ₩3,000 유리

07 (주)서울은 20×1년에 영업활동을 개시한 회사로서 표준원가계산제도를 수행하고 있다. 20×1년 12월 31일 차이배분 전 각 계정의 잔액과 원가차이는 다음과 같다.

	원재료	재공품	제품	매출원가	합계
(1) 계정잔액					
직접재료원가	–	₩2,000	₩3,000	₩5,000	₩10,000
직접노무원가	–	1,000	1,500	2,500	5,000
변동제조간접원가	–	400	600	1,000	2,000
고정제조간접원가	–	600	900	1,500	3,000
합계	–	₩4,000	₩6,000	₩10,000	₩20,000

(2) 원가차이
- 직접재료원가: 가격차이 ₩0, 능률차이 ₩500(불리)
- 직접노무원가: 임률차이 ₩400(유리), 능률차이 ₩800(유리)
- 변동제조간접원가 총차이: ₩200(유리)
- 고정제조간접원가 총차이: ₩300(불리)

위의 원가차이 배분 후 실제 매출원가를 계산하면 얼마인가? (단, 원가차이는 각 계정과목의 원가차이 조정 전 금액을 기준으로 조정한다) [세무사 02]

① ₩19,400   ② ₩9,600   ③ ₩9,700

④ ₩10,300   ⑤ ₩10,400

08 (주)국세는·표준원가계산제도를 채택하고 있으며, 제품 5,000단위를 기준으로 제조간접원가에 대한 표준을 설정하고 있다. (주)국세의 원가에 관한 자료는 다음과 같다.

제조간접원가예산	₩1,800,000 + ₩100 × 기계시간
제품단위당 표준기계시간	5시간
실제변동제조간접원가발생액	₩5,000,000
실제고정제조간접원가발생액	₩2,000,000
실제기계시간	51,000시간
실제생산량	10,000단위

(주)국세가 4분법을 이용하여 제조간접원가에 대한 차이분석을 수행할 경우에 유리한 차이가 발생하는 것으로만 나열된 것은?　　　　　　　　　　　　　[세무사 12]

① 변동제조간접원가 소비차이, 변동제조간접원가 능률차이
② 변동제조간접원가 능률차이, 고정제조간접원가 예산차이
③ 고정제조간접원가 예산차이, 고정제조간접원가 조업도차이
④ 변동제조간접원가 소비차이, 고정제조간접원가 예산차이
⑤ 변동제조간접원가 소비차이, 고정제조간접원가 조업도차이

09 (주)국세는 정상개별원가계산제도를 이용하여 제조원가를 계산하고 있다. 기계시간은 2,500시간, 직접노무시간은 3,000시간으로 예상하고 있으며, 회귀분석법을 이용하여 연간 제조간접원가예산을 수립하는데 필요한 원가함수를 다음과 같이 추정하였다.

> 총제조간접원가 = ₩500,000 + ₩300 × 기계시간   (설명력(R^2) = 0.9)

(주)국세의 기초재고자산은 없으며 당기에 세 가지 작업(#1, #2, #3)을 시작하여 작업 #1, #2가 완성되었다. 이 세 가지 작업에 대한 당기 원가자료는 다음과 같다.

	#1	#2	#3	합계
직접재료원가	₩150,000	₩150,000	₩200,000	₩500,000
직접노무원가	250,000	150,000	100,000	500,000
기계시간	1,000시간	600시간	400시간	2,000시간
직접노무시간	1,300시간	800시간	400시간	2,500시간

기말에 확인한 결과 당기에 발생한 실제제조간접원가는 ₩1,100,000이며, 당기에 작업 #2만 판매되었다. (주)국세가 제조간접원가 배부차이를 매출원가에서 전액 조정할 경우 재무제표에 인식될 매출원가는 얼마인가?   [세무사 12]

① ₩650,000   ② ₩700,000   ③ ₩800,000
④ ₩900,000   ⑤ ₩1,080,000

10 (주)세무는 표준원가계산제도를 채택하고 있으며, 직접노무시간을 기준으로 제조간접원가를 배부한다. 20×1년의 생산 및 원가 자료가 다음과 같을 때, 변동제조간접원가 소비차이는? [세무사 20]

변동제조간접원가 실제발생액	₩130,000
실제총직접노무시간	8,000시간
당기제품생산량	3,600단위
제품당 표준직접노무시간	2시간
변동제조간접원가 능률차이	₩8,000(불리)

① ₩25,000(유리) ② ₩25,000(불리) ③ ₩50,000(유리)
④ ₩50,000(불리) ⑤ ₩75,000(불리)

11 (주)세무는 단일 제품을 생산하며, 정상원가계산제도를 채택하고 있다. 제조간접원가는 기계시간을 기준으로 배부한다. 20×1년 제조간접원가 예산은 ₩40,000이고, 예정 기계시간은 2,000시간이다. 20×1년 실제 기계시간은 2,100시간, 제조간접원가 과대배부액은 ₩3,000이다. 20×1년 (주)세무의 제조간접원가 실제발생액은? [세무사 20]

① ₩39,000 ② ₩40,000 ③ ₩41,000
④ ₩42,000 ⑤ ₩45,000

12 (주)세무는 표준원가계산제도를 채택하고 있으며, 당기 직접노무원가와 관련된 자료는 다음과 같다.

제품 실제생산량	1,000단위
직접노무원가 실제 발생액	₩1,378,000
단위당 표준직접노무시간	5.5시간
직접노무원가 능률차이	₩50,000(유리)
직접노무원가 임률차이	₩53,000(불리)

(주)세무의 당기 직접노무시간당 실제임률은? [세무사 21]

① ₩230   ② ₩240   ③ ₩250
④ ₩260   ⑤ ₩270

13 (주)세무는 표준원가계산제도를 사용하고 있으며, 매월 동일한 표준원가를 적용한다. 20×1년 5월과 6월의 실제 제품 생산량은 각각 100단위와 120단위이었고, 다음과 같은 조업도차이가 발생했다.

기간	조업도차이
5월	₩1,000(불리)
6월	₩600(불리)

(주)세무의 고정제조간접원가 월간 예산은? [세무사 22]

① ₩3,000   ② ₩3,200   ③ ₩4,800
④ ₩5,400   ⑤ ₩6,000

14 (주)세무는 20×1년에 영업을 시작하였으며, 표준원가계산제도를 적용하고 있다. 20×2년의 제품 단위당 표준원가는 20×1년과 동일하게 다음과 같이 설정하였다. 직접재료는 공정의 초기에 전량 투입되며, 전환원가(conversion costs)는 공정 전반에 걸쳐 균등하게 발생한다.

직접재료원가	4kg × ₩6 =	₩24
직접노무원가	2시간 × ₩4 =	8
변동제조간접원가	2시간 × ₩4 =	8
고정제조간접원가	2시간 × ₩5 =	10
		₩50

(주)세무의 20×2년 기초재공품은 1,000단위(완성도 40%), 당기 완성량은 5,500단위이며, 기말재공품은 700단위(완성도 60%)이다. 표준종합원가계산하에서 완성품원가와 기말재공품원가는? (단, 원가흐름은 선입선출법을 가정하고, 공손 및 감손은 없다)

[세무사 22]

	완성품원가	기말재공품원가
①	₩225,000	₩21,000
②	₩240,600	₩27,720
③	₩240,600	₩28,420
④	₩275,000	₩21,000
⑤	₩275,000	₩27,720

15 (주)세무는 20×1년에 영업을 시작하였으며, 정상원가계산을 적용하고 있다. 다음은 (주)세무의 20×1년 배부차이를 조정하기 전의 제조간접원가 계정과 기말재공품, 기말제품 및 매출원가에 관한 자료이다.

제조간접원가	
630,000	?

	기말재공품	기말제품	매출원가
직접재료원가	₩225,000	₩250,000	₩440,000
직접노무원가	125,000	150,000	210,000
제조간접원가	150,000	200,000	250,000
합계	₩500,000	₩600,000	₩900,000

제조간접원가의 배부차이를 매출원가조정법으로 회계처리하는 경우, 총원가비례배분법에 비해 당기순이익이 얼마나 증가(혹은 감소)하는가? [세무사 22]

① ₩16,500 감소   ② ₩13,500 감소   ③ ₩13,500 증가
④ ₩16,500 증가   ⑤ ₩30,000 증가

16 (주)대한은 20x3년 초에 설립되었으며, 정상원가계산제도를 채택하고 있다. (주)대한은 제조간접원가를 예정배부하며, 예정배부율은 직접노무원가의 80%이다. 제조간접원가 배부차이는 전액 매출원가에서 조정한다. 당기에 실제로 발생한 직접재료원가는 ₩50,000, 직접노무원가와 제조간접원가는 각각 ₩50,000과 ₩30,000이다. 기말재공품에는 직접재료원가 ₩10,000과 제조간접원가 배부액 ₩8,000이 포함되어 있다. 제조간접원가 배부차이를 조정한 후 매출원가가 ₩100,000이라면, 20x3년 기말제품원가는 얼마인가? [회계사 23]

① ₩0   ② ₩2,000   ③ ₩8,000
④ ₩10,000   ⑤ ₩12,000

17 (주)세무는 정상원가계산을 사용하며, 20×1년 재고자산 및 원가자료는 다음과 같다.

	기초	기말
직접재료	₩20,000	₩30,000
재공품	25,000	38,000
제품	44,000	32,000

- 당기의 직접재료 매입액은 ₩90,000이다.
- 당기의 직접노무원가 발생액은 ₩140,000이다.
- 직접노무시간당 직접노무원가는 ₩40이다.
- 당기의 매출액은 ₩300,000이며, 매출총이익률은 20%이다.

직접노무시간을 기준으로 제조간접원가를 예정배부할 때, 20×1년 제조간접원가 예정배부율은? [세무사 23]

① ₩6.0   ② ₩6.6   ③ ₩7.0

④ ₩7.4   ⑤ ₩7.8

01 ① (1) 제조간접원가 예정배부율

₩255,000 ÷ 100,000시간 = ₩2.55/시간

(2) 제조간접원가 예정배부액

105,000시간 × ₩2.55 = ₩267,750

(3) 제조간접원가 배부차이

실제발생액	₩270,000
예정배부액	267,750
배부차이	₩2,250(과소배부)

02 ① (1) 제조원가의 흐름

원재료				재공품			
기초	₩500,000	완성	₩1,790,000	기초	₩700,000	완성	₩3,460,000*²
				DM	1,790,000		
				직접경비*¹	590,000		
매입	1,890,000	기말	600,000	DL	x		
				OH배부액	$0.5x$	기말	400,000
	₩2,390,000		₩2,390,000		₩3,860,000		₩3,860,000

*1 직접경비
  ① 외주가공비: 기초선급액(₩100,000) + 현금지출액(₩180,000) − 기말선급액(₩80,000)
    = ₩200,000
  ② 설계비: 현금지출액(₩460,000) − 기초미지급액(₩150,000) + 기말미지급액(₩80,000)
    = ₩390,000
*2 당기제품제조원가: 매출원가(₩3,660,000) + 기말제품(₩550,000) − 기초제품(₩750,000)
    = ₩3,460,000

(2) 제조간접원가 예정배부액

₩3,860,000 = ₩700,000 + ₩1,790,000 + ₩590,000 + x + $0.5x$

→ 직접노무원가(x)　　　　　₩520,000
　제조간접원가 예정배부액($0.5x$)　260,000

(3) 제조간접원가 배부차이

실제발생액	₩300,000
예정배부액	260,000
배부차이	₩40,000(과소배부)

03 ② (1) 총배부차이금액: ₩20,000(초과배부)

기말재공품: ₩2,500 × 1 = ₩2,500

기말제품: ₩2,500 × 3 = ₩7,500

매출원가: ₩2,500 × 4 = ₩10,000

(2) 예정배부액: ₩180,000 + ₩20,000 = ₩200,000

(3) 예정배부율: 예정배부액 ÷ 1,250시간 = ₩200,000 ÷ 1,250시간 = ₩160

04 ②

AQ × AP	AQ × SP	SQ × SP
	980kg* × ₩20 = ₩19,600	100개 × 10kg × ₩20 = ₩20,000

능률차이 ₩400 F

* 실제사용량 = 실제직접재료원가(₩21,560) ÷ 실제구입가격(₩22) = 980kg

05 ②

	AQ × AP	AQ × SP	SQ × SP
VOH	₩17,700	1,160시간 × ₩14 = ₩16,240	1,200시간 × ₩14* = ₩16,800

능률차이 ₩560 F

	실제	예산	SQ × SP
FOH	₩36,500	₩35,400	1,200시간 × ₩35.4* = ₩42,480

조업도차이 ₩7,080 F

* 제조간접원가 표준배부율

① 변동제조간접원가 표준배부율
= ₩14,000 ÷ 1,000직접노동시간 = ₩14/직접노동시간

② 고정제조간접원가 표준배부율
= ₩35,400 ÷ 1,000직접노동시간 = ₩35.4/직접노동시간

06 ④ (1) 표준뱃치

10,000개 ÷ 250개 = 40뱃치

(2) 뱃치당 고정원가표준배부율

₩20,000 ÷ (40뱃치 × 10시간) = ₩50/시간

(3) 표준원가

	SQ	SP
변동원가	10시간/뱃치	₩30/시간
고정원가	10시간/뱃치	50/시간

(4) 변동제조간접원가 차이분석

AQ × AP	AQ × SP	SQ × SP
(8,000/200) × 10시간 × ₩25 = ₩10,000	(8,000/200) × 10시간 × ₩30 = ₩12,000	(8,000/250) × 10시간 × ₩30 = ₩9,600

소비차이 ₩2,000 F　　능률차이 ₩2,400 U

제7장 객관식 문제 409

07 ③ 비례배분법을 적용할 경우 원가요소기준과 총원가기준에 따른 최종배분금액은 다르지만, 본 문제의 경우 원가요소별 비율과 총원가의 비율이 동일하므로 최종배분금액은 동일하다.

	재공품	제품	매출원가	합계
배분 전 원가	₩4,000	₩6,000	₩10,000	₩20,000
비율	0.2	0.3	0.5	100%
원가차이(순액)	(120)	(180)	(300)	600 F
배분 후 원가	₩3,880	₩5,820	₩9,700	₩19,400

08 ⑤ 1. 표준원가표 작성

	SQ	SP
변동제조간접원가	5h	₩100
고정제조간접원가	5h	72*

* ₩1,800,000/(5,000단위 × 5h) = ₩72

2. 제조간접원가 원가차이분석

(1) 변동제조간접원가

실제발생액	AQ × SP	SQ × SP
	51,000시간 × ₩100	10,000단위 × 5시간 × ₩100
₩5,000,000	= ₩5,100,000	= ₩5,000,000

|——— ₩100,000 F ———|——— ₩100,000 U ———|

(2) 고정제조간접원가

실제발생액	예산	SQ × SP
		10,000단위 × 5시간 × ₩72
₩2,000,000	₩1,800,000	= ₩3,600,000

|——— ₩200,000 U ———|——— ₩1,800,000 F ———|

09 ② 1. 작업별 물량흐름

재공품

기초	—	완성	#1, #2
착수	#1, #2, #3	기말	#3
	#1, #2, #3		#1, #2, #3

제품

기초	—	판매	#2
대체	#1, #2	기말	#1
	#1, #2		#1, #2

2. 예정배부율

(₩500,000 + ₩300 × 2,500기계시간) ÷ 2,500기계시간 = ₩500/기계시간

3. 배부차이 조정 전 매출원가(#2)

₩150,000 + ₩150,000 + ₩500 × 600기계시간 = ₩600,000

4. 배부차이

실제발생액 　　　　　　　₩1,100,000
예정배부액 　　　　　　　　1,000,000*
　　　　　　　　　　　　　₩100,000 과소배부

* ₩500 × 2,000기계시간 = ₩1,000,000

5. 배부차이 조정 후 매출원가

₩600,000 + ₩100,000 = ₩700,000

10 ④

AQ × AP	AQ × SP	SQ × SP
	8,000h × ₩10*	3,600단위 × 2h × ₩10*
₩130,000	= ₩80,000	= ₩72,000
	₩50,000 불리	₩8,000 불리

* (8,000h − 3,600단위 × 2h) × SP = ₩8,000, SP = ₩10

11 ①

1. 예정배부율

₩40,000 ÷ 2,000 = ₩20

2. 실제발생액

예정배부 　　　　₩42,000*
배부차이 　　　　　3,000 과대배부
실제발생액 　　　₩39,000

* ₩20 × 2,100 = ₩42,000

12 ④

AQ × AP	AQ × SP	SQ × SP
A시간 × ₩B	A시간 × ₩C	1,000단위 × 5.5시간 × ₩C
= ₩1,378,000	= ₩1,325,000	= ₩1,375,000
	₩53,000 불리	₩50,000 유리

→ A: 5,300시간, B: ₩260, C: ₩250

13 ① 고정제조간접원가를 A, 고정제조간접원가 단위당 표준배부율을 B라 하면 월별 차이분석은 다음과 같다.

1. 5월

실제	예산	SQ × SP
?	A	100단위 × B
	?	₩1,000 U

2. 6월

실제	예산	SQ × SP
?	A	120단위 × B
	?	₩600 U

• A − 100단위 × B = ₩1,000
• A − 120단위 × B = ₩600
∴ A: ₩3,000, B: ₩20

14 ⑤

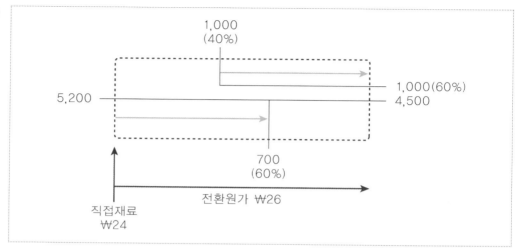

(1) 완성품원가

　① 기초재공품원가

　　1,000단위 × ₩24 + 1,000단위 × 40% × ₩26 = ₩34,400

　② 완성품원가

　　₩34,400 + 4,500단위 × ₩24 + 5,100단위 × ₩26 = ₩275,000

　　[별해]

　　전기와 당기 단위당 표준원가는 동일하므로 완성량에 단위당 표준원가를 곱하여 계산할 수 있다.

　　5,500단위 × ₩50 = ₩275,000

(2) 기말재공품원가

　700단위 × ₩24 + 700단위 × 60% × ₩26 = ₩27,720

15 ① (1) 배부차이

　실제발생　　₩630,000
　예정배부　　 600,000 *1
　배부차이　　 ₩30,000 (과소배부)

　*1 ₩150,000 + ₩200,000 + ₩250,000 = ₩600,000

(2) 총원가기준비례배분법

	기말재공품	기말제품	매출원가
직접재료원가	₩225,000	₩250,000	₩440,000
직접노무원가	125,000	150,000	210,000
제조간접원가	150,000	200,000	250,000
차이 조정 전 총제조원가	₩500,000	₩600,000	₩900,000
배부차이 조정			13,500 *2
차이 조정 후 총제조원가			₩913,500

　*2 $\dfrac{₩900,000}{₩500,000 + ₩600,000 + ₩900,000} × ₩30,000 = ₩13,500$

(3) 매출원가조정법

	기말재공품	기말제품	매출원가
직접재료원가	₩225,000	₩250,000	₩440,000
직접노무원가	125,000	150,000	210,000
제조간접원가	150,000	200,000	250,000
차이 조정 전 총제조원가	₩500,000	₩600,000	₩900,000
배부차이 조정			30,000
차이 조정 후 총제조원가			₩930,000

∴ 매출원가조정법으로 처리하는 경우 ₩930,000 - ₩913,500 = ₩16,500만큼 이익이 감소한다.

16 ② (1) 배부차이

실제발생	₩30,000
예정배부	40,000[*1]
배부차이	₩10,000(과소배부)

[*1] ₩50,000 × 80% = ₩40,000

(2) 재공품

재공품			
기초	–	완성	₩112,000
DM	₩50,000		
DL	50,000		
OH	40,000[*2]	기말	28,000[*3]
	₩140,000		₩140,000

[*2] 제조간접원가 배부액
₩50,000 × 80% = ₩40,000

[*3] 기말재공품
직접재료원가 + 직접노무원가 + 제조간접원가
= ₩10,000 + (₩8,000 ÷ 80%) + ₩8,000 = ₩28,000

(3) 제품

제품			
기초	–	판매	₩110,000[*4]
입고	₩112,000	기말	2,000
	₩112,000		₩112,000

[*4] 배부차이 조정 전 금액
배부차이 조정 후 금액 + 과대배부
= ₩100,000 + ₩10,000 = ₩110,000

17 ① (1) 매출원가

    ₩300,000 × (1 − 20%) = ₩240,000

  (2) 직접노무시간

    ₩140,000 ÷ ₩40 = 3,500시간

직접재료			
기초	20,000	사용	80,000
매입	90,000	기말	30,000
	110,000		110,000

재공품			
기초	25,000	완성	228,000
DM	80,000		
DL	140,000		
OH	x	기말	38,000
	266,000		266,000

제품			
기초	44,000	판매	240,000
대체	228,000	기말	32,000
	272,000		272,000

  (3) 제조간접원가 예정배부금액(x)

    ₩21,000

  (4) 제조간접원가 예정배부율

    ₩21,000 ÷ 3,500시간 = ₩6.0

제7장 | 주관식 문제

문제 01	배부차이 조정

다음을 읽고 물음에 답하시오.

20×1년 초에 설립된 (주)한국은 고객의 주문에 의해 기계를 제작하는 회사로 원가는 개별작업별로 집계하되 제조간접원가는 직접노무원가에 비례하여 예정배부한다.

20×1년 말 현재 두 개의 작업(#103, #104)이 미완성으로 남아 있다. #103의 직접재료원가, 직접노무원가는 각각 ₩25,000, ₩12,000이고, #104의 직접재료원가, 직접노무원가는 각각 ₩40,000, ₩24,000이다. 20×1년 실제 발생한 직접노무원가는 ₩200,000이다.

〈자료 1〉 연초에 예측한 제조간접원가 및 직접노무원가
　　제조간접원가　　　　　　　₩144,000
　　직접노무원가　　　　　　　₩240,000
〈자료 2〉 20×1년 말 제조간접원가 배부차이 조정 전 각 계정의 잔액
　　제조간접원가 대변잔액　　　₩6,400
　　매출원가　　　　　　　　　₩308,400
　　기말제품　　　　　　　　　₩96,000(직접노무원가 ₩40,000이 포함되어 있다)

요구사항

[물음 1]　다음의 값을 구하시오.
　　　　　(1) 기말재공품, 기말제품, 매출원가에 포함된 직접재료원가, 직접노무원가 및 제조간접원가(배부차이 조정 전 금액)
　　　　　(2) 실제발생제조간접원가

[물음 2]　제조간접원가 배부차이를 원가요소별 비례배분법에 의해 조정하여 외부공표용 재무제표에 공시될 기말재공품, 기말제품 및 매출원가를 구하시오.

[물음 3]　제조간접원가 배부차이를 전액 매출원가에 조정한다면 [물음 2]의 원가요소별 비례배분법에 비해 당기 영업이익은 얼마나 증가하는지 구하시오.

(1) 제조간접원가 예정배부율

ㅤㅤ₩144,000 ÷ ₩240,000 = 직접노무원가의 60%

(2) 배부차이

ㅤㅤ제조간접원가 배부차이 대변잔액은 과대(초과)배부를 의미한다.

[물음 1] (1) 기말재공품, 기말제품, 매출원가에 포함된 직접재료원가, 직접노무원가 및 제조간접원가(배부차이 조정 전 금액)

ㅤㅤ① 기말재공품

	#103	#104	합계
직접재료원가	₩25,000	₩40,000	₩65,000
직접노무원가	12,000	24,000	36,000
제조간접원가	7,200*1	14,400	21,600
합계	₩44,200	₩78,400	₩122,600

ㅤㅤ*1 직접노무원가 × 60% = ₩12,000 × 60% = ₩7,200

ㅤㅤ② 기말제품 및 매출원가

	기말제품	매출원가
직접재료원가	₩32,000	₩110,000
직접노무원가	40,000	124,000*2
제조간접원가	24,000	74,400
합계	₩96,000	₩308,400

ㅤㅤ*2 ₩200,000 − ₩36,000 − ₩40,000 = ₩124,000

ㅤㅤ(2) 실제발생제조간접원가

예정배부액	₩120,000
(−) 과대배부액	(6,400)
실제발생액	₩113,600

[물음 2] 원가요소기준 비례배분법

(1) 차이배분

	제조간접원가 배부	배분비율	배분금액
재공품	₩21,600	18%	₩(1,152)
제품	24,000	20	(1,280)
매출원가	74,400	62	(3,968)
	₩120,000	100%	₩(6,400)

(2) 조정 후 계정잔액

	차이배분 전 금액	차이 조정	차이배분 후 금액
재공품	₩122,600	₩(1,152)	₩121,448
제품	96,000	(1,280)	94,720
매출원가	308,400	(3,968)	304,432
	₩527,000	₩(6,400)	₩520,600

[물음 3] 매출원가조정법

(1) 원가요소기준 비례배분법

(차) 제조간접원가	6,400	(대) 재공품	1,152
		제품	1,280
		매출원가	3,968

(2) 매출원가조정법

(차) 제조간접원가	6,400	(대) 매출원가	6,400

∴ 매출원가조정법 영업이익이 원가요소기준 비례배분법 영업이익보다 ₩2,432만큼 더 크다.

다음을 읽고 물음에 답하시오.

개별원가계산제도를 채택하고 있는 (주)한국은 직접노무원가를 기준으로 제조간접원가를 배부하고 있다. 회사는 20×1년 제조간접원가와 직접노무원가를 각각 ₩126,000과 ₩84,000으로 추정하고 있다.

〈자료 1〉 20×1년 기초 및 기말재고자산

	기초	기말
원재료	₩21,000	₩16,000
재공품	44,000	40,000
제품	68,000	60,000

〈자료 2〉 20×1년 실제발생원가

원재료 구입액	₩133,000
직접노무원가 발생액	80,000
제조간접원가 발생액	
공장 보험료	7,000
공장 설비감가상각비	18,000
공장 건물재산세	9,000
공장 설비보수유지비	11,000
공장 건물임차료	36,000
간접노무원가	42,000

요구사항

[물음 1] 제조간접원가 예정배부율을 구하고 제조간접원가 차이금액을 계산하시오.

[물음 2] 당기제품제조원가와 제조간접원가 배부차이 조정 전 매출원가를 계산하시오.

[물음 3] 회사가 당기에 작업 #123을 착수하여 완성하였으며 직접재료원가와 직접노무원가는 각각 ₩3,200, ₩4,200 발생하였다. 작업 #123에 대하여 제조원가의 140%를 판매가격으로 결정하는 경우 판매가격을 계산하시오(단, 회사는 제조간접원가 배부차이를 기타손익으로 처리한다).

풀이

[물음 1] 제조간접원가 예정배부율 및 제조간접원가 배부차이

(1) 제조간접원가 예정배부율

₩126,000 ÷ ₩84,000 = 직접노무원가의 150%

(2) 배부차이

예정배부액	₩120,000*
실제발생액	123,000
배부차이	₩3,000 과소배부

* 150% × ₩80,000 = ₩120,000

[물음 2] 당기제품제조원가 및 매출원가

(1) 원재료 사용금액(x)

원재료			
기초	₩21,000	사용	₩x
매입	133,000	기말	16,000
	₩154,000		₩154,000

∴ ₩154,000 − ₩16,000 = ₩138,000

(2) 당기제품제조원가(y)

재공품			
기초	₩44,000	완성	₩y
직접재료원가	138,000		
직접노무원가	80,000		
제조간접원가	120,000	기말	40,000
	₩382,000		₩382,000

∴ ₩382,000 − ₩40,000 = ₩342,000

(3) 매출원가(z)

제품			
기초	₩68,000	판매	₩z
입고	342,000	기말	60,000
	₩410,000		₩410,000

∴ ₩410,000 − ₩60,000 = ₩350,000

[물음 3] 판매가격

(1) 제조원가

직접재료원가	₩3,200
직접노무원가	4,200
제조간접원가	6,300*
	₩13,700

* 150% × ₩4,200 = ₩6,300

(2) 판매가격

₩13,700 × 140% = ₩19,180

다음을 읽고 물음에 답하시오.

(주)한국은 표준원가계산제도를 사용하고 있으며 회사가 설정한 표준은 다음과 같다.

	SQ	SP
직접재료원가	$5m^2$/단위	₩10/m^2
직접노무원가	3시간/단위	20/h

회사는 직접재료 13,000m^2를 ₩120,000에 구입하여 11,000m^2를 사용하였다. 또한 직접노무원가발생액은 ₩160,000이며 실제직접노동시간은 7,000시간이다.

당해 제조간접원가발생액은 ₩1,200,000으로 이 중 60%는 변동제조간접원가이며 변동제조간접원가는 기계시간당 표준배부율이 ₩24이고 실제기계시간은 26,000시간이며 제품단위당 표준기계시간은 10시간이다.

고정제조간접원가의 기준조업도는 30,000기계시간이며 당월생산량은 2,500개이다.

제조간접원가 표준배부율은 기계시간당 ₩45이며 당해 회사는 직접재료원가 가격차이를 구입시점에서 분리한다.

요구사항

[물음 1]   직접재료원가 구입가격차이와 능률(수량)차이를 구하시오.

[물음 2]   직접노무원가 임률차이와 능률차이를 구하시오.

[물음 3]   변동제조간접원가 소비차이와 능률차이를 구하시오.

[물음 4]   고정제조간접원가 소비차이와 조업도차이를 구하시오.

[물음 5]   표준원가계산제도의 유용성에 대하여 설명하시오.

풀이

[물음 1] 직접재료원가 원가차이분석

> ※ 표준원가표
>
> | | SQ | SP |
> |---|---|---|
> | 직접재료원가 | 5m^2 | ₩10 |
> | 직접노무원가 | 3h | 20 |
> | 변동제조간접원가 | 10기계시간 | 24 |
> | 고정제조간접원가 | 10기계시간 | 21^{*1} |
>
> *1 ₩45 - ₩24 = ₩21

(1) 구입가격차이

AQ′ × AP	AQ′ × SP
	13,000m^2 × ₩10
₩120,000	= ₩130,000

가격차이 ₩10,000(유리)

(2) 능률(수량)차이

AQ × SP	SQ × SP
11,000m^2 × ₩10	12,500m^{*2} × ₩10
= ₩110,000	= ₩125,000

능률차이 ₩15,000(유리)

*2 2,500개 × 5m^2 = 12,500m^2

[물음 2] 직접노무원가 원가차이분석

AQ × AP	AQ × SP	SQ × SP
	7,000시간 × ₩20	7,500시간* × ₩20
₩160,000	= ₩140,000	= ₩150,000

임률차이 ₩20,000(불리) | 능률차이 ₩10,000(유리)

* 2,500개 × 3시간 = 7,500시간

[물음 3] 변동제조간접원가 원가차이분석

AQ × AP	AQ × SP	SQ × SP
	26,000기계시간 × ₩24	25,000기계시간^{*2} × ₩24
₩720,000^{*1}	= ₩624,000	= ₩600,000

소비차이 ₩96,000(불리) | 능률차이 ₩24,000(불리)

*1 변동제조간접원가 실제발생액: ₩1,200,000 × 60% = ₩720,000
*2 2,500개 × 10기계시간 = 25,000기계시간

[물음 4] 고정제조간접원가 원가차이분석

실제발생액	예산*3	SQ × SP
	30,000기계시간 × ₩21	25,000기계시간*4 × ₩21*2
₩480,000*1	= ₩630,000	= ₩525,000

소비차이 ₩150,000(유리)   조업도차이 ₩105,000(불리)

*1 ₩1,200,000 × 40% = ₩480,000
*2 ₩45 − ₩24 = ₩21

*3 고정제조간접원가 표준배부율 = $\dfrac{고정제조간접원가예산}{기준조업도}$

고정제조간접원가예산 = 기준조업도 × 고정제조간접원가 표준배부율
*4 2,500개 × 10기계시간 = 25,000기계시간

[물음 5] 표준원가계산의 유용성

① 예산을 설정하는 데 있어서 기초자료로 활용할 수 있다.

② 실제원가와 비교하여 실제원가가 표준원가의 일정한 범위 내에서 발생하고 있는지를 파악함으로써 원가통제를 수행할 수 있다.

③ 표준원가를 기준으로 제품원가계산을 하게 되면 원가계산이 신속하고 간편해진다.

문제 04   변동예산과 원가차이분석

다음을 읽고 물음에 답하시오.

(주)한국전자는 전자제품을 생산, 판매하는 기업이다. 이 회사는 제품의 원가계산에 표준원가를 이용한 전부원가계산제도를 적용하고 있다. 다음은 처음으로 생산을 시작한 (주)한국전자의 20×1년 1월 중 생산 관련 자료를 수집한 것이다.

〈자료 1〉 표준 및 예상조업도에 관한 자료
  직접재료원가: 제품 1단위당 8kg, 재료 1kg당 ₩10
  직접노무원가: 제품 1단위당 4시간, 1시간당 ₩15
  변동제조간접원가: 직접노무시간을 기준으로 배부하며, 직접노무시간당 ₩5
  고정제조간접원가 월예산액: ₩60,000
  월예상조업도는 제품기준으로 1,200단위 또는 4,800직접노무시간이다.

〈자료 2〉 실제원가 및 실제조업도에 관한 자료
  직접재료구입량: 12,000kg, 1kg당 ₩12
  직접재료투입량: 9,000kg, 1kg당 ₩12
  직접 노무원가: 4,400시간, 1시간당 ₩14
  변동제조간접원가 발생액: ₩19,800
  고정제조간접원가 발생액: ₩56,000
  20×1년 1월 중 1,000단위를 생산에 착수하여 당기에 모두 완성되었으며, 이 중 800단위를 판매하였다.

요구사항

[물음 1] (주)한국전자의 20×1년 1월 중 발생한 직접노무원가의 임률차이(rate variance)와 능률차이(efficiency variance)를 계산하고, 그 차이가 유리한 차이인지 불리한 차이인지를 명시하시오.

[물음 2] 표준원가계산하에서 20×1년 1월 중 (원가차이의 배부 및 분개 이전에) 매출원가로 계상되는 금액을 구하시오.

[물음 3] 위의 주어진 자료를 이용하여 생산량 1,300단위에 대한 총제조원가의 변동예산금액을 구하시오.

[물음 4] 최근 들어 경영관리 목적상 표준원가의 중요성이 과거에 비해 감소하고 있다고 할 수 있는데 그 이유가 무엇인지에 대해 간단히 설명하시오.

[물음 1] 직접노무원가의 원가차이분석

AQ × AP	AQ × SP	SQ × SP
4,400시간 × ₩14	4,400시간 × ₩15	1,000단위 × 4시간
= ₩61,600	= ₩66,000	× ₩15 = ₩60,000

임률차이 ₩4,400 유리   능률차이 ₩6,000 불리

[물음 2] 매출원가(표준)

800단위 × (8kg × ₩10 + 4시간 × ₩15 + 4시간 × ₩5 + ₩60,000 ÷ 1,200단위)
= ₩168,000

[물음 3] 변동예산금액

1,300단위 × (8kg × ₩10 + 4시간 × ₩15 + 4시간 × ₩5) + ₩60,000 = ₩268,000

[물음 4] 표준원가의 유용성 감소

(1) 원가관리대상으로서의 노무원가 비중의 감소 때문이다. 즉, 공장자동화 등으로 인하여 생산공정상 작업자 수가 감소하게 됨에 따라 주로 노동력의 통제에 주된 목적을 두었던 표준원가계산시스템의 중요성은 현저히 감소하였다.

(2) JIT 등 새로운 제조방식의 도입, 운영 때문이다. 즉, 이들 방식의 성공적인 수행 여부에 대한 평가는 종래와는 상이한 방법으로 이루어져야 한다. 그러나 표준원가계산은 자칫 JIT가 추구하는 방향과는 달리 재고를 늘리도록 잘못된 동기부여를 할 수 있다. 왜냐하면 생산량 감소로 인한 생산성 저하 및 불리한 조업도차이를 우려하는 종업원들은 가급적 생산량을 늘리고자 하기 때문이다.

(3) 원가관리상 원가통제보다는 원가절감에 중점을 두기 때문이다. 표준원가가 제대로 효과를 발휘하기 위해서는 가급적 표준을 달성하기가 어려운 수준으로 설정되는 것이 바람직하고 수시로 바뀐 환경에 맞게끔 수정되어야 한다. 그러나 요즘처럼 기술 및 제조환경 변화가 급격히 이루어지는 환경에서는 현실에 맞는 표준의 개정 또한 수시로 이루어져야 하는데 이것이 쉽지 않기 때문이다.

문제 05   활동기준원가계산하의 원가차이분석과 원가요소기준 비례배분법

다음을 읽고 물음에 답하시오.

(주)한국은 20×1년 1월 초에 영업을 개시하였으며 표준원가계산제도를 채택하고 있다. 표준은 연초에 수립되며 1년 동안 유지된다. 회사의 직접재료원가와 변동제조간접원가에 관한 자료는 다음과 같다.

〈자료 1〉 직접재료원가 자료

(1) 회사의 20×1년 말 현재 표준원가로 기록된 각 계정의 직접재료원가 기말잔액은 다음과 같다.

	직접재료원가 잔액
직접재료	₩19,500
재공품	13,000
제품	13,000
매출원가	78,000
합계	₩123,500

(2) 20×1년의 직접재료 가격차이는 ₩6,000(유리)이고, 능률차이는 ₩6,500(불리)이다.

〈자료 2〉 변동제조간접원가 자료

회사의 변동제조간접원가는 전액 기계작업준비로 인해 발생하는 원가로서, 기계작업준비에 투입되는 자원은 간접노무, 소모품, 전력 등이며 기계작업준비시간이 원가동인이다. 기계작업준비와 관련된 20×1년의 예산 및 실제자료는 다음과 같다.

	연초 설정예산	실제
생산량	264,000개	330,000개
뱃치 규모(뱃치당 단위수)	110개/뱃치	100개/뱃치
뱃치당 기계작업준비시간	3시간	4시간
기계작업준비시간당 변동제조간접원가	₩4	₩5

요구사항

[물음 1] 회사가 당기에 구입한 직접재료의 표준금액(= 당기구입량 × 단위당 표준가격)을 구하시오.

[물음 2] 회사가 실제원가계산제도를 채택했다면 20×1년 말 현재 직접재료, 재공품, 제품, 매출원가 계정의 기말잔액에 포함될 직접재료원가는 각각 얼마이었겠는가? (단, 원가요소별 비례배분법을 사용하시오)

[물음 3] 변동제조간접원가 소비차이와 능률차이를 구하시오.

[물음 4] 만약 회사가 변동제조간접원가 배부기준으로 기계작업준비시간이 아닌 직접재료 물량(kg)을 사용하고 다음과 관계가 성립할 때 변동제조간접원가 능률차이를 구하시오.

$$\frac{\text{직접재료 1kg당 표준변동제조간접원가}}{\text{직접재료 1kg당 표준직접재료원가}} = 0.5$$

풀이

[물음 1] **당기에 구입한 직접재료의 표준금액(= 당기구입량 × 단위당 표준가격)**

기말원재료가 표준원가로 기록되어 있으므로 가격차이는 구입시점에서 분리된다. 따라서 표준 단가를 기준으로 한 구입금액은 다음과 같다.

기말원재료 + 능률차이 + 기말재공품 + 기말제품 + 매출원가
= ₩19,500 + ₩6,500(불리) + ₩13,000 + ₩13,000 + ₩78,000 = ₩130,000

[물음 2] 원가차이 조정(비례배분법)

기초재고자산이 없는 경우 원가차이를 원가요소별 비례배분법에 따라 각 계정에 배분하면 실제 원가계산에 의한 계정잔액을 얻을 수 있다.

(1) 배분비율 계산

	직접재료	능률차이	재공품	제품	매출원가	합계
① 구입가격차이						
재료원가	₩19,500	₩6,500	₩13,000	₩13,000	₩78,000	₩130,000
배분비율	15%	5%	10%	10%	60%	100%
② 능률차이						
재료원가			₩13,000	₩13,000	₩78,000	₩104,000
배분비율			12.5%	12.5%	75%	100%

(2) 원가차이 배분

	직접재료	능률차이	재공품	제품	매출원가	합계
구입가격차이	₩(900)	₩(300)	₩(600)	₩(600)	₩(3,600)	₩(6,000)
능률차이		300	775	775	4,650	6,500
	₩(900)	₩0	₩175	₩175	₩1,050	₩500

(3) 실제원가계산에 의한 각 계정잔액

직접재료   ₩19,500 − ₩900 = ₩18,600
재공품   ₩13,000 + ₩175 = ₩13,175
제품   ₩13,000 + ₩175 = ₩13,175
매출원가 ₩78,000 + ₩1,050 = ₩79,050

[물음 3] 변동제조간접원가의 원가차이분석

$AQ \times AP$	$AQ \times SP$	$SQ \times SP$
13,200시간*1 × ₩5	13,200시간 × ₩4	9,000시간*2 × ₩4
= ₩66,000	= ₩52,800	= ₩36,000

소비차이 ₩13,200 U | 능률차이 ₩16,800 U

*1 실제뱃치수: 330,000개 ÷ 100개 = 3,300뱃치
   실제기계작업준비시간: 3,300뱃치 × 4시간 = 13,200시간
*2 실제생산량에 허용된 표준뱃치수" 330,000개 ÷ 110개 = 3,000뱃치
   실제생산량에 허용된 표준기계작업준비시간: 3,000뱃치 × 3시간 = 9,000시간

[물음 4] 변동제조간접원가 능률차이

변동제조간접원가 배부기준으로 직접재료물량을 사용하고 '직접재료 1kg당 표준변동제조간접원가 = 직접재료 1kg당 표준직접재료원가 × 50%'이면, '변동제조간접원가 능률차이 = 직접재료원가 능률차이 × 50%'이다.

∴ 변동제조간접원가 능률차이: ₩6,500 × 50% = ₩3,250 불리

다음을 읽고 물음에 답하시오.

(주)한국은 고객의 주문에 따라 기계를 제작하는 회사로 개별원가계산을 사용하고 있다. 회사는 직접노무원가를 기준으로 제조간접원가를 예정배부하고 있으며, 20×1년 초에 연간 제조간접원가를 ₩168,000, 직접노무원가를 ₩280,000으로 예상하였다.

20×1년 말 현재 두 개의 작업 #247과 #248이 미완성이다. 각 작업에 관한 자료는 다음과 같다.

	#247	#248
직접재료원가	₩22,000	₩42,000
직접노무원가	11,000	39,000
기계시간	287시간	647시간

20×1년에 발생된 실제제조간접원가는 ₩186,840이고 모든 작업에 부과된 총직접노무원가는 ₩400,000이다. 또한, 직접노동시간은 20,000시간이다.

20×1년의 기초재고자산은 없었다. 당기 매출액은 ₩2,700,680, 매출원가는 ₩648,000이며, 판매비와 일반관리비는 ₩1,857,870이다. 기말 제품재고액은 ₩72,000이다. 이들 재고자산과 매출원가는 배부차이를 조정하기 전의 금액이다. 회사는 기말에 배부차이를 재고자산과 매출원가의 기말잔액(조정 전 금액)을 기준으로 비례배분하고 있다.

요구사항

[물음 1]   20×1년의 영업이익을 구하시오.

[물음 2]   배부차이를 모두 매출원가에 가감할 경우 20×1년의 영업이익을 구하시오.

[물음 3]   20×1년에 발생된 실제 직접재료원가를 구하시오.

풀이

[물음 1] 20×1년 영업이익의 계산(총원가기준 비례배분법)

    (1) 제조간접원가 예정배부율

$$\frac{₩168,000}{₩280,000} = 직접노무원가의\ 60\%$$

    (2) 제조간접원가 배부차이

실제 제조간접원가	₩186,840
제조간접원가 예정배부	240,000[*1]
배부차이	₩(53,160)

    *1 예정배부금액

        ₩400,000 × 60% = ₩240,000

    (3) 제조간접원가 배부차이 안분

	총원가	배분비율	배분액
재공품	₩144,000[*2]	2/12	₩(8,860)
제품	72,000	1/12	(4,430)
매출원가	648,000	9/12	(39,870)
합계	₩864,000	1	₩(53,160)

    *2 기말재공품원가

	#247	#248	합계
직접재료원가	₩22,000	₩42,000	₩64,000
직접노무원가	11,000	39,000	50,000
제조간접원가	6,600	23,400	30,000
합계	₩39,600	₩104,400	₩144,000

    (4) 20×1년의 영업이익

매출액		₩2,700,680
매출원가		(608,130)
정상매출원가	₩648,000	
제조간접원가 초과배부	(39,870)	
매출총이익		₩2,092,550
판매관리비		(1,857,870)
영업이익		₩234,680

[물음 2] 20×1년 영업이익의 계산(매출원가조정법)

매출액		₩2,700,680
매출원가		594,840
정상매출원가	₩648,000	
제조간접원가 초과배부	(53,160)	
매출총이익		₩2,105,840
판매관리비		(1,857,870)
영업이익		₩247,970

    ∴ 배부차이금액을 모두 매출원가에 가감하면 된다.

[물음 3] 실제 발생한 직접재료원가 추정

배부차이를 조정하기 전의 재공품과 제품계정은 다음과 같다.

(1) 제품

<table>
<tr><td colspan="4" align="center">제품</td></tr>
<tr><td>기초제품</td><td align="right">–</td><td>매출원가</td><td align="right">₩648,000</td></tr>
<tr><td>당기제품제조원가</td><td align="right">₩720,000</td><td>기말제품</td><td align="right">72,000</td></tr>
<tr><td></td><td align="right">₩720,000</td><td></td><td align="right">₩720,000</td></tr>
</table>

(2) 재공품

<table>
<tr><td colspan="4" align="center">재공품</td></tr>
<tr><td>기초재공품</td><td align="right">–</td><td></td><td></td></tr>
<tr><td>직접재료원가</td><td align="right">₩224,000</td><td></td><td></td></tr>
<tr><td>직접노무원가</td><td align="right">400,000</td><td>당기제품제조원가</td><td align="right">₩720,000</td></tr>
<tr><td>제조간접원가</td><td align="right">240,000</td><td>기말재공품</td><td align="right">144,000</td></tr>
<tr><td></td><td align="right">₩864,000</td><td></td><td align="right">₩864,000</td></tr>
</table>

∴ 20×1년에 발생된 실제 직접재료원가 = ₩224,000

| 문제 07 | 정상활동기준원가계산 |

다음을 읽고 물음에 답하시오.

(주)한국은 외부보고를 위한 제품원가계산에 있어서 활동기준원가계산(activity-based costing)을 사용한다. 현재 회사의 간접부서는 세 개의 활동중심점(activity center)으로 구성되어 있으며, 회사는 각 활동중심점의 예정배부율(predetermined overhead rates)을 사용하여 간접원가를 배부한다.

〈자료 1〉 당해연도 예상 자료는 다음과 같다.

활동중심점	예상 활동원가	예상 활동사용량
작업준비	₩59,800,000	2,600시간
부품관리	42,000,000	2,000
공장일반관리	16,200,000	1,800

〈자료 2〉 당해연도 실제 자료는 다음과 같다.

활동중심점	실제 활동원가	실제 활동사용량
작업준비	₩59,320,000	2,530시간
부품관리	41,900,000	1,970
공장일반관리	17,310,000	1,720

요구사항

[물음 1] 제품에 배부된 간접원가의 총액은 얼마인지 계산하시오.

[물음 2] 간접원가의 배부차이금액을 계산하시오.

[물음 1] 예정배부액

(1) 활동중심별 예정배부율

활동중심점	예상 활동원가	예상 활동사용량	예정배부율
작업준비	₩59,800,000	2,600시간	₩23,000
부품관리	42,000,000	2,000	21,000
공장일반관리	16,200,000	1,800	9,000

(2) 활동중심점별 제조간접원가 배부액

활동중심점	예정배부율	실제 활동사용량	간접원가 배부액
작업준비	₩23,000	2,530시간	₩58,190,000
부품관리	21,000	1,970	41,370,000
공장일반관리	9,000	1,720	15,480,000
합계			₩115,040,000

[물음 2] 배부차이금액

예정배부액		₩115,040,000
실제발생원가		
작업준비	₩59,320,000	
부품관리	41,900,000	
공장일반관리	17,310,000	118,530,000
부족배부액		₩(3,490,000)

| 문제 08 | 정상개별원가 종합 |

다음을 읽고 물음에 답하시오.

(주)한국은 직접노무원가를 배부기준으로 제조간접원가를 배부하는 정상개별원가계산을 채택하고 있다. 아래의 모든 거래는 현금거래이다. 기초에 연간 직접노무원가를 ₩370,000, 제조간접원가를 ₩481,000으로 예측하였다.

〈자료 1〉 기초재고는 다음과 같다.

원재료	₩35,000
재공품	₩25,000
제품	₩175,000

〈자료 2〉 기중 거래 및 생산과 관련된 활동은 다음과 같다.

(1) 원재료 구입금액은 ₩400,000이다.

(2) 사용된 원재료는 ₩429,000이며, 이 중 ₩350,000이 생산과 직접 관련되어 투입되었다.

(3) 종업원 급여와 관련한 비용항목은 다음과 같다.

직접노무원가	₩375,000
간접노무원가	₩173,000
판매수수료	₩95,000

(4) 임대료는 ₩52,000인데, 이 중 ₩35,000이 공장가동과 관련하여 발생한 비용이며, 잔여금액은 판매활동과 관련하여 발생한 항목이다.

(5) 기계장치와 관련하여 발생한 감가상각비는 ₩203,000인데, 이 중 ₩183,000은 공장가동과 관련한 비용항목이며, 잔여금액은 제품판매와 관련하여 발생한 비용이다.

(6) 당해연도 완성된 제품원가는 ₩1,230,000이다.

(7) 당해연도 매출액은 ₩1,768,000이며, (주)한국은 원가에 30%의 이익을 가산하여 제품가격을 결정한다.

요구사항

[물음 1] 제조간접원가 예정배부율을 계산하시오.

[물음 2] 원재료, 재공품, 제품 관련 T계정을 통하여 기말원재료, 기말재공품, 기말제품의 금액을 구하시오.

[물음 3] 제조간접원가의 초과 또는 부족배부된 금액을 구하시오.

[물음 4] 당기 영업이익을 구하시오(단, 초과 또는 부족배부액은 매출원가에서 조정하기로 한다).

[물음 1] 예정배부율계산

$$\frac{\text{예정제조간접원가}}{\text{예정직접노무원가}} = \frac{\text{₩481,000}}{\text{₩370,000}} = \text{직접노무원가의 1.3(130\%)}$$

[물음 2] 기말원재료, 기말재공품, 기말제품금액

(1) 원재료계정

원재료

기초	₩35,000	사용	₩429,000
매입	400,000	기말	6,000
	₩435,000		₩435,000

(2) 재공품계정

재공품

기초	₩25,000	당기제품제조원가	₩1,230,000
직접재료원가	350,000		
직접노무원가	375,000		
제조간접원가 배부	487,500*1	기말	7,500
	₩1,237,500		₩1,237,500

*1 ₩375,000 × 130% = ₩487,500

(3) 제품계정

제품

기초	₩175,000	매출원가	₩1,360,000*2
당기제품제조원가	1,230,000	기말	45,000
	₩1,405,000		₩1,405,000

*2 $\dfrac{₩1,768,000}{(1 + 30\%)}$ = ₩1,360,000

[물음 3] 제조간접원가 배부차이

(1) 예정배부액

₩375,000(실제 직접노무원가) × 1.3 = ₩487,500

(2) 실제발생액

₩79,000 + ₩173,000 + ₩35,000 + ₩183,000 = ₩470,000

∴ 배부차이: ₩17,500(과대배부)

[물음 4] 영업이익(매출원가조정법)

손익계산서(I/S)

매출		₩1,768,000
정상매출원가	₩1,360,000	
초과배부	(17,500)	(1,342,500)
매출총이익		₩425,500
판매 및 일반관리비		
판매수수료	₩95,000	
임차료	17,000	
감가상각비	20,000	(132,000)
영업이익		₩293,500

다음을 읽고 물음에 답하시오. 단, 각 물음은 서로 독립적이다.

(주)한국은 단일제품을 대량생산한다. 이 회사는 재무제표작성과 내부보고용으로 종합원가계산제도를 사용하고 있으며, 선입선출법에 의해 재공품을 평가한다. 그런데 재무제표작성을 위해서는 실제원가를 사용하지만 원가통제를 위해서 표준원가제도를 사용한다.

원가요소별 표준원가는 다음과 같다.

재료원가	3kg(kg당 ₩5)
노무원가	2시간(시간당 ₩3)
제조간접원가	2시간(시간당 ₩1.5)

20×1년 3월의 생산과 관련된 자료는 다음과 같다.

(1) 월초 재공품재고수량은 1,500단위인데, 재료에 대해서는 100%, 노무원가와 제조간접원가에 대해서는 70%가 완성되었다.

(2) 3월 초에 8,500단위가 추가로 투입되었다.

(3) 월말 재공품재고수량은 2,000단위인데, 재료에 대해서는 100%, 노무원가와 제조간접원가에 대해서는 40%가 완성되었다.

(4) 3월 발생한 실제원가는 다음과 같다.

재료원가(26,000kg)	₩138,000
노무원가(16,500노동시간)	51,000
제조간접원가	26,300

재료원가는 공정 초기에 전량 투입되고 노무원가와 제조간접원가는 공정 전반에 걸쳐 균등발생한다. 또한, 3월 생산에 허용된 표준시간에 대한 제조간접원가 변동예산은 ₩25,000이다.

요구사항

[물음 1]   3월 동안 제조된 제품의 재료원가와 가공원가에 대한 완성품환산량을 계산하시오.

[물음 2]   재료원가, 노무원가 및 제조간접원가에 대한 원가차이를 분석하시오(단, 제조간접원가는 2분법으로 분석하시오).

풀이

[물음 1] 완성품환산량

(1) 물량흐름

① 물량흐름 파악(선입선출법)

② 완성품환산량

					재료원가	가공원가
기초	1,500(0.7)	완성 ┌ 기초		1,500(0.3)	–	450
		└ 당기착수		6,500	6,500	6,500
착수	8,500	기말		2,000(0.4)	2,000	800
	10,000			10,000	8,500	7,750

(2) 표준원가표

	SQ	SP	표준원가
재료원가	3kg	₩5	₩15
노무원가	2시간	3	6
제조간접원가	2시간	1.5	3
			₩24

[물음 2] 원가차이 분석

(1) 재료원가

AQ × AP	AQ × SP	SQ × SP
	26,000kg × ₩5	8,500단위 × 3kg × ₩5
₩138,000	= ₩130,000	= ₩127,500

가격차이 ₩8,000 U   수량차이 ₩2,500 U

(2) 노무원가

AQ × AP	AQ × SP	SQ × SP
	16,500시간 × ₩3	7,750단위 × 2시간 × ₩3
₩51,000	= ₩49,500	= ₩46,500

임률차이 ₩1,500 U   능률차이 ₩3,000 U

(3) 제조간접원가

변동제조간접원가(AQ × AP)	변동제조간접원가(SQ × SP)	변동제조간접원가(SQ × SP)
고정제조간접원가(AQ × AP)	고정제조간접원가(예산)	고정제조간접원가(SQ × SP)
(실제발생액)	(변동예산)	(표준배부)
		7,750단위 × 2시간 × ₩1.5
₩26,300	₩25,000	= ₩23,250

예산차이 ₩1,300 U   조업도차이 ₩1,750 U

회계사 · 세무사 · 경영지도사 단번에 합격!
해커스 경영아카데미
cpa.Hackers.com

제8장

전부/변동/초변동원가계산

1 서론

01 의의

원가계산제도는 생산방식, 실제성(속성) 및 제품원가의 구성요소로 분류할 수 있으며 지금까지 내용은 제품원가의 구성요소는 전부원가계산을 가정하고 생산방식의 차이와 실제성(속성)에 대해서 살펴보았다.

이제 변동원가계산 및 초변동원가계산에서의 제품원가 구성요소에 대해서 살펴보기로 한다.

생산방식	실제성(속성)	구성요소
개별원가계산	실제원가계산	전부원가계산
종합원가계산	정상원가계산	변동원가계산
그 밖의 원가계산	표준원가계산	초변동원가계산

02 제품원가의 구성요소에 의한 원가계산분류

제조원가는 직접재료원가, 직접노무원가 및 제조간접원가(변동제조간접원가와 고정제조간접원가)로 구분할 수 있으며 이 중 제품원가에 포함하는 원가항목의 범위에 따라서 전부원가계산(full costing, absorption costing), 변동원가계산(variable costing) 및 초변동원가계산(super variable costing)으로 분류할 수 있다.

원가계산방법에 따라 제품원가를 구성하는 요소는 다음과 같다.

	전부원가계산	변동원가계산	초변동원가계산
제품원가	직접재료원가 직접노무원가 변동제조간접원가 고정제조간접원가	직접재료원가 직접노무원가 변동제조간접원가 −	직접재료원가 − − −
기간비용	− − − 변동판매관리비 고정판매관리비	− − 고정제조간접원가 변동판매관리비 고정판매관리비	직접노무원가 변동제조간접원가 고정제조간접원가 변동판매관리비 고정판매관리비

핵심 Check 판매관리비

판매관리비는 변동판매관리비와 고정판매관리비로 구분할 수 있으며 어떠한 원가계산을 적용하더라도 제품원가에 포함될 수 없다.

1. 전부원가계산의 문제점

전부원가계산은 직접재료원가, 직접노무원가 및 제조간접원가(변동제조간접원가와 고정제조간접원가)를 모두 제품원가를 구성하는 요소로 처리하는 것으로 일반적으로 받아들일 수 있는 기본적인 방법이다. 하지만 전부원가를 제품원가로 처리하는 경우 다음과 같은 문제점이 발생할 수 있다.

- **제품단가의 변동:** 생산량에 따라 단위당 고정제조간접원가는 달라진다.
- **영업이익의 왜곡:** 생산량에 따라 이익이 달라진다. 즉, 생산량이 증가함에 따라 이익이 증가한다.

이와 같은 문제점을 해결하기 위한 방법이 변동원가계산이다. 다음 사례를 통하여 자세히 알아보자.

🔍 사례

회사는 20×1년에 영업을 개시하였다. 20×1년과 20×2년의 영업활동은 다음과 같다. 단, 회사의 총고정제조간접원가는 ₩10,000이며 두 방법의 차이를 비교하기 위하여 매출원가를 변동제조원가와 고정제조간접원가로 구분하였다.

	20×1년		20×2년
생산량	10단위		20단위
판매량	10단위	판매량 ↓	8단위
단위당 판매가격	₩3,000		₩3,000
단위당 직접재료원가	₩500		₩500
단위당 직접노무원가	200		200
단위당 변동제조간접원가	300		300
단위당 고정제조간접원가	₩10,000 ÷ 10단위 = 1,000	₩10,000 ÷ 20단위 =	500
단위당 제품원가	₩2,000		₩1,500

	손익계산서(20×1년)	손익계산서(20×2년)
매출액	10단위 × ₩3,000 = ₩30,000	8단위 × ₩3,000 = ₩24,000
매출원가		
변동제조원가	10단위 × ₩1,000 = 10,000	8단위 × ₩1,000 = 8,000
고정제조간접원가	10단위 × ₩1,000 = 10,000	8단위 × ₩500 = 4,000
이익	₩10,000	이익 ↑ ₩12,000

₩2,000 이익 ↑

전부원가계산에서 고정제조간접원가는 제품원가에 포함되어 처분 시에 판매량만큼 매출원가로 비용처리되고 기말재고에 포함되어 있는 고정제조간접원가는 이월된다. 즉, 20×1년은 고정제조간접원가 ₩10,000이 모두 매출원가로 비용처리되는 반면에 20×2년은 20단위 중 8단위에 해당하는 ₩4,000(= 8단위 × ₩500)이 비용처리되고 ₩6,000은 기말재고자산으로 차기에 이월되어 판매량이 작은 20×2년의 이익이 높게 나타난다. 이를 전부원가계산의 오류라고 한다.

위 손익계산서를 변동원가계산으로 작성하면 다음과 같다.

	20×1년		20×2년
생산량	10단위		20단위
판매량	10단위	판매량 ↓	8단위
단위당 판매가격	₩3,000		₩3,000
단위당 직접재료원가	₩500		₩500
단위당 직접노무원가	200		200
단위당 변동제조간접원가	300		300
단위당 변동제조원가	₩1,000		₩1,000
고정제조간접원가	₩10,000		₩10,000

	손익계산서(20×1년)	손익계산서(20×2년)
매출액	10단위 × ₩3,000 = ₩30,000	8단위 × ₩3,000 = ₩24,000
매출원가		
변동제조원가	10단위 × ₩1,000 = 10,000	8단위 × ₩1,000 = 8,000
고정제조간접원가	10,000	10,000
이익	₩10,000 이익 ↓	₩6,000
	₩4,000 이익 ↓	

변동원가계산에서 고정제조간접원가는 제품원가를 구성하지 않고 기간 비용처리되어 20×1년과 20×2년 비용처리되는 고정제조간접원가는 모두 ₩10,000씩이다. 따라서 판매량이 작은 20×2년의 이익이 낮게 나타난다.

2. 전부원가계산과 변동원가계산의 이익차이 원인

전부원가계산과 변동원가계산의 이익차이는 해당 기간에 비용처리되는 고정제조간접원가의 차이로 인해 발생한다. 앞의 사례에서 당기 비용처리되는 고정제조간접원가는 다음과 같다.

		20×1년		20×2년
생산량		10단위		20단위
판매량		10단위		8단위
전부원가계산	10단위 × ₩1,000 =	₩10,000	8단위 × ₩500 =	₩4,000
변동원가계산		10,000		10,000
		–		₩6,000

전부원가계산은 단위당 고정제조간접원가를 제품원가에 포함시킨 후 매출원가로 처리하지만 변동원가계산은 전액을 당기 비용처리한다. 따라서 당기 생산된 모든 제품이 전량 판매되는 20×1년에는 두 방법의 비용처리되는 금액이 동일하지만 생산량과 판매량이 다른 20×2년에는 두 방법의 비용처리되는 금액이 달라진다.

즉, 전부원가계산은 고정제조간접원가를 제품원가에 포함시키는 과정에서 생산량에 따라 단위당 고정제조간접원가는 달라질 수 있어 생산량이 이익에 영향을 미치므로 의사결정과 성과평가를 위한 관리목적으로는 적합하지 않은 방법이다.

2 변동원가계산

01 의의

제조원가 중 직접재료원가, 직접노무원가 및 변동제조간접원가(이하 "변동제조원가")는 제품원가를 구성하고 고정제조간접원가는 기간비용으로 처리하는 방법이다. 이 방법은 생산량에 따라 증가하는 변동제조원가만을 제품원가로 처리하고 생산량과 무관하게 발생하는 고정제조원가는 발생 기간에 비용처리한다. 따라서 생산량 증가로 인한 원가는 변동제조원가로 측정하고 고정원가는 일정 수준을 유지하므로 판매량 증가로 인한 이익은 총매출액에서 총변동원가를 차감하여 계산할 수 있어 생산량과 판매량 변화에 대한 원가와 이익 변화를 쉽게 파악할 수 있다. 또한, 판매관리비는 변동판매관리비와 고정판매관리비로 구분할 수 있어 총변동원가는 변동제조원가와 변동판매관리비로 볼 수 있다.

1. 판매량 증가로 인한 이익

변동원가계산에서 판매량 증가로 인한 이익을 공헌이익(CM; contribution margin)이라 한다.

$$\text{총공헌이익} = \text{매출액} - \text{변동원가}$$
$$\text{변동제조원가} + \text{변동판매관리비}$$
$$\downarrow$$
$$CM = S - VC$$

핵심 Check 제조공헌이익

매출액에서 변동제조원가만을 차감한 값을 제조공헌이익이라고 한다.

2. 단위당 공헌이익

총공헌이익(CM)을 수량(Q)으로 나누어 단위당 공헌이익(cm)을 계산할 수 있다. 총매출액(S)을 수량(Q)으로 나누면 단위당 가격(p)이 되고 총변동원가(VC)를 수량(Q)으로 나누면 단위당 변동원가(vc)가 된다.

$$CM = S - VC$$
$$|$$
$$\div \text{수량}(Q)$$
$$\downarrow$$
$$cm = p - vc$$

02 변동원가계산 손익계산서

전부원가계산 손익계산서는 총비용을 기능에 따라 매출원가와 판매관리비로 구분하여 기능적 손익계산서(functional income statement)라 한다. 반면에 변동원가계산 손익계산서는 총비용을 변동원가와 고정원가로 구분하고 매출액에서 변동원가를 차감한 공헌이익을 별도로 나타내어 공헌이익 손익계산서라 한다.

전부원가계산 손익계산서와 변동원가계산 손익계산서는 고정제조간접원가의 처리방법에 따라 다른 형식으로 작성된다.

전부원가계산 손익계산서와 변동원가계산 손익계산서 비교

전부원가계산			변동원가계산		
매출액		×××	매출액		×××
매출원가[*1]			변동원가		
변동제조원가	×××		변동제조원가	×××	
고정제조원가	×××	×××	변동판매관리비	×××	×××
매출총이익		×××	공헌이익[*2]		×××
판매관리비[*1]			고정원가		
변동판매관리비	×××		고정제조원가	×××	
고정판매관리비	×××	×××	고정판매관리비	×××	×××
영업이익		×××	영업이익		×××

[*1] 실제 전부원가계산의 손익계산서상에서는 매출원가나 판매관리비를 원가행태별로 구분하지 않지만, 두 손익계산서의 비교를 위해서 편의상 매출원가와 판매관리비를 각각 원가행태에 따라 분류하였다.

[*2] 공헌이익: 고정원가를 보전하고 이익에 공헌할 수 있는 금액을 의미하며 총매출액에서 총변동원가를 차감하여 계산한다.

$$단위당\ 공헌이익 = 단위당\ 판매가격 - 단위당\ 변동원가$$
$$\downarrow$$
$$단위당\ 판매가격 = 단위당\ 변동원가 + 단위당\ 공헌이익$$

즉, 전부원가계산 손익계산서에서 고정제조간접원가는 제품원가에 포함한 후 매출원가처리되는 반면, 변동원가계산 손익계산서에서는 당기 발생 고정제조원가 전액이 비용처리된다.

3 초변동원가계산

01 의의

제조원가 중 직접재료원가는 제품원가를 구성하고 직접노무원가, 변동제조간접원가(이하 "변동가공원가") 및 고정제조간접원가는 기간비용으로 처리하는 방법이다. 이 방법은 직접재료원가만 변동원가로 보아 생산량에 따라 증가하는 직접재료원가만 제품원가로 처리하고 나머지 제조원가인 직접노무원가, 변동제조간접원가 및 고정제조간접원가와 판매관리비는 발생기간에 비용처리한다. 따라서 판매량 증가로 인한 이익은 총매출액에서 직접재료원가를 차감하여 계산할 수 있다.

1. 판매량 증가로 인한 이익

초변동원가계산에서 판매량 증가로 인한 이익을 재료처리량 공헌이익[또는 현금창출공헌이익, 스루풋공헌이익(throughput contribution)]이라 한다.

$$\text{재료처리량 공헌이익 = 매출액 – 직접재료원가}$$
$$\downarrow$$
$$\text{Throughput CM = S – DM}$$

핵심 Check 초변동원가계산의 배경(직접재료원가만 변동원가로 보는 이유)

- 노동집약적 생산환경이 자본집약적으로 변화하여 직접재료원가를 제외한 직접노무원가와 제조간접원가는 고정원가 성격을 지니게 되었다.
- 보다 짧은 기간을 가정하면 직접재료원가만이 변동원가 성격을 지닌다.

2. 운영비용

직접재료원가를 제외한 나머지 제조원가 및 판매관리비를 운영비용(operating expense)이라 한다.

02 초변동원가계산에 의한 손익계산서

변동원가계산은 판매량에 해당하는 변동제조원가를 매출원가로 처리하지만 초변동원가계산은 판매량에 해당하는 직접재료원가만 매출원가로 처리하고 나머지 변동가공원가는 당기 발생한 전액을 비용처리한다. 또한, 변동가공원가, 당기 발생원가는 당기 생산량에 대한 원가를 의미한다.

핵심 Check 변동판매관리비

> 변동판매관리비의 당기 발생비용은 당기 판매량에 대한 비용이므로, 변동원가계산의 변동판매관리비와 초변동원가계산의 변동판매관리비는 동일하다. 따라서 변동원가계산과 초변동원가계산의 차이는 변동가공원가의 차이이다.

변동원가계산 손익계산서와 초변동원가계산 손익계산서는 변동가공원가의 처리방법에 따라 다른 형식으로 작성된다.

변동원가계산 손익계산서와 초변동원가계산 손익계산서 비교

변동원가계산			초변동원가계산		
매출액		×××	매출액		×××
변동원가			변동원가		
변동제조원가[1]	×××		직접재료원가	×××	
변동판매관리비	×××	(×××)	−		(×××)
공헌이익		×××	재료처리량 공헌이익		×××
			운영비용		
			변동원가		
			변동가공원가[2]	×××	
			변동판매관리비	×××	(×××)
고정원가			고정원가		
고정제조원가	×××		고정제조원가	×××	
고정판매관리비	×××	(×××)	고정판매관리비	×××	(×××)
영업이익		×××	영업이익		×××

[1] 변동제조원가 중 변동가공원가는 당기 판매분이 비용처리된다.
[2] 직접노무원가와 변동제조간접원가의 합을 의미하며 당기 발생(생산)분이 비용처리된다.

즉, 변동원가계산 손익계산서에서 변동가공원가는 제품원가에 포함한 후 매출원가처리되는 반면, 초변동원가계산 손익계산서에서는 당기 발생 변동가공원가 전액이 비용처리된다.

4 세 가지 방법의 이익차이

01 의의

전부원가계산, 변동원가계산 및 초변동원가계산은 제조원가 중 제품원가에 포함되는 구성요소의 범위에 따라 구분된다. 따라서 여러 상황에 따라 세 가지 방법의 이익은 달라질 수 있다.

02 생산량과 판매량이 다른 경우 이익차이

세 가지 방법의 이익차이는 제품원가로 보는 원가요소의 당기 생산량(발생)과 판매량에 해당하는 비용으로 인한 이익차이이다.

생산량과 판매량 관계에 따른 방법 간 이익차이는 다음과 같다.

1. 생산량과 판매량이 동일한 경우

세 가지 방법의 이익차이는 당기 생산량과 판매량에 포함되는 제조원가 구성요소의 차이로 생산량과 판매량이 동일하면 이익차이는 발생하지 않는다.

핵심 Check 기초재고와 기말재고의 원가요소가격이 다른 경우

> 주의할 점은 기초재고와 기말재고의 원가요소가격이 다른 경우 생산량과 판매량이 동일하더라도 영업이익 차이가 발생할 수 있다는 것이다.

예제 1: 영업이익 비교[생산량과 판매량 동일]

(주)한국은 20×1년에 영업을 개시하였으며 단일제품을 대량생산하고 있다. 제품에 대한 자료는 다음과 같다.

단위당 판매가격		₩100
단위당 변동원가		
직접재료원가	₩50	
직접노무원가	15	
변동제조간접원가	9	
변동판매관리비	3	77
단위당 공헌이익		₩23
고정제조간접원가		₩9,000
고정판매관리비		1,000
고정원가		₩10,000

요구사항

20×1년에 제품 1,500단위를 생산하여 모두 판매하였다. 각 원가계산방법에 따른 포괄손익계산서를 작성하시오.

[풀이]

제품

기초	–	판매	1,500단위
생산	1,500단위	기말	–
	1,500단위		1,500단위

전부원가계산

매출액	1,500단위 × ₩100 =		₩150,000
매출원가			
변동매출원가	1,500단위 × ₩74 =	₩111,000	
고정매출원가	1,500단위 × ₩6*1 =	9,000	120,000
매출총이익			₩30,000
판매관리비			
변동판매관리비	1,500단위 × ₩3 =	₩4,500	
고정판매관리비		1,000	(5,500)
영업이익			₩24,500

*1 단위당 고정제조원가: ₩9,000 ÷ 1,500단위 = ₩6

변동원가계산

매출액	1,500단위 × ₩100 =		₩150,000
변동원가			
변동매출원가	1,500단위 × ₩74 =	₩111,000	
변동판매관리비	1,500단위 × ₩3 =	4,500	(115,500)
공헌이익			₩34,500
고정원가			
고정제조간접원가		₩9,000	
고정판매관리비		1,000	(10,000)
영업이익			₩24,500

초변동원가계산

매출액	1,500단위 × ₩100 =		₩150,000
단위수준변동원가	1,500단위*2 × ₩50 =		(75,000)
재료처리량 공헌이익			₩75,000
변동원가			
직접노무원가	1,500단위*3 × ₩15 =	₩22,500	
변동제조간접원가	1,500단위 × ₩9 =	13,500	
변동판매관리비	1,500단위 × ₩3 =	4,500	(40,500)
고정원가			
고정제조간접원가		₩9,000	
고정판매관리비		1,000	(10,000)
영업이익			₩24,500

*2 판매량
*3 생산량

2. 생산량이 판매량보다 큰 경우(기말재고 > 기초재고)

생산량이 판매량보다 큰 경우는 기초재고수량에 비하여 기말재고수량이 증가하는 상황으로, 설명의 편의상 기초재고는 없고 당기 생산 일부가 기말재고로 남아 있는 상황을 가정한다.

기말재고금액만을 비교하면 다음과 같다.

	기말재고(재고자산)		
	전부원가계산	변동원가계산	초변동원가계산
직접재료원가	재고자산	재고자산	재고자산
직접노무원가	재고자산	재고자산	–
변동제조간접원가	재고자산	재고자산	–
고정제조간접원가	재고자산	–	–
재고자산의 크기	>	>	
이익의 크기	>	>	

기말재고가 증가하면 기말재고자산금액과 이익은 전부원가계산, 변동원가계산, 초변동원가계산 순으로 크다. 또한, 이익의 차이는 기말재고에 포함되어 있는 원가요소의 범위이므로 다음과 같이 정리할 수 있다.

> ① 전부원가계산 이익 = 변동원가계산 이익 + 기말재고 고정제조간접원가
> ② 변동원가계산 이익 = 초변동원가계산 이익 + 기말재고 변동가공원가
> ③ 전부원가계산 이익 = 초변동원가계산 이익 + 기말재고 가공원가

3. 생산량이 판매량보다 작은 경우(기말재고 < 기초재고)

생산량이 판매량보다 작은 경우는 기초재고수량에 비하여 기말재고수량이 감소하는 상황으로, 설명의 편의상 기초재고가 당기에 모두 판매되는 상황을 가정한다.

당기에 매출원가로 처리된 기초재고금액만을 비교하면 다음과 같다.

	기초재고(매출원가)		
	전부원가계산	변동원가계산	초변동원가계산
직접재료원가	당기비용	당기비용	당기비용
직접노무원가	당기비용	당기비용	–
변동제조간접원가	당기비용	당기비용	–
고정제조간접원가	당기비용	–	–
매출원가의 크기	>		>
이익의 크기	<		<

① ② ③

기초재고가 당기에 판매되면 매출원가는 전부원가계산, 변동원가계산, 초변동원가계산 순으로 크며 이익은 초변동원가계산, 변동원가계산, 전부원가계산 순으로 크다. 또한, 이익의 차이는 기초재고에 포함되어 있는 원가요소의 범위이므로 다음과 같이 정리할 수 있다.

① 전부원가계산 이익 = 변동원가계산 이익 – 기초재고 고정제조간접원가
② 변동원가계산 이익 = 초변동원가계산 이익 – 기초재고 변동가공원가
③ 전부원가계산 이익 = 초변동원가계산 이익 – 기초재고 가공원가

예제 2: 영업이익 비교(생산량과 판매량이 동일하지 않음)

(주)한국은 20×1년에 영업을 개시하였으며 단일제품을 대량생산하고 있다. 제품에 대한 자료는 다음과 같다.

단위당 판매가격		₩100
단위당 변동원가		
직접재료원가	₩50	
직접노무원가	15	
변동제조간접원가	9	
변동판매관리비	3	77
단위당 공헌이익		₩23
고정제조간접원가		₩9,000
고정판매관리비		1,000
고정원가		₩10,000

매년 생산량 및 판매량은 다음과 같다. 재고자산의 평가는 선입선출법에 의한다.

	20×1년	20×2년	20×3년
기초제품	0단위	500단위	500단위
생산량	1,500	1,500	1,500
판매량	1,000	1,500	2,000
기말제품	500	500	0

요구사항

각 원가계산방법별 포괄손익계산서를 작성하시오.

[풀이]

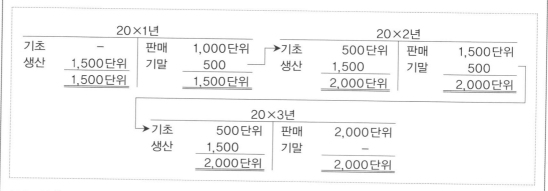

[20×1년]

전부원가계산

매출액	1,000단위 × ₩100 =	₩100,000
매출원가		
변동매출원가	1,000단위 × ₩74 = ₩74,000	
고정매출원가	1,000단위 × ₩6*¹ = 6,000	(80,000)
매출총이익		₩20,000
판매관리비		
변동판매관리비	1,000단위 × ₩3 = ₩3,000	
고정판매관리비	1,000	(4,000)
영업이익		₩16,000

*1 단위당 고정제조원가: ₩9,000 ÷ 1,500단위 = ₩6

변동원가계산

매출액	1,000단위 × ₩100 =		₩100,000
변동원가			
변동매출원가	1,000단위 × ₩74 =	₩74,000	
변동판매관리비	1,000단위 × ₩3 =	3,000	(77,000)
공헌이익			₩23,000
고정원가			
고정제조간접원가		₩9,000	
고정판매관리비		1,000	(10,000)
영업이익			₩13,000

초변동원가계산

매출액	1,000단위 × ₩100 =		₩100,000
단위수준변동원가	1,000단위*2 × ₩50 =		(50,000)
재료처리량 공헌이익			₩50,000
변동원가			
직접노무원가	1,500단위*3 × ₩15 =	₩22,500	
변동제조간접원가	1,500단위 × ₩9 =	13,500	
변동판매관리비	1,000단위 × ₩3 =	3,000	(39,000)
고정원가			
고정제조간접원가		₩9,000	
고정판매관리비		1,000	(10,000)
영업이익			₩1,000

*2 판매량
*3 생산량

[20×2년]

전부원가계산

매출액	1,500단위 × ₩100 =		₩150,000
매출원가			
변동매출원가		₩111,000*4	
고정매출원가		9,000*5	(120,000)
매출총이익			₩30,000
판매관리비			
변동판매관리비	1,500단위 × ₩3 =	₩4,500	
고정판매관리비		1,000	(5,500)
영업이익			₩24,500

*4	기초제품재고액	500단위 × ₩74 =	₩37,000	
	당기제품제조원가	1,500단위 × ₩74 =	111,000	
	계		₩148,000	
	기말제품재고액	500단위 × ₩74 =	37,000	₩111,000
*5	기초제품재고액	500단위 × ₩6 =	₩3,000	
	당기제품제조원가	1,500단위 × ₩6 =	9,000	
	계		₩12,000	
	기말제품재고액	500단위 × ₩6 =	3,000	₩9,000

변동원가계산

매출액	1,500단위 × ₩100 =	₩150,000
변동원가		
변동매출원가	₩111,000	
변동판매관리비	1,500단위 × ₩3 = 4,500	(115,500)
공헌이익		₩34,500
고정원가		
고정제조간접원가	₩9,000	
고정판매관리비	1,000	(10,000)
영업이익		₩24,500

초변동원가계산

매출액	1,500단위 × ₩100 =	₩150,000
단위수준변동원가		(75,000)[*6]
재료처리량 공헌이익		₩75,000
변동원가		
직접노무원가	1,500단위 × ₩15 = ₩22,500	
변동제조간접원가	1,500단위 × ₩9 = 13,500	
변동판매관리비	1,500단위 × ₩3 = 4,500	(40,500)
고정원가		
고정제조간접원가	₩9,000	
고정판매관리비	1,000	(10,000)
영업이익		₩24,500

*6 기초제품재고액   500단위 × ₩50 = ₩25,000
    당기제품제조원가 1,500단위 × ₩50 = 75,000
    계   ₩100,000
    기말제품재고액   500단위 × ₩50 = 25,000 ₩75,000

[20×3년]

전부원가계산

매출액	2,000단위 × ₩100 =	₩200,000
매출원가		
변동매출원가	₩148,000[*7]	
고정매출원가	12,000[*8]	(160,000)
매출총이익		₩40,000
판매관리비		
변동판매관리비	2,000단위 × ₩3 = ₩6,000	
고정판매관리비	1,000	(7,000)
영업이익		₩33,000

*7 기초제품재고액   500단위 × ₩74 = ₩37,000
    당기제품제조원가 1,500단위 × ₩74 = 111,000
    계   ₩148,000
    기말제품재고액   − ₩148,000

*8 기초제품재고액   500단위 × ₩6 = ₩3,000
    당기제품제조원가 1,500단위 × ₩6 = ___9,000
    계   ₩12,000
    기말제품재고액   – ₩12,000

변동원가계산

매출액	2,000단위 × ₩100 =		₩200,000
변동원가			
변동매출원가		₩148,000*9	
변동판매관리비	2,000단위 × ₩3 =	6,000	(154,000)
공헌이익			₩46,000
고정원가			
고정제조원가		₩9,000	
고정판매관리비		1,000	(10,000)
영업이익			₩36,000

*9 기초제품재고액   500단위 × ₩74 = ₩37,000
    당기제품제조원가 1,500단위 × ₩74 = ___111,000
    계   ₩148,000
    기말제품재고액   – ₩148,000

초변동원가계산

매출액	2,000단위 × ₩100 =		₩200,000
단위수준변동원가			(100,000)*10
재료처리량 공헌이익			₩100,000
변동원가			
직접노무원가	1,500단위 × ₩15 =	₩22,500	
변동제조간접원가	1,500단위 × ₩9 =	13,500	
변동판매관리비	2,000단위 × ₩3 =	6,000	(42,000)
고정원가			
고정제조원가		₩9,000	
고정판매관리비		1,000	(10,000)
영업이익			₩48,000

*10 기초제품재고액   500단위 × ₩50 = ₩25,000
    당기제품제조원가 1,500단위 × ₩50 = ___75,000
    계   ₩100,000
    기말제품재고액   – ₩100,000

4. 세 가지 방법의 이익차이 **455**

03 생산량이 이익에 미치는 영향

이익에 대한 보편적인 시각은 판매량이 증가하면 이익은 증가하고 판매량이 감소하면 이익은 감소하는 것이다. 그러나, 전부원가계산은 생산량 변화는 단위당 고정제조간접원가에 영향을 미치고 초변동원가계산의 경우 생산량에 해당하는 변동가공원가는 당기 비용처리되어 이익은 판매량뿐만 아니라 생산량에 의해서도 영향을 받게 된다.

세 가지 방법에서 생산량이 이익에 미치는 영향은 다음과 같다.

1. 전부원가계산

전부원가계산은 고정제조원가를 제품원가에 포함한다. 따라서 생산량의 증가는 단위당 고정제조간접원가의 하락으로 이어지고, 제품원가는 낮아져 이익이 증가한다. 즉, 전부원가계산의 이익은 판매량뿐만 아니라 생산량에 의해서도 영향을 받는다.

$$\text{전부원가계산 이익} = f\,(\underset{\oplus}{\text{판매량}},\ \underset{\oplus}{\text{생산량}})$$

(1) 원인

생산량 변화는 단위당 고정제조간접원가와 기말재고로 이연되는 고정제조간접원가에 영향을 미친다.

(2) 시사점

당기 이익을 늘리기 위하여 생산량을 증가시킬 수 있어 재고과잉위험이 발생할 수 있다.

2. 변동원가계산

변동원가계산은 고정제조원가를 당기 비용처리한다. 따라서 생산량의 변화는 원가에 영향을 미치지 않는다. 즉, 변동원가계산의 이익은 오직 판매량에 의해서만 영향을 받는다.

$$\text{변동원가계산 이익} = f\,(\underset{\oplus}{\text{판매량}})$$

(1) 원인

고정제조간접원가를 기간 비용처리하여 생산량은 원가와 재고자산에 영향을 미치지 못한다.

(2) 시사점

생산량은 이익에 영향을 미치지 못하므로 경영자로 하여금 판매에 집중할 수 있도록 한다.

3. 초변동원가계산

초변동원가계산은 변동가공원가를 당기 비용처리한다. 따라서, 생산량의 증가는 비용처리되는 변동가공원가를 증가시켜 이익이 감소한다. 즉, 초변동원가계산의 이익은 판매량뿐만 아니라 생산량에 의해서도 영향을 받는다.

$$\text{초변동원가계산 이익} = f\,(\text{판매량, 생산량})$$
$$\qquad\qquad\qquad\qquad\oplus\qquad\ominus$$

(1) 원인

생산량 변화는 당기 비용처리하는 변동가공원가에 영향을 미친다.

(2) 시사점

당기 발생한 변동가공원가는 기간 비용처리되어 경영자로 하여금 재고자산을 최소화하도록 유도할 수 있다.

핵심 Check 전부원가계산과 초변동원가계산

전부원가계산에서 생산량은 이익에 대하여 $\oplus$ 효과를 가져오지만 초변동원가계산에서 생산량은 이익에 대하여 $\ominus$ 효과를 가져온다.

예제 3: 영업이익 비교(생산량 변화)

(주)한국은 20×1년에 영업을 개시하였으며 단일제품을 대량생산하고 있다. 제품에 대한 자료는 다음과 같다.

단위당 판매가격		₩100
단위당 변동원가		
직접재료원가	₩50	
직접노무원가	15	
변동제조간접원가	9	
변동판매관리비	3	77
단위당 공헌이익		₩23
고정제조간접원가		₩9,000
고정판매관리비		1,000
고정원가		₩10,000

매년 생산량 및 판매량은 다음과 같다. 회사는 재고자산의 평가는 선입선출법에 의한다.

	20×1년	20×2년	20×3년
기초제품	0단위	500단위	500단위
생산량	2,000	1,500	1,000
판매량	1,500	1,500	1,500
기말제품	500	500	0

요구사항

각 원가계산방법별 손익계산서를 작성하시오.

※ 연도별 단위당 고정제조간접원가

	20×1년	20×2년	20×3년
총고정제조간접원가	₩9,000	₩9,000	₩9,000
생산량	÷ 2,000단위	÷ 1,500단위	÷ 1,000단위
단위당 고정제조간접원가	₩4.5	₩6.0	₩9.0

20×1년

기초	–	판매	1,500단위
생산	2,000단위	기말	500
	2,000단위		2,000단위

20×2년

기초	500단위	판매	1,500단위
생산	1,500	기말	500
	2,000단위		2,000단위

20×3년

기초	500단위	판매	1,500단위
생산	1,000	기말	–
	1,500단위		1,500단위

[20×1년]

전부원가계산

매출액	1,500단위 × ₩100 =		₩150,000
매출원가			
변동매출원가	1,500단위 × ₩74 =	₩111,000	
고정매출원가	1,500단위 × ₩4.5 =	6,750	(117,750)
매출총이익			₩32,250
판매관리비			
변동판매관리비	1,500단위 × ₩3 =	₩4,500	
고정판매관리비		1,000	(5,500)
영업이익			₩26,750

변동원가계산

매출액	1,500단위 × ₩100 =		₩150,000
변동원가			
변동매출원가	1,500단위 × ₩74 =	₩111,000	
변동판매관리비	1,500단위 × ₩3 =	4,500	(115,500)
공헌이익			₩34,500
고정원가			
고정제조간접원가		₩9,000	
고정판매관리비		1,000	(10,000)
영업이익			₩24,500

초변동원가계산

매출액	1,500단위 × ₩100 =	₩150,000
단위수준변동원가	1,500단위*1 × ₩50 =	(75,000)
재료처리량 공헌이익		₩75,000
변동원가		
직접노무원가	2,000단위*2 × ₩15 = ₩30,000	
변동제조간접원가	2,000단위 × ₩9 = 18,000	
변동판매관리비	1,500단위 × ₩3 = 4,500	(52,500)
고정원가		
고정제조간접원가	₩9,000	
고정판매관리비	1,000	(10,000)
영업이익		₩12,500

*1 판매량
*2 생산량

[20×2년]

전부원가계산

매출액	1,500단위 × ₩100 =	₩150,000
매출원가		
변동매출원가	₩111,000*3	
고정매출원가	8,250*4	(119,250)
매출총이익		₩30,750
판매관리비		
변동판매관리비	1,500단위 × ₩3 = ₩4,500	
고정판매관리비	1,000	(5,500)
영업이익		₩25,250

*3 기초제품재고액　　 500단위 × ₩74 = ₩37,000
　　당기제품제조원가 1,500단위 × ₩74 = 111,000
　　계　　　　　　　　　　　　　　　 ₩148,000
　　기말제품재고액　　 500단위 × ₩74 = 37,000　　₩111,000

*4 기초제품재고액　　 500단위 × ₩4.5 = ₩2,250
　　당기제품제조원가 1,500단위 × ₩6 = 9,000
　　계　　　　　　　　　　　　　　　 ₩11,250
　　기말제품재고액　　 500단위 × ₩6 = 3,000　　₩8,250

변동원가계산

매출액	1,500단위 × ₩100 =	₩150,000
변동원가		
변동매출원가	₩111,000 [*5]	
변동판매관리비	1,500단위 × ₩3 = 4,500	(115,500)
공헌이익		₩34,500
고정원가		
고정제조간접원가	₩9,000	
고정판매관리비	1,000	(10,000)
영업이익		₩24,500

[*5] 기초제품재고액   500단위 × ₩74 =   ₩37,000
     당기제품제조원가 1,500단위 × ₩74 =   111,000
     계   ₩148,000
     기말제품재고액   500단위 × ₩74 =   37,000 ₩111,000

초변동원가계산

매출액	1,500단위 × ₩100 =	₩150,000
단위수준변동원가	1,500단위 × ₩50 =	(75,000) [*6]
재료처리량 공헌이익		₩75,000
변동원가		
직접노무원가	1,500단위 × ₩15 = ₩22,500	
변동제조간접원가	1,500단위 × ₩9 = 13,500	
변동판매관리비	1,500단위 × ₩3 = 4,500	(40,500)
고정원가		
고정제조간접원가	₩9,000	
고정판매관리비	1,000	(10,000)
영업이익		₩24,500

[*6] 기초제품재고액   500단위 × ₩50 =   ₩25,000
     당기제품제조원가 1,500단위 × ₩50 =   75,000
     계   ₩100,000
     기말제품재고액   500단위 × ₩50 =   25,000 ₩75,000

[20×3년]

전부원가계산

매출액	1,500단위 × ₩100 =	₩150,000
매출원가		
변동매출원가	₩111,000 [*7]	
고정매출원가	12,000 [*8]	(123,000)
매출총이익		₩27,000
판매관리비		
변동판매관리비	1,500단위 × ₩3 = ₩4,500	
고정판매관리비	1,000	(5,500)
영업이익		₩21,500

*7 기초제품재고액　　500단위 × ₩74 = 　₩37,000
　　당기제품제조원가　1,000단위 × ₩74 = 　 74,000
　　계　　　　　　　　　　　　　　　₩111,000
　　기말제품재고액　　　　　　　　　　　 －　₩111,000

*8 기초제품재고액　　500단위 × ₩6 = 　₩3,000
　　당기제품제조원가　1,000단위 × ₩9 = 　 9,000
　　계　　　　　　　　　　　　　　　₩12,000
　　기말제품재고액　　　　　　　　　　　 －　₩12,000

변동원가계산

매출액	1,500단위 × ₩100 =		₩150,000
변동원가			
변동매출원가		₩111,000*9	
변동판매관리비	1,500단위 × ₩3 =	4,500	(115,500)
공헌이익			₩34,500
고정원가			
고정제조간접원가		₩9,000	
고정판매관리비		1,000	(10,000)
영업이익			₩24,500

*9 기초제품재고액　　500단위 × ₩74 = 　₩37,000
　　당기제품제조원가　1,000단위 × ₩74 = 　 74,000
　　계　　　　　　　　　　　　　　　₩111,000
　　기말제품재고액　　　　　　　　　　　 －　₩111,000

초변동원가계산

매출액	1,500단위 × ₩100 =		₩150,000
단위수준변동원가			(75,000)*10
재료처리량 공헌이익			₩75,000
변동원가			
직접노무원가	1,000단위 × ₩15 =	₩15,000	
변동제조간접원가	1,000단위 × ₩9 =	9,000	
변동판매관리비	1,500단위 × ₩3 =	4,500	(28,500)
고정원가			
고정제조간접원가		₩9,000	
고정판매관리비		1,000	(10,000)
영업이익			₩36,500

*10 기초제품재고액　　500단위 × ₩50 = 　₩25,000
　　 당기제품제조원가　1,000단위 × ₩50 = 　 50,000
　　 계　　　　　　　　　　　　　　　₩75,000
　　 기말제품재고액　　　　　　　　　　　 －　₩75,000

04 이익차이 등식

1. 기본등식

지금까지의 내용을 종합하면 다음과 같은 등식을 도출할 수 있다.

> 전부원가계산 이익 = 변동원가계산 이익 + 기말재고 고정제조간접원가 - 기초재고 고정제조간접원가
> 변동원가계산 이익 = 초변동원가계산 이익 + 기말재고 변동가공원가 - 기초재고 변동가공원가
> 전부원가계산 이익 = 초변동원가계산 이익 + 기말재고 가공원가 - 기초재고 가공원가

예제 4: 전부원가계산과 변동원가계산 이익차이

(주)한국은 20×1년 1월 1일 영업을 시작하였다. 이 회사는 단위당 ₩10에 판매되는 한 종류의 제품만을 생산하고 있으며 한 해 동안 10,000단위를 생산하여 9,000단위를 판매하였다. 20×1년 중에 발생한 제조원가 및 판매비와 관리비는 다음과 같다.

구분	고정원가	단위당 변동원가
직접재료원가	–	₩2.00
직접노무원가	–	1.50
제조간접원가	₩30,000	0.25
판매비와 관리비	5,000	0.75
합계	₩35,000	₩4.50

요구사항

변동원가계산과 전부원가계산에 의한 20×1년의 영업이익을 각각 구하시오(단, 20×1년 말 기말재공품은 없다).

[풀이]

	20×1년		
기초	–	판매	9,000단위
생산	10,000단위	기말	1,000
	10,000단위		10,000단위

1. 변동원가계산하의 영업이익

   9,000단위 × (₩10 - ₩4.5[*1]) - ₩35,000 = ₩14,500

   *1 단위당 변동원가 합계

2. 전부원가계산하의 영업이익

   전부원가이익 = 변동원가이익 + 기말재고자산 고정제조간접원가 - 기초재고자산 고정제조간접원가
   = ₩14,500 + 1,000단위 × ₩3[*2] = ₩17,500

   *2 단위당 고정제조간접원가: $\dfrac{\text{고정제조간접원가}}{\text{총생산수량}} = \dfrac{₩30,000}{10,000단위} = ₩3$

---

2. 재공품이 있는 경우 이익차이

일반적으로 재료원가는 공정 초기에 투입되고 가공원가는 공정 전반에 걸쳐 균등발생한다. 따라서, 재공품이 존재한다면 재공품에 일부 가공원가가 포함되어 있어 이익차이를 계산할 때 재공품도 재고에 포함하여 고려해야 한다. 단, 재공품의 가공원가는 완성도에 따라 달라지므로 완성품환산량에 해당하는 원가를 반영해야 한다.

핵심 Check 재고의 의미

제품뿐만 아니라 재공품재고도 고려해야 하며, 재공품의 경우 완성품환산량을 적용해야 한다.

예제 5: 전부원가계산과 변동원가계산 이익차이[재공품이 있는 경우]

(주)한국은 단위당 판매가격인 ₩100인 제품을 생산·판매하고 있다. 회사는 내부관리목적으로 변동원가계산을 사용하고 외부보고목적으로 전부원가계산을 사용하고 있다. 당해연도에 발생한 원가 및 재고 관련 자료는 다음과 같다.

(1) 원가자료

구분	단위당 변동원가
직접재료원가	₩30(2kg, ₩15/kg)
직접노무원가	20
변동제조간접원가	20
고정제조간접원가	10
계	₩80

(2) 재고 관련 자료

	기초	기말
재공품	100(0.5)	150(0.8)
제품	200	300

재고자산의 평가는 선입선출법으로 하고 전기와 당기 단위당 원가는 동일하다. 또한, 직접재료원가는 공정 착수시점에 전량 투입되고 가공원가는 공정 전반에 걸쳐 균등발생하며 올해 총 투입된 원재료 수량은 1,800kg이다.

요구사항

❶ 변동원가계산에 의한 영업이익을 구하시오.
❷ 전부원가계산에 의한 영업이익을 구하시오.

(1) 착수물량

　　원재료투입량 ÷ 단위당 원재료수량

　　= 1,800kg ÷ 2kg = 900단위

(2) 가공원가 완성품환산량

① 물량흐름 파악				② 완성품환산량	
		재공품		직접재료원가	가공원가
기초	100(0.5)	완성	100(0.5)	–	50
			750	750	750
착수	900	기말	150(0.8)	150	120
	1,000		1,000	900	920

(3) 총고정제조간접원가

　　가공원가 완성품환산량 × 단위당 고정제조간접원가

　　= 920단위 × ₩10 = ₩9,200

(4) 단위당 공헌이익

　　₩100 − (₩30 + ₩20 + ₩20) = ₩30

(5) 단위당 전부원가

　　₩30 + ₩20 + ₩20 + ₩10 = ₩80

(6) 제품재고

		제품	
기초	200단위	판매	750단위
완성	850단위	기말	300단위
	1,050단위		1,050단위

❶ 변동원가계산 영업이익

단위당 공헌이익 × 판매량 − 총고정원가

= ₩30 × 750단위 − ₩9,200 = ₩13,300

❷ 전부원가계산 영업이익

단위당 매출총이익 × 판매량

= (₩100 − ₩80) × 750단위 = ₩15,000

[별해]

전부원가계산 이익 = 변동원가계산 이익 + 기말재고 고정제조간접원가 − 기초재고 고정제조간접원가

전부원가계산 이익 = ₩13,300 + (150단위 × 0.8 + 300단위) × ₩10 − (100단위 × 0.5 + 200단위) × ₩10

　　　　　　　　　= ₩13,300 + ₩4,200 − ₩2,500 = ₩15,000

5 정상변동원가계산과 표준변동원가계산

01 의의

정상원가계산과 표준원가계산은 원가요소의 일부 또는 전부를 예정배부액 또는 표준배부액(이하 "사전원가")으로 계산한 후 실제원가와의 차이금액을 조정하는 방법이다. 따라서 정상원가계산과 표준원가계산을 적용하면서 세 가지 방법의 이익차이를 구하는 과정은 다음과 같다.

[1단계] 사전원가를 이용하여 원가계산을 진행한다.

[2단계] 이익차이를 계산하는 등식의 재고자산금액은 사전원가로 측정된다.

[3단계] 배부차이와 원가차이 조정방법에 따라 등식의 재고자산금액을 수정한다.

핵심 Check 무배분법

> 배부차이와 원가차이를 조정하는 방법에서 무배분법(매출원가조정법 또는 기타손익법)을 적용하는 경우 차이금액이 모두 당기손익에 반영되어 사전원가로 측정된 재고자산금액은 수정할 필요가 없다. 따라서 세 가지 방법의 이익차이는 재고자산에 포함되어 있는 원가요소별 예정배부액 또는 표준배부액이다.

02 정상전부원가계산과 정상변동원가계산

전부원가계산은 고정제조간접원가를 제품원가에 포함하므로 정상전부원가계산은 변동제조간접원가와 고정제조간접원가에 대한 예정배부율을 설정한다. 반면에 변동원가계산은 당기 발생한 고정제조간접원가를 기간 비용처리하므로 정상변동원가계산은 고정제조간접원가에 대해서 별도로 예정배부율을 설정할 필요가 없고 기말에 실제 발생한 고정제조간접원가를 비용처리한다. 따라서, 정상전부원가계산은 변동제조간접원가와 고정제조간접원가 모두 배부차이가 발생할 수 있지만 정상변동원가계산은 변동제조간접원가에 대해서만 배부차이가 발생한다.

정상전부원가계산과 정상변동원가계산 비교

	전부원가계산		변동원가계산	
	변동제조간접원가	고정제조간접원가	변동제조간접원가	고정제조간접원가
예정배부율 설정	○	○	○	×
배부차이 조정	○	○	○	×

정상전부원가계산과 정상변동원가계산의 이익차이는 실제원가계산을 적용하는 것과 동일하게 재고에 포함되어 있는 고정제조간접원가이다. 단, 재고자산금액은 예정배부액으로 기말에 실제원가로 조정되지만 배부차이 조정을 무배분법으로 하는 경우 재고자산금액은 예정배부액으로 정상전부원가계산과 정상변동원가계산의 이익차이는 재고에 포함되어 있는 고정제조간접원가 예정배부액이다.

예제 6: 정상전부원가계산과 정상변동원가계산 비교

(주)한국은 20×1년에 영업을 개시하였으며 단일제품을 대량생산하고 있다. 회사는 정상원가계산제도를 채택하고 있으며 연초에 설정한 제조간접원가 예산은 ₩22,500이다. 예정조업도는 1,500단위이며 고정제조간접원가 예정배부율은 제품 단위당 ₩6이다. 20×1년에 실제 자료는 다음과 같다.

단위당 판매가격		₩100
단위당 변동원가		
직접재료원가	₩50	
직접노무원가	15	
변동제조간접원가	9	
변동판매관리비	3	77
단위당 공헌이익		₩23
고정제조간접원가		₩9,000
고정판매관리비		1,000
고정원가		₩10,000

요구사항

20×1년 중 생산량 및 판매량은 각각 2,000단위와 1,500단위이다. 제조간접원가 배부차이를 매출원가에 조정할 경우 전부원가계산과 변동원가계산의 손익계산서를 작성하시오.

[풀이]

(1) 제조간접원가 예정배부율

$$\frac{\text{₩}22,500}{1,500\text{단위}} = \text{₩}15$$

(2) 변동제조간접원가 예정배부율

제조간접원가 예정배부율 − 고정제조간접원가 예정배부율

= ₩15 − ₩6 = ₩9

전부원가계산			
매출액	1,500단위 × ₩100 =		₩150,000
매출원가			
변동매출원가(예정)	1,500단위 × ₩74 =	₩111,000	
고정매출원가(예정)	1,500단위 × ₩6 =	9,000	
배부차이		(3,000)*1	(117,000)
매출총이익			₩33,000
판매관리비			
변동판매관리비	1,500단위 × ₩3 =	₩4,500	
고정판매관리비		1,000	(5,500)
영업이익			₩27,500

*1 배부차이

	예정배부	실제발생	배부차이
변동제조간접원가	2,000단위 × ₩9 = ₩18,000	2,000단위 × ₩9 = ₩18,000	−
고정제조간접원가	2,000단위 × ₩6 = ₩12,000	₩9,000	₩3,000(과대)
			₩3,000(과대)

변동원가계산			
매출액	1,500단위 × ₩100 =		₩150,000
변동원가			
변동매출원가(예정)	1,500단위 × ₩74 =	₩111,000	
배부차이		−*2	
변동판매관리비	1,500단위 × ₩3 =	4,500	(115,500)
공헌이익			₩34,500
고정원가			
고정제조간접원가(실제)		₩9,000	
고정판매관리비		1,000	(10,000)
영업이익			₩24,500

*2 배부차이

	예정배부	실제발생	배부차이
변동제조간접원가	2,000단위 × ₩9 = ₩18,000	2,000단위 × ₩9 = ₩18,000	−

∴ 전부원가계산과 변동원가계산의 이익차이 = 기말재고(500단위) × 고정제조간접원가 예정배부율(₩6)

= ₩3,000

03 표준전부원가계산과 표준변동원가계산

전부원가계산은 고정제조간접원가를 제품원가에 포함하므로 표준전부원가계산은 변동제조원가뿐만 아니라 고정제조간접원가에 대한 표준원가를 설정한다. 반면에 변동원가계산은 당기 발생한 고정제조간접원가를 기간 비용처리하므로 표준변동원가계산은 고정제조간접원가에 대해서 별도로 표준원가를 설정할 필요가 없고 기말에 실제 발생한 고정제조간접원가를 비용처리한다. 따라서, 표준전부원가계산은 변동제조원가와 고정제조간접원가 모두 원가차이가 발생할 수 있지만 표준변동원가계산은 변동제조원가에 대해서만 원가차이가 발생한다.

표준전부원가계산과 표준변동원가계산 비교

	전부원가계산		변동원가계산	
	재료원가 및 변동가공원가	고정제조간접원가	재료원가 및 변동가공원가	고정제조간접원가
표준원가 설정	○	○	○	×
원가차이 조정	○	○	○	×

표준전부원가계산과 표준변동원가계산의 이익차이는 실제원가계산을 적용하는 것과 동일하게 재고에 포함되어 있는 고정제조간접원가이다. 단, 재고자산금액은 표준배부액으로 기말에 실제원가로 조정되지만 원가차이 조정을 무배분법으로 하는 경우 재고자산금액은 표준배부액으로 표준전부원가계산과 표준변동원가계산의 이익차이는 기말재고에 포함되어 있는 고정제조간접원가 표준배부액이다.

예제 7: 표준전부원가계산과 표준변동원가계산의 비교

(주)한국은 20×1년에 영업을 개시하였으며 단일제품을 대량생산하고 있다. 회사는 표준원가계산제도를 채택하고 있으며 연초에 설정한 고정제조간접원가 예산은 ₩9,000이다. 회사가 설정한 표준원가는 다음과 같다.

	표준수량(SQ)	표준가격(SP)	표준원가
직접재료원가	2kg	₩25/kg	₩50/단위
직접노무원가	3h	5/h	15
변동제조간접원가	3h	3/h	9
고정제조간접원가	3h	2/h	6
제품 단위당 표준원가			₩80/단위

고정제조간접원가 표준배부율을 결정하기 위하여 사용된 기준조업도는 1,500단위이다. 변동판매관리비는 단위당 ₩3이며, 고정판매관리비는 ₩1,000이다. 20×1년 중 생산량 및 판매량은 각각 2,000단위와 1,500단위이다.

요구사항

원가차이를 매출원가에 조정할 경우 전부원가계산과 변동원가계산의 손익계산서를 작성하시오(단, 조업도차이 이외의 차이는 발생하지 않았으며 단위당 판매가격은 ₩100이다).

> **풀이**

전부원가계산

매출액	1,500단위 × ₩100 =		₩150,000
매출원가			
변동매출원가(표준)	1,500단위 × ₩74 =	₩111,000	
고정매출원가(표준)	1,500단위 × ₩6 =	9,000	
원가차이		(3,000)*1	(117,000)
매출총이익			₩33,000
판매관리비			
변동판매관리비	1,500단위 × ₩3 =	₩4,500	
고정판매관리비		1,000	(5,500)
영업이익			₩27,500

*1 원가차이

조업도차이 이외의 차이는 발생하지 않으므로 전부원가계산에서의 총원가차이는 조업도차이이다.

실제	예산	SQ × SP
	1,500 × 3h × ₩2	2,000단위 × 3h × ₩2
₩9,000	= ₩9,000	= ₩12,000
	소비차이 ₩0	조업도차이 ₩3,000 F

변동원가계산

매출액	1,500단위 × ₩100 =		₩150,000
변동원가			
변동매출원가(표준)	1,500단위 × ₩74 =	₩111,000	
원가차이		_*2	
변동판매관리비	1,500단위 × ₩3 =	4,500	(115,500)
공헌이익			₩34,500
고정원가			
고정제조원가(실제)		₩9,000	
고정판매관리비		1,000	(10,000)
영업이익			₩24,500

*2 원가차이

조업도차이 이외의 차이는 발생하지 않으므로 변동원가계산에서의 원가차이는 존재하지 않는다.

∴ 전부원가계산과 변동원가계산의 이익차이 = 기말재고(500단위) × 표준고정제조간접원가배부율(₩6)
= ₩3,000

6 장·단점

01 의의

전부원가계산은 원가부착개념(cost attach concept)을 근거로 하고 변동원가계산 및 초변동원가계산은 원가회피개념(cost avoidance concept)을 근거로 한다. 원가회피개념이란 생산을 하지 않을 경우 회피할 수 있는 원가를 제품원가로 처리하며 변동원가계산은 변동제조원가를 회피할 수 있지만 초변동원가계산은 직접재료원가만 회피할 수 있다고 간주한다.

02 장·단점

세 가지 방법의 장점과 단점은 다음과 같다.

1. 전부원가계산

(1) 장점

① 장기적인 의사결정에 적합한 정보를 제공한다.

② 모든 제조원가는 제품원가에 포함하여 변동원가와 고정원가 구분이 필요 없다.

③ 회계원칙인 수익·비용 대응의 원칙에 부합하는 방법이다.

(2) 단점

① 생산량 변동이 단위당 원가에 영향을 미친다.

② 판매량뿐만 아니라 생산량도 이익에 영향을 미친다.

③ 이익을 높이기 위하여 경영자로 하여금 과잉생산을 유도하게 된다.

2. 변동원가계산

(1) 장점

① 단기적인 의사결정에 적합한 정보를 제공한다.

② 생산량으로 인한 이익조작을 방지할 수 있다.

③ 이익은 판매량에 의해서만 영향을 받아 재고과잉위험이 존재하지 않는다.

(2) 단점

① 변동원가와 고정원가의 구분이 어렵다.

② 재고자산금액이 과소평가된다.

③ 회계원칙과 법인세계산에서 인정하지 않는다.

3. 초변동원가계산

(1) 장점

① 변동가공원가를 기간 비용으로 처리하여 이익을 높이기 위한 재고 증가를 방지한다.

② 직접재료원가만 제품원가로 처리하여 변동원가와 고정원가 구분이 필요하지 않다.

(2) 단점

① 수요의 불확실과 규모의 경제 등 재고의 긍정적인 효과를 과소평가한다.

② 재고자산금액이 작아 지나치게 낮은 가격으로 판매할 가능성이 있다.

③ 회계원칙과 법인세계산에서 인정하지 않는다.

01 다음은 변동원가계산과 전부원가계산에 대한 설명이다. 이들에 해당되는 사항들로만 적절히 분류한 것은?

[세무사 00]

ⓐ 행태별 원가분류가 필요하다.
ⓑ 기간손익이 재고수준의 변동에 영향을 받는다.
ⓒ 단기적인 계획과 통제에 유용하지 못하다.
ⓓ 일반적으로 인정된 회계원칙에서 인정하지 않는다.

	변동원가계산	전부원가계산
①	ⓐ, ⓒ	ⓑ, ⓓ
②	ⓑ, ⓒ	ⓐ, ⓓ
③	ⓒ, ⓓ	ⓐ, ⓑ
④	ⓐ, ⓑ	ⓒ, ⓓ
⑤	ⓐ, ⓓ	ⓑ, ⓒ

02 20×1년 초에 영업을 개시한 한 회사의 1월과 2월 중에 발생한 원가자료는 다음과 같다.

	20×1년 1월	20×1년 2월
생산능력	100개	100개
생산량	90	100
판매량	70	90
고정제조간접원가	₩1,350	₩1,400

2월 중 변동원가계산에 의한 영업이익이 ₩210이었다면, 전부원가계산에 의한 2월 중 영업이익은 얼마인가? (단, 회사는 실제원가계산을 적용하고 있으며, 재고자산의 원가흐름은 선입선출법을 가정한다) [회계사 06]

① ₩300 ② ₩330 ③ ₩360
④ ₩400 ⑤ ₩420

※ 다음은 **03 ~ 04**에 관련된 자료이다.

경주사는 20×1년 1월 1일에 영업을 시작하였다. 이 회사는 단일제품을 생산·판매하는데 20×1년 한 해 동안 총 2,000단위를 생산하였다. 단위당 판매가격은 ₩1,800이다. 그 밖에 20×1년에 발생한 원가정보는 다음과 같다.

	고정원가	변동원가	
직접재료원가	-	단위당	₩300
직접노무원가	-	단위당	250
제조간접원가	₩300,000	단위당	150
판매 및 일반관리비	200,000	단위당	200

03 경주사가 20×1년 한 해 동안의 총판매량이 1,500단위라면 변동원가계산에서의 순이익은 얼마인가?

① ₩825,000 ② ₩850,000 ③ ₩900,000
④ ₩925,000 ⑤ ₩950,000

04 당해연도의 전부원가계산하에서의 순이익이 변동원가계산하에서의 순이익보다 ₩300,000이 많은 경우 당해연도의 판매량은 얼마인가?

① 0단위 ② 500단위 ③ 1,000단위
④ 2,000단위 ⑤ 2,500단위

※ 다음은 **05 ~ 06**에 관련된 자료이다.

(주)서울은 외부보고목적으로 전부원가계산제도를 내부관리목적으로 초변동원가계산제도를 사용하고 있다. 다음은 각각의 목적에서 작성된 자료이다.

	외부보고목적	내부관리목적
기초제품재고액	₩50,000	₩10,000
기말제품재고액	80,000	20,000

단위당 직접재료원가는 ₩100이며 전기와 당기는 동일하다. 당기 매출액이 ₩800,000, 단위당 판매가격은 ₩1,000이다. 선입선출법을 적용한다고 가정한다.

05 회사의 당기 생산량은 얼마인가?

① 800단위　　　　② 900단위　　　　③ 1,000단위
④ 1,200단위　　　　⑤ 1,500단위

06 초변동원가계산에서의 순이익이 ₩10,000인 경우, 전부원가계산에서의 순이익은 얼마인가?

① ₩9,000　　　　② ₩10,000　　　　③ ₩15,000
④ ₩20,000　　　　⑤ ₩30,000

07 다음은 (주)미래의 제조원가와 생산 및 판매량에 관한 자료이다.

제조간접원가	
단위당 변동원가	₩1,000
고정원가	3,000,000
생산 및 판매량	
기초제품재고량	2,000개
생산량	18,000
판매량	19,000

고정제조간접원가 배부율을 계산하기 위한 기준조업도는 20,000개이며, 과대 또는 과소배부된 제조간접원가는 전액 매출원가에서 조정된다. 변동원가계산에 의한 순이익이 ₩6,000,000일 때 전부원가계산에 의한 순이익은 얼마인가? (단, 고정제조간접원가 배부율은 기초제품과 당기제품에 동일하게 적용된다)

[회계사 05]

① ₩5,850,000   ② ₩5,950,000   ③ ₩6,050,000
④ ₩6,150,000   ⑤ ₩6,250,000

※ 다음은 **08 ~ 09**에 관련된 자료이다.

수원회사는 20×1년 1월 1일에 영업을 시작하였으며, 단위당 판매가격이 ₩700인 단일제품을 생산하고 있다. 이 회사의 표준생산능력은 100,000단위이다. 수원회사는 20×1년 중에 100,000단위의 제품을 생산하여 그 중 80,000단위를 판매하였다. 그리고 20×1년도의 제조원가 및 판매비와 일반관리비는 다음과 같다.

	고정원가	변동원가	
직접재료원가	–	단위당	₩150
직접노무원가	–	단위당	100
제조간접원가	₩15,000,000	단위당	50
판매 및 일반관리비	12,000,000	–	

변동제조원가의 원가차이는 발생하지 않았으며, 원가차이는 매출원가에서 조정한다.

08 전부원가계산에 의할 경우 20×1년 12월 31일의 재무상태표에 계상될 재고자산의 단위당 제조원가는 얼마인가?

① ₩250   ② ₩300   ③ ₩350

④ ₩400   ⑤ ₩450

09 변동원가계산하에서의 당해연도 순이익은 얼마인가?

① ₩5,000,000   ② ₩6,000,000   ③ ₩7,000,000

④ ₩8,000,000   ⑤ ₩9,000,000

10 (주)국세의 20×1년도 전부원가계산에 의한 영업이익은 ₩1,000,000이다. (주)국세의 원가자료가 다음과 같을 경우 20×1년도 변동원가계산에 의한 영업이익은 얼마인가? (단, 원가요소 금액은 총액이다) [세무사 12]

	수량 (단위)	직접 재료원가	직접 노무원가	변동제조 간접원가	고정제조 간접원가
기초재공품	200	₩50,000	₩30,000	₩20,000	₩240,000
기초제품	400	100,000	70,000	40,000	700,000
기말재공품	500	100,000	65,000	25,000	500,000
기말제품	300	75,000	90,000	35,000	600,000
매출원가	1,000	1,000,000	750,000	650,000	2,000,000

① ₩640,000 ② ₩840,000 ③ ₩900,000
④ ₩1,100,000 ⑤ ₩1,160,000

11 (주)대한은 20×1년 초에 설립되었으며 단일제품을 생산한다. 20×1년과 20×2년에 전부원가계산에 의한 영업활동 결과는 다음과 같다.

항목	20×1년	20×2년
생산량	100단위	120단위
판매량	80단위	110단위
매출액	₩24,000	₩33,000
매출원가	17,600	22,400
매출총이익	₩6,400	₩10,600
판매관리비	5,600	6,200
영업이익	₩800	₩4,400

(주)대한은 재공품 재고를 보유하지 않으며, 원가흐름 가정은 선입선출법이다. 20×2년도 변동원가계산에 의한 영업이익은 얼마인가? (단, 두 기간의 단위당 판매가격, 단위당 변동제조원가, 고정제조간접원가, 단위당 변동판매관리비, 고정판매관리비는 동일하다) [회계사 19]

① ₩3,200 ② ₩3,400 ③ ₩3,600
④ ₩3,800 ⑤ ₩4,200

12 20×1년에 영업을 개시한 (주)세무는 단일제품을 생산·판매하고 있으며, 전부원가계산제도를 채택하고 있다. (주)세무는 20×1년 2,000단위의 제품을 생산하여 단위당 ₩1,800에 판매하였으며, 영업활동에 관한 자료는 다음과 같다.

• 제조원가	
단위당 직접재료원가	₩400
단위당 직접노무원가	300
단위당 변동제조간접원가	200
고정제조간접원가	250,000
• 판매관리비	
단위당 변동판매관리비	₩100
고정판매관리비	150,000

(주)세무의 20×1년 영업이익이 변동원가계산에 의한 영업이익보다 ₩200,000이 많을 경우, 판매수량은? (단, 기말재공품은 없다)　　　　　　　[세무사 21]

① 200단위　　　　　② 400단위　　　　　③ 800단위
④ 1,200단위　　　　⑤ 1,600단위

13 (주)대한은 20×1년 1월 1일에 처음으로 생산을 시작하였고, 20×1년과 20×2년의 영업활동 결과는 다음과 같다.

구분	20×1년	20×2년
생산량	2,000단위	2,800단위
판매량	1,600단위	3,000단위
변동원가계산에 의한 영업이익	₩16,000	₩40,000

(주)대한은 재공품 재고를 보유하지 않으며, 재고자산 평가방법은 선입선출법이다. 20×1년 전부원가계산에 의한 영업이익은 ₩24,000이며, 20×2년에 발생한 고정제조간접원가는 ₩84,000이다. 20×2년 (주)대한의 전부원가계산에 의한 영업이익은 얼마인가? (단, 두 기간의 단위당 판매가격, 단위당 변동제조원가와 판매관리비는 동일하다)
[회계사 22]

① ₩26,000   ② ₩30,000   ③ ₩34,000
④ ₩36,000   ⑤ ₩38,000

14 (주)세무는 20×1년 초에 설립되었다. 20×1년 생산량과 판매량은 각각 3,200개와 2,900개이다. 동 기간 동안 고정제조간접원가는 ₩358,400 발생하였고, 고정판매관리비는 ₩250,000 발생하였다. 전부원가계산을 적용하였을 때 기말제품의 단위당 제품원가는 ₩800이다. 변동원가계산을 적용하였을 때 기말제품재고액은? (단, 재공품은 없다)
[세무사 23]

① ₩192,600   ② ₩198,000   ③ ₩206,400
④ ₩224,000   ⑤ ₩232,800

제8장 | 객관식 문제 정답 및 해설

01 ⑤   ⓐ 형태별 분류는 변동원가계산이다.
     ⓑ 전부원가계산은 생산량이 영업이익에 영향을 미친다.
     ⓒ 전부원가계산은 장기의사결정에 적합하다.
     ⓓ 변동원가계산은 일반적으로 인정된 회계원칙에서 인정하지 않는다.

02 ②

제품(1월)			
기초	–	판매	70
생산	90	기말	20
	90		90

제품(2월)			
기초	20	판매	90
생산	100	기말	30
	120		120

   (1) 기초재고의 단위당 고정제조간접원가: ₩1,350 ÷ 90개 = ₩15
   (2) 기말재고의 단위당 고정제조간접원가: ₩1,400 ÷ 100개 = ₩14
   ∴ 전부원가계산의 이익 = 변동원가계산의 이익(₩210) + 30 × ₩14 − 20 × ₩15 = ₩330

03 ②   (1) 단위당 공헌이익
      ₩1,800 − (₩300 + ₩250 + ₩150 + ₩200) = ₩900
   (2) 변동원가계산에서의 순이익
      1,500단위 × ₩900 − (₩300,000 + ₩200,000) = ₩850,000

04 ①   기초재고가 없으므로 전부원가계산하에서의 순이익은 다음과 같다.
   전부원가계산하에서의 순이익 = 변동원가계산하에서의 순이익 + 기말재고 × @FOH
   = ₩300,000 = 기말재고 × ₩150
   * ₩300,000 ÷ 2,000단위 = ₩150
   ∴ 기말재고는 2,000단위이므로 당해연도 판매량은 0단위이다.

05 ②

	수량*1	단위당 전부원가*2
기초제품	₩10,000 ÷ ₩100 = 100단위	₩50,000 ÷ 100단위 = ₩500
기말제품	₩20,000 ÷ ₩100 = 200단위	₩80,000 ÷ 200단위 = ₩400

   *1 초변동원가 ÷ 단위당 직접재료원가
   *2 전부원가 ÷ 재고수량

재고자산			
기초	100	판매	800*3
생산	900	기말	200
	1,000		1,000

   *3 ₩800,000 ÷ ₩1,000 = 800단위

06 ⑤ 전부원가계산에서의 이익

= 초변동원가계산에서의 이익 + 기말재고 × 가공원가 − 기초재고 × 가공원가

= ₩10,000 + 200단위 × (₩400 − ₩100) − 100단위 × (₩500 − ₩100) = ₩30,000

07 ① 전부원가계산이익

= 변동원가계산이익 + 기말재고 × 단위당 고정제조간접원가 − 기초재고 × 단위당 고정제조간접원가

= ₩6,000,000 + 1,000 × ₩150* − 2,000 × ₩150 = ₩5,850,000

* ₩3,000,000 ÷ 20,000단위 = ₩150/단위

08 ⑤ 전부원가계산하에서의 단위당 제조원가

= ₩150 + ₩100 + ₩50 + ₩15,000,000 ÷ 100,000단위 = ₩450

09 ① 변동제조원가에서의 원가차이가 없으므로, 매출원가에서 조정되는 원가차이는 없다.

(1) 단위당 공헌이익

₩700 − (₩150 + ₩100 + ₩50) = ₩400

(2) 변동원가계산하에서의 순이익

80,000단위 × ₩400 − (₩15,000,000 + ₩12,000,000) = ₩5,000,000

10 ② 전부원가계산 이익 = 변동원가계산 이익 + 기말재고 고정제조간접원가 − 기초재고 고정제조간접원가

₩1,000,000 = 변동원가계산 이익 + (₩500,000 + ₩600,000) − (₩240,000 + ₩700,000)

∴ 20×1년 변동원가계산에 의한 영업이익 = ₩840,000

11 ④

20×1년

기초	−	판매	80
생산	100	기말	20
	100		100

20×2년

기초	20	판매	110(전기 이월분 20단위 포함)
생산	120	기말	30
	140		140

1. 연도별 총제조원가

(1) 20×1년: $₩17,600 × \dfrac{100단위}{80단위} = ₩22,000$

(2) 20×2년: $₩18,000^* × \dfrac{120단위}{90단위} = ₩24,000$

* 당기 생산분 매출원가(90단위)

$₩22,400 − 20단위 × \dfrac{₩22,000}{100단위} = ₩18,000$

  2. 고정제조간접원가(a) 및 단위당 변동제조원가(b)
- ₩24,000 = a + b × 120단위
- ₩22,000 = a + b × 100단위
- → a = ₩12,000, b = ₩100

  3. 변동원가계산 영업이익(x)

$$₩4,400 = x + 30단위 × \frac{₩12,000}{120단위} - 20단위 × \frac{₩12,000}{100단위}$$

∴ 변동원가계산 영업이익(x) = ₩3,800

12 ②   1. 단위당 고정제조간접원가

     ₩250,000 ÷ 2,000단위 = ₩125

  2. 기말재고수량(Q)

     ₩200,000 = Q × ₩125

     → Q = 1,600단위

  3. 판매수량

     2,000단위 − 1,600단위 = 400단위

13 ⑤   1. 연도별 재고현황

20×1년				20×2년			
기초	−	판매	1,600	기초	400	판매	3,000
생산	2,000	기말	400	생산	2,800	기말	200
	2,000		2,000		3,200		3,200

  2. 20×1년 단위당 고정제조간접원가(x)

     전부원가계산 영업이익 = 변동원가계산 영업이익 + 기말재고 × 단위당 고정제조간접원가

     ₩24,000 = ₩16,000 + 400단위 × x

     → 단위당 고정제조간접원가(x): ₩20

  3. 20×2년 전부원가계산하에서의 영업이익

     전부원가계산 영업이익 = 변동원가계산 영업이익 + 기말재고 × 단위당 고정제조간접원가

                − 기초재고 × 단위당 고정제조간접원가

$$∴ ₩40,000 + 200단위 × \frac{₩84,000}{2,800단위} - 400단위 × ₩20 = ₩38,000$$

14 ③ (1) 단위당 고정제조간접원가

     ₩358,400 ÷ 3,200개 = ₩112

 (2) 변동원가계산 단위당 변동제조간접원가

     ₩800 − ₩112 = ₩688

 (3) 변동원가계산 기말제품재고액

     (3,200개 − 2,900개) × ₩688 = ₩206,400

제8장 | 주관식 문제

문제 01　변동원가계산과 초변동원가계산의 비교

다음을 읽고 물음에 답하시오.

(주)한국은 전기차 반도체를 제조·판매하고 있다. 다음은 (주)한국의 전기차 반도체의 20×1년과 20×2년에 제조 및 판매와 관련하여 실제 발생한 자료이다. (주)한국은 재고자산평가에 선입선출법을 사용한다.

	20×1년	20×2년
제품 단위당 판매가격	₩200	₩200
제품 단위당 직접재료원가	20	20
제품 단위당 직접노무원가	10	10
제품 단위당 변동제조간접원가	30	30
연간 고정제조간접원가	60,000	60,000
제품 단위당 변동판매관리비	20	20
연간 고정판매관리비	50,000	50,000
기초 제품재고량	0개	300개
당기 제품생산량	1,500개	1,200개
당기 제품판매량	1,200개	1,500개

요구사항

[물음 1]　전부원가계산에 의한 (주)한국의 20×2년의 영업이익을 구하시오.

[물음 2]　초변동원가계산에 의한 (주)한국의 20×2년의 영업이익을 구하시오.

[물음 3]　(주)한국의 20×1년 전부원가계산에 의한 영업이익과 변동원가계산에 의한 20×1년 영업이익의 차이를 계산하시오.

풀이

```
P                    ₩200
VC                      80*1
CM                   ₩120
FC             ₩110,000*2
```

*1 ₩20 + ₩10 + ₩30 + ₩20 = ₩80
*2 ₩60,000 + ₩50,000 = ₩110,000

	20×1년				20×2년		
기초	–	판매	1,200개	기초	300개	판매	1,500개
생산	1,500개	기말	300	생산	1,200	기말	–
	1,500개		1,500개		1,500개		1,500개

[물음 1] 전부원가계산 영업이익

(1) 단위당 고정제조간접원가

전기: ₩60,000 ÷ 1,500개 = ₩40

당기: ₩60,000 ÷ 1,200개 = ₩50

(2) 전부원가계산에 의한 영업이익

₩120 × 1,500개 - ₩110,000 = ₩70,000

"전부원가계산 영업이익 = 변동원가계산 영업이익 + 기말재고 × 단위당 고정제조간접원가 - 기초재고 × 단위당 고정제조간접원가"이므로 전부원가계산 영업이익은 다음과 같다.

전부원가계산 영업이익 = ₩70,000 - 300개 × ₩40 = ₩58,000

[물음 2] 초변동원가계산 영업이익

"변동원가계산 영업이익 = 초변동원가계산 영업이익 + 기말재고 × 단위당 변동가공원가 - 기초재고 × 단위당 변동가공원가"이므로 초변동원가계산 영업이익을 x라 하면 다음과 같다.

₩70,000 = x - 300개 × (₩10 + ₩30)

∴ x = ₩82,000

[물음 3] 영업이익의 차이

"전부원가계산 영업이익 = 변동원가계산 영업이익 + 기말재고 × 단위당 고정제조간접원가 - 기초재고 × 단위당 고정제조간접원가"이므로 영업이익의 차이는 다음과 같다.

300개 × ₩40 = ₩12,000

다음을 읽고 물음에 답하시오.

전부원가계산에 의하여 작성한 개업 후 3년간의 포괄손익계산서는 다음과 같다.

(1) 전부원가계산 포괄손익계산서

	1차연도	2차연도	3차연도
매출액	₩704,000	₩528,000	₩704,000
매출원가	520,000	330,000	680,000
매출총이익	₩184,000	₩198,000	₩24,000
판매관리비	180,000	160,000	180,000
영업이익	₩4,000	₩38,000	₩(156,000)

(2) 원가자료

단위당 변동제조원가	₩3
고정제조간접원가	400,000
고정판매관리비	100,000

(3) 기간별 생산량 및 판매량

	1차연도	2차연도	3차연도
생산량	40,000개	50,000개	20,000개
판매량	40,000	30,000	40,000

요구사항

[물음 1] 변동원가계산에 의하여 각 연도 포괄손익계산서를 작성하시오.

[물음 2] 1차연도와 2차연도 전부원가계산 포괄손익계산서를 보면 판매량이 작은 2차연도 순이익이 1차연도 순이익보다 오히려 크다. 그 이유를 설명하고 근거수치를 제시하시오.

[물음 3] 1차연도와 3차연도의 전부원가계산 포괄손익계산서를 보면 동일한 수량을 판매하였으나 순이익(손실)에 있어서 큰 차이를 보이고 있다. 그 이유를 설명하고 순이익의 관계를 나타내시오.

풀이

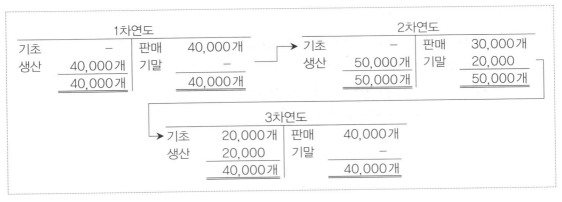

[물음 1] 변동원가계산 포괄손익계산서

	1차연도	2차연도	3차연도
매출액	₩704,000	₩528,000	₩704,000
변동매출원가	(120,000)*1	(90,000)	(120,000)
변동판매관리비	(80,000)*2	(60,000)	(80,000)
공헌이익	₩504,000	₩378,000	₩504,000
고정제조간접원가	(400,000)	(400,000)	(400,000)
고정판매관리비	(100,000)	(100,000)	(100,000)
영업이익	₩4,000	₩(122,000)	₩4,000

*1 40,000개 × ₩3 = ₩120,000
*2 ₩180,000 − ₩100,000 = ₩80,000

[물음 2] 전부원가계산에서의 생산량이 이익에 미치는 영향(Ⅰ)

(1) 2차연도와 1차연도의 순이익차이는 다음과 같다.

2차연도 순이익	₩38,000
1차연도 순이익	4,000
순이익차이	₩34,000

(2) 차이원인

① 공헌이익감소액: ₩126,000
- 단위당 공헌이익: ₩17.6 − ₩3 − ₩2 = ₩12.6
- 판매량 감소량: 10,000단위

② 자산화된 고정제조간접원가: ₩8 × 20,000 = ₩160,000

[물음 3] 전부원가계산에서의 생산량이 이익에 미치는 영향(Ⅱ)

판매량이 동일한 경우라도 생산량이 감소하면 비용화되는 고정제조간접원가는 증가하여 순이익은 감소한다.

- 1차연도 비용화된 고정원가: ₩400,000
- 3차연도 비용화된 고정원가: ₩160,000(2차연도 발생분) + ₩400,000(3차연도 발생분)
  = ₩560,000

다음을 읽고 물음에 답하시오.

당해연도 영업을 개시한 (주)한국은 현재의 회계처리방법을 재검토하여 몇 가지의 대안 중에서 한 가지를 선택하여 적용하고자 한다. 회사는 다음의 20×1년도 회계기록을 기초로 대안들을 평가하고 있다. 또한, 변동제조간접원가 예정배부율과 실제배부율은 동일하며 제조간접원가 배부차이금액을 기간비용으로 처리한다.

〈자료 1〉 수량

판매량	14,000단위
생산량	15,000
최대조업도	20,000
연간평균조업도	18,000

〈자료 2〉 가격 및 원가

단위당 판매가격	₩20
단위당 변동제조원가	8
단위당 변동판매비와 관리비	2
연간 고정제조간접원가	54,000
연간 고정판매비와 관리비	30,000

요구사항

[물음 1]   변동원가계산에 의한 순이익을 계산하시오.

[물음 2]   연간평균조업도를 이용하여 제조간접원가 배부율을 산정하는 경우 전부원가계산에 의한 순이익을 계산하시오.

[물음 3]   최대조업도를 이용하여 제조간접원가 배부율을 산정하는 경우 전부원가계산에 의한 순이익을 계산하시오.

풀이

[물음 1] 변동원가계산에 의한 순이익

매출액		₩280,000(= ₩20 × 14,000단위)
변동원가		
제조원가	₩112,000	
판매비와 관리비	28,000	(140,000)
공헌이익		₩140,000
고정원가		(84,000)
순이익		₩56,000

[물음 2] 전부원가계산에 의한 순이익(연간평균조업도 이용)

매출액	₩280,000(= ₩20 × 14,000단위)
매출원가	(154,000)(= ₩11* × 14,000단위)
매출총이익	₩126,000
판매비와 관리비	(58,000)
제조간접원가 배부차이	(9,000)(= ₩54,000 − ₩3 × 15,000단위)
순이익	₩59,000

* ₩8 + (₩54,000 ÷ 18,000단위) = ₩11

[물음 3] 전부원가계산에 의한 순이익(최대조업도 이용)

매출액	₩280,000(= ₩20 × 14,000단위)
매출원가	(149,800)(= ₩10.7* × 14,000단위)
매출총이익	₩130,200
판매비와 관리비	(58,000)
제조간접원가 배부차이	(13,500)(= ₩54,000 − ₩2.7 × 15,000단위)
순이익	₩58,700

* ₩8 + (₩54,000 ÷ 20,000단위) = ₩10.7

다음을 읽고 물음에 답하시오.

(주)한국은 의약품을 제조하는 회사이며 제조간접원가에 대해서 기초에 설정한 예정배부율을 적용하여 원가계산을 한다. 회사의 생산 및 판매활동과 관련한 전기자료는 다음과 같다.

	전기
단위당 판매가격	₩10
단위당 직접재료원가	1.5
단위당 직접노무원가	2.5
변동제조간접원가 예정배부율	1
고정제조간접원가 예정배부율	3
고정제조간접원가 실제발생액	3,000,000
연간 고정판매관리비	1,500,000
판매량	900,000개
기초제품	300,000
기말제품	600,000

회사는 선입선출법을 적용하여 재고자산을 평가하고 있으며, 고정제조간접원가 배부를 위한 기준조업도는 연간 1,000,000개이다.
제조간접원가의 배부차이는 매출원가에서 조정하며 변동제조간접원가의 배부차이는 발생하지 않는다.

요구사항

[물음 1]   전기의 전부원가계산에 의한 손익계산서를 작성하시오.

[물음 2]   당기에 변동제조원가 및 고정제조원가예산을 모두 10%씩 인상하고 판매가격을 12% 인상하였다. 당기 판매수량은 1,000,000개이며 기말제품수량은 450,000개이다. 전부원가계산에 의한 손익계산서를 작성하시오(단, 고정제조간접원가 실제발생액은 예산과 동일하며 고정판매관리비는 전년도 수준을 유지하였다).

[물음 3]   [물음 1]과 [물음 2]의 결과를 전부원가의 오류(full cost fallacy)관점에서 설명하시오.

[물음 4]   변동원가계산에 의한 전기와 당기의 손익계산서를 작성하시오.

풀이

(1) 전기

   ① 단위당 변동제조원가

      = 직접재료원가 + 직접노무원가 + 변동제조간접원가

      = ₩1.5 + ₩2.5 + ₩1 = ₩5

   ② 단위당 전부제조원가

      = 변동제조원가 + 고정제조간접원가

      = ₩5 + ₩3 = ₩8

   ③ 재고현황

제품

기초	300,000	판매	900,000
생산	1,200,000	기말	600,000
	1,500,000		1,500,000

(2) 당기

   ① 단위당 판매가격

      = ₩10 × (1 + 12%) = ₩11.2

   ② 단위당 변동제조원가

      = ₩5 × (1 + 10%) = ₩5.5

   ③ 고정제조간접원가 예정배부율

      고정제조간접원가는 10% 증가하고 기준조업도는 변함이 없으므로 고정제조간접원가 예정배

      부율은 ₩3 × (1 + 10%) = ₩3.3이다.

   ④ 단위당 전부제조원가

      = 변동제조원가 + 고정제조간접원가

      = ₩5.5 + ₩3.3 = ₩8.8

   ⑤ 재고현황

제품

기초	600,000	판매	1,000,000
생산	850,000	기말	450,000
	1,450,000		1,450,000

[물음 1] 전기의 전부원가계산에 의한 손익계산서

    (1) 배부차이

실제발생액	₩3,000,000
예정배부액	3,600,000(= ₩3 × 1,200,000개)
배부차이	₩600,000(과대배부)

    (2) 손익계산서

	전기
매출액	₩9,000,000
매출원가	
정상매출원가	(7,200,000)(= 900,000개 × ₩8)
배부차이(과대)	600,000
매출총이익	₩2,400,000
판매관리비	(1,500,000)
영업이익	₩900,000

[물음 2] 당기 전부원가계산에 의한 손익계산서

    (1) 배부차이

실제발생액	₩3,300,000(= ₩3,000,000 × 110%)
예정배부액	2,805,000(= ₩3.3 × 850,000개)
배부차이	₩495,000(과소배부)

    (2) 손익계산서

정상매출원가계산 시 전기 이월분 단위당 전부원가는 ₩8이고 당기분 단위당 전부원가는 ₩8.8이다.

	당기
매출액	₩11,200,000 (= 1,000,000개 × ₩11.2)
매출원가	
정상매출원가	(8,320,000) (= 600,000개 × ₩8 + 400,000개 × ₩8.8)
배부차이(과소)	(495,000)
매출총이익	₩2,385,000
판매관리비	(1,500,000)
영업이익	₩885,000

[물음 3] 전부원가의 오류(full cost fallacy)

전부원가계산은 변동제조원가와 고정제조원가를 제품원가에 포함시키는 방법으로서 영업이익은 판매량과 생산량의 함수이며 판매량이 일정한 상태에서 생산량을 증가시킴으로서 단위당 고정제조간접원가의 하락과 기말재고금액의 증가로 인하여 영업이익이 증가한다. 따라서, 이익중심점의 성과평가 측면에서는 적절한 방법이 아니다. 이를 해결하기 위한 방법으로 변동원가계산방법이 있다.

[물음 4] 변동원가계산에 의한 전기와 당기의 손익계산서

	전기	당기
매출액	900,000개 × ₩10 = ₩9,000,000	1,000,000개 × ₩11.2 = ₩11,200,000
변동원가	900,000개 × ₩5 = (4,500,000)	(600,000개 × ₩5) + (400,000개 × ₩5.5) = (5,200,000)
공헌이익	₩4,500,000	₩6,000,000
고정원가		
제조원가	(3,000,000)	₩3,000,000 × 1.1 = (3,300,000)
판매비와 관리비	(1,500,000)	(1,500,000)
영업이익	₩0	₩1,200,000

각 물음은 서로 독립적이다.

(주)한국은 표준전부원가계산제도를 채택하고 있다. 당기 초에 회사는 당해연도 목표순이익을 ₩10,000으로 설정하였다. 회사의 최고경영자는 당해연도 실제매출액이 예산을 10%만큼 초과하고 있었기 때문에 실제순이익도 목표순이익을 초과할 것이라고 생각했으나 12월 31일에 다음과 같은 비교예측보고서를 제출받고 매우 당황하였다. 이에 의하면 실제순이익이 목표순이익보다 오히려 ₩1,000만큼 감소한 것으로 나타났기 때문이다.

비교예측손익보고서(1. 1. ~ 12. 31.)

	연초 예측	12월 31일 결과
매출	₩300,000	₩330,000
매출원가(표준)	(245,000)	?
고정제조간접원가(과소배부)	–	?
매출총이익	₩55,000	₩?
변동판매관리비	(15,000)	?
고정판매관리비	(30,000)	?
영업이익	₩10,000	₩9,000

(1) 매출원가에는 고정제조간접원가 ₩50,000이 포함되어 있으며 단위당 판매가격은 ₩30이었다.
(2) 연중 판매가격과 기타원가는 변동이 없었다.
(3) 원가차이는 위 표에서 보는 바와 같이 과소배부된 고정제조간접원가 조업도차이뿐이다. 이 차이는 원재료공급업체의 생산차질로 인하여 예상작업시간 20,000시간에 미달하여 산출된 것이다. 이를 제외한 다른 원가들에 대해서는 원가통제가 효과적으로 이루어져 원가차이가 발생하지 않을 것으로 예상된다.
(4) 한 단위 생산에 필요한 작업시간은 2시간이다.
(5) 기초재고자산은 2,000단위였으며 기말재고는 연초에 2,000단위로 예상했으나 모두 처분되어 기말재고는 없었다. 단, 전기와 당기의 고정제조간접원가 배부율은 동일하다.

요구사항

[물음 1]   고정제조간접원가 조업도차이를 구하시오.

[물음 2]   연중 원가 변화는 없고 매출액의 10%만큼 증가할 것임에도 불구하고 순이익이 ₩1,000만큼 감소한 것으로 나타난 이유를 설명하시오(단, 판매량 증가에 따른 공헌이익과 고정원가의 증감으로 설명하시오).

[물음 3]   연초 예측과 결과를 공헌이익손익계산서로 작성하시오.

(1) 물량흐름

예상

기초	2,000	판매	10,000
생산	10,000	기말	2,000
	12,000		12,000

실제

기초	2,000	판매	11,000(= ₩330,000 ÷ ₩30)
생산	9,000	기말	−
	11,000		11,000

(2) 고정제조간접원가의 원가차이는 조업도에 미달하는 작업시간으로 인한 차이로 불리한 조업도 차이이다.

(3) 예상생산량과 실제생산량

① 예상생산량 = 매출액 ÷ 단위당 판매가격

= ₩300,000 ÷ ₩30/단위 = 10,000단위

② 실제생산량 = 당기판매량 − 기초재고수량

= (₩330,000 ÷ ₩30/단위) − 2,000단위 = 9,000단위

(4) 조업도차이

예산	SQ × SP
20,000단위 × ₩2.5	9,000단위 × 2시간 × ₩2.5
= ₩50,000	= ₩45,000

₩5,000 불리

(5) 가격과 원가구조

단위당 판매가격	1	
단위당 변동제조원가	0.65[= (₩245,000 − ₩50,000) ÷ ₩300,000]	
단위당 변동판매관리비	0.05(= ₩15,000 ÷ ₩300,000)	
단위당 공헌이익	0.30	
총고정원가	₩80,000	(= ₩50,000 + ₩30,000)

(6) 실제손익계산서

	연초 예측	12월 31일 결과
매출	₩300,000	₩330,000
매출원가(표준)	(245,000)	(269,500)
고정제조간접원가(과소배부)	−	(5,000)
매출총이익	₩55,000	₩55,500
변동판매관리비	(15,000)	(16,500)
고정판매관리비	(30,000)	(30,000)
영업이익	₩10,000	₩9,000

[물음 1] 고정제조간접원가 조업도차이

예산	SQ × SP
20,000단위 × ₩2.5	9,000단위 × 2시간 × ₩2.5
= ₩50,000	= ₩45,000

₩5,000 불리

[물음 2] 이익차이 원인

	연초 예측	12월 31일 결과	차이
공헌이익	₩300,000 × 0.3 = ₩90,000	₩330,000 × 0.3 = ₩99,000	₩9,000
고정제조간접원가	2,000단위 × 2시간 × 2.5 = (10,000)	2,000단위 × 2시간 × 2.5 = (10,000)	–
	8,000단위 × 2시간 × 2.5 = (40,000)	(50,000)	(10,000)
			₩(1,000)

판매량 증가로 인한 공헌이익은 ₩9,000만큼 증가했으나 기초재고의 고정제조간접원가 ₩10,000과 당기발생분 ₩50,000이 모두 당기 비용처리되어 영업이익은 예상보다 ₩10,000만큼 감소하였다.

[물음 3] 공헌이익손익계산서

	연초 예측	12월 31일 결과
매출	₩300,000	₩330,000
변동원가(표준)	(195,000)	(214,500)
변동제조원가 원가차이	–	–
변동판매관리비	(15,000)	(16,500)
공헌이익	₩90,000	₩99,000
고정제조간접원가	(50,000)	(50,000)
고정판매관리비	(30,000)	(30,000)
영업이익	₩10,000	₩19,000

(주)한국은 표준종합원가계산을 적용하고 있다. 20×1년의 생산 및 판매활동, 그리고 원가에 관한 자료는 다음과 같다. [세무사 16]

〈자료 1〉 실제 생산자료

	수량(완성도)
기초재공품	2,000단위(40%)
기말재공품	3,000단위(20%)
당기완성품	15,000단위

〈자료 2〉 실제 판매자료

	수량
기초제품	1,000단위
기말제품	2,500단위
판매량	13,500단위

〈자료 3〉 원가요소별 표준원가

직접재료원가	₩250
직접노무원가	50
변동제조간접원가	60
고정제조간접원가	90

(1) 직접재료는 공정 초에 모두 투입되고, 가공원가는 공정 전반에 걸쳐 균등하게 발생한다.

(2) 기초재공품의 가공원가 완성도는 40%이며, 기말재공품의 가공원가 완성도는 20%이다.

(3) 재고자산은 선입선출법(FIFO)을 적용하여 평가하며, 당기 중 공손 및 감손은 발생하지 않았다.

(4) 전기와 당기의 원가요소별 표준원가는 모두 동일하다.

(5) 회계연도 말에 실제 발생한 제조간접원가를 집계한 결과 총액은 ₩2,300,000이었으며, 그 중 고정제조간접원가는 ₩1,350,000인 것으로 파악되었다.

(6) (주)한국은 원가차이를 전액 매출원가에서 조정하고 있다. 단, 제조간접원가 차이를 제외한 다른 원가차이는 발생하지 않았다.

(7) 제품의 단위당 판매가격은 ₩700이고, 변동판매관리비는 단위당 ₩50이며, 고정판매관리비는 ₩1,000,000이다.

요구사항

[물음 1] 20×1년의 표준원가를 반영하여 다음의 물음에 답하시오.

(1) 직접재료원가와 가공원가에 대한 당기완성품환산량을 계산하시오.

(2) 기초재공품원가, 당기총제조원가, 완성품원가 및 기말재공품원가를 계산하시오.

(3) 전부원가계산에 의한 영업이익과 변동원가계산에 의한 영업이익의 차이를 계산하시오.

[물음 2] 20×1년의 실제원가를 반영하여 다음의 물음에 답하시오.

(1) 변동원가계산에 의한 공헌이익과 영업이익을 계산하시오.

(2) 초변동원가계산에 의한 손익계산서를 작성하시오.

(1) 재공품계정과 제품계정

	재공품					제품		
기초	2,000(0.4)	완성	15,000		기초	1,000	판매	13,500
착수	16,000	기말	3,000(0.2)		생산	15,000	기말	2,500
	18,000		18,000			16,000		16,000

(2) 원가요소별 완성품환산량

① 물량흐름 파악   ② 완성품환산량

	재공품			재료원가	가공원가
기초	2,000(0.4)	완성	2,000(0.6)	–	1,200
			13,000	13,000	13,000
착수	16,000	기말	3,000(0.2)	3,000	600
	18,000		18,000	16,000	14,800

(3) 가격과 원가구조

단위당 판매가격		₩700
단위당 변동원가	(₩250 + ₩50 + ₩60) + ₩50 =	410
단위당 공헌이익		₩290
고정제조간접원가		₩1,350,000
고정판매관리비		1,000,000

(4) 제조간접원가 원가차이

	변동제조간접원가		고정제조간접원가	
표준배부	14,800단위 × ₩60 = ₩888,000		14,800단위 × ₩90 = ₩1,332,000	
실제	950,000		1,350,000	
배부차이	₩62,000 U		₩18,000 U	

[별해]

• 변동제조간접원가

AQ × AP	SQ × SP
	14,800단위* × ₩60
₩950,000	= ₩888,000
	₩62,000 U

• 고정제조간접원가

실제발생	SQ × SP
	14,800단위* × ₩90
₩1,350,000	= ₩1,332,000
	₩18,000 U

* 가공원가의 완성품환산량

[물음 1] (1) ① 물량흐름 파악 　　　　　　　　　　　② 완성품환산량

	재공품			재료원가	가공원가
기초	2,000(0.4)	완성	2,000(0.6)	–	1,200
			13,000	13,000	13,000
착수	16,000	기말	3,000(0.2)	3,000	600
	18,000		18,000	16,000	14,800

재료원가는 16,000단위이고 가공원가는 14,800단위이다.

(2) 기초재공품원가: 2,000단위 × ₩250 + 2,000단위 × 40% × ₩200 = ₩660,000

당기총제조원가: 16,000단위 × ₩250 + 14,800단위 × ₩200 = ₩6,960,000

완성품원가: 15,000단위 × ₩250 + 15,000단위 × ₩200 = ₩6,750,000

기말재공품원가: 3,000단위 × ₩250 + 3,000단위 × 20% × ₩200 = ₩870,000

(3) 　기말재고 고정제조간접원가 (2,500단위 + 3,000단위 × 20%) × ₩90 = ₩279,000

　　(−) 기초재고 고정제조간접원가 (1,000단위 + 2,000단위 × 40%) × ₩90 = 162,000

　　　　　　　　　　　　　　　　　　　　　　　　　　　　　　　　₩117,000

[물음 2] (1)

변동원가계산			
매출액	13,500단위 × ₩700 =		₩9,450,000
변동원가			
변동매출원가	13,500단위 × ₩360 =	₩4,860,000	
변동원가차이		62,000	
변동판매관리비	13,500단위 × ₩50 =	675,000	(5,597,000)
공헌이익			₩3,853,000
고정원가			
고정제조간접원가		₩1,350,000	
고정판매관리비		1,000,000	(2,350,000)
영업이익			₩1,503,000

공헌이익과 영업이익은 각각 ₩3,853,000과 ₩1,503,000이다.

(2)

초변동원가계산			
매출액	13,500단위 × ₩700 =		₩9,450,000
직접재료원가	13,500단위 × ₩250 =		(3,375,000)
재료처리량 공헌이익			₩6,075,000
운영원가			
직접노무원가	14,800단위 × ₩50 =	₩740,000	
변동제조간접원가		950,000	
변동판매관리비	13,500단위 × ₩50 =	675,000	
고정제조간접원가		1,350,000	
고정판매관리비		1,000,000	(4,715,000)
영업이익			₩1,360,000

(주)한국은 내부의사결정목적으로는 정상변동원가계산을, 외부보고목적으로는 정상전부원가계산을 사용하고 있으며 20×1년 영업활동 결과는 다음과 같다.

---

(1) 제품 단위당 원가는 다음과 같다.

직접재료원가(1단위당 0.5kg)	₩1,500
직접노무원가	3,000
변동제조간접원가 예정배부율	500
고정제조간접원가 예정배부율	550

(2) 직접재료는 공정 시작시점에 투입되며, 가공원가는 공정 전체에 걸쳐 균등하게 발생한다.

(3) 당기 매입한 직접재료는 12,000kg이며 직접재료 중 당기에 11,000kg이 공정에 투입되었다.

(4) 기초재고와 기말재고에 관련된 내용은 다음과 같다.

	원재료	재공품	제품
기초재고	2,000kg	500단위(50%)	850단위
기말재고	3,000kg	750단위(40%)	600단위

(5) 제품 단위당 판매가격은 ₩10,000이다.

(6) 재고자산평가 시 선입선출법을 사용하며 전기에도 단위당 원가는 당기와 동일하다고 가정한다.

(7) 변동판매관리비는 단위당 ₩1,000이고 고정판매관리비는 ₩30,000,000이다.

(8) 변동제조간접원가에 대해서는 배부차이가 발생하지 않으며 실제 발생한 고정제조간접원가는 ₩12,000,000이다.

(9) 연말에 집계된 배부차이는 모두 매출원가에서 조정한다.

요구사항

[물음 1]   재고자산계정들의 물량흐름을 파악하고 당기분 완성품환산량을 계산하시오.

[물음 2]   전부원가계산 손익계산서를 작성하시오.

[물음 3]   변동원가계산을 사용할 때 공헌이익과 영업이익은 얼마인가?

[물음 4]   전부원가계산과 변동원가계산의 영업손익의 차이를 분석하시오.

[물음 5] 초변동원가계산을 사용할 때 공헌이익과 영업이익은 얼마인가?

[물음 6] 변동원가계산과 초변동원가계산의 영업손익의 차이를 분석하시오.

[물음 7] 회사는 모든 재고자산을 보유하지 않는 JIT(적시생산시스템)을 도입하고자 한다. 20×2년 판매량을 20,000단위로 예상할 경우 20×2년에 구입해야 할 직접재료수량(kg)을 구하시오.

풀이

[물음 1] (1) 원재료계정

원재료

기초	2,000kg	완성	11,000kg(22,000단위)
착수	12,000	기말	3,000
	14,000kg		14,000kg

(2) 재공품계정

재공품

기초	500(0.5)	완성	21,750
착수	22,000	기말	750(0.4)
	22,500		22,500

(3) 제품계정

제품

기초	850	사용	22,000
투입	21,750	기말	600
	22,600		22,600

(4) 완성품환산량

	물량흐름 파악(선입선출법)				완성품환산량	
					재료원가	가공원가
기초	500(0.5)	완성품 기초	500(0.5)		–	250
		당기	21,250		21,250	21,250
착수	22,000	기말	750(0.4)		750	300
	22,500		22,500		22,000	21,800

재료원가는 22,000단위이고, 가공원가는 21,800단위이다.

[물음 2] (1) 배부차이

예정배부	₩11,990,000(= ₩550 × 21,800단위)
실제발생	12,000,000
	₩10,000 과소

(2) 손익계산서

매출액	22,000단위 × ₩10,000 =	₩220,000,000
매출원가	22,000단위 × ₩5,550 =	(122,100,000)
배부차이		(10,000)
매출총이익		₩97,890,000
변동판매관리비	22,000단위 × ₩1,000 =	(22,000,000)
고정판매관리비		(30,000,000)
영업이익		₩45,890,000

[물음 3]

매출액	22,000단위 × ₩10,000 =	₩220,000,000
변동원가	22,000단위 × (₩5,000 + ₩1,000) =	(132,000,000)
공헌이익		₩88,000,000
고정제조간접원가		(12,000,000)
고정판매관리비		(30,000,000)
영업이익		₩46,000,000

[물음 4]

변동원가이익		₩46,000,000
(+) 기말재고 × 고정제조원가	600단위 × ₩550 + 750단위 × 0.4 × ₩550 =	495,000
(−) 기초재고 × 고정제조원가	850단위 × ₩550 + 500단위 × 0.5 × ₩550 =	(605,000)
(=) 전부원가이익		₩45,890,000

[물음 5]

매출액	22,000단위 × ₩10,000 =	₩220,000,000
재료원가	22,000단위 × ₩1,500 =	(33,000,000)
재료처리량 공헌이익		₩187,000,000
노무원가	21,800단위 × ₩3,000 =	(65,400,000)
변동제조간접원가	21,800단위 × ₩500 =	(10,900,000)
변동판매관리비	22,000단위 × ₩1,000 =	(22,000,000)
고정제조간접원가		(12,000,000)
고정판매관리비		(30,000,000)
영업이익		₩46,700,000

[물음 6]

초변동원가이익		₩46,700,000
(+) 기말재고 × 고정제조원가	600단위 × ₩3,500 + 750단위 × 0.4 × ₩3,500 =	3,150,000
(−) 기초재고 × 고정제조원가	850단위 × ₩3,500 + 500단위 × 0.5 × ₩3,500 =	(3,850,000)
(=) 변동원가이익		₩46,000,000

[물음 7] (1) 제품계정

제품

기초	600	판매	20,000
입고	19,400	기말	−
	20,000		20,000

(2) 재공품계정

재공품

기초	750(0.4)	완성	19,400
착수	18,650	기말	−
	19,400		19,400

(3) 원재료계정

원재료

기초	3,000kg	사용	9,325kg(= 0.5kg × 18,650단위)
구입	6,325	기말	−
	9,325kg		9,325kg

∴ 직접재료 구입수량 = 6,325kg

제9장

원가함수추정

1 서론

01 의의

내부정보이용자인 경영자가 원가관리회계를 활용하는 주된 목적은 의사결정과 성과평가이다. 합리적인 의사결정과 공정한 성과평가를 위해서는 과거에 발생한 원가를 집계하는 것과 동시에 미래에 발생할 수 있는 개략적인 원가를 추정할 수 있어야 한다. 경영자는 원가추정을 통해서 미래에 발생할 수 있는 원가를 보다 합리적으로 예측할 수 있으며 계획, 통제 및 성과평가 등 효율적인 경영관리를 수행할 수 있다.

원가추정(cost estimation)이란 총원가와 인과관계에 있는 조업도를 결정하고 이러한 조업도와 총원가 간의 관계를 규명하는 것을 말한다.

02 원가행태

원가행태란 조업도수준의 변화에 대한 총원가의 변동양상을 말하며 변동원가, 고정원가, 준변동원가(혼합원가), 준고정원가(계단원가)로 구분할 수 있다. 일반적으로 회사 전체에 발생한 원가는 준변동원가로 표현할 수 있다.

준변동원가는 조업도수준이 0(zero)인 경우에도 일정한 고정원가가 발생하며 조업도수준이 증가함에 따라 변동원가가 추가적으로 발생하여 총원가는 점진적으로 우상향하는 행태를 말한다.

1. 경제학 비용함수

경제학에서의 총비용은 고정비용과 변동비용으로 구분할 수 있다. 이 중 고정비용은 단기적으로 일정하게 고정되어 있어 총비용에는 영향을 주지 않는다. 반면 변동비용은 생산량(조업도)을 추가함에 따라 증가하므로 총비용이 증가하게 된다. 이때 총비용의 증가분을 한계비용(marginal cost)이라 한다. 즉, 한계비용은 생산량을 한 단위 추가함에 따라 늘어나는 비용을 말하며 규모의 경제와 규모의 불경제(한계비용체감과 한계비용체증)로 인하여 점차 감소하다가 다시 증가하는 곡선의 형태를 지니게 되어 고정비용과 변동비용을 합한 총비용도 곡선의 형태를 가지게 된다. 또한, 기간을 장기로 보면 모든 생산요소는 가변적이므로 장기총비용은 원점에서 출발한다.

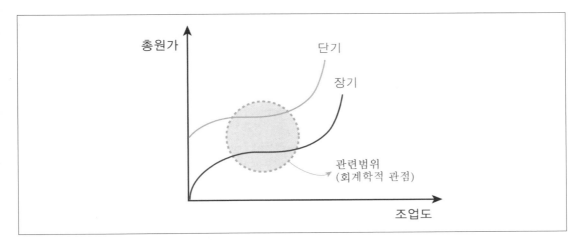

2. 관리회계 비용함수

관리회계의 비용에 대한 시각은 경제학과는 다르다. 관리회계의 주체인 경영자는 합리적인 의사결정과 공정한 성과평가를 위해서 예측가능하고 통제가능한 원가를 추정해야 하며, 이를 위해서는 일정수준의 조업도와 기간이 필요하다. 이를 관련범위(relevant range)라 한다. 또한, 생산량을 한 단위 추가함에 따라 늘어나는 비용인 한계비용이 일정하게 발생한다고 가정한다.

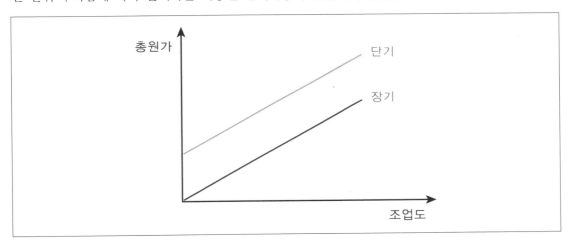

3. 원가함수

관리회계는 미래 발생할 원가의 합리적인 추정을 목적으로 하기 때문에 일정한 범위(관련범위) 내에서 다음과 같은 가정을 전제로 한다.

- 종속변수(dependent variable)에 영향을 주는 독립변수(independent variable)는 하나이다.
- 원가행태는 관련범위 내에서 선형이다.

핵심 Check 독립변수와 종속변수

독립변수란 종속변수의 원인이 되는 것으로, 종속변수에 영향을 주는 변수를 말한다. 종속변수란 독립변수의 값이 변화함에 따라 달라지는 값을 말한다. 일반적으로 관리회계에서의 독립변수는 조업도이며 종속변수는 총원가 또는 총수익을 의미한다.

위 가정을 전제로 한 원가함수는 다음과 같이 표현할 수 있다.

$$y = a + b \cdot x$$

여기서 x는 독립변수(조업도)로서 생산량, 직접노무원가, 직접노동시간, 기계시간 등을 사용하며 y는 종속변수로서 추정하고자 하는 원가를 의미한다.

핵심 Check 추정하고자 하는 원가(y)

추정하고자 하는 원가는 상황에 따라 제조간접원가, 제조원가, 판매비와 일반관리비 등 달라질 수 있으므로 주의를 요한다.

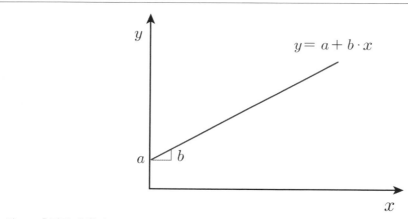

단, y: 추정된 총원가
x: 조업도
a: 추정된 고정원가
b: 추정된 단위당 변동원가

2 선형원가추정

01 의의

관리회계에서의 원가는 $y = a + b \cdot x$의 함수로 표현할 수 있고 x는 독립변수(조업도), y는 종속변수(원가)이므로 a(고정원가)와 b(단위당 변동원가)를 찾을 수 있다면 조업도와 원가 간의 관계를 명확하게 확인할 수 있다. a와 b를 찾아내는 방법은 많으나 일반적으로 다음과 같은 방법이 널리 사용된다.

- 산업공학적 방법(industrial engineering method)
- 계정분석법(account analysis approach method)
- 산포도법(scatter diagram method)
- 회귀분석법(regression analysis method)
- 고저점법(high-low method)

02 원가추정방법

1. 산업공학적 방법

독립변수와 종속변수의 관계를 공학적 방법을 이용하여 분석하는 것으로 원재료, 노동력, 생산효율성, 시간연구 및 동작연구 등 분석자의 평가를 근거로 계량화하여 원가를 추정하는 방법을 말한다. 과거자료가 없을 경우 주로 사용하는 방법이며 직접재료원가, 직접노무원가 등 투입과 산출관계가 비교적 명확한 원가를 추정하는 데 사용된다.

(1) 장점
① 과거자료를 이용할 수 없는 경우에 사용할 수 있다.
② 공학적 방법을 이용하여 비교적 정확한 추정이 가능하다.

(2) 단점
① 투입과 산출관계가 명확하지 않은 원가의 추정이 어렵다.
② 다른 방법에 비하여 많은 시간과 비용이 요구된다.

2. 계정분석법

회계자료에서 확보할 수 있는 각 계정의 금액을 기초로 전문가의 주관적인 판단에 의하여 원가를 고정원가, 변동원가, 준변동원가 및 준고정원가로 구분하는 방법을 말한다.

(1) 장점

① 자료를 쉽게 얻을 수 있어 신속한 추정이 가능하다.

② 한 회계자료만으로 가능하여 다른 방법에 비하여 비교적 적은 시간과 비용이 요구된다.

(2) 단점

① 분석대상 자료가 비정상적이고 비효율적인 상황이 포함된다면 신뢰성 확보가 어렵다.

② 전문가의 주관적 판단이 개입될 수 있어 객관성이 낮아진다.

예제 1: 계정분석법

(주)한국의 원가담당자는 제조간접원가의 함수를 추정하기 위하여 20×1년 3월의 각 계정별 원가를 다음과 같이 수집하였다.

계정과목	변동원가	고정원가	계
간접재료원가	₩1,500	–	₩1,500
간접노무원가	1,000	₩2,000	3,000
수선유지비	1,300	3,000	4,300
수도광열비	800	1,500	2,300
임차료	–	2,300	2,300
감가상각비	–	5,000	5,000
계	₩4,600	₩13,800	₩18,400

회사는 제조간접원가를 직접노동시간에 비례하여 배부하고 있으며 당월 실제 발생한 직접노동시간은 2,000시간이었다.

요구사항

1 제조간접원가의 원가함수를 추정하시오.

2 20×1년 4월의 예상 직접노동시간이 2,500시간인 경우 4월의 총제조간접원가를 추정하시오.

풀이

추정하고자 하는 원가는 제조간접원가이므로, 원가함수 $y = a + b \cdot x$에서 a는 고정제조간접원가이며 b는 직접노동시간당 변동제조간접원가이다.

❶ 제조간접원가 원가함수
(1) 직접노동시간당 변동제조간접원가

$$\frac{₩4,600}{2,000시간} = ₩2.3$$

(2) 제조간접원가 원가함수
고정제조간접원가는 ₩13,800이므로 원가함수는 다음과 같다.

y = ₩13,800 + ₩2.3 · x

❷ 4월의 예상총제조간접원가
4월의 예상 직접노동시간은 2,500시간이므로 총제조간접원가는 다음과 같다.

y = ₩13,800 + ₩2.3 × 2,500시간 = ₩19,550

3. 산포도법

조업도와 원가를 x와 y 두 축으로 하여 조업도에 대한 실제 발생한 원가를 점으로 표시한 후 모든 점들을 대표할 수 있는 원가선을 분석자의 판단에 따라 추정하는 방법을 말한다.

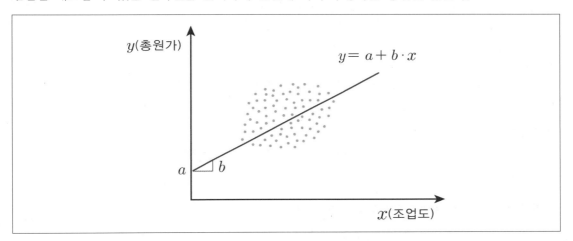

(1) 장점
① 모든 자료를 이용할 수 있다.
② 이해하기 쉽고 시간과 비용이 덜 요구된다.

(2) 단점
① 분석자에 따라 서로 다른 원가함수가 도출될 수 있다.
② 분석자의 주관적인 판단이 개입되기 때문에 객관성이 낮아진다.

4. (단순)회귀분석법

하나 이상의 독립변수와 종속변수 간의 관계를 통계적인 방법을 통하여 예측하는 방법으로 독립변수의 수에 따라 단순회귀분석과 다중회귀분석으로 구분할 수 있다.

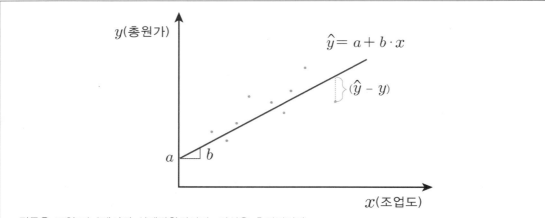

- 점들은 조업도(x)에서의 실제관찰치이며, 직선은 추정치이다.
- 추정 오차는 ($\hat{y} - y$)이다.

(1) 장점
① 모든 자료를 통계적 방법으로 분석하여 체계적이고 이론적으로 우수하다.
② 독립변수가 2개 이상일 경우에도 사용할 수 있다.

(2) 단점
① 몇 가지 가정이 요구되며 가정이 충족되지 않을 경우 무의미한 추정이 될 수 있다.
② 추정과정에 많은 시간과 비용이 요구된다.

핵심 Check 최소자승법(least squares method)

> 독립변수와 종속변수의 선형관계를 추정하는 방법을 말하며, 잔차의 제곱의 합이 최소가 되도록 하는 회귀식을 찾는 방법이다.

참고 잔차의 제곱

> 잔차란 추정오차라고도 하며, 관찰치와 회귀선 간의 거리를 말한다. 음수가 나오지 않게 하기 위하여 제곱한 값을 사용한다.

참고 다중회귀분석(multiple regression analysis)

> 단순회귀분석을 확대하여 두 개 이상의 독립변수가 종속변수에 미치는 영향을 분석하는 것으로, 후술하는 활동기준원가함수를 추정할 때 사용한다.

5. 고저점법

독립변수와 종속변수와의 관계를 최고조업도에서의 원가와 최저조업도에서의 원가만을 이용하여 추정하는 방법이다. 이론적인 근거는 고정원가(a)와 조업도당 변동원가(b)는 일정하기 때문에 두 조업도 간의 총원가의 차이는 총변동원가의 차이라는 것을 이용하여 고정원가(a)와 조업도당 변동원가(b)를 찾는 방법이다.

> 1st 조업도당 변동원가(b) = $\dfrac{\text{두 조업도의 총원가 차이}^{*1}}{\text{두 조업도의 차이}^{*2}}$
>
> 2nd 고정원가(a) = 최고(최저)조업도 총원가 − b × 최고(최저)조업도
>
> [*1] 최고조업도의 원가 − 최저조업도의 원가
> [*2] 최고조업도 − 최저조업도

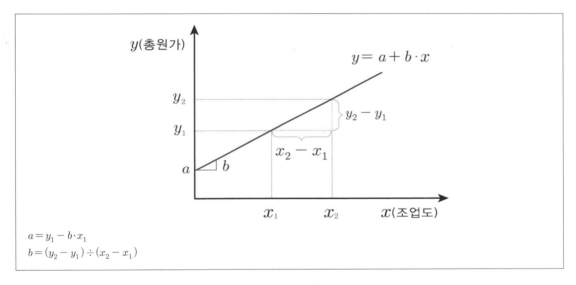

$a = y_1 - b \cdot x_1$
$b = (y_2 - y_1) \div (x_2 - x_1)$

(1) 장점

① 계산과정이 간편하고 객관적이다.
② 두 개의 자료만을 이용하여 추정할 수 있다.

(2) 단점

① 최고 및 최저조업도가 정상적인 상황이 아니라면 객관성이 떨어진다.
② 두 개의 자료 이외의 다른 정보는 무시된다.

핵심 Check 대표 고저점법

최고조업도와 최저조업도가 정상적인 생산활동에서 발생한 것이 아니라면 표본의 대표성이 떨어지므로 두 번째 높은 조업도와 두 번째 낮은 조업도의 자료를 이용하는 방법을 말한다.

여기에서 말하는 고점과 저점은 조업도를 의미한다. 따라서, 이용하는 자료는 가장 높은(낮은) 원가가 아니고 가장 높은(낮은) 조업도에서의 원가이다.

예제 2: 고저점법

다음 자료는 지난 수개월 동안 (주)한국의 제조간접원가 발생액을 조업도수준에 따라 정리한 것이다.

	기계시간	제조간접원가
7월	5,000시간	₩50,620
8월	8,000	90,040
9월	6,000	54,080
10월	9,000	63,100

(주)한국은 제조간접원가를 변동원가와 고정원가로 구분하기 위하여 분석을 한 결과 제조간접원가는 전력요금, 감독자급여, 수선유지비로 구성되어 있다는 것을 알았다. 그러나, 수선유지비는 완전히 변동원가와 고정원가로 구분하지 못했다.

7월의 실제 제조간접원가를 분석한 결과는 다음과 같다.

전력요금(변동원가)	₩10,500
감독자급여(고정원가)	24,000
수선유지비(혼합원가)	16,120
계	₩50,620

요구사항

❶ 제조간접원가의 원가함수를 나타내시오.
❷ 10월의 제조간접원가에 포함되어 있는 수선유지비를 추정하시오.

풀이

(1) 제조간접원가의 조업도는 기계시간이므로 최고조업도는 9,000시간이고 최저조업도는 5,000시간이다.
(2) 수선유지비는 혼합원가이므로 기계시간을 조업도로 하여 수선유지비의 원가함수를 별도로 찾아낼 수 있다.

1 제조간접원가의 원가함수

1st 기계시간당 변동원가(b) $= \dfrac{\text{₩}63,100 - \text{₩}50,620}{9,000\text{시간} - 5,000\text{시간}} = \text{₩}3.12$

2nd 고정원가(a) = 10월(또는 7월)의 총원가 − b × 10월(또는 7월)의 기계시간

= ₩63,100 − ₩3.12 × 9,000시간 = ₩35,020

∴ 제조간접원가의 원가함수는 다음과 같다.

  y = ₩35,020 + ₩3.12x

[별해] 기계시간당 변동원가(b)

최고조업도 ₩63,100 = a + b × 9,000시간
최저조업도 (−) 50,620 = a + b × 5,000시간
        ₩12,480 =   b × 4,000시간

$b = \dfrac{\text{₩}12,480}{4,000\text{시간}} = \text{₩}3.12$

2 10월의 수선유지비

(1) 수선유지비 원가함수

7월의 제조간접원가 ₩50,620은 고정원가 ₩35,020과 변동원가 ₩15,600(= ₩3.12 × 5,000시간)으로 구성되어 있다. 따라서 7월의 수선유지비 ₩16,120을 고정원가와 변동원가로 구분하여 기계시간을 조업도로 하는 원가함수를 찾아낼 수 있다.

	고정원가	변동원가	계
전력요금	−	₩10,500	₩10,500
감독자급여	₩24,000	−	24,000
수선유지비	11,020[*1]	5,100[*2]	16,120
계	₩35,020	₩15,600	₩50,620

*1 ₩35,020 − ₩24,000 = ₩11,020
*2 ₩15,600 − ₩10,500 = ₩5,100

7월의 기계시간은 5,000시간이므로 기계시간당 변동수선유지비(b)는 다음과 같다.

$b = \dfrac{\text{₩}5,100}{5,000\text{시간}} = \text{₩}1.02$

수선유지비의 고정원가(a)는 ₩11,020이므로 원가함수는 다음과 같다.

y = ₩11,020 + ₩1.02x

(2) 10월의 수선유지비

10월의 기계시간은 9,000시간이므로 10월의 수선유지비는 다음과 같다.

y = ₩11,020 + ₩1.02 × 9,000시간 = ₩20,200

01 의의

선형원가함수는 $y = a + b \cdot x$로 표현할 수 있으며 총고정원가(a)와 단위당 변동원가(b)는 관련범위 내에서 일정하다고 가정한다. 또한, 단위당 변동원가(b)는 일정하므로 단위당 변동원가에 조업도를 곱한 총변동원가는 다음과 같이 우상향 직선으로 나타난다.

선형원가함수의 변동원가

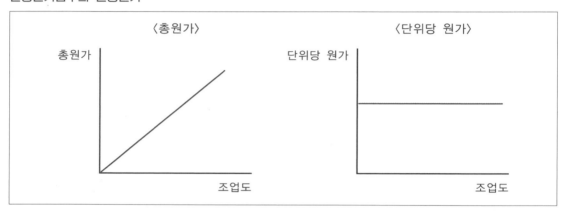

따라서, 총고정원가(a)와 단위당 변동원가(b)가 일정하지 않다면 총원가함수는 위와 같은 선형으로 표현할 수 없다. 특히 노무원가의 경우 특정 작업을 반복적으로 수행하는 경우 동일한 생산에 필요한 시간이 점점 줄어들어 단위당 변동원가(b)는 생산량 증가에 따라 감소하게 된다. 이러한 현상을 학습효과(learning effect)라 하며 이러한 학습효과를 반영한 원가함수를 학습곡선(learning curve)이라 한다.

학습곡선

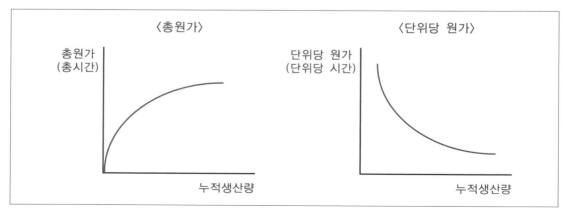

(1) 장점

① 학습효과로 인한 원가절감액을 입찰 등 가격결정에 반영할 수 있다.

② 표준원가에 반영하여 좀 더 의미 있는 차이분석을 할 수 있다.

(2) 단점

① 공장자동화로 인하여 노동시간과 관련된 원가비중은 점점 감소하고 있다.

② 다품종 소량생산으로 인하여 작업이 반복적이지 않아 학습효과가 크지 않다.

02 학습률과 학습곡선모형

학습효과로 인하여 생산량이 증가함에 따라 한 단위에 투입되는 노동시간은 점점 감소하게 되어 총노동시간의 증가폭은 점차 줄어든다. 또한, 노동시간의 감소는 직접적으로 노무원가에 영향을 미치며 경우에 따라서 노동시간이나 노무원가를 배부기준으로 하는 제조간접원가에도 영향을 미치게 된다.

1. 학습률(learning rate)

학습효과로 인하여 동일 작업을 반복적으로 수행하는 과정에서 투입되는 노동시간이 점차 감소하며 이때 감소효과를 비율로 나타낸 것을 학습률이라 한다.

> **핵심 Check** 학습률 적용
>
> 학습률이 80%인 상황에서 첫 번째 생산에 필요한 시간이 10시간이라면 두 번째 생산에 필요한 시간은 8시간(= 10시간 × 80%)이다.

2. 학습곡선모형

선형원가의 경우 총고정원가(a)와 단위당 변동원가(b)는 일정하므로 독립변수(x)의 변화에 대한 종속변수(y)값을 바로 확인할 수 있으나 단위당 변동원가(b)가 감소하는 상황에서는 독립변수(x)의 변화에 대한 종속변수(y)값을 합리적으로 예측하기 어렵다. 따라서 종속변수(y)값을 합리적으로 예측하기 위하여 단위당 변동원가(b)는 체계적으로 감소한다는 가정이 필요하다. 학습곡선모형은 누적생산량이 두 배가 될 때 누적평균시간(또는 증분단위시간)이 일정한 비율로 감소한다는 가정을 하며 이때 감소하는 시간에 따라 누적평균시간모형과 증분시간모형으로 구분할 수 있다.

(1) 누적평균시간모형

누적생산량이 두 배가 될 때 누적평균시간이 일정한 비율로 감소하는 모형으로 종속변수(y: 누적평균시간)와 독립변수(x: 누적생산량)와의 관계는 다음과 같다.

$$y = a \cdot x^{-b}$$

단, x: 누적생산량   a: 첫 단위 생산시간(원가)

     y: 단위당 누적평균시간(원가)   b: 학습지수

(2) 증분단위시간모형

누적생산량이 두 배가 될 때 증분단위시간이 일정한 비율로 감소하는 모형으로 종속변수(y: 증분단위시간)와 독립변수(x: 누적생산량)와의 관계는 다음과 같다.

$$m = a \cdot x^{-b}$$

단, x: 누적생산량   a: 첫 단위 생산시간(원가)
m: 증분단위시간(원가)   b: 학습지수

예제 3: 학습곡선모형

(주)한국은 단일 제품을 생산·판매하고 있으며, 당해연도 첫 단위 제품을 생산하기 위해서 100 직접노동시간을 투입하였다. 회사는 현재 2단위 생산을 완료하였으며 추가 2단위 제품을 생산하려고 한다(단, 회사는 노동시간에 학습효과가 있으며 학습률 90%의 학습곡선을 따른다고 가정한다).

요구사항

❶ 누적평균시간모형을 적용하여 추가 2단위 생산량 증가에 필요한 노동시간을 구하시오.
❷ 증분단위시간모형을 적용하여 추가 2단위 생산량 증가에 필요한 노동시간을 구하시오.

[풀이]

학습률이 90%에 해당하는 학습지수 0.152를 원가함수에 대입하여 누적생산량에 대한 누적평균시간(또는 증분단위시간)을 계산할 수 있다.
※ 학습률과 학습지수의 관계

학습률	학습지수(b)
95%	0.0740
90	0.1520
85	0.2345
80	0.3219
75	0.4150

❶ 누적평균시간모형 적용
(1) 학습효과가 90%일 때 학습지수 계산
학습지수는 학습곡선의 기울기를 나타내므로 다음과 같이 계산할 수 있다.

$$\text{학습률} = \frac{\text{생산량이 2배일 때 누적평균시간}}{\text{첫 단위 생산 시 누적평균시간}}$$

$$= \frac{a(2x)^{-b}}{ax^{-b}} = 2^{-b}$$

$$\text{학습지수}(b) = \frac{-\log(\text{학습률})}{\log 2}$$

(2) 학습지수(b)가 0.1520일 경우 누적평균시간 산출

누적생산량(x)	누적평균시간(y)	총누적시간(xy)
	100시간	100시간
1		
2	$100 \cdot 2^{-0.152} = 90$	$2 \times 90 = 180$
3	$100 \cdot 3^{-0.152} = 85^*$	$3 \times 85 = 255$
4	$100 \cdot 4^{-0.152} = 81$	$4 \times 81 = 324$

144시간 필요

* $3^{-0.152}$를 0.85라고 가정한다.

∴ 추가 2단위 생산에 필요한 시간은 144시간이다.

❷ 증분단위시간모형 적용

(1) 학습효과가 90%일 때 학습지수 계산

학습지수는 학습곡선의 기울기를 나타내므로 다음과 같이 계산할 수 있다.

$$학습률 = \frac{생산량이 \ 2배일 \ 때 \ 증분단위시간}{첫 \ 단위 \ 생산 \ 시 \ 단위시간}$$

$$= \frac{a(2x)^{-b}}{ax^{-b}} = 2^{-b}$$

$$학습지수(b) = \frac{-\log(학습률)}{\log 2}$$

(2) 학습지수(b)가 0.1520일 경우 증분단위시간 산출

누적생산량(x)	증분단위시간(m)	총누적시간(Σm)
	100시간	100시간
1		
2	$100 \cdot 2^{-0.152} = 90$	$100 + 90 = 190$
3	$100 \cdot 3^{-0.152} = 85$	$100 + 90 + 85 = 275$
4	$100 \cdot 4^{-0.152} = 81$	$100 + 90 + 85 + 81 = 356$

166시간 필요

∴ 추가 2단위 생산에 필요한 시간은 85시간 + 81시간 = 166시간이다.

3. 2배수법

학습곡선모형은 누적생산량이 두 배 증가할 때 노동시간이 일정비율로 감소하는 것을 가정하므로 함수를 사용하지 않더라도 좀 더 편리하게 누적평균시간과 증분단위시간을 찾을 수 있다. 이 방법을 2배수법이라 한다. 단, 2배수법은 누적생산량이 정확히 두 배가 되는 생산량에서의 시간만을 찾을 수 있으며 그 이외 생산량에 대한 시간을 찾을 수 없다는 단점이 있다.

(1) 누적평균시간모형에서의 총누적시간

총누적시간은 누적생산량에 평균시간을 곱하여 계산한다.

(2) 증분단위시간모형에서의 총누적시간

총누적시간은 단위당 증분단위시간을 모두 합하여 계산한다.

핵심 Check 누적평균시간모형과 증분단위시간모형

누적평균시간모형은 누적생산량에 학습효과가 적용되고 증분단위시간모형은 추가생산량에 학습효과가 적용되므로, 학습률이 동일하다면 누적평균시간모형이 증분단위시간모형에 비하여 학습효과가 더 크다.

핵심 Check 2배수법과 누적평균시간모형

증분단위시간모형의 경우에는 누적생산량에 대한 모든 증분시간을 알아야 총누적시간을 알 수 있기 때문에 2배수법으로 해결할 수 없다. 따라서 학습곡선에 관련된 문제는 2배수법으로 해결할 수 있는 누적평균시간모형이 일반적이다.

예제 4: 2배수법

(주)한국은 단일 제품을 생산·판매하고 있으며, 당해연도 첫 단위 제품을 생산하기 위해서 100 직접노동시간을 투입하였다. 회사는 현재 2단위 생산을 완료하였으며 추가 2단위 제품을 생산하려고 한다(단, 회사는 노동시간에 학습효과가 있으며 학습률 90%의 학습곡선을 따른다고 가정한다).

요구사항

❶ 누적평균시간모형을 적용하여 추가 2단위 생산량 증가에 필요한 노동시간을 구하시오. 단, 2배수법으로 풀이하시오.

❷ 증분단위시간모형을 적용하여 추가 2단위 생산량 증가에 필요한 노동시간을 구하시오. 단, 2배수법으로 풀이하시오.

풀이

학습률이 90%이므로 누적생산량이 두 배가 될 때마다 누적평균시간(또는 증분단위시간)에 학습률을 곱하여 계산한다.

❶ 누적평균시간모형

누적생산량(x)	누적평균시간(y)	총누적시간(xy)
1	100시간	100시간
2	90 [1]	180 [2]
3	? [3]	?
4	81 [4]	324
⋮	⋮	⋮

*1 2단위 생산 시 평균시간
   1단위 생산 시 평균시간 × 학습률
   = 100시간 × 90% = 90시간
*2 2단위 생산에 필요한 총누적시간
   누적생산량 × 평균시간
   = 2단위 × 90시간 = 180시간
*3 누적생산량 3단위는 2배가 아니므로 평균시간을 알 수 없다.
*4 4단위 생산 시 평균시간
   2단위 생산 시 평균시간 × 학습률
   = 90시간 × 90% = 81시간

∴ 추가 2단위 생산에 필요한 노동시간은 144시간(= 324시간 − 180시간)이다.

2 증분단위시간모형

누적생산량(x)	증분단위시간(m)	총누적시간(Σm)
1	100시간	100시간
2	90 *5	190 *6
3	? *7	?
4	81 *8	? *9
⋮	⋮	⋮

*5 2단위 생산 시 증분시간
   1단위 생산 시 증분시간 × 학습률
   = 100시간 × 90% = 90시간
*6 2단위 생산에 필요한 총누적시간
   1단위 증분시간 + 2단위 증분시간
   = 100시간 + 90시간 = 190시간
*7 누적생산량 3단위는 2배수가 아니므로 증분시간은 알 수 없다.
*8 4단위 생산 시 증분시간
   2단위 생산 시 증분시간 × 학습률
   = 90시간 × 90% = 81시간
*9 4단위 생산에 필요한 총누적시간
   3단위 생산 시 증분시간을 구할 수 없으므로 총누적시간은 알 수 없다.

∴ 2배수법을 사용해서 증분단위시간모형을 적용할 경우 추가 2단위 생산에 필요한 노동시간은 구할 수 없다.

20×1년도에 설립된 (주)한국은 처음으로 레저용 요트 4대의 주문을 받았다. (주)한국은 레저용 요트를 생산할 때 90%의 학습률을 적용한다.

1대당 직접재료원가	₩10,000
첫 번째 요트 생산 직접노동시간	1,000시간
직접노무원가	직접노동시간당 ₩10
변동제조간접원가	직접노무원가의 50%
고정제조간접원가	없음

요구사항

❶ 누적평균시간모형을 적용하여 레저용 요트 4대에 대한 제품원가를 계산하시오.
❷ 증분단위시간모형을 적용하여 레저용 요트 4대에 대한 제품원가를 계산하시오(단, 90% 학습곡선모형의 학습지수 b = 0.152이며, $3^{-0.152}$를 0.85로 가정한다).

[풀이]

누적평균시간모형의 경우 일반적으로 2배수법으로 문제를 해결할 수 있지만 증분단위시간모형의 경우 학습곡선의 원가함수를 이용해야 한다. 또한, 변동제조간접원가는 직접노무원가에 비례하여 발생하므로 학습효과에 영향을 받는다.

❶ 누적평균시간모형
(1) 4대 생산에 필요한 총시간

누적생산량	누적평균시간	총누적시간 (= 누적생산량 × 누적평균시간)
1대	1,000시간	1,000시간
2대	900[*1]	1,800
3대	?	
4대	810[*2]	3,240[*3]

[*1] 2대 생산 시 평균시간
1,000 × 90% = 900시간
[*2] 4대 생산 시 평균시간
900 × 90% = 810시간
[*3] 4대 생산에 필요한 총시간
4대 × 810시간 = 3,240시간

(2) 4대 생산에 필요한 제품원가

항목	원가	
직접재료원가	₩10,000 × 4 =	₩40,000
직접노무원가	₩10 × 3,240시간 =	32,400
변동제조간접원가[4]	₩32,400 × 50% =	16,200
합계		₩88,600

[4] 변동제조간접원가
    직접노무원가 × 50%

2 증분단위시간모형

(1) 4대 생산에 필요한 총시간

누적생산량	증분단위시간	누적총시간 (= Σ증분단위시간)
1대	1,000시간	1,000시간
2대	900[5]	1,900
3대	850[6]	2,750
4대	810[7]	3,560[8]

[5] 2대 생산 시 증분단위시간
    1,000시간 × 90% = 900시간
[6] 3대 생산 시 증분단위시간
    1,000시간 × $3^{-0.152}$ = 850시간
[7] 4대 생산 시 증분단위시간
    900시간 × 90% = 810시간
[8] 4대 생산 시 총누적시간
    1,000시간 + 900시간 + 850시간 + 810시간 = 3,560시간

(2) 4대 생산에 필요한 제품원가

항목	원가	
직접재료원가	₩10,000 × 4 =	₩40,000
직접노무원가	₩10 × 3,560시간 =	35,600
변동제조간접원가[9]	₩35,600 × 50% =	17,800
합계		₩93,400

[9] 변동제조간접원가
    직접노무원가 × 50%

4. 활동기준원가추정

전통적인 원가함수는 종속변수(y: 총원가)에 영향을 미치는 독립변수(x: 조업도)는 하나로 가정하여 $y = a + b \cdot x$ 로 표현할 수 있다. 반면에 활동기준원가계산은 활동별 성격에 따라 서로 다른 원가동인을 가지고 있으므로 결과적으로 수 개의 독립변수가 총원가에 영향을 미치게 된다. 독립변수가 수 개인 경우에는 다중회귀분석을 활용하여 원가함수를 추정할 수 있으며 활동기준원가함수는 다음과 같이 표현할 수 있다.

$$y = a + b_1 \cdot x_1 + b_2 \cdot x_2 + b_3 \cdot x_3 + \ldots + b_n \cdot x_n$$

예제 6: 활동기준원가함수

(주)한국의 생산부서 책임자는 제조간접원가를 추정하기 위하여 과거 수개월간 자료를 근거로 회귀추정식을 도출하였으며 이를 근거로 총제조원가를 추정하고자 한다.

(1) 제조간접원가(y)에 대한 회귀추정식

> $y = ₩20,000 + ₩3,000 × lot^* + ₩200 × 기계시간 + ₩40 × 직접노동시간$
> $\quad + ₩50 × 품질검사횟수$

* lot당 제품 수는 1,000단위이다.

(2) 예상 기초원가

직접재료원가	단위당 ₩20
직접노동시간	단위당 0.5시간
직접노동시간당 임률	시간당 ₩30

(3) 예상 생산량 및 원가동인사용량

예상 생산량	1,000단위
기계시간	10시간
품질검사횟수	100회

요구사항

❶ 생산부서 책임자의 추정을 근거로 한 예상 총제조원가를 구하시오.
❷ 회사의 영업부서 책임자는 제조간접원가는 직접노동시간에 비례하는 것으로 판단하여 제조간접원가(y)에 대한 회귀추정식을 다음과 같이 제시하였다.

> $y = ₩25,000 + ₩120 × 직접노동시간$

영업부서 책임자의 추정을 근거로 한 예상 총제조원가를 구하시오.

[풀이]

직접재료원가와 직접노무원가는 동일하며 제조간접원가는 별도의 추정식에 의해서 계산한 후 합산해야한다. 또한, 직접노무원가 계산 시 단위당 직접노동시간에 노동시간당 임률을 곱하여 단위당 직접노무원가를 계산하며 묶음수준(lot)의 경우 원가동인은 묶음처리횟수이므로 묶음당 수량에 주의를 요한다.

1 활동기준원가함수에 의한 제조원가

(1) 제조간접원가(y)

$y = ₩20,000 + ₩3,000 × 1lot + ₩200 × 10시간 + ₩40 × 500시간^{*1} + ₩50 × 100회 = ₩50,000$

*1 직접노동시간 1,000단위 × 0.5시간 = 500시간

(2) 총제조원가

직접재료원가	₩20,000 *2
직접노무원가	15,000 *3
제조간접원가	50,000
계	₩85,000

*2 1,000단위 × ₩20 = ₩20,000
*3 1,000단위 × 0.5시간 × ₩30 = ₩15,000

2 전통적 원가함수에 의한 제조원가

(1) 제조간접원가(y)

$y = ₩25,000 + ₩120 × 500시간 = ₩85,000$

(2) 총제조원가

직접재료원가	₩20,000 *4
직접노무원가	15,000 *5
제조간접원가	85,000
계	₩120,000

*4 1,000단위 × ₩20 = ₩20,000
*5 1,000단위 × 0.5시간 × ₩30 = ₩15,000

01 다음 그래프의 종축은 총원가를 나타내며, 횡축은 1년간의 생산량을 나타낸다. 다음 중 그래프를 적정하게 설명하지 못한 것은?

[회계사 04]

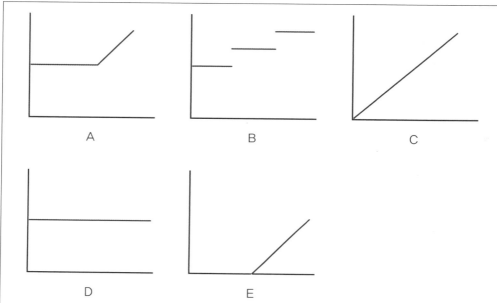

A: 일정량의 kwh까지는 기본요금을 내고 그것을 초과하는 경우에는 변동원가가 추가된다(kwh는 생산량에 비례하여 증가).

B: 수도요금 청구액은 다음과 같이 계산된다.

100,000갤런 이하	기본요금 ₩100,000
추가 10,000갤런	추가 사용된 갤런당 ₩3
추가 10,000갤런	추가 사용된 갤런당 ₩6

C: 기계사용시간(생산량에 비례)을 기준으로 계산되는 설비의 감가상각비

D: 정액법에 의한 설비의 연간 감가상각비

E: 어떤 조업도 수준 이상으로 생산되는 매 생산단위마다 ₩100을 관리자에게 지급하는 상여금 제도

① A   ② B   ③ C

④ D   ⑤ E

02 다음 중 원가추정방법에 관한 설명으로 옳지 않은 것은? [세무사 09]

① 회귀분석법은 결정계수(R^2)가 1에 가까울수록 만족스러운 추정을 달성한다.

② 고저점법은 원가자료 중 가장 큰 원가수치와 가장 작은 원가수치 자료를 사용하여 추정하는 방법으로 두 원가수치의 차이는 고정원가라고 가정한다.

③ 계정분석법을 사용하면 각 계정을 변동원가와 고정원가로 구분하는 데 자의성이 개입될 수 있다.

④ 산업공학분석법(또는 공학분석법)은 간접원가 추정에 어려움이 있다.

⑤ 산업공학분석법(또는 공학분석법)은 과거자료 없이 미래원가를 추정하는 데 사용된다.

03 대한회사의 지난 6개월간 전력비는 다음과 같다. 기계시간이 전력비에 대한 원가동인이라면 32,375기계시간이 예상되는 7월의 전력비는 고저점법에 의해 얼마로 추정되는가? [세무사 08]

월	기계시간	전력비
1월	34,000시간	₩610,000
2	31,000	586,000
3	33,150	507,000
4	32,000	598,000
5	33,750	650,000
6	31,250	575,000

① ₩259,000 ② ₩338,000 ③ ₩595,000

④ ₩597,000 ⑤ ₩600,000

04 학용품을 전문적으로 생산하고 있는 (주)경기는 20×1년 초에 자사에서 개발한 신제품 10,000개를 처음으로 생산하였다. 이 신제품을 생산하는 데 다음과 같은 비용이 발생하였다.

직접재료원가	₩900,000
직접노무원가(시간당 ₩10)	400,000
변동제조간접원가(직접노동시간에 비례하여 발생)	80,000
고정제조간접원가 배부액	150,000

(주)경기는 이 제품을 생산하는 데는 80%의 학습곡선을 따른다고 믿고 있다. 그런데 (주)한국으로부터 70,000개에 대한 특별주문을 받았다. 이 주문에 대해 (주)경기가 제시하여야 할 70,000단위의 최소판매가격은 얼마인가?

① ₩7,618,400 ② ₩7,786,080 ③ ₩7,936,080
④ ₩9,660,000 ⑤ ₩10,710,000

05 (주)국세는 단일제품을 생산·판매하고 있으며, 7월에 30단위의 제품을 단위당 ₩500에 판매할 계획이다. (주)국세는 제품 1단위를 생산하는 데 10시간의 직접노무시간을 사용하고 있으며, 제품 단위당 변동판매비와관리비는 ₩30이다. (주)국세의 총제조원가에 대한 원가동인은 직접노무시간이며, 고저점법에 의하여 원가를 추정하고 있다. 제품의 총제조원가와 직접노무시간에 대한 자료는 다음과 같다.

	총제조원가	직접노무시간
1월	₩14,000	120시간
2월	17,000	100
3월	18,000	135
4월	19,000	150
5월	16,000	125
6월	20,000	140

(주)국세가 7월에 30단위의 제품을 판매한다면 총공헌이익은 얼마인가? [세무사 12]

① ₩1,700 ② ₩2,100 ③ ₩3,000
④ ₩12,900 ⑤ ₩13,800

06 (주)세무의 제조간접원가는 소모품비, 감독자급여, 수선유지비로 구성되어 있다. 이 회사의 제조간접원가의 원가동인은 기계시간으로 파악되었다. (주)세무의 20×1년 1월, 2월, 3월 및 4월 각각에 대해 실제 사용한 기계시간과 제조간접원가의 구성 항목별 실제원가는 다음과 같다.

월	기계시간	소모품비	감독자급여	수선유지비	총제조간접원가 합계
1월	70,000	₩56,000	₩21,000	₩121,000	₩198,000
2월	60,000	48,000	21,000	105,000	174,000
3월	80,000	64,000	21,000	137,000	222,000
4월	90,000	72,000	21,000	153,000	246,000

(주)세무는 원가추정에 고저점법을 이용한다. 20×1년 5월에 75,000기계시간을 사용할 것으로 예상되는 경우 설명이 옳은 것은? [세무사 14]

① 5월의 예상 소모품비는 ₩55,000이다.
② 5월의 예상 수선유지비는 ₩129,000이다.
③ 5월의 예상 변동제조간접원가는 ₩170,000이다.
④ 5월의 예상 고정제조간접원가는 ₩21,000이다.
⑤ 5월의 예상 총제조간접원가는 ₩200,000이다.

07 한국(주)의 최근 2년간의 생산량과 총제조원가는 아래와 같으며, 2년간 고정원가와 단위당 변동원가는 변화가 없었다.

연도	생산량	총제조원가
20×1년	1,000개	₩400,000
20×2	2,000	600,000

20×3년에 자동화설비의 도입으로 고정원가가 20% 증가하고, 단위당 변동원가가 40% 감소하였다. 20×3년 생산량이 3,000개일 때 총제조원가는 얼마인가?

① ₩400,000   ② ₩500,000   ③ ₩560,000
④ ₩600,000   ⑤ ₩620,000

08 (주)한국은 수제 구두를 생산·판매하고 있다. 최초 1개 생산하는 데 10시간이 소요되었다. 추가 1개를 더 생산하여 총 2개를 생산하는 데 총시간은 누적증분시간모형을 적용할 경우 누적평균시간모형을 적용하는 것에 비하여 1.5시간이 많다. 구두를 제작하는 데 적용되는 학습률은 얼마인가?

① 70%   ② 80%   ③ 85%
④ 90%   ⑤ 95%

09 (주)한국은 최근에 신제품 A의 개발을 완료하고 시험적으로 500단위를 생산하였다. 회사가 처음 500단위의 신제품 A를 생산하는 데 소요된 총직접노무시간은 1,000시간이고 직접노무시간당 임률은 ₩300이었다. 신제품 A의 생산에 소요되는 단위당 직접재료원가는 ₩450이고, 단위당 제조간접원가는 ₩400이다. (주)한국은 과거 경험에 의하여 이 제품을 추가로 생산하는 경우 80%의 누적평균직접노무시간 학습모형이 적용될 것으로 추정하고 있으며, 당분간 직접노무시간당 임률의 변동은 없을 것으로 예상하고 있다.

신제품 A를 추가로 1,500단위 더 생산한다면, 총생산량 2,000단위에 대한 신제품 A의 단위당 예상원가는?   [회계사 17]

① ₩1,234   ② ₩1,245   ③ ₩1,257
④ ₩1,263   ⑤ ₩1,272

10 (주)세무는 원가행태를 추정하기 위해 고저점법을 적용한다. (주)세무의 경영자는 추정된 원가함수를 토대로 7월의 목표이익을 ₩167,500으로 설정하였다. 목표이익을 달성하기 위한 추정 목표매출액은? (단, 당월 생산된 제품은 당월에 전량 판매되고, 추정 목표매출액은 관련범위 내에 있다) [세무사 18]

월	총원가	총매출액
3월	₩887,000	₩980,000
4월	791,000	855,000
5월	985,500	1,100,000
6월	980,000	1,125,000

① ₩1,160,000 ② ₩1,165,000 ③ ₩1,170,000
④ ₩1,180,000 ⑤ ₩1,200,000

11 올해 창업한 (주)세무는 처음으로 A광역시로부터 도로청소 특수차량 4대의 주문을 받았다. 이 차량은 주로 수작업을 통해 제작되며, 소요될 원가자료는 다음과 같다.

- 1대당 직접재료원가: ₩85,000
- 첫 번째 차량 생산 직접노무시간: 100시간
- 직접노무원가: 직접노무시간당 ₩1,000
- 제조간접원가: 직접노무시간당 ₩500

위의 자료를 바탕으로 계산된 특수차량 4대에 대한 총제조원가는? (단, 직접노무시간은 80% 누적평균시간학습모형을 고려하여 계산한다) [세무사 21]

① ₩542,000 ② ₩624,000 ③ ₩682,000
④ ₩724,000 ⑤ ₩802,000

12 사업개시 후 2년간인 20X1년과 20X2년의 손익자료는 다음과 같다.

	20×1년	20×2년
		(단위: 만원)
매출액	100	300
직접재료원가	40	120
직접노무원가	10	22.4
제조간접원가	20	50
판매관리비	15	15
영업이익	15	92.6

20X1년부터 20X3년까지의 단위당 판매가격, 시간당 임률, 단위당 변동제조간접원가, 총고정제조간접원가, 총판매관리비는 일정하다. 직접노무시간에는 누적평균시간 학습모형이 적용된다. 매년 기초 및 기말재고는 없다. 20X3년의 예상매출액이 400만원이라면 예상영업이익은 얼마인가?

[회계사 12]

① ₩1,327,700   ② ₩1,340,800   ③ ₩1,350,300
④ ₩1,387,700   ⑤ ₩1,398,900

제9장 │ 객관식 문제 정답 및 해설

01 ② 수도요금의 원가행태는 다음과 같다.

02 ② 고저점법은 최고조업도의 원가자료와 최저조업도의 원가자료를 사용하여 원가함수를 추정하는 방법이다.

03 ④ 최고조업도: 34,000시간, ₩610,000
최저조업도: 31,000시간, ₩586,000
(1) 단위당 변동원가
$$b = \frac{₩610,000 - ₩586,000}{34,000시간 - 31,000시간} = ₩8$$
(2) 총고정원가
₩610,000 = a + ₩8 × 34,000시간
a = ₩338,000
(3) 원가함수
y = ₩338,000 + ₩8 × 기계시간
∴ 7월 예상전력비 = ₩338,000 + ₩8 × 32,375시간 = ₩597,000

04 ②

누적생산량	단위당 누적평균노무원가	누적총노무원가
10,000개	₩40	₩400,000
20,000	₩40 × 0.8 = 32	
40,000	₩32 × 0.8 = 25.6	
80,000	₩25.6 × 0.8 = 20.48	1,638,400

(1) 추가로 발생하는 노무원가
₩1,638,400 − ₩400,000 = ₩1,238,400
(2) 추가원가*
₩900,000 × 7 + ₩1,238,400 + ₩1,238,400 × 0.2 = ₩7,786,080
* 최소판매가격과 변동원가만 회수한다.

05 ② 1. 단위당 제조원가
  - 4월(고점): ₩19,000 = a + b × 150시간
  - 2월(저점): ₩17,000 = a + b × 100시간
  - → a(고정제조간접원가) = ₩13,000, b(변동제조원가) = 시간당 ₩40

  2. 단위당 공헌이익
  ₩500 − ₩40 × 10시간 − ₩30 = ₩70
  ∴ 총공헌이익 = 30단위 × ₩70 = ₩2,100

06 ② 1. 소모품비와 수선유지비
  고정제조원가를 a, 단위당 변동제조원가를 b라 한 후 정리하면 다음과 같다.
  (1) 소모품비

최고조업도	₩72,000 =	a + b × 90,000시간
최저조업도 (−)	48,000 =	a + b × 60,000시간
	₩24,000 =	b × 30,000시간

  → a = ₩0, b = ₩0.8/기계시간
  (2) 수선유지비

최고조업도	₩153,000 =	a + b × 90,000시간
최저조업도 (−)	105,000 =	a + b × 60,000시간
	₩48,000 =	b × 30,000시간

  → a = ₩9,000, b = ₩1.6/기계시간

  2. 원가요소별 원가함수

	고정원가	변동원가
소모품비	−	₩0.8/기계시간
감독자급여	₩21,000	−
수선유지비	₩9,000	₩1.6/기계시간
계	₩30,000	₩2.4/기계시간

  ① ₩0.8 × 75,000시간 = ₩60,000
  ② ₩9,000 + ₩1.6 × 75,000시간 = ₩129,000
  ③ ₩2.4 × 75,000시간 = ₩180,000
  ④ ₩21,000 + ₩9,000 = ₩30,000
  ⑤ ₩30,000 + ₩2.4 × 75,000시간 = ₩210,000

07 ④ 2,000개: ₩600,000 = a + b × 2,000개
  1,000개: ₩400,000 = a + b × 1,000개
  → a = ₩200,000, b = 단위당 ₩200
  만약, 고정원가는 20% 증가하고 단위당 변동원가가 40% 감소한다면, 원가함수는 다음과 같다.
  총원가 = ₩240,000 + ₩120 × 수량
  ∴ 3,000개 생산할 경우 원가 = ₩240,000 + ₩120 × 3,000 = ₩600,000

08 ③ 학습률 = k

$$(10시간 + 10시간 \times k) - 2 \times (10시간 \times k) = 1.5$$

∴ k = 85%

09 ① 1. 누적평균시간

누적생산량(x)		누적평균시간(y)	총누적시간(xy)
1	(500단위)	1,000시간	1,000시간
2	(1,000단위)	800 *1	1,600
3	(1,500단위)	?	?
4	(2,000단위)	640 *2	2,560 *3
⋮		⋮	⋮

*1 1,000시간 × 80% = 800시간
*2 800시간 × 80% = 640시간
*3 4 × 640시간 = 2,560시간

2. 단위당 원가

직접재료원가	₩900,000 *4
직접노무원가	768,000 *5
제조간접원가	800,000 *6
소계	₩2,468,000
생산량	÷ 2,000단위
단위당 원가	@1,234

*4 ₩450 × 2,000단위 = ₩900,000
*5 ₩300 × 2,560시간 = ₩768,000
*6 ₩400 × 2,000단위 = ₩800,000

10 ⑤ 1. 총고정원가(a) 및 변동원가율(b)
- 최대조업도: ₩980,000 = a + b × ₩1,125,000
- 최저조업도: ₩791,000 = a + b × ₩855,000

∴ b = 0.7(→ 공헌이익률 = 0.3), a = ₩192,500

2. 목표매출액(k)

0.3k − ₩192,500 = ₩167,500

∴ 목표매출액(k) = ₩1,200,000

11 ④ 1. 총필요시간

누적생산량	평균시간	누적총시간
1	100	100
2	80	160
4	64	256

2. 총제조원가

직접재료원가	₩85,000 × 4대 =	₩340,000
직접노무원가	₩1,000 × 256시간 =	256,000
제조간접원가	₩500 × 256시간 =	128,000
		₩724,000

12 ② 1. 누적평균노무원가

누적매출액	누적평균노무원가		총노무원가
₩1,000,000	₩100,000 ⌐		₩100,000
2,000,000		학습률 90%	
4,000,000	81,000 ⌐		324,000 ⌐
8,000,000	72,900		583,200 ⌐ ₩259,200

2. 매출액 ₩1당 고정제조간접원가(a), 변동원가율(b)

• ₩500,000 = a + b × ₩3,000,000
• ₩200,000 = a + b × ₩1,000,000
→ a = ₩50,000, b = 0.15

3. 예상영업이익

매출액	₩4,000,000
직접재료원가	1,600,000 *1
직접노무원가	259,200
제조간접원가	650,000 *2
판매관리비	150,000
영업이익	₩1,340,800

*1 ₩4,000,000 × 0.4 = ₩1,600,000
*2 ₩50,000 + ₩4,000,000 × 0.15 = ₩650,000

제9장 │ 주관식 문제

문제 01   학습효과와 부품의 자가제조 여부 결정

(주)한국은 (주)서울로부터 매년 80,000개의 부품을 구입하고 있다. 구입가격은 매년 증가하여 작년에 단위당 ₩68에 달하였다. 구입가격이 계속해서 증가하므로 (주)한국의 경영자는 부품을 사내에서 자체적으로 생산하였을 때 발생원가를 분석하도록 지시하였다.

〈자료 1〉 부품 10,000단위를 생산하기 위한 추정원가

직접재료원가	₩120,000
직접노무원가	300,000
제조간접원가	450,000
합계	₩870,000

부품의 자가제조를 위해서는 생산직종업원을 추가고용해야 할 것으로 보이나, 생산설비 및 공간의 확대, 감독의 추가고용 등은 필요 없을 것이다. 회계담당자의 보고서에 따르면 10,000단위를 제조하는 데 ₩870,000의 원가가 발생할 것으로 예상된다. 이에 의하면 단위당 생산원가가 ₩87으로 현재의 구입가격 ₩68보다 더 비싸다. 따라서 계속 외부에서 구입하는 것이 더 유리하다.

〈자료 2〉 추가내용
  (1) 직접노무원가는 작업시간에 따라 결정된다.
  (2) 제조간접원가는 직업노무시간을 기준으로 아래와 같이 제품에 배부된다. 이때, 변동제조간접원가는 직접노무원가에 비례하여 발생한다.

고정제조간접원가	직접노무원가의 50%
변동제조간접원가	직접노무원가의 100%
제조간접원가 배부율	직접노무원가의 150%

요구사항

부품생산 시 직접노무원가에 80%의 학습효과가 있다고 가정하자. 생산은 10,000단위를 한 묶음으로 하여 이루어진다. 이러한 경우에 (주)한국의 80,000개 부품에 대한 자가제조 여부를 결정하시오.

풀이

(1) 직접노무원가

누적생산	누적평균노무원가	총누적노무원가
10,000	₩300,000	₩300,000
20,000	240,000*1	480,000
40,000	192,000*2	768,000
80,000	153,600*3	1,228,800

*1 ₩300,000 × 0.8 = ₩240,000
*2 ₩240,000 × 0.8 = ₩192,000
*3 ₩192,000 × 0.8 = ₩153,600

(2) 자가제조 시 증분이익

증분수익

증분비용	구입비용절감	80,000개 × ₩68 =	₩(5,440,000)
	직접재료원가	80,000개 × ₩12 =	960,000
	직접노무원가		1,228,800
	제조간접원가	₩1,228,800 × 100% =	1,228,800
			₩2,022,400

∴ 자가제조가 유리하다.

문제 02 　원가함수추정과 정상개별원가계산

(주)한국은 정상원가계산을 채택하고 있다. (주)한국은 제조간접원가 연간예산을 추정하는 데 있어 직접노동시간과 제조간접원가 사이에는 어떤 상관관계가 있을 것이라 생각하여 제조간접원가를 파악하는 데 단순회귀분석모형을 사용하기로 하였다. 과거 50개월 동안의 직접노동시간과 실제 발생한 제조간접원가에 대해서 최소자승법을 사용하여 구한 회귀식은 다음과 같다.

Y= ₩216,000 + ₩3.25X

Y: 제조간접원가 연간예산

X: 연간 직접노동시간

상관계수: r = 0.87

결정계수: 0.7569

당해연도 1년간 직접노동시간은 120,000시간으로 추정되었다. 3월 중 두 개의 작업(#101, #102)이 착수되었고, 작업 #100, #101이 완성되었으며, #100은 당월에 판매되었다.

회사는 제조간접원가 배부차이를 매출원가에서 조정한다.

3월의 제조활동에 관한 자료는 다음과 같다.

월초재고자산(3월 1일)		
직접재료 및 소모품	₩10,500	
재공품(#100)	54,000	
제품	112,500	
3월 중 직접재료 및 소모품 매입액		
직접재료	₩135,000	
소모품	15,000	
당월 사용된 직접재료 및 소모품		
#100	₩45,000	
#101	37,500	
#102	25,500	
소모품	12,000	₩120,000
당월 중 실제직접노동시간		
#100	3,500시간	
#101	3,000시간	
#102	2,000시간	8,500시간

당월 중 실제발생노무원가

직접노무원가	₩51,000	
간접노무원가	15,000	
감독자급료	6,000	₩72,000

기타 제조간접원가

건물감가상각비	₩6,500	
전력비	4,000	
수선유지비	3,000	
기타	1,000	₩14,500

요구사항

[물음 1] 회귀식 $Y = ₩216,000 + ₩3.25X$에서 ₩216,000과 ₩3.25의 의미를 설명하시오.

[물음 2] 올해 직접노동시간이 120,000시간으로 예상된다고 할 때 제조간접원가 예산을 추정하시오.

[물음 3] 상관계수 r은 회귀분석 중 일반적으로 어떤 의미를 갖고 있는지 설명하시오.

[물음 4] 결정계수 r^2의 의미와 본 문제에서의 결정계수는 어떻게 평가되는지 설명하시오.

[물음 5] 당해연도 제조간접원가 예정배부율을 구하시오.

[물음 6] 당월 말 기말재공품 원가를 구하시오.

[물음 7] 당월 매출원가를 구하시오.

풀이

[물음 1] 원가함수의 의미

    (1) ₩216,000은 고정제조간접원가의 추정치로 간주한다.

    (2) ₩3.25는 직접노동시간당 변동제조간접원가의 추정치로 간주한다.

[물음 2] 제조간접원가예산 추정

    Y = ₩216,000 + ₩3.25 × 120,000 = ₩606,000

[물음 3] 상관계수의 의미

    상관계수(r)는 두 변수 간의 선형관계의 강도를 나타내는 척도이다. 상관계수는 −1에서 +1까지의 값을 가질 수 있다. 한편, 상관계수가 0이라면 두 변수 간에는 아무런 관계도 없다는 것이다.

[물음 4] 결정계수의 의미

    상관계수의 제곱인 결정계수는 종속변수의 총변동 중 독립변수에 의해 설명되는 변동의 비율을 나타낸다. 결정계수는 0에서 +1까지의 값을 가질 수 있는데, 결정계수의 값이 높다는 것은 종속변수의 총변동 중 독립변수에 의해 설명되는 변동의 비중이 크다는 것을 의미한다. 본 문제의 결정계수 0.7569는 직접노동시간이 제조간접원가의 변화를 76% 정도 설명하고 있다는 것을 의미한다.

[물음 5] 제조간접원가 예정배부율

    ₩606,000 ÷ 120,000노동시간 = ₩5.05/노동시간

[물음 6] 기말재공품원가 계산

직접재료원가	₩25,500
직접노무원가	12,000[*1]
제조간접원가	10,100[*2]
합계	₩47,600

    *1 ₩51,000/8,500시간 × 2,000시간 = ₩12,000

    *2 2,000시간 × ₩5.05 = ₩10,100

[물음 7] 매출원가계산

월초재공품	₩54,000
직접재료원가	45,000
직접노무원가	21,000[*1]
제조간접원가	17,675[*2]
배부차이(과소)	4,575[*3]
합계	₩142,250

    *1 ₩51,000/8,500시간 × 3,500시간 = ₩21,000

    *2 3,500시간 × ₩5.05 = ₩17,675

    *3 배부차이

        실제발생액: ₩47,500(= ₩12,000 + ₩15,000 + ₩6,000 + ₩6,500 + ₩8,000)

        예정배부액: ₩42,925(= 8,500시간 × ₩5.05)

        배부차이: ₩4,575(과소)

(주)한국은 현재 연간 50,000개의 제품을 생산·판매하고 있는데, 이것은 (주)한국의 연간 최대조업도인 100,000개의 50%에 불과한 수준이다. (주)한국은 최근 외국으로부터 30,000개의 제품을 단위당 ₩6씩에 구입하겠다는 특별주문을 받았다.

(주)한국의 50,000개와 80,000개 생산 시 제조원가예산은 다음과 같다.

	50,000개	80,000개
직접재료원가	₩75,000	₩120,000
직접노무원가	75,000	120,000
제조간접원가	200,000	260,000
합계	₩350,000	₩500,000
단위당 제조원가	₩7	₩6.25

요구사항

[물음 1]   특별주문수락에 대한 의사결정을 하시오.

[물음 2]   위 주문을 수락할 경우 추가로 고려하여야 할 사항으로는 어떠한 것들이 있는가?

풀이

$$₩260,000 = VOH \times 80,000개 + FOH$$
$$(-) \quad \underline{₩200,000 = VOH \times 50,000개 + FOH}$$
$$\underline{₩60,000 \quad = VOH \times 30,000개}$$

→ VOH = ₩2, FOH = ₩100,000

[물음 1] 특별주문수락 의사결정

증분수익	매출		30,000개 × ₩6 =	₩180,000
증분비용	변동제조원가	30,000개 × (₩1.5 + ₩1.5 + ₩2) =		150,000
				₩30,000

∴ 특별주문을 수락한다.

[물음 2] 질적 요인

    (1) 기존 고객들의 반발
    (2) 시장에서의 가격인하 압력

문제 04   학습곡선 종합

(주)한국은 20×0년도에 부품 X를 이용하여 신제품을 개발하였다. (주)한국은 이 부품을 자체적으로 생산할 기술력은 보유하고 있으나, 설비능력에 여유가 없었기 때문에 (주)대한으로부터 구입하였다. (주)대한으로부터 50단위에 대한 첫 번째 계약 이후 각각 50단위씩 추가적인 계약이 이루어졌으며 그 내역은 다음과 같다.   [CMA 수정]

주문일자	수량	단위당 가격	총가격
3월 15일	50단위	₩880	₩44,000
7월 20일	50	880	44,000
9월 13일	50	880	44,000
10월 8일	50	880	44,000

(주)한국은 20×1년도 필요량 200단위를 (주)대한으로부터 구입하기로 결정하였다. (주)대한은 200단위를 단위당 ₩750에 공급하겠다고 제의해 왔다. (주)한국은 (주)대한이 제시한 가격 ₩750이 적절한지 여부에 대해서 평가하려고 한다.

(주)한국이 평가한 자료는 다음과 같다.

(1) (주)대한이 처음 5단위를 계약할 때는 미래 추가주문 여부를 확인할 수 없었을 것이기 때문에 전부원가에 근거하여 일정비율의 이익을 가산하여 입찰가격을 결정했으리라고 판단된다.

(2) (주)대한이 부품 X 한 단위를 생산하는 데에는 직접재료원가는 ₩200, 직접노무원가는 시간당 ₩20, 제조간접원가는 직접노무원가의 100%가 발생할 것으로 추정된다. 또한, 변동제조간접원가는 총제조간접원가의 50%일 것으로 판단된다.

(3) (주)한국에서 이와 유사한 작업을 하는 데 90%의 학습효과가 있으므로 (주)대한에서도 동일한 학습효과가 존재할 것으로 기대된다.

(4) 첫 50단위 계약 시 부품 X 한 단위당 평균직접노무시간은 15시간이 소요되었을 것으로 추정된다.

요구사항

[물음 1] 3월 15일 첫 50단위 계약 시 (주)대한이 계산한 단위당 전부원가를 계산하시오.

[물음 2] (주)대한의 20×1년도 200단위에 대한 적정 판매가격을 계산하시오(단, 한 번의 작업에 50단위씩 생산하며 90%의 학습효과가 존재한다. 또한, (주)대한은 고정제조원가를 포함한 전부원가에 20×0년과 동일한 이익률을 가산한다).

[물음 3] 추가 200단위에 대하여 단위당 ₩750에 계약이 체결된 경우 (주)대한의 증분이익을 구하시오.

풀이

(1) 변동제조간접원가
  총제조간접원가 × 50%
  = 직접노무원가 × 100% × 50%
  = 직접노무원가 × 50%
(2) 첫 50단위에 대한 원가

직접재료원가		₩200
직접노무원가	15시간 × ₩20 =	300
변동제조간접원가	₩300 × 50% =	150
고정제조간접원가	₩300 − ₩150 =	150
		₩800

(3) 이익률(R)
  가격 = 전부원가 × (1 + R)
  ₩880 = ₩800 × (1 + R)
  ∴ R = 10%

[물음 1] 첫 50단위 계약 시 단위당 전부원가

$$₩200 + ₩300 + ₩150 + ₩150 = ₩800$$

[물음 2] 200단위에 대한 단위당 적정 판매가격

(1) 200단위 총직접노무시간

누적생산량	누적평균시간		누적총시간 (= 누적생산량 × 누적평균시간)
1(50단위)	15시간 × 50단위 =	750시간	750시간
2(100단위)	750시간 × 0.9 =	675시간	1,350시간
4(200단위)	675시간 × 0.9 =	607.5시간	2,430시간
8(400단위)	607.5시간 × 0.9 =	546.75시간	4,374시간

∴ 총노무시간 = 4,374시간 − 2,430시간 = 1,944시간

(2) 전부원가

단위당 고정제조간접원가는 ₩150이다.

직접재료원가	200단위 × ₩200 =	₩40,000
직접노무원가	1,944시간 × ₩20 =	38,880
변동제조간접원가	₩38,880 × 50% =	19,440
고정제조간접원가	200단위 × ₩150 =	30,000
		₩128,320

(3) 판매가격

전부원가 × (1 + 10%)

= ₩128,320 × (1 + 10%) = ₩141,152

[물음 3] 증분이익

증분수익		
매출증가	200단위 × ₩750 =	₩150,000
증분비용		
직접재료원가		(40,000)
직접노무원가		(38,880)
변동제조간접원가		(19,440)
증분손익		₩51,680

회계사 · 세무사 · 경영지도사 단번에 합격!
해커스 경영아카데미
cpa.Hackers.com

제10장

CVP분석

01 의의

원가-조업도-이익분석(CVP분석, cost-volume-profit analysis)이란 조업도의 변화가 매출과 원가에 어떠한 영향을 미쳐 이익을 변화시키는가를 분석하는 것을 말하여 이를 통하여 손익분기점분석, 목표이익분석, 가격결정 등 수많은 의사결정에 이용할 수 있어 기업에서 일상적으로 가장 널리 사용되는 관리회계기법이다.

핵심 Check 원가함수를 추정하는 이유

> CVP분석은 단위당 변동원가와 총고정원가를 분석한 후 적용할 수 있다.

1. 가정

CVP분석은 다음과 같은 엄격한 가정을 전제로 한다.

	특징
모든 원가는 변동원가와 고정원가로 구분할 수 있다.	단기
단위당 판매가격은 일정하다.	선형성
단위당 변동원가는 일정하다. 즉, 생산성은 일정하다	선형성
고정원가는 관련 범위 내 일정하다.	선형성
원가에 영향을 미치는 유일한 요인은 조업도다.	전통적 원가함수
재고수준의 변동이 없다. 즉, 생산량과 판매량이 동일하다.	고정원가 비용처리
의사결정대상은 발생주의 이익이다.	회계상 이익
하나의 제품을 생산·판매한다.	단일제품
모든 변수는 확실하다.	확실성하의 분석

핵심 Check 고정원가 비용처리

> CVP분석의 대상기간은 단기로서 고정원가는 일정한 수준을 유지하며 수량 변화로 인한 이익증감분은 공헌이익으로 측정하고 고정원가는 모두 비용으로 처리한다. 이는 관리목적의 변동원가계산에서 이익을 산출하는 방법이다.
>
> 그러나, 전부원가계산을 적용하더라도 생산량과 판매량이 동일하다는 가정으로 인하여 당기 발생한 고정원가는 모두 매출원가에 처리되어 변동원가계산과 동일한 결과를 가져오게 된다. 만약, 생산량과 판매량이 동일하지 않고 전부원가계산을 적용한다면 고정제조원가 처리방법은 달라진다. 후술하는 전부원가계산 CVP분석에서 살펴보기로 한다.

2. 기본등식

CVP분석에서 당기 생산량은 모두 판매되어 고정원가는 모두 당기에 비용으로 처리되므로, 이익을 계산하는 과정은 다음과 같은 등식으로 표현할 수 있다.

수익   −   (비용)   =   이익

변동원가   고정원가

↓

수익   −   (변동원가 + 고정원가)   =   이익

판매가격 × 판매량   단위당 변동원가 × 판매량   (FC)
(p)   (Q)   (vc)   (Q)

↓

$$(p - vc) \cdot Q - FC = \pi$$

(1) 총매출액

총매출액(S)은 단위당 판매가격(p)에 판매량(Q)을 곱하여 계산한다.

$$S = p \cdot Q$$

(2) 총변동원가

총변동원가(VC)는 단위당 변동원가(vc)에 판매량(Q)을 곱하여 계산한다.

$$VC = vc \cdot Q$$

* 단위당 변동원가(vc) = 단위당 변동제조원가(직접재료원가, 직접노무원가, 변동제조간접원가) + 단위당 변동판매관리비

> **핵심 Check**   제조원가와 판매관리비
>
> 관리회계에서 의사결정대상은 이익이므로 제조원가뿐만 아니라 판매관리비도 고려해야 한다.

(3) 총고정원가

총고정원가(FC)는 고정제조간접원가와 고정판매관리비를 합하여 계산한다.

$$FC = 고정제조간접원가 + 고정판매관리비$$

(4) 공헌이익

① 단위당 공헌이익(cm): 단위당 판매가격(p)에 단위당 변동원가(vc)를 차감하여 계산한다.

$$cm = p - vc$$

② 총공헌이익(CM): 단위당 공헌이익(cm)에 판매량(Q)을 곱하여 계산한다.

$$CM = cm \cdot Q$$

(5) 공헌이익률과 변동비율

① 공헌이익률(cmr): 단위당 공헌이익(cm)를 단위당 판매가격(p)으로 나누거나 총공헌이익을 총매출액으로 나누어 계산한다.

$$cmr = \frac{cm}{p}$$

② 변동비율(vcr): 단위당 변동원가(vc)를 단위당 판매가격(p)으로 나누거나 총변동원가를 총매출액으로 나누어 계산한다.

$$vcr = \frac{vc}{p}$$

단위당 공헌이익(cm)과 단위당 변동원가(vc)의 합은 단위당 판매가격(p)이므로 공헌이익률(cmr)과 변동비율(vcr)의 합은 1(100%)이 된다.

$$cmr + vcr = 1$$

핵심 Check 비율의 합 = 1(100%)

- 매출원가율 + 매출총이익률 = 1
- 수율 + 감손율 = 1
- 공헌이익률 + 변동비율 = 1

3. CVP분석의 기본구조

CVP분석의 이익을 계산하는 과정은 총매출액에서 총변동원가와 총고정원가를 차감하는 변동원가계산의 손익계산서와 동일하고 단위당 판매가격, 단위당 변동원가 및 총고정원가에 대한 분석이 이루어진 상황이므로 판매량을 예측하면 이익을 바로 확인할 수 있다는 것이 기본구조이다.

	자료정리	수량		손익계산서	
(단위당 판매가격)	p			S	(총매출액)
(단위당 변동원가)	vc	× Q =		(VC)	(총변동원가)
	cm(= p − vc)			CM	(총공헌이익)
(총고정원가)	FC			(FC)	(총고정원가)
				π	(영업이익)

4. CVP도표와 PV도표

CVP분석 가정에서 단기와 선형성에 근거하여 판매량에 대한 총수익, 총비용 및 이익의 관계를 그래프에 나타낸 것을 말한다.

(1) 원가 – 조업도 – 이익 도표(CVP 도표)

조업도 변화에 대한 총수익과 총비용의 변화를 그래프에 나타낸 것을 말한다. 수익선의 기울기는 단위당 판매가격이고 비용선의 기울기는 단위당 변동원가이다. 또한, 수익선과 비용선이 만나는 조업도는 손익분기점이다.

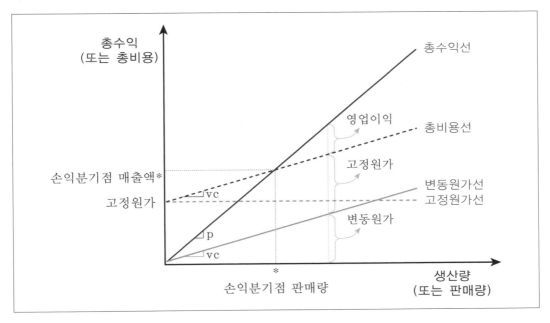

생산요소가 한 단위 추가될 때 어느 시점을 지나면 한계생산량은 점차 감소하는 수확체감과 한계비용 체증의 법칙에 따라 총수익선은 완만하게 증가하며, 총비용선은 가파르게 증가한다.

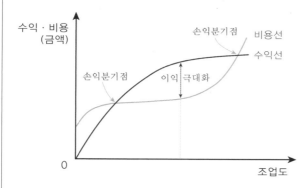

[특징]
① 손익분기점이 둘 이상 나타난다.
② 장기적인 관점에서는 모든 원가가 변동원가이므로 손익분기점이 원점을 포함하여 셋이다.
③ 이익을 극대화할 수 있는 조업도를 구할 수 있다.

(2) 이익 – 조업도 도표(PV도표)

조업도 변화에 대한 이익의 변화를 그래프에 나타낸 것을 말한다. 이익선의 기울기는 한 단위 추가할 때 늘어나는 이익으로 공헌이익으로 측정되며 이익이 영(0)인 조업도는 손익분기점이다.

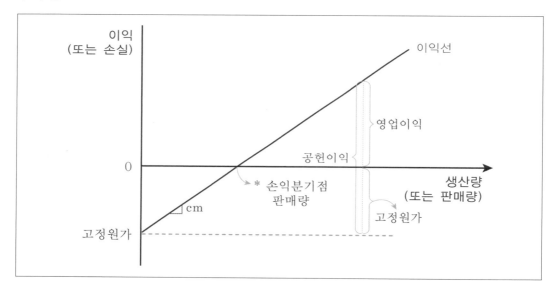

2 CVP분석 기본모형

01 의의

CVP분석의 가정에 충실한 모형으로 손익분기점분석과 목표이익분석을 살펴보기로 한다.

02 손익분기점분석과 목표이익분석

손익분기점은 이익이 영(0)인 판매량 또는 매출액을 의미하며 목표이익분석은 목표이익을 얻을 수 있는 판매량 또는 매출액을 의미한다.

1. 손익분기점분석

손익분기점(break-even-point analysis)이란 총수익과 총비용이 일치하여 이익이 영(0)인 판매량 또는 매출액을 의미한다.

> **핵심 Check** 손익분기점(본전이 되는 point)
>
> 공헌이익은 한 단위 추가할 때 늘어나는 이익이므로 공헌이익으로 고정원가만큼 벌면 본전 즉, 손익분기점이다. 따라서 손익분기점은 공헌이익과 고정원가가 같아지는 판매량이다.

(1) 등식으로 해결

CVP등식에서 이익(π)을 영(0)으로 하는 판매량(Q_{BEP})을 계산하면 된다. 또한, 손익분기점 매출액(S_{BEP})은 판매가격(p)에 손익분기점 판매량(Q_{BEP})을 곱하면 된다.

$$(p - vc) \cdot Q_{BEP} - FC = 0$$
$$\downarrow$$
$$Q_{BEP} \times p = S_{BEP}$$

(2) 공식

손익분기점은 이익이 영(0)인 판매량으로 총공헌이익과 고정원가가 일치한다는 사실에 기초하여 다음과 같은 공식을 도출할 수 있다.

① 손익분기점 판매량(Q_{BEP})

$$(p - vc) \cdot Q_{BEP} = FC$$
$$\downarrow$$
$$Q_{BEP} = \frac{FC}{p - vc}$$

② 손익분기점 매출액(S_{BEP}): 총공헌이익은 단위당 공헌이익에 판매량을 곱하거나 공헌이익률에 매출액을 곱하여 계산할 수 있다.

$$\underset{cm}{(p-vc) \cdot Q} = \underset{\dfrac{cm}{\not p} \cdot \not p \times Q}{cmr \cdot S}$$

따라서 손익분기점 매출액(S_{BEP})은 다음과 같이 나타낼 수 있다.

$$cmr \cdot S_{BEP} = FC$$
$$\downarrow$$
$$S_{BEP} = \dfrac{FC}{cmr}$$

2. 목표이익분석

목표이익분석(target-income analysis)이란 일정한 이익을 얻을 수 있는 판매량 또는 매출액을 의미하며 세금을 고려하는 경우와 고려하지 않는 경우로 살펴볼 수 있다.

(1) 등식으로 해결

CVP등식에서 이익(π)을 목표이익으로 하는 판매량(Q_{TI})을 계산하면 된다. 또한, 목표이익매출액(S_{TI})은 판매가격(p)에 목표이익판매량(Q_{TI})을 곱하면 된다.

$$(p-vc) \cdot Q_{TI} - FC = TI$$
$$\downarrow$$
$$S_{TI} = p \times Q_{TI}$$

또한, 세금을 고려하는 경우 CVP등식에서 세후이익(π_A)을 목표이익으로 하는 판매량(Q_{TI})을 계산하면 된다.

$$[(p-vc) \cdot Q_{TI} - FC] \times (1-t) = 세후TI$$
$$\downarrow$$
$$S_{TI} = p \times Q_{TI}$$
$$단, t는 세율임$$

(2) 공식

CVP등식을 Q_{TI}를 기준으로 정리하면 다음과 같은 공식을 유도할 수 있다.

① 목표이익판매량(Q_{TI})

$$(p - vc) \cdot Q_{TI} = TI + FC$$
$$\downarrow$$
$$Q_{TI} = \frac{TI + FC}{p - vc}$$

또한, 세금을 고려하는 경우 다음과 같은 공식을 유도할 수 있다.

$$(p - vc) \cdot Q_{TI} = \frac{\text{세후 TI}}{(1 - t)} + FC$$
$$\downarrow$$
$$Q_{TI} = \frac{\dfrac{\text{세후 TI}}{(1 - t)} + FC}{p - vc}$$
$$단, \frac{\text{세후 TI}}{(1 - t)} 는 \text{ 세전 TI임}$$

② 목표이익매출액(S_{TI}): 총공헌이익은 단위당 공헌이익에 판매량을 곱하거나 공헌이익률에 매출액을 곱하여 계산할 수 있다.

따라서 목표이익매출액(S_{TI})은 다음과 같이 나타낼 수 있다.

$$cmr \cdot S_{TI} = TI + FC$$
$$\downarrow$$
$$S_{TI} = \frac{TI + FC}{cmr}$$

또한, 세금을 고려하는 경우 세후목표이익매출액(S_{TI})은 다음과 같이 나타낼 수 있다.

$$cmr \cdot S_{TI} = \frac{\text{세후 TI}}{(1 - t)} + FC$$
$$\downarrow$$
$$S_{TI} = \frac{\dfrac{\text{세후 TI}}{(1 - t)} + FC}{cmr}$$
$$단, \frac{\text{세후 TI}}{(1 - t)} 는 \text{ 세전 TI임}$$

핵심 Check 누진세율인 경우 세후목표이익분석

$\dfrac{\text{세후 TI}}{(1 - t)}$는 세전 TI이므로 세후목표이익을 $(1 - t)$로 나누어 세전목표이익으로 전환한 후 목표이익분석으로 해결하면 된다.

(주)한국은 단위당 판매가격이 ₩100인 제품을 생산·판매하고 있다. 제품생산과 관련된 자료는 다음과 같다.

	단위당 변동원가	고정원가
직접재료원가	₩35	–
직접노무원가	25	–
제조간접원가	10	₩8,000(감가상각비 ₩1,500 포함)
판매관리비	10	2,000
합계	₩80	₩10,000

요구사항

❶ 손익분기점 판매량과 손익분기점 매출액을 구하시오.
❷ 목표이익이 ₩1,200인 경우 목표이익판매량과 목표이익매출액을 구하시오.
❸ 목표이익률이 매출액의 10%인 경우 매출액을 구하시오.
❹ 법인세율이 40%이고 세후목표이익이 ₩1,200인 경우 판매량과 매출액을 구하시오.

(풀이)

p	₩100
vc	80
cm	₩20(cmr: 0.2)
FC	₩10,000(감가상각비 ₩1,500 포함)

❶
(1) 손익분기점 판매량(Q)

$$₩20 \cdot Q - ₩10,000 = 0$$

∴ Q = 500단위

[별해]

$$Q = \frac{고정원가}{단위당\ 공헌이익} = \frac{₩10,000}{₩20} = 500단위$$

(2) 손익분기점 매출액(S)

$$0.2 \cdot S - ₩10,000 = 0$$

∴ S = ₩50,000

[별해]

$$S = \frac{고정원가}{공헌이익률} = \frac{₩10,000}{0.2} = ₩50,000$$

❷

(1) 목표이익판매량(Q)

₩20 · Q − ₩10,000 = ₩1,200

∴ Q = 560단위

[별해]

$$Q = \frac{\text{고정원가 + 목표이익}}{\text{단위당 공헌이익}} = \frac{\text{₩10,000 + ₩1,200}}{\text{₩20}} = 560단위$$

(2) 목표이익매출액(S)

0.2 · S − ₩10,000 = ₩1,200

∴ S = ₩56,000

[별해]

$$S = \frac{\text{고정원가 + 목표이익}}{\text{공헌이익률}} = \frac{\text{₩10,000 + ₩1,200}}{0.2} = ₩56,000$$

❸

(1) 목표판매량(Q)

₩20 · Q − ₩10,000 = 0.1 × ₩100 · Q

Q = 1,000단위

∴ S = 1,000단위 × ₩100 = ₩100,000

(2) 목표매출액(S)

0.2 · S − ₩10,000 = 0.1 · S

∴ S = ₩100,000

[별해]

$$S = \frac{\text{고정원가}}{\text{공헌이익률 − 목표이익}} = \frac{\text{₩10,000}}{0.2 − 0.1} = ₩100,000$$

❹

(1) 목표이익판매량(Q)

(₩20 · Q − ₩10,000) × (1 − 0.4) = ₩1,200

∴ Q = 600단위

[별해]

$$Q = \frac{\text{고정원가} + \dfrac{\text{세후목표이익}}{(1 − 세율)}}{\text{단위당 공헌이익}} = \frac{\text{₩10,000} + \dfrac{\text{₩1,200}}{(1 − 0.4)}}{\text{₩20}} = 600단위$$

(2) 목표이익매출액(S)

(0.2 · S − ₩10,000) × (1 − 0.4) = ₩1,200

∴ S = ₩60,000

[별해]

$$S = \frac{\text{고정원가} + \dfrac{\text{세후목표이익}}{(1 − 세율)}}{\text{공헌이익률}} = \frac{\text{₩10,000} + \dfrac{\text{₩1,200}}{(1 − 0.4)}}{0.2} = ₩60,000$$

(주)한국은 단위당 판매가격이 ₩100인 제품을 생산·판매하고 있다. 제품생산과 관련된 자료는 다음과 같다.

	단위당 변동원가	고정원가
직접재료원가	₩35	–
직접노무원가	25	–
제조간접원가	10	₩8,000(감가상각비 ₩1,500 포함)
판매관리비	10	2,000
합계	₩80	₩10,000

요구사항

세후목표이익이 ₩1,700인 판매량과 매출액을 구하시오. (단, 회사의 법인세율은 세전이익 ₩1,000 이하까지는 20%이며, ₩1,000 초과분에 대해서는 40%이다)

[풀이]

※ 세전이익 계산

법인세율	세전이익	세후이익
20%	₩1,000	₩800
40%	1,500	900*
	₩2,500	₩1,700

* 세전이익 × (1 − 40%) = ₩900

(1) 목표이익 판매량(Q)

$$₩20 \cdot Q - ₩10,000 = ₩2,500$$

∴ Q = 625단위

(2) 목표이익 매출액(S)

$$0.2 \cdot S - ₩10,000 = ₩2,500$$

∴ S = ₩62,500

3 CVP분석 확장모형

01 의의

CVP분석의 가정을 현실에 맞게 수정한 모형으로 주요 내용은 다음과 같다.

기본모형		장기		확장모형
단기		비선형		다기간 CVP분석
수익 선형성		비선형		수익 비선형 CVP분석
변동원가 선형성	⇒	비선형	⇒	변동원가 비선형 CVP분석
고정원가 선형성		원가동인 복수		고정원가 비선형 CVP분석
전통적 원가함수		생산·판매량 불일치		활동기준원가계산 CVP분석
생산·판매량 일치		현금기준		전부원가계산 CVP분석
회계상 이익		복수제품		현금흐름분기점
단일제품		불확실		복수제품 CVP분석
확실성하의 분석				불확실성하의 CVP분석

이 중 다기간 CVP분석과 불확실성하의 CVP분석은 장을 달리하여 살펴보도록 한다.

> **핵심 Check** 다기간 CVP분석과 불확실성하의 CVP분석
>
> • 다기간 CVP분석: 자본예산에서 현금과 할인개념을 이해해야 한다.
> • 불확실성하의 CVP분석: 불확실성하의 의사결정에서 확률과 통계개념을 이해해야 한다.

02 확장모형의 주요 내용

1. 비선형함수 CVP분석

지금까지는 단위당 판매가격, 단위당 변동원가 및 총고정원가는 일정하다는 가정하의 기본적인 분석을 살펴보았다. 하지만 모든 요소는 조업도, 경기변동, 생산성 등 여러 요인에 따라 달라질 수 있어 선형성이 유지되지 않는 상황에서의 CVP분석을 살펴보도록 한다.

> **핵심 Check** 비선형의 의미
>
> 여기에서 비선형은 곡선을 말하는 것이 아니고 불연속선형을 의미한다. 즉, 일정 구간에서는 선형이 유지되지만 해당 구간을 벗어나면 일정폭으로 증가 또는 감소하는 상황을 의미한다.

CVP분석

제10장

해커스 允원가관리회계

(1) 비선형의 유형

비선형의 유형은 다음과 같이 세 가지 유형으로 구분할 수 있으나 유형에 따라 분석방법이 달라지는 것이 아니다.

> • 수익이 비선형인 상황
> • 원가가 비선형인 상황
> • 수익과 원가 모두 비선형인 상황

(2) 분석방법

비선형함수 CVP분석에서 비선형의 의미는 곡선이 아니고 불연속 선형이다. 즉, 일정 구간은 선형이 유지되므로 선형이 유지되는 구간을 먼저 찾아낸 후 구간별로 분석을 실시한다. 모든 구간에 대해서 분석이 이루지므로 결괏값은 하나 또는 여러 개일 수 있다. 이를 시행착오법(trial and error method)이라 한다.

[1단계] 선형이 유지되는 구간을 구분한다.

[2단계] 구간별로 분석을 실시한다.

[3단계] 결괏값이 해당 구간에 존재하는지 확인한다.

예제 3: 수익이 비선형인 상황

(주)한국은 온라인판매회사로 제품은 불특정 다수인들의 공동구매방식으로 가격이 결정된다. 판매량이 증가하면 할수록 모든 판매량에 대한 단위당 평균 판매가격은 낮아지며 한 품목당 최대판매수량은 3,000단위이다. 다음은 판매량에 대한 단위당 평균판매가격이다.

판매량	단위당 평균판매가격
0 ~ 1,000단위	₩200
1,001 ~ 2,000단위	180
2,001 ~ 3,000단위	150

단위당 변동원가는 ₩100이며 총고정원가는 ₩120,000이다.

요구사항

1 손익분기점 판매량을 구하시오.

2 위 물음과 별도로 판매가격은 판매량이 증가할수록 낮아지며 할인된 가격은 구간별로 달리 적용된다. 손익분기점 판매량을 구하시오.

	0 ~ 1,000단위	1,001 ~ 2,000단위	2,001 ~ 3,000단위
단위당 판매가격	₩200	₩180	₩150
단위당 변동원가	100	100	100
단위당 공헌이익	₩100	₩80	₩50
총고정원가	₩120,000	₩120,000	₩120,000

1 손익분기점 판매량(할인된 가격이 모든 판매량에 적용)

선형이 유지되는 구간별로 등식을 이용하여 손익분기점을 찾아낼 수 있다.

조업도 구간	분석	결괏값
0 ~ 1,000단위	₩100 × Q − ₩120,000 = 0	1,200단위(×)
1,001 ~ 2,000단위	₩80 × Q − ₩120,000 = 0	1,500단위(○)
2,001 ~ 3,000단위	₩50 × Q − ₩120,000 = 0	2,400단위(○)

∴ 손익분기점 판매량은 1,500단위와 2,400단위이다.

[참고] CVP도표에 나타내면 다음과 같다.

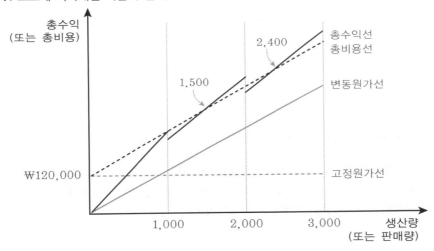

❷ 손익분기점 판매량(할인된 가격이 구간별로 적용)

선형이 유지되는 구간별로 등식을 이용하여 손익분기점을 찾아낼 수 있다.

조업도 구간	분석	결괏값
0 ~ 1,000단위	₩100 × Q − ₩120,000 = 0	1,200단위(×)
1,001 ~ 2,000단위	₩100 × 1,000단위 + ₩80 × (Q − 1,000단위) − ₩120,000 = 0	1,250단위(○)
2,001 ~ 3,000단위	₩100 × 1,000단위 + ₩80 × 1,000단위 + ₩50 × (Q − 2,000단위) − ₩120,000 = 0	800단위(×)

∴ 손익분기점 판매량은 1,250단위이다.

[참고] CVP도표에 나타내면 다음과 같다.

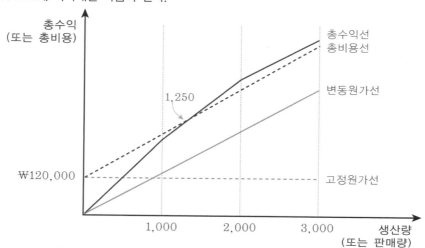

예제 4: 고정원가가 비선형인 상황

(주)한국은 단일제품을 대량으로 생산하는 회사이며 제품의 단위당 판매가격은 ₩200으로 결정하였고 단위당 변동원가는 ₩100으로 추정하고 있다. 그러나 생산량이 증가함에 따라 설비투자로 인하여 다음과 같이 증가할 것으로 추정하고 있다.

판매량	고정원가
0 ~ 1,000단위	₩120,000
1,001 ~ 2,000단위	150,000
2,001 ~ 3,000단위	180,000

요구사항

손익분기점 판매량을 구하시오.

	0 ~ 1,000단위	1,001 ~ 2,000단위	2,001 ~ 3,000단위
단위당 판매가격	₩200	₩200	₩200
단위당 변동원가	100	100	100
단위당 공헌이익	₩100	₩100	₩100
총고정원가	₩120,000	₩150,000	₩180,000

선형이 유지되는 구간별로 등식을 이용하여 손익분기점을 찾아낼 수 있다.

조업도 구간	분석	결괏값
0 ~ 1,000단위	₩100 × Q − ₩120,000 = 0	1,200단위(×)
1,001 ~ 2,000단위	₩100 × Q − ₩150,000 = 0	1,500단위(○)
2,001 ~ 3,000단위	₩100 × Q − ₩180,000 = 0	1,800단위(×)

∴ 손익분기점 판매량은 1,500단위이다.

[참고] CVP도표에 나타내면 다음과 같다.

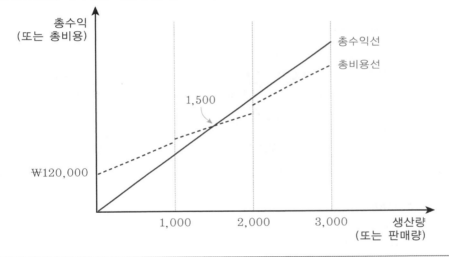

(주)한국은 단일제품을 대량으로 생산하는 회사이며, 제품의 단위당 판매가격을 ₩100으로 결정하였다. 제품 단위당 변동원가는 단위당 판매가격의 70%이며, 총고정원가는 ₩50,000이다. 정상조업도는 1,000단위이며 정상조업도를 초과하여 생산할 경우 단위당 ₩5의 변동원가가 추가된다. 또한, 2,000단위를 초과하여 생산할 경우 추가설비를 임차하여야 하므로 단위당 변동원가는 ₩5씩 추가된다. 외부시장수요는 최대 3,000단위이다.

요구사항

❶ 손익분기점 판매량을 구하시오.
❷ 목표이익 ₩12,000을 달성하기 위한 판매량을 구하시오.
❸ 만약, 고정원가가 판매수량이 1,000단위를 초과하여 2,000단위까지는 ₩53,000, 그리고 2,000단위를 초과하여 최대생산가능량인 3,000단위까지는 ₩60,000이라면, ₩12,000의 이익을 달성하기 위한 판매량을 구하시오.

[풀이]

❶

	0 ~ 1,000단위	1,001 ~ 2,000단위	2,001 ~ 3,000단위
p	₩100	₩100	₩100
vc	70	70 + 5	70 + 5 + 5
cm	₩30	₩25	₩20
FC	₩50,000	₩50,000	₩50,000

손익분기점 판매량 = Q

(1) 0 ~ 1,000단위 구간
   ₩30Q − ₩50,000 = 0
   Q = 1,667단위(×)

(2) 1,001 ~ 2,000단위 구간
   1,000단위 판매가 완료된 후 추가 판매가 이루어지는 구간이다.
   ₩30 × 1,000단위 + ₩25 × (Q − 1,000단위) − ₩50,000 = 0
   Q = 1,800단위(○)

(3) 2,001 ~ 3,000단위 구간
   2,000단위의 판매가 완료된 후 추가 판매가 이루어지는 구간이다.
   ₩30 × 1,000단위 + ₩25 × 1,000단위 + ₩20 × (Q − 2,000단위) − ₩50,000 = 0
   Q = 1,750단위(×)
∴ 손익분기점 판매량은 1,800단위이다.

[별해]

	0 ~ 1,000단위	1,001 ~ 2,000단위	2,001 ~ 3,000단위
p	₩100	₩100	₩100
vc	70	75	80
cm	₩30	₩25	₩20
FC	₩50,000	₩50,000	₩50,000
	–	(5,000)[*1]	(5,000)
합계	–	–	(10,000)[*2]
	₩50,000	₩45,000	₩35,000

*1 (₩30 – ₩25) × 1,000단위 = ₩5,000
*2 (₩25 – ₩20) × 2,000단위 = ₩10,000

(1) 0 ~ 1,000단위 구간

    ₩30Q – ₩50,000 = 0

    Q = 1,667단위(×)

(2) 1,001 ~ 2,000단위 구간

    ₩25Q – ₩45,000 = 0

    Q = 1,800단위(○)

(3) 2,001 ~ 3,000단위 구간

    ₩20Q – ₩35,000 = 0

    Q = 1,750단위(×)

∴ 손익분기점 판매량은 1,800단위이다.

❷

목표이익을 달성하기 위한 판매량 = Q

(1) 0 ~ 1,000단위 구간

    ₩30Q – ₩50,000 = ₩12,000

    Q = 2,067단위(×)

(2) 1,001 ~ 2,000단위 구간

    1,000단위 판매가 완료된 후 추가 판매가 이루어지는 구간이다.

    ₩30 × 1,000단위 + ₩25 × (Q – 1,000단위) – ₩50,000 = ₩12,000

    Q = 2,280단위(×)

(3) 2,001 ~ 3,000단위 구간

    2,000단위의 판매가 완료된 후 추가 판매가 이루어지는 구간이다.

    ₩30 × 1,000단위 + ₩25 × 1,000단위 + ₩20 × (Q – 2,000단위) – ₩50,000 = ₩12,000

    Q = 2,350단위(○)

∴ 목표이익을 달성하기 위한 판매량은 2,350단위이다.

❸

	0 ~ 1,000단위	1,001 ~ 2,000단위	2,001 ~ 3,000단위
p	₩100	₩100	₩100
vc	70	70 + 5	70 + 5 + 5
cm	₩30	₩25	₩20
FC	₩50,000	₩53,000	₩60,000

목표이익을 달성하기 위한 판매량 = Q

(1) 0 ~ 1,000단위 구간

$\quad$ ₩30Q − ₩50,000 = ₩12,000

$\quad$ Q = 2,067단위(×)

(2) 1,001 ~ 2,000단위 구간

$\quad$ 1,000단위 판매가 완료된 후 추가 판매가 이루어지는 구간이다.

$\quad$ ₩30 × 1,000단위 + ₩25 × (Q − 1,000단위) − ₩53,000 = ₩12,000

$\quad$ Q = 2,400단위(×)

(3) 2,001 ~ 3,000단위 구간

$\quad$ 2,000단위의 판매가 완료된 후 추가 판매가 이루어지는 구간이다.

$\quad$ ₩30 × 1,000단위 + ₩25 × 1,000단위 + ₩20 × (Q − 2,000단위) − ₩60,000 = ₩12,000

$\quad$ Q = 2,850단위(○)

∴ 목표이익을 달성하기 위한 판매량은 2,850단위이다.

[별해]

	0 ~ 1,000단위	1,001 ~ 2,000단위	2,001 ~ 3,000단위
p	₩100	₩100	₩100
vc	70	75	80
cm	₩30	₩25	₩20
FC	₩50,000	₩53,000	₩60,000
	−	(5,000)[*1]	(5,000)
	−	−	(10,000)[*2]
	₩50,000	₩48,000	₩45,000

[*1] (₩30 − ₩25) × 1,000단위 = ₩5,000

[*2] (₩25 − ₩20) × 2,000단위 = ₩10,000

(1) 0 ~ 1,000단위 구간

$\quad$ ₩30Q − ₩50,000 = ₩12,000

$\quad$ Q = 2,067단위(×)

(2) 1,001 ~ 2,000단위 구간

$\quad$ ₩25Q − ₩48,000 = ₩12,000

$\quad$ Q = 2,400단위(×)

(3) 2,001 ~ 3,000단위 구간

$\quad$ ₩20Q − ₩45,000 = ₩12,000

$\quad$ Q = 2,850단위(○)

∴ 목표이익을 달성하기 위한 판매량은 2,850단위이다.

2. 활동기준원가계산 CVP분석

원가함수는 전통적 원가함수와 활동기준원가함수로 구분할 수 있다. 전통적 원가함수를 가정한 CVP분석에서는 총원가를 두 가지 행태인 변동원가와 고정원가로 구분하여 조업도에 비례하는 원가는 변동원가로 처리하고 나머지는 모두 고정원가로 처리한다. 반면에 활동기준원가함수를 이용한 CVP분석에서는 조업도에 비례하는 원가 이외에 다양한 원가동인에 영향을 받는 다수의 활동원가를 어떻게 처리할지 문제가 발생한다. 이는 아래와 같은 CVP분석의 기본구조에서 해답을 찾을 수 있다.

CVP분석에서 가장 중요한 자료정리는 다음과 같다.

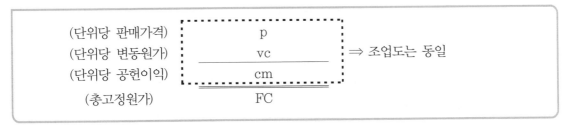

결과적으로 p, vc, cm의 조업도는 같아야 하기 때문에 활동기준원가함수를 적용하는 경우 조업도를 원가동인으로 하는 활동원가는 변동원가로 처리하고 그 이외의 다른 원가동인에 따라 발생하는 활동원가는 모두 고정원가로 처리한다.

(1) 전통적 원가함수

b는 단위당 변동원가이고 a는 고정원가이다.

$$y = a + b \cdot x$$
$$단, x는 조업도$$

(2) 활동기준원가함수

$$y = a' + b_1 \cdot x_1 + b_2 \cdot x_2 + b_3 \cdot x_3 + \cdots + b_n \cdot x_n$$

단, x_1는 단위수준(조업도)
    x_2는 묶음수준
    x_3는 제품수준
    ⋮

b_1은 단위당 변동원가이고 a', $b_2 \cdot x_2 + b_3 \cdot x_3 + \cdots + b_n \cdot x_n$은 모두 고정원가로 처리한다.

(주)한국은 신제품 출시에 앞서 시장조사를 한 결과 총 5,000단위 제품을 판매할 것으로 예측하고 있다. 신제품의 단위당 판매가격은 ₩120이고 5,000단위에 대한 제조원가예산을 다음과 같이 설정하였다.

	단위당 변동원가	고정원가
직접재료원가	₩50	–
직접노무원가	25	–
제조간접원가	15	₩120,000
합계	₩90	₩120,000

요구사항

1 손익분기점 판매수량을 구하시오.

2 제조간접원가를 활동기준원가계산에 따라 분석한 결과 다음과 같은 원가함수를 도출하였다.

$$Y = ₩64,000 + ₩15x_1 + ₩20x_2 + ₩100x_3 + ₩105x_4$$

단, x_1: 생산량

x_2: 기계시간

x_3: 재료처리횟수

x_4: 검사횟수

총 5,000단위의 제품을 생산·판매하기 위해서 200기계시간, 100회의 재료처리횟수, 400회의 검사횟수가 필요하다. 손익분기점 판매량을 구하시오.

[풀이]

1

p	₩120
vc	90
cm	₩30
FC	₩120,000

손익분기점 판매량 = Q

$₩30 \cdot Q - ₩120,000 = 0$

∴ Q = 4,000단위

❷

손익분기점분석에서 독립변수는 조업도 하나이기 때문에 조업도 이외의 변수는 고정원가(계단원가)로 간주한다.

p	₩120
vc	90 [*1]
cm	₩30
FC	₩120,000 [*2]

[*1] ₩50 + ₩25 + ₩15 = ₩90

[*2] 64,000 + ₩20 × 200기계시간 + ₩100 × 100재료처리횟수 + ₩105 × 400검사횟수 = ₩120,000

손익분기점 판매량 = Q

₩30 · Q − ₩120,000 = 0

∴ Q = 4,000단위

(주)한국은 단일제품을 최대 4,000단위를 생산할 수 있는 회사이며 제품의 단위당 판매가격은 ₩200으로 결정하였고 단위당 재료원가와 노무원가는 다음과 같다.

	금액
단위당 재료원가	₩50
단위당 노무원가	30

또한, 제조간접원가(y)에 대한 회귀추정식은 다음과 같다.

$$y = ₩60,000 + ₩20 \cdot x_1 + ₩20,000 \cdot x_2 + ₩30,000 \cdot x_3$$

단, x_1: 생산량

x_2: 생산준비횟수

x_3: 재료이동횟수

요구사항

손익분기점 판매량을 구하시오(단, 생산준비는 1회당 2,000단위씩 처리하며 재료이동은 1회당 1,000단위씩 처리한다).

[풀이]

활동기준원가함수와 계단원가 비선형함수의 혼합문제이다. 생산준비활동과 재료이동활동은 묶음수준활동으로 각각 2,000단위와 1,000단위가 한 묶음이므로 1,000단위를 기준으로 조업도 구간을 구분해야 한다.

또한, 제조간접원가함수에서 생산량에 비례하는 원가는 변동원가로 처리하고 나머지는 모두 고정원가로 처리한다.

	0 ~ 1,000단위	1,001 ~ 2,000단위	2,001 ~ 3,000단위	3,001 ~ 4,000단위
단위당 판매가격	₩200	₩200	₩200	₩200
단위당 변동원가	100	100	100	100
단위당 공헌이익	₩100	₩100	₩100	₩100
총고정원가				
고정원가	₩60,000	₩60,000	₩60,000	₩60,000
생산준비활동	20,000	20,000	40,000	40,000
재료이동활동	30,000	60,000	90,000	120,000
계	₩110,000	₩140,000	₩190,000	₩220,000

선형이 유지되는 구간별로 등식을 이용하여 손익분기점을 찾아낼 수 있다.

조업도 구간	분석	결괏값
0 ~ 1,000단위	₩100 × Q − ₩110,000 = 0	1,100단위(×)
1,001 ~ 2,000단위	₩100 × Q − ₩140,000 = 0	1,400단위(○)
2,001 ~ 3,000단위	₩100 × Q − ₩190,000 = 0	1,900단위(×)
3,001 ~ 4,000단위	₩100 × Q − ₩220,000 = 0	2,200단위(×)

∴ Q = 1,400단위

예제 8: 활동기준원가계산 CVP분석[Ⅲ]

(주)한국은 한 대의 여객기를 리스하여 서울과 부산 사이를 운항한다. 회사의 재무이사는 다음의 정보를 수집하였다.

평균 편도운임	승객당 ₩1,000
음료서비스금액	승객당 ₩50
여행사 수수료	운임당 5%
편도당 연료비	₩50,000
월 공항사용료	₩100,000
월 승무원급여	₩120,000

요구사항

❶ 회사가 서울과 부산 사이의 운항에서 벌어들이는 승객 1인당 공헌이익을 구하시오.

❷ 여객기가 월 5회 왕복운행하는 경우 편도 1회당 손익분기 승객수를 구하시오.

❸ 회사는 내년에 승객 1인당 편도 운임을 20%만큼 인상하려고 한다. 편도 1회에 평균승객수가 200명인 경우 ₩452,000의 목표이익을 달성할 수 있는 월 편도운항수를 구하시오 (단, 기타 재무자료는 올해와 동일하다).

승객수를 조업도로 하여 손익을 정리하면 다음과 같다.

단위당 판매가격	₩1,000
단위당 변동원가	100[*1]
단위당 공헌이익	₩900
연료비	₩50,000[*2]
고정원가	₩220,000[*3]

*1 ₩50 + ₩1,000 × 5% = ₩100
*2 운항수에 비례발생
*3 ₩100,000 + ₩120,000 = ₩220,000

(1) 여행사 수수료는 운임의 5%이므로 운임이 변동하면 같이 변동한다.
(2) 연료비는 편도운항수가 결정되면 고정원가로 처리한다.

❶ 승객당 공헌이익

평균 편도운임		₩1,000
음료서비스금액		50
여행사 수수료	₩1,000 × 5% =	50
승객 1인당 공헌이익		₩900

❷ 월 5회 왕복운행하는 경우 편도 1회당 손익분기 승객수

편도운항수가 결정되면 연료비는 고정원가로 처리한다.

(1) 승객 1인당 공헌이익
  ₩900

(2) 월 고정원가
  ₩50,000 × 10회 + ₩100,000 + ₩120,000 = ₩720,000

(3) 손익분기 승객수(Q)
  ₩900 × Q − ₩720,000 = 0
  → 월 손익분기 승객수(Q) = 800명

∴ 편도 1회당 손익분기 승객수 = 800명 ÷ 10회 = 80명

❸ 편도 1회당 평균승객수가 200명인 경우 ₩452,000의 목표이익을 달성할 수 있는 월 편도운항수

편도 1회당 평균승객수가 200명인 상황에서 편도운항수를 조업도로 하여 손익을 정리하면 다음과 같다. 또한, 편도운항수가 조업도인 경우 연료비는 변동원가이다.

단위당 판매가격	₩240,000[*4]
단위당 변동원가	72,000[*5]
단위당 공헌이익	₩168,000
고정원가	₩220,000[*6]

*4 ₩1,000 × 120% × 200명 = ₩240,000
*5 ₩50 × 200명 + ₩1,000 × 120% × 5% × 200명 + ₩50,000 = ₩72,000
*6 ₩100,000 + ₩120,000 = ₩220,000

(1) 편도운항 공헌이익

편도운항 총운임	₩1,000 × 120% × 200명 =	₩240,000
음료서비스금액	₩50 × 200명 =	10,000
여행사수수료	₩1,000 × 120% × 5% × 200명 =	12,000
연료비		50,000
편도운항 공헌이익		₩168,000

(2) 월 고정원가

₩100,000 + ₩120,000 = ₩220,000

(3) 목표 운항수(Q)

₩168,000 × Q − ₩220,000 = ₩452,000

→ 월 목표 운항수(Q) = 4회

월 운항수가 4회인 상황에서 승객수를 조업도로 하여 목표 승객수(Q)를 다음과 같이 계산할 수 있다.

단위당 판매가격	₩1,200
단위당 변동원가	110[*7]
단위당 공헌이익	₩1,090
연료비	₩50,000[*8]
고정원가	₩220,000[*9]

*7 ₩50 + ₩1,200 × 5% = ₩110
*8 운항수에 비례발생
*9 ₩100,000 + ₩120,000 = ₩220,000

₩1,090 × Q − (₩50,000 × 4회 + ₩220,000) = ₩452,000

→ 총목표이익 승객수(Q) = 800명

∴ 편도운항당 목표이익 승객수 = 800명 ÷ 4회 = 200명

3. 전부원가계산 CVP분석

CVP분석의 등식을 살펴보면 단위당 변동원가(vc)는 판매량만큼 비용처리되고 고정원가(FC)는 전액 비용처리하는 구조로 되어 있다. 즉, 고정원가에 포함되어 있는 고정제조원가를 모두 비용처리하는 구조이다. 이러한 구조는 생산량과 판매량이 일치한다는 가정 또는 변동원가계산을 적용하는 경우에 가능한 구조이다.

$$(p - vc) \cdot Q - FC = \pi$$
$$\downarrow$$

- 고정제조간접원가 [foh × Q(판매량 = 생산량)]
- 고정판매관리비

만약, 생산량과 판매량이 일치하지 않고 전부원가계산을 적용한다면 고정제조간접원가는 판매량만큼 비용처리하므로 위와 같은 등식을 더 이상 사용할 수 없고 다음과 같이 수정해야 한다.

$$(p - vc - foh) \cdot Q - 고정판매관리비 = \pi$$

또한, 전부원가계산 손익분기점을 Q로 정리하면 다음과 같은 공식을 유도할 수 있다.

$$Q = \frac{고정판매관리비}{p - vc - foh}$$

즉, 전부원가계산에서 고정제조간접원가로 인한 생산량 변화는 단위당 고정제조원가의 변화로 이어져 이익과 손익분기점에 영향을 미치게 된다.

핵심 Check 전부원가계산 CVP분석을 위한 자료

전부원가계산을 적용할 경우 생산량에 따라 단위당 고정제조간접원가는 달라지므로 복수의 손익분기점이 가능하다. 또한, 생산량에 대한 자료와 고정판매관리비에 대한 별도 구분이 필요하다.

예제 9: 전부원가계산 손익분기점

(주)한국은 단위당 판매가격이 ₩100인 제품을 생산·판매하고 있다. 제품생산과 관련된 자료는 다음과 같다.

	단위당 변동원가	고정원가
직접재료원가	₩35	–
직접노무원가	25	–
제조간접원가	10	₩8,000(감가상각비 ₩1,500 포함)
판매관리비	10	2,000
합계	₩80	₩10,000

요구사항

제품 생산량이 500단위, 800단위, 1,000단위인 경우 다음의 물음에 답하시오.
❶ 변동원가계산에서의 손익분기점 판매량
❷ 전부원가계산에서의 손익분기점 판매량

[풀이]

[500단위인 경우]

변동원가계산		전부원가계산	
p	₩100	p	₩100
vc	80	vc	80
cm	₩20	cm	₩20
		foh	16[*1]
		cm – foh	₩4
고정제조간접원가	₩8,000	고정제조간접원가	–
고정판매관리비	2,000	고정판매관리비	₩2,000

*1 ₩8,000 ÷ 500단위 = ₩16

❶ 변동원가계산에서의 손익분기점 판매량

$\text{\textwon}20 \cdot Q - \text{\textwon}10,000 = 0$

$\therefore Q = 500$단위

❷ 전부원가계산에서의 손익분기점 판매량

$\text{\textwon}4 \cdot Q - \text{\textwon}2,000 = 0$

$\therefore Q = 500$단위

[800단위인 경우]

변동원가계산		전부원가계산	
p	\text{\textwon}100	p	\text{\textwon}100
vc	80	vc	80
cm	\text{\textwon}20	cm	\text{\textwon}20
		foh	10 *2
		cm − foh	\text{\textwon}10
고정제조간접원가	\text{\textwon}8,000	고정제조간접원가	−
고정판매관리비	2,000	고정판매관리비	\text{\textwon}2,000

*2 \text{\textwon}8,000 ÷ 800단위 = \text{\textwon}10

❶ 변동원가계산에서의 손익분기점 판매량

$\text{\textwon}20 \cdot Q - \text{\textwon}10,000 = 0$

$\therefore Q = 500$단위

❷ 전부원가계산에서의 손익분기점 판매량

$\text{\textwon}10 \cdot Q - \text{\textwon}2,000 = 0$

$\therefore Q = 200$단위

[1,000단위인 경우]

변동원가계산		전부원가계산	
p	\text{\textwon}100	p	\text{\textwon}100
vc	80	vc	80
cm	\text{\textwon}20	cm	\text{\textwon}20
		foh	8 *3
		cm − foh	\text{\textwon}12
고정제조간접원가	\text{\textwon}8,000	고정제조간접원가	−
고정판매관리비	2,000	고정판매관리비	\text{\textwon}2,000

*3 \text{\textwon}8,000 ÷ 1,000단위 = \text{\textwon}8

❶ 변동원가계산에서의 손익분기점 판매량

$\text{\textwon}20 \cdot Q - \text{\textwon}10,000 = 0$

$\therefore Q = 500$단위

❷ 전부원가계산에서의 손익분기점 판매량

$\text{\textwon}12 \cdot Q - \text{\textwon}2,000 = 0$

$\therefore Q = 167$단위

4. 현금흐름분기점

회계적 이익은 수익에서 비용을 차감하여 계산하며 손익분기점은 회계적 이익이 영(0)이 되는 본 전점을 의미한다. 그러나, 회계적 이익은 발생주의라는 회계원칙에 따라 계산되어 현금흐름과 동 일하지 않아 자금의 유동성 측면에서는 적합한 정보는 아니다. 만약, 순현금흐름(net cash flow) 이 영(0)인 판매량을 찾아낼 수 있다면 경영자에게 더 목적적합한 정보를 제공할 수 있다.

즉, 현금흐름분기점(cash break even point)이란 현금유입과 현금유출이 동일한 판매량(매출 액)을 말한다.

회계적 수익과 현금유입은 일치하고 회계적 비용과 현금유출의 유일한 차이가 감가상각비라 하면 다음 사례와 같은 관계를 도출할 수 있다.

🔍 사례

(1) 감가상각비 ₩50이며 법인세는 없는 경우

회계		현금		차이
수익	₩100	유입	₩100	
비용	(−)80	유출	(−)30	감가상각비 ₩50
이익	₩20	현금기준이익	₩70	감가상각비 ₩50

(2) 감가상각비 ₩50이며 법인세율은 40%인 경우

회계		현금		차이
수익	₩100	유입	₩100	
비용	(−)80	유출	(−)30	감가상각비 ₩50
이익	₩20	현금기준이익	₩70	감가상각비 ₩50
세금	(−)8	현금기준세금	(−)28	비용에 감가상각비 누락
		세후현금기준이익	₩42	↓
		감가상각비 감세효과	(+)20	감가상각비(₩50) × 세율(40%)
세후이익	₩12	세후순현금	₩62	감가상각비 ₩50

핵심 Check 감가상각비 감세효과

현금흐름은 자본예산과 관련된 주제로 감가상각비 감세효과를 반영하는 계산과정은 자본예산에서 살펴 보기로 한다.

결과적으로 회계적 이익과 현금의 차이는 감가상각비로서 다음과 같은 관계임을 알 수 있다.

$$\text{(세후)회계적 이익} + \text{감가상각비} = \text{(세후)현금}$$

$$\downarrow$$

- 세금이 없는 경우 $(p - vc) \cdot Q - FC + \text{감가상각비} = \text{현금}$
- 세금이 있는 경우 $[(p - vc) \cdot Q - FC] \times (1 - t) + \text{감가상각비} = \text{세후현금}$

또한, 현금흐름이 영(0)인 현금분기점을 Q로 정리하면 다음과 같은 공식을 유도할 수 있다.

- 세금이 없는 경우 $Q = \dfrac{FC - \text{감가상각비}}{p - vc}$

- 세금이 있는 경우 $Q = \dfrac{FC - \dfrac{\text{감가상각비}}{(1 - t)}}{p - vc}$

핵심 Check 회계적 이익과 현금흐름의 관계

세금 여부와 관계없이 회계적 이익에서 감가상각비를 더하면 현금흐름이 된다.

예제 10: 손익분기점과 현금흐름분기점

(주)한국은 단위당 판매가격이 ₩100인 제품을 생산·판매하고 있다. 제품생산과 관련된 자료는 다음과 같다.

	단위당 변동원가	고정원가
직접재료원가	₩35	–
직접노무원가	25	–
제조간접원가	10	₩80,000(감가상각비 ₩20,000 포함)
판매관리비	10	20,000
	₩80	₩100,000

단, 법인세율은 20%이다.

요구사항

❶ 법인세를 고려하지 않은 손익분기점과 법인세를 고려한 손익분기점을 각각 구하시오.

❷ 법인세를 고려하지 않은 현금흐름분기점과 법인세를 고려한 현금흐름분기점을 각각 구하시오.

❸ ₩40,000의 순현금유입액을 얻을 수 있는 판매량을 법인세를 고려하지 않은 경우와 법인세를 고려하는 경우로 구분하여 각각 구하시오.

단위당 판매가격	₩100
단위당 변동원가	80
단위당 공헌이익	₩20
총고정원가	₩100,000(감가상각비 ₩20,000 포함)
법인세율	20%

(1) 손익분기점에서는 법인세가 영(0)이므로 법인세를 고려하지 않은 경우와 고려한 경우 손익분기점은 동일하다.

(2) 법인세효과로 인하여 법인세를 고려하지 않은 경우와 고려한 경우 현금흐름분기점은 달라진다.

1 손익분기점

(1) 법인세를 고려하지 않은 경우 손익분기점판매량(Q)

$$₩20 \times Q - ₩100,000 = 0$$

$$\therefore \ Q = 5,000단위$$

[별해]

$$Q = \frac{₩100,000}{₩20} = 5,000단위$$

(2) 법인세를 고려한 손익분기점판매량(Q)

$$(₩20 \times Q - ₩100,000) \times (1 - 20\%) = 0$$

$$\therefore \ Q = 5,000단위$$

2 현금흐름분기점

(1) 법인세를 고려하지 않은 경우 현금흐름분기점판매량(Q)

$$₩20 \times Q - ₩100,000 + ₩20,000 = 0$$

$$\therefore \ Q = 4,000단위$$

[별해]

$$Q = \frac{₩100,000 - ₩20,000}{₩20} = 4,000단위$$

(2) 법인세를 고려한 현금흐름분기점판매량(Q)

$$(₩20 \times Q - ₩100,000) \times (1 - 20\%) + ₩20,000 = 0$$

$$\therefore \ Q = 3,750단위$$

[별해]

$$Q = \frac{₩100,000 - \dfrac{₩20,000}{(1 - 20\%)}}{₩20} = 3,750단위$$

세율이 20%일 때 3,750단위를 판매하면 순현금유입액은 영(0)이 된다.

- 3,750단위 판매하는 경우 회계적 이익

  ₩20 × 3,750단위 − ₩100,000 = ₩(25,000)

  ₩25,000 손실이므로 납부할 법인세는 없으며 손실에 대한 ₩5,000(= ₩25,000 × 20%)의 법인세 환급금이 발생한다.

- 3,750단위 판매하는 경우 현금유입액

  ₩20 × 3,750단위 − (₩100,000 − ₩20,000) = ₩(5,000)

  ₩5,000의 현금지출이 발생하다.

즉, 현금지출 ₩5,000은 법인세 환급금 ₩5,000으로 보충할 수 있으므로 순현금유입액은 영(0)이 된다.

❸ 목표현금흐름분석

(1) 법인세를 고려하지 않은 경우 목표현금흐름판매량(Q)

  ₩20 × Q − ₩100,000 + ₩20,000 = ₩40,000

  ∴ Q = 6,000단위

  [별해]

$$Q = \frac{₩100,000 − ₩20,000 + ₩40,000}{₩20} = 6,000단위$$

(2) 법인세를 고려한 목표현금흐름판매량(Q)

  (₩20 × Q − ₩100,000) × (1 − 20%) + ₩20,000 = ₩40,000

  ∴ Q = 6,250단위

  [별해]

$$Q = \frac{₩100,000 − \dfrac{₩20,000}{(1 − 20\%)} + \dfrac{₩40,000}{(1 − 20\%)}}{₩20} = 6,250단위$$

5. 복수제품 CVP분석

CVP분석은 판매량 증가에 대한 이익은 공헌이익(CM)으로 측정하고 이러한 공헌이익을 고정원가(FC)와 비교하여 분석하는 구조로 되어 있어 손익분기점이라 함은 고정원가와 공헌이익이 일치하는 판매량(Q) 또는 매출액(S)을 말한다. 따라서 복수의 제품의 경우에도 손익분기점은 고정원가와 모든 제품의 공헌이익을 더한 총공헌이익이 일치하는 판매량(Q) 또는 매출액(S)이므로 하나의 제품을 복수의 제품으로 확대하여도 그 구조나 과정은 동일하다.

제품별 배합비율이 필요한 이유는 다음 사례를 통해 알 수 있다.

🔍 **사례**

단일제품		복수제품		
			A	B
단위당 판매가격	₩250	단위당 판매가격	₩100	₩200
단위당 변동원가	150	단위당 변동원가	50	100
단위당 공헌이익	₩100	단위당 공헌이익	₩50	₩100

고정원가	₩1,000	총고정원가	₩1,000
(=)		(=)	
손익분기점 공헌이익	₩1,000	손익분기점 총공헌이익	₩1,000

손익분기점판매량 (하나)	10단위	손익분기점판매량 (복수)	20단위 / 0단위 0단위 / 10단위 10단위 / 5단위

즉, 복수제품의 경우 총공헌이익이 고정원가와 동일한 ₩1,000이 되기 위한 판매량은 (20단위, 0단위), (0단위, 10단위), (10단위, 5단위)로 세 가지 조합이 가능하다. 제품의 수가 많아질수록 손익분기점이 될 수 있는 조합은 더 많아진다. 따라서 하나의 손익분기점 조합을 결정하기 위해서는 제품별 배합비율을 사전에 결정해야 한다. 만약, A와 B의 배합비율이 (A : B = 2 : 1)이라면 손익분기점판매조합은 (10단위, 5단위)가 될 것이다.

따라서 여러 종류의 제품을 대상으로 하는 복수제품 CVP분석은 사전에 제품배합이 일정하다는 가정이 필요하다.

(1) 제품배합

제품배합(sales mix)은 판매량배합과 매출액배합으로 구분할 수 있다.

> • **판매량(수량)배합**: 총판매량에서 각 제품의 판매량이 차지하는 상대적 비율
> • **매출액(금액)배합**: 총매출액에서 각 제품의 매출액이 차지하는 상대적 비율

매출은 판매가격에서 판매량을 곱하여 계산하므로 판매량배합과 매출액배합은 가격을 곱하거나 나누어 상호전환이 가능하다.

수량배합과 금액배합 비교

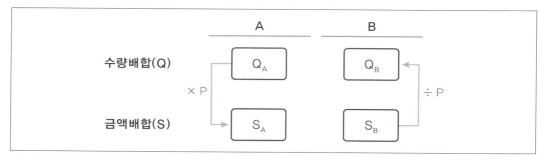

(2) 분석방법

복수제품이라면 제품별 배합비율은 항상 일정하다는 가정이 필요하다. 따라서 분석방법에는 크게 묶음을 기준으로 하는 방법과 개별단위를 기준으로 하는 방법이 있으며 묶음을 기준으로 하는 방법이 가장 쉽고 간편하다.

- 묶음을 기준으로 하는 방법
- 개별단위를 기준으로 하는 방법

1) 묶음을 기준으로 하는 방법(묶음법, 꾸러미법)

이 방법은 제품별 판매량비율이 일정하므로 묶음단위로 분석하는 것을 말한다. 즉, 묶음당 공헌이익을 기준으로 손익분기점 묶음수를 계산한 후 묶음 내에 포함되어 있는 개별제품수량을 곱하여 계산하는 방법이다.

위 사례를 적용하면 다음과 같다.

🔍 사례

[1단계] 묶음당 공헌이익

A와 B 각각 2단위와 1단위 포함되어 있는 묶음을 기준으로 한 공헌이익을 계산한다.

₩50 × 2단위 + ₩100 × 1단위 = ₩200

[2단계] 손익분기점 묶음수(Qset)

묶음당 공헌이익으로 등식을 이용하여 손익분기점 묶음수(Qset)를 계산한다.

₩200 · Qset − ₩1,000 = ₩0

∴ Qset = 5묶음

[별해]

$$Qset = \frac{고정원가}{묶음당\ 공헌이익} = \frac{₩1,000}{₩200} = 5묶음$$

[3단계] 손익분기점 개별제품

묶음 내에 있는 개별제품수량을 곱하여 개별제품의 손익분기점 판매량을 계산한다.

A(2단위): 5묶음 × 2단위 = 10단위

B(1단위): 5묶음 × 1단위 = 5단위

그러므로 손익분기점 판매량은 A 10단위와 B 5단위이다.

2) 개별단위를 기준으로 하는 방법

이 방법은 제품별 판매량비율이 일정하므로 제품들의 단위당 가중평균 공헌이익을 기준으로 손익분기점 전체수를 계산한 후 개별제품별 판매량비율로 안분하여 계산하는 방법이다.

위 사례를 적용하면 다음과 같다.

🔍 사례

[1단계] 가중평균 공헌이익

A와 B 판매량비율을 적용한 단위당 가중평균 공헌이익을 계산한다.

$$₩50 \times \frac{2단위}{3단위} + ₩100 \times \frac{1단위}{3단위} = \frac{₩200}{3}$$

[2단계] 손익분기점 전체수(Q)

단위당 가중평균 공헌이익으로 등식을 이용하여 손익분기점 전체수(Q)를 계산한다.

$$\frac{₩200}{3} \cdot Q - ₩1,000 = ₩0$$

$$\therefore \; Q = 15단위$$

[별해]

$$Q = \frac{고정원가}{단위당 \; 가중평균 \; 공헌이익} = \frac{₩1,000}{₩200/3} = 15단위$$

[3단계] 손익분기점 개별제품

전체수를 개별제품별 판매량비율로 안분하여 계산한다.

$$A(2단위/3단위): 15단위 \times \frac{2단위}{3단위} = 10단위$$

$$B(1단위/3단위): 15단위 \times \frac{1단위}{3단위} = 5단위$$

그러므로 손익분기점 판매량은 A 10단위와 B 5단위로 묶음을 기준으로 한 경우와 동일하다.

또한, 총공헌이익은 단위당 공헌이익(cm)에 판매량(Q)을 곱하여 계산하거나 공헌이익률(cmr)에 매출액(S)을 곱하여 계산할 수 있으므로 공헌이익률을 활용하여 손익분기점 매출액을 계산할 수도 있다.

단위당 공헌이익(cm) · 판매량(Q) = 공헌이익률(cmr) · 매출액(S)

단위당 가중평균 공헌이익	가중평균 공헌이익률
판매량비율	매출액비율

위 사례를 적용하면 다음과 같다.

🔍 **사례**

여기서 주의할 점은 A와 B의 가중평균 공헌이익률 계산에는 판매량비율이 아닌 매출액비율을 적용해야 한다.

	A	B
판매량비율	2단위	1단위
	× 가격(₩100)	× 가격(₩200)
	₩200	₩200
매출액비율	(50%)	(50%)
단위당 판매가격	₩100	₩200
단위당 변동원가	50	100
단위당 공헌이익	₩50	₩100
공헌이익률	0.5	0.5

[1단계] 가중평균 공헌이익률

A와 B 매출액비율을 적용한 가중평균 공헌이익률을 계산한다.

$0.5 \times 50\% + 0.5 \times 50\% = 0.5$

[2단계] 손익분기점 총매출액(S)

가중평균 공헌이익률로 등식을 이용하여 손익분기점 총매출액(S)을 계산한다.

$0.5 \cdot S - ₩1,000 = ₩0$

$\therefore S = ₩2,000$

[별해]

$$S = \frac{고정원가}{가중평균\ 공헌이익률} = \frac{₩1,000}{0.5} = ₩2,000$$

[3단계] 손익분기점 개별매출액

총매출액을 개별제품별 매출액비율로 안분하여 개별매출액을 계산한다.

A(50%): ₩2,000 × 50% = ₩1,000
B(50%): ₩2,000 × 50% = ₩1,000

개별매출액을 단위당 판매가격으로 나누어 개별 손익분기점 판매량을 계산한다.

A(₩100): ₩1,000 ÷ ₩100 = 10단위
B(₩200): ₩1,000 ÷ ₩200 = 5단위

그러므로 손익분기점 판매량은 A 10단위와 B 5단위로 다른 방법과 동일하다.

순수한 기본등식을 이용하는 방법

B의 수량(Q_B)을 x라 하면 A의 수량(Q_A)은 $2x$이므로 기본등식은 다음과 같다.

₩50 · $2x$ + ₩100 · x − ₩1,000 = ₩0

x는 5이므로 A의 수량(Q_A)과 B의 수량(Q_B)은 다음과 같다.

A($2x$): 2 × 5단위 = 10단위

B($1x$): 1 × 5단위 = 5단위

예제 11: 복수제품 CVP분석

(주)한국은 A, B 두 가지의 제품을 생산·판매하고 있다. 제품별 예산손익자료는 다음과 같다.

	A	B	합계
판매량	900단위	300단위	1,200단위
매출액	₩90,000	₩60,000	150,000
총변동원가	(54,000)	(42,000)	(96,000)
총공헌이익	₩36,000	₩18,000	₩54,000
총고정원가			(36,000)
영업이익			₩18,000

요구사항

1 다음의 방법을 이용하여 손익분기점 판매량을 구하시오.

(1) 등식법

(2) 꾸러미법(묶음법)

(3) 가중평균 공헌이익(wacm)을 사용

(4) 가중평균 공헌이익률(wacmr)을 사용

2 법인세율이 40%일 때 세후목표이익 ₩5,400을 달성하기 위한 제품별 판매량을 구하시오.

풀이

1

	A	B
매출배합	3	1
매출액구성비*	3	2
단위당 판매가격	₩100	₩200
단위당 변동원가	(60)	(140)
단위당 공헌이익	₩40(0.4)	₩60(0.3)
총고정원가	₩36,000	

* A : B = 3 × ₩100 : 1 × ₩200 = 3 : 2

(1) 등식법

제품 B의 판매량을 Q라 하면, 제품 A의 판매량은 3Q가 된다.

₩40 × 3Q + ₩60 × Q − ₩36,000 = 0

Q = 200단위

따라서 손익분기점 판매량은 다음과 같다.

제품 A	3 × 200단위 =	600단위
제품 B	1 × 200단위 =	200
		800단위

(2) 꾸러미법(묶음법)

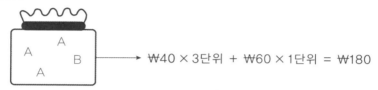

₩40 × 3단위 + ₩60 × 1단위 = ₩180

배합비율이 일정한 한 묶음당 공헌이익은 다음과 같다.

묶음당 공헌이익으로 등식법을 이용하면 손익분기점 묶음수량을 구할 수 있다.

손익분기점 묶음수 = Q

₩180 × Q − ₩36,000 = 0

Q = 200단위

묶음당 제품 A와 제품 B가 3 : 1의 비율로 구성되어 있으므로, 손익분기점 판매량은 다음과 같다.

제품 A	200단위 × 3 =	600단위
제품 B	200단위 × 1 =	200
		800단위

(3) 가중평균 공헌이익 사용

배합비율이 일정한 상태에서 한 단위당 평균 공헌이익은 다음과 같다.

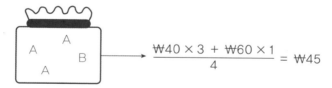

$$\frac{₩40 × 3 + ₩60 × 1}{4} = ₩45$$

가중평균 공헌이익으로 등식법을 이용하면 손익분기점 총제품수량을 구할 수 있다.

손익분기점 총매출액 = Q

₩45 × Q − ₩36,000 = 0

Q = 800단위

총제품수량에는 제품 A와 제품 B가 3 : 1의 비율로 구성되어 있으므로, 손익분기점 판매량은 다음과 같다.

제품 A	800단위 × (3/4) =	600단위
제품 B	800단위 × (1/4) =	200
		800단위

(4) 가중평균 공헌이익률 사용

배합비율이 일정한 상태에서 가중평균 공헌이익률은 다음과 같다. 여기서 주의할 점은 제품별 공헌이익률을 가중평균하기 위해서는 매출액구성비의 비율로 가중평균하여야 한다.

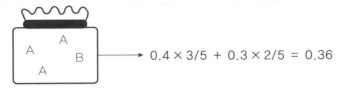

$$0.4 \times 3/5 + 0.3 \times 2/5 = 0.36$$

가중평균 공헌이익률로 등식법을 이용하면 손익분기점 총매출액을 구할 수 있다.

손익분기점 총매출액 = S

$$0.36 \times S - ₩36,000 = 0$$

$$S = ₩100,000$$

총매출액에는 제품 A와 제품 B가 3 : 2의 비율로 구성되어 있으므로, 각 제품별 매출액은 다음과 같다.

제품 A	₩100,000 × (3/5) =	₩60,000
제품 B	₩100,000 × (2/5) =	40,000
		₩100,000

또한, 제품별 손익분기점 판매량을 구하면 다음과 같다.

	매출액		판매가격		판매수량
제품 A	₩60,000	÷	₩100	=	600단위
제품 B	40,000	÷	200	=	200
합계	₩100,000				800단위

❷

묶음당 공헌이익이 ₩180이므로 등식법을 이용하면 다음과 같다.

목표이익을 달성할 수 있는 묶음수 = Q

$$(₩180 \times Q - ₩36,000) \times (1 - 0.4) = ₩5,400$$

$$Q = 250단위$$

묶음당 제품 A와 제품 B가 3 : 1의 비율로 구성되어 있으므로, 손익분기점 판매량은 다음과 같다.

제품 A	250단위 × 3 =	750단위
제품 B	250단위 × 1 =	250
		1,000단위

4 CVP분석의 응용

01 정상원가계산과 표준원가계산 CVP분석

정상원가계산과 표준원가계산은 사전에 설정한 예정배부율과 표준원가로 배부한 후 차이를 조정하는 방법을 말한다. 정상(표준)원가계산하에서 CVP분석은 예정(표준)배부액으로 기본적인 분석이 이루어진 후 차이금액을 조정하는 절차가 필요하다.

(1) 정상원가계산 CVP분석

① 정상변동원가계산: 변동제조간접원가에 대한 예정배부율을 설정하고 고정제조간접원가에 대해서는 실제원가를 비용처리한다. 따라서, 변동제조간접원가 배부차이가 발생하며 이는 차이조정방법에 따라 재고자산과 당기손익에 배분한다.

② 정상전부원가계산: 변동제조간접원가와 고정제조간접원가에 대한 예정배부율을 설정한다. 따라서, 변동제조간접원가와 고정제조간접원가 배부차이가 발생하며 이는 차이조정방법에 따라 재고자산과 당기손익에 배분한다.

예제 12: 정상원가계산과 손익분기점분석

올해 초에 영업을 개시한 (주)한국은 단일제품을 생산·판매하는 회사로 올해 생산량은 10,000 단위이며 실제자료는 다음과 같다.

	금액
단위당 판매가격	₩100
단위당 변동제조원가	80
총고정제조간접원가	120,000
총고정판매관리비	50,000

회사는 정상원가계산을 적용하고 연초에 설정한 고정제조간접원가 예산은 ₩100,000이며 예정조업도는 10,000단위이다(단, 변동판매관리비는 없으며 변동제조간접원가에 대해서는 배부차이가 발생하지 않았다).

요구사항

❶ 변동원가계산을 적용한 손익분기점 판매수량을 구하시오(단, 배부차이는 매출원가에서 조정한다).

❷ 전부원가계산을 적용한 손익분기점 판매수량을 구하시오(단, 배부차이는 매출원가에서 조정한다).

단위당 판매가격	₩100
단위당 변동원가	80
단위당 공헌이익	₩20
총고정원가	
고정제조간접원가	₩120,000(예산 ₩100,000)
고정판매관리비	₩50,000

(1) 변동제조간접원가의 배부차이는 발생하지 않아 예정배부율과 실제발생액은 같다.

(2) 고정제조간접원가 예정배부율

$$\frac{₩100,000}{10,000단위} = ₩10$$

(3) 단위당 실제 고정제조간접원가

$$\frac{₩120,000}{10,000단위} = ₩12$$

(4) 고정제조간접원가 배부차이

예정배부액	₩10 × 10,000단위 =	₩100,000
실제발생액		120,000
배부차이		₩20,000(과소배부)

1 변동원가계산 CVP분석

매출원가조정법이므로 변동제조간접원가에 대한 배부차이는 당기손익에 반영하고 고정제조간접원가는 실제발생액을 당기비용처리한다.

$$(p - vc) \cdot Q - FC \pm 변동제조간접원가 \ 배부차이 = \pi$$

$$\downarrow$$

$$(₩100 - ₩80) \cdot Q - (₩120,000 + ₩50,000) \pm 변동제조간접원가 \ 배부차이 = 0$$

$$\downarrow$$

$$(₩100 - ₩80) \cdot Q - (₩120,000 + ₩50,000) \pm 0 = 0$$

∴ Q = 8,500단위

[참고] 실제원가계산이라면 손익분기점은 다음과 같다.

$$(p - vc) \cdot Q - FC = \pi$$

$$\downarrow$$

$$(₩100 - ₩80) \cdot Q - (₩120,000 + ₩50,000) = 0$$

∴ Q = 8,500단위

2 전부원가계산 CVP분석

매출원가조정법이므로 제조간접원가에 대한 배부차이는 당기비용처리한다.

$$(p - vc - foh) \cdot Q - 고정판매관리비 \pm 제조간접원가 배부차이 = \pi$$
$$\downarrow$$
$$(₩100 - ₩80 - ₩10) \cdot Q - ₩50,000 - ₩20,000 = 0$$

∴ Q = 7,000단위

[참고] 실제원가계산이라면 손익분기점은 다음과 같다.

$$(p - vc - foh) \cdot Q - FC = \pi$$
$$\downarrow$$
$$(₩100 - ₩80 - ₩12) \cdot Q - ₩50,000 = 0$$

∴ Q = 6,250단위

핵심 Check 원가요소기준 비례배분법

원가요소기준비례배분법을 적용한다면 배부차이를 재고자산과 매출원가에 배부된 예정배부금액을 기준으로 배분하므로 이론적으로 실제원가계산을 적용한 것과 결과는 동일하다.

(2) 표준원가계산 CVP분석

① **표준변동원가계산**: 변동제조원가에 대한 표준원가를 설정하고 고정제조간접원가에 대해서는 실제원가를 비용처리한다. 따라서 변동제조원가 원가차이가 발생하며 이는 차이조정방법에 따라 재고자산과 당기손익에 배분한다.

② **표준전부원가계산**: 모든 제조원가에 대한 표준원가를 설정한다. 따라서 모든 제조원가 원가차이가 발생하며 이는 차이조정방법에 따라 재고자산과 당기손익에 배분한다.

예제 13: 표준원가계산과 손익분기점분석

올해 초에 영업을 개시한 (주)한국은 단일제품을 생산·판매하는 회사로 단위당 판매가격은 ₩100이며 올해 생산량은 10,000단위이다.

다음은 연초에 수립한 표준 및 예산자료이다.

	금액
단위당 변동제조원가	₩80
총고정제조간접원가	100,000(기준조업도는 10,000단위)

회사는 표준원가계산을 적용하고, 실제 발생한 고정제조간접원가는 ₩120,000이며 고정판매관리비는 ₩50,000이다(단, 변동판매관리비는 없으며 변동제조원가의 유리한 원가차이는 ₩10,000이다).

요구사항

1 변동원가계산을 적용한 손익분기점 판매수량을 구하시오(단, 원가차이는 매출원가에서 조정한다).

2 전부원가계산을 적용한 손익분기점 판매수량을 구하시오(단, 원가차이는 매출원가에서 조정한다).

3 전부원가계산을 적용하고 ₩3,000의 이익을 얻기 위한 판매량을 구하시오. (단, 원가가치는 매출원가에서 조정한다)

> **풀이**

단위당 판매가격	₩100
단위당 변동원가	80(표준원가)
단위당 공헌이익	₩20
총고정원가	
고정제조간접원가	₩120,000(예산 ₩100,000)
고정판매관리비	₩50,000

(1) 변동원가계산에서는 변동제조원가 원가차이를 매출원가에 조정하고 전부원가계산에서는 전체 제조원가의 원가차이를 매출원가에 조정한다.

(2) 고정제조간접원가 표준배부율

$$\frac{₩100,000}{10,000단위} = ₩10$$

(3) 변동제조간접원가 원가차이

₩10,000 유리한 차이

(4) 고정제조간접원가 원가차이

실제	예산	SQ × SP
	10,000단위 × ₩10	10,000단위 × ₩10
₩120,000	= ₩100,000	= ₩100,000
	₩20,000 불리	—

❶ 변동원가계산 CVP분석

매출원가조정법이므로 변동제조원가에 대한 원가차이는 당기손익에 반영하고 고정제조간접원가는 실제 발생액을 당기 비용처리한다.

$$(p - vc) \cdot Q - FC \pm 변동제조원가\ 원가차이 = \pi$$
$$\downarrow$$
$$(₩100 - ₩80) \cdot Q - (₩120,000 + ₩50,000) + ₩10,000 = 0$$

∴ Q = 8,000단위

❷ 전부원가계산 CVP분석

매출원가조정법이므로 제조원가에 대한 원가차이는 당기 비용처리한다.

$$(p - vc - foh) \cdot Q - 고정판매관리비 \pm 제조원가\ 원가차이 = \pi$$
$$\downarrow$$
$$(₩100 - ₩80 - ₩10) \cdot Q - ₩50,000 + (₩10,000 - ₩20,000) = 0$$

∴ Q = 6,000단위

❸ ₩3,000의 이익을 얻기 위한 판매량

목표이익(π) ₩3,000을 얻을 수 있는 판매량은 다음과 같다.

$$(p - vc - foh) \cdot Q - 고정판매관리비 \pm 제조원가\ 원가차이 = \pi$$
$$\downarrow$$
$$(₩100 - ₩80 - ₩10) \cdot Q - ₩50,000 + (₩10,000 - ₩20,000) = ₩3,000$$

∴ Q = 6,300단위

02 결합제품 CVP분석

결합제품은 동일한 원재료를 가공하여 생산되는 서로 다른 제품으로 복수제품의 유형과 유사하다. 즉, 제품별 공헌이익을 별도로 계산한 후 평균공헌이익을 기준으로 분석할 수 있다. 또는 원재료를 조업도로 CVP분석을 진행한 후 개별제품에 대한 생산비율로 안분할 수도 있다.

- 복수제품의 가중평균공헌이익을 이용하는 방법
- 원재료를 조업도로 처리하는 방법

예제 14: 결합제품 CVP분석

(주)한국은 두 개의 제조공정에서 두 가지 결합제품 A와 B를 생산한다. 제1공정에서 원재료 1톤을 투입하면 제품 A와 B는 각각 0.4톤과 0.6톤이 생산되며 제품 A는 추가 가공 없이 판매되지만 제품 B는 제2공정에서 추가 가공 후 판매된다.

(1) 공정별 제조원가

	제1공정	제2공정
톤당 재료원가	₩800	–
톤당 변동가공원가	300	₩1,500
고정가공원가	40,000	20,000

(2) 제품별 판매가격

	A	B
톤당 판매가격	₩1,000	₩4,000

요구사항

제품별 손익분기점 판매량을 구하시오.

> 풀이

※ 결합제품 CVP

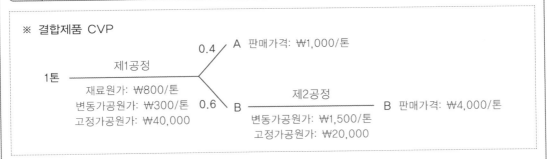

[방법 1] 가중평균 공헌이익을 이용

	A	B	결합공정
비율	40%	60%	
판매가격	₩1,000	₩4,000	
변동원가	–	1,500	₩1,100*
공헌이익	₩1,000	₩2,500	
고정원가	–	₩20,000	₩40,000

* ₩800 + ₩300 = ₩1,100

(1) 결합제품 가중평균 공헌이익

$$\text{₩1,000} \times 40\% + \text{₩2,500} \times 60\% = \text{₩1,900}$$

(2) 원료기준 공헌이익

결합제품 가중평균 공헌이익 − 결합공정 변동원가

$$= \text{₩1,900} - \text{₩1,100} = \text{₩800}$$

(3) 손익분기점 원료수량(Q)

$$(p - vc) \cdot Q - FC = \pi$$

$$\downarrow$$

$$\text{₩800} \cdot Q - (\text{₩40,000} + \text{₩20,000}) = 0$$

$$\downarrow$$

$$Q = 75\text{톤}$$

∴ 제품별 수량은 다음과 같다.

		수량
A	75톤 × 0.4 =	30톤
B	75톤 × 0.6 =	45
		75톤

[방법 2] 원재료를 조업도로 처리

원재료 1톤을 가공하여 판매하는 경우 원재료 1톤당 판매가격과 변동원가를 계산한다.

		원재료 기준
판매가격	₩1,000 × 0.4 + ₩4,000 × 0.6 =	₩2,800
변동원가	₩800 + ₩300 + ₩1,500 × 0.6 =	2,000
공헌이익		₩800
고정원가	₩40,000 + ₩20,000 =	₩60,000

• 손익분기점 원료수량(Q)

$$(p - vc) \cdot Q - FC = \pi$$

$$\downarrow$$

$$\text{₩800} \cdot Q - (\text{₩40,000} + \text{₩20,000}) = 0$$

$$\downarrow$$

$$Q = 75\text{톤}$$

∴ 제품별 수량은 다음과 같다.

		수량
A	75톤 × 0.4 =	30톤
B	75톤 × 0.6 =	45
		75톤

03 자본조달 CVP분석

기업은 필요한 자금을 외부로부터 조달할 수 있으며 그 원천은 타인자본(부채)과 자기자본(자본)으로 나눌 수 있다. 회사는 투자자에 대해서 이자와 배당 등 일정한 대가를 지불해야 하며 이를 자본비용이라 한다. 즉, 부채를 조달하면 이자가 발생하여 고정원가는 증가하고 자본을 조달하면 주주에게 배당 지급을 위한 일정 수준의 이익이 필요하다.

- 이자: 고정원가 증가
- 배당: 목표이익 필요

예제 15: 자본조달 CVP분석

(주)한국은 신제품 출시에 앞서 투자자금을 조달하려고 한다. 조달방법은 채권발행과 주식발행을 선택할 수 있고 채권을 발행하면 이자를 지급하고 주식을 발행하면 투자자금에 일정비율만큼의 배당을 지급해야 한다.

- 채권이자율: 8%
- 액면배당률: 6%

신제품에 대한 판매가격 및 기타 자료는 다음과 같다.

단위당 판매가격	₩1,200
단위당 변동원가	700
총고정원가	4,000,000

필요한 투자자금은 ₩20,000,000이며 법인세율은 40%이다.

요구사항

1 투자자금을 모두 부채로 조달하는 경우 손익분기점을 구하시오.
2 투자자금을 모두 자본으로 조달하는 경우 목표판매량을 구하시오.
3 투자자금을 부채와 자본으로 각각 50%씩 조달하는 경우 목표판매량을 구하시오.

(1) 부채로 조달하는 경우 이자

$$₩20,000,000 × 8\% = ₩1,600,000$$

(2) 자본으로 조달하는 경우 세후순이익

$$₩20,000,000 × 6\% = ₩1,200,000$$

(3) 부채와 자본 모두 조달하는 경우 이자 및 세후순이익

• 이자: $₩20,000,000 × 50\% × 8\% = ₩800,000$

• 세후순이익: $₩20,000,000 × 50\% × 6\% = ₩600,000$

❶ 부채로 조달하는 경우 손익분기점

$$(p - vc) · Q - FC = \pi$$

$$\downarrow$$

$$₩500 · Q - (₩4,000,000 + ₩1,600,000) = 0$$

$$\downarrow$$

$$Q = 11,200단위$$

∴ Q = 11,200단위

❷ 자본으로 조달하는 경우 목표판매량

$$[(p - vc) · Q - FC] × (1 - t) = \pi_A$$

$$\downarrow$$

$$(₩500 · Q - ₩4,000,000) × (1 - 0.4) = ₩1,200,000$$

$$\downarrow$$

$$Q = 12,000단위$$

∴ Q = 12,000단위

❸ 부채와 자본으로 각각 50%씩 조달하는 경우 목표판매량

$$[(p - vc) · Q - FC] × (1 - t) = \pi_A$$

$$\downarrow$$

$$(₩500 · Q - ₩4,000,000 - ₩800,000) × (1 - 0.4) = ₩600,000$$

$$\downarrow$$

$$Q = 11,600단위$$

∴ Q = 11,600단위

5 기타

01 안전한계와 안전한계율

손익분기점은 이익이 영(0)인 판매량 또는 매출액으로 영업활동에 있어 최소한 달성해야 할 기준점을 제공한다. 또한, 현재 판매량 또는 매출액을 손익분기점과 비교하여 현재 영업활동이 얼마나 잘 운영되고 있는지를 판단할 수 있다. 이러한 판단의 근거를 수치화한 것이 안전한계와 안전한계율이다.

(1) 안전한계(MS, margin of safety)

현재 매출액이 손익분기점 매출액을 초과한 부분으로 손실로부터 안전한 정도를 말하며 기업의 안전성을 측정하는 지표들 중 하나이다.

> 안전한계 매출액(판매량) = 현재 매출액(판매량) − 손익분기점 매출액(판매량)

(2) 안전한계율(MSR, margin of safety ratio)

안전한계를 비율로 표시한 것을 말하며 안전한계 매출액(판매량)을 현재 매출액(판매량)으로 나누어 계산한다. 또한, 안전한계율은 영업이익에서 공헌이익으로 나누어 표현할 수도 있다.

$$\text{안전한계율} = \frac{\text{안전한계 매출액(판매량)}}{\text{현재 매출액(판매량)}}$$

$$= \frac{\text{영업이익}}{\text{공헌이익}}$$

참고 안전한계율 수학적 정리

$$\text{안전한계율} = \frac{\text{안전한계 매출액(판매량)}}{\text{현재 매출액(판매량)}} = \frac{\text{현재 매출액} - \text{손익분기점 매출액}}{\text{현재 매출액}}$$

$$= \frac{pQ - \dfrac{FC}{(p-vc)/p}}{pQ} = \frac{pQ - \dfrac{FC \cdot p}{p-vc}}{pQ}$$

$$= \frac{Q - \dfrac{FC}{p-vc}}{Q} = \frac{\dfrac{Q(p-vc) - FC}{p-vc}}{Q}$$

$$= \frac{(p-vc)Q - FC}{(p-vc)Q} = \frac{\text{영업이익}}{\text{공헌이익}}$$

(주)한국는 다음과 같은 예산포괄손익계산서를 작성하였다.

포괄손익계산서

매출액	10,000단위 × ₩50 =	₩500,000
변동원가	10,000단위 × ₩30 =	(300,000)
공헌이익		₩200,000
고정원가		(150,000)
영업이익		₩50,000

요구사항

❶ 안전한계 매출액과 안전한계 매출수량을 구하시오.
❷ 안전한계율을 구하시오.

[풀이]

❶

p	₩50
vc	30
cm	₩20(cmr: 0.4)
FC	₩150,000

손익분기점 판매량(Q): ₩150,000 ÷ ₩20 = 7,500단위
손익분기점 매출액(S): ₩150,000 ÷ 0.4 = ₩375,000

(1) 안전한계 매출액

현재(예상) 매출액 − 손익분기점 매출액
= ₩500,000 − ₩375,000 = ₩125,000

(2) 안전한계 매출수량

현재(예상) 매출수량 − 손익분기점 매출수량
= 10,000단위 − 7,500단위 = 2,500단위

❷

$$\text{안전한계율} = \frac{\text{안전한계 매출액}}{\text{현재(예상) 매출액}} = \frac{\text{안전한계 매출수량}}{\text{현재(예상) 매출수량}} = \frac{\text{영업이익}}{\text{공헌이익}}$$

$$= \frac{₩125,000}{₩500,000} = 25\%$$

02 레버리지와 영업레버리지도

레버리지(leverage)란 지렛대를 의미하며 레버리지효과(leverage effect)란 협의적 개념은 차입금을 활용하여 투자수익을 높이는 것을 말하며 광의적 개념은 투입의 변화율에 비하여 산출의 변화율이 확대되는 효과를 말한다.

경영학에서의 레버리지 종류

- 영업레버리지(operating leverage): 매출액 변화율에 대한 영업이익 변화율이 확대되는 효과
- 재무레버리지(financial leverage): 영업이익 변화율에 대한 주당순이익 변화율이 확대되는 효과
- 결합레버리지(combined leverage): 매출액 변화율에 대한 주당순이익 변화율이 확대되는 효과

| 참고 | 재무레버리지와 결합레버리지 |

관리회계에서 주된 이익은 영업이익으로 주당순이익과 관련된 재무레버리지와 결합레버리지는 보론을 참조하기 바란다.

1. 영업레버리지

영업레버리지(operating leverage)란 고정원가로 인하여 매출액 변화율에 비하여 영업이익 변화율이 확대되는 효과를 말하며 고정원가 수준이 높을수록 확대되는 효과는 더 커진다. 따라서, 경영자는 아래와 같이 변동원가와 고정원가의 수준을 조절하면서 미래 경기변동에 탄력적으로 대처할 수 있다.

- 노동집약적 방법 → 노무원가수준 ↑ → (변동원가비율 ↑, 고정원가비율 ↓) → 공헌이익률 ↓ → 경기변동영향 ↓
- 자본집약적 방법 → 노무원가수준 ↓ → (변동원가비율 ↓, 고정원가비율 ↑) → 공헌이익률 ↑ → 경기변동영향 ↑

2. 영업레버리지도

영업레버리지도(DOL, degree of operating leverage)란 영업레버리지의 효과를 계량화한 수치로서 영업레버리지도가 높을수록 경기 변화에 대하여 영업이익의 변화폭이 확대되는 것을 의미한다. 또한, 주의할 점은 영업레버리지도가 높을수록 변화폭의 확대로 인하여 경기가 호황이면 영업이익의 상승폭은 커지나 경기가 불황이면 영업이익의 하락폭도 커지게 되어 높은 영업레버리지도가 항상 좋은 것은 아니다. 또한, 안전한계율과 역수관계이다.

$$\text{DOL} = \frac{\text{영업이익 변화율}}{\text{매출액 변화율}} = \frac{\text{공헌이익}}{\text{영업이익*}} = \frac{1}{\text{안전한계율}}$$

$$\downarrow$$

$$\text{영업이익 변화율} = \text{DOL} \times \text{매출액 변화율}$$

* 공헌이익 – 고정원가

$$\text{영업레버리지도} = \frac{\text{영업이익 변화율}}{\text{매출액 변화율}}$$

$$= \frac{\dfrac{[(p-vc)Q - FC] - [(p-vc)Q - FC]}{(p-vc)Q - FC}}{\dfrac{pQ - pQ}{pQ}}$$

$$= \frac{\dfrac{(p-vc)(Q - Q)}{(p-vc)Q - FC}}{\dfrac{Q - Q}{Q}} = \frac{(p-vc)Q}{(p-vc)Q - FC}$$

$$= \frac{\text{공헌이익}}{\text{영업이익}}$$

핵심 Check 영업레버리지도의 범위

공헌이익과 영업이익 모두 양(+)의 상황을 가정하면 범위는 다음과 같다.
- 고정원가가 영(0)인 상황에서 DOL은 1이다.
- 영업이익이 영(0)에 가까우면 즉, 손익분기점 부근에서 DOL은 가장 크다.
- 매출이 커질수록 고정원가의 효과는 줄어들어 DOL은 감소한다.

예제 17: 영업레버리지도

(주)한국은 서울과 부산에 사업부를 운영하고 있다. 다음은 두 사업부의 당해연도 예상포괄손익계산서이다.

	서울	부산
매출액	₩500,000	₩500,000
변동원가	(300,000)	(100,000)
공헌이익	₩200,000	₩400,000
고정원가	(150,000)	(350,000)
영업이익	₩50,000	₩50,000

요구사항

1 사업부별 손익분기점 매출액을 구하시오.
2 사업부별 영업레버리지도를 구하시오.
3 매출액이 20% 증가할 경우 각 사업부의 영업이익을 구하시오.
4 매출액이 20% 감소할 경우 각 사업부의 영업이익을 구하시오.

풀이

❶

	서울	부산
p	?	?
vc	?	?
cm	?(cmr: 0.4)*1	?(cmr: 0.8)*2
FC	₩150,000	₩350,000

*1 ₩200,000 ÷ ₩500,000 = 0.4
*2 ₩400,000 ÷ ₩500,000 = 0.8
서울사업부: ₩150,000 ÷ 0.4 = ₩375,000
부산사업부: ₩350,000 ÷ 0.8 = ₩437,500

❷
서울사업부: ₩200,000 ÷ ₩50,000 = 4
부산사업부: ₩400,000 ÷ ₩50,000 = 8

❸
"매출액 변화율 × 영업레버리지도 = 영업이익 변화율"이므로, 각 사업부의 영업이익은 다음과 같다.
서울사업부 : ₩50,000 × (1 + 0.2 × 4) = ₩90,000
부산사업부 : ₩50,000 × (1 + 0.2 × 8) = ₩130,000

❹
"매출액 변화율 × 영업레버리지도 = 영업이익 변화율"이므로, 각 사업부의 영업이익은 다음과 같다.
서울사업부 : ₩50,000 × (1 - 0.2 × 4) = ₩10,000
부산사업부 : ₩50,000 × (1 - 0.2 × 8) = ₩(30,000)

03 민감도 분석

CVP분석은 수익에서 비용을 차감한 이익을 의사결정의 대상으로 하여 단위당 판매가격(p), 단위당 변동원가(vc), 고정원가(FC)는 주어진 상태에서 조업도(Q)에 대한 이익(π)을 바로 확인할 수 있는 기법이다. 그러나 주어진 p, vc, FC는 항상 일정하지 않고 상황에 따라 달라질 수 있어, 주어진 변수가 달라지는 경우 이익(π)에 미치는 효과를 분석하는 것을 민감도 분석(sensitivity analysis)이라 한다. 즉, 변수의 변화가 이익 변화에 얼마나 크게 작용하는지 분석하는 것을 의미한다.

핵심 Check 변수들이 불확실한 경우

변수들이 불확실한 경우에는 확률을 이용하여 의사결정할 수 있으며 후술하는 불확실성하의 의사결정에서 살펴보기로 한다.

(주)한국은 단일제품을 생산·판매하고 있으며 당해연도 예상판매수량은 10,000단위이며, 예상 포괄손익계산서는 다음과 같다.

포괄손익계산서	
매출액	₩500,000
총변동원가	(350,000)
총공헌이익	₩150,000
총고정원가	(96,000)
영업이익	₩54,000

요구사항

1 손익분기점 판매수량을 구하시오.

2 회사가 단위당 판매가를 ₩50에서 ₩40으로 인하할 경우, 기존의 연간 손익분기점 판매량을 유지하기 위한 고정원가 감소액을 구하시오.

3 판매가격이 10% 하락하고, 단위당 변동원가가 ₩2씩 하락할 것으로 예상될 경우, 손익분기점 판매량을 구하시오.

4 판매가격이 10% 상승하면 판매량이 5% 감소한다. 예상영업이익을 구하시오.

(풀이)

1

	서울
p	₩50 [*1]
vc	35 [*2]
cm	₩15
FC	₩96,000

[*1] ₩500,000 ÷ 10,000단위 = ₩50
[*2] ₩350,000 ÷ 10,000단위 = ₩35

손익분기점 판매수량 = Q

₩15 × Q − ₩96,000 = 0

→ Q = 6,400단위

∴ 손익분기점 판매량 = 6,400단위

❷

변경 후 총고정원가 = x

	변경 전	변경 후
p	₩50	₩40
vc	35	35
cm	₩15	₩5
FC	₩96,000	x

₩5 × 6,400단위 − x = 0

→ x = ₩32,000

∴ 총고정원가 감소액 = ₩96,000 − ₩32,000 = ₩64,000

❸

p	₩45 [*3]
vc	33 [*4]
cm	₩12
FC	₩96,000

[*3] ₩50 − ₩50 × 0.1 = ₩45
[*4] ₩35 − ₩2 = ₩33

손익분기점 판매수량 = Q

₩12 × Q − ₩96,000 = 0

→ Q = 8,000단위

∴ 손익분기점 판매량 = 8,000단위

❹

	변경 전	변경 후
p	₩50	₩55
vc	35	35
cm	₩15	₩20
FC	₩96,000	₩96,000
판매량	10,000단위	9,500단위

₩20 × 9,500단위 − ₩96,000 = ₩94,000

∴ 예상영업이익 = ₩94,000

보론 | 다기간 CVP분석

CVP분석에서의 대상기간을 1년 이상으로 확장한 모형으로 투자의 효과가 수년 동안 지속되는 상황에서의 모형이다. 이는 결과적으로 자본예산과 결합된 모형으로 의사결정 대상은 회계적 이익이 아닌 현금흐름이므로 현금흐름분기점과 유사하다. 즉, 투자기간 동안 미래현금흐름의 현재가치와 현금유출의 현재가치를 일치시키는 판매량을 의미하며 자본예산에서의 투자의사결정과 동일하다.

예제 1

(주)한국은 최신형 지갑을 생산·판매하고 있다. 필요한 생산설비의 취득원가는 ₩20,000이며 향후 3년간 매년 10,000단위의 지갑을 생산할 수 있다. 설비의 내용연수는 3년이며 잔존가치는 ₩2,000이다. 현재가치를 계산하기 위한 할인율은 10%이며 법인세율은 40%이다(단, 감가상각방법은 정액법을 적용한다).

(1) 수익 및 원가자료

단위당 판매가격	₩10
단위당 변동원가	8
연간 고정운영원가(감가상각비 제외)	10,000

(2) 현가계수와 연금현가계수

	현가계수	연금현가계수
1차연도	0.90	0.90
2차연도	0.83	1.73
3차연도	0.75	2.48

요구사항

❶ 생산설비 투자안의 순현재가치를 구하시오.
❷ 투자기간 동안의 손익분기점 연판매량을 구하시오(단, 소수점 첫째 자리에서 반올림하시오).

(1) 단위당 공헌이익

$\quad$ ₩10 − ₩8 = ₩2

(2) 고정운영원가에 감가상각비가 제외되어 있어 세후영업현금흐름은 다음과 같이 계산한다.

$\quad$ 세후영업현금흐름 = 세후현금영업이익 + 감가상각비감세효과

1 순현재가치

(1) 세후현금영업이익

$\quad$ (₩2 × 10,000단위 − ₩10,000) × (1 − 40%) = ₩6,000

(2) 감가상각비감세효과

$\quad$ • 감가상각비 = (₩20,000 − ₩2,000) ÷ 3년 = ₩6,000

$\quad$ • 감세효과 = ₩6,000 × 40% = ₩2,400

(3) 투자시점별 현금흐름

	투자시점	1차연도	2차연도	3차연도
투자금액	₩(20,000)	−	−	₩2,000
세후현금영업이익	−	₩6,000	₩6,000	6,000
감가상각비감세효과	−	2,400	2,400	2,400
계	₩(20,000)	₩8,400	₩8,400	₩10,400

(4) 순현재가치

$\quad$ 순현재가치 = 미래현금흐름의 현재가치 − 현금유출의 현재가치(투자금액)

$\qquad\qquad$ = ₩8,400 × 연금의 현가계수 + ₩2,000 × 현가계수 − ₩20,000

$\qquad\qquad$ = ₩8,400 × 2.48 + ₩2,000 × 0.75 − ₩20,000 = ₩2,332

$\quad$ [별해]

$\quad$ 순현재가치 = 미래현금흐름의 현재가치 − 현금유출의 현재가치(투자금액)

$\qquad\qquad$ = ₩8,400 × 0.90 + ₩8,400 × 0.83 + ₩10,400 × 0.75 − ₩20,000 = ₩2,332

2 손익분기점 연판매량

손익분기점 판매량 = Q

(1) 세후현금영업이익

$\quad$ (₩2 × Q − ₩10,000) × (1 − 40%)

$\quad$ = ₩1.2Q − ₩6,000

(2) 감가상각비감세효과

$\quad$ • 감가상각비 = (₩20,000 − ₩2,000) ÷ 3년 = ₩6,000

$\quad$ • 감세효과 = ₩6,000 × 40% = ₩2,400

(3) 투자시점별 현금흐름

	투자시점	1차연도	2차연도	3차연도
투자금액	₩(20,000)	–	–	₩2,000
세후현금영업이익	–	₩1.2Q − ₩6,000	₩1.2Q − ₩6,000	₩1.2Q − ₩6,000
감가상각비감세효과	–	2,400	2,400	2,400
계	₩(20,000)	₩1.2Q − ₩3,600	₩1.2Q − ₩3,600	₩1.2Q − ₩1,600

(4) 순현재가치
- 미래 현금유입액의 현재가치

$$(₩1.2Q − ₩3,600) × 연금의 현가계수 + ₩2,000 × 현가계수$$
$$= (₩1.2Q − ₩3,600) × 2.48 + ₩2,000 × 0.75$$
$$= ₩2.976Q − ₩7,428$$

(5) 손익분기점 연간 판매량

$$₩2.976Q − ₩7,428 = ₩20,000$$

$$Q = \frac{₩27,428}{₩2.976} ≒ 9,216단위$$

예제 2

(주)한국은 소형계산기를 생산·판매하는 회사로 ₩150,000을 투자하여 기계를 구입하였다. 기계의 내용연수는 3년이며 잔존가치 없이 정액법을 적용하여 감가상각할 예정이다. 이 기계로 인한 수익과 원가자료는 다음과 같다.

판매수량	5,000단위
단위당 판매가격	₩300
단위당 변동원가	150
현금지출 고정원가(감가상각비 제외)	100,000

회사는 제품을 생산하기 전 새로운 기계를 구입할 것을 고려하고 있다. 새로운 기계의 취득원가는 ₩300,000이며 잔존가치는 없다. 새로운 기계를 사용하는 경우 변동원가를 단위당 ₩25만큼 줄일 수 있지만 단위당 판매가격과 현금지출 고정원가에는 변화가 없다. 새로운 기계를 구입한다면 현재 기계는 ₩30,000에 처분할 수 있으며 현재 기계를 계속 사용한다면 내용연수 종료시점에 처분가치는 ₩10,000으로 예측된다. 또한, 새로운 기계의 내용연수는 3년이며 잔존가치 없이 정액법을 적용할 예정이다.

할인율 10%를 적용할 경우 현가계수와 연금현가계수는 다음과 같다.

	현가계수	연금현가계수
1차연도	0.90	0.90
2차연도	0.83	1.73
3차연도	0.75	2.48

요구사항

1 현재 기계와 새로운 기계의 손익분기점판매량과 이익이 같아지는 판매량을 구하시오(단, 소수점 첫째 자리에서 반올림하시오).

2 예상판매량이 5,000단위인 경우 순현재가치법에 의하여 새로운 기계 구입 여부를 결정하시오.

3 현재 기계를 유지하는 것과 새로운 기계 구입하는 것이 무차별하게 되는 연간 판매량을 구하시오.

> **[풀이]**

> (1) 설비대체 의사결정의 경우 구기계의 취득원가는 매몰원가로서 고려대상이 아닌 현금흐름이다.
>
> (2) 감가상각비
> • 현재 기계: (₩150,000 − ₩0)/3년 = ₩50,000
> • 새로운 기계: (₩300,000 − ₩0)/3년 = ₩100,000
>
> (3) 현재 기계와 새로운 기계의 수익과 비용
> 손익분기점 판매량 계산에서 이익은 회계적 이익이므로 감가상각비를 고려해야 한다.
>
> | | 현재 기계 | 새로운 기계 |
> |---|---|---|
> | 단위당 판매가격 | ₩300 | ₩300 |
> | 단위당 변동원가 | 150 | 125 |
> | 단위당 공헌이익 | ₩150 | ₩175 |
> | 총고정원가 | ₩150,000* | ₩200,000 |
>
> * ₩100,000 + ₩50,000

1 손익분기점 판매량과 이익이 같아지는 판매량

(1) 손익분기점 판매량
 • 현재 기계

$$손익분기점\ 판매량 = \frac{₩150,000}{₩150} = 1,000단위$$

 • 새로운 기계

$$손익분기점\ 판매량 = \frac{₩200,000}{₩175} ≒ 1,143단위$$

(2) 이익이 같아지는 판매량(Q)
 현재 기계의 이익 = 새로운 기계 이익
 ₩150Q − ₩150,000 = ₩175Q − ₩200,000
 Q = 2,000단위

2 새로운 기계 구입 여부 의사결정

(1) 현재 기계 처분금액과 기회비용

새로운 기계 구입으로 현재 기계는 ₩30,000에 처분할 수 있으며 새로운 기계를 구입하지 않는다면 내용연수 종료 후 처분할 수 있는 ₩10,000을 기회비용으로 고려해야 한다.

(2) 증분영업현금흐름

(₩175 − ₩150) × 5,000단위 = ₩125,000

(3) 투자시점별 현금흐름

	투자시점	1차연도	2차연도	3차연도
투자금액	₩(300,000)	−	−	−
구기계처분	30,000	−	−	−
구기계기회비용	−	−	−	₩(10,000)
영업현금흐름	−	₩125,000	₩125,000	125,000
계	₩(270,000)	₩125,000	₩125,000	₩115,000

(4) 순현재가치

순현재가치 = 미래현금흐름의 현재가치 − 현금유출의 현재가치(투자금액)

  = ₩125,000 × 연금의 현가계수 − ₩10,000 × 현가계수 − ₩270,000

  = ₩125,000 × 2.48 − ₩10,000 × 0.75 − ₩270,000 = ₩32,500

3 대안 간 차이가 없는 연간 판매량

(1) 증분현금영업이익

₩175 − ₩150 = ₩25

(2) 투자시점별 현금흐름

	투자시점	1차연도	2차연도	3차연도
투자금액	₩(300,000)	−	−	−
구기계처분	30,000	−	−	−
구기계기회비용	−	−	−	₩(10,000)
영업현금흐름	−	₩25Q	₩25Q	25Q
계	₩(270,000)	₩25Q	₩25Q	₩25Q − ₩10,000

(3) 순현재가치

미래 현금유입액의 현재가치

₩25Q × 연금의 현가계수 − ₩10,000 × 현가계수

= ₩25Q × 2.48 − ₩10,000 × 0.75

= ₩62Q − ₩7,500

(4) 무차별한 연간 판매량

₩62Q − ₩7,500 = ₩270,000

Q ≒ 4,476단위

(주)한국은 올해 초에 신제품 생산을 위한 기계 도입 여부를 순현재가치법으로 결정하고자 한다. 신제품의 판매가격은 단위당 ₩1,000이며, 단위당 변동원가는 ₩600, 그리고 현금유출을 수반하는 고정원가는 매년 ₩300,000으로 예상된다. 기계의 구입가격은 ₩1,200,000이고 내용연수 3년에 잔존가치는 없으며 감가상각방법은 정액법을 적용한다. 할인율은 10%이며 법인세율은 40%이다.

요구사항

기계 구입이 유리하기 위해서 최소 판매해야 하는 연간 판매량을 구하시오(단, 할인율 10%에서 3년의 현가계수는 0.75이고 연금의 현가계수는 2.48이다).

풀이

(1) 수익 및 원가자료

단위당 판매가격	₩1,000
단위당 변동원가	600
단위당 공헌이익	₩400
현금지출고정원가	₩300,000
감가상각비 (₩1,200,000 − ₩0)/3년 =	400,000

(2) 미래현금유입의 현재가치

[(₩400Q − ₩300,000) × (1 − 40%) + ₩400,000 × 40%] × 2.48
= ₩595.2Q − ₩49,600

(3) 손익분기점 판매량

미래현금유입의 현재가치 = 투자금액

₩595.2Q − ₩49,600 = ₩1,200,000

$$Q = \frac{₩1,249,600}{₩595.2} ≒ 2,099단위$$

보론 | 재무레버리지

재무레버리지는 타인자본의 조달비용인 이자로 인하여 영업이익의 변화율에 대한 순이익 변화율(또는 주당순이익 변화율)이 확대되는 효과를 말한다. 이러한 확대효과를 계량화한 지표를 재무레버리지도라 한다.

1. 재무레버리지도

재무레버리지도(DFL, degree of financial leverage)는 영업이익에 대한 순이익의 변동성을 의미하므로 재무레버리지도가 높을수록 외부환경에 대한 변동성이 높아져 재무적 안정성은 낮아지는 것을 의미한다.

$$DFL = \frac{순이익 \ 변화율}{영업이익 \ 변화율} = \frac{영업이익}{세전이익^*}$$

* 영업이익 − 이자비용

핵심 Check 영업레버리지도(DOL, degree of operating leverage)

> 매출액의 변화율에 대한 영업이익의 변화율이 확대되는 효과를 말한다.

2. 결합레버리지도

결합레버리지도(DCL, degree of combined leverage)는 영업레버리지도와 재무레버리지도를 결합한 것으로 매출액의 변화율에 대한 순이익 변화율(또는 주당순이익 변화율)이 확대되는 효과를 의미한다.

$$DCL = \frac{순이익 \ 변화율}{매출액 \ 변화율}$$

$$= DOL \times DFL$$

$$= \frac{공헌이익}{영업이익} \times \frac{영업이익}{세전이익}$$

$$= \frac{공헌이익}{세전이익}$$

(주)한국은 단일제품을 대량생산하며 제품의 단위당 공헌이익은 ₩600이고 고정영업비용은 ₩40,000이다. 또한, 회사는 매출액이 10% 증가할 경우 주당순이익은 60% 증가할 것으로 분석하고 있다.

요구사항

재무레버리지도(DFL)가 2일 경우 총판매량을 구하시오.

[풀이]

(1) 매출액이 10% 증가할 경우 주당순이익은 60% 증가하므로 결합레버리지도(DCL)는 6이다.
(2) 영업레버리지도(DOL)

결합레버리지도 = 영업레버리지도 × 재무레버리지도

6 = DOL × 2

→ DOL = 3

$$영업레버리지도(DOL) = \frac{공헌이익}{영업이익}$$

$$3 = \frac{₩600 \times 판매량}{₩600 \times 판매량 - ₩40,000}$$

∴ 판매량 = 100단위

다음은 (주)한국의 20×1년과 20×2년 비교손익계산서이다.

	20×1년	20×2년
매출	₩100,000	₩120,000
변동원가	40,000	
공헌이익	₩60,000	
고정원가	40,000	₩40,000
영업이익	₩20,000	₩㉠
이자비용	15,000	15,000
세전이익	₩5,000	₩㉡
법인세(30%)	1,500	
당기순이익	₩3,500	

요구사항

❶ 20×1년 자료를 참조하여 영업레버리지도, 재무레버리지도 및 결합레버리지도를 구하시오.
❷ 20×1년에 비하여 매출액이 20% 상승하였다. 20×2년 손익계산서에서 ㉠과 ㉡을 구하시오.

(1) 영업레버리지도

$$\frac{공헌이익}{영업이익} = \frac{₩60,000}{₩20,000} = 3$$

(2) 재무레버리지도

$$\frac{영업이익}{세전이익} = \frac{₩20,000}{₩5,000} = 4$$

(3) 결합레버리지도

영업레버리지도 × 재무레버리지도

= 3 × 4 = 12

1 영업레버리지도, 재무레버리지도 및 결합레버리지도

• 영업레버리지도: 3

• 재무레버리지도: 4

• 결합레버리지도: 12

2 20×2년 영업이익, 세전이익

㉠ 영업이익: ₩20,000 × (1 + 20% × 3) = ₩32,000

㉡ 세전이익: ₩5,000 × (1 + 20% × 12) = ₩17,000

01 일반적으로 손익분기점 분석에서의 가정 중 가장 적절하지 못한 것은? [세무사 00]

① 판매가격은 일정범위 내에서는 변동하지 않는다.
② 모든 원가는 고정원가와 변동원가로 나누어질 수 있다.
③ 수익과 원가형태는 관련 범위 내에서 곡선이다.
④ 원가요소, 능률, 생산성은 일정범위 내에서 변동하지 않는다.
⑤ 단위당 판매가격은 판매량에 관계없이 일정하다.

02 레버리지 분석에 관한 설명으로 옳지 않은 것은?

① 영업레버리지도가 높아지면 매출액의 변동에 따른 영업이익의 변동 폭이 커진다는 것을 의미하기 때문에 영업레버리지도는 매출액의 변동에 대한 영업이익의 불확실성을 나타낸다.
② 재무레버리지도가 높아지면 영업이익의 변동에 따른 당기순이익의 변동 폭이 커지므로 당기순이익의 불확실성 정도가 커진다.
③ 경기가 나빠질 것으로 예상됨에도 불구하고 자기자본의 조달 없이 차입금만으로 자금을 조달하면 재무레버리지도가 높아져 기업위험은 증가할 수 있다.
④ 기업의 부채비율이 높아진다고 하더라도 이자보상비율이 100% 이상이라면, 재무레버리지도에는 영향을 미치지 않는다.
⑤ 고정원가가 높고 단위당 변동원가가 낮은 구조를 갖는 기업은 영업레버리지도가 높게 나타나며, 단위당 판매가격이 일정할 때 영업레버리지도가 높은 기업은 공헌이익률도 높게 나타난다.

03 다음은 원가·조업도·이익(CVP)분석에 관한 설명이다. 이 중 적합하지 않은 표현은 어느 것인가? [회계사 04]

① 손익분기점에서는 순이익이 0이므로 법인세가 없다.
② 공헌이익이 총고정원가보다 클 경우에는 이익이 발생한다.
③ 생산량과 판매량이 다른 경우에도 변동원가계산의 손익분기점은 변화가 없다.
④ 총원가 중에서 고정원가의 비중이 클수록 영업레버리지도는 작아진다.
⑤ 안전한계율에 공헌이익률을 곱하면 매출액이익률이 계산된다.

04 원가조업도이익(CVP)분석에 대한 다음 설명 중 옳지 않은 것은? (단, 아래의 보기에서 변동되는 조건 외의 다른 조건은 일정하다고 가정한다) [회계사 21]

① 생산량과 판매량이 다른 경우에도 변동원가계산의 손익분기점은 변화가 없다.
② 영업레버리지도가 3이라는 의미는 매출액이 1% 변화할 때 영업이익이 3% 변화한다는 것이다.
③ 법인세율이 인상되면 손익분기 매출액은 증가한다.
④ 안전한계는 매출액이 손익분기 매출액을 초과하는 금액이다.
⑤ 단위당 공헌이익이 커지면 손익분기점은 낮아진다.

05 (주)대한은 매출을 촉진하기 위해서 판매사원이 제품 4,000단위를 초과하여 판매하는 경우에, 초과 판매된 1단위당 ₩200씩 특별판매수당을 지급한다. 이러한 조건하에서 5,000단위를 판매하여 세차감후순이익 ₩1,920,000을 달성하였다. 제품의 판매단가는 ₩2,000이며, 월간 고정원가는 ₩1,400,000이고 월간 최대판매수량은 8,000단위이다. 위의 조건대로 특별판매수당을 지급하고 세차감후순이익 ₩2,400,000을 달성하려면, 현재의 최대판매수량기준으로 몇 %의 조업도를 달성하여야 하는가? (단, 회사의 월초, 월말 재고자산은 없으며, 세율은 세차감전이익의 20%라고 가정한다) [세무사 09]

① 60% ② 65% ③ 70%
④ 75% ⑤ 80%

※ 다음 자료를 이용하여 06 ~ 07에 답하시오.

(주)경기는 제품 A와 제품 B를 생산·판매한다. (주)경기는 변동원가계산방법을 사용하며 당기 예상판매 및 예상원가 자료는 다음과 같다.

구분	제품 A	제품 B	합계
판매수량	300개	700개	1,000개
총매출액	₩30,000	₩42,000	₩72,000
총변동원가	15,000	21,000	36,000
총고정원가			21,600

06 법인세율이 40%일 경우 세후이익 ₩15,120을 달성하기 위한 판매수량은 얼마인가?

	제품 A	제품 B
①	360개	840개
②	390개	910개
③	420개	980개
④	450개	1,050개
⑤	480개	1,120개

07 법인세는 없으며 고정원가 ₩21,600에는 감가상각비 ₩3,600이 포함되어 있다면 현금흐름분기수량은 얼마인가?

	제품 A	제품 B
①	150개	350개
②	180개	420개
③	210개	490개
④	240개	560개
⑤	270개	630개

08 (주)한국은 A와 B 두 종류의 제품을 생산·판매한다. 각 제품별 매출액은 A와 B 각각 60%와 40%를 차지하고 있는데, 단위당 변동원가는 제품 A가 판매가격의 60%, 제품 B가 판매가격의 85%이다. 당기의 총고정원가는 ₩150,000이었는데, (주)한국은 차기에 ₩9,000의 순이익을 달성할 목적으로 총고정원가를 당기보다 30% 증가시킬 계획을 가지고 있다. (주)한국의 목표달성에 필요한 매출액은 얼마인가?

① ₩260,000　　　② ₩560,000　　　③ ₩680,000
④ ₩700,000　　　⑤ ₩840,000

09 서울공업사는 단일제품을 생산·판매하고 있다. 제품 단위당 판매가격은 ₩500이며, 20×1년 5월의 요약 공헌이익 손익계산서는 다음과 같다. [세무사 00]

공헌이익 손익계산서	
매출액(1,000단위)	₩500,000
변동원가	(300,000)
공헌이익	₩200,000
고정원가	(150,000)
순이익	₩50,000

상기 자료와 관련된 다음의 분석 중에서 옳지 않은 것은?

① 손익분기점 판매량은 750단위이다.
② 매출액이 1/2로 감소하면 순손실 ₩50,000이 발생한다.
③ 목표이익 ₩80,000을 얻기 위한 판매량은 1,150단위이다.
④ 20%의 목표이익률을 달성하기 위한 매출액은 ₩375,000이다.
⑤ 회사의 법인세율이 30%라고 가정하면, 세후목표이익 ₩70,000을 달성하기 위한 매출액은 ₩625,000이다.

10 (주)창원은 냉장고를 구입하여 판매하는 회사이다. 20×1년 냉장고의 단위당 판매가격은 ₩10,000이며, 변동비율은 80%이다. 판매량이 5,000대 이하인 경우 고정판매비는 ₩8,500,000이며, 판매량이 5,000대 초과한 경우 고정판매비는 ₩11,000,000이다. (주)창원은 세후순이익 ₩1,450,000을 달성하기 위해서는 몇 대의 냉장고를 판매해야 하는가? (단, (주)창원의 법인세율은 세전이익 ₩1,000,000 이하까지는 25%이며, ₩1,000,000 초과분에 대해서는 30%이다) [세무사 10]

① 4,250대 ② 4,500대 ③ 4,750대
④ 5,250대 ⑤ 6,500대

11 다음은 (주)국세의 조업도 변화에 따른 총수익, 총변동원가 및 총고정원가를 그래프로 나타낸 것이다.

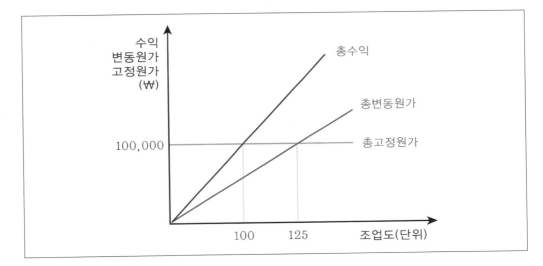

위 그래프를 이용할 경우, (주)국세가 안전한계율 37.5%를 달성하는 데 필요한 목표판매수량은 몇 단위인가? [세무사 12]

① 600단위 ② 700단위 ③ 800단위
④ 900단위 ⑤ 1,000단위

12 (주)세무는 외부 판매대리점을 통해 건강보조식품을 판매하고 있는데, 20×1년도 손익계산서 자료는 다음과 같다.

매출액	₩100,000
변동매출원가	₩45,000
고정매출원가	₩15,000
변동판매비와관리비(판매대리점 수수료)	₩18,000
고정판매비와관리비	₩4,000
영업이익	₩18,000

(주)세무는 20×1년에 판매대리점에게 매출액의 18%를 판매대리점 수수료로 지급하였는데, 20×2년에는 판매대리점 대신 회사 내부판매원을 통해 판매하려고 한다. 이 경우, 내부판매원에게 매출액의 15%에 해당하는 수수료와 고정급여 ₩8,000이 지출될 것으로 예상된다. (주)세무가 20×2년에 내부판매원을 통해 20×1년과 동일한 영업이익을 얻기 위해 달성해야 할 매출액은?

[세무사 20]

① ₩75,000   ② ₩81,818   ③ ₩90,000
④ ₩100,000   ⑤ ₩112,500

13 (주)대한은 정상원가계산을 사용하고 있으며, 20x3년 2월의 생산 및 판매와 관련된 자료는 다음과 같다.

기초재고수량	600단위
기말재고수량	400단위
실제판매량	4,200단위
단위당 판매가격	₩10,000
고정제조간접원가	₩2,000,000
고정판매관리비	₩3,000,000
단위당 직접재료원가	₩3,000
단위당 직접노무원가	₩2,500
단위당 변동제조간접원가	₩2,000

기초 및 기말재고는 모두 완성품이며, 재공품 재고는 없다. 전부원가계산하에서 2월의 손익분기점을 구하면 얼마인가? (단, 단위당 판매가격과 단위당 변동원가는 일정하고 제품 단위 원가는 외부보고용 원가를 의미한다)   [회계사 23]

① 1,500단위   ② 1,600단위   ③ 1,700단위
④ 1,800단위   ⑤ 2,000단위

14 (주)세무는 당기에 영업을 처음 시작하였으며, 실제원가계산을 사용한다. 당기 제품 생산량은 2,000단위이다. 제품 단위당 판매가격은 ₩1,000, 단위당 직접재료원가는 ₩280, 단위당 직접노무원가는 ₩320이고, 당기 총 고정제조간접원가는 ₩200,000, 총 고정판매관리비는 ₩300,000이다. 변동제조간접원가와 변동판매관리비는 존재하지 않는다. 변동원가계산에 의한 손익분기점은 전부원가계산에 의한 손익분기점보다 몇 단위 더 많은가?   [세무사 23]

① 100단위   ② 150단위   ③ 200단위
④ 250단위   ⑤ 300단위

15 (주)세무는 단일 제품을 생산하여 판매한다. 제품 단위당 판매가격은 ₩1,000, 단위당 변동원가는 ₩600, 총 고정원가는 ₩1,900,000으로 예상된다. 세법에 의할 경우 총 고정원가 중 ₩100,000과 단위당 변동원가 중 ₩50은 세법상 손금(비용)으로 인정되지 않을 것으로 예상된다. (주)세무에 적용될 세율이 20%인 경우 세후순이익 ₩41,000을 얻기 위한 제품의 판매수량은? [세무사 23]

① 4,050단위 ② 4,450단위 ③ 4,750단위
④ 5,000단위 ⑤ 5,100단위

01 ③ 수익 및 원가는 관련 범위 내에서 선형이다.

02 ④ 재무레버리지도란 이자비용으로 인하여 영업이익변화율보다 당기순이익변화율이 확대되는 효과로 재무레버리지도(DFL)로 측정할 수 있다.

$$DFL = \frac{\text{EBIT 변화율}}{\text{영업이익변화율}} = \frac{\text{영업이익}}{\text{영업이익} - \text{이자비용}}$$

※ 이자보상비율은 EBIT에 의해 이자가 얼마나 보상하고 있는지를 평가하는 지표로서 "EBIT ÷ 이자비용"으로 표시된다.

DFL의 식에서 분자와 분모에 각각 이자비용을 나누어 주면, 다음과 같다.

$$DFL = \frac{(\text{영업이익}/\text{이자비용})}{(\text{영업이익} - \text{이자비용})/\text{이자비용}} = \frac{\text{이자보상비율}}{\text{이자보상비율} - 1}$$

그러므로, 이자보상비율이 100% 이상일지라도 기업의 부채비율이 상승하면 이자보상비율이 달라지게 되며, 궁극적으로 DFL이 변화하게 된다.

03 ④ 고정원가의 비중이 클수록 영업레버리지도는 커진다.

04 ③ 손익분기 매출액은 이익이 0이므로 법인세의 영향을 받지 않는다.

05 ④ 변동원가 $= x$

	0 ~ 4,000단위	4,000단위 초과
p	₩2,000	₩2,000
vc	x	$x + 200$
cm	₩2,000 − x	₩1,800 − x
FC	₩1,400,000	₩1,400,000
세율	20%	

5,000단위 판매 시 세차감후이익 = ₩1,920,000

$[4,000 \times (₩2,000 - x) + 1,000 \times (₩1,800 - x) - ₩1,400,000] \times (1 - 0.2) = ₩1,920,000$

→ $x = ₩1,200$

세차감후이익 ₩2,400,000을 달성하기 위한 판매량 = Q

$[4,000 \times (₩2,000 - ₩1,200) + (Q - 4,000) \times (₩1,800 - ₩1,200) - ₩1,400,000] \times (1 - 0.2) = ₩2,400,000$

→ Q = 6,000단위

∴ 판매량 6,000단위는 기준조업도(8,000단위)의 75%(= 6,000단위 ÷ 8,000단위)이다.

06 ② (1) 수량배합

제품 A : 제품 B

= 300 : 700 = 3 : 7

(2) 제품별 단위당 공헌이익

제품 A: ₩15,000 ÷ 300개 = ₩50

제품 B: ₩21,000 ÷ 700개 = ₩30

(3) 꾸러미당 공헌이익

₩50 × 3 + ₩30 × 7 = ₩360

(4) 목표이익꾸러미수

(₩360 × Q − ₩21,600) × 0.6 = ₩15,120

Q = 130개

(5) 제품별 판매수량

제품 A: 130개 × 3 = 390개

제품 B: 130개 × 7 = 910개

07 ① (1) 현금흐름분기꾸러미수

₩360 × Q − ₩21,600 + ₩3,600 = ₩0

Q = 50개

(2) 제품별 판매수량

제품 A: 50개 × 3 = 150개

제품 B: 50개 × 7 = 350개

08 ③ 제품별 공헌이익률: A = 40%, B = 15%

가중평균 공헌이익률: 40% × 60% + 15% × 40% = 30%

목표매출액: (₩150,000 × 1.3 + ₩9,000) ÷ 0.3 = ₩680,000

09 ④

p	₩500(100%)
vc	300(60%)
cm	₩200(40%)
FC	₩150,000

① 손익분기점 판매량 = ₩150,000 ÷ ₩200 = 750단위

② 영업레버리지도(DOL) = ₩200,000 ÷ ₩50,000 = 4

∴ ₩50,000 × (1 − 0.5 × 4) = ₩(50,000)

③ 목표판매량 = Q

₩200Q − ₩150,000 = ₩80,000

∴ Q = 1,150단위

④ 목표이익률 달성을 위한 매출액 = S

0.4S − ₩150,000 = 0.2S

∴ S = ₩750,000

⑤ 세후목표이익을 달성하기 위한 매출액 = S

(0.4S − ₩150,000) × (1 − 0.3) = ₩70,000

∴ S = ₩625,000

10 ⑤ 1. 손익구조

	5,000대 이하	5,000대 초과
단위당 판매가격	₩10,000	₩10,000
단위당 변동원가	8,000	8,000
단위당 공헌이익	₩2,000	₩2,000
고정판매비	₩8,500,000	₩11,000,000

2. 세전목표이익

세후순이익 ₩1,450,000은 세율 25% 적용부분(₩750,000)과 세율 30% 적용부분(₩700,000)으로 구분할 수 있으므로 세전목표이익은 다음과 같이 산출할 수 있다.

∴ 세전목표이익 = ₩750,000 ÷ (1 − 0.25) + ₩700,000 ÷ (1 − 0.3) = ₩2,000,000

3. 세전목표이익분석
   - 5,000대 이하구간

     2,000 × Q − ₩8,500,000 = ₩2,000,000

     → Q = 5,250(×)
   - 5,000대 초과구간

     2,000 × Q − ₩11,000,000 = ₩2,000,000

     → Q = 6,500(○)

   ∴ 목표판매량 = 6,500대

11 ③ 1. 단위당 공헌이익과 총고정원가

   (1) 단위당 공헌이익

단위당 판매가격	₩100,000 ÷ 100단위 =	₩1,000
단위당 변동원가	₩100,000 ÷ 125단위 =	800
단위당 공헌이익		₩200

   (2) 총고정원가

   ₩100,000

2. 목표판매수량(Q)

안전한계율 = 영업이익/공헌이익

$$37.5\% = \frac{₩200 \times Q - ₩100,000}{₩200 \times Q}$$

∴ 목표판매수량(Q) = 800단위

12 ⑤ 1. 손익구조

	변경 전	변경 후
매출액	₩100,000	S
변동매출원가	45,000(0.45)	0.45S
변동판매관리비	18,000(0.18)	0.15S
공헌이익	₩37,000(0.37)	0.4S
고정원가	19,000	₩27,000
영업이익	₩18,000	₩18,000

2. 목표이익분석

$0.4 \times S - ₩27,000 = ₩18,000$

∴ $S = ₩112,500$

13 ① (1) 재고현황

제품

기초	600	판매	4,200
생산	4,000	기말	400
	4,600		4,600

(2) 자료정리

단위당 가격	₩10,000
단위당 변동원가	7,500*
단위당 공헌이익	₩2,500
고정제조간접원가	₩2,000,000
고정판매관리비	₩3,000,000

* ₩3,000 + ₩2,500 + ₩2,000 = ₩7,500

(3) 단위당 고정제조간접원가

$$\frac{₩2,000,000}{4,000개} = ₩500$$

(4) 전부원가계산 손익분기점

손익분기점 묶음수 = Q

$(₩10,000 - ₩7,500 - ₩500) \times Q - ₩3,000,000 = 0$

∴ $Q = 1,500$단위

14 ④ 단위당 판매가격   ₩1,000
      단위당 변동원가   600(= ₩280 + ₩320)
      단위당 공헌이익   ₩400
      고정제조간접원가   ₩200,000
      고정판매관리비   ₩300,000

      (1) 단위당 고정제조간접원가

            ₩200,000 ÷ 2,000단위 = ₩100

      (2) 손익분기점 판매수량

        • 변동원가계산

          손익분기점 판매량 = Q

          (₩1,000 − ₩600) × Q − ₩500,000 = 0

          → Q = 1,250단위

        • 전부원가계산

          손익분기점 판매량 = Q

          (₩1,000 − ₩600 − ₩100) × Q − ₩300,000 = 0

          → Q = 1,000단위

      ∴ 변동원가계산 손익분기점이 전부원가계산 손인분기점보다 250단위 더 많다.

15 ⑤ 단위당 판매가격   ₩1,000
      단위당 변동원가   600(₩50 손금불산입)
      단위당 공헌이익   ₩400
      총 고정원가   ₩1,900,000(₩100,000 손금불산입)

      목표판매량 = Q

      [(₩1,000 − ₩550) × Q − ₩1,800,000] × (1 − 20%) − 50Q − ₩100,000 = ₩41,000

      ∴ Q = 5,100단위

다음을 읽고 물음에 답하시오. 단, 각 물음은 서로 독립적이다.

(주)한국은 현재 단일제품 A를 매월 평균 400단위 생산하여 판매하고 있다. 당사의 제품 단위당 판매가격은 ₩250이며, 원가자료는 다음과 같다.

단위당 직접재료원가	₩80
단위당 직접노무원가	₩40
단위당 변동제조간접원가	₩20
단위당 변동판매관리비	₩10
월간 고정제조간접원가	₩25,000
월간 고정판매관리비	₩10,000

요구사항

[물음 1] 회사 경영진은 매월 광고비 ₩10,000을 증가시키면 매출액이 ₩30,000 증가할 것으로 기대하고 있다. 매월 광고비 ₩10,000을 증가시킬 때 회사의 영업이익이 매월 얼마만큼 증가 혹은 감소하게 될 것인지 계산하시오.

[물음 2] 회사 경영진은 제품 A의 단위당 판매가격을 ₩20 인하하고 광고비를 매월 ₩15,000 증가시켜 제품 A의 판매수량을 50% 신장시킬 예정이다. 가격 인하분 (₩20)과 광고비 증액분(매월 ₩15,000)에 따른 회사의 영업이익은 매월 얼마만큼 증가 혹은 감소하게 될 것인지 계산하시오.

[물음 3] 회사 경영진은 매월 ₩6,000의 고정급여를 받는 판매사원 대신 판매 단위당 ₩15 의 판매수수료를 받는 판매사원을 채용하면 판매량이 15% 증가할 것으로 확신하고 있다. 만약 고정급(월 ₩6,000) 판매사원을 판매수수료(판매 단위당 ₩15)를 받는 판매사원으로 대체하는 경우, 이 회사의 영업이익은 매월 얼마만큼 증가 혹은 감소 하게 될 것인지 계산하시오.

[물음 4] 회사 경영진은 판매가격이 적정하면 제품 A를 추가로 도매상에게 매월 150단위 납 품할 수 있는 기회를 갖게 된다고 하자. 납품을 하더라도 현재 월 예상판매량(400 단위)에 미치는 영향은 없을 것으로 예상된다. 이때 추가납품(150단위)으로 매월 영업이익 ₩3,000을 증가시키고자 한다면, 회사가 제시할 수 있는 최소한의 단위 당 판매가격은 얼마인지 계산하시오.

p	₩250
vc	150
cm	₩100
FC	₩35,000
CMR	40%

[물음 1] 영업이익 변화

증분공헌이익 − 증분고정원가
= ₩30,000 × 0.4 − ₩10,000
= ₩2,000 증가

[물음 2] 영업이익 변화

증분수익	매출 증가	₩230 × 400 × 1.5 =	₩138,000
증분비용	변동제조원가	₩150 × 200 =	(30,000)
	광고비		(15,000)
	기존판매 감소	₩250 × 400 =	(100,000)
증분이익			₩(7,000)

[물음 3] 영업이익 변화

증분수익	매출 증가	₩250 × 400 × 0.15 =	₩15,000
	고정급 감소		6,000
증분비용	판매수수료	₩15 × 400 × 1.15 =	(6,900)
	변동원가	₩150 × 400 × 0.15 =	(9,000)
증분이익			₩5,100

[물음 4] 최소판매금액

증분수익	매출 증가		₩P × 150
증분비용	변동원가	₩150 × 150 =	(22,500)
증분이익			₩3,000

∴ P = ₩170

다음을 읽고 물음에 답하시오.

(주)한국은 서울시에서 유선방송을 운영하고 있는데, 회사의 각종 자료는 다음과 같다.

(1) 회사가 유선방송의 가입자로부터 받는 월간 시청료는 가입자당 ₩20이다.

(2) 회사가 사용하고 있는 방송설비의 소유권은 시에 있으며, 회사는 시와의 방송설비 사용계약에 따라 10,000명의 가입자로부터 받는 시청료에 대해서는 10%, 10,000명을 초과하는 가입자로부터 받는 시청료에 대해서는 5%를 시에 지불하고 있다. 그 외에도 매월 ₩50,000을 기본사용료로 지급하고 있다.

(3) 회사는 채널공급업자로부터 여러 채널을 공급받아 방송하고 있다. 회사는 채널공급업자와의 계약에 따라 20,000명의 가입자까지는 가입자당 ₩8, 20,000명을 초과하는 가입자에 대하여는 가입자당 ₩6을 지불하고 있다. 그 외에도 매월 일정하게 ₩20,000을 채널공급업자에게 지급하고 있다.

(4) 매월 ₩60,000의 고정원가와 가입자당 매월 ₩2의 변동원가가 영업비용으로 발생하고 있다.

요구사항

[물음 1]　0 ~ 30,000명까지의 범위 내에서 매월 가입자당 공헌이익을 구하시오.

[물음 2]　매월 손익분기 가입자 수를 구하시오.

[물음 3]　가입자가 10,000명, 20,000명, 30,000명일 때 각각 월 영업이익을 구하시오.

(1) 가입자 수에 따른 공헌이익

가입자 수	0 ~ 10,000명		10,001 ~ 20,000명		20,001 ~ 30,000명	
가입자당 매출액		₩20		₩20		₩20
가입자당 변동원가						
시에 지불	₩2		₩1		₩1	
채널공급업자에 지불	8		8		6	
영업비용	2	(12)	2	(11)	2	(9)
가입자당 공헌이익		₩8		₩9		₩11

(2) 고정원가

₩50,000 + ₩20,000 + ₩60,000 = ₩130,000

[물음 1] 매월 가입자당 공헌이익

(1) 0명 ≤ Q ≤ 10,000명 → ₩8

(2) 10,001명 ≤ Q ≤ 20,000명 → ₩9

(3) 20,001명 ≤ Q ≤ 30,000명 → ₩11

[물음 2] 매월 손익분기점 가입자 수

(1) 0명 ≤ Q ≤ 10,000명

$$Q_{BEP} = \frac{₩130,000}{₩8} = 16,250일(부적합)$$

(2) 10,001명 ≤ Q ≤ 20,000명

10,000명 × ₩8 + (Q - 10,000) × ₩9 = ₩130,000

Q_{BEP} = 15,556명(적합)

(3) 20,001명 ≤ Q ≤ 30,000명

10,000명 × ₩8 + 10,000 × ₩9 + (Q - 20,000) × ₩11 = ₩130,000

Q_{BEP} = 16,364명(부적합)

∴ 손익분기점 가입자 수 = 15,556명

[물음 3] 영업이익

가입자 수	10,000명	20,000명	30,000명
매출액(₩20)	₩200,000	₩400,000	₩600,000
변동원가	120,000[*1]	230,000[*2]	320,000[*3]
공헌이익	₩80,000	₩170,000	₩280,000
고정원가	(130,000)	(130,000)	(130,000)
영업이익(손실)	₩(50,000)	₩40,000	₩150,000

*1 10,000명 × @12 = ₩120,000

*2 10,000명 × @12 + 10,000명 × @11 = ₩230,000

*3 10,000명 × @12 + 10,000명 × @11 + 10,000명 × @9 = ₩320,000

| 문제 03 | 활동기준원가계산과 CVP분석 |

다음을 읽고 물음에 답하시오.

김세무사의 고객인 (주)한국은 여러 가지 가구용품을 만드는 회사이다. (주)한국은 한동안 인기를 누리다가 최근 들어 판매가 부진한 탁자를 내년에도 계속 생산하여 판매할 것인지의 여부를 결정하기 위해 김세무사를 방문했다. (주)한국의 연간 생산 가능한 탁자는 1,000단위이다. (주)한국이 제시한 탁자의 단위당 생산원가는 다음과 같다.

직접재료원가	₩25
직접노무원가	10
재료처리활동원가	8
공정가공활동원가	12
제품유지활동원가	20
품질검사활동원가	30

(주)한국은 이들 원가항목 중에서 제품유지활동원가와 품질검사활동원가를 제외한 나머지는 변동원가라고 구분했다. 회사의 세율은 30%이다. 탁자의 단위당 판매가격은 ₩155이다. 분석의 편의를 위해 판매비 등은 없는 것으로 가정한다. 단, 재료처리활동원가와 공정가공활동원가는 제품 단위별로 이루어진다.

요구사항

[물음 1] 탁자의 손익분기점 판매수량을 구하시오(단, 소수점 이하는 절사한다).

[물음 2] (주)한국이 탁자로부터 세후순이익 ₩10,000을 얻기 위한 판매수량을 구하시오(단, 소수점 이하 절사하시오).

[물음 3] (주)한국의 시장분석 자료에 의하면 내년의 판매수량은 700단위가 될 것이라고 한다. 한편, (주)한국은 (주)대한에 탁자의 외주제작을 대당 ₩125에 (주)한국이 원하는 수량만큼 맡길 수 있다고 한다. 이 경우, (주)한국의 입장에서 선택 가능한 3가지 방안을 열거하고, 이 중 어느 것이 가장 유리한지 나타내시오(단, 세율은 고려하지 않는다).

	탁자
단위당 판매가격	₩155
단위당 변동원가	55*¹
단위당 공헌이익	₩100
총고정원가	₩50,000*²
법인세율	30%

*1 ₩25 + ₩10 + ₩8 + ₩12 = ₩55
*2 1,000대 × (₩20 + ₩30) = ₩50,000

[물음 1] 손익분기점 판매수량

세후목표이익이 ₩0인 판매수량 = Q

$\{(₩155 - ₩55) × Q - ₩50,000\} × (1 - 0.3) = ₩0$

∴ Q = ₩50,000 ÷ ₩100 = 500대

[물음 2] 세후목표이익분석

세후목표이익이 ₩10,000인 판매수량 = Q

$\{(₩155 - ₩55) × Q - ₩50,000\} × (1 - 0.3) = ₩10,000$

∴ Q = {₩10,000 ÷ (1 - 0.3) + ₩50,000} ÷ ₩100 = 642대

[물음 3] (주)한국 입장에서 선택 가능한 3가지 방안 및 의사결정

(1) 선택 가능한 3가지 방안

① 대안 1: 700대 전량을 자체 생산하여 판매한다.

② 대안 2: 700대 전량을 외주 제작하여 판매한다.

③ 대안 3: 생산 및 판매를 포기한다.

(2) 각 대안별 이익분석 및 선택

① 대안 1의 영업이익: 700대 × (₩155 - ₩55) - ₩50,000 = ₩20,000

② 대안 2의 영업이익: 700대 × (₩155 - ₩125) - ₩50,000 = ₩(29,000)

③ 대안 3의 영업이익: ₩(50,000)

∴ 대안 1의 영업이익이 가장 크므로 700대 전량을 자체 생산하여 판매한다.

비선형함수 CVP분석

다음을 읽고 물음에 답하시오.

김대표는 종합병원에서 산부인과를 임차하여 경영하고 있다. 병원측은 산부인과 이외에도 신경외과, 소아과 등과 같은 전문분야별로 나누어 여러 사람에게 임대해 주고 있다. 매년 초, 이 병원은 전년도에 발생한 제반비용을 정산하여 각 과에 청구하는데, 환자의 식비, 세탁비, 약품비, 입원료청구 및 회수비용 등은 각 과별 연간 환자입원일수에 따라 부과하며 병실의 임차료 및 관리비는 병원측에서 임대해 준 병상수에 따라 부과한다.

20×2년 1월 초 김대표가 병원측으로부터 받은 청구서는 다음과 같다.

청구서

부과대상: 산부인과   기간: 20×1. 1. 1. ~ 20×1. 12. 31.

부과기준

	연간 환자입원일수	병상수
식비	₩60,800	
세탁비	50,000	
약품비	90,000	
입원료청구 및 회수비용	62,000	
임차료		₩300,000
관리비		153,000
합계	₩262,800	₩453,000

산부인과는 최소한 60개의 병상을 임차하기로 병원과 계약을 했기 때문에, 이제까지 병원으로부터 60개의 병상을 임차하여 사용하여 왔다. 산부인과에서 환자에게 청구한 병상 1개당 하루의 입원료는 ₩65이었다. 산부인과의 20×1년 총입원료수익은 ₩1,138,800이었으며 연중 쉬지 않고 진료하였다.

산부인과에서는 수간호사, 간호사 및 보조원에 대하여 직접 급여를 지급하고 있는데, 연간 환자입원일수에 따라 필요한 최소한의 인원수는 다음과 같다.

연간 환자입원일수	수간호사	간호사	보조원
0 ~ 17,100일	4명	12명	22명
17,101 ~ 18,900일	5	14	24
18,901 ~ 21,900일	6	17	27
21,901 ~ 29,200일	8	24	38

산부인과에서 연간 환자입원일수에 따라 필요한 최소인원만 고용하려고 한다. 따라서 연간 환자입원일수의 일정범위 내에서 수간호사, 간호사 및 보조원의 급여는 고정원가 이다. 각 직책별 1인당 연간 급여는 수간호사가 ₩18,000, 간호사가 ₩13,000, 보조 원이 ₩5,000이다.

요구사항

[물음 1] 산부인과의 20×1년 공헌이익 손익계산서를 작성하시오.

[물음 2] 산부인과의 20×1년 손익분기점 환자입원일수를 구하시오.

[물음 3] 20×2년 초, 김대표는 병원측으로부터 병상 20개를 추가로 임대해 줄 수 있다는 제의를 받았다. 추가적인 임차는 병상수에 따라 병원측에서 부과하는 임차료와 관리비를 증가시킬 것이다. 병상 20개를 추가적으로 임차할 경우 산부인과의 20×2년 손익분기점 환자입원일수를 구하시오.

풀이

> (1) 최대 병상수: 60개 × 365일 = 21,900개
> (2) 환자입원일수: ₩1,138,800 ÷ ₩65 = 17,520일
> (3) 환자입원일수 변동원가: ₩262,800 ÷ 17,520일 = ₩15
> (4) 조업도별 재무자료
>
> | | 0 ~ 17,100일 | 17,101 ~ 18,900일 | 18,901 ~ 21,900일 |
> |---|---|---|---|
> | 단위당 판매가격 | ₩65 | ₩65 | ₩65 |
> | 단위당 변동원가 | 15 | 15 | 15 |
> | 단위당 공헌이익 | ₩50 | ₩50 | ₩50 |
> | 고정원가 | | | |
> | 임차료 및 관리비 | ₩453,000 | ₩453,000 | ₩453,000 |
> | 인건비* | 338,000 | 392,000 | 464,000 |
>
> * ₩18,000 × 수간호사 + ₩13,000 × 간호사 + ₩5,000 × 보조원

[물음 1] 공헌이익 손익계산서

매출액	17,520일 × ₩65 =	₩1,138,800
변동원가	17,520일 × ₩15 =	(262,800)
공헌이익		₩876,000
고정원가	₩453,000 + ₩392,000* =	(845,000)
영업이익		₩31,000

　* 17,520일에 해당하는 간호담당직원의 급여이다.
　 5명 × ₩18,000 + 14명 × ₩13,000 + 24명 × ₩5,000 = ₩392,000

[물음 2] 손익분기점 환자입원일수

환자입원일수 = Q

(1) 0일 ≤ Q ≤ 17,100일

　① 고정원가 = ₩453,000 + 4명 × ₩18,000 + 12명 × ₩13,000 + 22명 × ₩5,000
　　 = ₩791,000

　② $Q_{BEP} = \dfrac{₩791,000}{₩50}$ = 15,820일(적합)

(2) 17,101일 ≤ Q ≤ 18,900일

　① 고정원가 = ₩453,000 + 5명 × ₩18,000 + 14명 × ₩13,000 + 24명 × ₩5,000
　　 = ₩845,000

　② $Q_{BEP} = \dfrac{₩845,000}{₩50}$ = 16,900일(부적합)

(3) 18,901일 ≤ Q ≤ 21,900일

　① 고정원가 = ₩453,000 + 6명 × ₩18,000 + 17명 × ₩13,000 + 27명 × ₩5,000
　　 = ₩917,000

　② $Q_{BEP} = \dfrac{₩917,000}{₩50}$ = 18,340일(부적합)

∴ 손익분기점 환자입원일수는 15,820일이다.

[물음 3] 병상 추가 시 손익분기점 환자입원일수

병상이 80개일 때, 연간 최대환자입원일수는 80개 × 365일 = 29,200일이다. 병상수당 임차료 및 관리비는 ₩453,000/60개 = ₩7,550/개이므로, 병상이 80개일 때의 고정원가는 80개 × ₩7,550 = ₩604,000이다.

환자입원일수 = Q

(1) 0일 ≤ Q ≤ 17,100일

   ① 고정원가 = ₩604,000 + ₩338,000 = ₩942,000

   ② $Q_{BEP} = \dfrac{₩942,000}{₩50} = 18,840$일(부적합)

(2) 17,101일 ≤ Q ≤ 18,900일

   ① 고정원가 = ₩604,000 + ₩392,000 = ₩996,000

   ② $Q_{BEP} = \dfrac{₩996,000}{₩50} = 19,920$일(부적합)

(3) 18,901일 ≤ Q ≤ 21,900일

   ① 고정원가 = ₩604,000 + ₩464,000 = ₩1,068,000

   ② $Q_{BEP} = \dfrac{₩1,068,000}{₩50} = 21,360$일(적합)

(4) 21,901일 ≤ Q ≤ 29,200일

   ① 고정원가 = ₩604,000 + ₩646,000 = ₩1,250,000

   ② $Q_{BEP} = \dfrac{₩1,250,000}{₩50} = 25,000$일(적합)

∴ 손익분기점 환자입원일수는 21,360일과 25,000일이다.

문제 05	비선형함수하의 CVP분석

다음을 읽고 물음에 답하시오. [CMA 수정]

(주)한국은 A, B의 두 공장에서 동일한 제품을 생산하는데, A공장은 공정의 자동화가 많이 이루어져 있으나 B공장은 주로 수작업에 의존하고 있다. 회사는 올해에 192,000개의 제품을 생산·판매할 계획이다. 두 공장의 수익과 원가자료는 다음과 같다.

	A공장		B공장	
단위당 판매가격		₩150		₩150
단위당 비용				
변동제조원가	₩72		₩88	
고정제조간접원가	30		20	
판매수수료(매출액의 5%)	7.5		7.5	
기타의 변동판매비	6.5		6.5	
고정판매관리비	19	135	25	147
단위당 영업이익		₩15		₩3
1일 생산량		400개		320개

위의 원가자료는 연간 240일의 정상조업도를 기준으로 하여 산정한 것이다. 연간 240일을 초과하여 작업하는 경우에는 휴일근무수당을 지급해야 하므로 A, B 두 공장의 변동제조원가가 각각 단위당 ₩24, ₩63씩 증가한다. 두 공장 모두 연간 최대조업일수는 300일이다. 생산이사는 A공장의 단위당 영업이익이 B공장보다 더 크다는 점을 감안하여 다음과 같이 생산계획을 수립하였다.

A공장: 300일 × 400개 = 120,000개
B공장: 225일 × 320개 = 72,000
합계 192,000개

요구사항

[물음 1]   A, B 두 공장의 손익분기점 판매량을 각각 구하시오.

[물음 2]   생산이사가 수립한 생산계획에 의할 경우 회사의 영업이익을 구하시오.

[물음 3]   회사가 두 공장의 총생산량을 지금처럼 연간 192,000개로 유지하려고 한다면 회사의 영업이익을 극대화하기 위한 최적 생산계획과 이때 회사가 얻을 수 있는 최대의 영업이익을 구하시오.

	A공장		B공장	
정상조업도	240일 × 400개 =	96,000개	240일 × 320개 =	76,800개
고정제조간접원가	96,000개 × ₩30 =	₩2,880,000	76,800개 × ₩20 =	₩1,536,000
고정판매관리비	96,000개 × ₩19 =	1,824,000	76,800개 × ₩25 =	1,920,000
고정원가 합계		₩4,704,000		₩3,456,000

[물음 1] 공장별 손익분기점 판매량

(1) A공장

	0개 ≤ Q ≤ 96,000개	96,001개 ≤ Q ≤ 120,000개
단위당 판매가격	₩150	₩150
단위당 변동원가	₩72 + ₩7.5 + ₩6.5 = 86	₩86 + ₩24 = 110
단위당 공헌이익	₩64	₩40

① 0개 ≤ Q ≤ 96,000개일 때, 손익분기점 매출수량

$$\frac{₩4,704,000}{₩64} = 73,500개(적합)$$

② 96,001개 ≤ Q ≤ 120,000개일 때, 손익분기점 매출수량

96,000개 × ₩64 + (Q − 96,000개) × ₩40 = ₩4,704,000

∴ Q = 60,000개(부적합)

(2) B공장

	0개 ≤ Q ≤ 76,800개	76,801개 ≤ Q ≤ 96,000개
단위당 판매가격	₩150	₩150
단위당 변동원가	₩88 + ₩7.5 + ₩6.5 = 102	₩102 + ₩63 = 165
단위당 공헌이익	₩48	₩(15)

① 0개 ≤ Q ≤ 76,800개일 때, 손익분기점 매출수량

$$\frac{₩3,456,000}{₩48} = 72,000개(적합)$$

② 76,801개 ≤ Q ≤ 96,000개일 때, 손익분기점 매출수량

76,800개 × ₩48 + (Q − 76,800개) × ₩(15) = ₩3,456,000

∴ Q = 92,160개(적합)

[물음 2] 회사 전체 영업이익

	A공장		B공장	
매출액	120,000개 × ₩150 =	₩18,000,000	72,000개 × ₩150 =	₩10,800,000
변동원가	96,000개 × ₩86 + 24,000개 × ₩110 =	(10,896,000)	72,000개 × ₩102 =	(7,344,000)
공헌이익		7,104,000		3,456,000
고정원가		(4,704,000)		(3,456,000)
영업이익		₩2,400,000		₩0

∴ 총영업이익 = ₩2,400,000 + ₩0 = ₩2,400,000

[물음 3] 최적 생산계획하에서 영업이익

(1) 최적 생산계획

단위당 판매가격과 총고정원가는 조업도에 관계없이 일정하므로 제품 단위당 변동원가가 낮은 공장에서 먼저 생산하도록 생산계획을 수립해야 한다.

	연간 생산량	단위당 변동원가	생산우선순위	최적생산계획
A공장	0 ~ 96,000개	₩86	①	96,000개
	96,001 ~ 120,000개	110	③	19,200
B공장	0 ~ 76,800개	102	②	76,800
	76,801 ~ 96,000개	165	–	–
합계				192,000개

∴ 최적 생산계획은 A공장 115,200개, B공장 76,800개이다.

(2) 최대의 영업이익

A공장: 115,200개 × ₩150 − (96,000개 × ₩86 + 19,200개 × ₩110) − ₩4,704,000
= ₩2,208,000

B공장: 76,800개 × ₩150 − 76,800개 × ₩102 − ₩3,456,000 = ₩230,400

∴ 영업이익 합계 = ₩2,438,400

다음은 (주)한국의 당기 경영성과에 관한 예산자료이다.

매출	₩400,000
변동원가	(320,000)
고정원가	(75,000)
영업손익	₩5,000

변동원가 중에는 ₩240,000의 직접노무원가가 포함되어 있고, 고정원가 중에는 ₩30,000의 간접노무원가가 포함되어 있다.

(주)한국은 ₩400,000을 투자하여 구기계를 신기계로 대체할 수 있다. 신기계의 내용연수는 10년이고 잔존가치는 ₩80,000이다. 회사가 신기계로 대체하는 경우 원가는 다음과 같이 변화할 것으로 예측하고 있다.

직접노무원가 발생액	₩160,000
간접노무원가 발생액	–
전력원가 추가발생액	400
	₩160,400

회사는 신기계를 연이자율 4%의 장기차입금으로 구입할 수 있고 감가상각방법은 정액법을 적용한다.

단, 각 물음은 서로 독립적이다.

요구사항

[물음 1]   현재 상황에서 손익분기점 매출액을 구하시오.

[물음 2]   구기계를 신기계로 대체하는 경우 손익분기점 매출액을 구하시오.

[물음 3]   현재 상황과 신기계 대체 후 영업이익이 같아지는 매출액을 구하시오.

(1) 현재 상황

	현재 상황
단위당 판매가격	1
단위당 변동원가	0.8*1
단위당 공헌이익	0.2
총고정원가	₩75,000

*1 ₩320,000 ÷ ₩400,000 = 0.8

(2) 신기계 대체 후

• 변동원가

현재		₩320,000
직접노무원가 감소	₩240,000 − ₩160,000 =	(80,000)
대체 후		₩240,000

• 고정원가

현재		₩75,000
간접노무원가 감소		(30,000)
지급이자	₩400,000 × 4% =	16,000
감가상각비	(₩400,000 − ₩80,000) ÷ 10년 =	32,000
전력원가		400
대체 후		₩93,400

	대체 후
단위당 판매가격	1
단위당 변동원가	0.6*2
단위당 공헌이익	0.4
총고정원가	₩93,400

*2 ₩240,000 ÷ ₩400,000 = 0.6

[물음 1] 현재 손익분기점 매출액

$0.2 \times S - ₩75,000 = ₩0$

∴ $S = ₩375,000$

[물음 2] 신기계 대체 후 손익분기점 매출액

$0.4 \times S - ₩93,400 = ₩0$

∴ $S = ₩233,500$

[물음 3] 영업이익이 같아지는 매출액

$0.2 \times S - ₩75,000 = 0.4 \times S - ₩93,400$

$0.2 \times S = ₩18,400$

∴ $S = ₩92,000$

다음은 (주)한국의 CVP도표이다.

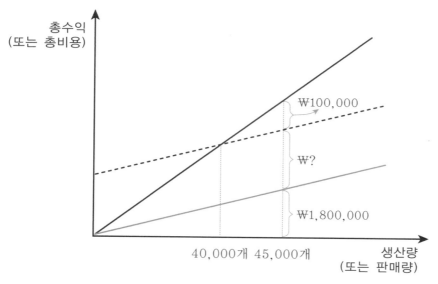

각 물음은 서로 독립적이다.

요구사항

[물음 1] 단위당 판매가격을 구하시오.

[물음 2] 판매량이 50,000개일 때 손익분기점 매출액, 안전한계율 및 영업레버리지도를 구하시오.

> (1) 단위당 변동원가
>   ₩1,800,000 ÷ 45,000개 = ₩40
> (2) 단위당 공헌이익과 고정원가
>   판매량 45,000개일 때 영업이익은 ₩100,000이므로 고저점법으로 단위당 공헌이익과 고정원가를 계산할 수 있다.
>   공헌이익 = a, 고정원가 = b
>
>   45,000개   ₩100,000 = 45,000개 × a − b
>   40,000개 (−)   ₩0 = 40,000개 × a − b
>   ──────────────────────────
>   ₩100,000 =   5,000개 × a
>
>   ∴ a = ₩20, b = ₩800,000

[물음 1] 단위당 판매가격
     단위당 변동원가 + 단위당 공헌이익
     = ₩40 + ₩20 = ₩60

[물음 2] 손익분기점 매출액, 안전한계율 및 영업레버리지도
     (1) 손익분기점 매출액
        손익분기점 판매량 × 판매가격
        = 40,000개 × ₩60 = ₩2,400,000
     (2) 안전한계율

$$\frac{\text{안전한계매출액}}{\text{현재매출액}} = \frac{50,000\text{개} \times ₩60 - ₩2,400,000}{50,000\text{개} \times ₩60} = 20\%$$

     (3) 영업레버리지도

$$\frac{\text{공헌이익}}{\text{영업이익}} = \frac{50,000\text{개} \times ₩20}{50,000\text{개} \times ₩20 - ₩800,000} = 5$$

CVP분석

제10장

해커스 允원가관리회계

(주)한국은 20×1년 1월부터 기존 낱개 판매방식에서 아메리카노 2잔을 구매하면 1잔을 공짜로 끼워주는 set 판매방식으로 결정하고, 다음과 같이 예산을 수립하였다. 또한, set 판매 이외의 낱개 판매는 하지 않는다.

(1) 아메리카노 1잔 판매가격은 ₩8,000이므로 2잔 판매가격은 ₩16,000이다.
(2) 아메리카노 1잔 단위당 원가는 직접재료원가 ₩1,000, 직접노무원가 ₩800, 제조간접원가 ₩2,000, 판매관리비 ₩1,000으로 구성되어 있다.
(3) 제조간접원가의 고정원가 비중은 30%이며 판매관리비의 고정원가 비중은 80%이다.
(4) 월 고정원가 계산을 위한 기준조업도는 20,000잔이다.
(5) 세율은 30%이다.

요구사항

[물음 1] 20×1년 1월 세후이익 ₩700,000을 달성하기 위해 아메리카노를 몇 set 판매해야 하는가?

[물음 2] (주)한국은 아메리카노 set 판매와 함께 카페라떼도 추가로 판매할 계획을 수립하였다. 아메리카노 1set와 카페라떼 1잔 비율로 판매될 것으로 예상된다. 카페라떼 1잔당 예상 판매가격은 ₩6,000이고 1잔당 예상 변동원가는 아메리카노 1잔당 변동원가에 비해 20% 작다. 이러한 상황에서 세후 이익 ₩5,824,000을 달성하기 위한 월 판매량은 각각 얼마인가? (단, 총고정원가는 변동이 없다고 가정한다)

※ **다음은 [물음 3]~[물음 5]에 관한 추가 자료이다.**

(1) (주)한국은 신도시에 매장을 개설하고자 한다. (주)한국은 월 매출액의 20%를 월 임차료로 지급하는 방침을 가지고 있다.
(2) (주)한국이 임차하려는 상가소유자는 상가면적 m^2당 ₩10,000의 월 임대료를 받는 것을 원칙으로 하고 있다. (주)한국이 임차하려는 상가 면적은 총 1,000m^2이다.
(3) 부동산 중개인은 상가면적 m^2당 ₩5,000과 월 매출액의 10%를 월 임대료로 지불하는 중재안을 제시하였다.

[물음 3] (주)한국은 아메리카노 1set와 카페라떼 1잔 비율로 판매하며 회사에서 설정한 임차료에 대한 방침에 따라 임차료를 지불하는 경우 세후 이익 ₩3,332,000을 달성하기 위한 월 판매량은 각각 얼마인가?

[물음 4] (주)한국은 아메리카노 1set와 카페라떼 1잔 비율로 판매하며 상가소유자의 제안을 받아들이면서 세후 ₩5,180,000을 달성하기 위한 월 판매량은 각각 얼마인가?

[물음 5] (주)한국은 아메리카노 1set와 카페라떼 1잔 비율로 판매하며 부동산 중개인의 제안을 받아들이면서 세후 ₩5,796,000을 달성하기 위한 월 판매량은 각각 얼마인가?

풀이

[물음 1] • 낱개인 경우

단위당 판매가격	₩8,000
단위당 변동원가	3,400[*1]
단위당 공헌이익	₩4,600
고정제조간접원가	₩12,000,000[*2]
고정판매관리비	16,000,000[*3]
	₩28,000,000

*1 ₩1,000 + ₩800 + ₩1,400 + ₩200 = ₩3,400
*2 ₩600 × 20,000개 = ₩12,000,000
*3 ₩800 × 20,000개 = ₩16,000,000

• set 판매

단위당 판매가격	₩16,000[*4]
단위당 변동원가	10,200[*5]
단위당 공헌이익	₩5,800
고정제조간접원가	₩12,000,000
고정판매관리비	16,000,000
	₩28,000,000

*4 ₩8,000 × 2 = ₩16,000
*5 ₩3,400 × 3 = ₩10,200

목표이익을 달성하기 위한 set = Q

$[(₩16,000 - ₩10,200) \times Q - ₩28,000,000] \times (1 - 30\%) = ₩700,000$

∴ Q = 5,000set

	아메리카노 set	카페라떼
단위당 판매가격	₩16,000	₩6,000
단위당 변동원가	10,200	2,720*
단위당 공헌이익	₩5,800	₩3,280

고정제조간접원가	₩12,000,000
고정판매관리비	16,000,000
	₩28,000,000

* ₩3,400 × 80% = ₩2,720

set당 공헌이익 = ₩5,800 + ₩3,280 = ₩9,080

목표이익을 달성하기 위한 set = Q

(₩9,080 × Q − ₩28,000,000) × (1 − 30%) = ₩5,824,000

→ Q = 4,000set

∴ 4,000set, 카페라떼 4,000잔

[물음 3] 월 임차료는 (₩16,000 + ₩6,000) × 20% = ₩4,400으로 변동원가에 반영한다.

→ 임차료를 반영한 set당 공헌이익 = ₩9,080 − ₩4,400 = ₩4,680

목표이익을 달성하기 위한 set = Q

(₩4,680 × Q − ₩28,000,000) × (1 − 30%) = ₩3,332,000

→ Q = 7,000set

∴ 7,000set, 카페라떼 7,000잔

[물음 4] 고정원가인 임차료 ₩10,000,000만큼 증가한다.

목표이익을 달성하기 위한 set = Q

(₩9,080 × Q − ₩28,000,000 − ₩10,000,000) × (1 − 30%) = ₩5,180,000

→ Q = 5,000set

∴ 5,000set, 카페라떼 5,000잔

[물음 5] 고정원가인 임차료 ₩5,000,000만큼 증가하며, 변동원가는 ₩22,000 × 10% = ₩2,200만큼 증가한다.

목표이익을 달성하기 위한 set = Q

[(₩9,080 − ₩2,200) × Q − ₩28,000,000 − ₩5,000,000] × (1 − 30%) = ₩5,796,000

→ Q = 6,000

∴ 6,000set, 카페라떼 6,000잔

다음을 읽고 물음에 답하시오. [회계사 16]

(주)한국컨설팅은 20x1년 8월 초 첫 3주간에 걸쳐 매주 토요일마다 개인투자자를 대상으로 투자설명회를 기획하고 있다. (주)한국컨설팅은 투자전문기관과의 계약을 통해 강사 및 콘텐츠를 제공받을 계획이며, 3주간 매주 토요일의 투자설명회 개최횟수와 투자전문기관에 대한 보수 지급방법과 관련하여 다음의 4가지 대안을 고려 중이다.

대안	일별 투자설명회 개최횟수	전체 투자설명회와 관련된 투자전문기관에 대한 보수 지급방법
1	오전 1회	고정보수 ₩4,000,000 지급
2	오전 1회	고정보수 ₩1,200,000에 투자설명회 수익총액*의 30%를 가산한 금액 지급
3	오전 1회와 오후 1회	고정보수 ₩5,600,000 지급
4	오전 1회와 오후 1회	고정보수 ₩2,000,000에 투자설명회 수익총액*의 30%를 가산한 금액 지급

* 투자설명회 수익총액 = 1인당 참가비 × 참가인원수

(주)한국컨설팅이 투자전문기관에 지급하는 보수 이외의 기타 예상원가는 다음과 같다.

구분	예상원가
소모성 경비	투자설명회 참가자 1인당 ₩100
지원인력인건비	투자설명회 1회당 ₩520,000
강연장임차료	3일간의 투자설명회에 대해 ₩1,200,000
기타관리비	3일간의 투자설명회에 대해 ₩480,000

(주)한국컨설팅은 현재 기획 중인 3일간의 투자설명회 강연장 확보를 위해 투자설명회 개시 한 달 전에 해지불능 조건으로 임차계약을 체결하여야 한다. 위에서 언급한 지원인력의 업무는 매회의 투자설명회가 끝나게 되면 종료된다.

(주)한국컨설팅이 개최하는 투자설명회 1회당 참가가능인원은 총 1,200명이며 1인당 참가비는 ₩3,000이다. 투자설명회 참가인원수는 다음과 같이 추정되었다. 만약 3주간 매주 토요일마다 매일 1회 오전 투자설명회만 개최하는 경우 참가인원 수는 회당 1,000명으로 예상되며, 매일 2회 투자설명회를 개최하는 경우 오전에는 회당 700명, 오후에는 회당 900명이 참가할 것으로 예상된다.

요구사항

[물음 1] (주)한국컨설팅이 8월 초 첫 3주간에 걸쳐 매주 토요일마다 오전 1회 투자설명회를 개최하기로 투자전문기관과 계약을 체결한다고 하자. 이 경우 (주)한국컨설팅이 전체 투자설명회에 대해 고정보수 ₩4,000,000을 지급하는 방법([대안 1])과 고정보수 ₩1,200,000에 투자설명회 수익총액의 30%를 가산하여 지급하는 방법([대안 2]) 중 어느 보수 지급방법이 (주)한국컨설팅에 유리한지에 대해 설명하시오.

[물음 2] (주)한국컨설팅이 8월 초 첫 3주간에 걸쳐 매주 토요일마다 오전과 오후 2회 투자설명회를 개최하기로 투자전문기관과 계약을 체결한다고 하자. 이 경우 (주)한국컨설팅이 전체 투자설명회에 대해 고정보수 ₩5,600,000을 지급하는 방법([대안 3])과 고정보수 ₩2,000,000에 투자설명회 수익총액의 30%를 가산하여 지급하는 방법([대안 4]) 중 어느 방법을 선택하는지에 관계없이 동일한 수준의 이익을 창출해 주는 참가인원수를 계산하고, 이 인원수를 초과하는 경우 두 보수 지급방법 중 어느 방법이 (주)한국컨설팅에 유리한지를 설명하시오.

[물음 3] (주)한국컨설팅이 8월 초 첫 3주간에 걸쳐 매주 토요일마다 개최하는 투자설명회로부터 예상되는 이익을 극대화하기 위해 위에서 언급한 4가지 대안 중 어느 대안을 선택하여야 하는지를 설명하고, 이 경우 예상되는 최대이익을 계산하시오.

※ (주)한국컨설팅은 위에서 언급한 [대안 4]에 입각하여, 8월 초 첫 3주간에 걸쳐 매주 토요일마다 오전과 오후 2회 투자설명회를 개최하여 전체 투자설명회에 대해 고정보수 ₩2,000,000과 투자설명회 수익총액의 30%를 함께 지급하기로 투자전문기관과 계약을 체결하였다고 가정하고, 아래 [물음 4]와 [물음 5] 각각에 대해 답하시오.

[물음 4] 투자설명회에 참가할 예상인원수는 앞서 추정한 바와 동일하다고 가정한다. 첫 번째 투자설명회는 8월 초 첫째 주 토요일 오전에 개최된다. 투자설명회의 개최횟수는 투자설명회가 열리는 순서로 1회씩 누적되어 계산된다고 할 때, 손익분기점을 달성하기 위한 투자설명회 개최횟수는 몇 회인가? 단, 개최횟수는 오전 투자설명회 몇 회와 오후 투자설명회 몇 회로 제시하시오.

[물음 5] (주)한국컨설팅이 8월 초 첫 3주간에 걸쳐 매주 토요일마다 오전과 오후 2회의 투자설명회를 개최하기로 사전에 확정한 경우, 손익분기점을 달성하기 위한 총참가인원수는 몇 명인가?

(1) 대안별 투자전문기관에 대한 보수지급방법

	3회(3,000명)		6회(4,800명)	
	대안 1	대안 2	대안 3	대안 4
변동원가	–	₩900	–	₩900
고정원가	₩4,000,000	₩1,200,000	₩5,600,000	₩2,000,000

(2) 보수를 제외한 가격과 원가구조

		3회(3,000명)		6회(4,800명)	
		대안 1	대안 2	대안 3	대안 4
가격	(참가비)	₩3,000	₩3,000	₩3,000	₩3,000
변동원가	(소모성 경비)	100	100	100	100
공헌이익		₩2,900	₩2,900	₩2,900	₩2,900
지원인력인건비		₩1,560,000*1	₩1,560,000*1	₩3,120,000	₩3,120,000
강연료임차료		1,200,000	1,200,000	1,200,000	1,200,000
기타관리비		480,000	480,000	480,000	480,000
		₩3,240,000	₩3,240,000	₩4,800,000	₩4,800,000

*1 ₩520,000 × 3회 = ₩1,560,000

(3) 보수를 포함한 가격과 원가구조

		3회(3,000명)		6회(4,800명)	
		대안 1	대안 2	대안 3	대안 4
가격	(참가비)	₩3,000	₩3,000	₩3,000	₩3,000
변동원가	(소모성 경비)	100	100 + 900	100	100 + 900
공헌이익		₩2,900	₩2,000	₩2,900	₩2,000
지원인력인건비		₩1,560,000*2	₩1,560,000*2	₩3,120,000	₩3,120,000
강연료임차료		1,200,000	1,200,000	1,200,000	1,200,000
기타관리비		480,000	480,000	480,000	480,000
고정보수		4,000,000	1,200,000	5,600,000	2,000,000
		₩7,240,000	₩4,440,000	₩10,400,000	₩6,800,000

*2 ₩520,000 × 3회 = ₩1,560,000

(4) [대안 4]를 적용하는 경우 누적횟수에 대한 가격과 원가구조

누적횟수에 회당 지원인력인건비를 곱하여 누적횟수별 지원인력인건비를 계산한다.

		1회 (0~700명)	2회 (701~1,600명)	3회 (1,601~2,300명)	4회 (2,301~3,200명)
가격	(참가비)	₩3,000	₩3,000	₩3,000	₩3,000
변동원가	(소모성 경비)	100 + 900	100 + 900	100 + 900	100 + 900
공헌이익		₩2,000	₩2,000	₩2,000	₩2,000
지원인력인건비		₩520,000[*3]	₩1,040,000	₩1,560,000	₩2,080,000
강연료임차료		1,200,000	1,200,000	1,200,000	1,200,000
기타관리비		480,000	480,000	480,000	480,000
고정보수		2,000,000	2,000,000	2,000,000	2,000,000
		₩4,200,000	₩4,720,000	₩5,240,000	₩5,760,000

[*3] ₩520,000 × 1회 = ₩520,000

[물음 1] 최적대안선택

대안 1: 3,000명 × ₩2,900 − ₩7,240,000 = ₩1,460,000

대안 2: 3,000명 × ₩2,000 − ₩4,440,000 = ₩1,560,000

∴ 대안 2가 유리하다.

[물음 2] 최적대안선택

참가인원수를 Q라 한다.

$Q \times ₩2,900 − ₩10,400,000 = Q \times ₩2,000 − ₩6,800,000$

→ Q = 4,000명

∴ 4,000명을 초과하는 경우 고정원가 비중이 상대적으로 큰 대안 3이 유리하다.

[물음 3] 최적대안선택 및 예상이익

대안 1: 3,000명 × ₩2,900 − ₩7,240,000 = ₩1,460,000

대안 2: 3,000명 × ₩2,000 − ₩4,440,000 = ₩1,560,000

대안 3: 4,800명 × ₩2,900 − ₩10,400,000 = ₩3,520,000

대안 4: 4,800명 × ₩2,000 − ₩6,800,000 = ₩2,800,000

∴ 대안 3을 선택하고, 이때 영업이익은 ₩3,520,000이다.

[물음 4] 손익분기점을 달성하기 위한 투자설명회 개최횟수

손익분기점 참가인원수를 Q라 한다.

1회(0 ~ 700명): Q × ₩2,000 − ₩4,200,000 = 0 → Q = 2,100명(부적합)

2회(701 ~ 1,600명): Q × ₩2,000 − ₩4,720,000 = 0 → Q = 2,360명(부적합)

3회(1,601 ~ 2,300명): Q × ₩2,000 − ₩5,240,000 = 0 → Q = 2,620명(부적합)

4회(2,301 ~ 3,200명): Q × ₩2,000 − ₩5,760,000 = 0 → Q = 2,880명(적합)

5회(3,201 ~ 3,900명): Q × ₩2,000 − ₩6,280,000 = 0 → Q = 3,140명(부적합)

6회(3,901 ~ 4,800명): Q × ₩2,000 − ₩6,800,000 = 0 → Q = 3,400명(부적합)

∴ 손익분기점을 달성하기 위한 투자설명회 개최횟수는 오전 2회, 오후 2회이다.

[물음 5] 손익분기점을 달성하기 위한 총참가인원수

손익분기점 참가인원수를 Q라 한다.

Q × ₩2,000 − (₩520,000 × 6회 + ₩1,200,000 + ₩480,000 + ₩2,000,000) = 0

∴ 손익분기점 총참가인원수는 3,400명이다.

[별해]

매출액	Q × ₩3,000 =	₩3,000Q
변동원가	Q × ₩100 =	(100Q)
	3,000Q × 0.3 =	(900Q)
공헌이익		2,000Q
고정원가	₩520,000 × 6회 =	(3,120,000)
		(1,200,000)
		(480,000)
		(2,000,000)
영업이익		2,000Q − ₩6,800,000 = 0

∴ 2,000Q − ₩6,800,000 = 0 → Q = 3,400명

회계사 · 세무사 · 경영지도사 단번에 합격!
해커스 경영아카데미
cpa.Hackers.com

제11장

관련원가분석

1 서론

01 의의

의사결정(decision making)이란 여러 가지 선택 가능한 대안 중에서 가장 합리적이고 최선의 결과를 가져올 수 있는 대안을 선택하는 과정을 말한다. 의사결정은 수익, 원가 및 판매량에 대한 확실성 여부에 따라 확실성하의 의사결정과 불확실성하의 의사결정으로 구분할 수 있고 확실성하의 의사결정은 다시 기업의 정상영업주기 또는 1년 이내의 기간을 분석대상으로 하는 단기의사결정과 그 기간을 초과하는 장기의사결정으로 구분할 수 있다. 불확실성하의 의사결정은 별도의 장을 통해서 살펴보기로 한다.

의사결정의 체계

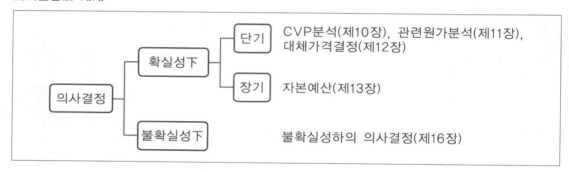

1. 의사결정대상

단기의사결정과 장기의사결정은 여러 가지 면에서 차이를 보이고 있으며 그 중 가장 대표적으로 단기의사결정은 회계적 이익을 의사결정대상으로 하고 장기의사결정은 현금을 의사결정대상으로 하고 있다. 여기서 단기란 일정 수준의 고정원가가 존재하는 시간적 또는 일정 수준의 조업도를 의미한다. 따라서 총원가는 준변동원가로서 일정 수준의 고정원가와 조업도의 증가에 따라 발생하는 변동원가로 구성된다. 또한, 고정원가는 일정 수준을 유지하므로 의사결정에 따라 달라지는 이익은 매출액에서 변동원가를 차감한 공헌이익으로 측정할 수 있다.

> **핵심 Check** 현금
>
> 현금에 대해서는 현금흐름분기점에서 이미 살펴본 바가 있으나 대표적인 장기의사결정인 자본예산(제13장)에서 좀 더 자세하게 살펴보기로 한다.

2. 단기의사결정에서의 자료정리

고정원가는 단기간 일정 수준을 유지하므로 특별한 언급이 없는 한 변동되지 않는다. 따라서 고정원가에 대한 별도의 자료제시가 없는 한 특정 의사결정의 결과로 나타나는 이익은 영업이익이 아닌 공헌이익이므로, 공헌이익에 대한 내용을 쉽게 파악하기 위하여 자료정리가 필요하다.

단위당 판매가격	×××
단위당 변동원가	(×××)
단위당 공헌이익	×××
총고정원가	×××

3. 의사결정과 관련된 수익과 원가

의사결정에 있어서 가장 먼저 파악해야 할 내용은 의사결정으로 인하여 영향을 받는 수익과 원가이며 이를 관련수익과 관련원가라 한다. 따라서 영향을 받지 않는 비관련수익과 비관련원가는 의사결정에 있어서 고려대상이 아니다.

관련성은 일반적으로 다음과 같은 특징을 가지고 있다.

- 의사결정으로 인하여 발생해야 한다.
- 미래에 발생하는 수익과 원가이다.
- 의사결정 전과 후 차이가 있어야 한다.

(1) 관련수익(relevant revenue)
특정 의사결정으로 인하여 판매량이 증가하거나 감소하는 경우 영향을 받는 수익을 말하여 증분수익, 차액수익 등으로 표현할 수 있다.

(2) 관련원가(relevant costs)
특정 의사결정으로 인하여 판매량이 증가하거나 감소하는 경우 영향을 받는 원가를 말하여 증분원가, 차액원가 등으로 표현할 수 있다.
단, 원가의 경우 수익과는 달리 변동원가와 고정원가로 구성되어 있으며, 고정원가의 경우 별도의 자료가 제시되지 않는 한 판매량 변화에 영향을 받지 않으므로 비관련원가로 판단할 수 있다.

핵심 Check 기회원가(opportunity costs)와 매몰원가(sunk costs)

- 기회원가: 특정 대안을 선택할 때 포기하는 것으로 관련원가로 처리한다.
- 매몰원가: 과거에 발생한 원가로 의사결정에 영향을 받지 않아 비관련원가로 처리한다.

02 의사결정방법

의사결정에 있어서 가장 먼저 판단해야 할 내용은 의사결정에 영향을 받는 관련항목을 구분하는 것이다. 관련수익과 관련원가만을 정확하게 구분할 수 있다면 의사결정으로 인한 손익을 쉽고 간편하게 계산할 수 있을 것이다. 그러나 관련항목을 구분하는 것이 어렵거나 비효율적인 경우에는 관련항목과 비관련항목을 모두 고려하여 손익을 계산할 수도 있다.

1. 총액접근법(total approach)

각 대안 간 총수익과 총원가를 모두 고려하여 이익이 가장 큰 대안을 선택하는 방법을 말한다. 즉, 관련항목과 비관련항목을 구분하는 것이 어렵거나 비효율적인 경우에 사용하는 방법이다.

> **참고** 구분하는 것이 어렵거나 비효율적인 경우
>
> - **어려운 경우:** 대안이 세 가지 이상인 상황
> - **비효율적인 경우:** 하나의 변수가 다른 변수에 영향을 주는 상황

(1) 장점

① 대안이 세 가지 이상인 상황에서 사용할 수 있다.
② 관련항목의 구분이 비효율적인 경우 사용할 수 있다.

(2) 단점

① 시간과 비용이 많이 요구된다.
② 의사결정과 무관한 비관련항목까지 분석하게 된다.

2. 증분접근법(incremental approach)

각 대안 간 차이가 있는 수익과 원가만을 고려하여 이익이 가장 큰 대안을 선택하는 방법을 말한다.

(1) 장점

① 절차가 빠르고 간편하다.
② 관련항목만을 고려하여 이해하기 쉽다.

(2) 단점

대안이 세 가지 이상인 경우 사용하기 어렵다.

(주)한국은 단일제품을 대량생산하는 업체로서 생산된 제품은 모두 유통전문회사인 (주)경기에 납품하고 있다. 20×1년 연간 예상포괄손익계산서는 다음과 같다.

매출액	1,000단위 × ₩100 =	₩100,000
변동원가	1,000단위 × ₩80 =	(80,000)
공헌이익		₩20,000
고정원가		(10,000)
영업이익		₩10,000

(주)한국은 최근 다른 유통회사인 (주)서울로부터 연간 1,200단위를 구입하겠다는 제안을 받았다. (주)서울에 납품할 경우 생산량 증가로 인한 설비 도입을 위하여 ₩5,000의 추가비용이 소요될 것으로 예상된다.

요구사항

(주)한국의 경영자의 최적 대안을 결정하시오.

[풀이]

(1) 총액접근법

	(주)경기에 납품하는 경우	(주)서울에 납품하는 경우
매출액	1,000단위 × ₩100 = ₩100,000	1,000단위 × ₩100 = ₩100,000
		200단위 × ₩100 = 20,000
변동원가	1,000단위 × ₩80 = (80,000)	1,000단위 × ₩80 = (80,000)
		200단위 × ₩80 = (16,000)
공헌이익	₩20,000	₩24,000
고정원가	(10,000)	(10,000)
		(5,000)
영업이익	₩10,000	₩9,000

₩1,000 손실

∴ (주)서울에 납품할 경우 ₩1,000의 손실이 발생하므로 (주)경기에 납품한다.

(2) 증분접근법

	(주)경기에 납품하는 경우	(주)서울에 납품하는 경우	증분금액
매출액	1,000단위 × ₩100 = ₩100,000	1,000단위 × ₩100 = ₩100,000	
		200단위 × ₩100 = 20,000	₩20,000
변동원가	1,000단위 × ₩80 = (80,000)	1,000단위 × ₩80 = (80,000)	
		200단위 × ₩80 = (16,000)	(16,000)
공헌이익	₩20,000	₩24,000	
고정원가	(10,000)	(10,000)	
		(5,000)	(5,000)
영업이익	₩10,000	₩9,000	₩(1,000) ≤ 0

따라서, 다음과 같이 분석할 수 있다.

증분수익			
매출 증가	200단위 × ₩100 =		₩20,000
증분비용			
변동원가 증가	200단위 × ₩80 =	16,000	
추가비용 증가		5,000	(21,000)
증분이익			₩(1,000) ≤ 0

∴ (주)서울에 납품할 경우 증분이익이 0보다 작으므로 (주)경기에 납품한다.

03 증분접근법 기본모형

총액접근법과 증분접근법은 고려하는 내용의 차이일 뿐 어떤 방법을 선택하더라도 동일한 결과를 가져온다. 따라서 관련항목만을 고려하여 이익을 산출하는 증분접근법이 일반적으로 널리 활용된다. 증분접근법의 기본모형은 다음과 같다.

증분수익	×××	(수익 + , 수익 −)
증분비용	(−) ×××	(비용 + , 비용 −)
증분손익	×××	

[의사결정]
증분손익 > 0 → 채택
증분손익 < 0 → 기각

2 의사결정유형

01 의의

의사결정절차는 어떤 대안을 선택하는 경우 발생하는 증분수익과 증분비용의 직접 비교를 통하여 증분손익을 기준으로 판단하는 것으로 다음과 같이 크게 세 가지 형태로 구분할 수 있다.

- 예기치 못한 (대량)주문을 수락해야 할지 결정
- 부품이나 일부 제조부문(또는 보조부문)을 직접 생산·운영할지 아니면 구입·의뢰할지 결정
- 수익성 없는 제품라인(종류)을 폐기할지 결정

핵심 Check 원가회계에서 살펴본 의사결정유형

중간제품을 추가가공하여 판매할지 결정(결합원가계산 연산품 추가가공 의사결정)

02 유형별 의사결정 모형

의사결정의 유형은 크게 세 가지 유형으로 구분할 수 있으나 다음 사항은 모든 유형에서 적용될 수 있으므로 기본적으로 숙지하고 있어야 한다.

첫째, 의사결정에는 이익에 유리한 면(수익 + , 비용 -)과 불리한 면(수익 - , 비용 +)이 있다.
　　　따라서 유리한 면과 불리한 면이 무엇인지 파악해야 한다.

둘째, 경영자는 필요한 설비를 초과하는 여유설비를 보유하지 않으려 한다.
　　　따라서 생산을 추가하려면 설비가 있는지 확인해야 한다.

셋째, 경영자는 여유설비가 있는 경우 이를 이용하여 수익을 창출하려고 한다.
　　　따라서 여유설비로 임대수익 또는 타제품 생산에 활용하여 수익을 창출할 수 있다.

넷째, 특별한 언급이 없는 한 변동원가는 관련원가이며 고정원가는 비관련원가이다.
　　　따라서 변동원가와 고정원가에 대한 별도의 언급이 있는지 확인해야 한다.

의사결정 유형별 이익에 유리한 면과 불리한 면을 정리하면 다음과 같다.

		특별주문수락	자가제조 ↔ 외부구입		제품라인폐지
		수락	자가제조	외부구입	폐지
유리한 면	수익(+)	매출 증가			
	비용(−)		구입비용 감소	생산 감소*2	생산 감소
불리한 면	비용(+)	생산 증가	생산 증가*1	구입비용 증가	
	수익(−)				매출 감소

*1 생산 증가: 생산이 증가하면 비용 발생과 설비가 필요하다.
*2 생산 감소: 생산이 감소하면 비용 절감과 여유설비를 확보한다.

1. 특별주문수락 의사결정

특별주문이란 비일상적이고 예상하지 못한 주문을 의미한다. 또한, 대량주문으로 인하여 기존 시장가격에 비하여 할인된 가격을 요구하며 전량을 수락하거나 거절할 수 있어 일부만 수락할 수 없는 경우가 일반적이다.

(1) 유리한 면

매출 증가: 주문수량에 가격을 곱하여 계산한다.

(2) 불리한 면

생산 증가: 비용 증가와 함께 설비가 필요하다.

① 비용 증가: 주문수량에 변동원가를 곱하여 계산한다.

또한, 특별주문에 대해서는 일부 변동원가가 추가되거나 절감될 수 있으며 고정원가에 대한 특별한 언급이 있는지 확인해야 한다.

② 설비 필요: 설비를 확보(구입 또는 임차)하거나 주문수량만큼 기존 판매를 포기한다.

만약, 여유설비가 있었다면 여유설비로 인한 임대수익 또는 타제품 생산에 활용으로 인한 수익을 포기해야 한다.

> **참고** | 여유설비가 없는 경우
>
> 일반적으로 특별주문은 1회성 주문으로 여유설비가 없는 경우 설비를 확보하기 보다는 기존 판매를 포기하는 것이 일반적이다. 또한, 설비를 확보할 수 없고 기존 판매를 포기할 수도 없다면 다른 업체로부터 구입하여 재판매하는 경우도 있다.

특별주문수락모형

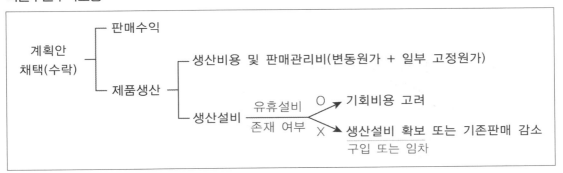

핵심 Check 수락할 경우 고려해야 할 추가사항

- 정규시장에서의 가격 인하 압력
- 기존고객 이탈 가능성

예제 2: 특별주문수락

(주)한국은 단일제품을 대량생산하는 업체로서 20×1년 연간 예상포괄손익계산서는 다음과 같다.

포괄손익계산서

매출액	1,000단위 × ₩100 =		₩100,000
변동원가			
직접재료원가	1,000단위 × ₩50 =	₩50,000	
직접노무원가	1,000단위 × ₩15 =	15,000	
제조간접원가	1,000단위 × ₩10 =	10,000	
판매관리비	1,000단위 × ₩5 =	5,000	(80,000)
공헌이익			₩20,000
고정원가			
제조간접원가		10,000	
판매관리비		5,000	(15,000)
영업이익			₩5,000

최근 새로운 구매업자가 500단위를 단위당 ₩90에 구입하겠다는 제의를 하였다. 추가주문에 대해서는 일부만 수락할 수 없고, 전량을 수락하거나 거절할 수 있다. 다음의 요구사항에 답하시오.

요구사항

❶ 현재 최대생산능력은 연간 1,500단위이다. 다음의 물음에 대하여 특별주문수락 여부를 결정하시오.

(1) 현재 여유생산설비의 활용도가 없는 경우

(2) 현재 여유생산설비를 임대하여 연간 ₩10,000의 임대수익을 얻고 있는 경우

(3) 현재 여유생산설비를 임대하여 연간 ₩10,000의 임대수익을 얻고 있고 특별주문품에 대하여는 단위당 ₩5씩의 추가판매비가 발생하는 경우

❷ 현재 최대생산능력은 연간 1,200단위이다. 다음의 물음에 대하여 특별주문수락 여부를 결정하시오.

(1) 추가생산설비를 구입하거나 임차할 수 없는 경우

(2) 필요한 추가설비를 ₩3,000에 임차할 수 있는 경우

(3) 부족한 수량을 외부로부터 단위당 ₩95에 구입할 수 있는 경우(단, 이 경우 변동판매비와 관리비는 발생하지 않는다)

> 풀이

❶

(1) 현재 여유생산설비의 활용도가 없는 경우

	기존판매(1,000단위)	특별주문(500단위)
단위당 판매가격	₩100	₩90
단위당 변동원가	80	80
단위당 공헌이익	₩20	₩10
고정원가	₩15,000	–

[증분접근법]

증분수익
　매출 증가　　　　　 500단위 × ₩90 = ₩45,000
증분비용
　변동원가 증가　　　 500단위 × ₩80 = (40,000)
증분이익　　　　　　　　　　　　　　 ₩5,000 ≥ 0

∴ 특별주문수락 시 ₩5,000의 이익이 발생하므로 특별주문을 수락한다.

(2) 현재 여유생산설비를 임대하여 연간 ₩10,000의 임대수익을 얻고 있는 경우

	기존판매(1,000단위)	특별주문(500단위)
단위당 판매가격	₩100	₩90
단위당 변동원가	80	80
단위당 공헌이익	₩20	₩10
고정원가	₩15,000	–
임대료수익	10,000	–

[증분접근법]

증분수익

매출 증가	500단위 × ₩90 =	₩45,000
임대료수익 포기		(10,000)　₩35,000

증분비용

변동원가 증가	500단위 × ₩80 =	(40,000)

증분손실　₩(5,000) ≤ 0

∴ 특별주문수락 시 ₩5,000의 손실이 발생하므로 특별주문을 거절한다.

(3) 현재 여유생산설비를 임대하여 연간 ₩10,000의 임대수익을 얻고 있으며, 특별주문품에 대해서는 단위당 ₩5씩의 추가판매비가 발생하는 경우

	기존판매(1,000단위)	특별주문(500단위)
단위당 판매가격	₩100	₩90
단위당 변동원가	80	80 + 5
단위당 공헌이익	₩20	₩5
고정원가	₩15,000	−
임대료수익	10,000	−

[증분접근법]

증분수익

매출 증가	500단위 × ₩90 =	₩45,000
임대료수익 포기		(10,000)　₩35,000

증분비용

변동원가 증가	500단위 × ₩80 =	40,000
판매원가 증가	500단위 × ₩5 =	2,500　(42,500)

증분손실　₩(7,500) ≤ 0

∴ 특별주문수락 시 ₩7,500의 손실이 발생하므로 특별주문을 거절한다.

2

(1) 추가생산설비를 구입하거나 임차할 수 없는 경우

	기존판매(1,000단위)	특별주문(500단위)
단위당 판매가격	₩100	₩90
단위당 변동원가	80	80
단위당 공헌이익	₩20	₩10
고정원가	₩15,000	−
최대생산능력	1,200단위	
현재생산수량	1,000	
여유생산능력	200단위	

∴ 특별주문을 수락하기 위해서는 300단위의 생산능력이 추가로 필요하다.

[증분접근법]

증분수익

| 매출 증가 | 500단위 × ₩90 = | ₩45,000 | |
| 기존매출 감소 | 300단위 × ₩100 = | (30,000) | ₩15,000 |

증분비용

| 변동원가 증가 | 500단위 × ₩80 = | 40,000 | |
| 기존변동원가 감소 | 300단위 × ₩80 = | (24,000) | (16,000) |

증분손실 ₩(1,000) ≤ 0

∴ 특별주문수락 시 ₩1,000의 손실이 발생하므로 특별주문을 거절한다.

(2) 필요한 추가생산설비를 ₩3,000에 임차할 수 있는 경우

	기존판매(1,000단위)	특별주문(500단위)
단위당 판매가격	₩100	₩90
단위당 변동원가	80	80
단위당 공헌이익	₩20	₩10
고정원가	₩15,000	–
추가설비비용	–	₩3,000

[증분접근법]

증분수익

| 매출 증가 | 500단위 × ₩90 = | | ₩45,000 |

증분비용

| 변동원가 증가 | 500단위 × ₩80 = | ₩40,000 | |
| 추가설비비용 | | 3,000 | (43,000) |

증분이익 ₩2,000 ≥ 0

∴ 특별주문수락 시 ₩2,000의 이익이 발생하므로 특별주문을 수락한다.

(3) 부족한 수량은 외부로부터 단위당 ₩95에 구입할 수 있는 경우

	기존판매(1,000단위)	특별주문(500단위)	
		자체생산(200단위)	외부구입(300단위)
단위당 판매가격	₩100	₩90	₩90
단위당 변동원가	80	80	95
단위당 공헌이익	₩20	₩10	₩(5)
고정원가	₩15,000	–	–

[증분접근법]

증분수익

| 매출 증가 | 500단위 × ₩90 = | | ₩45,000 |

증분비용

| 변동원가 증가 | 200단위 × ₩80 = | ₩16,000 | |
| 외부구입비용 | 300단위 × ₩95 = | 28,500 | (44,500) |

증분이익 ₩500 ≥ 0

∴ 특별주문수락 시 ₩500의 이익이 발생하므로 특별주문을 수락한다.

2. 자가제조 또는 외부구입 의사결정

부품이나 일부 제조부문(또는 보조부문)을 자가제조 및 운영하는 경우 지출되는 비용과 외부구입 비용과의 비교를 통하여 총지출을 최소화하는 의사결정을 말한다. 또한, 외부로부터 구입하는 상황에서 자가제조하는 경우에는 비용과 더불어 설비가 필요하며 반대로 자가제조하는 상황에서 외부로부터 구입한다면 더 이상 생산설비가 필요 없어 여유설비로 인해 임대수익이나 타제품 생산에 활용으로 다른 수익을 창출할 수 있다.

(1) 부품의 자가제조 또는 외부구입

1) 외부구입하는 상황에서 자가제조하는 경우

  ① 유리한 면

  구입비용 감소: 기존구입수량에 단가를 곱하여 계산한다.

  ② 불리한 면

  생산 증가: 비용발생과 함께 설비가 필요하다.

  ㉠ 비용 증가: 생산수량에 변동원가를 곱하여 계산한다.

  또한, 고정원가에 대한 특별한 언급이 있는지 확인해야 한다.

  ㉡ 설비필요: 설비를 확보(구입 또는 임차)해야 한다.

  만약, 여유설비가 있었다면 여유설비로 인한 임대수익 또는 타제품 생산에 활용으로 인한 수익을 포기해야 한다.

부품의 자가제조 여부 모형

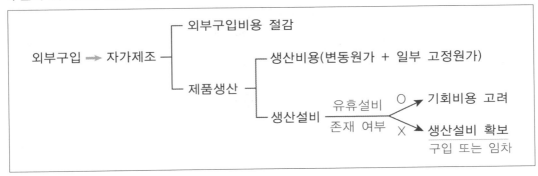

핵심 Check 자가제조하는 경우 고려해야 할 추가사항

- 공급업자와의 유대관계 상실 및 과대투자위험성
- 종업원 증원으로 인한 노사관계

(주)한국은 연간 필요한 부품 1,000단위를 현재 외부공급업자로부터 단위당 ₩120에 구입하고 있다. 회사의 경영자는 필요한 부품 전량을 자체생산하고자 부품 생산 시 예상원가를 다음과 같이 분석하였다.

직접재료원가	1,000단위 × ₩80 =	₩80,000
직접노무원가	1,000단위 × ₩20 =	20,000
제조간접원가		
변동제조간접원가*	₩30,000	
고정제조간접원가	20,000	50,000
		₩150,000

* 변동제조간접원가는 직접노무원가의 150%를 배부한다.

위 자료를 이용하여 다음의 요구사항에 답하시오(단, 고정제조간접원가는 새로 구입할 공장기계의 감가상각비이다).

요구사항

부품생산에 필요한 노동력은 기존인력을 활용할 수 있다. 회사경영자의 최적 대안을 결정하시오.

[풀이]

	자가제조 시 증분제조원가	
직접재료원가		₩80,000
직접노무원가		–
변동제조간접원가	₩20,000 × 150% =	30,000
고정제조간접원가		20,000
합계		₩130,000

[증분접근법] 자가제조 시 증분손익

증분수익			
증분비용			–
변동원가 증가	1,000단위 × ₩110 =	110,000	
고정원가 증가		20,000	
구입원가 감소	1,000단위 × ₩120 =	(120,000)	₩(10,000)
증분손실			₩(10,000) ≤ 0

∴ 자가제조 시 ₩10,000의 손실이 발생하므로 외부 공급업자로부터 구입한다.

2) 자가제조하는 상황에서 외부로부터 구입하는 경우
① 유리한 면
생산 감소: 비용 감소와 여유설비를 확보한다.
㉠ 비용 감소: 기존생산수량에 변동원가를 곱하여 계산한다.
또한, 일부 변동원가가 추가되거나 절감될 수 있으며 고정원가에 대한 특별한 언급이 있는지 확인해야 한다.
㉡ 설비확보: 설비를 확보하면 여유설비로 인한 임대수익 또는 타제품 생산에 활용으로 인한 수익을 창출할 수 있다.
② 불리한 면
구입비용 증가: 구입수량에 단가를 곱하여 계산한다.

부품의 외부구입모형

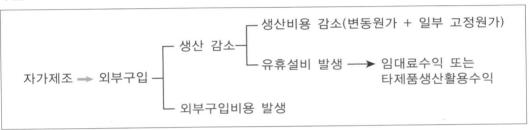

핵심 Check 외부구입하는 경우 고려해야 할 추가사항

• 공급업자의 공급능력이나 품질관리능력
• 종업원 감원으로 인한 노사갈등

예제 4: 부품의 외부구입

(주)한국은 제품생산에 필요한 부품을 모두 자가제조하고 있으며, 당해연도 제품 1,000단위를 생산하는 데 투입된 총제조원가는 다음과 같다.

직접재료원가	1,000단위 × ₩50 =		₩50,000
직접노무원가	1,000단위 × ₩15 =		15,000
제조간접원가			
변동제조간접원가	1,000단위 × ₩10 =	₩10,000	
고정제조간접원가		15,000	25,000
			₩90,000

회사는 외부부품공급업자로부터 제품생산에 필요한 부품 중 일부를 단위당 ₩30에 공급하겠다는 제의를 받았다. 제품 1단위당 부품은 1단위 필요하며 외부로부터 부품을 공급받을 경우 직접재료원가 20%, 직접노무원가 60%, 변동제조간접원가 10%를 절감할 수 있다. 다음의 요구사항에 답하시오.

요구사항

1 외부로부터 공급받을 경우 고정원가 중 설비임차료 ₩5,000을 절감할 수 있다. 회사경영자의 최적 대안을 결정하시오.

2 외부로부터 공급받을 경우 고정원가 중 설비임차료 ₩5,000은 절감할 수 있으며, 여유설비를 임대하여 ₩7,000의 임대료수익을 얻을 수 있다. 회사경영자의 최적 대안을 결정하시오.

3 외부로부터 공급받을 경우 고정원가 중 설비임차료 ₩5,000은 절감할 수 있으며, 여유설비를 활용하여 신제품 500단위를 생산할 수 있다. 신제품의 단위당 판매가격은 ₩50이고 단위당 판매비는 ₩20이다. 회사경영자의 최적 대안을 결정하시오(단, 신제품은 판매비 이외의 어떤 변동원가도 발생하지 않는다).

풀이

1

	단위당 변동제조원가	부품 구입 시 절감액 (부품의 변동제조원가)
직접재료원가	₩50	₩50 × 20% = ₩10
직접노무원가	15	15 × 60% = 9
변동제조간접원가	10	10 × 10% = 1
합계	₩75	₩20

[증분접근법] 외부구입 시 증분손익

증분수익   –

증분비용
외부구입비용   1,000단위 × ₩30 =   30,000
변동원가 감소   1,000단위 × ₩20 =   (20,000)
임차료 감소   (5,000)   ₩(5,000)
증분이익   ₩(5,000) ≤ 0

∴ 외부구입 시 ₩5,000의 손실이 발생하므로 자가제조한다.

2

[증분접근법] 외부구입 시 증분손익

증분수익
임대료수익   ₩7,000

증분비용
외부구입비용   1,000단위 × ₩30 =   30,000
변동원가 감소   1,000단위 × ₩20 =   (20,000)
임차료 감소   (5,000)   (5,000)
증분이익   ₩2,000 ≥ 0

∴ 외부구입 시 ₩2,000의 이익이 발생하므로 외부로부터 공급받는다.

❸

[증분접근법] 외부구입 시 증분손익

증분수익
  신제품매출   500단위 × ₩50 =   ₩25,000

증분비용
  외부구입비용   1,000단위 × ₩30 =   30,000
  신제품판매비   500단위 × ₩20 =   10,000
  변동원가 감소 1,000단위 × ₩20 =   (20,000)
  임차료 감소   (5,000)   (15,000)
증분이익   ₩10,000 ≥ 0

∴ 외부구입 시 ₩10,000의 이익이 발생하므로 외부로부터 구입한다.

(2) 보조부문 외부구입(폐쇄)

보조부문은 제조와 직접적인 관련이 없고 제조부문의 활동을 지원하기 위한 부문으로 식당부, 수선부 및 공장사무부 등이 있다. 회사는 이러한 보조부문을 자가운영하거나 외부로부터 필요한 용역을 공급받을 수 있다. 필요한 용역을 외부로부터 공급받는 경우 기본적인 모형은 부품의 외부구입과 동일하지만 보조부문 간 용역을 주고받는 경우라면 폐쇄하는 보조부문에 제공하는 용역제공비율만큼의 존속하는 보조부문의 변동원가와 용역소비량을 절감할 수 있다.

핵심 Check 보조부문 상호 간 용역을 주고 받는 상황에서 추가 고려사항

- 존속하는 보조부문의 일부 변동원가 절감
- 존속하는 보조부문의 일부 용역소비량

① 유리한 면

  생산 감소: 비용 감소와 여유설비를 확보한다.

  ㉠ 비용 감소: 기존 용역생산에 지출한 변동원가는 절감할 수 있다.

    또한, 존속하는 보조부문의 일부 변동원가가 절감될 수 있으며 고정원가에 대한 특별한 언급이 있는지 확인해야 한다.

  ㉡ 설비확보: 설비를 확보하면 여유설비로 인한 임대수익 또는 타제품 생산에 활용으로 인한 수익을 창출할 수 있다.

② 불리한 면

  구입비용 증가: 용역구입수량에 단가를 곱하여 계산한다. 또한, 상호용역수수관계에 따라 필요한 용역 일부가 감소할 수 있다.

보조부문 폐쇄모형

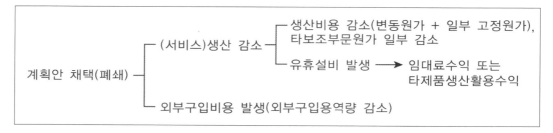

계획안 채택(폐쇄) ─┬─ (서비스)생산 감소 ─┬─ 생산비용 감소(변동원가 + 일부 고정원가), 타보조부문원가 일부 감소
　　　　　　　　　　│　　　　　　　　　　└─ 유휴설비 발생 ──→ 임대료수익 또는 타제품생산활용수익
　　　　　　　　　　└─ 외부구입비용 발생(외부구입용역량 감소)

핵심 Check 보조부문 폐쇄하는 경우 고려해야 할 추가사항

- 공급업자의 공급능력이나 품질관리능력
- 종업원 감원으로 인한 노사갈등

예제 5: 보조부문 폐쇄(I)

(주)한국은 두 개의 보조부문 A(동력부), B(수선부)와 두 개의 제조부문 X, Y가 있다. 각 부문에서 다른 부문에 제공할 연간 예정용역량 및 각 보조부문의 예상원가는 다음과 같다.

		보조부문		제조공정		합계
		A	B	X	Y	
A(동력부)		–	500kwh	200kwh	300kwh	1,000kwh
B(수선부)		40시간	–	40시간	20시간	100시간
발생원가	변동원가	₩10,000	₩20,000			
	고정원가	13,000	35,000			
합계		₩23,000	₩55,000			

회사의 경영자는 필요한 전력을 외부로부터 구입할 것을 고려하고 있다. 동력부문의 변동원가 ₩10,000은 총 1,000kwh를 기준으로 산출된 것이며 고정원가 ₩13,000은 전액 설비의 감가상각비이다.

요구사항

1 외부로부터 필요한 전력을 공급하겠다는 제의를 받았다. 회사가 현재의 생산수준을 유지하기 위해서 구입하여야 하는 전력량을 구하시오.

2 외부로부터 필요한 전력을 kwh당 ₩18에 공급하겠다는 제의를 받았다. 최적 대안을 결정하시오.

3 외부로부터 필요한 전력을 공급받는 경우 여유생산설비를 임대하여 연간 ₩1,000의 임대료수익을 얻을 수 있다고 한다. kwh당 최대지불가능금액을 구하시오.

❶

	보조부문		제조공정		합계
	A	B	X	Y	
A(동력부)	–	0.5	0.2	0.3	100%
B(수선부)	0.4	–	0.4	0.2	100%
발생원가 변동원가	₩10,000	₩20,000			
고정원가	13,000	35,000			
합계	₩23,000	₩55,000			

전력구입량 = 현재필요량 − 현재필요량 × 상호용역수수율
= 1,000kwh − 1,000kwh × 0.5 × 0.4 = 800kwh

❷

[증분접근법] 외부로부터 전력구입 시 증분손익

증분수익 　　　　　　　　　　　　　　　　　　　　　　　 −
증분비용
　구입원가 증가　　　　　800kwh × ₩18 = 　　14,400
　A부문 변동원가 감소　　　　　　　　　　　　(10,000)
　B부문 변동원가 감소　₩20,000 × 0.4 = 　　(8,000)　₩3,600
증분이익　　　　　　　　　　　　　　　　　　　₩3,600 ≥ 0

∴ 외부로부터 전력을 구입 시 ₩3,600의 이익이 발생하므로 외부로부터 필요한 전력을 구입한다.

❸

kwh당 구입가격 = P
[증분접근법] 외부로부터 전력구입 시 증분손익

증분수익
　임대료수익　　　　　　　　　　　　　　　　　　　₩1,000
증분비용
　구입원가 증가　　　　　800kwh × P = 　　　800P
　A부문 변동원가 감소　　　　　　　　　　　　(10,000)
　B부문 변동원가 감소　₩20,000 × 0.4 = 　(8,000)　(800P − ₩18,000)
증분이익　　　　　　　　　　　　　　　　₩19,000 − 800P ≥ 0

∴ 증분이익 ₩19,000 − 800P가 0보다 커야 하므로, P ≤ ₩23.75이다.

(주)한국은 보조부문인 수선부문(A), 전력부문(B)과 제조부문인 X, Y로 구성되어 있다. 보조부문에서 발생하는 변동원가로 수선부문은 시간당 ₩8이며 전력부문은 kwh당 ₩10이다. 보조부문의 용역제공량은 다음과 같다.

구분	수선부문	전력부문	X부문	Y부문	총용역량
수선부문	–	500시간	200시간	300시간	1,000시간
전력부문	200kwh	400kwh	800kwh	600kwh	2,000kwh

요구사항

1 상호배분법을 사용하여 보조부문원가를 제조부문 X, Y에 배분하시오.

2 회사는 전력부문을 폐쇄하고 필요한 전력량을 외부로부터 구입하고자 한다. 외부로부터 kwh당 ₩20에 공급하겠다는 제의를 받았다. 회사는 전력부문을 폐쇄할 경우 해당 설비를 임대하여 임대수익을 얻을 수 있다. 최소임대수익을 구하시오.

[풀이]

(1) 부문별 원가
    수선부문(A): 1,000시간 × ₩8 = ₩8,000
    전력부문(B): 2,000kwh × ₩10 = ₩20,000

(2) 자가소비용역 제거 후 용역제공비율
    전력부문이 소비하는 전력량 400kwh를 제거한 총 1,600kwh를 기준으로 비율로 환산하면 다음과 같다.

구분	수선부문	전력부문	X부문	Y부문	총용역량
수선부문	–	50%	20%	30%	100%
전력부문	12.5%	–	50%	37.5%	100%

1 보조부문원가 배분

(1) 배분할 원가

수선부문(A) = ₩8,000 + 0.125 × B

전력부문(B) = ₩20,000 + 0.5 × A

A = ₩8,000 + 0.125 × (₩20,000 + 0.5 × A)

$\quad$ = ₩8,000 + ₩2,500 + 0.0625A

→ A = ₩11,200

B = ₩20,000 + 0.5 × ₩11,200

→ B = ₩25,600

(2) 보조부문원가 배분

구분	보조부문		제조부문	
	A	B	X	Y
A	–	0.5	0.2	0.3
B	0.125	–	0.5	0.375
배분 전 원가	₩8,000	₩20,000	–	–
A	(11,200)	5,600	₩2,240	₩3,360
B	3,200	(25,600)	12,800	9,600
배분 후 원가	–	–	₩15,040	₩12,960

2 최소임대수익

(1) 전력부문을 폐쇄하는 경우 절감액

전력부문의 변동원가 + 수선부문의 변동원가 × 0.5

= ₩20,000 + ₩8,000 × 0.5 = ₩24,000

(2) 전력구입량

현재 필요량 – 자가소비수량 – 상호용역수수량

= 2,000kwh – 400kwh – 200kwh × 0.5 = 1,500kwh

(3) 최소임대수익(x)

증분수익	임대수익	x
증분비용	변동제조원가 절감액	₩(24,000)
	외부구입비용	1,500kwh × ₩20 = 30,000
증분이익		$x - ₩6,000 ≥ ₩0$

∴ 최소임대수익(x) = ₩6,000

3. 제품라인폐지 의사결정

제품라인이란 특정 제품의 생산과정을 의미하며 수익성이 없는 제품은 생산을 중단할지 여부를 판단해야 한다. 여러 제품들 중에서 어느 하나의 제품생산을 중단하는 경우 총고정원가에서 해당 제품에 직접 추적할 수 있는 고정원가를 구분하는 것이 매우 중요하다. 왜냐하면 여러 제품에 공통으로 발생하는 고정원가는 회피불가능하지만 특정 제품에 직접 추적할 수 있는 고정원가는 경우에 따라서 회피가능하기 때문이다.

고정원가의 추적가능에 대한 일반적인 구분은 다음과 같다.

추적가능 고정원가	추적불가능 고정원가
• 특정 생산라인의 감독자급여	• 본사 사무직 급여 및 사무비용
• 특정 제품의 광고선전비	• 기업 전체의 광고선전비

① 유리한 면

생산 감소: 비용 감소와 여유설비를 확보한다.

㉠ 비용 감소: 기존생산수량에 변동원가를 곱하여 계산한다.

또한, 일부 변동원가가 추가되거나 절감될 수 있으며 고정원가에 대한 특별한 언급이 있는지 확인해야 한다.

㉡ 설비확보: 설비를 확보하면 여유설비로 인한 임대수익 또는 타제품 생산에 활용으로 인한 수익을 창출할 수 있다.

② 불리한 면

매출 감소: 기존판매수량에 가격을 곱하여 계산한다. 또한, 제품믹스효과로 인하여 타제품의 매출액이 감소할 수 있다.

핵심 Check 제품믹스(product mix)효과

제품믹스란 특징이나 용도가 비슷한 제품의 집단을 말하며, 어느 한 제품의 판매를 중단하는 경우 다른 제품 판매량에 영향을 미칠 수 있다.

제품라인폐지모형

제품라인폐지의 경우 고려해야 할 추가사항

- 제품믹스효과로 인한 타제품에 미치는 영향
- 기업이미지에 미치는 영향

예제 7: 제품라인폐지

(주)한국은 A, B, C, D의 네 가지 제품을 생산 및 판매하고 있다. 당해연도 제품별 예상손익은 다음과 같다.

	A	B	C	D	합계
매출액	₩3,000	₩2,800	₩1,500	₩2,700	₩10,000
변동원가	(2,250)	(1,960)	(900)	(2,160)	(7,270)
공헌이익	₩750	₩840	₩600	₩540	₩2,730
고정원가	(800)	(630)	(550)	(370)	(2,350)
영업이익	₩(50)	₩210	₩50	₩170	₩380

회사의 경영자는 현재 손실이 발생하는 제품 A에 대하여 생산을 중단할 것을 고려하고 있다. 다음의 요구사항에 답하시오.

요구사항

1 고정원가 중 본사에서 배부된 ₩1,000은 각 제품의 매출액에 비례하여 배부되어 있다. 이 금액은 회사 전체의 광고비로서 제품생산을 중단하여도 회피할 수 없는 비용이다. 나머지 고정원가는 제품생산을 중단할 경우 회피가능하다. 제품 A에 대한 최적 대안을 결정하시오.

2 고정원가 중 본사에서 배부된 ₩1,000은 각 제품의 매출액에 비례하여 배부되어 있다. 이 금액은 회사 전체의 광고비로서 제품생산을 중단하여도 회피할 수 없는 비용이다. 나머지 고정원가는 제품생산을 중단할 경우 회피가능하다. 또한, 제품 A를 폐지할 경우 여유설비를 활용하여 제품 C 생산에 활용하면 제품 C의 판매량을 50%만큼 증가시킬 수 있다. 최적 대안을 결정하시오.

❶

	A	B	C	D	합계
매출액	₩3,000	₩2,800	₩1,500	₩2,700	₩10,000
변동원가	(2,250)	(1,960)	(900)	(2,160)	(7,270)
공헌이익	₩750	₩840	₩600	₩540	₩2,730
고정원가					
회피가능	(500)	(350)	(400)	(100)	(1,350)
회피불능[*1]	(300)	(280)	(150)	(270)	(1,000)
영업이익	₩(50)	₩210	₩50	₩170	₩380

*1 본사배부액

  A : B : C : D = ₩3,000 : ₩2,800 : ₩1,500 : ₩2,700

  배부율 = ₩1,000 ÷ ₩10,000 = ₩0.1

[증분접근법] 제품 A 생산 중단 시 증분손익

증분수익		
매출 감소	₩(3,000)	₩(3,000)
증분비용		
변동원가 감소	(2,250)	
고정원가 감소	(500)	₩2,750
증분손실		₩(250) ≤ 0

∴ 제품 A 생산 중단 시 ₩250의 손실이 발생하므로 제품 A를 계속 생산한다.

❷

[증분접근법] 제품 A 생산 중단 시 증분손익

증분수익		
제품 C 공헌		
이익 증가[*2]	300	
매출 감소	(3,000)	₩(2,700)
증분비용		
변동원가 감소	(2,250)	
고정원가 감소	(500)	2,750
증분이익		₩50 ≥ 0

*2 ₩1,500 × 0.5 × 0.4(공헌이익률) = ₩300

∴ 제품 A 생산 중단 시 ₩50의 이익이 발생하므로 제품 A를 생산 중단한다.

3 제한된 상황에서의 의사결정

01 의의

회사는 이익을 높이는 것이 목적이므로 가능한 판매량을 증가시키려고 한다. 그러나 판매량 증가는 생산량 증가로 이어져 원가 상승과 설비투자가 필요하고 판매가 보장되지 않은 생산량은 재고가 되기 때문에 가능한 외부시장수요에 대응할 수 있는 수준의 설비를 보유하는 것이 중요하다. 지금까지는 회사가 외부수요량에 근거한 적정 생산설비를 보유하고 있는 상황에서의 의사결정을 살펴보았다. 그러나 생산에 필요한 자원 또는 일부 공정의 생산능력이 충분하지 않다면 제한된 상황하에서 이익을 극대화할 수 있는 방법을 찾아야 한다.

02 의사결정방법

제한된 상황에서의 의사결정은 지금까지 살펴본 의사결정모형에 몇 가지 내용을 추가하면 된다. 제한된 상황은 다음의 두 가지 상황을 말한다.

- 생산에 필요한 자원에 제약이 있는 상황
- 일부 공정의 생산능력에 제약이 있는 상황

1. 자원에 제약이 있는 상황

회사가 여러 가지의 제품을 생산한다면 가능한 이익이 큰 제품을 우선하여 무한정 생산·판매할 것이다. 그러나 사용할 수 있는 자원에 제약이 있다면 사용 가능한 한도 내에서 회사 전체 이익극대화를 위하여 최대한 효과적으로 배분해야 한다. 제한된 자원이 하나인 경우와 복수인 경우를 각각 구분하여 살펴보기로 한다.

(1) 단일 제약자원

제한된 자원이 하나인 경우에는 제품별로 제한된 자원당 (공헌)이익을 계산한 후 제한된 자원당 (공헌)이익이 큰 제품부터 순차적으로 생산한다.

$$제한된~자원당~공헌이익 = \frac{단위당~공헌이익}{단위당~소비되는~제한된~자원}$$

(주)한국은 두 제품 A, B를 생산 및 판매하고 있다. 두 제품에 대한 수익 및 원가자료는 다음과 같다.

	A	B
단위당 판매가격	₩100	₩200
단위당 변동원가	70	160
단위당 공헌이익	₩30	₩40
공헌이익률	30%	20%

회사의 총고정원가는 ₩3,000이며, 활용가능한 기계시간은 140시간이다. 각 제품별 생산에 필요한 기계시간은 각각 1시간, 2시간이다.

요구사항

1 총판매량이 200단위로 제한된 경우 회사 전체의 이익을 극대화하기 위해서 생산·판매하여야 하는 제품을 선택하시오(단, 기계시간은 고려하지 마시오).

2 목표매출액이 ₩60,000일 경우 회사 전체의 이익을 극대화하기 위해서 생산·판매하여야 하는 제품을 선택하시오(단, 기계시간은 고려하지 마시오).

3 각 제품별로 외부시장수요가 무한하다면 회사 전체의 이익을 극대화하기 위해서 생산·판매하여야 하는 제품을 선택하시오.

4 각 제품별 외부시장수요가 각각 100단위일 경우 회사 전체의 이익을 극대화하기 위한 최적 생산배합을 구하시오.

풀이

1

200단위 제품을 생산·판매하였을 경우 각 제품별 총공헌이익은 다음과 같다.

제품 A: 200단위 × ₩30 = ₩6,000

제품 B: 200단위 × ₩40 = ₩8,000

그러므로 제품 B를 생산·판매하여야 한다.

2

₩60,000의 매출액을 달성하였을 경우 각 제품별 총공헌이익은 다음과 같다.

제품 A: ₩60,000 × 0.3 = ₩18,000

제품 B: ₩60,000 × 0.2 = ₩12,000

그러므로 제품 A를 생산·판매하여야 한다.

3

	A	B
단위당 공헌이익	₩30	₩40
기계시간	÷ 1시간	÷ 2시간 ≤ 140시간
기계시간당 공헌이익	₩30	₩20
생산우선순위	①	②

→ 제품 A를 우선적으로 생산하여야 한다.

제품 A의 기계시간당 공헌이익이 크기 때문에 140시간으로 모두 제품 A를 생산한다.

∴ 제품 A 생산량은 140시간 ÷ 1시간 = 140단위이다.

4

우선순위	생산량	필요기계시간	누적소요시간
① A	100단위	100단위 × 1시간 = 100시간	100시간
② B	20	20단위 × 2시간 = 40시간	40시간
			140시간

∴ 제품 A와 제품 B의 생산량은 각각 100단위, 20단위이다.

예제 9: 단일 제약요인[특별주문수락 의사결정]

(주)한국은 제품 A와 B를 생산하며 제품별 판매가격과 제조원가는 다음과 같다.

제품 A 한 단위 생산에 0.1시간의 기계시간이 소요되며, 제품 B 한 단위 생산에 0.05시간의 기계시간이 소요된다. 연간 총 이용가능한 시간은 2,500기계시간이다.

	제품 A	제품 B
단위당 판매가격	₩50	₩40
단위당 변동원가	30	25
단위당 고정원가	10	10
연간 예상수요량	15,000단위	25,000단위

요구사항

1 제품 A와 제품 B를 모두 생산할 수 있는 기계시간을 구하시오.

2 이익극대화를 위한 연간 제품별 최적 생산량을 구하시오.

3 외부에서 제품 A를 단위당 ₩45의 가격으로 총 1,000단위를 구입하겠다는 제안을 받았다. 수락 여부를 결정하시오.

(1) 필요한 총기계시간

제품 A	15,000단위 × 0.1시간 =	1,500시간	
제품 B	25,000단위 × 0.05시간 =	1,250시간	
		2,750시간	

(2) 제품별 기계시간당 공헌이익

기계시간이 제한되어 있으므로 공헌이익을 단위당 기계시간으로 나누어 기계시간당 공헌이익을 계산한다.

	제품 A	제품 B
단위당 판매가격	₩50	₩40
단위당 변동원가	30	25
단위당 공헌이익	₩20	₩15
단위당 기계시간	÷ 0.1시간	÷ 0.05시간
기계시간당 공헌이익	₩200시간	₩300시간
우선순위	2순위	1순위

(3) 최적 생산계획

제품 B를 우선 생산하고 남은 기계시간을 활용하여 제품 A를 생산한다.

1순위	제품 B	25,000단위 × 0.05시간 =	1,250시간	
2순위	제품 A	12,500단위 × 0.1시간 =	1,250시간	
			2,500시간	

(4) 특별주문에 필요한 기계시간과 기회비용

부족한 시간을 위해 우선순위가 낮은 제품 A 생산량 일부를 포기해야 한다.
- 필요한 기계시간: 1,000단위 × 0.1시간 = 100기계시간
- 제품 A 생산포기: 100기계시간 ÷ 0.1시간 = 1,000단위

❶ 필요 기계시간

필요한 총 기계시간은 2,750시간이다.

❷ 제품별 최적 생산계획

제품 A 12,500단위와 제품 B 25,000단위이다.

❸ 특별주문수락 의사결정

증분수익	매출	1,000단위 × ₩45 =	₩45,000
증분비용	변동제조원가	1,000단위 × ₩30 =	30,000
	제품 A 포기 공헌이익 감소	1,000단위 × ₩20 =	20,000
증분손익			₩(5,000) ≤ 0

∴ 증분손실이 발생하므로 주문을 거절한다.

(2) 복수 제약자원

제한된 자원이 복수인 경우에는 제한된 자원별로 우선순위가 달라질 수 있다. 따라서 도해법이라는 별도의 방법을 사용하여 제품별 최적 생산량을 산출할 수 있다.

> **핵심 Check** 도해법(graphical solution)
>
> 제약요인이 복수인 경우 최적 해를 찾는 방법을 선형계획법(linear programming)이라고 한다. 이 중 평면상에서 실행가능영역을 구하여 최적 해를 찾는 방법을 도해법이라 한다.

도해법에 의한 최적 해 도출 절차는 다음과 같다.

[1단계] 목적함수의 결정

[2단계] 제약조건의 구체화

[3단계] 실행가능영역의 도해

[4단계] 최적 해의 계산

또한, 목적함수에 따라 최대화 문제와 최소화 문제로 구분할 수 있다.

도해법

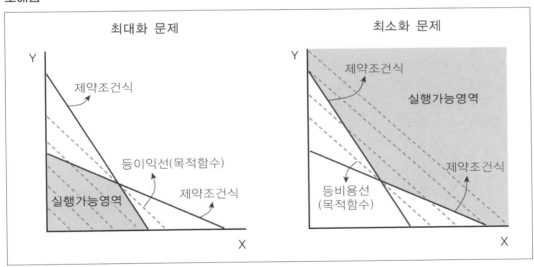

> **핵심 Check** 최소화 문제
>
> 제한된 조건이 복수인 경우 원가를 최소화할 수 있는 최적 투입배합결정에 활용된다.

(주)한국은 두 제품 A, B를 생산 및 판매하고 있다. 두 제품에 대한 수익 및 원가자료는 다음과 같다.

	A	B
단위당 판매가격	₩100	₩200
단위당 변동원가	70	160
단위당 공헌이익	₩30	₩40
소요기계시간	1h	2h
소요재료	2kg	1kg

회사의 총고정원가는 ₩3,000이며, 활용가능한 기계시간과 재료량은 각각 140시간, 130kg 이다(단, 각 제품별 외부수요는 무한하다).

요구사항

회사 전체의 총공헌이익을 극대화하기 위한 최적 생산배합을 구하시오.

[풀이]

(1) 목적함수 설정 및 제약조건의 구체화

목적함수(Max)   ₩30A + ₩40B

제약조건

기계시간	1A +	2B ≤ 140h	⇒ ①
재료	2A +	1B ≤ 130kg	⇒ ②
비부조건	A,	B ≥ 0	

(2) 실행가능영역 도해

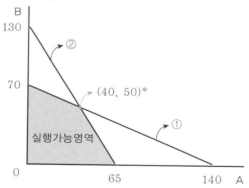

```
*  ① 1A + 2B = 140
   ② 2A + 1B = 130
   → ① × 2 − ②
   →      2A + 4B = 280
     (−)  2A + 1B = 130
          ───────────────
               3B = 150  → B = 50
   ∴ A = 40, B = 50
```

(3) 최적 해 도출

    (0, 70): Z = ₩30 × 0 + ₩40 × 70 = ₩2,800

    (40, 50): Z = ₩30 × 40 + ₩40 × 50 = ₩3,200

    (65, 0): Z = ₩30 × 65 + ₩40 × 0 = ₩1,950

    ∴ 제품생산배합(40, 50)일 때, 최대공헌이익이 ₩3,200이다.

예제 11: 복수 제약요인(II)

(주)한국은 제품 A와 B를 생산하며 외부시장수요는 무한하다. 제품별 판매가격과 변동원가는 다음과 같다.

	제품 A	제품 B
단위당 판매가격	₩1,000	₩800
단위당 변동원가	600	500
월간 고정원가	100,000	100,000

제품 A와 B는 절삭공정과 조립공정을 거친 후 제품 B는 그 상태로 판매가능하지만 제품 A는 포장공정에서 추가가공 후 판매된다. 각 공정별 일일 최대사용가능시간과 단위당 가공시간은 다음과 같다.

	제품 A	제품 B	최대사용가능시간
절삭공정	1시간	3시간	60시간
조립공정	1	2	50
포장공정	2	–	80

요구사항

이익극대화를 위한 일일 제품별 최적 생산량을 구하시오.

[풀이]

- 제품별 공헌이익

	제품 A	제품 B
단위당 판매가격	₩1,000	₩800
단위당 변동원가	600	500
단위당 공헌이익	₩400	₩300

- 도해법

[1단계] 목적함수(Max)

     ₩400 × A + ₩300 × B

[2단계] 제약조건

     절삭공정 1 × A + 3 × B ≤ 60시간

     조립공정 1 × A + 2 × B ≤ 50시간

     포장공정 2 × A   ≤ 80시간

     A, B ≥ 0

[3단계] 실행가능영역

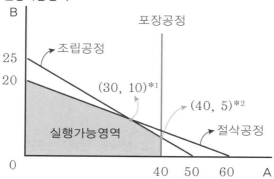

   *1 ① 1A + 3B = 60

     ② 1A + 2B = 50

     → ① − ②

     →   1A + 3B = 60

       (−) 1A + 2B = 50

                    B = 10

     ∴ A = 30, B = 10

   *2 ② 1A + 2B = 50

     ③ 2A = 80

     ∴ A = 40, B = 5

[4단계] 최적 해

     (40, 0): ₩400 × 40 + ₩300 × 0 = ₩16,000

     (40, 5): ₩400 × 40 + ₩300 × 5 = ₩17,500(*)

     (30, 10): ₩400 × 30 + ₩300 × 10 = ₩15,000

     (0, 20): ₩400 × 0 + ₩300 × 20 = ₩6,000

∴ 일일 최적 생산량은 제품 A 40단위, 제품 B 5단위이다.

(3) 투입배합의 결정

제품생산에 필요한 원재료가 여러 가지일 경우 배합비율에 따른 원가를 분석하여 총원가를 최소화하는 최적 투입배합을 결정하여야 한다.

예제 12: 단일 제약요인(투입배합 결정)

(주)한국은 한우를 사용하여 최고급 떡갈비를 생산한다. 떡갈비 1인분에는 최소한 1,000g의 살코기가 포함되어 있어야 하며, 사용할 수 있는 부위는 안심과 등심이다. 안심 1kg에는 500g의 살코기가 포함되어 있으며, 등심 1kg에는 750g의 살코기가 포함되어 있다. 안심과 등심의 kg당 가격은 각각 ₩100,000, ₩112,500이다.

요구사항

❶ 떡갈비의 원가를 최소화하기 위하여 사용할 부위를 선택하시오.
❷ 떡갈비 1인분에는 최소한 안심이 30% 이상 함유되어야 할 경우 떡갈비 1인분의 최소원가를 산출하시오.

풀이

❶

	안심	등심
kg당 가격	₩100,000	₩112,500
kg당 살코기	÷500g	÷750g
살코기 1g당 가격	₩200	₩150

∴ 살코기 1g당 가격이 낮은 등심을 선택하여야 한다.

❷

등심의 살코기 1g당 원가가 작으므로 안심은 최소필요량만큼만 사용한다.

투입순서	살코기 투입량	원가	
① 안심	1,000g × 0.3 = 300g	300g × ₩200 =	₩60,000
② 등심	1,000g × 0.7 = 700g	700g × ₩150 =	105,000
			₩165,000

(주)한국은 두 가지 재료 A(안심)와 B(등심)를 사용하여 떡갈비를 생산·판매하고 있다. 두 원료의 살코기에는 영양소 비타민 X와 Y를 함유하고 있으며 살코기 1g당 영양소는 다음과 같다.

영양소	살코기 1g당 영양소		최소필요량
	A	B	
X	1mg	2mg	120mg
Y	2mg	1mg	150mg

요구사항

영양소의 최소필요량을 충족하면서 총비용최소화를 달성할 수 있는 X와 Y의 최적 투입배합을 구하시오(단, 살코기 1g당 원가는 A와 B, 각각 ₩200/g, ₩150/g이다).

[풀이]

(1) 목적함수 설정 및 제약조건의 구체화

	A	B
목적함수(Min)	₩200A +	₩150B
제약조건		
X	1A +	2B ≥ 120mg ⇒ ①
Y	2A +	1B ≥ 150mg ⇒ ②
비부조건	A,	B ≥ 0

(2) 실행가능영역 도해

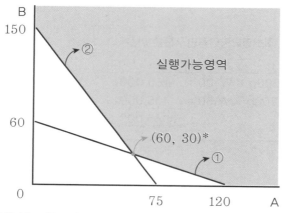

* ① 1A + 2B = 120
② 2A + 1B = 150
→ ① × 2 − ②
→   2A + 4B = 240
(−) 2A + 1B = 150
         3B = 90 → B = 30
∴ A = 60, B = 30

(3) 최적 해 도출

    (0, 150): Z = ₩200 × 0 + ₩150 × 150 = ₩22,500

    (60, 30): Z = ₩200 × 60 + ₩150 × 30 = ₩16,500(*)

    (120, 0): Z = ₩200 × 120 + ₩150 × 0 = ₩24,000

∴ 제품생산배합(60, 30)이며 이때의 총비용은 ₩16,500이다.

2. 생산능력에 제약이 있는 상황(제약이론)

모든 생산라인이 효율적으로 진행이 되려면 공정 간 원활한 흐름이 보다 중요하다. 개별공정의 생산성을 강조하다 보면 일부공정의 자원 제약으로 인하여 병목(bottleneck)이 발생할 수 있다. 제약이론(theory of constraints)은 이러한 병목이 발생하는 공정을 파악하여 병목현상을 완화 및 개선하여 산출량(throughput)을 극대화하는 이론이다.

병목과 산출량(throughput)

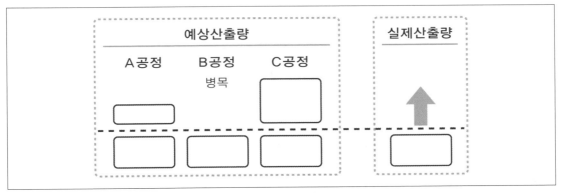

(1) 기본개념

① 스루풋(throughput): 일정 기간 내 처리량을 의미하는 네트워크상 데이터 전송 처리량을 말한다. 제약이론에서의 스루풋은 산출량을 의미하는 것으로 산출량으로 인한 이익의 증가분으로 나타난다. 이러한 산출량으로 인한 이익을 스루풋공헌이익(또는 재료처리량 공헌이익, 현금창출공헌이익)이라 한다.

> **스루풋공헌이익 = 매출액 − 직접재료원가**

② 운영비용(operating costs): 스루풋을 높이기 위해서 지출되는 것으로 직접재료원가를 제외한 나머지 제조원가와 판매관리비를 말한다.

③ 투자금액(investment): 생산설비, 비품 및 건물인 유형자산뿐만 아니라 원재료, 재공품, 제품 등 재고자산도 포함한다.

즉, 제약이론에서는 직접재료원가만을 변동원가로 간주하고 나머지 제조원가는 모두 고정원가로 처리하는 초변동원가계산을 사용하고 있다. 따라서 운영비용과 투자금액을 절감하고 스루풋공헌이익을 증가시켜 기업 전체의 성과를 극대화하는 데 그 목적이 있다.

(2) 적용절차

제약이론은 단기적으로 제약요인을 해결하여 산출물을 증대하면서 장기적으로 공정 전과정을 효과적으로 운영할 수 있도록 다음 5단계의 절차를 제시하고 있다.

[1단계] 제약요인 파악

전체 공정흐름에서 제약(병목)을 유발시키는 공정을 파악한다.

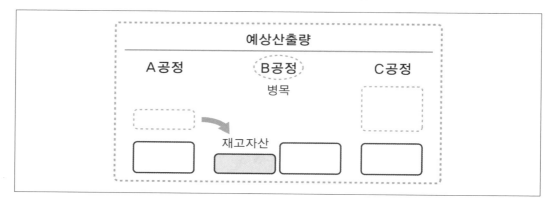

[2단계] 개선할 수 있는 방법 선택

최대한 제약을 개선할 수 있는 방법을 찾아낸다.

핵심 Check 개선방안

- 단기: 타 공정의 여유설비를 활용, 외부업체의 가공능력이나 공급능력 활용
- 장기: 생산설비 확충

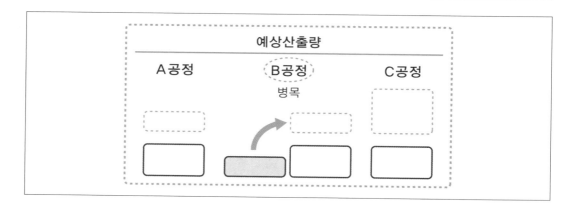

[3단계] 모든 공정은 병목공정 개선을 위해 노력

개선방안이 결정되면 모든 자원을 병목공정에 집중한다.

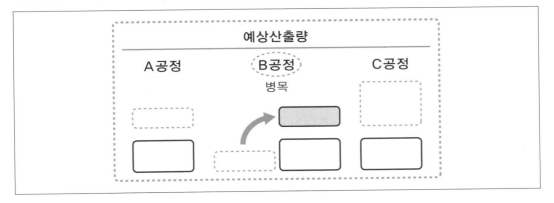

[4단계] 제약요건 개선으로 생산성 향상

제약요인 개선능력 강화로 최종산출물 향상에 기여한다.

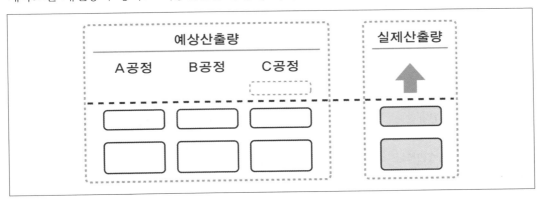

[5단계] 다른 제약요인를 파악

제약요인이 해결되면 1단계로 돌아가 다른 제약요인이 있는지를 파악하고 개선절차를 수행한다.

> **예제 14: 제약이론**
>
> (주)한국은 염색부문과 인쇄부문 등 2개의 부문에서 여성복 옷감을 만들고 있다. 회사의 유일한 변동원가는 직접재료원가이다. 회사는 생산된 모든 제품을 단위당 ₩1,300의 가격으로 옷감 도매상에 판매하고 있다.
>
> | | 염색부문 | 인쇄부문 |
> |---|---|---|
> | 월간 생산능력 | 10,000단위 | 12,000단위 |
> | 월간 생산량 | 9,000단위 | 8,280단위 |
> | 단위당 직접재료원가(공정 초기 투입) | ₩400 | ₩150 |
> | 고정운영원가 | ₩1,500,000 | ₩850,000 |

염색부문에서 착수된 10,000단위 중에서 1,000단위(10%)는 작업폐물이 된다. 또한, 염색부문에서 완성된 중간제품은 인쇄부문에 대체되며 인쇄부문에서 착수한 9,000단위 중에서 720단위(8%)는 작업폐물이 되어 폐기된다(단, 작업폐물은 각 부문 종료시점에 발생한다).

요구사항

1 인쇄부문은 외부업체로부터 단위당 ₩900의 가격으로 2,000단위의 중간제품을 구입하고자 한다. 구입한 제품의 8%는 작업폐물이 될 것으로 예상하고 있다. 인쇄부문의 중간제품의 구입의사결정을 하시오.

2 회사는 인쇄공정에서의 작업폐물비율을 50% 만큼 줄일 수 있는 기술을 개발하였다. 새로운 기술을 도입할 경우 ₩400,000의 추가비용이 소요된다. 신기술 도입 여부에 대한 의사결정을 하시오.

3 회사는 염색부문의 작업폐물을 50% 만큼 줄일 수 있는 기술을 개발하였다. 새로운 기술을 도입할 경우 ₩500,000의 추가비용이 소요된다. 신기술 도입 여부에 대한 의사결정을 하시오.

⎡ **풀이** ⎤

1

증분수익
  매출 증가   2,000단위 × 0.92 × ₩1,300 =   ₩2,392,000
증분비용
  구입비용   2,000단위 × ₩900 =   ₩1,800,000
  인쇄부문 변동원가   2,000단위 × ₩150 =   300,000   (2,100,000)
증분이익   ₩292,000 ≥ 0
∴ 중간제품을 구입한다.

2

증분수익
  매출 증가   720단위 × 0.5 × ₩1,300 =   ₩468,000
증분비용
  도입비용   (400,000)
증분이익   ₩68,000 ≥ 0
∴ 신기술을 도입한다.

3

증분수익
  매출 증가   1,000단위 × 0.5 × 0.92 × ₩1,300 =   ₩598,000
증분비용
  인쇄부문 변동원가   1,000단위 × 0.5 × ₩150 =   ₩75,000
  도입비용   500,000   (575,000)
증분이익   ₩23,000 ≥ 0
∴ 신기술을 도입한다.

제11장 | 객관식 문제

01 한국 복사집의 복사능력은 시간당 1,800부이다. 준비시간 및 용지 재공급시간으로 인해 하루 실가동시간은 7시간이다. 대학 주변에는 난립되어 있는 복사집들 간의 경쟁이 극심한 편이다. 따라서 고객이 원하는 시간 준수는 필수사항이다. 이 복사집의 1일 복사수요량은 10,000부이다. 가격은 1부당 ₩40이고, 총변동원가는 ₩16이다. 그런데 한 고객이 하루의 업무시작시점에 찾아와서 5,000부의 복사물을 업무마감시간까지 1부당 ₩32에 복사해 달라고 요구하였다. 이 특별주문의 수락 또는 기각 여부와 관련하여 예상되는 순이익의 효과는? [세무사 01]

① 수락하는 경우와 기각하는 경우에 순이익의 차이는 없다.
② 수락하는 경우가 ₩62,400의 순이익이 작다.
③ 수락하는 경우가 ₩62,400의 순이익이 크다.
④ 수락하는 경우가 ₩22,400의 순이익이 작다.
⑤ 수락하는 경우가 ₩22,400의 순이익이 크다.

02 (주)부산은 자체제조공정에 사용되는 부품 A를 20,000단위 제조하고 있다. 부품 A의 단위당 원가는 다음과 같다.

직접재료원가	₩6
직접노무원가	30
변동제조간접원가	12
고정제조간접원가	16
	₩64

신세계회사는 (주)부산에게 이 부품을 단위당 ₩60에 20,000단위를 판매하겠다는 제의를 했다. (주)부산은 ₩25,000의 절약을 가져올 수 있다면 이 부품을 구입하기로 했다. (주)부산이 신세계회사의 제의를 수락하면 단위당 ₩9의 고정제조간접원가가 절약될 것이다. 더욱이 (주)부산이 이 제의를 받아들임으로써 생기는 여유설비는 부품 H의 제조에 사용되어 일부원가의 절감이 기대된다. 전체적으로 ₩25,000을 절약하기 위해서 부품 H의 제조에 여유설비를 사용함에 따라 절약되어야 할 원가는 얼마인가?

① ₩90,000   ② ₩250,000   ③ ₩85,000
④ ₩78,000   ⑤ ₩145,000

03 (주)서울은 두 개의 제조부문(P1, P2)과 두 개의 보조부문(S1, S2)으로 운영된다. 회사는 직접배부법을 이용하여 보조부문원가를 제조부문에 배부하고 있으며, 각 보조부문의 용역제공비율은 다음과 같았다.

보조부문	제조부문		보조부문	
	P1	P2	S1	S2
S1	20%	30%	–	50%
S2	40%	40%	20%	–
부문원가	?	?	?	X

두 개의 보조부문(S1, S2)으로부터 P1에 배부된 금액은 ₩70,000이고, P2에 배부된 금액은 ₩80,000이었다. 부문원가 배부 전 S2에 집계된 원가(X)는 얼마인가?

① ₩100,000 ② ₩110,000 ③ ₩120,000
④ ₩130,000 ⑤ ₩140,000

04 **03**에서 (주)서울은 보조부문의 원가배부를 단계배부법(S2부문부터 배부)으로 변경하고자 한다. 만약 보조부문의 원가를 단계배부법에 의하여 배부한다면 P2부문에 집계된 보조부문의 원가는 얼마인가?

① ₩74,000 ② ₩76,000 ③ ₩78,000
④ ₩80,000 ⑤ ₩82,000

05 **03** ~ **04**와는 별도로 (주)서울은 보조부문 S1을 폐쇄하고 필요한 용역을 외부에서 구입하고자 한다. 만약 보조부문의 원가가 모두 변동원가라면 보조부문 S1 폐쇄 시 절감가능한 총원가는 얼마인가?

① ₩70,000 ② ₩80,000 ③ ₩90,000
④ ₩100,000 ⑤ ₩120,000

서울회사는 부품 A, B, C, D를 사용하여 제품을 생산하고 있다. 이들 부품은 자체에서 생산될 수도 있고 외부에서 구입할 수도 있다. 이들 부품의 자체생산에 활용할 수 있는 총기계시간은 연간 6,000시간이며 변동제조원가만이 회피가능원가이다.
각 부품과 관련한 정보는 다음과 같이 예상된다.

	A	B	C	D
직접재료원가	₩2,000	₩4,000	₩6,000	₩8,000
직접노무원가	1,000	2,000	2,000	2,000
변동제조간접원가	500	1,000	1,000	1,500
단위당 변동제조원가	₩3,500	₩7,000	₩9,000	₩11,500
단위당 기계시간	2시간	3시간	1시간	3시간
연간 소요량	1,500개	1,000개	3,000개	1,000개
단위당 외부구입가격	₩4,000	₩8,500	₩10,000	₩11,000

06 회사는 각 부품별 소요량을 어떤 방법으로 조달하여야 하겠는가?

	A	B	C	D
①	외부구입	자체생산	외부구입	외부구입
②	외부구입	자체생산	자체생산	외부구입
③	외부구입	외부구입	외부구입	자체생산
④	자체생산	자체생산	외부구입	자체생산
⑤	외부구입	외부구입	외부구입	외부구입

07 부품 D의 단위당 외부구입가격이 현재의 예상가격 ₩11,000에서 최소한 얼마 이상 올라가야 부품 D를 자체생산하는 것이 유리한가?

① ₩1,000 이상　　② ₩1,500 이상　　③ ₩2,000 이상

④ ₩3,000 이상　　⑤ ₩4,000 이상

(주)한국은 판매가격과 단위당 변동원가가 각각 ₩500과 ₩300인 제품 A와 ₩1,000과 ₩600인 제품 B를 생산·판매하고 있다. 월간 고정원가는 ₩5,000이 발생하며 제조에 관한 자료는 다음과 같다.

월간사용가능 기계시간	제품 단위당 사용기계시간		월간사용가능 원재료	제품 단위당 사용원재료	
	제품 A	제품 B		제품 A	제품 B
120시간	2시간	6시간	220단위	6단위	4단위

최적의 제품생산배합에 의해 얻을 수 있는 최대의 월간 영업이익은 얼마인가?

[회계사 02]

① ₩2,333
② ₩3,000
③ ₩5,000
④ ₩7,333
⑤ ₩10,000

09   (주)세무는 20×1년에 오토바이를 생산·판매하고 있다. 오토바이 1대당 판매가격은 ₩200이며, 단위당 제조원가 내역은 다음과 같다.

직접재료원가	₩86
직접노무원가	45
변동제조간접원가	9
고정제조간접원가	42
단위당 제조원가	₩182

(주)세무는 경찰청으로부터 순찰용 오토바이 100대를 1대당 ₩180에 공급해달라는 특별주문을 받았다. 특별주문에 대해서는 오토바이를 순찰용으로 변경하기 위해 내비게이션을 장착하는데 1대당 ₩10의 원가가 추가적으로 발생한다. 또한, 경찰청 로고 제작을 위해 디자인 스튜디오에 ₩1,200을 지급해야 한다. 현재 (주)세무의 생산능력은 최대생산능력에 근접해 있으므로 특별주문을 수락하면 기존 오토바이 10대의 생산을 포기해야 한다. (주)세무가 경찰청의 특별주문을 수락할 때, 증분이익은?

[세무사 20]

① ₩0   ② 증분이익 ₩800   ③ 증분이익 ₩1,000
④ 증분이익 ₩1,200   ⑤ 증분이익 ₩1,400

10 (주)세무는 제약자원인 특수기계를 이용하여 제품 A, 제품 B, 제품 C를 생산·판매한다. 제품의 생산·판매와 관련된 자료는 다음과 같다.

구분	제품 A	제품 B	제품 C
단위당 판매가격	₩50	₩60	₩120
단위당 변동원가	₩20	₩36	₩60
단위당 특수기계 이용시간	2시간	1시간	3시간

특수기계의 최대이용가능시간이 9,000시간이고, 각각의 제품에 대한 시장수요가 1,000단위(제품 A), 3,000단위(제품 B), 2,000단위(제품 C)로 한정되어 있을 때, (주)세무가 달성할 수 있는 최대공헌이익은? [세무사 20]

① ₩181,250
② ₩192,000
③ ₩196,250
④ ₩200,000
⑤ ₩211,250

11 (주)세무는 20×1년 연간 최대생산량이 8,000단위인 생산설비를 보유하고 있다. (주)세무는 당기에 제품 7,000단위를 단위당 ₩1,000에 판매할 것으로 예상하며, 단위당 변동제조원가는 ₩500, 단위당 변동판매관리비는 ₩100이다. (주)세무는 거래처로부터 제품 2,000단위를 판매할 수 있는 특별주문을 받았으며, 단위당 변동제조원가와 단위당 변동판매관리비는 변화가 없다. 이 특별주문을 수락한다면, 예상 판매량 중 1,000단위를 포기해야 한다. 이때, 특별주문 제품의 단위당 최저판매가격은? [세무사 20]

① ₩500
② ₩600
③ ₩800
④ ₩900
⑤ ₩1,000

12 (주)세무는 제품 A와 제품 B를 생산하고 있는데, (주)대한으로부터 제품 A 전량을 단위당 ₩18에 공급하는 제안을 받았다. 이 제안을 검토하기 위해 (주)세무의 회계부서에서 분석한 제품 A에 대한 원가자료는 다음과 같다.

구분	단가	1,000단위
직접재료원가	₩5	₩5,000
직접노무원가	4	4,000
변동제조간접원가	1	1,000
감독자급여	3	3,000
특수기계감가상각비	2	2,000
공통간접원가배분액	5	5,000
제조원가 합계	₩20	₩20,000

제품 A를 생산하지 않을 경우 제품 A 감독자는 추가비용 없이 해고가능하고, 특수기계는 제품 A 제조에만 사용되는 전용기계이다. 공통간접원가는 공장임대료 등으로 제품 A 생산라인을 폐쇄하더라도 감소하지 않는다. 제품 A를 생산하지 않을 경우 그에 대한 여유생산 능력으로 제품 B를 추가 생산할 수 있는데, 이로 인해 증가되는 수익은 ₩5,000이고 증가되는 원가는 ₩3,000이다. (주)세무가 (주)대한의 제안을 받아들이면 자가생산하는 것보다 얼마나 유리(불리)한가? [세무사 21]

① ₩3,000 유리 ② ₩3,000 불리 ③ ₩4,000 유리
④ ₩4,000 불리 ⑤ ₩5,000 불리

13 (주)세무는 A부품을 매년 1,000단위씩 자가제조하여 제품생산에 사용하고 있다. A 부품을 연간 1,000단위 생산할 경우 단위당 원가는 다음과 같다.

구분	단위당 원가
변동제조원가	₩33
고정제조간접원가	5
합계	₩38

최근에 외부에 공급업자로부터 A부품 1,000단위를 단위당 ₩35에 납품하겠다는 제안을 받았다. A부품을 전량 외부에서 구입하면 연간 총고정제조간접원가 중 ₩400이 절감되며, A부품 생산에 사용하던 설비를 다른 부품생산에 활용함으로써 연간 ₩200의 공헌이익을 추가로 얻을 수 있다. (주)세무가 외부 공급업자의 제안을 수락하면, A부품을 자가제조할 때보다 연간 영업이익은 얼마나 증가(혹은 감소)하는 가?

[세무사 22]

① ₩1,400 감소　　② ₩1,400 증가　　③ ₩3,600 감소
④ ₩3,600 증가　　⑤ ₩4,800 감소

14 (주)대한은 A필터와 B필터를 생산 및 판매하고 있으며, 이익극대화를 추구한다. (주)대한의 최대조업도는 월 12,000기계시간이며, (주)대한이 20×1년 2월에 대해 예측한 A필터와 B필터의 자료는 다음과 같다.

구분	A필터	B필터
시장수요량	2,500단위	1,500단위
단위당 직접재료원가	₩290	₩400
단위당 직접노무원가	100	150
단위당 변동제조간접원가(기계시간당 ₩40)	80	160
단위당 변동판매관리비	50	90
단위당 고정원가	20	20
단위당 판매가격	840	1,280

(주)대한은 20x1년 2월의 판매예측에 포함하지 않았던 (주)민국으로부터 B필터 500단위를 구입하겠다는 일회성 특별주문을 받았다. (주)대한이 (주)민국의 특별주문을 수락하더라도 해당 제품의 단위당 변동원가는 변하지 않는다. (주)대한이 (주)민국의 특별주문을 수락하여 20x1년 2월 영업이익을 ₩180,000 증가시키고자 할 경우에 특별주문의 단위당 판매가격은 얼마인가? (단, 특별주문과 관련하여 생산설비의 증설은 없다)

[회계사 22]

① ₩1,300 ② ₩1,350 ③ ₩1,400
④ ₩1,450 ⑤ ₩1,500

15 (주)세무는 두 공정을 거쳐 제품을 생산·판매하며, 각 공정별 자료는 다음과 같다.

	제1공정	제2공정
최대생산능력	8,000단위	10,000단위
총 고정원가	₩400,000	₩200,000
단위당 변동원가	₩20	₩10

제1공정 완성품은 외부 판매시장이 존재하지 않지만, 제2공정에서 추가가공하여 완제품(양품)을 생산한 후 단위당 ₩120에 모두 판매할 수 있다. 제1공정에서는 공손이 발생하지 않지만, 제2공정 투입량의 5%는 제2공정 종점에서 공손이 되며, 공손품의 처분가치는 없다. ₩80,000을 추가 투입하여 제1공정의 최대생산능력을 1,000단위 증가시킬 수 있다면, 회사 이익은 얼마나 증가하는가? [세무사 23]

① ₩4,000
② ₩4,500
③ ₩10,000
④ ₩10,500
⑤ ₩14,500

제11장 | 객관식 문제 정답 및 해설

01 ⑤

	기존	특별주문(5,000부)
p	₩40	₩32
vc	16	16
cm	₩24	₩16

증분수익
　매출 증가　　　 5,000부 × ₩32 = ₩160,000
증분비용
　변동원가 증가　 5,000부 × ₩16 =　 80,000
　기존판매 감소　 2,400부* × ₩24 =　 57,600
증분이익　　　　　　　　　　　　　 ₩22,400

* 여유조업도: 최대조업도(1,800부/시간 × 7시간) − 기존수요량(10,000부) = 2,600부
　그러므로 5,000부 − 2,600부 = 2,400부만큼 기존판매 감소

02 ③　부품 H 제조 시 절감되는 원가 = x

증분수익　　　　　　　　　　　　　　　　　　　　　　　　　　−
증분비용
　변동원가 절감　　　　20,000개 × (₩6 + ₩30 + ₩12) =　₩(960,000)
　고정원가 절감　　　　　　　　　 20,000개 × ₩9 =　 (180,000)
　H 제조 시 원가절감액　　　　　　　　　　　　　　　　　 (x)
　외부구입비용　　　　　　　　　 20,000개 × ₩60 =　 1,200,000
증분이익　　　　　　　　　　　　　　　　　　 $x − ₩60,000 = ₩25,000$

∴　$x = ₩85,000$

03 ①　　0.6S1 + 0.5S2　= ₩80,000
　　(−) 0.4S1 + 0.5S2　= ₩70,000
　　　　0.2S1　　　　　　 ₩10,000

∴ S1 = ₩50,000,　S2 = ₩100,000

04 ⑤　S1 = ₩50,000 + 0.2 × ₩100,000
　　　 = ₩70,000
∴ P2부문에 배분된 보조부문원가 = ₩70,000 × 0.6 + ₩100,000 × 0.4 = ₩82,000

05 ①　S1 = ₩50,000
S2 배부원가 = ₩100,000 × 0.2 = ₩20,000
∴ 절감 가능한 원가 = ₩70,000

06 ② (1) 자가제조 시 기계시간당 원가절감액

	A	B	C	D
단위당 외부구입가격	₩4,000	₩8,500	₩10,000	₩11,000
단위당 변동제조원가	3,500	7,000	9,000	11,500
단위당 원가절감액	₩500	₩1,500	₩1,000	₩(500)
단위당 기계시간	÷ 2시간	÷ 3시간	÷ 1시간	
기계시간당 원가절감액	₩250	₩500	₩1,000	
우선순위	③	②	①	

(2) 최적 생산계획

우선순위	생산량	필요기계시간	누적소요시간
① C	3,000개	3,000개 × 1h = 3,000h	3,000h
② B	1,000	1,000개 × 3h = 3,000h	3,000h
			6,000h

∴ B와 C는 자가제조하고, A와 D는 외부구입한다.

07 ③ 부품 D의 외부구입가격을 P라 하면,

	A	B	C	D
단위당 외부구입가격	₩4,000	₩8,500	₩10,000	P
단위당 변동제조원가	3,500	7,000	9,000	11,500
단위당 원가절감액	₩500	₩1,500	₩1,000	P − ₩11,500
단위당 기계시간	÷ 2시간	÷ 3시간	÷ 1시간	÷ 3시간
기계시간당 원가절감액	₩250	₩500	₩1,000	(P − ₩11,500) ÷ 3시간
우선순위		③	①	②

기계시간당 공헌이익이 B보다 높아야 하므로 (P − ₩11,500) ÷ 3시간 ≥ ₩500이어야 한다.
따라서 P ≥ ₩13,000이므로, 현재보다 ₩2,000 이상 증가하여야 한다.

08 ③ (1) 목적함수

$Z = ₩200 × A + ₩400 × B − ₩5,000$

(2) 제약조건의 구체화

$2A + 6B ≤ 120$기계시간

$6A + 4B ≤ 220$단위

(3) 최적 해 도출

(A, B)	$Z = ₩200 × A + ₩400 × B − ₩5,000$
(36.67, 0)	₩200 × 36.67 + ₩400 × 0 − ₩5,000 = ₩2,334
(30, 10)	₩200 × 30 + ₩400 × 10 − ₩5,000 = ₩5,000
(0, 20)	₩200 × 0 + ₩400 × 20 − ₩5,000 = ₩3,000

∴ 최대이익 = ₩5,000

09 ④ 증분수익　매출　　　　　　　　　₩180 × 100대 =　　　　₩18,000
　　　증분비용　변동원가　　　　(₩140 + ₩10) × 100대 =　　　15,000
　　　　　　　디자인비용　　　　　　　　　　　　　　　　　　　1,200
　　　　　　　기존판매 포기　(₩200 − ₩140) × 10대 =　　　　　600
　　　증분이익　　　　　　　　　　　　　　　　　　　　　　　₩1,200

10 ②

	제품 A	제품 B	제품 C
공헌이익	₩30	₩24	₩60
기계시간	÷ 2시간	÷ 1시간	÷ 3시간
시간당 공헌이익	₩15	₩24	₩20
우선순위	3순위	1순위	2순위

특수기계 최대이용가능시간: 9,000시간
1. 제품 B 생산
　3,000단위 × 1시간 = 3,000시간
　→ 제품 B 최대생산 후 6,000시간 이용 가능
2. 제품 C 생산
　6,000시간 ÷ 3시간 = 2,000단위
　→ 최대 2,000단위 생산 가능
∴ 최대공헌이익: 3,000단위(B) × ₩24 + 2,000단위(C) × ₩60 = ₩192,000

11 ③ 1. 손익구조

　　단위당 판매가격　₩1,000
　　단위당 변동원가　　600
　　단위당 공헌이익　₩400

　　최대생산량　　8,000단위
　　현재판매량　　7,000
　　여유조업도　　1,000단위

2. 특별주문수락 의사결정

　　증분수익　매출　　　　　　　　　　　　2,000단위 × P
　　증분비용　변동원가　₩600 × 2,000단위 =　　　₩1,200,000
　　　　　　　기존판매 포기　₩400 × 1,000단위 =　　₩400,000
　　　　　　　　　　　　　　　　　　　2,000P − ₩1,600,000 ≥ 0

　　그러므로, 단위당 최저판매가격(P)은 ₩800이다.

12 ② 증분수익　제품 B 생산　₩5,000 − ₩3,000 =　　　　₩2,000
　　　증분비용　변동원가 감소　　　　　　　　　　　　　(10,000)
　　　　　　　감독자급여 감소　　　　　　　　　　　　　(3,000)
　　　　　　　구입비용　₩18 × 1,000단위 =　　　　　　　18,000
　　　증분손실　　　　　　　　　　　　　　　　　　　₩(3,000)

13 ①
증분수익	공헌이익 증가		₩200
증분비용	변동원가 감소	1,000단위 × ₩33 =	33,000
	고정원가 감소		400
	구입비용	1,000단위 × ₩35 =	(35,000)
증분손실			₩(1,400)

∴ 외부 공급업자의 제안을 수락하면 A부품을 자가제조할 때보다 연간 영업이익은 ₩1,400 감소한다.

14 ③
	A필터	B필터
단위당 판매가격	₩840	₩1,280
단위당 변동원가	520	800
단위당 공헌이익	₩320	₩480
기계시간	÷ 2h	÷ 4h ≤ 12,000h
기계시간당 공헌이익	₩160	₩120
우선순위	1순위	2순위

1. 여유시간
   (1) A필터
      2,500단위 × 2시간 = 5,000시간
   (2) B필터
      1,500단위 × 4시간 = 6,000시간
   최대기계시간은 12,000시간이므로 현재 1,000시간의 여유시간이 존재한다.
2. 특별주문으로 인한 기존판매 포기분
   500단위 생산을 위해서 2,000시간이 필요하므로 부족한 1,000시간을 확보하기 위해서 B필터 250단위(= 1,000시간 ÷ 4시간)를 포기해야 한다.
3. 의사결정
   주문에 대한 가격을 x라 한 후 정리하면 다음과 같다.

증분수익	매출		500단위 × x
증분비용	변동원가	500단위 × ₩800 =	400,000
	기회비용	250단위 × ₩480 =	120,000
증분이익			500단위 × x − ₩520,000 ≥ ₩180,000

∴ $x =$ ₩1,400

15 ①
증분수익	매출 증가	1,000단위 × 95% × ₩120 =	114,000
증분비용	제1공정 변동원가 증가	1,000단위 × ₩20 =	20,000
	제2공정 변동원가 증가	1,000단위 × ₩10 =	10,000
	추가원가		80,000
증분이익			₩4,000

∴ ₩4,000만큼 증가한다.

제11장 | 주관식 문제

문제 01 특별주문수락의사결정 기본개념

다음을 읽고 물음에 답하시오.

(주)한국은 보통과 고급이라는 두 가지 제품만을 생산하여 판매하고 있다. 두 제품의 개당 원가 및 판매가격 자료는 다음과 같다.

	보통	고급
직접재료원가	₩10	₩20
직접노무원가	30	40
변동제조간접원가	50	100
고정제조간접원가	70	80
합계	₩160	₩240
가격	₩210	₩360

직접노무원가 임률은 시간당 ₩10이다. 직접노무인력의 용량(최대 사용가능시간)은 월 10,000시간이다. 고객들의 주문을 받아 수립된 이번 달의 생산계획에 의하면 이 중에서 9,000시간만 사용될 것이다.

요구사항

[물음 1] 마케팅 부서가 새로운 고객을 발굴하여 고급제품 200개를 개당 ₩240에 판매할 수 있는 주문을 받아 왔다. 이 200개를 생산하기 위해 필요한 직접노무시간을 계산하시오.

[물음 2] [물음 1]의 새로운 주문을 수락하는 경우에 (주)한국의 이익은 얼마나 증가 또는 감소하는지 보이시오(단, 이 새로운 주문의 수락은 기존의 수요에 전혀 영향을 미치지 않는다고 가정한다).

[물음 3]   [물음 1]의 고급제품 주문수량이 200개가 아니라 310개라고 하자. 한편 (주)한국은 새로운 주문을 생산하기 위해 기존의 주문을 필요한 만큼 축소할 수 있다고 한다. 만약 (주)한국이 이 주문을 수락하기로 결정했다면, 이번 달에 계획된 보통과 고급의 생산수량 중에서 어느 제품을 얼마나 축소하여야 하는지 보이시오.

[물음 4]   [물음 3]의 310개 주문을 수락하는 것이 (주)한국에게 얼마나 유리 또는 불리한지 밝히시오.

[물음 5]   [물음 3]의 경우와 동일한 상황에서 잔업을 통하여 직접노무인력의 용량을 증가시키는 대안도 가능하다고 하자. 이 경우 (주)한국이 선택할 수 있는 대안을 열거해 보시오.

[물음 6]   잔업의 임률은 시간당 ₩15이고 변동간접원가는 40% 증가한다. 위 [물음 5]의 대안 중에서 (주)한국에게 가장 유리한 대안이 어느 것인지 밝히시오.

풀이

	보통	고급
P	₩210	₩360
VC	90	160
CM	₩120	₩200
노동시간	÷ 3시간*	÷ 4시간
노동시간당 공헌이익	₩40	₩50
생산우선순위	②	①

* ₩30 ÷ ₩10 = 3시간

[물음 1] 필요 노무시간

   4시간 × 200개 = 800시간

[물음 2] 특별주문 수락결정

   증분수익 매출 증가   ₩240 × 200 =   ₩48,000
   증분비용 변동원가 증가   ₩160 × 200 =   32,000
   증분이익   ₩16,000

[물음 3] 기존 판매량 감소

① 현재 여유조업도   10,000시간 − 9,000시간 = 1,000시간
② 특별주문에 대한 필요시간   4시간 × 310개 = 1,240
③ 부족시간   240시간

→ 240시간을 확보하기 위해서는 기존제품을 감소시켜야 한다.

∴ 노동시간당 공헌이익이 작은 보통제품 80개(= 240시간 ÷ 3시간)를 감소시킨다.

[물음 4] 특별주문 수락결정

증분이익 매출 증가	₩240 × 310 =	₩74,400
증분비용 변동원가 증가	160 × 310 =	(49,600)
보통제품판매 감소	120* × 80 =	(9,600)
증분이익		₩15,200

* 보통제품 단위당 공헌이익

[물음 5] 선택가능한 대안

대안 1: 특별주문을 수락한 후 잔업을 하지 않으며 기존 보통제품을 감소시키는 방법
대안 2: 특별주문을 수락한 후 특별주문에 대해서 잔업을 통하여 생산하는 방법
대안 3: 특별주문을 수락한 후 기존의 보통제품을 잔업을 통하여 생산하는 방법

[물음 6] 유리한 대안 선택

- 대안 1의 증분이익: ₩15,200
- 대안 2의 증분이익
 ① 잔업을 통하여 생산하여야 할 수량
 　 310개 − 1,000시간 ÷ 4시간 = 60개
 ② 잔업을 통하여 생산된 고급제품의 단위당 변동원가
 　 ₩20 + ₩60 + ₩140 = ₩220

증분수익 매출 증가	₩240 × 310 =	₩74,400
증분비용 변동원가 증가	160 × 250 =	(40,000)
	220 × 60 =	(13,200)
증분이익		₩21,200

- 대안 3의 증분이익
 ① 잔업을 통하여 생산하여야 할 기존의 보통제품 수량
 　 240시간 ÷ 3시간 = 80개
 ② 잔업을 통하여 생산된 기존의 보통제품의 단위당 변동원가
 　 ₩10 + ₩45 + ₩70 = ₩125
 　 → 기존보다 ₩35(= ₩125 − ₩90) 증가

증분수익 매출 증가	₩240 × 310 =	₩74,400
증분비용 변동원가 증가	160 × 310 =	(49,600)
보통제품 변동원가 증가	35 × 80 =	(2,800)
증분이익		₩22,000

∴ 증분이익이 가장 큰 대안 3을 선택한다.

| 문제 02 | 원가함수추정과 특별주문수락 의사결정 |

다음을 읽고 물음에 답하시오.

생산부서 담당 김이사는 지난 수개월 간의 제조간접원가에 대한 회귀추정 결과 다음과 같은 제조간접원가 희귀추정식을 도출해 내었다.

〈자료 1〉 제조간접원가 추정

제조간접원가 = ₩50,000 + ₩12,000 × 1ot + ₩40 × 직접노동시간

이 중 원가동인에 비례하지 않은 원가는 고정원가로 간주한다. 1lot는 1,000단위이다. 원가 정보는 다음과 같다. 회사의 유휴생산 능력은 충분하다고 가정한다.

〈자료 2〉 기타 원가정보
- 직접재료원가: 단위당 ₩10
- 직접노동시간: 단위당 0.5시간
- 직접노무원가 임률: 시간당 ₩20
- 제조간접원가: 제조간접원가 회귀추정식에 의한 값을 이용

요구사항

[물음 1] 당사는 외부로부터 제품 1,000개를 단위당 ₩50에 납품해 달라는 특별주문을 받았다. 김이사의 회귀추정식에 의할 경우 특별주문수락 여부를 결정하시오. 만약 수락한다면 회사의 영업이익은 얼마나 증가 또는 감소하는가?

[물음 2] 회사의 정상무는 김이사와는 달리 회사의 제조간접원가가 직접노동시간에만 비례한다고 보아 다음과 같은 단순한 회귀추정식을 도출해 내었다.

제조간접원가 = ₩80,000 + ₩50 × 직접노동시간

정상무의 회귀추정식을 이용하여 [물음 1]의 의사결정을 다시 한다고 하자. 영업이익의 변동금액을 계산하시오.

[물음 1] 특별주문수락 여부 결정(I)
- 단위당 변동원가: ₩52
- 직접재료원가: ₩10
- 직접노무원가: 0.5h × ₩20/h = ₩10
- 제조간접원가: ₩12,000/1,000단위 + 0.5h × ₩40/h = ₩32

증분수익	특별주문매출	1,000개 × ₩50 = ₩50,000
증분비용	변동원가	1,000개 × ₩52 = (52,000)
증분이익(손실)		₩(2,000)

∴ 영업이익이 ₩2,000만큼 감소한다.

[물음 2] 특별주문수락 여부 결정(II)
- 단위당 변동원가: ₩45
- 직접재료원가: ₩10
- 직접노무원가: 0.5h × ₩20/h = ₩10
- 제조간접원가: 0.5h × ₩50/h = ₩25

증분수익	특별주문매출	1,000개 × ₩50 = ₩50,000
증분비용	변동원가	1,000개 × ₩45 = (45,000)
증분이익(손실)		₩5,000

∴ 영업이익이 ₩5,000만큼 증가한다.

문제 03	사업부폐지 의사결정

다음을 읽고 물음에 답하시오.

(주)한국은 강동과 강서지역에 편의점을 운영하고 있으며 20×1년도 각 편의점의 영업결과는 다음과 같다.

	강동점	강서점
매출액	₩1,070,000	₩860,000
영업비용		
매출원가	750,000	660,000
연간리스료(해지가능리스)	90,000	75,000
인건비(시간급)	42,000	42,000
장비 감가상각비	25,000	22,000
난방 및 전기료	43,000	46,000
본사간접원가 배부액	50,000	40,000
총영업비용	₩1,000,000	₩885,000
영업이익(손실)	₩70,000	₩(25,000)

장비의 처분가치는 없으며 최근 임원회의에서 재무담당임원은 강서점을 폐쇄하든지 아니면 강서점과 동일한 점포를 하나 더 개점하면 회사의 수익성을 개선할 수 있다고 발언하였다.

요구사항

[물음 1] 강서점을 폐쇄하는 경우 본사간접원가 배부액 총 ₩90,000 중 ₩44,000을 절감할 수 있다. 강서점을 폐쇄하는 경우 회사의 영업이익 증감액을 구하시오.

[물음 2] 회사가 기존의 강서점을 계속 운영하고 강서점과 매출액 및 모든 비용이 같은 점포 하나를 추가로 개점하는 경우 회사의 영업이익 증감액을 구하시오(단, 기존의 두 개의 점포 이외에 새로이 하나의 점포를 추가 개점하는 경우 추가 개점에 따른 본사의 간접원가는 ₩4,000만 발생한다).

[물음 3] [물음 1]과 [물음 2]의 답을 기초로 재무담당임원의 말이 옳은지 혹은 잘못된 것인지 평가하시오.

[물음 1] 강서점 폐지 의사결정

강서점을 폐쇄하는 경우 회사는 현재의 총비용 중에서 장비 감가상각비 ₩22,000과 본사간접원가 배부액 ₩40,000을 제외한 ₩823,000을 회피할 수 있으며 이에 추가하여 본사간접원가 ₩44,000을 절감하기 때문에 총비용 회피액은 ₩867,000이다. 따라서 비록 매출액 ₩860,000을 잃게 되나 비용이 ₩867,000 감소하므로 회사의 이익은 ₩7,000만큼 증가한다.

[물음 2] 새로운 점포 추가 개정 의사결정

점포를 추가하는 경우 증가하는 매출액은 ₩860,000이고 증가하는 비용은 ₩849,000이다. 기존의 강서점에 모든 비용이 발생하는데, 본사간접원가가 ₩40,000이 아닌 ₩4,000만 증가하기 때문이다. 따라서 회사의 이익은 ₩11,000만큼 증가한다.

[물음 3] 재무담당임원 발언평가

[물음 1]과 [물음 2]의 답을 기초로 볼 때 재무담당임원의 발언은 적절하다.

다음을 읽고 물음에 답하시오.

(주)한국은 자동차 배터리를 생산한다. 회사는 현재 생산시설용량(월 10,000직접노무시간)의 60%를 가동하고 있다. 최근 회사는 (주)대한으로부터 개당 ₩350에 10,000개의 배터리를 1개월 안에 납품해 달라는 특별주문을 받았다. 배터리의 개당 제조원가는 다음과 같다.

직접재료원가	₩100
직접노무원가(개당 0.5직접노무시간)	150
제조간접원가	100
개당 제조원가	₩350

(주)한국의 직접재료원가와 직접노무원가는 변동원가이다. 제조간접원가 중 변동원가는 직접노무시간당 ₩120이다. (주)한국은 향후 수개월 동안 월 6,000직접노무시간(10,000직접노무시간 × 60%)의 조업도를 유지하기에 충분한 일반주문을 받아 놓고 있으며 판매가격은 개당 ₩500이다.

요구사항

[물음 1]　일반주문품 및 특별주문품 개당 변동원가를 구하시오.

[물음 2]　(주)한국이 10,000개의 특별주문을 수락할 경우, 일반주문을 포기함으로 인한 기회비용(opportunity cost)은 얼마인가?

[물음 3]　[물음 2]의 기회비용이 발생하지 않기 위한 특별주문수량을 구하시오.

[물음 4]　(주)한국이 10,000개의 특별주문을 수락할 경우 증분손익을 구하시오.

[물음 1] 개당 변동원가

	일반주문품		특별주문품	
직접재료원가		₩100		₩100
직접노무원가	0.5시간 × ₩300 =	₩150	0.5시간 × ₩300 =	₩150
변동제조간접원가	0.5시간 × ₩120 =	₩60	0.5시간 × ₩120 =	₩60
개당 변동원가		₩310		₩310

[물음 2] 기회비용

10,000개의 특별주문수락 시 일반주문품에 투입할 수 있는 직접노무시간이 1,000시간 감소하므로 일반주문품 생산이 2,000개 감소하게 된다.

이 경우의 기회비용은 (₩500 − ₩310) × 2,000개 = ₩380,000이다.

[물음 3] 기회비용이 발생하지 않는 특별주문수량

투입가능한 직접노무시간	4,000시간
특수주문품 단위당 직접노무시간	÷ 0.5시간
특별주문수량	8,000개

[물음 4] 특별주문수락 여부 결정

증분수익				
수익 증가	매출 증가	10,000개 × 350 =	₩3,500,000	
증분비용	변동원가 증가	10,000개 × 310 =		₩(3,100,000)
	기회비용	2,000개 × 190 =		(380,000)
증분이익				₩20,000

다음을 읽고 물음에 답하시오.

(주)한국은 국내에서 대형램프와 소형램프를 판매하는 기업이다. 다음은 판매 및 생산과 관련된 자료이다.

	대형	소형
단위당 판매가격	₩32,000	₩21,000
단위당 변동제조원가		
직접재료원가	₩12,000	₩10,000
직접노무원가	6,000	2,000
변동제조간접원가	2,000	1,000
단위당 고정제조간접원가	3,000	3,000
단위당 총원가	₩23,000	₩16,000
연간 예상 수요량	15,000단위	25,000단위

대형램프는 100단위씩, 소형램프는 200단위씩 뱃치(batch)단위로 생산되며 1뱃치당 소요되는 기계시간은 10시간이다. 회사가 이용가능한 기계시간은 연 3,000시간이다.

요구사항

[물음 1]   회사의 이익극대화를 위한 최적 생산량을 구하시오.

[물음 2]   대형램프 5,000단위에 대한 특별주문 제의가 들어왔다. 이를 수락 시 기회비용을 구하시오.

[물음 3]   대형램프 5,000단위를 단위당 ₩37,000에 특별주문을 받은 경우 특별주문수락 시 증가 또는 감소이익을 계산하여 특별주문수락 여부를 결정하시오.

[물음 4]   [물음 3]에서 추가적으로 고려하여야 할 질적 요소에 대해서 설명하시오.

[물음 1] 이익극대화 달성을 위한 최적 생산량

(1) 단위당 공헌이익

	대형	소형
단위당 판매가격	₩32,000	₩21,000
단위당 변동원가		
직접재료원가	12,000	10,000
직접노무원가	6,000	2,000
변동제조간접원가	2,000	1,000
단위당 공헌이익	₩12,000	₩8,000

(2) 뱃치당 공헌이익

	대형	소형
단위당 공헌이익	₩12,000	₩8,000
단위당 기계시간	0.1시간[*1]	0.05시간[*2]
기계시간당 공헌이익	₩120,000	₩160,000
뱃치당 공헌이익	₩1,200,000[*3]	₩1,600,000[*4]

[*1] 10시간/100개 = 0.1시간
[*2] 10시간/200개 = 0.05시간
[*3] ₩12,000 × 100개 = ₩1,200,000
[*4] ₩8,000 × 200개 = ₩1,600,000

(3) 최적 생산량

소형의 기계시간당 공헌이익이 대형보다 크므로 먼저 소형을 생산하고 남은 기계시간으로 대형을 생산한다. 회사의 총기계시간 3,000시간이 소형 25,000개, 대형 15,000개를 생산하기에 충분하다.

총기계시간	3,000시간
소형	1,250시간[*5]
대형	1,500시간[*6]
유휴시간	250시간

[*5] 25,000개 × 0.05시간
　　= 125뱃치(= 25,000개/200개) × 10시간
　　= 1,250시간
[*6] 15,000개 × 0.1시간
　　= 150뱃치(= 15,000개/100개) × 10시간
　　= 1,500시간

[물음 2] **특별주문에 대한 기회비용의 계산**

특별주문 대형 5,000개는 50뱃치(= 5,000개/100개)이고 소요시간은 500시간(= 50뱃치 × 10시간)이며 단위당 공헌이익은 ₩17,000(= ₩37,000 − ₩20,000)이다. 기계시간당 공헌이익이 소형보다 크므로 가장 우선적으로 생산되어야 한다. 유휴기계시간 250시간이 특별주문을 수락하기에 250시간만큼 부족하므로 기존제품 중 기계시간당 공헌이익이 적은 대형을 250시간, 수량으로는 2,500개(= 250시간 × 10개/시간), 뱃치 수로는 25뱃치를 우선적으로 감소시켜야 한다. 이때 감소하는 공헌이익 ₩30,000,000이 기회비용이 된다.

	대형(기존)	소형(기존)	대형(특별)
단위당 공헌이익	₩12,000	₩8,000	₩17,000
단위당 기계시간	0.1시간	0.05시간	0.1시간
기계시간당 공헌이익	₩120,000	₩160,000	₩170,000
우선순위	③	②	①
총기계시간		3,000시간	
소형(국내생산)		1,250	
대형(국내생산)		1,500	
유휴시간		250시간	
대형(특별주문) 5,000개 × 0.1시간 =		500	
대형(국내생산)기계시간 감소분		250시간	

[물음 3] **특별주문수락 의사결정**

특별주문수락 시

증분수익	공헌이익 증가 (대형 – 특별주문)	5,000개 × ₩17,000 =	₩85,000,000[*1]
증분비용	공헌이익 감소 (기존 – 대형)	2,500개 × ₩12,000 =	(30,000,000)[*2]
증분이익			₩55,000,000

*1 500시간 × ₩170,000 = ₩85,000,000
*2 250시간 × ₩120,000 = ₩30,000,000

증분이익이 ₩55,000,000이므로 특별주문을 수락한다.

[물음 4] **추가적으로 고려해야 할 질적 요소**

특별할인이 기존 고객과의 마찰가능성, 장기적인 가격구조 및 미래 판매량에 미치는 잠재적인 영향을 기회원가로서 고려하여야 한다. 즉, 특별주문의 수락이 정규(기존)시장에서 가격인하를 요구하는 압력으로 작용하거나 특별주문의 수락을 싫어하는 기존고객이 이탈하는 요인으로 작용한다면 특별주문을 거절하는 것이 타당하다.

(주)한국은 갑, 을, 병 세 종류의 제품을 생산·판매한다. 다음은 각 제품별 회사가 연초에 예상한 자료이다.

---

(1) 제품별 자료

	갑	을	병
단위당 판매가격	₩10.0	₩15.0	₩12.0
단위당 변동제조원가	₩7.5	₩10.5	₩8.4
예상판매량	1,000개	500개	500개

(2) 매출원가
- 당기 원재료 및 제품의 기말재고액은 전기의 기말재고액과 동일하며 재공품재고는 없다.
- 변동제조간접원가 배부율은 직접노무원가의 40%이며, 당기의 제조간접원가 총액 ₩1,950의 구성내용은 다음과 같다.

간접노무원가(변동원가)	₩600
감독자급여(고정원가)	650
기계감가상각비(고정원가)	700
합계	₩1,950

- 고정제조간접원가는 제품별 기계시간을 기준으로 배부된다.

(3) 광고선전비
  광고선전비는 제품별로 매년 초에 작성되는 연간 예산에 따라 지출된다.

(4) 판매수수료
  각 제품별 판매사원에게 지급하는 수수료율은 다음과 같다.

	갑	을	병
매출액비율	5%	10%	5%

(5) 로열티
  각 제품별로 별도의 로열티를 지급하며 회사는 매년 초에 결정된다.

(6) 판매원급여 및 관리직급여
  판매원과 관리직은 세 종류의 제품을 모두 판매·관리한다. 따라서, 회사는 이들의 급여를 각 제품의 판매·관리에 소요되는 시간을 기준으로 각 제품에 배부한다.

(7) 판매관리비 중 변동원가와 제품별 추적가능한 원가는 제품생산을 포기할 경우 절감할 수 있다.

요구사항

[물음 1] 다음 (가) ~ (라)을 채우시오.

	갑	을	병	합계
매출액		(가)		
매출원가				
직접재료원가	(나)			
직접노무원가	600	400	500	1,500
제조간접원가	800	500	650	1,950
합계				
매출총이익		(다)		
판매관리비				
광고선전비	₩280	₩310	₩260	₩850
판매수수료			(라)	
로열티	300	250	310	860
판매원급여	260	240	250	750
관리직급여	200	210	280	690
합계				
영업이익				

[물음 2] [물음 1]의 손익계산서를 공헌이익접근법에 의한 손익계산서로 작성하시오.

[물음 3] 예상한 매출배합이 유지되는 경우 각 제품별 손익분기점 판매량을 구하시오.

[물음 4] 회사는 영업손실을 발생하는 제품 병을 포기하고 관리직급여를 절감하려고 한다. 회사의 최고경영자는 제품 병을 포기할 경우 포기한 수량만큼 제품 을의 수량이 증가할 것으로 보고 있다. 예상한 매출배합이 유지되는 상황에서 나머지 제품들의 손익분기점 총 판매량이 1,500개가 될 것을 요구하고 있다. 최고경영자가 요구하는 손익분기점을 달성하기 위하여 절감해야 할 관리직급여를 구하시오.

풀이

(1) 변동제조간접원가

	갑	을	병
직접노무원가	₩600	₩400	₩500
× 40%	× 40%	× 40%	× 40%
변동제조간접원가	₩240	₩160	₩200

(2) 변동원가

	갑	을	병
직접재료원가	₩6,660	₩4,690	₩3,500
직접노무원가	600	400	500
변동제조간접원가	240	160	200
판매수수료	500	750	300
합계	₩8,000	₩6,000	₩4,500

(3) 고정원가 분석

		갑	을	병	합계
추적가능	광고선전비	₩280	₩310	₩260	₩850
	로열티	300	250	310	860
	소계	₩580	₩560	₩570	₩1,710
추적불능	고정제조간접원가				₩1,350
	판매원급여				750
	관리직급여				690
	소계				₩2,790

(4) 배합비율

	갑	을	병
총수량	1,000개	500개	500개
÷ 500	÷ 500	÷ 500	÷ 500
배합비율	2	1	1

[물음 1] 손익계산서

	갑	을	병	합계
판매량	1,000개	500개	500개	2,000개
매출액	₩10,000	(가)	₩6,000	₩23,500
매출원가				
직접재료원가	(나)	₩4,690	₩3,500	₩14,850
직접노무원가	600	400	500	1,500
제조간접원가	800	500	650	1,950
합계	₩8,060	₩5,590	₩4,650	₩18,300
매출총이익	₩1,940	(다)	₩1,350	₩5,200
판매관리비				
광고선전비	₩280	₩310	₩260	₩850
판매수수료	500	750	(라)	1,550
로열티	300	250	310	860
판매원급여	260	240	250	750
관리직급여	200	210	280	690
합계	₩1,540	₩1,760	₩1,400	₩4,700
영업이익	₩400	₩150	₩(50)	₩500

(가) 500단위 × ₩15 = ₩7,500

(나) 1,000단위 × ₩7.5 - ₩600 - ₩600 × 40% = ₩6,660

(다) 을의 직접재료원가: 500단위 × ₩10.5 - ₩400 - ₩400 × 40% = ₩4,690
　　　을의 매출총이익: ₩7,500 - (₩4,690 + ₩400 + ₩500) = ₩1,910

(라) 500단위 × ₩12 × 5% = ₩300

[물음 2] 공헌이익접근법 손익계산서

	갑	을	병	합계
판매량	1,000개	500개	500개	2,000개
매출액	₩10,000	₩7,500	₩6,000	₩23,500
변동원가				
직접재료원가	₩6,660	₩4,690	₩3,500	₩14,850
직접노무원가	600	400	500	1,500
변동제조간접원가	240	160	200	600
판매수수료	500	750	300	1,550
합계	₩8,000	₩6,000	₩4,500	₩18,500
공헌이익	₩2,000	₩1,500	₩1,500	₩5,000
고정원가				
광고선전비	₩280	₩310	₩260	₩850
로열티	300	250	310	860
고정제조간접원가	560	340	450	1,350
판매원급여	260	240	250	750
관리직급여	200	210	280	690
합계	₩1,600	₩1,350	₩1,550	₩4,500
영업이익	₩400	₩150	₩(50)	₩500

[물음 3] 손익분기점 판매량

    (1) 단위당 공헌이익

	갑	을	병
총공헌이익	₩2,000	₩1,500	₩1,500
÷ 수량	÷ 1,000	÷ 500	÷ 500
단위당 공헌이익	₩2	₩3	₩3

    (2) 묶음당 공헌이익

	갑	을	병	합계
단위당 공헌이익	₩2	₩3	₩3	
× 배합비율	× 2	× 1	× 1	
묶음당 공헌이익	₩4	₩3	₩3	₩10

    (3) 손익분기점 묶음수(Q)

        ₩10 × Q − ₩4,500 = ₩0

        → Q = 450묶음

    (4) 제품별 손익분기점 판매량

	갑	을	병	합계
손익분기점 묶음	450	450	450	
× 배합비율	× 2	× 1	× 1	
손익분기점 판매량	900	450	450	1,800

[물음 4] 목표 관리직급여 절감액

    제품 병 생산을 포기할 경우 제품 병의 추적가능한 고정원가 ₩570(= ₩260 + ₩310)은 절감할 수 있다.

    (1) 목표 손익분기점 묶음수(Q)

        1 × Q + 1 × Q = 1,500

        → Q = 750묶음

    (2) 묶음당 공헌이익

	갑	을	합계
단위당 공헌이익	₩2	₩3	
× 배합비율	× 1	× 1	
묶음당 공헌이익	₩2	₩3	₩5

    (3) 목표 관리직급여 절감액(x)

        ₩5 × 750묶음 − (₩4,500 − ₩260 − ₩310 − x) = ₩0

        ∴ x = ₩180

[물음 5] 특별주문수락 의사결정

증분수익
    매출 증가   300단위 × ₩10 =   ₩3,000
    판매포기   200단위 × ₩3 =   (600)
증분비용
    변동제조원가   300단위 × (₩4,200/500단위) =   2,520
    판매수수료   300단위 × ₩10 × 5% =   150
증분이익   ₩(270)

∴ 주문을 거부한다.

다음 물음에 답하시오. 특별한 가정이 없는 한 각 물음은 상호 독립적이다.   [세무사 22]

〈기본 자료〉

(주)세무의 부품사업부는 두 종류의 부품 S와 D를 생산·판매하는 이익중심점이며, 각 부품의 단위당 판매가격과 단위당 변동제조원가에 대한 예상 자료는 다음과 같다.

	부품 S	부품 D
판매가격	₩500	₩800
직접재료원가	100	190
직접노무원가	80	160
변동제조간접원가	170	250

부품사업부의 연간 총 고정제조간접원가는 ₩6,200,000으로 예상되며, 판매비와관리비는 발생하지 않는 것으로 가정한다. 부품 종류에 관계없이 직접노무시간당 임률은 ₩400으로 일정하다. 해당 부품을 생산하기 위해서는 매우 숙련된 기술자가 필요하고, 관계 법률에 의하여 노무자 1인당 제공할 수 있는 노무시간이 제한되어 있어서 부품사업부가 부품 생산을 위해 최대 투입할 수 있는 연간 총 직접노무시간은 14,000시간이다. 한편, 부품사업부가 생산하는 부품 S와 D의 연간 예상시장수요는 각각 30,000단위, 25,000단위이며, 현재로서는 경쟁업체가 없는 상황이므로 부품사업부가 부품 S와 D를 생산하기만 한다면, 시장수요를 충족시킬 수 있을 것으로 예상된다. 부품사업부는 재고자산을 보유하지 않는 정책을 적용하고 있다.

요구사항

[물음 1]   부품사업부가 달성할 수 있는 연간 최대 총 공헌이익은 얼마인가?

[물음 2]   〈기본 자료〉와 같이 예상한 직후에 새로 수입한 정보에 의하면, 기존 설비와 기존 인력을 이용하여 부품 S와 D 외에 부품 H를 생산하는 것도 가능하다는 것을 알았다. 부품 H의 연간 예상시장수요는 4,000단위이며, 부품 H 한 단위를 제조하기 위해서는 직접재료원가 ₩130, 직접노무원가 ₩200, 변동제조간접원가 ₩140이 소요될 것으로 예상된다. 현재 부품 H의 판매가격은 아직 미정이다. 부품사업부의 이익을 증가시키기 위해서는 부품 H의 단위당 판매가격은 최소한 얼마를 초과해야 하는가? (단, 부품 H의 직접노무시간당 임률도 ₩400이며, 부품 H을 생산하는 경우에도 부품 S와 D에 대한 기존 연간 예상시장수요량은 동일하다)

[물음 3] (주)세무에는 부품사업부 외에 별도의 이익중심점인 완성사업부가 있다. 완성사업부에서는 그동안 부품사업부가 생산하는 부품 S와 유사한 부품 K를 외부에서 구입하여 완제품 생산에 사용하였다. 〈기본 자료〉와 같은 상황에서 완성사업부가 부품사업부에 부품 K 8,000단위를 공급해줄 것을 제안하였다. 부품사업부가 부품 K를 생산하기 위해서는 단지 부품 S 생산에 사용하는 직접재료 하나만 변경하면 되며, 이 경우 단위당 직접재료원가 ₩10이 추가로 발생한다. 부품사업부가 자기사업부의 이익을 감소시키지 않으면서 완성사업부의 제안을 수락하기 위한 최소대체가격은 얼마인가? (단, 내부대체하는 경우에도 부품 S와 D에 대한 기존 연간 예상시장 수요량은 동일하다)

[물음 4] 〈기본 자료〉와 같이 예상한 직후에 그동안 거래가 없던 (주)대한으로부터 부품 S를 단위당 ₩420에 10,000단위 구입하겠다는 특별주문을 받았다. 이 특별주문은 전량을 수락하든지 또는 거절해야 한다. 이 특별주문을 수락하는 경우에도 부품 S와 D에 대한 기존 연간 예상시장수요량은 동일하다. (주)대한의 특별주문을 전량 수락하는 경우 부품사업부의 영업이익은 얼마나 증가 또는 감소하는가? (단, 〈기본 자료〉와 달리 부품사업부가 부품 생산에 최대 투입할 수 있는 연간 총 직접노무시간은 17,000시간이라고 가정한다)

(1) 제품별 단위당 노무시간
- 부품 S: ₩80 ÷ ₩400 = 0.2시간
- 부품 D: ₩160 ÷ ₩400 = 0.4시간

(2) 제품별 가격과 원가구조

		S	D
단위당 판매가격		₩500	₩800
단위당 변동원가		350	600
단위당 공헌이익		₩150	₩200
단위당 노무시간	(÷)	0.2	0.4
노무시간당 공헌이익		₩750	₩500
우선순위		1순위	2순위

(3) 제품별 최적생산계획

		필요시간	잔여시간
S	30,000단위 × 0.2시간 =	6,000	8,000
D	20,000단위 × 0.4시간 =	8,000	–

∴ S = 30,000단위, D = 20,000단위

(4) 부품 H 단위당 노무시간

₩200 ÷ ₩400 = 0.5시간

(5) 부품 K 생산에 필요한 시간과 부품 D 생산포기수량
- 부품 K 생산에 필요한 시간: 8,000단위 × 0.2시간 = 1,600시간
- 부품 D 생산포기수량: 1,600시간 ÷ 0.4시간 = 4,000단위

(6) 부품 K 생산의 기회원가

부품 D 4,000단위 × ₩200 = ₩800,000

(7) 연간 총 직접노무시간이 17,000시간인 상황에서 여유시간

17,000시간 – (30,000단위 × 0.2시간 + 25,000시간 × 0.4시간) = 1,000시간

(8) 특별주문을 위한 시간

특별주문에 필요한 시간은 10,000단위 × 0.2시간 = 2,000시간이므로 1,000시간이 부족하다.

(9) 특별주문을 위한 부품 D 생산포기수량

1,000시간 ÷ 0.4시간 = 2,500단위

[물음 1] 30,000단위 × ₩150 + 20,000단위 × ₩200 = ₩8,500,000

[물음 2] 부품 H의 판매가격을 P라 한다.

부품 H의 노무시간당 공헌이익은 부품 D의 노무시간당 공헌이익보다 커야 한다.

$$\frac{P - 130 - 200 - 140}{0.5\text{시간}} \geq ₩500$$

$$\therefore P \geq ₩720$$

[별해]

부품 H 생산 필요시간이 0.5시간 × 4,000단위 = 2,000시간이므로 부품 D 2,000시간 ÷ 0.4시간 = 5,000단위를 포기해야 한다.

증분수익	부품 H 매출		4,000P
증분비용	부품 H 변동원가	4,000단위 × ₩470 =	(1,880,000)
	부품 D 판매포기	5,000단위 × ₩200 =	(1,000,000)
증분이익			4,000P − ₩2,880,000 ≥ 0

$$\therefore P \geq ₩720$$

[물음 3] 단위당 증분원가 + 단위당 기회원가

$$= ₩360 + \frac{₩800,000}{8,000\text{단위}} = ₩460$$

[별해]

부품 K의 판매가격을 P라 한다.

증분수익	부품 K 매출		8,000P
증분비용	부품 K 변동원가	8,000단위 × ₩360 =	(2,880,000)
	부품 D 판매포기	4,000단위 × ₩200 =	(800,000)
증분이익			8,000P − ₩3,680,000 ≥ 0

$$\therefore P \geq ₩460$$

[물음 4]

증분수익	부품 S 매출	10,000단위 × ₩420 =	₩4,200,000
증분비용	부품 S 변동원가	10,000단위 × ₩350 =	(3,500,000)
	부품 D 판매포기	2,500단위 × ₩200 =	(500,000)
증분이익			₩200,000

제12장

대체가격결정

01 의의

회사의 규모가 증가함에 따라 기존의 중앙집권적인 경영방식에서 벗어나 사업부별 서로 다른 영역으로 독자적으로 운영할 수 있는 분권화와 다각화가 요구되고 있다. 경우에 따라서 이러한 사업부 간에 거래가 발생할 수 있으며 이를 대체거래라 하고 거래되는 재화나 용역의 가격을 대체가격이라 한다.

(1) 대체거래(이전거래, transfer transaction)

사업부 간에 이루어지는 내부거래를 말한다.

(2) 대체가격(이전가격, transfer price)

사업부 간에 거래되는 재화나 용역의 가격을 말한다.

사업부 간의 거래는 재화나 용역을 공급하는 사업부와 구매하는 사업부로 구분되며 거래되는 가격은 각각 수익(매출)과 원가(매입금액)이므로 서로 다른 입장에서 각자 유리한 방향으로 의사결정할 것이다. 따라서, 회사 전체 입장에서 내부거래가 유리하다고 하더라도 개별사업부는 거래되는 가격에 따라 불리할 수 있으며 반대의 상황이 발생할 수 있어 다음의 두 가지 측면을 순차적으로 살펴봐야 한다.

첫째, 회사 전체 입장에서 대체거래가 유리한지 여부를 판단한다.

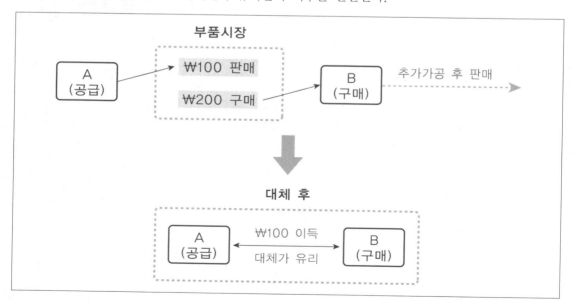

둘째, 개별사업부 입장에서 주장하는 대체가격은 얼마인지 결정한다.

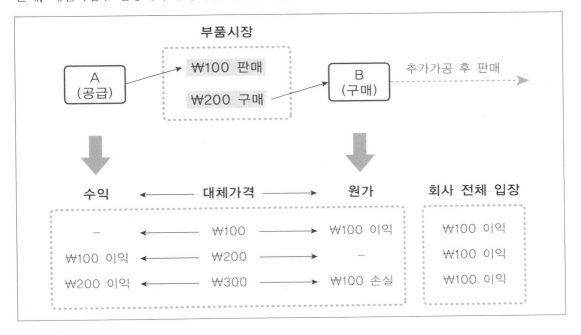

02 대체가격결정 시 고려사항

회사 전체 입장에서는 대체가 유리하다면 대체가격은 중요한 문제가 되지 않는다. 왜냐하면 대체가격의 수준에 따라 발생하는 특정 사업부 입장에서의 이익은 다른 사업부 입장에서 손실이 되어 서로 상쇄되기 때문이다. 반면에 대체가격은 각 사업부의 손익에 직접 영향을 미쳐 성과평가에 반영되므로 개별사업부 입장에서는 매우 중요한 문제이다. 따라서 여러 사항을 고려하여 신중히 결정해야 한다. 대체가격을 결정하는 과정에서 고려할 일반적인 지침으로 다음 사항들이 있다.

1. 목표일치성(goal congruence)기준

개별사업부의 의사결정이 회사 전체의 목표를 극대화할 수 있는 상황에서 이루어져야 한다는 의미이다. 즉, 회사 전체의 목표와 개별사업부의 목표가 일치할 수 있어야 하므로 회사 전체 입장에서 대체가 유리한 경우 각 사업부 입장에서도 만족할 만한 수준으로 대체가격을 결정해야 한다. 만약, 회사 전체 입장에서 대체가 유리하지만 어느 한 사업부에게는 손해가 예상된다면 해당 사업부는 대체를 거부할 것이다. 이를 준최적화(sub-optimization)현상이라고 한다. 따라서, 회사 전체의 입장에서 대체가 유리한 상황이라면 대체가격은 각 사업부로 하여금 조직목표와 동일하게 행동할 수 있는 동기부여 역할을 할 수 있어야 한다.

2. 성과평가(performance evaluation)기준

대체가격이 개별사업부에 대한 성과평가를 공정하게 수행할 수 있도록 결정되어야 한다는 의미이다. 대체가격이 공급사업부의 수익(매출)과 구매사업부의 원가(매입비용)이므로 각 사업부의 손익에 직접적으로 영향을 미치게 된다. 따라서, 대체가격이 각 사업부의 성과평가에 왜곡이 되지 않도록 공정하고 객관적으로 결정되어야 한다.

3. 자율성(autonomy)기준

분권화는 각 사업부로 하여금 권한과 책임을 가지고 자유로이 의사결정을 할 수 있는 것을 말하므로 대체 여부 결정에 있어서도 자율적으로 결정할 수 있어야 한다는 의미이다. 그러나, 자율성을 강조하다보면 개별사업부의 이익극대화를 위하여 회사 전체의 이익에 반하는 결정을 하는 준최적화(sub-optimization)현상이 발생하는 단점이 있다.

4. 공공기관에 대한 재정관리(fiscal management)기준

국세청, 관세청 등 공공기관으로 하여금 회사 전체의 이익에 긍정적인 영향은 최대화하고 부정적인 영향은 최소화하는 범위 내에서 대체가격이 결정되어야 한다는 의미이다. 특히, 다국적기업의 경우 각국의 조세, 관세 등 제도적 차이로 인하여 대체가격에 따라 회사 전체의 이익이 달라질 수 있어 가급적 회사 전체의 이익극대화에 미치는 효과를 최대화할 수 있도록 대체가격을 결정해야 함을 말한다.

핵심 Check 다국적기업 간의 대체거래

다국적기업 간의 대체거래에 있어서는 각국의 조세 등 제도적 차이로 인하여 대체가격에 따라 회사 전체의 이익이 달라질 수 있다.

03 대체가격결정방법

1. 시장가격기준

사업부 간 대체하려는 재화나 용역에 대한 외부시장이 형성되어 있고 해당 시장에서 거래되는 가격이 있는 경우 그 가격으로 대체가격을 결정하는 것을 말한다. 만약, 아래와 같은 조건을 모두 충족한다면 가장 이상적이고 객관적인 기준이 될 수 있다.

- 생산자와 소비자는 시장가격을 손쉽게 입수할 수 있으며 시장가격에 아무런 영향을 미치지 못한다.
- 각 사업부의 자율성이 보장되어야 한다.

참고 완전경쟁시장

경제학에서의 이론적 시장모형을 말하며 다수의 생산자와 소비자 사이에 상품이 거래되고, 생산자와 소비자는 시장가격결정에 아무런 영향을 미치지 못하는 시장을 말한다.

2. 원가기준

공급사업부가 생산하는 재화나 용역의 원가를 기준으로 대체가격을 결정하는 것을 말한다. 대체하려는 재화나 용역의 외부시장이 존재하지 않거나 시장가격을 신뢰할 수 없는 경우에 사용되며 원가의 범위에 따라 전부원가기준과 변동원가기준으로 구분할 수 있다.

> **핵심 Check** 실제원가의 단점
>
> 실제원가를 기준으로 대체가격을 결정한다면 공급사업부의 비능률이 구매사업부로 전가되는 효과가 발생한다. 따라서 공급사업부의 원가절감과 원가통제에 대한 동기부여를 위해 표준원가를 기준으로 결정하는 것이 바람직하다.

(1) 전부원가기준

공급사업부의 전부원가를 기준으로 대체가격을 결정하는 방법을 말한다.

① 장점
- 회계자료를 활용할 수 있어 쉽게 적용가능하다.
- 이해하기 쉽고 비용이 적게 소비된다.

② 단점
- 고정원가 배분으로 인한 원가왜곡이 발생할 수 있다.
- 공급사업부 입장에서 대체로 인한 이익이 발생하지 않는다.

(2) 변동원가기준

공급사업부의 변동원가를 기준으로 대체가격을 결정하는 방법을 말한다.

① 장점
- 회계자료를 활용할 수 있어 쉽게 적용가능하다.
- 이해하기 쉽고 비용이 적게 소비된다.

② 단점
- 공급사업부 입장에서 여유조업도가 없는 경우 적용하기 힘들다.
- 공급사업부 입장에서 대체로 인하여 고정원가만큼의 손실이 발생한다.

> **핵심 Check** 원가기준의 단점 보완방법
>
> 현실적으로 공급사업부의 원가를 기준으로 하는 가격결정방법은 대체로 인한 이익증가분은 모두 구매사업부로 귀속되는 결과를 가져올 수 있다. 따라서 이를 보완하기 위하여 원가에 일정한 이익을 가산하는 다음의 방법이 널리 사용된다.
> - 전부원가 가산기준: 전부원가에 일정한 이익을 가산한 금액으로 결정
> - 변동원가 가산기준: 변동원가에 일정한 이익을 가산한 금액으로 결정

3. 협상가격기준

사업부 간의 협상을 통하여 대체가격을 결정하는 것을 말한다. 시장가격과 원가 모두 신뢰할 수 없는 상황에서 자율성기준이 가장 강조되는 방법으로 협상과정에서 많은 시간과 비용이 요구되고 준최적화현상이 발생할 수 있는 단점이 있다.

01 공급사업부 (최소)대체가격

공급사업부 입장에서 대체거래는 판매활동이므로 대체가격은 매출로 인식된다. 따라서, 공급사업부는 가급적 높은 가격을 요구할 것이며 대체로 인하여 손실이 발생하지 않도록 최소한 받아야 할 가격을 주장할 것이다. 따라서 공급사업부의 대체가격을 최소대체가격이라 하며 다음과 같이 계산할 수 있다.

> **최소대체가격 = 단위당 증분원가 + 대체 시 단위당 기회원가***
>
> * 공급사업부는 외부판매기회가 있으므로 내부대체 시 외부판매기회를 포기할 수 있다.

핵심 Check 단위당 기회원가

> 단위당 기회원가는 총기회원가를 계산한 후 대체수량으로 나누어 계산해야 한다.

여기서 증분원가와 기회원가는 모두 관련원가로서 증분원가는 대체하려는 재화나 용역 생산에 수반되는 추가원가를 말하며, 대체 시 기회원가는 대체로 인하여 포기하는 원가를 의미한다.

또한, 공급사업부 입장에서 대체거래는 구매사업부로부터 특별주문을 제안받는 것과 동일하다. 즉, 최소대체가격은 구매사업부로부터의 특별주문 제안을 수락하기 위한 최소판매가격과 동일하여 관련원가분석의 특별주문수락에 대한 의사결정모형을 이용하여 해결할 수도 있다.

관련원가분석모형

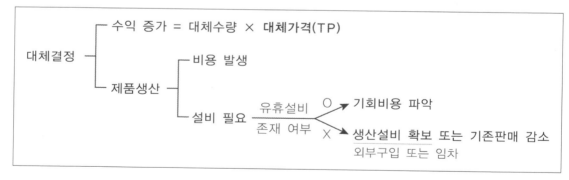

(주)한국의 부품사업부는 현재 1,000단위의 부품을 생산하여 외부시장에 판매하고 있다. 부품사업부의 관련 정보는 다음과 같다.

단위당 외부판매가격	₩100
단위당 변동제조원가	50
단위당 변동판매비	10
고정제조원가	50,000
고정판매관리비	30,000

최근 사내 조립사업부로부터 500단위의 부품을 구입하겠다는 제의를 받았다(단, 사내대체의 경우에는 변동판매비가 발생하지 않는다).

요구사항

❶ 부품사업부의 최대생산능력은 1,500단위이며 여유생산설비를 활용할 수 있는 기회는 없다. 최소대체가격을 구하시오.

❷ 부품사업부의 최대생산능력은 1,500단위이며 여유생산설비를 임대하여 ₩1,500의 임대수익을 얻고 있다. 최소대체가격을 구하시오.

❸ 부품사업부의 최대생산능력은 1,200단위이며 대체로 인한 부족한 설비를 구입하거나 임차할 수 없다. 최소대체가격을 구하시오.

❹ 부품사업부의 최대생산능력은 1,000단위이며 대체로 인한 부족한 설비를 구입하거나 임차할 수 없다. 최소대체가격을 구하시오.

풀이

공급사업부의 단위당 판매가격, 변동원가 및 공헌이익과 구매사업부와의 관계를 정리하면 다음과 같다.

	공급사업부			구매사업부
	외부판매	사내대체	→	
단위당 판매가격	₩100	TP		
단위당 변동원가	50 + 10	₩50		TP
단위당 공헌이익	₩40			
최대조업도	?			
외부판매량	1,000단위			
여유조업도	?			

❶ 여유생산설비를 활용할 수 있는 기회가 없는 경우

(1) 단위당 증분원가

사내대체의 경우에는 변동판매비가 발생하지 않으므로 변동제조원가만 발생한다.

(2) 단위당 기회원가

여유생산설비를 활용할 수 있는 기회가 없으므로 기회원가는 없다.

(3) 최소대체가격

단위당 증분원가 + 단위당 기회원가

= ₩50 + ₩0 = ₩50

[별해] 특별주문 제안을 수락하기 위한 최소판매가격(TP)

증분수익	매출	500단위 × TP
증분비용	변동제조원가 500단위 × ₩50 =	25,000
증분이익		500단위 × TP − ₩25,000 ≥ ₩0

∴ TP ≥ ₩50이므로 최소대체가격(TP)은 ₩50이다.

❷ 여유생산설비를 활용하여 임대수익 ₩1,500을 얻고 있는 경우

(1) 단위당 증분원가

사내대체의 경우에는 변동판매비가 발생하지 않으므로 변동제조원가만 발생한다.

(2) 단위당 기회원가

대체를 하게 되면 임대수익 ₩1,500을 포기해야 한다.

(3) 최소대체가격

단위당 증분원가 + 단위당 기회원가

$= ₩50 + \dfrac{₩1,500}{500단위} = ₩53$

[별해] 특별주문 제안을 수락하기 위한 최소판매가격(TP)

증분수익	매출	500단위 × TP
	임대수익 포기	₩(1,500)
증분비용	변동제조원가 500단위 × ₩50 =	25,000
증분이익		500단위 × TP − ₩26,500 ≥ ₩0

∴ TP ≥ ₩53이므로 최소대체가격(TP)은 ₩53이다.

❸ 최대생산능력이 1,200단위이며 대체로 인한 부족한 설비를 구입하거나 임차할 수 없는 경우

(1) 단위당 증분원가

사내대체의 경우에는 변동판매비가 발생하지 않으므로 변동제조원가만 발생한다.

(2) 단위당 기회원가

여유생산능력이 200단위(= 1,200단위 − 1,000단위)이므로 대체를 하게 되면 300단위만큼의 생산능력이 부족하다. 또한, 설비를 구입하거나 임차할 수 없으므로 외부판매량을 300단위만큼 포기해야 한다.

(3) 최소대체가격

단위당 증분원가 + 단위당 기회원가

$= ₩50 + \dfrac{300단위 × (₩100 − ₩50 − ₩10)}{500단위}$

= ₩50 + ₩24 = ₩74

[별해] 특별주문 제안을 수락하기 위한 최소판매가격(TP)

증분수익	매출		500단위 × TP
	외부판매 포기	300단위 × ₩40 =	₩(12,000)
증분비용	변동제조원가	500단위 × ₩50 =	25,000
증분이익			500단위 × TP − ₩37,000 ≥ ₩0

∴ TP ≥ ₩74이므로 최소대체가격(TP)은 ₩74이다.

4 최대생산능력이 1,000단위이며 대체로 인한 부족한 설비를 구입하거나 임차할 수 없는 경우

(1) 단위당 증분원가

사내대체의 경우에는 변동판매비가 발생하지 않으므로 변동제조원가만 발생한다.

(2) 단위당 기회원가

여유생산능력이 없고 설비를 구입하거나 임차할 수 없으므로 대체를 하게 되면 외부판매량을 500단위만큼 포기해야 한다.

(3) 최소대체가격

단위당 증분원가 + 단위당 기회원가

$$= ₩50 + \frac{500단위 \times (₩100 - ₩50 - ₩10)}{500단위}$$

$$= ₩50 + ₩40 = ₩90$$

[별해] 특별주문 제안을 수락하기 위한 최소판매가격(TP)

증분수익	매출		500단위 × TP
	외부판매 포기	500단위 × ₩40 =	₩(20,000)
증분비용	변동제조원가	500단위 × ₩50 =	25,000
증분이익			500단위 × TP − ₩45,000 ≥ ₩0

∴ TP ≥ ₩90이므로 최소대체가격(TP)은 ₩90이다.

02 구매사업부 (최대)대체가격

구매사업부 입장에서 대체거래는 구매활동이므로 대체가격은 원가로 인식된다. 따라서 구매사업부는 가급적 낮은 가격을 요구할 것이며 대체로 인하여 손실이 발생하지 않도록 최대한 지급할 수 있는 가격을 주장할 것이다. 따라서 구매사업부의 대체가격을 최대대체가격이라 하며 다음과 같이 계산할 수 있다.

> **최대대체가격 = Min[단위당 지불가능금액*¹, 단위당 외부구입가격*²]**
>
> *1 추가가공 후 판매하는 경우(최종판매가격 − 추가원가)
> *2 공급사업부는 외부구입기회가 있으므로 내부대체 시 외부구입가격과 비교해야 한다.

구매사업부는 대체받은 부품을 추가가공하여 최종제품을 판매한다. 따라서 단위당 지불가능금액은 대체받으려는 부품에 대해서 지불할 수 있는 최대금액을 의미하며 최종제품의 판매가격에서 추가원가를 차감한 금액을 말한다. 또한, 구매사업부는 부품을 외부에서도 구입할 수 있으므로 공급사업부에 주장하는 가격은 최대지불가능금액과 외부구입가격 중 낮은 금액이 될 것이다.

예제 2: 구매사업부 최대대체가격

(주)한국의 조립사업부는 최종제품 500단위를 생산·판매하고 있다. 현재 필요한 부품은 모두 외부시장에서 부품 단위당 ₩80에 구입하고 있다. 조립사업부의 기타 관련 정보는 다음과 같다.

단위당 외부판매가격	₩200
단위당 변동제조원가	50(추가가공원가)
단위당 변동판매비	20
고정제조원가	25,000
고정판매관리비	없음

조립사업부의 책임자는 필요한 부품을 사내 부품사업부로부터 구매를 검토하고 있다.

요구사항

❶ 최종제품 1단위 생산을 위해서 부품 1단위가 소요된다. 최대대체가격을 구하시오.
❷ 최종제품 1단위 생산을 위해서 부품 2단위가 소요된다. 최대대체가격을 구하시오.

풀이

구매사업부의 단위당 판매가격, 변동원가 및 공헌이익과 공급사업부와의 관계를 정리하면 다음과 같다. 구매사업부의 변동원가에는 추가가공원가와 변동판매비가 추가된다.

	공급사업부			구매사업부
	외부판매	사내대체	→	
단위당 판매가격	₩?	TP		₩200
단위당 변동원가	?	₩?		TP + ₩50 + ₩20
단위당 공헌이익	₩?			↑
				외부구입가격 ₩80
최대조업도	?			
외부판매량	?			
여유조업도	?			

1 최종제품 1단위 생산을 위해서 부품 1단위가 소요되는 경우

(1) 단위당 지출가능금액

최종판매가격 − 추가원가

= ₩200 − ₩50 − ₩20 = ₩130

(2) 단위당 외부구입가격

₩80

(3) 최대대체가격

Min[₩130, ₩80] = ₩80

[별해] 최대지불가능금액은 다음과 같이 구할 수 있다.

증분수익	매출	500단위 × ₩200 =	₩100,000
증분비용	대체가격		500단위 × TP
	변동제조원가	500단위 × ₩50 =	25,000
	변동판매비	500단위 × ₩20 =	10,000
증분이익			₩65,000 − 500단위 × TP ≥ ₩0

→ TP ≤ ₩130이므로 최대지불가능금액은 ₩130이다.

∴ 최대대체가격은 Min[₩130, ₩80]이므로, 최대대체가격은 ₩80이다.

2 최종제품 1단위 생산을 위해서 부품 2단위가 소요되는 경우

(1) 단위당 지출가능금액

$$\frac{최종판매가격 − 추가원가}{2단위}$$

$$= \frac{₩200 − ₩50 − ₩20}{2단위} = ₩65$$

(2) 단위당 외부구입가격

₩80

(3) 최대대체가격

Min[₩65, ₩80] = ₩65

[별해] 최대지불가능금액은 다음과 같이 구할 수 있다.

증분수익	매출	500단위 × ₩200 =	₩100,000
증분비용	대체가격		500단위 × (2 × TP)
	변동제조원가	500단위 × ₩50 =	25,000
	변동판매비	500단위 × ₩20 =	10,000
증분이익			₩65,000 − 1,000단위 × TP ≥ ₩0

→ TP ≤ ₩65이므로 최대지불가능금액은 ₩65이다.

∴ 최대대체가격은 Min[₩65, ₩80]이므로, 최대대체가격은 ₩65이다.

🔲03 대체가격의 범위결정

지금까지 공급사업부의 최소대체가격과 구매사업부의 최대대체가격을 살펴보았다. 목표일치성기준에 의하면 개별사업부의 의사결정이 회사 전체의 목표를 극대화할 수 있는 상황에서 이루어져야 하므로 최소대체가격과 최대대체가격을 이용하여 회사 전체 입장에서 대체가 유리한 대체가격의 범위를 설정할 수 있다.

1. 최소대체가격과 최대대체가격의 관계

[상황 1] 최소대체가격이 최대대체가격보다 작은 경우(최소대체가격 < 최대대체가격)

공급사업부는 가격이 높을수록 유리하므로 최소대체가격은 대체가격의 하한선이 되며 구매사업부는 가격이 낮을수록 유리하므로 최대대체가격은 대체가격의 상한선이 된다. 따라서, 대체가격의 범위는 다음과 같이 나타낼 수 있다.

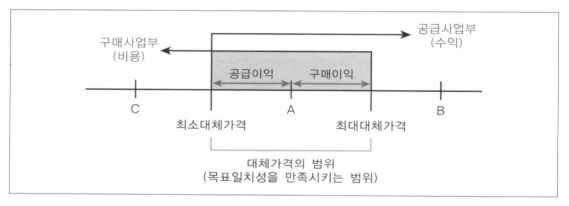

개별사업부와 회사 전체 입장에서의 대체거래가 미치는 영향은 다음과 같다.

구분	공급사업부	구매사업부	회사 전체
A점	이익 발생	이익 발생	대체가 유리
B점	이익 발생	손실 발생	대체가 유리
C점	손실 발생	이익 발생	대체가 유리

즉, 최소대체가격이 최대대체가격보다 작은 경우 회사 전체 입장에서 대체가 유리하다. 그러나 대체가격이 A점에서 결정되는 경우 두 사업부 모두 이익이 발생하므로 목표일치성이 달성되지만, B점 또는 C점에서 결정되는 경우 어느 한 사업부에서는 손실이 발생하므로 준최적화현상이 발생한다.

[상황 2] 최소대체가격이 최대대체가격보다 큰 경우(최소대체가격 > 최대대체가격)

대체가격의 범위는 다음과 같이 나타낼 수 있다.

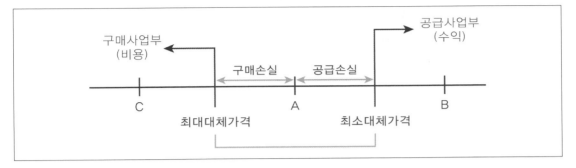

개별사업부와 회사 전체 입장에서의 대체거래가 미치는 영향은 다음과 같다.

구분	공급사업부	구매사업부	회사 전체
A점	손실 발생	손실 발생	대체가 불리
B점	이익 발생	손실 발생	대체가 불리
C점	손실 발생	이익 발생	대체가 불리

즉, 최소대체가격이 최대대체가격보다 큰 경우 회사 전체 입장에서 대체가 불리하다.

2. 대체거래가 회사 전체 이익에 미치는 영향

최소대체가격은 대체가격의 하한선을 결정하고 최대대체가격은 대체가격의 상한선을 결정하므로 최소대체가격이 최대대체가격보다 작은 경우 회사 전체 입장에서 대체하는 것이 유리하다. 또한, 대체거래가 회사 전체 이익에 미치는 영향은 다음과 같이 계산할 수 있다.

> 대체수량 × (최대대체가격 – 최소대체가격)

(주)한국은 분권화된 사업부 A와 B를 운영하고 있다. 사업부 A에서 생산되는 제품 X는 사업부 B에 대체하거나 외부시장에 판매할 수 있다.

(1) 사업부 A에 대한 관련 자료

단위당 외부판매가격	₩50
단위당 변동원가	30(변동판매비 포함)
연간 고정원가	10,000
연간 최대생산능력	1,000단위

(2) 사업부 B에 대한 관련자료

단위당 외부판매가격	₩100
단위당 변동제조원가	50(추가가공원가)
연간 고정원가	15,000
연간 최대생산능력	1,000단위

사업부 B는 제품 X를 주요부품으로 사용하여 완제품을 생산하고 있으며 공급처는 자유롭게 선택할 수 있다. 현재 사업부 A는 1,000단위의 제품 X를 전량 외부시장에 판매하고 있으며 사업부 B에서는 연간 200단위의 제품 X를 단위당 ₩45의 가격으로 외부공급업자로부터 구입하고 있다. 만일 사업부 A가 제품 X를 사업부 B에 대체한다면 단위당 ₩10의 변동판매비를 절감할 수 있다(단, 사업부 A의 경우 내부대체 시 대체수량만큼 외부판매량을 포기해야 한다).

요구사항

❶ 제품 X의 대체가격범위를 결정하시오.

❷ 대체로 인한 회사 전체의 이익증감액을 구하시오.

❸ 위 물음과 별도로 회사는 사업부 A의 외부시장가격을 조정하려고 한다. 기업 전체 입장에서 내부대체 여부와 관계없이 동일한 이익을 유지하기 위한 사업부 A의 외부시장가격을 구하시오.

[풀이]

구매사업부와 공급사업부의 단위당 판매가격, 변동원가 및 공헌이익과 사업부 간의 관계를 정리하면 다음과 같다. 대체거래 시 공급사업부의 단위당 판매비 ₩10이 절감된다.

	공급사업부		→	구매사업부
	외부판매	사내대체		
단위당 판매가격	₩50	TP		₩100
단위당 변동원가	30	₩30 − ₩10		TP + ₩50
단위당 공헌이익	₩20			↑
최대조업도	1,000단위			외부구입가격 ₩45
외부판매량	1,000단위			
여유조업도	없음			

1 대체가격범위

1. 최소대체가격

(1) 단위당 증분원가

사내대체의 경우에는 변동판매비가 발생하지 않으므로 변동제조원가만 발생한다.

(2) 단위당 기회원가

여유생산설비가 없으므로 외부판매 200단위를 포기한다.

(3) 최소대체가격

단위당 증분원가 + 단위당 기회원가

$$= (₩30 - ₩10) + \frac{200단위 \times (₩50 - ₩30)}{200단위}$$

$$= ₩20 + ₩20 = ₩40$$

[별해] 특별주문 제안을 수락하기 위한 최소판매가격(TP)

증분수익	매출		200단위 × TP
증분비용	변동제조원가	200단위 × ₩20 =	4,000
	외부판매포기	200단위 × ₩20 =	4,000
증분이익			200단위 × TP − ₩8,000 ≥ ₩0

∴ TP ≥ ₩40이므로 최소대체가격(TP)은 ₩40이다.

2. 최대대체가격

(1) 단위당 지출가능금액

최종판매가격 − 추가원가

= ₩100 − ₩50 = ₩50

(2) 단위당 외부구입가격

₩45

(3) 최대대체가격

Min[₩50, ₩45] = ₩45

[별해] 최대지불가능금액은 다음과 같이 구할 수 있다.

증분수익	매출	200단위 × ₩100 =	₩20,000
증분비용	대체가격		200단위 × TP
	변동제조원가	200단위 × ₩50 =	10,000
증분이익			₩10,000 − 200단위 × TP ≥ ₩0

→ TP ≤ ₩50이므로 최대지불가능금액은 ₩50이다.

∴ 최대대체가격은 Min[₩50, ₩45]이므로, 최대대체가격은 ₩45이다.

3. 대체가격 범위

최소대체가격은 ₩40이고 최대대체가격이 ₩45이므로 다음과 같이 나타낼 수 있다.

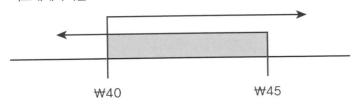

2 대체로 인한 회사 전체의 이익증감액

대체로 인한 이익 = 대체수량 × (최대대체가격 − 최소대체가격)

= 200단위 × (₩45 − ₩40) = ₩1,000

[별해] 회사 전체 입장에서 대체 여부는 제품 X의 자가제조(대체) 및 외부구입 의사결정과 유사하다. 따라서, 다음과 같이 관련원가분석을 이용하여 계산할 수도 있다.

즉, 자가제조(대체)의 경우 여유조업도 부족으로 인하여 외부판매수량 200단위를 포기해야 한다.

증분수익	외부판매포기	200단위 × ₩20 =	₩(4,000)
증분비용	구입비용 감소	200단위 × ₩45 =	₩(9,000)
	변동제조원가	200단위 × ₩20 =	4,000
증분이익			₩1,000 ≥ ₩0

3 회사 전체 이익이 동일하게 유지되는 사업부 A의 외부판매가격

내부대체 여부와 관계없이 회사 전체 이익이 동일하려면 최소대체가격과 최대대체가격이 동일해야 한다. 따라서 최소대체가격은 최대대체가격인 ₩45가 되어야 한다.

외부판매가격을 P라 하면 최소대체가격은 다음과 같다.

₩45 = 단위당 증분원가 + 단위당 기회원가

$$₩45 = (₩30 − ₩10) + \frac{200단위 × (P − ₩30)}{200단위}$$

∴ 외부구입가격 P는 ₩55이다.

[별해] 회사 전체 이익이 동일하게 유지되는 사업부 A의 외부판매가격(P)

내부대체(특별주문수락)로 인하여 손실이 발생하면 안되므로 증분이익이 ₩0이 되는 외부판매가격을 계산한다.

증분수익	내부대체매출	200단위 × ₩45 =	₩9,000
	외부판매포기	200단위 × (P − ₩30) =	(200단위 × P − ₩6,000)
증분비용	변동제조원가	200단위 × ₩20 =	4,000
증분이익			₩11,000 − 200단위 × P = ₩0

∴ 외부판매가격(P)은 ₩55이다.

3 국제대체가격

01 다국적기업의 경영환경

다국적기업(multinational corporation)이란 어느 한 국가에 본사를 두고 하나 이상의 다른 국가에 자회사를 설치하여 운영하는 기업을 말한다. 다국적기업의 대체거래는 결국 국가 간 거래로써 대체가격결정과정에서 수입관세, 국제조세, 국가 간 자금 이전에 따른 제도적인 차이를 추가적으로 고려해야 한다.

02 다국적기업의 대체가격결정

일반적으로 국가별 법인세율은 동일하지 않다. 따라서 국가 간 거래에서 발생할 수 있는 여러 사항 중에 각국의 법인세를 고려한다면 회사 전체 입장에서 총법인세를 최소화하는 방향으로 대체가격을 결정하는 것이 바람직하다. 즉, 법인세율이 낮은 국가에 위치한 사업부에 더 많은 이익이 배분되도록 대체가격을 결정하여 회사 전체 총법인세 지출금액을 절감할 수 있다.

예제 4: 다국적기업의 대체가격결정

(주)한국은 제품 A를 생산·판매하는 회사로서 세계 각국에 사업부를 두고 있는 다국적기업이다. 이 중 중국사업부는 한국사업부로부터 제품 A를 수입하여 중국 내 시장에서 판매하고 있다. 올해 초 중국사업부는 한국사업부로부터 100단위의 제품 A를 수입하여 판매하려고 한다(단, 한국사업부와 중국사업부 모두 고정판매비는 없으며 재고는 보유하지 않는다).

각국의 관련 자료는 다음과 같다.

	한국사업부		중국사업부
단위당 판매가격	–		₩700
단위당 제조원가			
변동원가	₩100		
고정원가	200	₩300	–
단위당 변동판매비		50	100
법인세율		30%	50%
수입관세율		–	10
(수입액의 일정비율)			

또한, 중국의 수입가격의 허용범위는 ₩400에서 ₩500까지이며 수입상품에 대한 관세는 법인세 계산 시 소득에서 공제한다.

요구사항

❶ 대체가격이 ₩400인 경우 각국의 세후영업이익을 구하시오.

❷ 대체가격이 ₩500인 경우 각국의 세후영업이익을 구하시오.

❸ 회사 전체 이익을 극대화할 수 있는 대체가격을 구하시오.

[풀이]

(1) 주어진 대체가격의 범위에서 회사 전체의 세후순이익을 계산해야 하므로 각국의 포괄손익계산서를 작성한다.

(2) 한국사업부의 매출액은 중국사업부의 수입금액이다.

(3) 수입관세는 법인세 계산 시 소득에서 공제하므로 수입 관련 부대비용으로 매입원가에 가산하여 처리한다.

❶ 대체가격이 ₩400인 경우 각국의 세후영업이익

	한국사업부		중국사업부	
매출액	100단위 × ₩400 =	₩40,000	100단위 × ₩700 =	₩70,000
매출원가	100단위 × ₩300 =	(30,000)		(40,000)[*1]
			₩40,000 × 10% =	(4,000)[*2]
매출총이익		₩10,000		₩26,000
판매관리비	100단위 × ₩50 =	(5,000)	100단위 × ₩100 =	(10,000)
영업이익		₩5,000		₩16,000
법인세	₩5,000 × 30% =	(1,500)	₩16,000 × 50% =	(8,000)
세후이익		₩3,500		₩8,000

[*1] 한국사업부의 매출액은 중국사업부의 수입금액이다.
[*2] 관세는 수입부대비용이므로 매입원가에 가산한다.

∴ 회사 전체의 세후순이익은 ₩3,500 + ₩8,000 = ₩11,500이다.

❷ 대체가격이 ₩500인 경우 각국의 세후영업이익

	한국사업부		중국사업부	
매출액	100단위 × ₩500 =	₩50,000	100단위 × ₩700 =	₩70,000
매출원가	100단위 × ₩300 =	(30,000)		(50,000)
			₩50,000 × 10% =	(5,000)
매출총이익		₩20,000		₩15,000
판매관리비	100단위 × ₩50 =	(5,000)	100단위 × ₩100 =	(10,000)
영업이익		₩15,000		₩5,000
법인세	₩15,000 × 30% =	(4,500)	₩5,000 × 50% =	(2,500)
세후이익		₩10,500		₩2,500

∴ 회사 전체의 세후순이익은 ₩10,500 + ₩2,500 = ₩13,000이다.

❸ 회사 전체 이익을 극대화할 수 있는 대체가격

대체가격이 ₩400인 경우 회사 전체 세후순이익은 ₩11,500이고 대체가격이 ₩500인 경우 회사 전체 세후순이익은 ₩13,000이므로 대체가격을 ₩500으로 결정하는 것이 회사 전체 입장에서 유리하다.

4 일반적인 가격결정

01 의의

경영자 입장에서 다양한 의사결정과 안정적인 회사운영을 위해서 제품의 가격을 결정하는 것은 매우 중요한 문제이다. 또한, 가격을 결정하기 위해서는 정확한 원가계산이 선행되어야 하며 제도적 환경, 경쟁자 및 기타 외부환경요인에 의해서도 영향을 받기 때문에 여러 상황을 고려하여 합리적으로 결정해야 한다.

대표적인 가격결정요소는 다음과 같다.

- 고객
- 경쟁기업
- 원가

02 가격결정방법

1. 경제학적 접근방법

경제학에서의 이익과 손실은 증분개념을 이용한 총수익곡선과 총비용곡선과의 관계에서 찾아볼 수 있으며 이익이 극대화되는 수량은 한계수익과 한계비용이 일치하는 점에서 결정된다. 또한, 완전 경쟁시장에서의 가격은 시장에서 결정되고 경쟁자가 없는 독점기업 등은 스스로 가격을 결정할 수 있다.

① 장점
- 이론적으로 우수한 방법이다.

② 단점
- 수익 및 원가함수를 정확히 파악하기 힘들다.
- 가격결정과정에 많은 시간과 비용이 요구된다.

제12장 해커스 允원가관리회계

대체가격결정

2. 회계학적 접근방법

회계학적 원가와 달성하고자 하는 이익의 수준에 따라 가격을 결정하는 것으로 널리 사용되는 방법이다. 이는 원가에 일정 수준의 금액*을 가산하는 방법으로 원가는 원가행태에 따라 변동원가와 전부원가로 구분할 수 있으며 가격결정의 목적에 따라 제조원가뿐만 아니라 제조 이전과 제조 이후에 발생하는 원가를 포함할 수도 있다.

* 할증액(markup): 원가에 가산하는 금액과 비율을 각각 할증액(markup)과 할증률(markup rate)이라 하며 원가의 기준에 따라 달라진다.

① 장점
  • 회계적 자료를 이용할 수 있어 쉽고 빠르게 적용할 수 있다.

② 단점
  • 공통원가를 배분하는 과정에서 과도한 이익이 가산될 수 있다.
  • 이익을 가산하는 과정에서 경쟁자와 제도적 규제를 무시할 수 없다.

(1) 제조원가접근법(또는 전부원가접근법)

이 방법은 제조원가에 일정한 수준의 금액을 가산하여 가격을 결정하는 방법이다. 할증액은 이익뿐만 아니라 판매관리비까지 회수할 수 있어야 한다.

$$가격 = 단위당\ 전부원가 + 단위당\ 전부원가 \times 할증률^*$$

$$^*\ 할증률 = \frac{판매관리비 + 목표이익}{전부원가}$$

(2) 변동원가접근법

이 방법은 변동원가에 일정한 수준의 금액을 가산하여 가격을 결정하는 방법이다. 할증액은 이익뿐만 아니라 고정원가까지 회수할 수 있어야 한다.

$$가격 = 단위당\ 변동원가 + 단위당\ 변동원가 \times 할증률^*$$

$$^*\ 할증률 = \frac{고정원가 + 목표이익}{변동원가}$$

(3) 총원가접근법

이 방법은 총원가에 일정한 수준의 금액을 가산하여 가격을 결정하는 방법이다. 할증액은 이익을 회수할 수 있어야 한다.

$$가격 = 단위당\ 총원가 + 단위당\ 총원가 \times 할증률^*$$

$$^*\ 할증률 = \frac{목표이익}{총원가}$$

(주)한국은 당기 생산·판매량을 100단위로 예상하고 있으며 제품에 대한 가격을 원가가산방법으로 결정하고자 한다. 다음은 가격결정을 위한 (주)한국의 원가자료이다.

	변동원가	고정원가
직접재료원가	₩500	–
직접노무원가	300	–
제조간접원가	200	₩100,000
판매관리비	300	200,000
	₩1,300	₩300,000

회사의 총투자액은 ₩1,000,000이고 목표투자수익률(ROI)은 5%로 예상하고 있다.

요구사항

❶ 제조원가접근법을 적용하여 목표가격을 구하시오.
❷ 변동원가접근법을 적용하여 목표가격을 구하시오.
❸ 총원가접근법을 적용하여 목표가격을 구하시오.

[풀이]

(1) 목표이익
   목표투자수익률이 5%이므로 목표이익은 ₩1,000,000 × 5% = ₩50,000이다.
(2) 각 방법의 할증액과 할증률
   ① 제조원가접근법
   - 할증액 = 판매관리비 + 목표이익
      = (₩300 × 100단위 + ₩200,000) + ₩50,000 = ₩280,000
   - 할증률 = $\dfrac{\text{할증액}}{\text{전부원가}}$ = $\dfrac{₩280,000}{₩1,000 × 100단위 + ₩100,000}$ = 140%

   ② 변동원가접근법
   - 할증액 = 고정원가 + 목표이익
      = (₩100,000 + ₩200,000) + ₩50,000 = ₩350,000
   - 할증률 = $\dfrac{\text{할증액}}{\text{변동원가}}$ = $\dfrac{₩350,000}{₩1,300 × 100단위}$ = 269%

   ③ 총원가접근법
   - 할증액 = 목표이익 = ₩50,000
   - 할증률 = $\dfrac{\text{할증액}}{\text{총원가}}$ = $\dfrac{₩50,000}{₩1,300 × 100단위 + ₩300,000}$ = 11.6%

❶ 제조원가접근법(또는 전부원가접근법)

(1) 단위당 전부원가

$$(₩500 + ₩300 + ₩200) + \frac{₩100,000}{100단위} = ₩2,000$$

(2) 목표가격

전부원가 + 전부원가 × 할증률

$$= ₩2,000 + ₩2,000 × 140\% = ₩4,800$$

❷ 변동원가접근법

(1) 단위당 변동원가

₩1,300

(2) 목표가격

변동원가 + 변동원가 × 할증률

$$₩1,300 + ₩1,300 × 269\% = ₩4,800$$

❸ 총원가접근법

(1) 단위당 총원가

$$₩1,300 + \frac{₩300,000}{100단위} = ₩4,300$$

(2) 목표가격

총원가 + 총원가 × 할증률

$$= ₩4,300 + ₩4,300 × 11.6\% = ₩4,800$$

01 (주)서울은 분권화된 사업부 甲과 乙을 이익중심점으로 설정하고 있다. 사업부 甲에서 생산되는 제품 A는 사업부 乙에 대체하거나 외부시장에 판매할 수 있으며, 관련원가 자료가 다음과 같이 제시되어 있다. 사업부 乙은 제품 A를 주요부품으로 사용하여 완제품을 생산하고 있으며, 공급처는 자유로이 선택할 수 있다. 현재 사업부 甲은 100,000단위의 제품 A를 생산하여 전부 외부시장에 판매하고 있으며, 사업부 乙에서는 연간 50,000단위의 제품 A를 단위당 ₩42의 가격으로 외부공급업자로부터 구입하고 있다. 만일 사업부 甲이 제품 A를 사업부 乙에 사내대체한다면 단위당 ₩8의 판매비와 관리비를 절감할 수 있다고 할 때, 제품 A의 사내대체가격범위를 결정하면 어느 것인가?

단위당 외부판매가격	₩45
단위당 변동원가	30(변동판매관리비 포함)
연간고정원가	1,000,000
연간최대생산능력	100,000단위

① ₩15와 ₩22 사이 ② ₩22와 ₩30 사이 ③ ₩30과 ₩37 사이
④ ₩37과 ₩42 사이 ⑤ ₩42와 ₩45 사이

02 (주)대한은 무선비행기 생산부문과 엔진 생산부문으로 구성되어 있다. 엔진 생산부문에서는 무선비행기 생산에 사용하는 엔진을 자체생산하며, 엔진 1개당 ₩100의 변동원가가 발생한다. 외부업체가 (주)대한의 무선비행기 생산부문에 연간 사용할 20,000개의 엔진을 1개당 ₩90에 납품하겠다고 제의했다. 이 외부 납품 엔진을 사용하면 무선비행기 생산부문에서는 연간 ₩100,000의 고정원가가 추가로 발생한다. 엔진 생산부문은 자체 생산 엔진을 외부에 판매하지 못한다. 각 부문이 부문이익을 최대화하기 위하여 자율적으로 의사결정을 한다면 사내대체가격의 범위에 대한 설명으로 옳은 것은?

[세무사 09]

① 사내대체가격이 ₩85에서 ₩100 사이에 존재한다.
② 사내대체가격이 ₩90에서 ₩100 사이에 존재한다.
③ 사내대체가격이 ₩95에서 ₩100 사이에 존재한다.
④ 사내대체가격의 범위는 존재하지 않는다.
⑤ 엔진 생산부문 사내대체가격의 하한은 ₩95이다.

03 (주)서울은 A사업부와 B사업부를 운영하고 있다. A사업부는 매년 B사업부가 필요로 하는 부품 1,000개를 단위당 ₩2,000에 공급한다. 동 부품의 단위당 변동원가는 ₩1,900이며 단위당 고정원가는 ₩200이다. 다음 연도부터 A사업부가 부품 단위당 공급가격을 ₩2,200으로 인상할 계획을 발표함에 따라, B사업부도 동 부품을 외부업체로부터 단위당 ₩2,000에 구매하는 것을 고려하고 있다. B사업부가 외부업체로부터 부품을 단위당 ₩2,000에 공급받는 경우 A사업부가 생산설비를 다른 생산활동에 사용하면 연간 ₩150,000의 현금운영원가가 절감된다.

(1) A사업부가 부품을 B사업부에 공급하는 경우, 대체가격(transfer price)은 얼마인가? 단, 대체가격은 대체시점에서 발생한 단위당 증분원가와 공급사업부의 단위당 기회원가의 합계로 결정한다.

(2) B사업부가 부품을 외부업체로부터 공급받는 경우, (주)서울의 연간 영업이익 증가(감소)는 얼마인가?

[회계사 06]

	(1)		(2)	
①	대체가격	₩2,050	영업이익 감소	₩50,000
②	대체가격	₩2,050	영업이익 증가	₩50,000
③	대체가격	₩2,100	영업이익 감소	₩200,000
④	대체가격	₩2,100	영업이익 증가	₩50,000
⑤	대체가격	₩2,200	영업이익 증가	₩100,000

04 서울회사는 분권화된 사업부 A와 사업부 B를 이익중심점으로 설정하고 있다. 사업부 A는 중간제품을 생산하고 있는데, 연간 생산량의 20%를 사업부 B에 대체하고 나머지는 외부시장에 판매하고 있다. 사업부 A의 연간 최대생산능력은 10,000단위로서, 전량을 외부시장에 판매할 수 있다. 사업부 A에서 생산되는 중간제품의 변동제조원가는 단위당 ₩450이며, 외부판매 시에만 변동판매비와 관리비가 단위당 ₩10이 발생한다. 고정원가는 생산량·판매량에 상관없이 항상 일정한 금액으로 유지된다. 사업부 A는 그동안 사업부 B에 대체해 오던 2,000단위의 중간제품을 내년도부터 단위당 ₩750의 가격으로 외부시장에 판매할 수 있게 되었다. 또한 사업부 B는 중간제품을 외부공급업자로부터 단위당 ₩820의 가격으로 구입할 수 있다. 서울회사는 사업부 경영자들에게 판매처 및 공급처를 자유로이 선택할 수 있는 권한을 부여하고 있다. 만일, 사업부 A가 사업부 B에 대체해 오던 중간제품 2,000단위를 외부시장에 판매하고 사업부 B는 외부공급업자로부터 구입한다면, 기존의 정책에 비하여 회사 전체의 입장에서는 어떤 변화가 초래되겠는가?　[세무사 00]

① ₩140,000의 이익 감소를 초래한다.
② ₩160,000의 이익 감소를 초래한다.
③ ₩160,000의 이익 증가를 초래한다.
④ ₩140,000의 이익 증가를 초래한다.
⑤ 개별사업부의 이익수치가 달라질 뿐, 회사 전체의 이익에는 변동이 초래되지 않는다.

05 (주)한국은 사업부 A와 B를 운영하고 있다. 사업부 A는 부품을 생산하여 외부시장에 판매하거나 이를 사업부 B에 대체하여 완제품을 생산하도록 할 수 있다. (주)한국은 사업부들을 이익중심점별로 분권화하여 사업부 관리자들에게 판매처 및 공급처를 선택할 수 있는 권한을 부여하고 있다. 회사 정책상 사업부 간의 모든 거래는 변동원가를 대체가격으로 사용하고 있다. 사업부 A는 현재 100,000단위의 제품을 생산하여 외부에 80,000단위를 판매하고 나머지 20,000단위는 사업부 B에 대체하고 있다. 관련 자료는 아래와 같다.

단위당 판매가격	₩100
단위당 변동원가	45
총고정원가	2,000,000

사업부 A는 그동안 사업부 B에 대체해 오던 20,000단위의 부품을 차기에 단위당 ₩75으로 외부시장에 판매할 기회를 가지고 있으며, 사업부 B는 이를 단위당 ₩85에 외부공급업자로부터 구입할 수 있다. 사업부 A의 이익극대화를 위한 의사결정으로 적절한 것은 무엇인가?

① 기업 전체 매출총이익이 ₩200,000만큼 감소하기 때문에 내부대체한다.
② 사업부 A의 매출총이익이 ₩300,000만큼 증가하기 때문에 외부시장에 판매한다.
③ 사업부 A의 매출총이익이 ₩600,000만큼 증가하기 때문에 외부시장에 판매한다.
④ 사업부 B의 매출총이익이 ₩500,000만큼 감소하기 때문에 외부시장에 판매한다.
⑤ 사업부 B의 매출총이익이 ₩600,000만큼 감소하기 때문에 내부대체한다.

06 서울회사는 X사업부과 Y사업부로 구성되어 있다. X사업부가 생산된 부품을 전량 판매하기 위한 변동제조원가와 변동판매비는 각각 단위당 ₩1,650과 ₩200이다. X사업부가 Y사업부에 부품을 판매할 경우 변동판매비를 단위당 ₩60씩 절감할 수 있다. Y사업부는 부품을 X사업부나 외부로부터 구입할 수 있으며, 외부구입 시 단위당 ₩2,100이 소요된다. 내부대체 여부와 상관없이 기업 전체의 입장에서 이익이 동일하게 발생한다면 부품의 단위당 외부판매가격은 얼마이겠는가? [회계사 97]

① ₩1,790　　　　② ₩1,850　　　　③ ₩2,100
④ ₩2,160　　　　⑤ ₩2,240

대체가격결정

제12장

해커스 允원가관리회계

07 (주)국세는 두 사업부 X와 Y를 운영하고 있다. 사업부 X는 부품을 생산하고, 사업부 Y는 그 부품을 조립하여 완제품을 생산하고 있다. 부품과 완제품은 모두 외부시장이 존재하여 각 사업부는 이익중심점으로 운영되고 있고, 그동안 부품의 대체가격은 장기평균시장가격으로 결정하였다. 관련 자료는 다음과 같다.

완제품의 단위당 추정판매가격	₩220
부품의 단위당 장기평균판매가격	₩150
사업부 X의 단위당 변동원가	₩100
사업부 Y의 단위당 추가가공원가	₩80

현재 사업부 X에서는 다음의 두 대안을 고려하고 있다.

(대안 1) 외부판매가격을 단위당 ₩148으로 인하하고 10,000개의 부품을 시장판매한다.
(대안 2) 외부판매가격을 단위당 ₩150으로 하고 9,000개의 부품을 시장판매하며, 사업부 Y에 1,000개의 부품을 대체한다.

대안 2에서 사업부 X는 대체가격을 얼마로 결정해야 대안 1과 동일한 공헌이익을 얻을 수 있는가?

① ₩112   ② ₩120   ③ ₩130
④ ₩148   ⑤ ₩150

08 (주)국세는 이익중심점인 A사업부와 B사업부를 운영하고 있다. A사업부가 생산하는 부품 X는 전량 외부에 판매할 수 있으나 현재 B사업부에 1,000단위를 실시간으로 필요한 만큼 대체하고 있다. 회사는 증분원가에 기회원가를 가산한 금액으로 대체가격을 결정하고 있다. 부품 X의 변동제조원가와 변동판매비는 각각 단위당 ₩1,500, ₩300이며, 외부 판매가격은 단위당 ₩2,000이다. 단, 사내 대체 시에는 변동판매비는 발생하지 않는다. (주)한국은 B사업부에게 A사업부에게 구입하는 부품 X를 단위당 ₩1,500에 공급하겠다는 제안을 하였다. B사업부는 이 제안을 수용하게 되면 부품 보관을 위해 창고를 임차하여야 한다. 회사 전체 입장에서 (주)한국으로부터 부품 X를 공급받는 경우 지불할 수 있는 최대 임차료는 얼마인가?

① ₩200,000   ② ₩210,000   ③ ₩220,000

④ ₩260,000   ⑤ ₩300,000

09 (주)갑은 분권화된 사업부 1과 사업부 2를 이익중심점(이익책임단위)으로 설정하고 있다. 사업부 1은 반제품 A를 생산하여 사업부 2에 이전(대체)하거나 외부시장에 판매할 수 있다. 사업부 2가 제품 B를 생산하려면, 반제품 A를 사업부 1로부터 구입하여야 하며 외부시장에서 구입할 수는 없다.

반제품 A와 제품 B에 관한 단위당 자료는 다음과 같다.

사업부 1: 반제품 A의 생산·판매	사업부 2: 제품 B의 생산·판매
• 외부판매가격: ₩25 • 변동원가: ₩10	• 외부판매가격: ₩80 • 변동가공원가: ₩30 • 변동판매관리비: ₩5

만약 사업부 1이 유휴생산능력을 보유하고 있지 않다면, 두 사업부 간 이전거래(대체거래)가 이루어지는 반제품 A의 단위당 사내이전가격(사내대체가격)은 얼마인가?

[회계사 12]

① ₩10과 ₩15 사이   ② ₩10과 ₩25 사이   ③ ₩10과 ₩45 사이

④ ₩25와 ₩35 사이   ⑤ ₩25와 ₩45 사이

10 (주)세무는 분권화된 사업부 A와 B를 각각 이익중심점으로 설정하여 운영하고 있다. 현재 사업부 A는 부품 X를 매월 40,000단위 생산하여 단위당 ₩50에 전량 외부시장에 판매하고 있다. 사업부 A의 부품 X 생산에 관한 원가자료는 다음과 같다.

구분	금액/단위
단위당 변동제조원가	₩35
월간 최대생산능력	50,000단위

사업부 B는 최근에 신제품을 개발했으며, 신제품 생산을 위해서 사업부 A에 성능이 향상된 부품 Xplus를 매월 20,000단위 공급해 줄 것을 요청했다. 사업부 A가 부품 Xplus 1단위를 생산하기 위해서는 부품 X 2단위를 포기해야 하며, 부품 X의 변동제조원가에 단위당 ₩20의 재료원가가 추가로 투입된다. 부품 X의 외부 수요량은 매월 40,000단위로 제한되어 있다. 사업부 A가 현재의 영업이익을 감소시키지 않기 위해 사업부 B에 요구해야 할 부품 Xplus의 단위당 최소대체가격은?   [세무사 22]

① ₩66.25   ② ₩75.50   ③ ₩77.50

④ ₩80.25   ⑤ ₩85.50

11 (주)세무는 사업부 A와 B를 이익중심점으로 두고 있다. 사업부 A는 부품 S를 생산하여 사업부 B에 대체하거나 외부에 판매할 수 있으며, 사업부 B는 완제품 생산을 위해 필요한 부품 S를 사업부 A에서 구입하거나 외부에서 구입할 수 있다. 부품 S 1,000단위를 대체하는 경우 사업부 A의 단위당 최소대체가격은 ₩160이다. 부품 S 1,000단위를 내부대체하면 대체하지 않는 것에 비해 회사 전체 이익이 ₩50,000 증가한다. 이 경우 부품 S 1,000단위에 대한 사업부 B의 단위당 최대대체가격(M)과 대체로 인하여 증가하는 이익을 두 사업부가 균등하게 나눌 수 있는 대체가격(E)의 합(M + E)은?

[세무사 23]

① ₩370   ② ₩380   ③ ₩385

④ ₩390   ⑤ ₩395

제12장 | 객관식 문제 정답 및 해설

01 ④

	공급사업부		50,000단위	
	외부	대체	→	구매사업부
p	₩45	TP		–
vc	30	₩30 – ₩8		TP ← 외부구입가격 ₩42
cm		₩15		

(1) 甲사업부의 최소대체가격

증분수익		
매출 증가	50,000단위 × TP =	50,000TP
증분비용		
변동원가 증가	50,000단위 × 22 =	1,100,000
기회비용*	50,000단위 × 15 =	750,000
증분이익		₩50,000TP – ₩1,850,000 ≥ 0

* 여유조업도가 없으므로 대체를 위해서는 기존판매분을 감소시켜야 한다.

∴ TP ≥ ₩37

(2) 乙사업부의 최대대체가격

외부구입가격인 ₩42가 최대대체가격이다.

∴ 대체가격의 범위는 ₩37 ≤ TP ≤ ₩42

02 ④

	엔진사업부		20,000단위	무선비행기
	외부	대체	→	사업부
p	–	TP		–
vc	₩100	₩100		TP ← 외부구입가격 ₩90/단위
				(고정원가 ₩100,000 발생)

(1) 엔진사업부의 최소대체가격

외부판매의 기회가 없으므로 최소대체가격은 ₩100이다.

(2) 무선비행기사업부의 최대대체가격

① 사내대체가격은 최소한 외부구입가격보다 낮아야 하므로, 최대대체가격은 외부구입가격 ₩95(= ₩90 + ₩100,000 ÷ 20,000단위)이다.

② 최소대체가격이 최대대체가격을 상회하므로, 대체하여서는 안 된다.

∴ 사내대체가격의 범위는 존재하지 않는다.

03 ②   (1) A사업부의 최소대체가격

증분수익
  매출 증가   1,000단위 × TP =   1,000TP
증분비용
  변동원가 증가   1,000개 × ₩1,900 =   1,900,000
  기회비용   150,000
증분이익   ₩1,000TP − ₩2,050,000 ≥ 0

    ∴ TP ≥ ₩2,050

(2) 대체로 인한 회사 전체 영업이익의 증가분
    ① 최소대체가격(TP) ≥ ₩2,050
    ② 최대대체가격(TP) ≤ ₩2,000
    대체 시 1,000단위 × (₩2,000 − ₩2,050) = ₩50,000만큼 영업이익이 감소하므로, 대체를 하지 않을 경우 대체하는 경우보다 ₩50,000만큼 영업이익이 증가한다.

04 ②

	공급사업부		2,000단위	구매사업부
	외부	대체	→	
p	₩750	TP		
vc	450 + 10	₩450		TP ← 외부구입비용 ₩820
cm	₩290			

(1) A사업부의 최소대체가격

증분수익
  매출 증가   2,000단위 × TP =   2,000TP
증분비용
  변동원가 증가   2,000단위 × ₩450 =   900,000
  기회비용*   2,000단위 × ₩290 =   580,000
증분이익   ₩2,000TP − ₩1,480,000 ≥ 0

  * 여유조업도가 없으므로 대체를 위해서는 기존판매분을 감소시켜야 한다.
    ∴ 최소대체가격은 TP ≥ ₩740

(2) B사업부의 최대대체가격
    외부구입가격인 ₩820이다.
  ∴ 대체로 인한 회사 전체 이익은 2,000단위 × (₩820 − ₩740) = ₩160,000이므로, 대체하지 않으면 대체하는 경우보다 ₩160,000 손실이 발생한다.

05 ③   내부대체 시 공헌이익: (₩45 − ₩45) × 20,000단위 = ₩0
      외부판매 시 공헌이익: (₩75 − ₩45) × 20,000단위 = ₩600,000

06 ④ X사업부의 외부판매가격 = P

	공급사업부			구매사업부
	외부	대체	→	
p	P	TP		–
vc	₩1,850	₩1,850 – ₩60		TP ← 외부구입비용 ₩2,100
cm	P – ₩1,850			

내부대체와 상관없이 기업 전체 이익이 동일하려면 최소대체가격과 최대대체가격이 동일하여여 하므로 최소대체가격은 구매사업부의 외부구입가격인 ₩2,100이다.

따라서, X사업부의 외부판매가격은 다음과 같다.

증분수익	
매출 증가(TP)	₩2,100
증분비용	
변동원가 증가	1,790
기회비용*	P – 1,850
증분이익	₩2,100 – (P + 1,790 – 1,850) = 0

* 여유조업도가 없으므로 대체를 위해서는 기존판매분을 감소시켜야 한다.

∴ P = ₩2,160

07 ③ (1) 대안 1에서의 공헌이익

(₩148 – 100) × 10,000 = ₩480,000

(2) 대체가격

(₩150 – 100) × 9,000 + (TP – 100) × 1,000 = ₩480,000

∴ TP = ₩130

08 ① (1) 공급사업부의 최소대체가격

₩1,500 + (₩2,000 – 1,800) = ₩1,700

(2) 구매사업부의 최대대체가격

$₩1,500 + \dfrac{임차료}{1,000}$

즉, 최대대체가격이 최소대체가격 ₩1,700보다 크면 대체가 유리하므로 외부로부터 구입할 경우 지불할 수 있는 최대임차료는 다음과 같다.

$₩1,500 + \dfrac{임차료}{1,000} = ₩1,700$

∴ 임차료 = ₩200,000

09 ⑤ 구매사업부는 외부에서 구입할 수 없으므로 최대대체가격은 단위당 최대지불가능금액이다. 또한, 구매사업부의 변동원가는 가공원가로서 부품 구입가격은 제외된 것으로 추정할 수 있다.

(1) 최소대체가격: 단위당 증분원가(₩10) + 단위당 기회원가(₩25 – ₩10) = ₩25

(2) 최대대체가격: Min[단위당 지출가능금액(₩80 – ₩30 – ₩5 = ₩45), 외부구입가격] = ₩45

∴ 대체가격의 범위: ₩25 ≤ TP ≤ ₩45

10 ③

	사업부 A		20,000단위	사업부 B
	외부	대체	$\rightarrow$	
p	₩50	TP		−
vc	35	₩35 + ₩20		TP
cm	₩15			

1. 기회원가

   기존판매분 감소량 × 단위당 공헌이익

   = 30,000단위 × ₩15 = ₩450,000

2. 최소대체가격

   단위당 증분원가 + 단위당 기회원가

   $$= ₩55 + \frac{₩450,000}{20,000단위} = ₩77.5$$

11 ⑤ (1) 최대대체가격(M)

   1,000단위(M − ₩160) = ₩50,000

   ∴ M = ₩210

   (2) 균등하게 나눌 수 있는 대체가격(E)

   $$\frac{₩210 + ₩160}{2} = ₩185$$

   ∴ M + E = ₩210 + ₩185 = ₩395

제12장 | 주관식 문제

문제 01   대체가격결정 기초개념

다음을 읽고 물음에 답하시오. 단, [물음 1]과 [물음 2]는 엔진의 수요가 무한하기 때문에 엔진사업부가 생산한 모든 엔진을 현재의 가격으로 외부에 판매할 수 있다고 가정한다. 반면에, [물음 3]은 엔진사업부가 외부에 판매할 수 있는 최대수량이 매월 6,000단위로 제한되어 있다고 가정한다.

경주용 자동차를 생산하는 (주)한국은 엔진제작 기술이 뛰어난 (주)경기를 인수·합병하였다. (주)한국은 분권화된 조직구조를 갖고 있으며, (주)경기는 자율권이 보장되는 엔진사업부의 형태로 운영될 예정이다. 엔진사업부의 월간 최대생산량은 10,000단위이며, 엔진의 단위당 제조원가는 다음과 같다.

구분	단위당 금액
변동제조원가	₩10
고정제조원가(생산량 10,000단위 기준)	5
합계	₩15

엔진의 외부판매가격은 단위당 ₩20이다. (주)한국의 완성차사업부는 매월 3,000단위의 엔진이 필요한데 지금까지는 모두 외부로부터 단위당 ₩17에 구입하여 왔다. 한편, 이 회사의 최고경영자는 회사 전체의 이익을 극대화하기 위해 완성차사업부가 엔진사업부로부터 엔진을 구입하기를 희망하고 있다.

요구사항

[물음 1]   회사 전체의 이익을 극대화하기 위하여 대체 여부를 결정하시오.

[물음 2]   엔진사업부가 외부구입가격과 동일한 가격으로 완성차사업부에 매월 3,000단위의 엔진을 공급한다면, 회사 전체의 이익은 얼마나 증가 혹은 감소하겠는가?

[물음 3]   사업부의 이익과 회사 전체의 이익을 극대화하기 위한 대체가격의 범위는 얼마인가?

[물음 1] 사내대체가격

    (1) 엔진사업부(공급부문)의 최소대체가격: ₩10 + (₩20 − ₩10) = ₩20

    (2) 완성차사업부(구매부문)의 최대대체가격: ₩17

    ∴ 대체거래를 하지 않는 것이 유리하다.

[물음 2] 회사 전체 이익에 미치는 영향

    (₩20 − 17) × 3,000단위 = ₩9,000 감소

    ∴ 회사 전체 이익은 ₩9,000만큼 감소한다.

[물음 3] 대체가격결정

    (1) 엔진사업부(공급부문)의 최소대체가격: ₩10

    (2) 완성차사업부(구매부문)의 최대대체가격: ₩17

    ∴ 회사 전체 이익을 극대화하기 위해서는 ₩10과 ₩17 사이에서 대체가격을 결정하여야 한다.

다음을 읽고 물음에 답하시오.

[세무사 06]

청과사업부와 주스사업부를 두고 있는 (주)한국의 비용 관련 자료는 다음과 같다.

	청과사업부	주스사업부
단위당 변동원가	₩100/kg	₩200/ℓ
총고정원가	₩125,000,000	₩100,000,000*

* 투입되는 청과재료원가는 제외한 금액임

주스 ℓ당 판매가격은 ₩2,100이고 청과세척 후 kg당 시장판매가격은 ₩600이다.

청과사업부는 매년 500,000kg을 매입하여 세척 후 그대로 시장에 팔 수도 있고 주스사업부에 공급하여 kg당 0.5ℓ의 주스생산에도 대체할 수 있다. 회사는 사업부 간의 대체가격에 대해서 고민하고 있다.

요구사항

[물음 1]　청과사업부가 500,000kg 전량을 주스사업부에 대체할 경우 회사 전체의 이익을 구하시오.

[물음 2]　회사가 대체가격을 청과사업부의 전부원가의 200%로 하는 경우와 시장가격으로 하는 경우로 구분하여 각 사업부의 관리자에게 영업이익의 5%를 인센티브로 지급하는 정책을 실시하려고 한다. 각 상황별로 각 사업부의 관리자에게 지급할 인센티브를 계산하시오.

[물음 3]　[물음 2]에서 각 사업부가 선호하는 대체가격결정방법을 판단하시오.

[물음 4]　회사가 실시하는 정책과 각 사업부에서 실시하는 정책에 있어서 서로 추구하는 바가 다를 때 나타나는 현상은 무엇이며 이것을 해결할 수 있는 방안에 대하여 논하시오.

	청과사업부		→	주스사업부
	외부판매	대체		
단위당 판매가격	₩600	TP		₩2,100
단위당 변동원가	100	100		TP × 2 + 200
단위당 공헌이익	₩500			₩1,900 − TP × 2
고정원가	₩125,000,000			₩100,000,000

[물음 1] 전량 대체 시 회사 전체의 이익

수익	(500,000kg ÷ 2) × ₩2,100 =	₩525,000,000
비용		325,000,000
청과사업부 변동원가	500,000kg × ₩100 =	₩50,000,000
청과사업부 고정원가		125,000,000
주스사업부 변동원가	(500,000kg ÷ 2) × ₩200 =	50,000,000
주스사업부 고정원가		100,000,000
순이익		₩200,000,000

[물음 2] 각 상황별 인센티브 계산

(1) 대체가격이 전부원가의 200%인 경우

〈청과사업부〉

수익	(₩50,000,000 + ₩125,000,000) × 200% =	₩350,000,000
비용		175,000,000
변동원가	500,000kg × ₩100 =	₩50,000,000
고정원가		125,000,000
영업이익		₩175,000,000
인센티브율		× 5%
인센티브		₩8,750,000

〈주스사업부〉

수입	250,000ℓ × ₩2,100 =	₩525,000,000
비용		500,000,000
변동원가	250,000ℓ × ₩200 =	₩50,000,000
고정원가		100,000,000
대체원가	(₩50,000,000 + ₩125,000,000) × 200% =	350,000,000
영업이익		₩25,000,000
인센티브율		× 5%
인센티브		₩1,250,000

(2) 대체가격이 시장가격인 경우

　〈청과사업부〉

수익	500,000kg × ₩600 =		₩300,000,000
비용			175,000,000
변동원가	500,000kg × ₩100 =	₩50,000,000	
고정원가		125,000,000	
영업이익			₩125,000,000
인센티브율			× 5%
인센티브			₩6,250,000

　〈주스사업부〉

수입	250,000ℓ × ₩2,100 =		₩525,000,000
비용			450,000,000
변동원가	250,000ℓ × ₩200 =	₩50,000,000	
고정원가		100,000,000	
대체원가	500,000kg × ₩600 =	300,000,000	
영업이익			₩75,000,000
인센티브율			× 5%
인센티브			₩3,750,000

[물음 3] 각 사업부가 선호하는 대체가격결정방법

　청과사업부는 전부원가의 200%를 선호하고, 주스사업부는 시장가격을 선호한다.

[물음 4] 준최적화현상의 해결방안

　회사가 실시하는 정책과 각 사업부에서 실시하는 정책에 있어서 서로 추구하는 바가 다를 때 각 사업부의 의사결정이 전사적 관점에서 최적이 아닐 수 있는 준최적화(sub-optimization) 현상이 발생한다. 대체가격에서 발생할 수 있는 준최적화현상을 해결하는 방안으로 이중대체가격 (dual transfer pricing)결정방법이 있다. 즉, 공급부서의 대체가격과 구입부서의 대체가격을 각각 다르게 적용하는 방법이다.

다음을 읽고 물음에 답하시오.

(주)한국은 보드를 제작하는 사업부와 컴퓨터를 조립하는 사업부로 구성되어 있으며, 보드제작사업부와 컴퓨터조립사업부는 각각의 이익중심점으로 의사결정을 하는 성과평가제도를 적용하고 있다. 보드제작사업부의 생산능력은 5,000단위인데, 현재 80% 조업도인 4,000단위를 생산하여 전부 컴퓨터조립사업부로 대체하고 있다. 컴퓨터조립사업부는 보드를 외부시장에서도 구입가능한데 가격은 ₩800이다.

⟨보드제작사업부의 제조원가자료⟩	
단위당 변동원가 ┌ 직접재료원가	₩175
│ 직접노무원가	125
└ 변동제조간접원가	100
고정원가	750,000

최근에 보드제작사업부는 외부 구매업체로부터 최대 생산능력의 50%에 해당하는 2,500단위를 단위당 ₩750에 공급해달라는 주문을 받았다. 이 주문은 전량을 모두 수락하거나 거부해야 한다. 또한 주문된 엔진은 기존의 엔진과는 조금 달라서 직접재료원가는 단위당 ₩150이고 직접노무원가는 단위당 ₩105이며 변동제조간접원가는 단위당 ₩75이다.

요구사항

[물음 1]   외부 구매업체로부터 2,500단위 특별주문의 수락 여부를 회사 전체 관점에서 결정하시오.

[물음 2]   컴퓨터조립사업부의 경영자는 대체가격을 보드제작사업부의 제조간접원가를 모두 배분한 후의 총원가로 결정하자고 제안하였다. 대체가격을 구하시오(단, 보드제작사업부는 제조간접원가를 생산량에 기초하여 배부한다).

[물음 3]   대체가격으로 생산부문의 전부원가를 사용하는 방법의 장점과 단점을 각각 두 가지씩 제시하시오.

[물음 4]   컴퓨터조립사업부는 10%의 법인세가 부과되는 국가에 위치하고 있으며 보드부문은 법인세가 부과되지 않는 국가에 위치하고 있다고 가정한다. 컴퓨터조립사업부가 회사 전체 관점에서 법인세 지급액을 최소화하기 위한 대체가격을 구하시오.

[물음 1] 특별주문수락 여부 결정
    〈특별주문수락 시〉
    총 2,500단위 중 유휴설비를 통하여 1,000단위 생산하고 나머지 1,500단위는 보드조립사업
    부의 대체수량을 감소한다.

    증분수익
      특별주문에 대한 공헌이익 증가분: ₩420 × 2,500단위 =   ₩1,050,000
    증분비용
      보드조립사업부의 외부구입에 대한 기회비용: ₩400* × 1,500단위 =   (600,000)
    증분이익   ₩450,000

    * 외부구입 – 자가제조 = ₩800 – ₩400 = ₩400

[물음 2] 컴퓨터조립사업부의 대체가격(TP)
    ₩400 + ₩750,000 ÷ 4,000단위 = ₩587.5

[물음 3] 대체가격으로서 전부원가의 장·단점
    (1) 장점
        ① 이해하기 쉽고 적용이 간편하다.
        ② 사업부 간의 내부적인 마찰을 극소화할 수 있다.
    (2) 단점
        ① 공급사업부의 비능률이 타사업부에 전가되어 성과평가의 왜곡이 발생할 수 있다.
        ② 조직의 최적 자원배분의 어려움이 있다.

[물음 4] 회사 전체 입장에서 대체가격결정
    (1) 제약조건: ₩400 ≤ TP ≤ ₩800
    (2) 다국적기업은 전세계적인 세금의 최소화(Global Tax Minimization)를 위하여 세율이 낮
        은 국가의 현지법인에 많은 이익을 배분할 것이다. 따라서, 세금이 부과되지 않는 국가의 공
        급사업부인 보드제작사업부의 이익을 극대화하기 위해서는 상기 제약조건하에서 대체가격
        (TP)은 ₩800에 결정하여야 한다.

(주)한국은 엔진을 생산하는 엔진사업부와 엔진사업부가 생산한 엔진을 다른 부품들과 조립하여 완성품을 만드는 조립사업부로 구성되어 있다. 조립사업부는 엔진을 내부대체받을 수도 있지만 외부 시장에서 구입할 수도 있다. 엔진사업부가 만드는 엔진에 대한 생산 및 판매 자료는 다음과 같다.

엔진사업부

연간 엔진 최대생산 가능량	2,000단위
연간 엔진 외부 판매수량	1,700단위
엔진 외부 단위당 판매가격	₩10,000
엔진 단위당 변동제조원가	6,000
연간 총 고정제조간접원가	1,000,000
엔진 외부판매 시 단위당 변동판매비	1,800

조립사업부가 엔진 800단위를 엔진사업부로부터 내부대체받으려고 한다. 다음의 물음에 답하시오.

[회계사 06 수정]

요구사항

[물음 1] 조립사업부가 800단위의 엔진을 단위당 ₩7,200에 전량 내부대체해줄 것을 엔진사업부에 요구하고 있다. 엔진사업부의 사업부장은 사업부 성과를 높이기 위해서 조립사업부의 내부대체 요구를 받아들일 것인지 의사결정을 내려야 한다. 구체적인 분석으로써 800단위 전량에 대한 내부대체 수락 혹은 거부 여부를 결정하시오. 내부대체할 경우 변동판매비는 발생하지 않는다.

[물음 2] [물음 1]처럼 만약 조립사업부가 엔진사업부로부터 800단위의 엔진 전량을 단위당 ₩7,200에 내부대체받지 못할 경우, 엔진을 외부시장에서 단위당 ₩8,300에 800단위 전량을 구입하려고 한다. 조립사업부가 외부에서 엔진을 구입하게 되면 단위당 구입 부대비용이 ₩200 발생한다. 그러나 내부대체가격이 적정 범위 내에 있다면 관련 사업부들이 서로 요구하는 대체가격이 상이하여도 최고경영자가 내부대체를 중재할 수 있다. (주)한국의 사장이 중재하여 엔진사업부와 조립사업부가 받아들일 수 있는 대체가격의 범위(최소대체가격과 최대대체가격)는 어떻게 되는지 분석하여 제시하시오(단, 각 사업부는 자신들의 성과를 최대한 높이려고 노력하는 것으로 가정한다).

[물음 3] [물음 1]과 [물음 2]와는 별도로 조립사업부가 1,500단위의 엔진을 필요로 한다. 1,500단위의 엔진을 다른 부품들과 조립하여 완성품 1,500단위를 만든 다음 전량 외부판매한다. 조립사업부는 1,500단위 모두를 단위당 ₩7,200에 내부대체해 줄 것을 요구하고 있다. 조립사업부는 필요한 경우 1,500단위까지 단위당 ₩8,300에 외부시장에서 구입할 수 있다. 외부구입 시에는 단위당 구입부대비용이 ₩200 발생한다. 엔진을 내부대체할 경우 변동판매비는 발생하지 않는다. 다음은 조립사업부의 생산 및 판매 자료이다.

조립사업부

완성품 단위당 외부판매가격	₩25,000
완성품 단위당 변동제조원가	9,500
연간 총 고정제조간접원가	8,500,000
완성품 판매 시 단위당 변동판매비	2,000

(1) (주)한국이 ① 엔진을 내부대체하여 완성품을 생산·판매하는 경우의 완성품 단위당 공헌이익, ② 외부시장에서 구입한 엔진으로 완성품을 생산·판매하는 경우의 완성품 단위당 공헌이익과 ③ 엔진만을 판매하는 경우의 엔진 단위당 공헌이익이 각각 얼마인지를 계산하여 제시하시오. 각각의 단위당 공헌이익은 회사 전체 관점에서 계산하여야 한다.

(2) 엔진판매와 완성품 1,500개 판매에 의해 (주)한국이 획득하는 총공헌이익을 CM으로 두고 엔진의 내부대체 수량을 Q로 둔 다음, CM을 Q의 함수식으로 표현해 제시하고, 총공헌이익을 극대화시키는 내부대체수량(Q)을 구하시오.

	엔진사업부			조립사업부
	외부판매	대체	→	
단위당 판매가격	₩10,000	TP		₩25,000
단위당 변동원가	6,000 + 1,800	6,000		TP + 9,500 + 2,000
단위당 공헌이익	₩2,200			₩13,500 − TP

[물음 1] 엔진사업부의 사내대체 여부 결정

    (1) 유휴생산능력 파악

        최대생산능력   2,000개

     (−) 현재판매수량   1,700

        유휴생산능력   300개

        800단위 특별주문을 수락하기 위해서는 기존판매수량 중 500개를 감소시켜야 한다.

    (2) 대체 여부결정

        증분수익 매출 증가   ₩7,200 × 800개 = ₩5,760,000

        증분비용 변동원가 증가   ₩6,000 × 800개 = (4,800,000)

                기회비용(기존판매 감소)   ₩2,200 × 500개 = (1,100,000)

        증분손실   ₩(140,000) < 0

    [별해] 사업부 A의 최소대체가격

    = 대체 단위당 변동원가 + (대체 전 공헌이익 − 대체 후 공헌이익)/대체수량

    = ₩6,000 + [1,700개 × (₩10,000 − ₩7,800) − 1,200개 × (₩10,000 − ₩7,800)]/800개

    = ₩7,375

    ∴ 대체하지 않는다.

[물음 2] 사내대체가격 범위 결정

    (1) 사업부 A의 최소대체가격 = ₩7,375

    (2) 사업부 B의 최대대체가격 = ₩8,300 + 200 = ₩8,500

    ∴ ₩7,375 ≤ TP ≤ ₩8,500

[물음 3] 회사 전체 관점에서의 의사결정

    (1) 상황별 단위당 공헌이익

        ①의 경우 단위당 공헌이익: ₩25,000 − ₩6,000 − ₩9,500 − 2,000 = ₩7,500

        ②의 경우 단위당 공헌이익: ₩25,000 − ₩8,500 − ₩9,500 − 2,000 = ₩5,000

        ③의 경우 단위당 공헌이익: ₩10,000 − ₩6,000 − ₩1,800 = ₩2,200

    (2) 공헌이익의 극대화

        총공헌이익 = ₩7,500 × Q + (1,500개 − Q) × ₩5,000 + (2,000개 − Q) × ₩2,200

                  = 300Q + ₩11,900,000

        총공헌이익을 극대화하려면 가능한 대체수량(Q)이 커야 하므로 1,500개를 전량 대체해야 한다.

다음을 읽고 물음에 답하시오.

(주)한국의 조립사업부에서는 계산기를 생산·판매하고 있다. 조립사업부의 경영자는 이 계산기의 가격을 인하하면, 판매량이 증가할 것으로 보고 가격인하를 신중히 검토하고 있다. 시장조사에 의하면 현재 ₩500인 단위당 판매가격을 10% 인하하면 판매량이 15%(3,000단위)만큼 증가할 것으로 예측하고 있다. 조립사업부는 현재의 생산설비로도 이러한 추가분을 생산할 수 있다. 조립사업부의 계산기를 생산하는 데는 부품으로서 반도체를 필요로 하는데, 조립사업부는 지금까지 이를 단위당 ₩80에 외부에서 구입해왔다. 조립사업부의 경영자는 사내의 반도체사업부로부터 이를 대체할 것을 검토하고자 한다. 현재 반도체사업부에서는 조립사업부가 필요로 하는 모형과는 약간 다른 종류의 반도체를 제조하여 외부고객에게만 판매하고 있다. 반도체사업부는 생산시설의 변경 없이도 조립사업부에서 필요로 하는 반도체를 제조할 수 있는데, 이때의 단위당 변동제조원가는 외부판매용보다 ₩3만큼 적게 소요된다. 왜냐하면 원재료 가격이 그만큼 낮기 때문이다. 또한 반도체사업부가 조립사업부에 판매하는 경우 변동판매비가 전혀 발생하지 않는다. 조립사업부의 경영자는 자기 사업부에서 필요로 하는 모든 반도체를 사내의 반도체사업부로부터 단위당 ₩60에 대체받기를 원한다. 판매량 20,000단위에 기초한 조립사업부의 내년도 예산손익계산서는 다음과 같다.

	단위당 금액	총액
매출	₩500	₩10,000,000
제조원가		
반도체	(80)	(1,600,000)
기타재료	(50)	(1,000,000)
직접노무원가	(50)	(1,000,000)
변동제조간접원가	(100)	(2,000,000)
고정제조간접원가	(25)	(500,000)
매출총이익	₩195	₩3,900,000
영업비용		
변동판매비	(50)	(1,000,000)
고정판매관리비	(50)	(1,000,000)
법인세차감전순이익	₩95	₩1,900,000

반도체사업부는 70,000단위를 생산할 수 있다. 반도체사업부의 내년도 예산손익계산서는 다음과 같은데, 이것은 조립사업부의 제안을 고려하지 않은 60,000단위의 판매량에 기초한 것이다.

	단위당 금액	총액
매출	₩120	₩7,200,000
제조원가		
원재료	(15)	(900,000)
직접노무원가	(10)	(600,000)
변동제조간접원가	(20)	(1,200,000)
고정제조간접원가	(20)	(1,200,000)
매출총이익	₩55	₩3,300,000
영업비용		
변동판매비	(10)	(600,000)
고정판매관리비	(10)	(600,000)
법인세차감전순이익	₩35	₩2,100,000

요구사항

[물음 1]　조립사업부가 내부에서 단위당 ₩60에 반도체를 대체받을 수 없는 경우 조립사업부의 계산기 가격인하 여부를 결정하시오.

[물음 2]　[물음 1]과는 관계없이 조립사업부는 18,000단위의 반도체를 필요로 한다. 반도체사업부는 단위당 ₩60에 반도체를 공급해야 하는지 결정하시오.

[물음 3]　[물음 1]과는 관계없이 조립사업부는 18,000단위의 반도체를 필요로 한다. 조립사업부 입장에서의 최대대체가격을 구하시오.

[물음 4]　[물음 1]과는 관계없이 조립사업부는 18,000단위의 반도체를 필요로 한다. 회사 전체의 입장에서 볼 때 반도체사업부가 단위당 ₩60에 조립사업부에 반도체를 공급해야 하는지 결정하시오.

(1) 조립사업부

　① 판매량

　　• 현재판매량: 3,000단위 ÷ 0.15 = 20,000단위

　　• 가격인하 후: 20,000단위 + 3,000단위 = 23,000단위

　② 변동원가

　　변동제조원가 + 변동판매비

　　= (₩80 + ₩50 + ₩50 + ₩100) + ₩50

　　= ₩330(반도체 외부구입가격 ₩80 포함)

(2) 반도체사업부

　① 여유조업도

최대조업도	70,000단위
현재생산량	60,000단위
여유조업도	10,000단위

　② 변동원가

　　변동제조원가 + 변동판매비

　　• 외부판매: (₩15 + ₩10 + ₩20) + ₩10 = ₩55

　　• 내부대체: (₩15 + ₩10 + ₩20 − ₩3) + ₩0 = ₩42

(3) 대체현황

	반도체		18,000단위	조립사업부	
	외부	대체	→		
p	₩120	₩60			₩500
vc	55	42		₩60 + ₩50 + ₩50 + ₩100 + ₩50 =	310
cm	₩65	₩18			₩190

[물음 1] 조립사업부의 가격인하 의사결정

고정원가는 비관련원가이므로 할인 전과 할인 후 공헌이익을 비교하면 다음과 같다.

	할인 전	할인 후
매출액	20,000단위 × ₩500 = ₩10,000,000	23,000단위 × ₩500 × 0.9 = ₩10,350,000
변동원가	20,000단위 × ₩330 = (6,600,000)	23,000단위 × ₩330 = (7,590,000)
공헌이익	₩3,400,000	₩2,760,000

∴ 할인하는 경우 ₩3,400,000 − ₩2,760,000 = ₩640,000만큼 영업이익이 감소한다.

[물음 2] 반도체사업부 공급의사결정

① 여유조업도 확인

여유조업도   10,000단위
대체수량   18,000단위
             8,000단위(부족)

∴ 대체하려면 8,000단위의 기존판매수량을 감소시켜야 한다.

② 의사결정

증분수익
  사내대체 매출   18,000단위 × ₩60 = ₩1,080,000
  기존판매 감소   8,000단위 × ₩65 = (520,000)
증분비용
  변동제조원가 증가 18,000단위 × (₩45 − ₩3) = (756,000)
증분손익   ₩(196,000)

∴ 영업이익이 ₩196,000만큼 감소하므로 대체하지 않는다.

[물음 3] 조립사업부의 최대대체가격

Min[부품단위당 지불가능금액, 외부구입가격]

(1) 부품단위당 지불가능금액: ₩500 − ₩250 = ₩250
(2) 외부구입가격: ₩80
∴ 최대대체가격은 ₩80이다.

[물음 4] 대체 시 회사 전체 입장 의사결정

대체하게 되면 조립사업부 입장에서는 18,000단위의 외부구입비용을 절감할 수 있으나, 반도체사업부 입장에서는 8,000단위의 증분원가 발생과 8,000단위의 외부판매를 포기해야 한다.

증분수익
  기존판매 감소   8,000단위 × ₩65 = ₩(520,000)
증분비용
  구입비용 감소   18,000단위 × ₩80 = (1,440,000)
  변동제조원가 증가 18,000단위 × (₩45 − ₩3) = 756,000
증분손익   ₩164,000

∴ 영업이익은 ₩164,000만큼 증가한다.

제13장

자본예산

1. 자본예산

1 자본예산

01 의의

자본예산(capital budgeting)이란 설비 등 유형자산에 대한 투자의사결정으로 의사결정대상이 1년 이상인 장기의사결정이다. 자본예산은 투자안에 대한 사업성분석으로 손익분기점분석, 관련원가분석 등 단기의사결정과는 다른 접근방법이 필요하다.

자본예산의 진행과정은 다음과 같다.
첫째, 투자안을 탐색한다.
둘째, 투자안의 현금흐름을 추정한다.
셋째, 현금흐름을 근거로 사업성분석을 한다.
넷째, 투자에 대한 사후관리나 재평가를 진행한다.

단기의사결정인 손익분기점분석, 관련원가분석 등과 자본예산의 주요 차이점은 다음과 같다.

	단기의사결정	자본예산
기간	단기	장기
의사결정기준	이익	현금
구성요소		
(+)효과	수익	현금유입
(−)효과	비용	현금유출
평가기준		
금액	이익	순현재가치
비율	이익률	내부수익률
		회계적이익률*
기간	–	회수기간
화폐의 시간가치	해당사항 없음	순현재가치, 내부수익률

* 회계적이익률은 회계적이익을 기준으로 계산한다.

02 현금흐름

이익은 기간별 성과를 평가하기 위하여 발생주의에 근거하여 계산하는 반면에 자본예산은 장기간에 걸친 투자안에 대한 사업성분석이므로 이익이 아닌 현금을 기준으로 계산한다.

> **핵심 Check** 이익이 아닌 현금을 사용하는 경우
>
> • 이익은 기간별 평가이므로 수익과 비용에 회계가정이 반영되어 있다.
> • 투자의사결정은 기간별 평가가 아닌 투자안의 경제성분석이다.
> • 장기간 이익흐름은 장기간 현금흐름과 동일하다.

1. 현금흐름 추정 시 고려사항

(1) 법인세를 고려하는 경우

법인세는 현금유출이므로 법인세를 고려하는 경우 세후기준으로 한다.

(2) 이자와 배당

자본비용인 이자와 배당은 할인율 계산에 이미 반영되어 현금유출로 처리하면 이중으로 처리되기 때문에 현금유출이 아니다.

(3) 감가상각비

현금유출이 없는 비용인 감가상각비는 현금유출이 아니다. 단, 법인세를 고려하는 경우 감가상각비로 인한 법인세효과를 반영해야 한다.

(4) 유형자산의 처분손익

유형자산의 처분으로 손익이 발생하는 경우 해당 손익에 대한 법인세효과를 반영해야 한다.

2. 투자시점별 현금흐름

현금흐름은 다음과 같이 최초투자시점, 투자기간 및 투자종료시점으로 구분할 수 있다.

(1) 최초투자시점

설비 등 투자와 순운전자본 투자로 인한 현금유출이 발생한다.

> 현금유출 = 설비 등 투자금액 + 순운전자본* 투자금액

* 순운전자본(net working capital): 운전자본은 영업활동을 위해 단기적으로 필요한 매출채권, 재고자산 및 매입채무 등 자산, 부채를 말하며 순운전자본은 유동자산에서 유동부채를 차감한 값을 말한다. 순운전자본이 (+)인 값은 현금유출을 의미하며 투자된 순운전자본은 판매나 회수과정에서 현금화되어 현금유입으로 처리한다.

또한, 구설비 등을 대체하는 투자인 경우 구설비 처분으로 인한 현금유입액은 현금유출액에서 차감한다.

> 현금유출 = 설비 등 투자금액 + 운전자본 투자금액 – 구설비 등 처분금액

처분손익이 발생하는 경우

- 처분이익: 법인세율만큼 현금유출
- 처분손실: 법인세율만큼 현금유입(법인세 절감효과)

예제 1: 최초투자시점 현금흐름

(주)한국은 2년 전에 취득한 기계를 대신하여 동일한 작업을 수행할 수 있는 새로운 기계를 구입하고자 한다. 새로운 기계의 취득가액은 ₩10,000, 잔존가치는 ₩1,000이며 내용연수는 3년이다. 또한, 새로운 기계 취득으로 재고자산 ₩300, 매출채권 ₩200이 증가할 것으로 예상하고 있다. 회사는 감가상각방법으로 정액법을 적용하고 있다.

현재 사용하고 있는 기계에 관한 자료는 다음과 같다.

취득가액	₩12,000
잔존가치	2,700
현재처분가액	8,280
잔존내용연수	3년

요구사항

❶ 법인세가 없는 경우 투자시점의 현금유출을 구하시오.

❷ ❶과 별도로 구기계의 처분가치는 ₩9,000이며 법인세율이 40%인 경우 투자시점의 현금유출을 구하시오.

풀이

> (1) 구기계 감가상각비
>   (₩12,000 − ₩2,700) ÷ 5년 = ₩1,860
> (2) 구기계 장부가액
>   ₩12,000 − ₩1,860 × 2년 = ₩8,280
> (3) 구기계 처분손익(법인세를 고려한 경우)
>   처분가치 − 장부가액
>   = ₩9,000 − ₩8,280 = ₩720

❶ 투자시점 현금유출

신기계 취득		₩(10,000)
순운전자본투자	₩300 + ₩200 =	(500)
구기계 처분		8,280
		₩(2,220)

❷ 법인세를 고려한 투자시점 현금유출

처분이익에 대한 법인세를 납부해야 한다.

신기계 취득		₩(10,000)
순운전자본투자	₩300 + ₩200 =	(500)
구기계 처분	₩9,000 - ₩720 × 40% =	8,712
		₩(1,788)

(2) 투자기간

투자기간의 현금흐름(cash flow)은 영업활동으로 인한 현금유입에서 현금유출을 차감하여 계산하며 회계적 이익과 현금과의 차이는 감가상각비라는 것을 이용하여 회계적 이익에서 감가상각비를 합하여 계산할 수 있다.

$$현금흐름 = 현금유입 - 현금유출$$
$$= 회계적\ 이익 + 감가상각비$$

또한, 법인세가 존재하는 경우 법인세를 고려한 세후현금흐름을 계산해야 한다. 세후현금흐름을 계산하는 방법은 세후회계적이익에서 감가상각비를 합하여 계산하거나 세후현금영업이익에서 감가상각비 감세효과를 합하여 계산할 수 있다.

$$세후현금흐름 = 세후회계적이익 + 감가상각비$$
$$= 세후현금영업이익 + 감가상각비 × 법인세율$$
$$(현금영업수익 - 현금영업비용) × (1 - 법인세율)$$

예제 2: 투자기간 현금흐름

(주)한국은 구기계를 대신하여 동일한 작업을 수행할 수 있는 새로운 기계를 구입하고자 한다. 새로운 기계의 취득가액은 ₩10,000, 잔존가치는 ₩1,000이며 내용연수는 3년이다. 또한, 신기계를 사용할 경우 연간 영업이익은 ₩10,000이다.

한편, 구기계의 연간 감가상각비는 ₩1,860이며 연간 영업이익은 ₩7,000이다. 회사는 감가상각방법으로 정액법을 적용하고 있다.

요구사항

❶ 법인세가 없는 경우 투자기간의 현금흐름을 구하시오.
❷ 법인세율이 40%인 경우 투자기간의 현금흐름을 구하시오.

(1) 법인세가 없는 경우 회계적 이익과 현금흐름은 다음과 같다.

	신기계	구기계	차이
이익	₩10,000	₩7,000	₩3,000
감가상각비	3,000[*1]	1,860	1,140
현금흐름	₩13,000	₩8,860	₩4,140

*1 (₩10,000 − ₩1,000) ÷ 3년 = ₩3,000

(2) 법인세를 고려하는 경우 세후회계적이익과 현금흐름은 다음과 같다.

	신기계	구기계	차이
세후이익	₩6,000[*2]	₩4,200	₩1,800
감가상각비	3,000	1,860	1,140
현금흐름	₩9,000	₩6,060	₩2,940

*2 ₩10,000 × (1 − 40%) = ₩6,000

또한, 세후현금흐름은 다음과 같이 계산할 수도 있다.

	신기계	구기계	차이
세후영업현금이익	₩7,800[*3]	₩5,316	₩2,484
감가상각비 감세효과	1,200[*4]	744	456
현금흐름	₩9,000	₩6,060	₩2,940

*3 현금영업이익 × (1 − 세율)
  = (회계적 이익 + 감가상각비) × (1 − 세율)
  = (₩10,000 + ₩3,000) × (1 − 40%) = ₩7,800
*4 ₩3,000 × 40% = ₩1,200

1 법인세가 없는 경우 투자기간의 현금흐름

	1차연도	2차연도	3차연도
신기계	₩13,000	₩13,000	₩13,000
구기계	8,860	8,860	8,860
증분현금흐름	₩4,140	₩4,140	₩4,140

2 법인세가 있는 경우 투자기간의 현금흐름

	1차연도	2차연도	3차연도
신기계	₩9,000	₩9,000	₩9,000
구기계	6,060	6,060	6,060
증분현금흐름	₩2,940	₩2,940	₩2,940

(3) 투자종료시점

설비 등 처분과 순운전자본 회수로 인한 현금유입이 발생한다.

$$현금유입 = 설비 등 처분금액 + 순운전자본 회수금액$$

또한, 구설비 등을 대체하는 투자인 경우 투자종료시점에서 구설비 처분으로 인한 잔존가치의 기회비용은 현금유출로 처리한다.

$$현금유입 = 설비 등 처분금액 + 순운전자본 회수금액 - 구설비 등 잔존가치(기회비용)$$

예제 3: 투자종료시점 현금흐름

(주)한국은 구기계를 대신하여 동일한 작업을 수행할 수 있는 새로운 기계를 구입하고자 한다. 새로운 기계의 취득가액은 ₩10,000, 잔존가치는 ₩1,000이며 내용연수는 3년이다. 또한, 새로운 기계 취득으로 인한 순운전자본인 재고자산 ₩300, 매출채권 ₩200은 투자종료시점에 전액 회수될 것으로 예측하고 있다. 한편, 구기계의 잔존가치는 ₩2,700이다.

요구사항

❶ 투자종료시점의 현금흐름을 구하시오.
❷ 위 물음과 별도로 구기계의 처분가치는 ₩3,000, 신기계의 처분가치는 ₩800이며 법인세율이 40%인 경우 투자종료시점의 현금흐름을 구하시오.

풀이

> (1) 신기계 처분손익(법인세를 고려한 경우)
>   처분가치 - 장부가액 = ₩800 - ₩1,000 = ₩(200) 처분손실
> (2) 구기계 처분손익(법인세를 고려한 경우)
>   처분가치 - 장부가액 = ₩3,000 - ₩2,700 = ₩300 처분이익
> (3) 신기계 구입시점에 구기계 처분으로 인한 구기계 잔존가치에 대한 기회비용을 고려해야 한다.

❶ 투자종료시점 현금흐름

신기계 처분		₩1,000
순운전자본회수	₩300 + ₩200 =	500
구기계 처분 기회비용		(2,700)
		₩(1,200)

❷ 법인세를 고려한 투자종료시점 현금흐름

처분이익에 대해서는 법인세를 납부하고 처분손실에 대해서는 법인세로 인한 절감효과를 고려해야 한다.

신기계 처분	₩800 + ₩200 × 40% =	₩880
순운전자본회수	₩300 + ₩200 =	500
구기계 처분 기회비용	₩3,000 - ₩300 × 40% =	(2,880)
		₩(1,500)

03 자본예산모형

투자안에 대한 시점별 현금흐름을 기준으로 경제적 타당성을 분석하는 것으로 미래 현금흐름을 현재가치로 할인하는지 여부에 따라 비할인모형과 할인모형으로 구분할 수 있다.

비할인모형과 할인모형

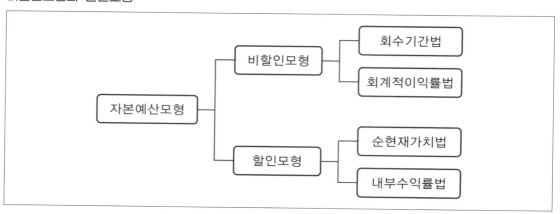

1. 비할인모형

화폐의 시간가치를 고려하지 않은 방법으로 회수기간법과 회계적이익률법이 있다.

(1) 회수기간법(payback period method)

투자금액을 회수하는 데 소요되는 기간을 기준으로 투자안을 평가하는 방법을 말한다.

핵심 Check 다른 모형과의 차이점

회수기간법은 수익성이 아닌 안전성(또는 위험성)을 평가하는 방법이다.

1) 회수기간

매년 현금유입액이 동일한 경우 투자금액을 연간현금유입액으로 나누어 계산하고 동일하지 않은 경우 매년 미회수금액과 순현금유입액을 비교하면서 계산한다.

$$회수기간 = \frac{투자금액}{연간현금유입액}$$

2) 의사결정

투자안의 회수기간과 기준회수기간을 비교하여 의사결정한다.

	의사결정
투자안의 회수기간 < 기준회수기간	채택
투자안의 회수기간 > 기준회수기간	기각

3) 장·단점

① 장점
- 간편하고 이해하기 쉽다.
- 회수기간은 위험지표로서의 정보를 제공한다.
- 현금유동성을 강조한다.

② 단점
- 회수기간 이후의 현금흐름은 고려하지 않는다.
- 투자안의 수익성을 고려하지 않는다.
- 화폐의 시간가치를 고려하지 않는다.

참고 **할인된 회수기간법**

화폐의 시간가치를 고려하지 못하는 단점을 보완한 것으로 할인된 현금흐름을 기준으로 회수기간을 계산하는 방법이다.

참고 **손실회피회수기간법(긴급회수기간법)**

투자자산을 중도에 처분할 경우 처분가치를 고려하여 누적영업현금과 처분가치의 합이 투자금액과 같아지는 기간을 계산하는 방법이다.

(주)한국은 새로운 설비구입 여부를 검토하고 있다. 설비는 A와 B모델이 있으며 취득금액은 ₩1,000,000으로 동일하다. 회사는 투자금액에 대한 회수기간을 기준으로 투자 여부를 결정하고 있으며 기준회수기간은 3년이다. 각 설비의 예상 현금유입액은 다음과 같다.

연도	영업현금흐름	
	A	B
1	₩400,000	₩200,000
2	400,000	300,000
3	400,000	400,000
4	400,000	500,000
5	400,000	600,000
6	400,000	700,000
	₩2,400,000	₩2,700,000

요구사항

❶ 회수기간법을 적용하여 선택안을 제시하시오.

❷ 회사는 화폐의 시간가치를 고려하여 회수기간을 계산하고자 한다. 현가계수가 다음과 같을 때 B모델의 회수기간을 구하시오.

연도	현가계수	연도	현가계수
1	0.909	4	0.683
2	0.826	5	0.621
3	0.751	6	0.564

❸ 회사는 처분가치를 고려하여 회수기간을 계산하고자 한다. A모델의 매기 말 처분가치가 다음과 같을 때 A모델의 회수기간을 구하시오.

연도	처분가치	연도	처분가치
1	₩300,000	4	₩50,000
2	200,000	5	30,000
3	100,000	6	20,000

풀이

연간현금유입액이 균등한 경우 투자금액을 연간현금유입액으로 나누어 계산하고 균등하지 않은 경우 매년 미회수금액을 파악하여 계산할 수 있다.

1 회수기간법

(1) A모델 회수기간

$$\text{회수기간} = \frac{\text{투자금액}}{\text{연간현금유입액}} = \frac{₩1,000,000}{₩400,000} = 2.5년$$

(2) B모델 회수기간

연도	영업현금흐름		
	연간	누적	미회수
1	₩200,000	₩200,000	₩800,000
2	300,000	500,000	500,000
3	400,000	900,000	100,000
4	500,000	1,400,000	(400,000)
5	600,000		
6	700,000		
	₩2,700,000		

3년까지 누적현금흐름은 ₩900,000이므로 미회수금액은 ₩100,000이다. 4년차 현금유입액은 ₩500,000이므로 회수기간은 다음과 같이 계산할 수 있다.

$$\text{회수기간} = 3년 + \frac{₩100,000}{₩500,000} = 3.2년$$

그러므로 기준회수기간인 3년 이내이며 회수기간이 짧은 A모델을 선택한다.

2 할인된 회수기간법

연도	영업현금흐름			
		연간 현재가치	누적	미회수
1	₩200,000 × 0.909 =	₩181,800	₩181,800	₩818,200
2	300,000 × 0.826 =	247,800	429,600	570,400
3	400,000 × 0.751 =	300,400	730,000	270,000
4	500,000 × 0.683 =	341,500	1,071,500	(71,500)
5	600,000 × 0.621 =	372,600		
6	700,000 × 0.564 =	394,800		
		₩1,838,900		

3년까지 누적현금흐름의 현재가치는 ₩730,000이므로 미회수금액은 ₩270,000이다. 4년차 현금유입액의 현재가치는 ₩341,500이므로 회수기간은 다음과 같이 계산할 수 있다.

$$\text{회수기간} = 3년 + \frac{₩270,000}{₩341,500} = 3.8년$$

❸ 손실회피회수기간법(긴급회수기간법)

연도	영업현금흐름		
	누적	처분가치	합계
1	₩400,000	₩300,000	₩700,000
2	800,000	200,000	1,000,000
3	1,200,000		
4	1,600,000		
5	2,000,000		
6	2,400,000		

2년까지 누적영업현금흐름은 ₩800,000이고 2년 말 처분가치는 ₩200,000이므로 2년 말 총누적현금흐름은 ₩1,000,000이다. 따라서, 투자금액 ₩1,000,000을 모두 회수할 수 있는 손실회피회수기간은 2년이다.

(2) 회계적이익률법(ARR; accounting rate of return method)

투자안의 연평균회계적이익률을 기준으로 투자안을 평가하는 방법을 말한다.

핵심 Check 다른 모형과의 차이점

> 회계적이익률은 현금이 아닌 회계적이익을 기준으로 계산한다.

1) 회계적이익률

투자안으로부터 발생하는 연평균회계적이익을 최초투자액 또는 평균투자액으로 나누어 계산한다.

$$\text{회계적이익률} = \frac{\text{연평균회계적이익}^{*1}}{\text{최초투자액(또는 평균투자액}^{*2})}$$

*1 연평균회계적이익 = 연평균현금흐름 − 연평균감가상각비
*2 평균투자액 = (최초투자액 + 잔존가치)/2

2) 의사결정

투자안의 회계적이익률과 기준회계적이익률을 비교하여 의사결정한다.

	의사결정
투자안의 회계적이익률 > 기준회계적이익률	채택
투자안의 회계적이익률 < 기준회계적이익률	기각

3) 장·단점

① 장점

- 재무제표 자료를 이용할 수 있다.
- 수익성을 고려하는 방법이다.
- 투자중심점 평가방법인 투자수익률과 계산구조가 동일하여 논리적 일관성을 유지할 수 있다.

② 단점

- 회계적이익 계산에 발생주의 등 회계상 문제점을 가지고 있다.
- 기준이익률 설정에 자의성이 개입할 수 있다.
- 화폐의 시간가치를 고려하지 않는다.

예제 5: 회계적이익률

(주)한국은 새로운 설비구입 여부를 검토하고 있다. 설비는 A와 B모델이 있으며 취득금액은 ₩1,000,000이고 잔존가치는 ₩100,000으로 모두 동일하다. 각 설비의 예상 현금유입액은 다음과 같다.

연도	영업현금흐름 A	영업현금흐름 B
1	₩400,000	₩200,000
2	400,000	300,000
3	400,000	400,000
4	400,000	500,000
5	400,000	600,000
6	400,000	700,000
	₩2,400,000	₩2,700,000

요구사항

1 최초투자액을 기준으로 회계적이익률을 구하시오.

2 평균투자액을 기준으로 회계적이익률을 구하시오.

> (1) 연평균감가상각비
>   감가상각대상금액 ÷ 내용연수
>   = (₩1,000,000 − ₩100,000) ÷ 6년 = ₩150,000
> (2) 연평균회계적이익
>   ① A모델
>   연평균현금흐름 − 연평균감가상각비
>   = ₩400,000 − ₩150,000 = ₩250,000
>   ② B모델
>   연평균현금흐름 − 연평균감가상각비
>   = (₩2,700,000/6년) − ₩150,000 = ₩300,000
> (3) 평균투자액
>   (최초투자액 + 잔존가치)/2
>   = (₩1,000,000 + ₩100,000)/2 = ₩550,000

❶ 최초투자액 기준 회계적이익률
① A모델

$$\frac{\text{연평균회계적이익}}{\text{최초투자액}} = \frac{₩250,000}{₩1,000,000} = 25\%$$

② B모델

$$\frac{\text{연평균회계적이익}}{\text{최초투자액}} = \frac{₩300,000}{₩1,000,000} = 30\%$$

❷ 평균투자액 기준 회계적이익률
① A모델

$$\frac{\text{연평균회계적이익}}{\text{평균투자액}} = \frac{₩250,000}{₩550,000} = 45.45\%$$

② B모델

$$\frac{\text{연평균회계적이익}}{\text{평균투자액}} = \frac{₩300,000}{₩550,000} = 54.55\%$$

2. 할인모형

화폐의 시간가치를 고려하는 방법으로 순현재가치법과 내부수익률법이 있다.

(1) 순현재가치법(NPV; net present value method)

현금유입의 현재가치에서 현금유출의 현재가치를 차감한 순현재가치를 기준으로 투자안을 평가하는 방법을 말한다.

핵심 Check 현금유출의 현재가치

일반적으로 최초투자금액을 말하지만 투자기간 중에 투자로 인한 현금유출이 발생할 수 있다.

1) 순현재가치

현금유입액의 현재가치에서 현금유출액의 현재가치를 차감하여 계산한다. 만약, 현금유출이 최초투자시점에만 발생한다면 순현재가치는 다음과 같이 계산할 수 있다.

$$\text{순현재가치} = \sum_{t=1}^{n} \frac{\text{매년 현금흐름}}{(1 + \text{할인율})^t} - \text{최초투자금액}$$

핵심 Check 할인율

이자와 배당 등 자금조달에 대한 자본비용을 말하며 최저필수수익률, 자본비용 및 가중평균자본비용과 유사한 의미를 가진다.

2) 의사결정

순현재가치는 투자안에 대한 증분현금흐름을 의미하므로 영(0)보다 크면 채택하고 작으면 기각한다. 또한, 여러 투자안을 비교하는 경우 순현재가치가 영(0)보다 큰 투자안들 중에서 높은 투자안을 선택한다.

	의사결정
투자안의 순현재가치 > 0	채택
투자안의 순현재가치 < 0	기각

3) 장·단점

① 장점

- 화폐의 시간가치를 고려한다.
- 내용연수 동안 모든 현금흐름을 고려하며 투자안의 위험을 할인율에 반영할 수 있다.
- 결과가 금액이므로 기업가치에 미치는 영향을 직접 평가할 수 있다.

② 단점

- 자본비용 계산이 어렵다.
- 투자규모가 큰 투자안이 유리하게 평가될 가능성이 있다.
- 금액으로 평가되어 투자규모가 다른 투자안의 경제성 비교가 어렵다.

투자안의 규모가 다른 투자안들의 경제성을 비교할 수 없는 순현재가치법의 단점을 보완한 방법이다. 투자액 ₩1에 대한 현금유입액의 현재가치를 나타내므로 가용자금에 제한이 있다면 수익성지수가 큰 투자안이 유리하다.

- 수익성지수 $= \dfrac{\text{현금유입액의 현가}}{\text{현금유출액의 현가(투자금액)}}$

- 의사결정

  수익성지수 > 1: 채택

  수익성지수 < 1: 기각

예제 6: 순현재가치법 - 설비대체

(주)한국은 2년 전에 취득한 기계를 대신하여 동일한 작업을 수행할 수 있는 새로운 기계를 구입하고자 한다. 새로운 기계는 취득가액이 ₩10,000, 잔존가치가 ₩1,000이며 내용연수는 3년이다. 새로운 기계를 도입할 경우 연간영업이익은 ₩10,000이다. 현재 사용하고 있는 기계에 관한 자료는 다음과 같다.

취득가액	₩12,000
현재처분가치	8,280
잔존가치	2,700
연간영업이익	7,000
잔존내용연수	3년

회사는 감가상각방법으로 정액법을 채택하고 있다.

요구사항

1 법인세가 없을 경우 순현재가치법을 이용하여 설비대체 여부를 결정하시오. 단, 10%의 할인율에 대한 현가계수는 다음과 같다.
현가계수(3년): 0.7513, 연금현가계수(3년): 2.4869

2 구기계와 신기계의 실제처분가치는 다음과 같고 법인세가 40%일 경우 순현재가치법을 이용하여 설비대체 여부를 결정하시오.

	구기계	신기계
현재처분가치	₩9,000	₩10,000
내용연수 종료 후 처분가치	3,000	800

단, 10%의 할인율에 대한 현가계수는 다음과 같다.
현가계수(3년): 0.7513, 연금현가계수(3년): 2.4869

풀이

> (1) 구기계 감가상각비
>   (₩12,000 − ₩2,700) ÷ 5년 = ₩1,860
> (2) 신기계 감가상각비
>   (₩10,000 − ₩1,000) ÷ 3년 = ₩3,000

1

(1) 총액접근법

① 신기계

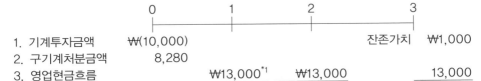

	0	1	2	3
1. 기계투자금액	₩(10,000)			잔존가치 ₩1,000
2. 구기계처분금액	8,280			
3. 영업현금흐름		₩13,000[*1]	₩13,000	13,000
	₩(1,720)	₩13,000	₩13,000	₩14,000

*1 영업이익(₩10,000) + 감가상각비(₩3,000) = ₩13,000

순현재가치(NPV) = ₩13,000 × 2.4869 + ₩1,000 × 0.7513 − ₩1,720 = ₩31,361

② 구기계

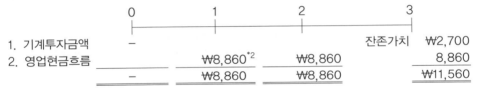

	0	1	2	3
1. 기계투자금액	–			잔존가치 ₩2,700
2. 영업현금흐름		₩8,860[*2]	₩8,860	8,860
	–	₩8,860	₩8,860	₩11,560

*2 영업이익(₩7,000) + 감가상각비(₩1,860) = ₩8,860

순현재가치(NPV) = ₩8,860 × 2.4869 + ₩2,700 × 0.7513 = ₩24,062.444

설비대체에 따른 순가치증가분은 ₩31,361 − ₩24,062.444 = ₩7,298.556이므로, 신기계를 구입하여야 한다.

(2) 순액접근법

신기계로 대체한다면,

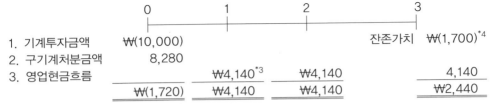

	0	1	2	3
1. 기계투자금액	₩(10,000)			잔존가치 ₩(1,700)[*4]
2. 구기계처분금액	8,280			
3. 영업현금흐름		₩4,140[*3]	₩4,140	4,140
	₩(1,720)	₩4,140	₩4,140	₩2,440

*3 증분 영업이익(₩10,000 − ₩7,000) + 증분 감가상각비(₩3,000 − ₩1,860) = ₩4,140
*4 신기계 잔존가치 (₩1,000) − 구기계 잔존가치(₩2,700) = ₩(1,700)

순현재가치(NPV) = ₩4,140 × 2.4869 + ₩(1,700) × 0.7513 − ₩1,720 = ₩7,298.556
그러므로 신기계를 구입하여야 한다.

2

(1) 총액접근법

① 신기계

	0	1	2	3
1. 기계투자금액	₩(10,000)			잔존가치 ₩880[7]
2. 구기계처분금액	8,712[5]			
3. 영업현금흐름		₩9,000[6]	₩9,000	9,000
	₩(1,288)	₩9,000	₩9,000	₩9,880

*5 처분가치(₩9,000) − 처분이익에 대한 법인세(₩720 × 0.4) = ₩8,712
*6 세후 영업이익 절감액(₩10,000 × 0.6) + 감가상각비(₩3,000) = ₩9,000
*7 처분가치(₩800) + 처분손실에 대한 법인세감세효과(₩200 × 0.4) = ₩880

순현재가치(NPV) = ₩9,000 × 2.4869 + ₩880 × 0.7513 − ₩1,288 = ₩21,755.244

② 구기계

	0	1	2	3
1. 기계투자금액	−			잔존가치 ₩2,880[9]
2. 영업현금흐름		₩6,060[8]	₩6,060	6,060
	−	₩6,060	₩6,060	₩8,940

*8 세후 영업이익 절감액(₩7,000 × 0.6) + 감가상각비(₩1,860) = ₩6,060
*9 처분가치(₩3,000) − 처분이익에 대한 법인세(₩300 × 0.4) = ₩2,880

순현재가치(NPV) = ₩6,060 × 2.4869 + ₩2,880 × 0.7513 = ₩17,234.358

설비대체에 따른 순가치증가분은 ₩21,755.244 − ₩17,234.358 = ₩4,520.886이므로, 신기계를 구입하여야 한다.

(2) 순액접근법

신기계로 대체한다면,

	0	1	2	3
1. 기계투자금액	₩(10,000)			잔존가치 ₩(2,000)[11]
2. 구기계처분금액	8,712			
3. 영업현금흐름		₩2,940[10]	₩2,940	2,940
	₩(1,288)	₩2,940	₩2,940	₩940

*10 증분 영업현금흐름(₩9,000 − ₩6,060) = ₩2,940
*11 신기계 잔존가치(₩880) − 구기계 잔존가치(₩2,880) = ₩(2,000)

순현재가치(NPV) = ₩2,940 × 2.4869 + ₩(2,000) × 0.7513 − ₩1,288 = ₩4,520.886

그러므로, 신기계를 구입하여야 한다.

예제 7: 수익성지수법

다음은 (주)한국의 투자안들이다. 이 투자안의 투자기간은 1년이며 할인율은 6%로 가정한다. 단, 할인율 6%에 대한 1년의 현가계수는 0.9이다.

투자안	투자금액	1년 후 현금유입액
A	₩100	₩100
B	150	200
C	200	300

요구사항

각 투자안의 순현재가치와 수익성지수를 구하시오.

[풀이]

(1) 미래현금흐름의 현재가치
    A: ₩100 × 0.9 = ₩90
    B: ₩200 × 0.9 = ₩180
    C: ₩300 × 0.9 = ₩270

(2) 순현재가치
    A: ₩90 − ₩100 = ₩(10)
    B: ₩180 − ₩150 = ₩30
    C: ₩270 − ₩200 = ₩70

(3) 수익성지수
    A: ₩90 ÷ ₩100 = 0.9
    B: ₩180 ÷ ₩150 = 1.2
    C: ₩270 ÷ ₩200 = 1.35

---

(2) 내부수익률법(IRR; internal rate of return method)

현금유입의 현재가치와 현금유출의 현재가치를 일치시키는 할인율인 내부수익률을 기준으로 투자안을 평가하는 방법을 말한다.

핵심 Check 현금유입의 현재가치와 현금유출의 현재가치가 일치

이는 순현재가치가 영(0)이 되는 것과 동일하다.

1) 내부수익률

현금유입액의 현재가치와 현금유출액의 현재가치를 일치시키는 할인율을 시행착오법이나 보간법을 이용하여 계산한다. 만약, 현금유출이 최초투자시점에만 발생한다면 내부수익률은 다음과 같이 계산할 수 있다.

$$내부수익률 = \sum_{t=1}^{n} \frac{매년\ 현금흐름}{(1 + 내부수익률)^t} = 최초투자금액$$

참고 시행착오법과 보간법

- 시행착오법(trial and error method): 현금유입액이 균등하지 않은 경우에 사용하는 방법
- 보간법(interpolation method): 현금유입액이 균등한 경우에 사용하는 방법

2) 의사결정

투자안의 내부수익률이 자본비용을 초과하면 채택한다. 또한, 여러 투자안을 비교하는 경우 내부수익률이 자본비용을 초과하는 투자안들 중에서 높은 투자안을 선택한다.

	의사결정
투자안의 내부수익률 > 자본비용	채택
투자안의 내부수익률 < 자본비용	기각

3) 장·단점

① 장점

- 화폐의 시간가치를 고려한다.
- 내용연수 동안 모든 현금흐름을 고려한다.
- 투자규모가 다른 투자안의 경제성을 비교할 수 있다.

② 단점

- 계산과정이 복잡하다.
- 현금흐름의 양상에 따라 복수의 내부수익률이 나타날 수 있다.
- 내부수익률이 크다는 것과 현금흐름이 크다는 것은 별개의 문제이다.

(3) 순현재가치법과 내부수익률법의 관계

순현재가치법과 내부수익률법은 모두 화폐의 시간가치를 고려하는 방법으로 단일투자안의 경우 일반적으로 동일한 결과를 가져오지만 상호배타적인 다수의 투자안 중 하나를 선택하는 경우 다른 결론을 제시할 수 있다.

1) 주요원인

서로 다른 결론이 제시되는 주요한 원인은 다음과 같다.

- 투자규모가 다른 경우
- 투자기간이 다른 경우
- 현금흐름의 양상이 다른 경우

2) 순현재가치법의 우월성

서로 다른 결론이 제시되는 경우, 다음과 같은 장점으로 인하여 순현재가치법에 의한 선택이 내부수익률법에 비하여 바람직하다.

① 재투자수익률의 가정: 내부수익률법은 내부수익률로 재투자한다고 가정하는 반면 순현재가치법은 자본비용으로 재투자한다고 가정한다. 즉, 좋은 투자안이 항상 존재하는 것이 아니므로 순현재가치법의 가정이 보다 합리적이다.

② 가치합산원칙: 순현재가치는 기업가치에 미치는 영향을 금액으로 직접 확인할 수 있고 서로 다른 투자안의 순현재가치를 합산하면 투자안 전체의 순현재가치가 된다.

③ 복수의 내부수익률: 투자안의 현금흐름의 양상에 따라 복수의 내부수익률이 제시되어 의사결정에 왜곡이 발생할 수 있다.

예제 8: 내부수익률법(보간법)

(주)한국은 새로운 설비를 ₩75,000에 구입하고자 한다. 이 회사의 재무담당자는 설비를 도입함으로써 다음과 같은 현금운영비가 절감할 것으로 예상하고 있다.

(1) 현금운영비 절감액

연도	금액
1차연도	₩30,000
2차연도	30,000
3차연도	30,000

(2) 연금의 현가표(n = 3)

8%	9%	10%	11%
2.577	2.535	2.485	2.444

요구사항

내부수익률을 구하시오.

[풀이]

• 현금운영비 절감은 현금유입과 동일하다.
• 매년 현금유입액이 균등한 경우 연금의 현가표를 이용하여 구할 수 있다.

(1) 현금유입액의 현재가치와 현금유출액의 현재가치(투자금액)는 일치해야 한다.

₩30,000 × 연금의 현가계수(IRR, 3년) = ₩75,000

연금의 현가계수$(IRR, 3년) = \dfrac{₩75,000}{₩30,000} = 2.5$

(2) 연금의 현가계수가 2.5가 되는 IRR을 보간법을 이용하여 계산한다.

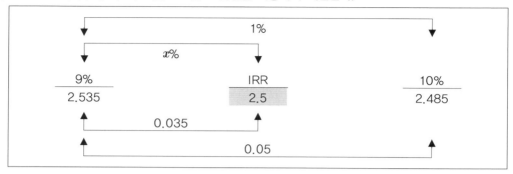

$1\% : x\% = 0.05 : 0.035$

$0.05 \times x\% = 0.035$

$x\% = \dfrac{0.035}{0.05} = 0.7\%$

그러므로 IRR은 9% + 0.7% = 9.7%이다.

예제 9: 대체투자 사업성분석[회수기간법, 회계적이익률법, 순현재가치법]

(주)한국은 기존 설비를 대체하고 새로운 설비를 ₩300,000에 구입하고자 한다. 새로운 설비를 구입할 경우 기존 설비는 ₩100,000에 처분할 수 있다. 두 설비에 관련한 추가자료는 다음과 같다.

〈자료 1〉 설비현황

	구설비	신설비
취득원가	₩250,000	₩300,000
현재처분가치	100,000	300,000
잔존가치	–	–
취득 당시 내용연수	5년	3년
잔존 내용연수	3년	3년

〈자료 2〉 매년 공헌이익 손익계산서

	구설비	신설비
매출	₩500,000	₩700,000
변동원가	(250,000)	(420,000)
공헌이익	₩250,000	₩280,000
고정원가		
현금지출 고정원가	(100,000)	(50,000)
감가상각비	(50,000)	(100,000)
영업이익	₩100,000	₩130,000

⟨자료 3⟩ 현가계수 및 연금현가계수(할인율 10%)

연도	현가계수	연금현가계수
1	0.909	0.909
2	0.826	1.735
3	0.751	2.486

요구사항

1 새로운 설비 대체투자에 대한 회수기간을 구하시오. (단, 화폐의 시간가치는 고려하지 않는다)

2 새로운 설비 대체투자에 대한 회계적이익률을 구하시오. (단, 화폐의 시간가치는 고려하지 않는다)

　(1) 최초투자액기준

　(2) 평균투자액기준

3 새로운 설비 대체투자에 대한 순현재가치(NPV)를 구하시오. (단, 화폐의 시간가치는 ⟨자료 3⟩ 현가계수를 이용하시오)

풀이

(1) "새로운 설비를 ₩300,000에 구입" 및 "기존 설비는 ₩100,000에 처분"

　　새로운 설비대체를 위한 투자금액은 ₩300,000 − ₩100,000 = ₩200,000이다. 또한, 잔존가치가 없으므로 평균투자액은 다음과 같다.

$$\frac{₩200,000 + ₩0}{2} = ₩100,000$$

(2) "⟨자료 2⟩ 감가상각비, 영업이익"

　　감가상각비와 영업이익을 이용하여 현금흐름을 계산할 수 있다.

(3) 매년 현금흐름

	구설비	신설비
영업이익	₩100,000	₩130,000
감가상각비	(+)50,000	(+)100,000
현금흐름	₩150,000	₩230,000

　　그러므로, 증분현금흐름은 ₩230,000 − ₩150,000 = ₩80,000이다.

(4) 투자시점별 현금흐름

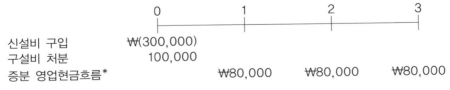

	0	1	2	3
신설비 구입	₩(300,000)			
구설비 처분	100,000			
증분 영업현금흐름*		₩80,000	₩80,000	₩80,000

　　* 신기계 영업현금흐름 − 구기계 영업현금흐름
　　　= ₩230,000 − ₩150,000 = ₩80,000

❶ 회수기간

- 순투자액
  ₩300,000 − ₩100,000 = ₩200,000
- 매년 증분 현금흐름
  ₩230,000 − ₩150,000 = ₩80,000

$$회수기간 = \frac{투자액}{매년\ 현금흐름} = \frac{₩200,000}{₩80,000} = 2.5년$$

❷ 회계적이익률

- 순투자액
  ₩300,000 − ₩100,000 = ₩200,000
- 평균투자액

$$\frac{₩200,000 + ₩0}{2} = ₩100,000$$

- 매년 증분 영업이익
  ₩130,000 − ₩100,000 = ₩30,000

(1) 최초투자액기준 회계적이익률

$$\frac{연평균\ 회계적이익}{최초\ 투자액} = \frac{₩30,000}{₩200,000} = 15\%$$

(2) 평균투자액기준 회계적이익률

$$\frac{연평균\ 회계적이익}{평균투자액} = \frac{₩30,000}{₩100,000} = 30\%$$

❸ 순현재가치(NPV)

₩80,000 × 2.486 − ₩200,000 = ₩(1,120)
그러므로 순현재가치(NPV)는 ₩(1,120)이다.

예제 10: 대체투자 다기간 CVP분석

(주)한국은 기존 설비를 대체하고 새로운 설비를 ₩60,000에 구입하고자 한다. 새로운 설비를 구입할 경우 기존 설비는 ₩20,000에 처분할 수 있다. 회사는 잔존가치 없이 감가상각하며 상각방법은 정액법을 사용하고 있으며 법인세율은 40%이다. 두 설비에 관련한 추가자료는 다음과 같다.

〈자료 1〉 설비현황

	구설비	신설비
취득원가	₩50,000	₩60,000
잔존가치	–	–
내용연수		
취득 당시	5년	3년
잔존	3년	3년
처분가치		
현재	₩20,000	₩60,000
내용연수 종료 후	–	10,000

〈자료 2〉 가격과 원가구조

	구설비	신설비
단위당 판매가격	₩50	₩60
단위당 변동원가	(35)	(30)
공헌이익	₩15	₩30
고정원가		
현금지출 고정원가	₩25,000	₩40,000

〈자료 3〉 현가계수 및 연금현가계수(할인율 10%)

연도	현가계수	연금현가계수
1	0.909	0.909
2	0.826	1.735
3	0.751	2.486

요구사항

새로운 설비 대체투자를 위한 연간 최소판매량을 구하시오. (단, 화폐의 시간가치는 〈자료 3〉 현가계수를 이용하시오)

(1) "기존 설비는 ₩20,000에 처분" 및 "회사는 잔존가치 없이 감가상각하며 상각방법은 정액법을 사용하고 있으며 법인세율은 40%"

구설비 처분으로 인한 현금유입액은 처분가치에 처분손익에 대한 법인세효과를 반영한다.

	구설비
처분가치	₩20,000
처분손실 법인세 효과 (₩20,000 − ₩30,000[1]) × 40% =	4,000
현금유입액	₩24,000

[1] 장부가액
₩50,000 − (₩10,000 × 2년) = ₩30,000

(2) "〈자료 1〉 신설비를 내용연수 종료 후 ₩10,000에 처분"

신설비 처분으로 인한 현금유입액은 처분가치에 처분손익에 대한 법인세효과를 반영한다.

	신설비
처분가치	₩10,000
처분이익 법인세 효과 (₩10,000 − 0[2]) × 40% =	(4,000)
현금유입액	₩6,000

[2] 잔존가치는 없다.

(3) 매년 증분 세후현금흐름

• 매년 영업현금흐름
매년 판매량을 Q라 한다.

	구설비	신설비	증분 현금흐름
영업이익	₩15Q	₩30Q	₩15Q
현금지출 고정원가	(25,000)	(40,000)	(15,000)
현금흐름	₩15Q − ₩25,000	₩30Q − ₩40,000	₩15Q − ₩15,000

• 매년 감가상각비

	구설비	신설비	증분 감가상각비
감가상각비	₩10,000	₩20,000	₩10,000

∴ 증분 세후현금흐름 = (₩15Q − ₩15,000) × (1 − 40%) + ₩10,000 × 40 = ₩9Q − ₩5,000

(4) 투자시점별 현금흐름

	0	1	2	3
신설비 구입	₩(60,000)			
구설비 처분	24,000			
증분 영업현금흐름[3]		₩9Q − ₩5,000	₩9Q − ₩5,000	₩9Q − ₩5,000

[3] 세후 현금흐름
= (₩15Q − ₩15,000) × (1 − 40%) + ₩10,000 × 40%
= ₩9Q − ₩5,000

(1) 구설비 처분으로 인한 현금유입액

	구설비
처분가치	₩20,000
처분손실 법인세 효과　　(₩20,000 − ₩30,000) × 40% =	4,000
현금유입액	₩24,000

(2) 최초투자액

신설비 취득원가 − 구설비 처분가액

= ₩60,000 − ₩24,000 = ₩36,000

(3) 매년 증분 세후 현금흐름

(₩15Q − ₩15,000) × (1 − 40%) + ₩10,000 × 40 = ₩9Q − ₩5,000이다.

(4) 연간 최소판매량(Q)

(₩9Q − ₩5,000) × 2.486 + ₩6,000 × 0.751 − ₩36,000 = 0

그러므로, Q는 1,964(> 1,963.17)이다.

보론 | 물가상승을 고려한 자본예산

물가수준이 변동되면 제품의 가격과 원가는 물가수준에 영향을 받게 되어 미래 현금흐름을 추정하는 데에 적절히 반영되어야 한다. 인플레이션을 고려한 자본예산은 다음의 두 가지 방법이 있다.

- **명목접근법**: 명목화폐가치를 명목할인율로 할인하는 방법이다.
- **실질접근법**: 실질화폐가치를 실질할인율로 할인하는 방법이다.

1. 명목화폐가치와 실질화폐가치

실질화폐가치는 일정한 구매력으로 표시할 수 있는 화폐금액을 말하며 명목화폐가치는 미래에 발생할 것으로 예상되는 현금흐름으로 일정한 구매력으로 조정되지 않은 화폐금액을 말한다. 인플레이션을 고려한 실질화폐가치와 명목화폐가치는 다음과 같은 관계가 있다.

$$명목화폐가치 = 실질화폐가치 \times (1 + 물가상승률)^n$$

$$n: 기간$$

핵심 Check 감가상각비 감세효과

> 감가상각비는 취득원가를 기준으로 결정되며 감가상각비 감세효과는 미래에 예상되는 현금흐름으로서 명목화폐가치이다. 따라서 실질접근법을 적용할 경우 감가상각비 감세효과는 실질화폐가치로 환산해야 한다.

2. 명목할인율과 실질할인율

실질할인율은 물가변동을 감안한 실질구매력을 보여주는 할인율이며 명목할인율은 물가변동을 감안하지 않은 일반적인 할인율을 말한다. 인플레이션을 고려한 실질할인율과 명목할인율은 다음과 같은 관계가 있다.

$$(1 + 명목할인율) = (1 + 실질할인율) \times (1 + 물가상승률)$$

(주)한국은 하이패스 단말기를 제조하는 회사이다. 최근 신형모델을 생산하기 위한 새로운 기계장치를 도입하고자 한다. 이 기계의 취득원가는 ₩9,000이고, 잔존가치는 없으며, 재고자산이 ₩300, 수취채권이 ₩200 증가할 것으로 예상하고 있다. 또한, 새로운 단말기가 생산·판매된다면 향후 3년간 추가적인 매출액과 관련 비용은 다음과 같다.

매출액	500단위 × ₩100 =	₩50,000
변동원가	500단위 × ₩30 =	(15,000)
공헌이익		₩35,000
고정원가		(23,000)(감가상각비 ₩3,000 포함)
영업이익		₩12,000
법인세(40%)	₩12,000 × 0.4 =	(4,800)
세후영업이익		₩7,200

기계에 대한 내용연수는 3년이며 감가상각방법은 정액법을 적용한다. 회사의 최저필수수익률은 10%(실질이자율)이다.

요구사항

연간 물가상승률이 10%이고 기계의 처분가치가 ₩800일 경우 위 투자안에 대한 순현재가치를 구하시오(단, 10%의 할인율에 대한 현가계수는 다음과 같다).
현가계수(3년): 0.7513, 연금현가계수(3년): 2.4869

풀이

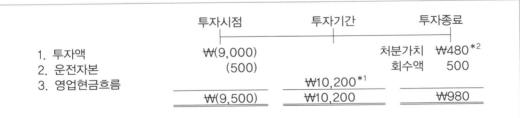

*1 세후영업이익(₩7,200) + 감가상각비(₩3,000) = ₩10,200
*2 처분가치(₩800) − 처분이익에 대한 법인세 효과(₩800 × 0.4) = ₩480

(1) 실질접근법

	0	1	2	3
투자액	₩(9,000)			₩480 (처분가치)
영업현금흐름				
세후영업현금흐름		₩9,000	₩9,000	9,000
감가상각비 감세효과		$\dfrac{1,200^{*3}}{(1+0.1)}$	$\dfrac{1,200}{(1+0.1)^2}$	$\dfrac{1,200}{(1+0.1)^3}$
운전자본투자액	(500)			500 (회수액)
합계	₩(9,500)	₩10,091	₩9,992	₩10,882

*3 명목현금흐름인 감가상각비 감세효과를 실질현금으로 바꿔야 한다.

$$\therefore \ NPV = \frac{₩10,091}{(1+0.1)} + \frac{₩9,992}{(1+0.1)^2} + \frac{₩10,882}{(1+0.1)^3} - ₩9,500 = ₩16,107$$

(2) 명목접근법

	0	1	2	3
투자액	₩(9,000)			₩480 × (1+0.1)^3 *4 (처분가치)
영업현금흐름				
세후영업현금흐름		₩9,000 × (1+0.1) *4	₩9,000 × (1+0.1)^2	9,000 × (1+0.1)^3
감가상각비 감세효과		1,200	1,200	1,200
운전자본투자액	(500)			500 × (1+0.1)^3 *4 (회수액)
합계	₩(9,500)	₩11,100	₩12,090	₩14,483

*4 실질현금흐름을 명목현금흐름으로 바꿔야 한다.

$$\therefore \ NPV = \frac{₩11,100}{(1+0.21^{*5})} + \frac{₩12,090}{(1+0.21)^2} + \frac{₩14,483}{(1+0.21)^3} - ₩9,500 = ₩16,107$$

*5 명목이자율 = (1 + 0.1) × (1 + 0.1) − 1 = 0.21

제13장 | 객관식 문제

01 다음은 투자안에 대한 최저필수수익률에 대한 설명이다. 틀린 것은? [세무사 89]

① 투자에 대한 기회비용과 같은 개념이다.
② 투자에 대한 위험이 높을수록 최저필수수익률도 높아진다.
③ 투자자금에 대한 자본비용과 같다.
④ 차선의 투자안에 대한 내부수익률과 같다.
⑤ 물가상승 시에는 최저필수수익률도 높아진다.

02 (주)한국은 현재 자본비용 이상의 투자수익률을 제공해 주는 여러 개의 투자기회를 가지고 있다. 그러나 회사는 한정된 자본을 가지고 있으며, 투자안들은 분할할 수 없다. 만약, 회사가 한정된 자본을 투자하여 최대의 수익을 얻고자 한다면 다음 중 어떤 투자조합을 선택하여야 하는가?

① 순현재가치가 높은 순서로 하여 한정된 자본으로 충당할 수 있는 모든 투자조합
② 회계적이익률의 합계를 최대화시키는 투자조합
③ 회수기간의 합을 최소화시키는 투자조합
④ 내부수익률의 합을 최대화시키는 투자조합
⑤ 정답 없음

03 투자안 평가방법에는 여러 가지 방법이 있다. 회수기간법을 사용할 경우 반드시 알고 있어야 할 요소가 아닌 것은?

① 투자액   ② 잔존가치   ③ 이자율
④ 연간 현금유입액   ⑤ 정답 없음

04 다음 자료에 의하여 첫 해의 평균장부가액에 의한 회계적이익률(ARR)을 계산하시오.

[세무사 90]

> (1) 비영리법인이다.
> (2) 세후 현금유입액은 ₩650,000이다.
> (3) 최초 투자액은 ₩2,000,000이고 잔존가치는 ₩0이며 정액법으로 상각하고 내용연수는 5년이다.

① 13.88%   ② 37.5%   ③ 12.5%
④ 25%   ⑤ 20%

05 미래대학 학생회에서는 현재 복사비용으로 외부에 장당 ₩40씩 지불하고 있는데, 복사비용 절감을 위해 ₩5,000,000인 복사기의 구입을 고려하고 있다. 이 복사기는 2년간 사용한 후 ₩660,000에 재판매할 수 있다. 종이가격은 장당 ₩10이며 100장 복사에 10장이 낭비된다. 복사기 유지비는 연간 ₩150,000이며 그 이외 복사비 관련 비용은 없다. 편의상 올해의 현금흐름은 할인하지 않고 내년도의 현금흐름을 할인율 10%로 할인한다. 매년 복사하여야 할 수량이 100,000장일 경우, 복사기를 구입하여 사용하는 것이 2년간 복사비용을 지불하는 것에 비하여 순현재가치(NPV)의 측면에서 볼 때 얼마나 절감되는가?

[회계사 96]

① ₩500,000   ② ₩750,000   ③ ₩850,000
④ ₩1,000,000   ⑤ ₩1,160,000

06 (주)서울은 신기계를 구입하여 구기계와 대체하려고 한다. 다음은 구기계와 신기계 관련 자료이다.

	구기계	신기계
취득원가	?	₩90,000
현재 장부가액	₩50,000	₩90,000
잔존내용연수	5년	5년
잔존가치	₩0	₩0
현재 처분가치	₩5,000	₩90,000
5년 후 처분가치	₩0	₩0
연간 현금지출비용	₩125,000	₩100,000

화폐의 시간가치와 법인세를 무시할 때, 신기계를 구입하여 구기계를 대체하는 경우에 5년간 증분현금흐름은 얼마인가?

① ₩35,000 증가   ② ₩40,000 증가   ③ ₩45,000 감소

④ ₩50,000 증가   ⑤ ₩60,000 감소

07 (주)한국은 신제품 개발을 위한 기계를 구입하고자 한다. 다음의 자료를 참조하여 계산한 투자기간 중 매년의 순현금유입액은 얼마인가?

신기계 구입원가	₩4,000,000
추정 내용연수	8년
추정 잔존가액	구입원가의 10%
매년 예상되는 증분수익	₩4,500,000
매년 예상되는 증분원가(감가상각비 제외)	₩2,650,000

- 감가상각방법은 정액법을 사용하고 법인세율은 40%이다.
- 감가상각비 이외의 모든 수익과 비용은 현금으로 거래된다.
- 할인율은 10%를 적용한다.

① ₩840,000   ② ₩450,000   ③ ₩1,850,000

④ ₩1,290,000   ⑤ ₩1,110,000

08 다음 중 자본예산을 위해 사용되는 순현가법(NPV)과 내부수익률(IRR)에 대한 설명으로 옳은 것은?

[세무사 04]

① 내부수익률법은 복리계산을 하지 않으므로 순현가법보다 열등하다.
② 특정 투자안의 수락 타당성에 대해 두 방법은 일반적으로 다른 결론을 제공한다.
③ 내부수익률법은 현금이 할인율이 아닌, 내부수익률에 의해 재투자된다고 가정한다.
④ 내부수익률법은 순현가법과 달리, 여러 가지 수준의 요구수익률을 사용하여 분석할 수 있으므로 더 우수하다.
⑤ 순현가법은 분석 시점에 초기 투자액이 없는 경우에는 사용할 수 없다.

09 (주)국세는 올해 초에 신제품 생산을 위한 전용기계 도입 여부를 순현재가치법으로 결정하려고 한다. 신제품의 판매가격은 단위당 ₩500이며, 생산 및 판매와 관련된 단위당 변동비는 ₩300, 그리고 현금유출을 수반하는 고정비를 매년 ₩600,000으로 예상한다. 전용기계의 구입가격은 ₩1,000,000이고, 정액법으로 감가상각한다(내용연수 5년, 잔존가치 없음). 할인율은 10%이며 법인세율이 40%이고, 매출액, 변동비, 현금유출 고정비, 법인세는 전액 해당연도 말에 현금으로 회수 및 지급된다. 전용기계 도입이 유리하기 위해서는 신제품을 매년 최소 몇 단위를 생산 판매해야 하는가? (단, 10%, 5년의 단일금액의 현가계수는 0.621이고, 정상연금의 현가계수는 3.791이다)

[세무사 15]

① 4,198단위   ② 4,532단위   ③ 5,198단위
④ 5,532단위   ⑤ 6,652단위

10 (주)한국은 기존의 생산라인 제어시스템을 교체하는 것을 고려하고 있다. 시스템이 교체되는 경우 (주)한국은 연간 약 50억원의 현금영업비용을 절감할 수 있을 것으로 예상된다. 신규 시스템의 구입비용은 총 200억원이며 내용연수는 5년이다. 이 시스템은 정액법으로 감가상각되며 5년 사용 후 잔존가치는 없을 것으로 예상된다. 현재의 시스템도 전액 감가상각되었고 시장가치는 없다. 한편, 신규 시스템을 가동하기 위하여 순운전자본이 약 10억원 가량 추가로 필요하다. (주)한국의 법인세율은 20%이고 이 투자안에 대한 할인율은 15%라면 이 투자안의 순현가는 약 얼마인가?

[회계사 05]

① 66억원   ② 49억원   ③ -44억원
④ -49억원   ⑤ -66억원

11 (주)세무는 온라인 교육을 확대하기 위해 새로운 온라인 강의설비를 ₩280,000에 구입할 것을 검토하고 있다. 이 설비는 향후 5년에 걸쳐 강사료, 시설관리비 등에서 ₩330,000의 현금절감효과를 가진다. 현금절감액은 연중 균일하게 발생하지만, 연도별 현금흐름은 다음과 같이 균일하지 않다. 이러한 상황에서 설비투자에 대한 회수기간은?

[세무사 21]

연도	1	2	3	4	5
현금절감액	₩100,000	₩80,000	₩60,000	₩50,000	₩40,000

① 3.2년   ② 3.4년   ③ 3.5년
④ 3.6년   ⑤ 3.8년

제13장 | 객관식 문제 정답 및 해설

01 ④ 내부수익률법은 내부수익률과 투자액의 자본비용과의 비교를 통하여 최적 대안을 선택하는 기법으로 옳지 않은 표현이다.

02 ① 순현재가치가 높은 순서로 한정된 자본을 투자하면 가장 큰 현금흐름을 얻을 수 있다.

03 ③ 회수기간법은 화폐의 시간가치를 고려하지 않는 기법이므로 이자율은 고려할 필요가 없다.

04 ① (1) 연평균 순이익: ₩650,000 − ₩2,000,000 ÷ 5 = ₩250,000
  (2) 평균 투자액: (₩2,000,000 + ₩1,600,000) ÷ 2 = ₩1,800,000
  (3) 회계적이익률: ₩250,000 ÷ ₩1,800,000 = 13.88%

05 ③

	CF 0	CF 1	CF 2
설비투자	₩(5,000,000)	−	₩660,000
영업현금흐름		₩2,750,000*	2,750,000
할인율			÷ (1 + 0.1)
현재가치	₩(5,000,000)	₩2,750,000	₩3,100,000

  * 100장 복사에 10장이 낭비되므로 종이가격은 ₩10 + ₩1 = ₩11이다.
  (₩40 − ₩11) × 100,000장 − ₩150,000 = ₩2,750,000
  ∴ 순현재가치는 ₩2,750,000 + ₩3,100,000 − ₩5,000,000 = ₩850,000이다.

06 ②

	CF 0	CF 1 ~ CF 4	CF 5
설비투자	₩(85,000)*1	−	−
연간현금절감액		₩25,000*2 × 4년 = ₩100,000	₩25,000
현재가치	₩(85,000)	₩100,000	₩25,000

  *1 신기계 취득(₩90,000) − 구기계 처분(₩5,000)
  *2 구기계 현금지출비용(₩125,000) − 신기계 현금지출비용(₩100,000)
  ∴ ₩100,000 + ₩25,000 − ₩85,000 = ₩40,000 증가

07 ④ (1) 세후 영업현금흐름
    (₩4,500,000 − ₩2,650,000) × (1 − 0.4) = ₩1,110,000
  (2) 감가상각비 감세효과
    [(₩4,000,000 × 90%) ÷ 8년] × 0.4 = ₩180,000
  ∴ ₩1,110,000 + ₩180,000 = ₩1,290,000이다.

08 ③ ① 내부수익률법은 복리계산을 한다.
② 특정 투자안의 수락 타당성에 대해 두 방법은 일반적으로 같은 결론을 제공하며, 여러 가지 대안을 비교할 경우 두 방법은 서로 다른 결론을 내릴 수 있다.
④ 내부수익률은 투자안에 대한 연평균순이익을 의미하며 투자액에 대한 자본비용과 비교하여 투자안을 선택한다.
⑤ 순현가법은 분석 시점에 초기 투자액이 없는 경우에도 사용할 수 있다.

09 ② 1. 매년 세후순현금흐름
매년 판매수량을 Q라 한 후 식을 정리하면 다음과 같다.
$(₩200 × Q - ₩600,000) × 0.6 + ₩200,000^* × 0.4$
$= ₩120 × Q - ₩280,000$
$^* ₩1,000,000/5년 = ₩200,000$
2. 매년 최소판매수량
$(₩120 × Q - ₩280,000) × 3.791 - ₩1,000,000 = ₩0$
∴ 매년 최소판매수량(Q) = 4,532단위

10 ③ (1) 연간 감가상각비
$$\frac{200억}{5년} = 40억$$
(2) 연간 영업현금흐름
$50억 × (1 - 20\%) + 40억 × 20\% = 48억$
(3) 최초투자액
$200억 + 10억 = 210억$
∴ 순현가 = $48억 × 3.3522 + 10억 × 0.4972 - 210억 = 약 -44억$

11 ⑤

기간	현금흐름	미회수액
1	₩100,000	₩(180,000)
2	80,000	(100,000)
3	60,000	(40,000)
4	50,000	10,000

∴ 설비투자에 대한 회수기간 = $3년 + \dfrac{₩40,000}{₩50,000} = 3.8년$

문제 01 　설비취득 최대지불가능금액

다음을 읽고 물음에 답하시오.

(주)한국은 단일제품을 생산·판매하는 회사이다. 회사는 매년 12,000단위를 생산·판매하고 있다. 회사의 최대생산능력은 10,000단위로서 부족한 수량은 외부에서 구입하여 판매하고 있다. 자가제조의 경우 현금비용은 단위당 ₩20이고 외부구입의 경우 단위당 구입가격은 ₩50이다. 회사는 연간 12,000단위의 제품을 생산할 수 있는 신기계를 구입하고자 한다. 이 신기계를 사용하면 현재 자가제조에 비하여 단위당 ₩5의 가공원가를 절감할 수 있다. 신기계의 내용연수는 5년으로 추정되며 잔존가치는 없다. 또한, 회사의 세후 최저필수수익률은 15%이며 현가요소는 다음과 같다.

(n = 5)	현가계수	연금의 현가계수
15%	0.4972	3.3522

요구사항

회사가 신기계 취득에 대하여 지불할 수 있는 최대금액을 구하시오(단, 법인세율은 40%이며, 감가상각방법은 정액법을 사용한다).

풀이

(1) 신기계 대체 시 세후 증분영업현금흐름

구기계 사용 시 연간 현금지출액		
자가제조(10,000단위 × ₩20)	₩200,000	
외부구입(2,000단위 × ₩50)	100,000	₩300,000
신기계 사용 시 연간 현금지출액		
자가제조(12,000단위 × ₩15)		(180,000)
신기계 사용 시 연간 현금절약액		₩120,000
법인세(40%)		(48,000)
세후 영업현금흐름		₩72,000

(2) 신기계의 감가상각비 감세효과

신기계 구입가격을 P라 하고 내용연수 5년간 정액법 상각을 가정하면 다음과 같다.

매년 감가상각비 감세효과 $= (P \div 5) \times 0.4$

따라서 신기계의 구입금액은 신기계 취득 시 증분현금흐름만큼 지불할 수 있으므로 다음과 같다.

$P = ₩72,000 \times 3.3522 + (P \div 5) \times 0.4 \times 3.3522 = ₩329,803.9$

(주)한국은 현재 사용하는 구기계를 신기계로 대체하고자 한다. (주)한국이 현재 사용하고 있는 기계는 3년 전에 ₩250,000으로 구입한 것으로서 당기 말 현재의 장부가액은 ₩156,250이다. 이 기계의 잔존내용연수는 5년이며, 5년 후의 잔존가치는 ₩0으로 추정된다. 이 기계를 계속 사용하는 경우 현재시점을 기준으로 제3차연도 말에 큰 수리가 필요하며, 수리비용은 ₩50,000으로 예상된다. 그리고 구기계의 현재 처분가치는 ₩60,000이다. 한편, (주)한국에서 신기계의 구입을 고려하고 있으며 구입대금은 ₩450,000, 설치비용은 ₩50,000으로 예상되며 내용연수는 5년, 5년 후의 잔존가치는 ₩20,000으로 추정된다.

신기계를 사용할 경우 앞으로 5년간 매년 직접노무원가와 전력원가를 예상액의 25%씩 절약할 수 있다.

다음은 (주)한국이 구기계를 계속 사용할 경우 당기 말에 추정한 향후 5년간의 직접노무원가와 전력원가 예상액이다.

	제1차연도	제2차연도	제3차연도	제4차연도	제5차연도
직접노무원가	₩300,000	₩350,000	₩400,000	₩450,000	₩500,000
전력원가	150,000	170,000	190,000	210,000	230,000

(주)한국은 구기계를 정액법으로 감가상각해왔고, 신기계에 대해서는 연수합계법으로 감가상각을 할 예정이다.

(주)한국은 투자의사결정의 법인세차감 후 최저필수수익률을 12%로 설정하고 있으며, 할인율이 12%일 때의 현가요소에 관한 자료는 다음과 같다.

기간	₩1의 현가	₩1의 연금현가
1	0.89	0.89
2	0.80	1.69
3	0.71	2.40
4	0.64	3.04
5	0.57	3.61

(주)한국에 적용되는 법인세율은 40%이다.

요구사항

[물음 1]   신기계 사용에 필요한 투자액을 계산하시오.

[물음 2]   신기계 사용에 따른 법인세차감 후 증분현금흐름의 총현가를 계산하시오.

[물음 3]   신기계 투자안의 순현가를 계산하시오.

(1) 투자금액

구입대금 + 설치비용

= ₩450,000 + ₩50,000 = ₩500,000

(2) 구기계 처분금액

구기계 처분금액 + 처분손실 세금효과

= ₩60,000 + (₩156,250 − ₩60,000) × 0.4 = ₩98,500

(3) 현금운영비용절감

직접노무원가와 전력원가의 25%, 제3차연도 말의 수리비용을 절감할 수 있다.

	제1차연도	제2차연도	제3차연도	제4차연도	제5차연도
노무 및 전력	₩112,500	₩130,000	₩147,500	₩165,000	₩182,500
수리비용	−	−	50,000	−	−
합계	₩112,500	₩130,000	₩197,500	₩165,000	₩182,500
세금	× (1 − 0.4)	× (1 − 0.4)	× (1 − 0.4)	× (1 − 0.4)	× (1 − 0.4)
세후절감액	₩67,500	₩78,000	₩118,500	₩99,000	₩109,500

(4) 감가상각비 감세효과

- 신기계 취득가액: ₩450,000 + ₩50,000 = ₩500,000
- 신기계 감가상각대상금액: ₩500,000 − ₩20,000 = ₩480,000
- 신기계 첫해 감가상각비: $480,000 \times \dfrac{5}{5+4+3+2+1} = ₩160,000$

	제1차연도	제2차연도	제3차연도	제4차연도	제5차연도
구기계	₩31,250	₩31,250	₩31,250	₩31,250	₩31,250
신기계	160,000	128,000	96,000	64,000	32,000
증가	₩128,750	₩96,750	₩64,750	₩32,750	₩750
세금	× 40%	× 40%	× 40%	× 40%	× 40%
세금효과	₩51,500	₩38,700	₩25,900	₩13,100	₩300

(5) 잔존가치

	제5차연도
구기계	₩0
신기계	20,000
증가	₩20,000

[물음 1] 투자금액

	투자시점
신기계 취득금액	₩500,000
구기계 처분금액	98,500
투자금액	₩401,500

[물음 2] 법인세차감 후 증분현금흐름

	제1차연도	제2차연도	제3차연도	제4차연도	제5차연도
운영비용절감	₩67,500	₩78,000	₩118,500	₩99,000	₩109,500
감가상각비절세	51,500	38,700	25,900	13,100	300
처분금액	–	–	–	–	20,000
소계	₩119,000	₩116,700	₩144,400	₩112,100	₩129,800
현가요소	× 0.89	× 0.80	× 0.71	× 0.64	× 0.57
현재가치	₩105,910	₩93,360	₩102,524	₩71,744	₩73,986

[물음 3] 투자안의 순현가

₩105,910 + ₩93,360 + ₩102,524 + ₩71,744 + ₩73,986 − ₩401,500 = ₩46,024

다음을 읽고 물음에 답하시오.

[회계사 16]

(주)한국은 기업가치를 극대화하는 투자의사결정을 유인하기 위해 사내 사업부의 성과를 EVA(경제적 부가가치)로 평가하고 이에 비례하여 보너스를 지급하는 성과평가 및 보상시스템을 구축하여 실행하고 있다.

20×1년 초 (주)한국의 K사업부는 설비자산(취득원가 ₩5,400,000, 내용연수 3년, 잔존가치 ₩0)을 구입하여 가동하는 투자안을 검토하고 있다. 이 투자안의 실행을 통해 달성할 것으로 예상되는 연도별 EVA는 다음과 같다.

구분	20×1	20×2	20×3
EVA	₩464,000	₩446,000	₩388,000

〈기타 자료〉
- EVA는 연도별 영업이익에서 투자대상 설비자산의 기초장부금액에 요구수익률을 곱한 금액을 차감하여 계산한다.
- 20×1년 초 설비자산 구입 이외의 모든 현금흐름은 전액 연도 말에 발생한다고 가정하고 모든 세금효과는 무시한다.
- 연도 말 발생하는 순현금흐름과 영업이익의 차이는 투자 대상 설비자산에 대한 감가상각비 외에는 없다. 감가상각방법은 정액법에 의한다.
- 요구수익률은 9%이며 현가계수는 다음과 같다.

기간	1	2	3
현가계수	0.9174	0.8417	0.7722

요구사항

[물음 1]   설비자산에 투자할 때 향후 3년간 달성할 수 있는 EVA의 현재가치를 구하시오. 단, 십원 단위 미만은 절사한다. (예: ₩1,999은 ₩1,990으로 표시한다)

[물음 2]   주어진 자료에 의할 때 연도별 순현금흐름을 구하시오. 단, 20×1년 초 설비자산 취득에 따른 현금유출액은 해당연도에 포함한다.

[물음 3]   설비자산 투자에 따른 현금흐름의 순현재가치(NPV)를 구하시오. 단, 십원 단위 미만은 절사한다.

[물음 4]   주어진 자료와 [물음 1] ~ [물음 3]의 결과를 이용하여 성과평가측정치로서 EVA의 장점 2가지를 제시하시오.

풀이

---

(1) 기초장부금액
- 1차연도: ₩5,400,000
- 2차연도: ₩5,400,000 − ₩1,800,000 × 1 = ₩3,600,000
- 3차연도: ₩5,400,000 − ₩1,800,000 × 2 = ₩1,800,000

(2) 매년 영업이익

매년 영업이익은 경제적부가가치에 설비자산의 기초장부가액의 요구수익률을 가산한다.
- 1차연도: ₩464,000 + ₩5,400,000 × 0.09 = ₩950,000
- 2차연도: ₩446,000 + ₩3,600,000 × 0.09 = ₩770,000
- 3차연도: ₩388,000 + ₩1,800,000 × 0.09 = ₩550,000

(3) 매년 현금흐름

매년 현금흐름은 영업이익에서 감가상각비를 가산한다.
- 투자금액 ₩(5,400,000)
- 1차연도: ₩950,000 + ₩1,800,000 = ₩2,750,000
- 2차연도: ₩770,000 + ₩1,800,000 = ₩2,570,000
- 3차연도: ₩550,000 + ₩1,800,000 = ₩2,350,000

[물음 1] 3년간 달성할 수 있는 EVA의 현재가치

₩464,000 × 0.9174 + ₩446,000 × 0.8417 + ₩388,000 × 0.7722 = ₩1,100,680

[물음 2] 연도별 순현금흐름

(1) 매년 영업이익
- 1차연도: ₩464,000 + ₩5,400,000 × 0.09 = ₩950,000
- 2차연도: ₩446,000 + ₩3,600,000 × 0.09 = ₩770,000
- 3차연도: ₩388,000 + ₩1,800,000 × 0.09 = ₩550,000

(2) 매년 현금흐름
- 투자금액 ₩(5,400,000)
- 1차연도: ₩950,000 + ₩1,800,000 = ₩2,750,000
- 2차연도: ₩770,000 + ₩1,800,000 = ₩2,570,000
- 3차연도: ₩550,000 + ₩1,800,000 = ₩2,350,000

[물음 3] 설비자산 투자에 따른 현금흐름의 순현재가치(NPV)

₩2,750,000 × 0.9174 + ₩2,570,000 × 0.8417 + ₩2,350,000 × 0.7722 − ₩5,400,000
= ₩1,100,680

[물음 4] 성과평가측정치로서 EVA의 장점

(1) 경제적 부가가치는 당기순이익이라는 전통적 회계개념의 이익이 아닌 기업의 본래 영업과 관련된 이익으로 경영성과를 판단한다.

(2) 경제적 부가가치는 투하자본에 대한 일종의 기회비용인 자본비용을 명시적으로 고려한다.

(3) 성과평가를 경제적 부가가치로 하는 경우, 경영자는 경제적 부가가치를 증가시키는 노력이 곧 주주의 부의 증가를 의미하므로 준최적화현상이 발생하지 않는다.

제14장

종합예산

1. 서론
2. 종합예산 편성
● 객관식 문제
● 주관식 문제

01 의의

예산(budget)이란 기업의 공식적인 행동계획을 화폐로 표시한 것을 말하며 종합예산(master budget)이란 조직 전체를 대상으로 편성하는 예산을 말한다. 종합예산은 각 조직 간에 존재하는 상호관계를 고려하여 편성하기 때문에 특정 부문이 독자적으로 진행하기 보다는 모든 부문의 상호 조정에 의하여 설정되어야 한다.

(1) 장점
① 계획수립과 함께 성과평가의 기준을 제공한다.
② 조직구성원들 간 의사소통으로 인하여 조직 전체를 활성화한다.
③ 조직구성원들에게 동기부여 역할을 한다.

(2) 단점
① 예산자체가 구성원들에게 심적 부담감을 줄 수 있다.
② 단기목표를 강조하다보면 단기성과에 집착할 수 있다.
③ 자신에게 유리한 성과를 유도하도록 예산을 이용할 수 있다.

> **핵심 Check** 예산슬랙(budgetery slack)
>
> 유리한 평가를 위하여 예산을 쉽게 달성할 수 있도록 가능한 목표를 의도적으로 낮추는 것을 말한다.

> **핵심 Check** 기타예산
>
> • 참여예산(participative budget): 조직의 모든 구성원들이 참여하여 대다수가 만족할 만한 예산을 설정하는 방법이다.
> • 원점예산(zero-based budget): 과거 예산을 고려하지 않고 모든 항목을 원점에서부터 설정하는 방법이다.
> • 연속갱신예산(rolling budget): 한 회계기간을 전제로 편성한 후 일정 기간이 경과함에 따라 새로운 기간의 예산이 추가되어 예산기간이 유지되는 방법이다.

02 주요목적

1. 계획수립

종합예산의 설정으로 인하여 조직구성원들로 하여금 각자 미래의 계획을 수립하도록 요구할 수 있다.

2. 통제 및 성과평가

예산은 조직구성원들로 하여금 미래의 행동지침의 역할을 하고 설정된 예산과 실적이 일치하지 않을 경우 그 차이원인을 분석하여 각 조직원들의 평가에 활용할 수 있다.

> **핵심 Check** 예외에 의한 관리(management by experience)
>
> 예산과 실적을 비교한 후 차이부분만 관리하여 효율적인 운영을 가능하게 한다.

3. 의사소통 및 조정

종합예산 설정과정에서 다양한 기능을 가진 구성원들 사이에 계획이 상호 공유될 수 있고 의견조율이 가능하여 조직구성원들 간의 의사소통과 조정에 도움이 될 수 있다.

03 운영예산과 재무예산

1. 운영예산(operation budget, 영업예산)

주요 영업활동에 관한 예산으로 수요예측으로부터 시작하여 원재료구매, 인력조달, 제조, 판매예산 등을 거쳐 예산포괄손익계산서를 작성하는 것을 말한다.

2. 재무예산(financial budget)

운영예산을 기초로 필요한 자금조달과 투자에 대한 예산으로 현금예산, 예산재무상태표, 예산현금흐름표 작성 및 자본예산을 편성하는 것을 말한다.

> **핵심 Check** 자본예산(capital budget)과의 비교
>
> 자본예산은 유형자산에 대한 투자의사결정으로 대표적인 장기의사결정방법 중 하나이다.

01 의의

기업 전체를 대상으로 수요예측(판매예산)을 기초로 하여 예산포괄손익계산서와 예산재무상태표 작성으로 완료된다.

종합예산의 흐름

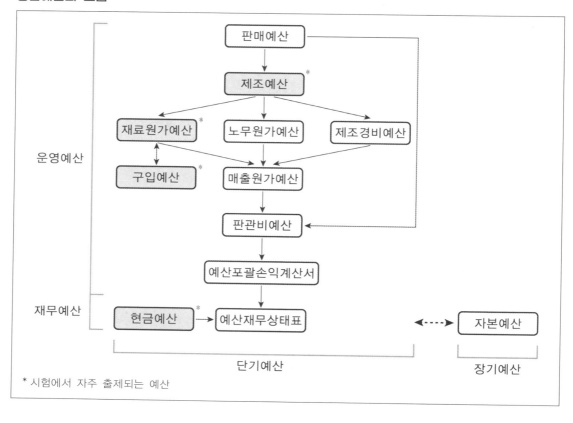

* 시험에서 자주 출제되는 예산

02 편성절차

제품원가계산은 실제 발생한 상황을 재무제표에 반영하는 것이 목적이므로 원재료 구매부터 시작하여 제조원가 투입, 제품 생산 및 판매까지 정상적인 흐름의 순서대로 진행되는 것과는 반대로 종합예산은 미래 예측한 상황을 추정하는 것이 목적이므로 판매예산으로 시작하여 제조(생산)예산, 제조원가예산, 원재료구매예산 등 제품원가계산과는 반대의 순서로 진행한다.

1. 판매(매출액)예산(sales budget)

예산기간 동안에 판매할 수 있는 판매량과 예상가격을 기초로 예산매출액을 결정하는 것을 말한다. 또한, 예상판매량은 후술하는 판매관리비예산 중 변동판매관리비예산을 편성하는 데에 사용된다.

$$판매예산 = 예상판매량 \times 예상판매가격$$

예제 1: 판매예산

(주)한국은 단일제품을 대량으로 생산하고 있으며 20×1년 예산을 설정하고자 한다. 제품의 단위당 판매가격은 ₩100이며 1/4분기 예상판매량은 다음과 같다.

1월	2월	3월
900단위	1,000단위	1,200단위

요구사항

❶ 20×1년 1월 판매예산을 설정하시오.

❷ 시장조사팀의 분석에 의하면 올해 가격경쟁이 치열할 것으로 예상되어 2월부터 판매가격을 전월 대비 10%씩 인하하려고 한다. 20×1년 3월 판매예산을 설정하시오.

풀이

판매예산은 예상판매량에 예상판매가격을 곱하여 계산한다. 또한, 판매가격은 전월 대비 10%씩 인하하므로 3월의 예상판매가격은 다음과 같다.

₩100 × (1 − 10%) × (1 − 10%) = ₩81

❶ 20×1년 1월 판매예산
예상판매량 × 예상판매가격 = 900단위 × ₩100 = ₩90,000

❷ 20×1년 3월 판매예산
예상판매량 × 예상판매가격 = 1,200단위 × ₩81 = ₩97,200

---

2. 제조(생산량)예산(production budget)

판매예산에서 결정된 목표판매량과 기초 및 기말제품재고 수준을 고려하여 예산생산량을 결정하는 것을 말한다.

제조예산 = 목표판매량 + 기말제품재고 – 기초제품재고

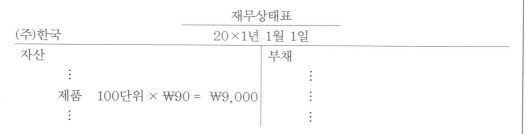

예제 2: 제조예산

(주)한국은 단일제품을 대량으로 생산하고 있으며 20×1년 예산을 설정하고자 한다.

(1) 기초 재무상태표(일부)

재무상태표

(주)한국   20×1년 1월 1일

자산	부채
⋮	⋮
제품 100단위 × ₩90 = ₩9,000	⋮
⋮	⋮

(2) 1/4분기 예상판매량

1월	2월	3월
900단위	1,000단위	1,200단위

(3) 매월 말 재고보유수준

제품재고: 다음 달 예상판매량의 20%

요구사항

① 20×1년 1월 제조예산을 설정하시오.
② 20×1년 2월 제조예산을 설정하시오.

> 제품재고는 다음 달 예상판매량의 20%이므로 1월 말 제품재고는 2월 판매량에 20%를 곱하여 계산할 수 있다.

1 20×1년 1월 제조예산

20×1년 1월 제품의 T-계정을 통해서 쉽게 해결할 수 있다.

제품(1월)

월초	100단위	판매	900단위
생산	?	월말	200*1
	1,100단위		1,100단위

*1 1,000단위 × 20% = 200단위

∴ 1월 제조예산 = 900단위 + 200단위 - 100단위 = 1,000단위

2 20×1년 2월 제조예산

20×1년 2월 제품의 T-계정을 통해서 쉽게 해결할 수 있다.

제품(2월)

월초	200단위	판매	1,000단위
생산	?	월말	240*2
	1,240단위		1,240단위

*2 1,200단위 × 20% = 240단위

∴ 2월 제조예산 = 1,000단위 + 240단위 - 200단위 = 1,040단위

3. 제조원가예산(manufacturing cost budget)

제조예산에서 결정된 목표생산량에 대한 각 원가요소별 제조원가를 결정하는 것을 말한다. 특히, 직접재료원가의 경우 기초 및 기말재료재고로 인하여 직접재료원가구입예산(material purchase budget)과 직접재료원가(사용)예산을 각각 구분하여 편성해야 한다.

(1) 직접재료원가예산(direct material cost budget)

제조예산에서 결정된 목표생산량에 단위당 직접재료원가를 곱하여 계산한다. 즉, 해당 기간의 재료사용금액을 의미한다.

> 직접재료원가예산 = 목표생산량 × 단위당 직접재료원가

핵심 Check 표준투입량과 표준가격이 제시되어 있는 경우

> 단위당 표준투입량과 재료단위당 표준가격이 제시되어 있는 경우에는 다음과 같이 설정할 수 있다.
>
> 직접재료원가예산 = 목표재료투입량 × 직접재료단위당 가격

또한, 직접재료구입예산(direct material purchase budget)은 직접재료원가예산에서 기말재료재고금액을 가산한 후 기초재료재고금액을 차감하여 계산한다.

> 직접재료구입예산 = 직접재료원가예산(당기투입금액) + 기말재료재고 - 기초재료재고

예제 3: 직접재료원가예산

(주)한국은 단일제품을 대량으로 생산하고 있으며 20×1년 예산을 설정하고자 한다.

(1) 기초 재무상태표(일부)

재무상태표

(주)한국   20×1년 1월 1일

자산	부채
⋮	⋮
원재료 500kg × ₩25 = ₩12,500	⋮
제품 100단위 × ₩90 = 9,000	⋮
⋮	⋮

(2) 1/4분기 예상판매량

1월	2월	3월
900단위	1,000단위	1,200단위

(3) 표준원가표(일부)

	표준수량(SQ)	표준가격(SP)	표준원가
직접재료원가	2kg	₩25/kg	₩50/단위
⋮	⋮	⋮	⋮
⋮	⋮	⋮	⋮

(4) 매월 말 재고보유수준

제품재고: 다음 달 예상판매량의 20%

재료재고: 다음 달 예상사용량의 30%

(5) 회사는 선입선출법을 적용하여 재고자산을 평가한다.

요구사항

❶ 20×1년 1월 직접재료원가예산을 설정하시오.

❷ 20×1년 1월 직접재료구입예산을 설정하시오.

풀이

재료재고는 다음 달 예상사용량의 30%이므로 1월 말 재료재고는 2월 제품사용(생산)량의 30%에 해당하는 재료이다. 또한, 2월 제품사용(생산)량은 2월 목표판매량과 기초 및 기말제품재고를 이용하여 파악할 수 있다.

1 20×1년 1월 직접재료원가예산

(1) 1월 목표생산량

제품(1월)

월초	100단위	판매	900단위
생산	?	월말	200*1
	1,100단위		1,100단위

*1 1,000단위 × 20% = 200단위

∴ 1월 목표생산량 = 900단위 + 200단위 − 100단위 = 1,000단위

(2) 1월 직접재료원가예산

목표생산량 × 단위당 직접재료원가

= 1,000단위 × ₩50 = ₩50,000

2 20×1년 1월 직접재료구입예산

(1) 2월 목표생산량

1월 말 재료재고를 구하기 위하여 2월 목표생산량을 먼저 찾아야 한다.

20×1년 2월 제품의 T-계정을 통해서 쉽게 해결할 수 있다.

제품(2월)

월초	200단위	판매	1,000단위
생산	?	월말	240*2
	1,240단위		1,240단위

*2 1,200단위 × 20% = 240단위

∴ 2월 목표생산량 = 1,000단위 + 240단위 − 200단위 = 1,040단위

(2) 1월 직접재료구입예산

20×1년 1월 직접재료의 T-계정은 다음과 같다.

직접재료(1월)

월초	₩12,500	사용	₩50,000*3
구입	?	월말	15,600*4
	₩65,600		₩65,600

*3 1,000단위 × 2kg × ₩25 = ₩50,000
*4 1,040단위 × 2kg × ₩25 × 30% = ₩15,600

∴ 1월 직접재료구입금액 = ₩50,000 + ₩15,600 − ₩12,500 = ₩53,100

(2) 직접노무원가예산(direct labor cost budget)

제조예산에서 결정된 목표생산량에 단위당 직접노무원가를 곱하여 계산한다.

> 직접노무원가예산 = 목표생산량 × 단위당 직접노무원가

예제 4: 직접노무원가예산

(주)한국은 단일제품을 대량으로 생산하고 있으며 20×1년 예산을 설정하고자 한다.

(1) 기초 재무상태표(일부)

재무상태표
20×1년 1월 1일

(주)한국	
자산	부채
⋮	⋮
제품 100단위 × ₩90 = ₩9,000	⋮
⋮	⋮

(2) 1/4분기 예상판매량

1월	2월	3월
900단위	1,000단위	1,200단위

(3) 표준원가표(일부)

	표준수량(SQ)	표준가격(SP)	표준원가
	⋮	⋮	⋮
직접노무원가	3h	₩5/h	₩15/단위
	⋮	⋮	⋮

(4) 매월 말 재고보유수준

제품재고: 다음 달 예상판매량의 20%

요구사항

❶ 20×1년 1월 직접노무원가예산을 설정하시오.

❷ 인사팀의 분석에 의하면 올해 물가상승률로 인하여 2월부터 시간당 임률이 매월 시간당 ₩1.5씩 상승할 것으로 예측된다. 임금인상을 반영한 20×1년 2월 직접노무원가예산을 설정하시오.

> **풀이**
>
> 직접노무원가예산은 목표생산량에 단위당 직접노무원가를 곱하여 계산한다. 또한, 시간당 임률은 매월 시간당 ₩1.5씩 상승하므로 2월의 시간당 임률은 다음과 같다.
>
> ₩5 + ₩1.5 = ₩6.5/h

1 20×1년 1월 직접노무원가예산

(1) 1월 목표생산량

제품(1월)

월초	100단위	판매	900단위
생산	?	월말	200*1
	1,100단위		1,100단위

*1 1,000단위 × 20% = 200단위

∴ 1월 목표생산량 = 900단위 + 200단위 − 100단위 = 1,000단위

(2) 1월 직접노무원가예산

목표생산량 × 단위당 직접노무원가 = 1,000단위 × ₩15 = ₩15,000

2 20×1년 2월 직접노무원가예산

(1) 2월 목표생산량

20×1년 2월 제품의 T-계정은 다음과 같다.

제품(2월)

월초	200단위	판매	1,000단위
생산	?	월말	240*2
	1,240단위		1,240단위

*2 1,200단위 × 20% = 240단위

∴ 2월 목표생산량 = 1,000단위 + 240단위 − 200단위 = 1,040단위

(2) 2월 직접노무원가예산

목표생산량 × 단위당 직접노무원가 = 1,040단위 × 3h × ₩6.5/h = ₩20,280

(3) 제조간접원가예산(factory overhead cost budget)

제조간접원가는 원가행태에 따라 변동원가와 고정원가로 구성되어 있어 제조예산에서 결정된 목표생산량에 대한 변동제조간접원가와 고정제조간접원가를 합하여 계산한다. 또한, 변동제조간접원가는 목표생산량에 단위당 변동제조간접원가를 곱하여 계산한다.

> 제조간접원가예산 = 고정제조간접원가예산 + 변동제조간접원가예산
> 목표생산량 × 단위당 변동제조간접원가예산

(주)한국은 단일제품을 대량으로 생산하고 있으며 20×1년 예산을 설정하고자 한다.

(1) 기초제품: 100단위 × ₩90 = ₩9,000

(2) 1/4분기 예상판매량

1월	2월	3월
900단위	1,000단위	1,200단위

(3) 표준원가표(일부)

	표준수량(SQ)	표준가격(SP)	표준원가
⋮	⋮	⋮	⋮
변동제조간접원가	3h	₩3/h	₩9/단위
고정제조간접원가	3h	2/h*	6
			₩?/단위

* 제조간접원가는 직접노동시간에 비례하여 발생하며 고정제조간접원가 표준배부율 산정을 위한 월 기준 기준조업도는 4,500h이다.

(4) 매월 말 재고보유수준

제품재고: 다음 달 예상판매량의 20%

요구사항

❶ 20×1년 1월 제조간접원가예산을 설정하시오.

❷ 원가팀에 의하면 노동시간에 학습효과가 있으며 제조간접원가도 수정할 필요가 있다고 주장하며 다음과 같은 자료를 제시하였다.

> • 노동시간은 학습효과로 인하여 단위당 2h로 수정할 필요가 있다.
> • 회귀분석 결과 수정된 제조간접원가(y)는 다음과 같다.
> $y = ₩9,000 + ₩4 \cdot x$ (단, x는 직접노동시간이다)

회사는 2월부터는 수정된 자료를 이용하여 예산을 설정하기로 하였다. 20×1년 2월 제조간접원가예산을 설정하시오(단, 수정사항 이외는 내용은 기존과 동일하다).

풀이

> (1) 제조간접원가예산은 고정제조간접원가예산과 변동제조간접원가예산으로 구성되어 있다.
> (2) 고정제조간접원가예산은 기준조업도와 조업도당 표준배부율을 곱하여 계산할 수 있다.
> (3) 변동제조간접원가예산은 목표생산량에 단위당 변동제조간접원가를 곱하여 계산할 수 있다.

1 1월 제조간접원가예산

(1) 1월 목표생산량

제품(1월)

월초	100단위	판매	900단위
생산	?	월말	200*1
	1,100단위		1,100단위

*1 1,000단위 × 20% = 200단위

∴ 1월 목표생산량 = 900단위 + 200단위 − 100단위 = 1,000단위

(2) 1월 제조간접원가예산

1) 고정제조간접원가예산

기준조업도 × 조업도당 표준배부율

= 4,500h × ₩2 = ₩9,000

2) 변동제조간접원가예산

목표생산량 × 단위당 변동제조간접원가

= 1,000단위 × ₩9 = ₩9,000

∴ 제조간접원가예산 = 고정제조간접원가 + 변동제조간접원가

= ₩9,000 + ₩9,000 = ₩18,000

2 2월 제조간접원가예산

(1) 수정된 표준원가표

제조간접원가의 표준수량은 단위당 2h이며 새로운 회귀식에 따른 직접노동시간당 변동제조간접원가
배부율은 ₩4이다.

	표준수량(SQ)	표준가격(SP)	표준원가
⋮	⋮	⋮	⋮
변동제조간접원가	2h	₩4/h	₩8/단위
고정제조간접원가	2h	2/h*2	4
			₩?/단위

*2 새로운 회귀식에 따른 고정제조간접원가는 ₩9,000이고 월 기준 조업도는 4,500h이므로 고정제조간접
원가의 표준배부율은 기존과 동일하다.

(2) 2월 목표생산량

20×1년 2월 제품의 T-계정은 다음과 같다.

제품(2월)

월초	200단위	판매	1,000단위
생산	?	월말	240*3
	1,240단위		1,240단위

*3 1,200단위 × 20% = 240단위

∴ 2월 목표생산량 = 1,000단위 + 240단위 − 200단위 = 1,040단위

(3) 2월 제조간접원가예산
1) 고정제조간접원가예산

　　기준조업도 × 조업도당 표준배부율

　　= 4,500h × ₩2 = ₩9,000
2) 변동제조간접원가예산

　　목표생산량 × 단위당 변동제조간접원가

　　= 1,040단위 × ₩8 = ₩8,320
∴ 제조간접원가예산 = 고정제조간접원가 + 변동제조간접원가

　　　　　　　　　　　= ₩9,000 + ₩8,320 = ₩17,320

4. 매출원가예산(cost-of-goods-sold budget)

판매예산에서 결정된 목표판매량에 해당하는 제조원가를 결정하는 것을 말한다. 이는 기초제품재고금액에서 제조원가예산에서의 당기제품제조원가를 가산한 후 기말제품재고금액을 차감하여 계산한다.

> 매출원가예산 = 기초제품재고 + 당기제품제조원가 - 기말제품재고

예제 6: 매출원가예산

(주)한국은 단일제품을 대량으로 생산하고 있으며 20×1년 예산을 설정하고자 한다.

(1) 기초 재무상태표(일부)

재무상태표

(주)한국　　　　　　　　　　　20×1년 1월 1일

자산	부채
⋮	⋮
제품 100단위 × ₩90 = ₩9,000	⋮
⋮	⋮

(2) 표준원가표

	표준수량(SQ)	표준가격(SP)	표준원가
직접재료원가	2kg	₩25/kg	₩50/단위
직접노무원가	3h	5/h	15
변동제조간접원가	3h	3/h	9
고정제조간접원가	3h	2/h*	6
			₩80/단위

* 제조간접원가는 직접노동시간에 비례하여 발생하며 고정제조간접원가 표준배부율 산정을 위한 월 기준 기준조업도는 4,500h이다.

(3) 1/4분기 예상판매량

1월	2월	3월
900단위	1,000단위	1,200단위

(4) 매월 말 재고보유수준

제품재고: 다음 달 예상판매량의 20%

요구사항

1 재고자산의 평가에 선입선출법을 적용할 경우 20×1년 1월 매출원가예산을 설정하시오.

2 위 물음과 별도로 기초제품의 단위당 원가를 ₩105라고 가정하자. 재고자산의 평가에 평균법을 적용할 경우 20×1년 1월 매출원가예산을 설정하시오.

─ 풀이 ─

(1) 목표생산량에 대한 제조원가예산이 당기제품제조원가이므로 재무상태표상 기초제품재고금액을 고려하여 원가흐름의 가정에 따라 각각 매출원가를 산출한다.

(2) 1월 목표생산량에 대한 제조원가예산

	1월
직접재료원가	1,000단위 × ₩50 = ₩50,000
직접노무원가	1,000단위 × ₩15 = 15,000
변동제조간접원가	1,000단위 × ₩9 = 9,000
고정제조간접원가	9,000
	₩83,000

1 선입선출법을 적용할 경우 20×1년 1월 매출원가예산

(1) 1월 제품계정

		제품(1월)			
월초	100단위	₩9,000	판매	900단위	₩?
생산	1,000단위	83,000	월말	200단위	?
	1,100단위	₩92,000		1,100단위	₩92,000

(2) 월말 제품재고금액

선입선출법을 적용하므로 월말재고는 당기제품제조원가로 구성되어 있다.

월말재고수량 × 단위당 제조원가

$$= 200단위 \times \frac{₩83,000}{1,000단위} = 200단위 \times ₩83 = ₩16,600$$

(3) 매출원가

기초제품재고 + 당기제품제조원가 − 기말제품재고

= ₩9,000 + ₩83,000 − ₩16,600 = ₩75,400

❷ 평균법을 적용할 경우 20×1년 1월 매출원가예산

(1) 1월 제품계정

제품(1월)

월초	100단위	₩10,500*	판매	900단위	₩?
생산	1,000단위	83,000	월말	200단위	?
	1,100단위	₩93,500		1,100단위	₩93,500

* 단위당 원가는 ₩105이므로 100단위에 대한 기초재고금액은 ₩10,500이다.

(2) 월말 제품재고금액

평균법을 적용하므로 월말재고는 단위당 평균제조원가로 구성되어 있다.

월말재고수량 × 단위당 평균제조원가

$$= 200단위 \times \frac{₩10,500 + ₩83,000}{100단위 + 1,000단위} = 200단위 \times ₩85 = ₩17,000$$

(3) 매출원가

기초제품재고 + 당기제품제조원가 − 기말제품재고

$$= ₩10,500 + ₩83,000 - ₩17,000 = ₩76,500$$

5. 판매관리비예산(selling and administrative expense budget)

판매관리비는 원가행태에 따라 변동원가와 고정원가로 구성되어 있어 판매예산에서 결정된 목표판매량에 해당하는 변동판매관리비예산과 고정판매관리비예산을 합하여 결정한다.

판매관리비예산 = 고정판매관리비예산 + 변동판매관리비예산

목표판매량 × 단위당 변동판매관리비예산

핵심 Check 변동제조원가예산과 변동판매관리비예산의 비교

변동제조원가예산은 목표생산량에 비례하여 결정되며 변동판매관리비예산은 목표판매량에 비례하여 결정된다.

예제 7: 판매관리비예산

(주)한국은 단일제품을 대량으로 생산하고 있으며 20×1년 예산을 설정하고자 한다.

(1) 판매관리비예산

단위당 예산변동판매관리비	₩3
예산고정판매관리비	1,000

(2) 1/4분기 예상판매량

1월	2월	3월
900단위	1,000단위	1,200단위

요구사항

❶ 20×1년 1월 판매관리비예산을 설정하시오.

❷ 위 물음과 별도로 회사는 판매관리비예산을 활동기준원가시스템으로 변경하기로 하였다. 판매관리활동에 대한 분석 자료는 다음과 같다.

구분	원가동인	예산배부율
주문처리활동	주문처리횟수[1]	₩100/처리횟수
전화주문활동	고객대응시간[2]	60/대응시간
배송처리활동	제품단위	2/제품단위

[1] 한 번 주문에 주문수량은 100단위이다.
[2] 한 번 주문에 고객대응시간은 2시간이다.

활동기준원가시스템을 적용한 20×1년 1월 판매관리비예산을 설정하시오.

풀이

활동기준원가시스템을 적용할 경우 1월 목표판매량 900단위에 대한 활동별 원가동인 소비량은 다음과 같다.

구분	원가동인	원가동인소비량	
주문처리활동	주문처리횟수	900단위 ÷ 100단위 =	9회
전화주문활동	고객대응시간	9회 × 2시간 =	18시간
배송처리활동	제품단위		900단위

1 20×1년 1월 판매관리비예산

(1) 변동판매관리비예산

목표판매량 × 단위당 변동판매관리비

= 900단위 × ₩3 = ₩2,700

(2) 판매관리비예산

고정판매관리비 + 변동판매관리비

= ₩1,000 + ₩2,700 = ₩3,700

2 활동기준원가시스템에 의한 20×1년 1월 판매관리비예산

구분	배부율	원가동인소비량	판매관리비예산	
주문처리활동	₩100/처리횟수	9회	₩100 × 9회 =	₩900
전화주문활동	₩60/대응시간	18시간	₩60 × 9회 × 2시간 =	1,080
배송처리활동	₩2/제품단위	900단위	₩2 × 900단위 =	1,800
				₩3,780

6. 예산포괄손익계산서(budgeted statement of comprehensive income)

예산기간 동안의 매출액, 매출원가, 매출총이익, 판매관리비 및 영업이익에 대한 예산을 나타내는 예산포괄손익계산서는 판매예산, 매출원가예산 및 판매관리비예산을 기초로 작성할 수 있다.

7. 현금예산(cash budget)

예산기간 동안의 현금의 기초 및 기말잔액뿐만 아니라 현금의 수입 및 지출에 대한 내용을 포함하여 편성하며 기업의 단기계획수립에 가장 중요한 예산이다.

주요 현금 유·출입항목은 다음과 같다.

현금유입항목	현금유출항목
• 현금매출 • 매출채권 회수 • 배당금수익 및 이자수익 • 유형자산 매각 • 부채 차입 • 유상증자	• 현금매입 • 매입채무 지급 • 배당금지급 및 이자비용 • 유형자산 취득 • 부채 상환 • 자사주매입 • 판매관리비 지급 • 노무원가 지급 • 제조경비 지급

핵심 Check 재료원가 관련 현금유출

재료원가의 경우 현금유출은 재료원가 사용금액이 아니고 현금매입금액과 매입채무 지급금액이다.

(주)한국은 단일제품을 대량으로 생산하고 있으며 20×1년 예산을 설정하고자 한다.

(1) 기초 재무상태표(일부)

재무상태표

(주)한국　　　　　　　　　　　　　20×1년 1월 1일

자산		부채	
⋮	⋮	매입채무	₩18,000
매출채권	₩24,000	⋮	
원재료	500kg × ₩25 = 12,500	⋮	
제품	100단위 × ₩90 = 9,000		
⋮	⋮		

(2) 표준원가표

	표준수량(SQ)	표준가격(SP)	표준원가
직접재료원가	2kg	₩25/kg	₩50/단위
직접노무원가	3h	5/h	15
변동제조간접원가	3h	3/h	9
고정제조간접원가	3h	2/h*	6
			₩80/단위

* 제조간접원가는 직접노동시간에 비례하여 발생하며 고정제조간접원가 표준배부율 산정을 위한 월 기준 기준조업도는 4,500h이다.

(3) 기타 자료

단위당 예산판매가격	₩100
단위당 예산변동판매관리비	3
예산고정제조간접원가	9,000(감가상각비 ₩2,000 포함)
예산고정판매관리비	1,000(감가상각비 ₩500 포함)

(4) 1/4분기 예상판매량

1월	2월	3월
900단위	1,000단위	1,200단위

(5) 매월 말 재고보유수준

제품재고	다음 달 예상판매량의 20%
재공품재고	없음
재료재고	다음 달 예상사용량의 30%

(6) 모든 매출·매입은 외상으로 이루어지며 매출채권은 판매한 달에 70%, 다음 달에 30%가 회수되고 매입채무는 매입한 달에 60%, 다음 달에 40%가 지급된다. 기타비용은 감가상각비를 제외하고 모두 발생한 달에 지급된다.

(7) 재고자산가액을 결정하기 위한 원가흐름은 선입선출법을 가정한다.

요구사항

1 20×1년 1월 예상현금유입액을 구하시오.

2 20×1년 1월 예상현금유출액을 구하시오.

[풀이]

(1) 매출채권 회수일정

판매한 달	판매한 다음 달
70%	30%

(2) 매입채무 지급일정

매입한 달	매입한 다음 달
60%	40%

(3) 1월 원재료 매입금액

1) 2월 목표생산량

1월 말 재료재고를 구하기 위하여 2월 목표생산량을 먼저 찾아야 한다.

제품(2월)

월초	200단위	판매	1,000단위
생산	?	월말	240^{*1}
	1,240단위		1,240단위

^{*1} 1,200단위 × 20% = 240단위

∴ 2월 목표생산량 = 1,000단위 + 240단위 − 200단위 = 1,040단위

2) 1월 직접재료구입예산

20×1년 1월 직접재료의 T-계정은 다음과 같다.

직접재료(1월)

월초	₩12,500	사용	₩50,000^{*2}
매입	?	월말	15,600^{*3}
	₩65,600		₩65,600

^{*2} 1,000단위 × 2kg × ₩25 = ₩50,000

^{*3} 1,040단위 × 2kg × ₩25 × 30% = ₩15,600

∴ 1월 직접재료구입금액 = ₩50,000 + ₩15,600 − ₩12,500 = ₩53,100

1 20×1년 1월 예상현금유입액

기초 재무상태표상의 매출채권은 전월 매출채권 중 미회수분(= 전월 매출채권의 30%)으로 당월에 회수된다.

1월 매출액 × 70% + 전월 매출액 × 30%

= 900단위 × ₩100 × 70% + ₩24,000 = ₩87,000

2 20×1년 1월 예상현금유출액

(1) 매입채무 지급금액

기초 재무상태표상의 매입채무는 전월 매입금액 중 미지급분(= 전월 매입금액의 40%)으로 당월에 지급된다.

1월 매입액 × 60% + 전월 매입액 × 40%

= ₩53,100 × 60% + ₩18,000 = ₩49,860

(2) 당기 목표생산량

20×1년 1월 제품의 T-계정은 다음과 같다.

제품(1월)

월초	100단위	판매	900단위
생산	?	월말	200[*4]
	1,100단위		1,100단위

[*4] 1,000단위 × 20% = 200단위

∴ 1월 목표생산량 = 900단위 + 200단위 − 100단위 = 1,000단위

(3) 예상현금유출액

재료원가를 제외한 제조원가 및 판매관리비는 모두 발생한 달에 지급된다(단, 고정제조원가와 고정판매관리비에 포함된 감가상각비는 비현금유출비용이므로 제외한다). 또한, 변동제조원가는 생산량에 비례하여 지출되지만 변동판매관리비는 판매량에 비례하여 지출된다.

직접재료 현금유출		₩49,860
직접노무원가	1,000단위 × ₩15 =	15,000
변동제조간접원가	1,000단위 × ₩9 =	9,000
고정제조간접원가	₩9,000 − ₩2,000 =	7,000
변동판매관리비	900단위 × ₩3 =	2,700
고정판매관리비	₩1,000 − ₩500 =	500
		₩84,060

8. 예산재무상태표(budgeted balance sheet)

예산기간 동안의 자산, 부채 및 자본에 대한 예산을 나타내는 예산재무상태표는 기초재무상태표잔액에서 현금예산 및 기타 자산·부채·자본항목의 증감을 반영하여 작성할 수 있다.

예산재무상태표와 예산포괄손익계산서

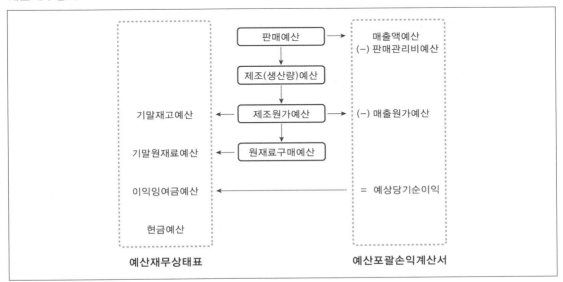

(주)한국은 단일제품을 대량생산하고 있으며 20×1년 1월의 예산을 설정하고자 한다. 관련 자료는 다음과 같다.

(1) 기초재무상태표

재무상태표

(주)한국		20×1년 1월 1일		
자산			부채	
현금		₩3,500	매입채무	₩18,000
매출채권		24,000	차입금	50,000
원재료	500kg × ₩25 =	12,500	자본	
제품	100단위 × ₩90 =	9,000	자본금	100,000
유형자산		250,000	자본잉여금	50,000
감가상각누계액		(30,000)	미처분이익잉여금	51,000
		₩269,000		₩269,000

(2) 제품에 대한 표준원가 및 예산판매관리비

	표준수량(SQ)	표준가격(SP)	표준원가
직접재료원가	2kg	₩25/kg	₩50/단위
직접노무원가	3h	5/h	15
변동제조간접원가	3h	3/h	9
고정제조간접원가	3h	2/h	6
제품 단위당 표준원가			₩80/단위

단위당 예산판매가격	₩100
단위당 예산변동판매관리비	3
고정제조간접원가	9,000(감가상각비 ₩2,000 포함)
고정판매관리비	1,000(감가상각비 ₩500 포함)

(3) 1/4분기 예상판매량은 다음과 같다.

1월	2월	3월
900단위	1,000단위	1,200단위

(4) 매월 말 재고보유수준은 다음과 같다.

제품재고	다음 달 예상판매량의 20%
재공품재고	없음
원재료재고	다음 달 예상사용량의 30%

(5) 모든 매출·매입은 외상으로 이루어지며, 매출채권은 판매한 달에 70%, 다음 달에 30%가 회수되고, 매입채무는 매입한 달에 60%, 다음 달에 40%가 지급된다. 기타 비용은 감가상각비를 제외하고 모두 발생한 달에 지급된다.

(6) 회사는 재고자산가액을 결정하기 위한 원가흐름은 선입선출법으로 가정한다.

요구사항

❶ 1월의 판매예산을 설정하시오.
❷ 1월의 생산량예산(제조예산)을 설정하시오.
❸ 1월의 제조원가예산을 설정하시오.
❹ 1월의 매출원가예산을 설정하시오.
❺ 1월의 판매관리비예산을 설정하시오.
❻ 1월의 예산포괄손익계산서를 설정하시오.
❼ 1월의 현금예산을 설정하시오.
❽ 1월의 예산자본변동표를 설정하시오.
❾ 1월 말 예산재무상태표를 설정하시오.

[풀이]

❶

	1월
예상판매량	900단위
단위당 판매가격	× ₩100
	₩90,000

❷

	1월	2월	3월
예상판매량	900단위	1,000단위	1,200단위
+ 월말제품재고량	200[*1]	240	
계	1,100단위	1,240단위	
− 월초제품재고량	(100)	(200)	
목표생산량	1,000단위	1,040단위	

[*1] 2월 예상판매량(1,000단위) × 20% = 200단위

❸

		1월
직접재료원가	1,000단위 × ₩50 =	₩50,000
직접노무원가	1,000단위 × ₩15 =	15,000
제조간접원가		
변동제조간접원가	1,000단위 × ₩9 = ₩9,000	
고정제조간접원가	9,000	18,000
		₩83,000

4

1월		
월초제품재고액	1,000단위 × ₩90 =	₩9,000
당기제품제조원가		83,000
		₩92,000
월말제품재고액*2	₩83,000 × (200단위 ÷ 1,000단위) =	(16,600)
매출원가		₩75,400

*2 선입선출법이므로 월말재고량은 당월생산량 중 미판매분이다.

5

1월		
변동판매관리비	900단위 × ₩3 =	₩2,700
고정판매관리비		1,000
		₩3,700

6

1월	
매출액	₩90,000
매출원가	(75,400)
매출총이익	₩14,600
판매관리비	(3,700)
영업이익	₩10,900

7

(1) 현금유입

매출채권회수액은 당월매출액의 70%와 전월매출액의 30%이다. 또한, 전월미회수액은 당월 초 매출채권이므로, 당월회수액은 ₩90,000 × 70% + ₩24,000 = ₩87,000이다.

(2) 현금유출

① 원재료 구입에 대한 매입채무지급액

매입채무지급액은 당월매입액의 60%와 전월매입액의 40%이다. 또한, 전월미지급액은 당월 초 매입채무이므로, 당월지급액은 ₩53,100*3 × 60% + ₩18,000 = ₩49,860이다.

*3

	원재료(1월)	
예상사용량	2,000kg	
+ 월말원재료재고량	624	= 2월 예상사용량(1,040단위 × 2kg) × 30%
계	2,624kg	
− 월초원재료재고량	(500)	
목표생산량	2,124kg	

→ 당월 매입액 = 2,124kg × ₩25 = ₩53,100

② 당월 노무원가 지급액

1,000단위 × ₩15 = ₩15,000

③ 당월 제조간접원가 지급액

1,000단위 × ₩9 + (₩9,000 − ₩2,000*4) = ₩16,000

*4 감가상각비는 비현금유출비용이므로 차감하여야 한다.

④ 당월 판매관리비 지급액

900단위 × ₩3 + (₩1,000 - ₩500*5) = ₩3,200

*5 감가상각비는 비현금유출비용이므로 차감하여야 한다.

	1월
월초현금	₩3,500
현금유입	87,000
계	₩90,500
현금유출 ₩49,860 + ₩15,000 + ₩16,000 + ₩3,200 =	(84,060)
월말현금	₩6,440

8

20×1년 1월 1일부터 20×1년 1월 31일까지

구분	납입자본	이익잉여금	합계
20×1년 1월 1일	₩150,000	₩51,000	₩201,000
총포괄손익		10,900	10,900
20×1년 1월 31일	₩150,000	₩61,900	₩211,900

9

재무상태표

(주)한국   20×1년 1월 31일

자산		부채	
현금*6	₩6,440	매입채무*11	₩21,240
매출채권*7	27,000	차입금	50,000
원재료*8	15,600	자본	
제품*9	16,600	자본금	100,000
유형자산	250,000	자본잉여금	50,000
감가상각누계액*10	(32,500)	미처분이익잉여금*12	61,900
	₩283,140		₩283,140

*6 현금예산 참고
*7 당월매출액(₩90,000) × 30% = ₩27,000
*8 월 사용량(1,040단위 × 2kg × ₩25/kg) × 30% = ₩15,600
*9 당기제품제조원가(₩83,000) × (200단위 ÷ 1,000단위) = ₩16,600
*10 기초(₩30,000) + 당기감가상각비(₩2,000 + ₩500) = ₩32,500
*11 당월구입액(₩53,100) × 40% = ₩21,240
*12 기초미처분이익잉여금(₩51,000) + 당기영업이익(₩10,900) = ₩61,900

01 종업원이 예산편성 과정에 참여하는 참여예산(participative budget)에 관한 설명으로 옳지 않은 것은?
[세무사 10]

① 종업원들의 다양한 관점과 판단을 예산에 반영할 수 있다.

② 종업원은 최고경영층에서 일반적으로 하달하는 예산목표보다 참여예산의 목표를 더 잘 달성하려는 유인이 있다.

③ 예산여유(budgetary slack)를 발생시킬 위험이 있다.

④ 예산편성을 위한 소요기간이 길어질 수 있다.

⑤ 예산편성 시 조직 전체의 목표는 고려할 필요가 없으며 각 부서의 목표와 방침에 따른다.

02 예산에 관한 다음 설명 중 옳지 않은 것은?
[회계사 16]

① 고정예산(정태예산)은 단 하나의 조업도수준에 근거하여 작성되므로 성과평가목적으로 적합한 것이 아니다.

② 변동예산은 일정범위의 조업도수준에 관한 예산이며 성과평가목적을 위해 실제원가를 실제조업도수준에 있어서의 예산원가와 비교한다.

③ 원점기준예산이란 과거의 예산에 일정비율만큼 증가 또는 감소한 예산을 수립하는 것이 아니라 예산을 원점에서 새로이 수립하는 방법이다.

④ 예산과 관련된 종업원들이 예산편성과정에 참여하는 참여예산의 문제점 중 하나는 예산슬랙(budgetary slack)이 발생할 가능성이 높다는 것이다.

⑤ 종합예산은 조직의 각 부문활동에 대한 예산이 종합된 조직전체의 예산이며 변동예산의 일종이다.

03 서울회사는 제품 단위당 4g의 재료를 사용한다. 재료 1g당 가격은 ₩0.8이며, 다음 분기 재료 사용량의 25%를 분기 말 재고로 유지한다. 분기별 생산량은 다음과 같다. 1분기의 재료 구입액은 얼마인가?

[세무사 05]

	1분기	2분기
실제생산량(= 목표생산량)	24,000단위	35,000단위

① ₩84,500 ② ₩85,600 ③ ₩86,400
④ ₩87,200 ⑤ ₩88,800

04 경기공업사는 주요 원재료 A를 사용하여 제품 R을 생산·판매하고 있다. 제품 R 한 단위를 생산하는 데는 원재료 A 2kg이 소요되며 kg당 구입가격은 ₩20이다. 20×1년 이 회사의 분기별 예상판매량과 20×1년 기초재고자산은 다음과 같다.

(1) 분기별 예상판매량

분기	판매량
1사분기	4,000단위
2사분기	5,000
3사분기	3,000
4사분기	4,000

(2) 기초재고자산

구분	판매량
원재료 A	2,000kg
재공품	없음
완제품 R	1,200단위

이 회사의 재고정책에 의하면 각 분기 말 완제품재고량은 다음 분기 예상판매량의 30%를 유지하도록 한다. 또한 각 분기 말 원재료재고량은 일정하게 2,000kg씩 유지하며, 재공품재고는 없도록 하는 것을 원칙으로 하고 있다. 회사가 20×1년 2사분기에 구입하여야 할 원재료 A의 구입금액을 구하면 얼마인가?

① ₩176,000 ② ₩250,000 ③ ₩303,000
④ ₩420,000 ⑤ ₩356,000

05 20×1년 1월부터 3월까지의 대한회사의 예상 상품매출액은 다음과 같다.

월	예상매출액
1월	₩3,500,000
2	4,100,000
3	3,800,000

매월 말 재고액은 다음 달 예상매출원가의 25%이며, 상품의 매출총이익률은 30%이다. 2월의 예상 상품매입액은 얼마인가?

[세무사 08]

① ₩2,467,500 ② ₩2,817,500 ③ ₩2,625,000
④ ₩3,010,000 ⑤ ₩4,672,500

06 대전주식회사는 상품의 총구매가격에 20%의 이익을 가산하여 판매하고 있다. 이 회사는 매월구입액의 70%는 그 달에 지급하고, 나머지는 그 다음 달 초순에 지급한다. 회사는 다음 달 예상매출원가의 20%를 월말재고로 보유한다. 1월의 구매액이 ₩1,040,000이고, 1월, 2월, 3월의 매출액이 각각 ₩1,200,000, ₩1,440,000, ₩1,800,000일 경우 2월의 대금지급예상액은 얼마인가?

① ₩1,194,000 ② ₩2,700,000 ③ ₩2,500,000
④ ₩3,320,000 ⑤ ₩2,200,000

07 (주)서울은 현금흐름을 추정하고 이에 따른 현금운용상태를 파악하여 부족한 경우 차입하고 여유가 있는 경우에는 일시적인 투자를 한다. 당월에 관한 자료는 다음과 같다.

> (1) 매입은 현금 및 외상이 50 : 50으로 이루어지며, 매입채무는 매입당월에 50%가 지급되고 나머지는 다음 달에 지급된다.
> (2) 매출은 전부 신용매출이고 외상매출과 어음매출은 2 : 1의 비율로 이루어지며, 매출채권 중 외상매출분은 매출당월에 50%가 회수되고 나머지는 다음 달에 전액 회수된다. 어음상의 매출채권은 2개월 만기 약속어음이다.
> (3) 월초 총계정원장의 관련 계정잔액은 다음과 같다.
>
> | | |
> |---|---|
> | 현금 | ₩300,000 |
> | 매입채무 | 5,500,000 |
> | 매출채권(외상매출분) | 2,500,000 |
> | 매출채권(어음매출분) | 8,400,000 |
>
> (4) 당월매입액과 당월매출액은 각각 ₩8,800,000, ₩12,000,000이다.
> (5) 월초 어음상의 매출채권 중 50%는 당월에 회수되는 것으로 한다.

월말에 회사의 현금관리정책은 어떻게 수립되겠는가? [회계사 94]

① ₩200,000 투자   ② ₩1,100,000 차입   ③ ₩1,500,000 차입
④ ₩500,000 투자   ⑤ ₩2,200,000 투자

08 (주)세무는 단일 제품 A를 생산하는데 연간 최대생산능력은 70,000단위이며, 20×1년에 제품 A를 45,000단위 판매할 계획이다. 원재료는 공정 초에 전량 투입(제품 A 1단위 생산에 4kg 투입)되며, 제조과정에서 공손과 감손 등으로 인한 물량 손실은 발생하지 않는다. 20×1년 초 실제재고와 20×1년 말 목표재고는 다음과 같다.

	20×1년 초	20×1년 말
원재료	4,000kg	5,000kg
재공품	1,500단위(완성도 60%)	1,800단위(완성도 30%)
제품	1,200단위	1,400단위

재공품 계산에 선입선출법을 적용할 경우, (주)세무가 20×1년에 구입해야 하는 원재료(kg)는?　　　　　　　　　　　　　　　　　　　　　　　　　　[세무사 16]

① 180,000kg　　　　② 182,000kg　　　　③ 183,000kg
④ 184,000kg　　　　⑤ 185,600kg

09 다음은 (주)세무의 20×1년도 2/4분기 판매량 예산이다. 월말 제품재고는 다음 달 판매량의 10%를 보유하는 정책을 유지하고 있으며, 제품 단위당 직접노무시간은 4월 3시간, 5월 3시간, 6월에는 4시간 소요될 것으로 예상하고 있다. 시간당 임금이 4월에 ₩50, 5월부터 매월 ₩5씩 상승한다고 할 때, 6월의 직접노무원가예산액은? (단, 7월의 판매량 예산은 5,000단위이다)　　　　　　　　　　　[세무사 20]

4월: 3,000단위	5월: 4,000단위	6월: 4,000단위

① ₩780,000　　　　② ₩960,000　　　　③ ₩984,000
④ ₩1,080,000　　　　⑤ ₩1,200,000

10 손세정제를 제조하는 (주)세무의 20×1년도 직접재료예산과 관련된 자료는 다음과 같다. 이를 바탕으로 구한 2분기의 직접재료구매예산액은? [세무사 21]

- 판매예산에 따른 각 분기별 제품판매량

1분기	2분기	3분기	4분기
1,000통	3,000통	5,000통	2,000통

- 각 분기별 기말목표 제품재고량은 다음 분기 판매량의 20%로 한다.
- 각 분기별 기말목표 재료재고량은 다음 분기 제품생산량에 필요한 재료량의 10%로 한다.
- 손세정제 1통을 만드는 데 20kg의 재료가 필요하다.
- 재료의 구입단가는 kg당 ₩2이다.

① ₩106,000 ② ₩124,000 ③ ₩140,000
④ ₩152,000 ⑤ ₩156,000

11 (주)세무는 상품매매업을 영위하고 있으며, 20×2년 1분기의 매출액 예산은 다음과 같다.

구분	1월	2월	3월
매출액	₩100,000	₩120,000	₩150,000
매출원가율	80%	75%	70%

(주)세무의 20×1년 말 재무상태표에 표시된 상품재고는 ₩10,000이고, 매입채무는 ₩42,400이다. (주)세무는 20×2년에 매월 기말재고로 다음 달 예상 매출원가의 10%를 보유한다. 매월 상품매입은 현금매입 40%와 외상매입 60%로 구성되며, 외상매입대금은 그 다음 달에 모두 지급한다. 상품매입으로 인한 2월의 현금지출예산은? [세무사 22]

① ₩74,000 ② ₩84,000 ③ ₩85,500
④ ₩91,500 ⑤ ₩95,000

01 ⑤ 예산편성 시 조직 전체의 목표를 고려하여야 한다.

02 ⑤ 종합예산(master budget)이란 기업전체의 공식적인 행동계획을 화폐로 측정한 것으로 판매예산, 구매예산, 판매관리비예산, 현금예산 등을 기초로 예산손익계산서와 예산재무상태표를 유기적으로 수립한 예산이다. 따라서, 좀 더 의미 있는 비교를 위해서 사후에 설정되는 변동예산과는 그 의미가 다르다.

03 ② 당기매입량을 x라 하면, 1분기 원재료 재고현황은 다음과 같다.

	원재료수량	
기초재고	24,000단위 × 4g × 0.25 =	24,000g
당기매입		x
합계		24,000g + x
당기사용	24,000단위 × 4g =	96,000g
기말재고	35,000단위 × 4g × 0.25 =	35,000g
합계		131,000g

x는 107,000g이므로, 당기 매입금액은 107,000g × ₩0.8 = ₩85,600이다.

04 ① (1) 당기제품재고현황

당기생산량을 x라 한 후 정리하면 다음과 같다.

	2사분기	
기초재고	5,000단위 × 0.3 =	1,500단위
당기매입		x
합계		1,500 + x단위
당월판매		5,000단위
기말재고	3,000단위 × 0.3 =	900
합계		5,900단위

∴ x = 4,400단위

(2) 당기원재료재고현황

당기매입량을 y라 한 후 정리하면 다음과 같다.

	2사분기	
기초재고		2,000kg
당기매입		y
합계		2,000kg + y
당월사용	4,400단위 × 2kg =	8,800kg
기말재고		2,000kg
합계		10,800kg

$\therefore$ y = 8,800kg → 매입액 = 8,800kg × ₩20 = ₩176,000

05 ② 당기매입액을 x라 한 후 정리하면 다음과 같다.

	2월	
기초재고	₩2,870,000 × 0.25 =	₩717,500
당월매입		x
합계		₩717,500 + x
당월판매	₩4,100,000 × (1 - 0.3) =	₩2,870,000
기말재고	₩3,800,000 × (1 - 0.3) × 0.25 =	665,000
합계		₩3,535,000

$\therefore$ x = ₩2,817,500

06 ① 당기매입액을 x라 한 후 정리하면 다음과 같다.

	2월	
기초재고	₩1,440,000 × (100 ÷ 120) × 0.2 =	₩240,000
당월매입		x
합계		₩240,000 + x
당월판매	₩1,440,000 × (100 ÷ 120) =	₩1,200,000
기말재고	₩1,800,000 × (100 ÷ 120) × 0.2 =	300,000
합계		₩1,500,000

→ x = ₩1,260,000

$\therefore$ 2월의 대금지급예상액 = ₩1,040,000(1월분) × 0.3 + ₩1,260,000(2월분) × 0.7
= ₩1,194,000

07 ②

	현금	
기초		₩300,000
유입		
전기분 외상매출회수	₩2,500,000	
전기분 어음매출회수	₩8,400,000 × 0.5 = ₩4,200,000	
당기분 외상매출회수	₩12,000,000 × 2/3 × 0.5 = ₩4,000,000	₩10,700,000
유출		
전기분 매입채무	₩5,500,000	
현금매입	₩8,800,000 × 0.5 = ₩4,400,000	
당기분 매입채무	₩8,800,000 × 0.5 × 0.5 = ₩2,200,000	₩(12,100,000)
기말		(₩1,100,000)

∴ ₩1,100,000을 차입한다.

08 ③ 구입해야 하는 원재료(kg)를 k라 한 후 정리하면 다음과 같다.

제품			
기초	1,200	판매	45,000
완성	45,200	기말	1,400
	46,400		46,400

재공품			
기초	1,500 (60%)	완성	45,200
투입	45,500	기말	1,800 (30%)
	47,000		47,000

원재료			
기초	4,000	사용	182,000
매입	k	기말	5,000*
	187,000		187,000

* 45,500단위 × 4kg = 187,000kg

그러므로, 구입해야 하는 원재료(k)는 183,000kg이다.

09 ③ 1. 6월 생산량예산

제품(6월)			
기초	400	판매	4,000
생산	4,100	기말	500*
	4,500		4,500

　* 5,000단위 × 0.1 = 500단위

2. 6월의 직접노무원가예산액

　4,100단위 × 4h × (₩50 + ₩5 + ₩5) = ₩984,000

10 ③   1. 2분기 생산량

제품(2분기)

기초	600	판매	3,000
생산	3,400	기말	1,000*1
	4,000		4,000

*1 5,000통 × 0.2 = 1,000통

2. 2분기 사용량

3,400통 × 20kg = 68,000kg

3. 3분기 생산량

제품(3분기)

기초	1,000	판매	5,000
생산	4,400	기말	400*2
	5,400		5,400

*2 2,000통 × 0.2 = 400통

4. 3분기 사용량

4,400통 × 20kg = 88,000kg

5. 2분기 재료재고

88,000kg × 10% = 8,800kg

6. 2분기 재료구입량

재료(2분기)

기초	6,800	사용	68,000
구입	70,000	기말	8,800
	76,800		76,800

7. 직접재료 구매예산액

70,000kg × ₩2 = ₩140,000

11 ②

1월

월초	₩10,000	판매	₩80,000*1
매입	79,000	월말	9,000*2
	₩89,000		₩89,000

*1 ₩100,000 × 80% = ₩80,000
*2 ₩120,000 × 75% × 10% = ₩9,000

2월

월초	₩9,000	판매	₩90,000*3
매입	91,500	월말	10,500*4
	₩100,500		₩100,500

*3 ₩120,000 × 75% = ₩90,000
*4 ₩150,000 × 70% × 10% = ₩10,500

∴ 2월의 현금지출예산: 2월 매입(₩91,500) × 40% + 1월 매입(₩79,000) × 60% = ₩84,000

제14장 | 주관식 문제

문제 01 예산포괄손익계산서 작성

다음을 읽고 물음에 답하시오.

(주)한국은 와인을 취급하는 도매상이며, 당해연도 예상 재무자료는 다음과 같다.

(1) 모든 매출은 외상으로 이루어지며, 매출채권은 판매한 달에 70%가 회수되고, 판매한 다음 달에 28%가 회수된다. 나머지는 회수불가능한 채권으로 간주된다. 예상매출액은 다음과 같다.

1월 ₩100,000
2월   150,000

(2) 예상매출총이익률은 30%이다.

(3) 회사는 예기치 못한 수요에 대비하기 위하여 다음 달 예상매출액의 20%의 재고를 보유하고자 한다. 또한, 상품구입은 외상으로 이루어지며 매입대금의 지급은 구입한 달의 다음 달에 전액지급한다.

(4) 1월 예상 판매관리비는 ₩12,000이며, 감가상각비가 ₩5,000 포함되어 있다. 감가상각비를 제외한 모든 비용은 모두 현금지출비용이다.

(5) 기초 재무상태표는 다음과 같다(단, 매출채권은 순액으로 계상되어 있다).

재무상태표

현금	₩10,000	매입채무	₩50,000
매출채권	24,000	자본금	50,000
재고자산	14,000	이익잉여금	20,000
유형자산	72,000		
	₩120,000		₩120,000

요구사항

[물음 1] 당해연도 1월의 순영업현금흐름을 계산하시오.

[물음 2] 당해연도 1월분 포괄손익계산서를 작성하시오.

풀이

(1) 현금유·출입시점

	거래한 달	다음 달	그 다음 달
매출채권회수			
현금매출	70%	–	–
외상매출	–	28%	–
매입채무지급			
현금매입	–	–	–
외상매입	–	100%	–

(2) 1월 재고자산

		상품		
기초	₩14,000*2	판매	₩70,000*1
매입	77,000	기말	21,000*3
	₩91,000		₩91,000

*1 ₩100,000 × 0.7(매출원가율) = ₩70,000
*2 ₩70,000 × 0.2 = ₩14,000
*3 ₩150,000 × 0.7 × 0.2 = ₩21,000

[물음 1] 순영업현금흐름

현금유입		
전월분 매출채권회수		₩24,000
1월분 매출채권회수	₩100,000 × 70% =	70,000
현금유출		
전월분 매입채무지급		(50,000)
판매관리비		(7,000)
		₩37,000

[물음 2] 포괄손익계산서 작성

		1월
매출		₩100,000
매출원가		(70,000)
매출총이익		₩30,000
판매관리비		
현금비용	₩7,000	
감가상각비	5,000	(12,000)
영업이익		₩18,000

다음을 읽고 물음에 답하시오.

(주)한국 단일제품을 생산·판매하는 회사이다. 내년 판매관리비 예산을 수립하기 위하여 다음과 같은 자료를 수집하였다.

〈자료 1〉 판매관리비 추정액

판매량	판매관리비
30,000단위	₩2,500,000
50,000	3,500,000

〈자료 2〉 기타 자료
고정판매관리비에는 감가상각비 ₩300,000이 포함되어 있다.

요구사항

[물음 1]　내년 예상판매량이 40,000단위일 경우 제품 단위당 총판매관리비를 구하시오.

[물음 2]　내년 총판매관리비 현금지출액이 ₩2,450,000일 경우 예상판매량을 구하시오.

풀이

고저점법을 이용하여 단위당 변동판매관리비와 총고정판매관리비를 구할 수 있다.
(1) 단위당 변동판매관리비: (₩3,500,000 − ₩2,500,000) ÷ (50,000단위 − 30,000단위) = ₩50
(2) 총고정판매관리비: ₩2,500,000 − ₩50 × 30,000단위
　　　　　　　　　 = ₩1,000,000(감가상각비 ₩300,000 포함)

[물음 1] 제품 단위당 총판매관리비
　　　　(1) 총판매관리비
　　　　　　₩50 × 40,000단위 + ₩1,000,000 = ₩3,000,000
　　　　(2) 단위당 판매관리비
　　　　　　₩3,000,000 ÷ 40,000단위 = ₩75

[물음 2] 예상판매량(Q)
　　　　　₩50Q + (₩1,000,000 − ₩300,000) = ₩2,450,000
　　　　　∴ Q = 35,000단위

문제 03   재고자산 추정

다음을 읽고 물음에 답하시오.

(주)한국은 단일 제품을 생산·판매하는 회사이다. 회사는 당해연도에 영업을 개시하였으며 관련 재무자료는 다음과 같다.

〈자료 1〉 제품을 생산하는 데 투입된 총제조원가

	1,000단위 생산
직접재료원가	₩120,000
직접노무원가	80,000
변동제조간접원가	100,000
고정제조간접원가	200,000
	₩500,000

〈자료 2〉 재고현황

	기초	기말
원재료	–	150kg
재공품	–	0단위
제품	–	100단위

〈자료 3〉 기타

제품 1단위를 생산하는 데 5kg의 재료가 소요된다.

요구사항

[물음 1]   기말원재료 재고가액을 구하시오.

[물음 2]   기말제품가액을 구하시오.

풀이

[물음 1] 기말원재료가액
    (1) kg당 단가: ₩120,000 ÷ (1,000단위 × 5kg) = ₩24/kg
    (2) 기말원재료가액: ₩24/kg × 150kg = ₩3,600

[물음 2] 기말제품가액
    (1) 제품 단위당 단가: ₩500,000 ÷ 1,000단위 = ₩500/단위
    (2) 기말제품가액: ₩500/단위 × 100단위 = ₩50,000

다음을 읽고 물음에 답하시오.

(주)한국은 두 가지 제품 X와 Y를 생산·판매하고 있다. 당해연도 12월 중에 (주)한국은 차기의 예산을 편성하기 위해 다음과 같은 자료를 수집하였다.

---

(1) 차기예상매출

제품	단위당 예상판매가격	예상판매량
X	₩120	50,000개
Y	90	60,000

(2) 차기 기초재고 및 기말목표재고량

제품	기초재고량	기말목표재고량
X	10,000개	15,000개
Y	12,000	8,000

(3) 제품 X와 Y를 각각 1단위씩 생산하기 위해서는 다음의 원재료가 필요하다.

원재료	X	Y
A	3kg	4kg
B	1	3
C	2	3

(4) 원재료에 관한 차기의 예상자료는 다음과 같다.

원재료	kg당 예상구입가격	기초재고량	기말목표재고량
A	₩10	8,000kg	10,000kg
B	8	15,000	20,000
C	12	25,000	18,000

(5) 차기에 제품 X와 Y를 각각 1단위씩 생산하는 데 필요한 예상직접노동시간과 임률은 다음과 같다.

제품	단위당 노동시간	시간당 임률
X	3시간	₩5
Y	2	8

(6) 제조간접원가는 직접노동시간당 ₩5의 비율로 배부된다.

위의 자료를 이용하여 차기의 다음 각 예산을 작성하시오.

요구사항

[물음 1] 판매예산을 구하시오.

[물음 2] 생산량예산을 구하시오.

[물음 3] 원재료구입예산수량을 구하시오.

[물음 4] 원재료구입예산금액을 구하시오.

[물음 5] 직접노무원가예산금액을 구하시오.

[물음 6] 기말제품재고예산금액을 구하시오.

풀이

[물음 1] 판매예산

제품	예상판매량	단위당 예상판매가격	총액
X	50,000개	₩120	₩6,000,000
Y	60,000	90	5,400,000
합계			₩11,400,000

[물음 2] 생산량예산

X

기초	10,000	판매	50,000
생산	55,000	기말	15,000
	65,000		65,000

Y

기초	12,000	판매	60,000
생산	56,000	기말	8,000
	68,000		68,000

[물음 3] 원재료구입예산수량

(1) 제품별 목표생산량

X제품: 55,000개

Y제품: 56,000개

(2) 원재료구입수량

A			
기초	8,000kg	사용	389,000kg*1
구입	391,000	기말	10,000
	399,000kg		399,000kg

*1 55,000개 × 3kg + 56,000개 × 4kg = 389,000kg

B			
기초	15,000kg	사용	223,000kg*2
구입	228,000	기말	20,000
	243,000kg		243,000kg

*2 55,000개 × 1kg + 56,000개 × 3kg = 223,000kg

C			
기초	25,000kg	사용	278,000kg*3
구입	271,000	기말	18,000
	296,000kg		296,000kg

*3 55,000개 × 2kg + 56,000개 × 3kg = 278,000kg

[물음 4] 원재료구입예산금액

A: 391,000kg × ₩10 = ₩3,910,000
B: 228,000kg × ₩8 = 1,824,000
C: 271,000kg × ₩12 = 3,252,000
    ₩8,986,000

[물음 5] 직접노무원가예산금액

(1) 제품별 목표생산량

X제품: 55,000개
Y제품: 56,000개

(2) 직접노무원가계산

X: 55,000개 × 3시간 × ₩5 = 825,000
Y: 56,000개 × 2시간 × ₩8 = 896,000
    ₩1,721,000

[물음 6] 기말제품재고예산금액

		X제품		Y제품
원재료				
A	3kg × ₩10 =	₩30	4kg × ₩10 =	₩40
B	1kg × ₩8 =	8	3kg × ₩8 =	24
C	2kg × ₩12 =	24	3kg × ₩12 =	36
직접노무원가	3시간 × ₩5 =	15	2시간 × ₩8 =	16
제조간접원가	3시간 × ₩5 =	15	2시간 × ₩5 =	10
단위당 제조원가		₩92		₩126
기말재고수량		× 15,000개		× 8,000개
기말재고금액		₩1,380,000		₩1,008,000

실제원가추정, 복수제품 CVP분석 및 재료구입예산

다음 물음에 답하시오. 특별한 가정이 없는 한 각 물음은 상호 독립적이다. [세무사 22]

〈기본 자료〉

(주)세무는 제품 A를 생산·판매하고 있다. (주)세무는 안정적인 시장환경을 가지고 있어 매년 4,500단위의 제품 A 생산·판매량을 기준으로 예산을 편성하고 있으며, 매 연도에 실제 생산된 제품 A는 각 연도에 모두 판매된다. 다음은 (주)세무의 20×1년 초 예산편성을 위한 기초자료이다.

단위당 판매가격	₩200
단위당 변동매출원가	
직접재료원가	40
직접노무원가	25
변동제조간접원가	15
단위당 변동판매비와관리비	50
고정제조간접원가(총액)	135,000
고정판매비와관리비(총액)	78,000

요구사항

[물음 1] 다음은 20×1년 변동원가계산을 기준으로 한 (주)세무의 실제 공헌이익손익계산서 (일부)이며, 동 기간 동안 제품 A 4,200단위를 생산·판매하였다. ① 매출조업도차이, ② 변동예산차이는 각각 얼마인가? (단, 금액 뒤에 유리 또는 불리를 반드시 표시하시오)

매출액	₩924,000
변동원가	
변동매출원가	344,400
변동판매비와관리비	201,600
공헌이익	₩378,000
고정원가	
고정제조간접원가	₩140,000
고정판매비와관리비	80,000
	₩158,000

[물음 2] 〈기본 자료〉와 [물음 1]의 자료를 같이 이용했을 때, ① (주)세무의 20×1년 변동원가계산과 전부원가계산에 의한 실제 영업이익의 차이금액은 얼마이며, ② (주)세무에서 그러한 차이금액이 발생한 이유는 무엇인가? (단, 재공품은 없다)

[물음 3] 〈기본 자료〉와 [물음 1]의 자료를 이용한다. (주)세무는 표준원가를 이용하여 예산을 편성하며, 제조간접원가는 직접노무시간을 기준으로 배부한다. 20×1년 제품 A의 단위당 표준직접노무시간은 1시간이다. 20×1년 제조간접원가 능률차이는 ₩1,500(불리), 소비차이는 ₩3,500(불리)으로 나타났다. 20×1년 ① 실제 발생한 직접노무시간, ② 변동제조간접원가 실제발생액은 각각 얼마인가?

[물음 4] 〈기본 자료〉와 같은 상황에서 20×1년 초 (주)세무는 기존 제품라인에 제품 B를 추가할 것을 고려하고 있다. 제품 B를 추가 생산·판매하더라도 제품 A의 단위당 예산판매가격과 예산변동원가는 동일하게 유지될 것으로 예측된다. 제품 B의 단위당 예산공헌이익은 ₩80이며, 제품 A와 B의 예산판매량 기준 배합비율은 7 : 3이다. 이 경우 제품 A의 예산상 손익분기점 수량은 4,067단위이다. 제품 B의 추가 생산·판매로 인해 예산상 고정원가는 얼마나 증가하는가?

[물음 5] 〈기본 자료〉와 같은 상황에서 제품 A의 직접재료 수량표준은 2kg이다. 20×1년 초 직접재료의 기초재고는 700kg이며, 기말재고는 차기연도 예산판매량의 10%를 생산할 수 있는 직접재료수량을 보유하고자 한다. 20×1년 초 (주)세무의 기초재공품은 150단위(가공원가 완성도 30%)이다. 기말재공품은 100단위(가공원가 완성도 20%)를 보유하고자 한다. 직접재료는 공정 초에 모두 투입되며, 가공원가는 전체 공정에 걸쳐 균등하게 발생한다. 20×1년 (주)세무의 직접재료구입예산(금액)은 얼마인가?

풀이

(1) 가격과 원가구조

	A
단위당 판매가격	₩200
단위당 변동원가	130*1
단위당 공헌이익	₩70
고정원가	₩213,000*2

*1 ₩80 + ₩50 = ₩130
*2 ₩135,000 + ₩78,000 = ₩213,000

(2) 성과보고서

	실제결과	변동예산	고정예산
판매량	4,200단위	4,200단위	4,500단위
매출액	₩924,000	₩840,000*3	₩900,000*5
변동원가	(546,000)	(546,000)*4	(585,000)*6
공헌이익	378,000	294,000	315,000
고정비	(220,000)	(213,000)	(213,000)
영업이익	₩158,000	₩81,000	₩102,000

*3 4,200단위 × ₩200 = ₩840,000
*4 4,200단위 × ₩130 = ₩546,000
*5 4,500단위 × ₩200 = ₩900,000
*6 4,500단위 × ₩130 = ₩585,000

(3) 변동원가계산과 전부원가계산에 의한 고정제조간접원가 비용처리금액

- 변동원가계산

  당기발생금액: ₩140,000

- 전부원가계산

  단위당 고정제조간접원가: $\dfrac{₩140,000}{4,200단위} = ₩33.33$

  당기발생금액: ₩33.33 × 4,200단위 = ₩140,000

(4) 표준원가표

구분	SQ	SP	표준원가
직접재료원가	2kg	₩20	₩40
직접노무원가	1시간	25	25
변동제조간접원가	1시간	15	15
고정제조간접원가	1시간	30	30*7
합계			₩110

*7 단위당 표준고정제조간접원가

$\dfrac{₩135,000}{4,500단위} = ₩30$

(5) 가중평균공헌이익

$$\frac{\text{₩}70 \times 7 + \text{₩}80 \times 3}{10} = \text{₩}73$$

(6) 손익분기점 총판매수량

$$4,067단위 \times \frac{10}{7} = 5,810단위$$

(7) 재료원가 완성품환산량

　① 물량흐름 파악　　　　　　　　　　　② 완성품환산량

		재공품			재료원가
기초	150(30%)	완성	150		–
			4,350		4,350
착수	4,450	기말	100(20%)		100
	4,600		4,600		4,450

[물음 1] ① 매출조업도차이

　　　　고정예산과 변동예산 공헌이익 차이

　　　　= ₩315,000 − ₩294,000 = ₩21,000 불리

　　　　[별해]

$AQ \times (BP - SV)$	$BQ \times (BP - SV)$
$4,200 \times (\text{₩}200 - \text{₩}130)$	$4,500 \times (\text{₩}200 - \text{₩}130)$
= ₩294,000	= ₩315,000

　　　　　　　　　　　　₩21,000 불리

　　② 변동예산차이

　　　　실제와 변동예산 영업이익 차이

　　　　= ₩158,000 − ₩81,000 = ₩77,000 유리

[물음 2] ① 변동원가계산과 전부원가계산에 의한 실제 영업이익의 차이금액

　　　　• 변동원가계산

　　　　　당기발생금액: ₩140,000

　　　　• 전부원가계산

　　　　　당기발생금액: ₩33.33 × 4,200단위 = ₩140,000

　　　　∴ 실제 영업이익의 차이금액은 없다.

　　② 차이금액이 발생한 이유

　　　　당기 생산량이 모두 판매되어 당기 비용처리된 고정제조간접원가가 동일하여 두 방법의 영업이익 차이는 없다.

[물음 3] ① 실제 발생한 직접노무시간

AQ × AP	AQ × SP	SQ × SP
－	4,300시간 × ₩15 = ₩64,500	4,200단위 × 1시간 × ₩15 = ₩63,000

능률차이 ₩1,500 불리

∴ 실제 발생한 직접노무시간은 4,300시간이다.

② 변동제조간접원가 실제발생액

• 변동제조간접원가

AQ × AP	AQ × SP	SQ × SP
₩63,000	4,300시간 × ₩15 = ₩64,500	4,200단위 × 1시간 × ₩15 = ₩63,000

• 고정제조간접원가

실제	예산	SQ × SP
₩140,000	4,500단위 × 1시간 × ₩30 = ₩135,000	4,200단위 × 1시간 × ₩30 = ₩126,000
₩203,000	₩199,500	

₩3,500 불리

∴ 변동제조간접원가 실제발생액은 ₩63,000이다.

[물음 4] (1) 손익분기점 총판매수량

$$4,067단위 \times \frac{10}{7} = 5,810단위$$

(2) 가중평균공헌이익

$$\frac{₩70 \times 7 + ₩80 \times 3}{10} = ₩73$$

(3) 고정원가 증가액(x)

5,810단위 × ₩73 − (₩213,000 + x) = 0

∴ x = ₩211,130

[물음 5] (1) 기말재료수량

4,500단위 × 2kg × 10% = 900kg

(2) 당기 재료사용수량

4,450단위 × 2kg = 8,900kg

(3) 당기 재료구입수량

제품			
기초	700	사용	8,900
매입	9,100	기말	900
	9,800		9,800

(4) 당기 재료구입금액

9,100kg × ₩20 = ₩182,000

제15장

책임회계제도

01 의의

책임회계(responsibility accounting)란 권한과 책임을 부여한 사업부, 부문 등 하위단위조직을 하나의 책임중심점(responsibility center)으로 설정하여 성과를 평가하는 것을 말한다. 또한, 평가를 위해서는 객관적인 기준이 필요하며 예산설정이 성과평가를 위한 기준으로서의 역할을 담당한다.

1. 성과평과와 관련된 원가

성과평가에 있어서 가장 먼저 파악해야 할 사항은 특정 원가를 통제할 수 있는지 여부이다. 즉, 통제할 수 있는 원가는 평가대상이지만 통제할 수 없는 원가는 평가에서 고려대상이 아니다. 따라서, 성과평가에서 중요한 개념은 통제가능원가와 통제불능원가이다.

(1) 통제가능원가(controllable costs)

부문책임자가 통제할 수 있는 것으로 성과평가대상인 원가이다.

(2) 통제불능원가(uncontrollable costs)

부문책임자가 통제할 수 없는 것으로 성과평가대상이 아닌 원가이다.

핵심 Check 제조원가의 통제가능성

제조원가는 제조부문에서 통제가능원가이지만 판매부문에서는 통제불능원가이다. 반면에 판매비는 판매부문에서 통제가능원가이지만 제조부문에서는 통제불능원가이다.

2. 책임중심점

조직의 하위부문을 평가하기 위해서는 해당 조직을 기능과 성격에 따라 구분해야 한다. 책임중심점이란 권한과 책임을 부여받아 예산과 성과평가를 실행하는 단위조직으로 다음과 같이 구분할 수 있다.

- 원가중심점(cost center)
- 수익중심점(revenue center)
- 이익중심점(profit center)
- 투자중심점(investment center)

02 변동예산과 고정예산

예산은 조직의 공식적인 행동계획을 화폐로 표시한 것으로 책임회계에서 평가기준의 역할을 한다. 또한, 작성시점에 따라 고정예산과 변동예산으로 구분할 수 있으며 변동예산은 좀 더 의미 있는 평가를 위하여 사후에 작성된 예산을 말한다.

(1) 고정예산(fixed budget)

기초에 특정 조업도를 기준으로 수립된 예산을 말한다.

(2) 변동예산(variable budget)

사후에 실제 조업도를 기준으로 수립된 예산을 말한다.

핵심 Check 성과보고서

예산과 실적을 비교하여 작성한 것으로 실적, 변동예산 및 고정예산을 상호 비교하는 형식으로 작성하여 원가중심점과 수익중심점의 성과를 종합적으로 분석할 수 있다.

예제 1: 성과보고서

(주)한국은 20×1년에 영업을 개시하였으며 단일제품을 대량생산하고 있다. 제품에 대한 표준원가 및 예산자료는 다음과 같다.

	표준수량(SQ)	표준가격(SP)	표준원가
직접재료원가	2kg	₩25/kg	₩50/단위
직접노무원가	3h	5/h	15
변동제조간접원가	3h	3/h	9
고정제조간접원가	3h	2/h	6
제품 단위당 표준원가			₩80/단위
단위당 예산판매가격	₩100		
단위당 예산변동판매관리비	3		
고정제조간접원가	9,000		
고정판매관리비	1,000		

요구사항

1 연간 생산·판매량을 1,500단위로 예상할 경우 고정예산를 작성하시오.

2 (주)한국의 실제 영업성과는 다음과 같다. 성과보고서를 작성하시오.

실제

매출액	1,000단위 × ₩120 =		₩120,000
변동원가			
직접재료원가	2,300kg × ₩26 =	₩59,800	
직접노무원가	2,800h × ₩6 =	16,800	
제조간접원가		8,000	
판매관리비	1,000단위 × ₩4 =	4,000	(88,600)
공헌이익			₩31,400
고정원가			
제조간접원가		₩7,000	
판매관리비		1,000	(8,000)
영업이익			₩23,400

풀이

1

고정예산

매출액	1,500단위 × ₩100 =		₩150,000
변동원가			
직접재료원가	1,500단위 × ₩50 =	₩75,000	
직접노무원가	1,500단위 × ₩15 =	22,500	
제조간접원가	1,500단위 × ₩9 =	13,500	
판매관리비	1,500단위 × ₩3 =	4,500	(115,500)
공헌이익			₩34,500
고정원가			
제조간접원가		₩9,000	
판매관리비		1,000	(10,000)
영업이익			₩24,500

2

(1) 변동예산

<table>
<tr><td colspan="4" align="center">변동예산</td></tr>
<tr><td>매출액</td><td>1,000단위 × ₩100 =</td><td></td><td>₩100,000</td></tr>
<tr><td>변동원가</td><td></td><td></td><td></td></tr>
<tr><td>　직접재료원가</td><td>1,000단위 × ₩50 =</td><td>₩50,000</td><td></td></tr>
<tr><td>　직접노무원가</td><td>1,000단위 × ₩15 =</td><td>15,000</td><td></td></tr>
<tr><td>　제조간접원가</td><td>1,000단위 × ₩9 =</td><td>9,000</td><td></td></tr>
<tr><td>　판매관리비</td><td>1,000단위 × ₩3 =</td><td>3,000</td><td>(77,000)</td></tr>
<tr><td>공헌이익</td><td></td><td></td><td>₩23,000</td></tr>
<tr><td>고정원가</td><td></td><td></td><td></td></tr>
<tr><td>　제조간접원가</td><td></td><td>₩9,000</td><td></td></tr>
<tr><td>　판매관리비</td><td></td><td>1,000</td><td>(10,000)</td></tr>
<tr><td>영업이익</td><td></td><td></td><td>₩13,000</td></tr>
</table>

(2) 성과보고서

<table>
<tr><td colspan="6" align="center">성과보고서</td></tr>
<tr><td></td><td>실제</td><td>변동예산차이</td><td>변동예산</td><td>매출조업도차이</td><td>고정예산</td></tr>
<tr><td>생산 및 판매량</td><td>1,000단위</td><td></td><td>1,000단위</td><td></td><td>1,500단위</td></tr>
<tr><td>매출액</td><td>₩120,000</td><td>₩20,000 F</td><td>₩100,000</td><td></td><td>₩150,000</td></tr>
<tr><td>변동원가</td><td></td><td></td><td></td><td></td><td></td></tr>
<tr><td>　직접재료원가</td><td>59,800</td><td>9,800 U</td><td>50,000</td><td></td><td>75,000</td></tr>
<tr><td>　직접노무원가</td><td>16,800</td><td>1,800 U</td><td>15,000</td><td></td><td>22,500</td></tr>
<tr><td>　제조간접원가</td><td>8,000</td><td>1,000 F</td><td>9,000</td><td></td><td>13,500</td></tr>
<tr><td>　판매관리비</td><td>4,000</td><td>1,000 U</td><td>3,000</td><td></td><td>4,500</td></tr>
<tr><td>공헌이익</td><td>₩31,400</td><td>₩8,400 F</td><td>₩23,000</td><td>₩11,500 U</td><td>₩34,500</td></tr>
<tr><td>고정원가</td><td></td><td></td><td></td><td></td><td></td></tr>
<tr><td>　제조간접원가</td><td>7,000</td><td></td><td>9,000</td><td>(=)</td><td>9,000</td></tr>
<tr><td>　판매관리비</td><td>1,000</td><td></td><td>1,000</td><td></td><td>1,000</td></tr>
<tr><td>영업이익</td><td>₩23,400</td><td>₩10,400 F</td><td>₩13,000</td><td>₩11,500 U</td><td>₩24,500</td></tr>
</table>

01 원가중심점

1. 의의

특정 원가에 대한 권한과 책임을 부여받은 중심점으로 제품의 생산활동을 담당하는 제조부문과 제조부문의 생산활동을 지원하는 보조부문 및 본사 지원부문 등이 이에 해당한다. 원가중심점은 표준원가중심점과 재량원가중심점으로 구분할 수 있으며 재량원가중심점은 평가에 주관적인 판단이 개입될 수 있는 연구개발부서, 광고부서 및 일반관리부서 등을 말한다. 따라서, 투입과 산출 간의 관계가 명확한 표준원가중심점인 제조부문을 중점으로 살펴보기로 한다. 또한, 책임대상은 연초 계획한 단위당 표준수량(SQ)에 표준가격(SP)을 곱한 단위당 표준원가이다.

- 관련부서: 제조부문
- 책임대상: 표준원가(SQ × SP)
- 평가방법: 원가차이분석

핵심 Check 표준원가중심점(standard cost center)과 재량원가중심점(discretionary cost center)

- 표준원가중심점: 노력과 성과 간의 관계를 명확하게 정의할 수 있는 원가중심점
- 재량원가중심점: 노력과 성과 간의 관계를 명확하게 정의할 수 없는 원가중심점

2. 평가방법

대표적인 원가중심점은 제조부문으로 제조원가에 대한 성과평가는 실제발생원가와 변동예산원가와의 비교로 이루어진다.

(1) 변동제조원가

변동예산은 실제조업도를 근거로 사후에 편성된 예산을 의미하며 결과적으로 표준배부와 동일하다. 원가차이는 다시 가격에 대한 차이와 수량(능률)에 대한 차이로 구분할 수 있다.

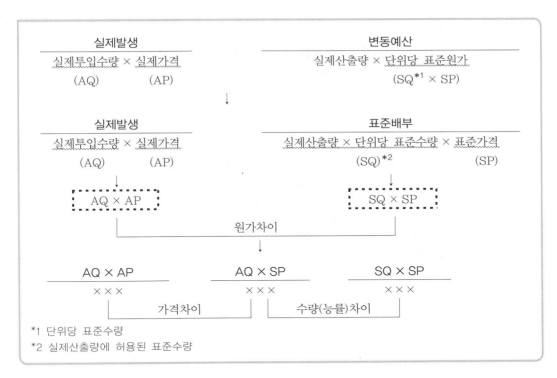

*1 단위당 표준수량
*2 실제산출량에 허용된 표준수량

(2) 고정제조간접원가

고정제조간접원가의 경우 고정예산과 변동예산은 동일하다. 따라서, 고정제조간접원가의 실제발생과 예산의 차이는 소비(예산)차이이다.

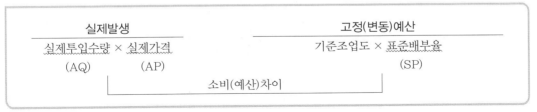

또한, 고정제조간접원가는 소비(예산)차이와 더불어 기준조업도와 실제산출량에 허용된 조업도의 차이가 나타나며 이를 조업도차이라 한다.

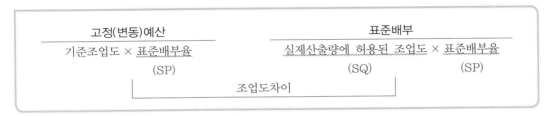

실제생산량은 판매량에 종속되며 고정제조간접원가 표준배부율은 기준조업도의 선택에 따라 달라지므로 제조부문에서 통제가능 여부는 불명확하다.

3. 복수생산요소의 원가차이

지금까지는 하나의 생산요소를 가정하여 원가요소별로 차이분석을 하였으나 현실적으로 대부분의 제품은 여러 종류의 원재료나 노동력을 필요로 한다. 이러한 생산형태는 기술적인 시험을 통해서 투입요소 간의 배합비율이나 수율을 미리 결정할 수 있다. 따라서 실제 배합비율과 수율이 예상과 달라질 수 있어 이에 대한 추가적인 분석이 필요하다.

생산요소가 복수인 경우 직접재료원가 수량차이와 직접노무원가 능률차이는 다시 배합차이와 수율 차이로 구분할 수 있다.

- 배합차이(mix variance): 실제배합과 표준배합의 차이
- 수율차이(yield variance): 실제수율과 표준수율의 차이

핵심 Check 배합차이원인

생산요소가 서로 대체가능하기 때문에 발생한다.

배합차이와 수율차이

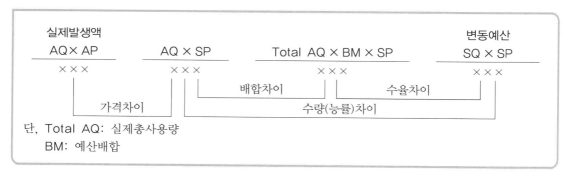

단, Total AQ: 실제총사용량
　　BM: 예산배합

(주)서울은 세 종류의 원재료 A, B, C를 사용하여 단일제품 X를 생산하고 있다. 단일제품 X 8kg을 제조하는 데 소요되는 원재료별 표준투입량(SQ)과 표준구입단가(SP)는 다음과 같다.

원재료	SQ	SP
A	4kg	₩100
B	3	90
C	3	80

당월 제품 X의 생산량은 180kg이며, 원재료별 실제투입량(AQ)과 실제구입단가(AP)는 다음과 같다.

원재료	AQ	AP
A	60kg	₩120
B	40	80
C	80	60

요구사항

1 가격차이와 수량차이를 구하시오.
2 배합차이와 수율차이를 구하시오.

풀이

(1) 표준원가표(8kg)

	SQ	SP	표준원가
A	4kg	₩100	₩400
B	3	90	270
C	3	80	240

표준배합비율

(2) 표준수율

8kg을 산출하는 데 투입된 표준수량이 10kg이므로 표준수율은 다음과 같다.

8kg ÷ 10kg = 80%

(3) 실제산출량에 허용된 총표준투입수량

실제산출량을 표준수율로 나누어 표준투입수량을 계산할 수 있다.

180kg ÷ 80% = 225kg

1 가격차이와 수량차이

	AQ × AP		AQ × SP		SQ × SP	
A	60kg × ₩120 =	₩7,200	60kg × ₩100 =	₩6,000	225kg × 0.4 × ₩100 =	₩9,000
B	40kg × ₩80 =	₩3,200	40kg × ₩90 =	₩3,600	225kg × 0.3 × ₩90 =	₩6,075
C	80kg × ₩60 =	₩4,800	80kg × ₩80 =	₩6,400	225kg × 0.3 × ₩80 =	₩5,400
		₩15,200		₩16,000	225kg[*1]	₩20,475

₩800 F   ₩4,475 F

*1 실제산출량에 허용된 표준투입량은 225kg이므로 표준배합비율을 곱하여 제품별 표준투입량을 계산할 수 있다.

2 배합차이와 수율차이

수량차이는 배합차이와 수율차이로 구분할 수 있다.

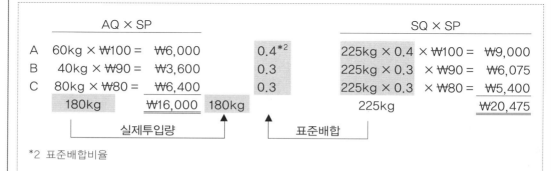

*2 표준배합비율

⇓

	AQ × SP		Total AQ × BM × SP		SQ × SP	
A	60kg × ₩100 =	₩6,000	180kg × 0.4 × ₩100 =	₩7,200	225kg × 0.4 × ₩100 =	₩9,000
B	40kg × ₩90 =	₩3,600	180kg × 0.3 × ₩90 =	₩4,860	225kg × 0.3 × ₩90 =	₩6,075
C	80kg × ₩80 =	₩6,400	180kg × 0.3 × ₩80 =	₩4,320	225kg × 0.3 × ₩80 =	₩5,400
		₩16,000		₩16,380		₩20,475

₩380 F   ₩4,095 F

(주)경기는 인터넷서비스업을 제공함에 있어서 전문가와 비전문 주부사원을 동시에 채용하고 있다. 이들에 대한 1분당 표준임금과 그에 따른 서비스 1회의 표준원가는 다음과 같다.

	표준시간	표준임률	표준원가
표준임금			
전문가	3분	1분당 ₩300	₩900
비전문가	7	1분당 ₩100	700
서비스 단위당 표준원가			₩1,600

이 회사는 지난 1주일간 500회의 서비스를 제공하였으며, 이에 따라 실제로 발생된 임금은 다음과 같았다.

	실제시간	실제임률	실제원가
실제임금			
전문가	1,200분	1분당 ₩400	₩480,000
비전문가	4,000	1분당 ₩130	520,000
실제원가 총액			₩1,000,000

요구사항

1 임률차이와 능률차이를 구하시오.
2 배합차이와 수율차이를 구하시오.

[풀이]

(1) 표준원가표

	SQ	SP	표준원가
전문가	3분	₩300/분	₩900
비전문가	7	100	700

표준배합비율

(2) 표준수율

표준투입량과 표준산출량의 관계가 별도로 언급되지 않아 표준수율은 100%로 간주한다.

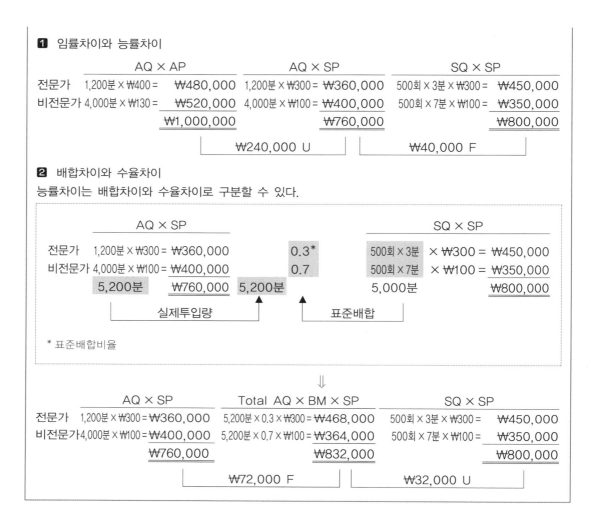

1 임률차이와 능률차이

	AQ × AP	AQ × SP	SQ × SP
전문가	1,200분 × ₩400 = ₩480,000	1,200분 × ₩300 = ₩360,000	500회 × 3분 × ₩300 = ₩450,000
비전문가	4,000분 × ₩130 = ₩520,000	4,000분 × ₩100 = ₩400,000	500회 × 7분 × ₩100 = ₩350,000
	₩1,000,000	₩760,000	₩800,000

₩240,000 U   ₩40,000 F

2 배합차이와 수율차이

능률차이는 배합차이와 수율차이로 구분할 수 있다.

	AQ × SP			SQ × SP
전문가	1,200분 × ₩300 = ₩360,000	0.3*	500회 × 3분 × ₩300 = ₩450,000	
비전문가	4,000분 × ₩100 = ₩400,000	0.7	500회 × 7분 × ₩100 = ₩350,000	
	5,200분 ₩760,000	5,200분	5,000분 ₩800,000	

실제투입량   표준배합

* 표준배합비율

⇓

	AQ × SP	Total AQ × BM × SP	SQ × SP
전문가	1,200분 × ₩300 = ₩360,000	5,200분 × 0.3 × ₩300 = ₩468,000	500회 × 3분 × ₩300 = ₩450,000
비전문가	4,000분 × ₩100 = ₩400,000	5,200분 × 0.7 × ₩100 = ₩364,000	500회 × 7분 × ₩100 = ₩350,000
	₩760,000	₩832,000	₩800,000

₩72,000 F   ₩32,000 U

02 수익중심점

1. 의의

특정 수익에 대한 권한과 책임을 부여받은 중심점으로 제품의 판매활동을 담당하는 판매부문이 이에 해당한다. 책임대상은 연초 계획한 예산판매량(BQ)에 예산판매가격(BP)을 곱한 예산매출액이다.

- **관련부서:** 판매부문
- **책임대상:** 예산매출(BQ × BP)
- **평가방법:** 매출차이분석

표준원가(SQ × SP) vs 예산매출(BQ × BP)

- SQ(standard quantity): 생산요소 표준수량
- SP(standard price): 생산요소 표준가격
- BQ(budget quantity): 예산판매수량
- BP(budget price): 예산판매가격

2. 평가방법

대표적인 수익중심점은 판매부문으로 예산매출에 대한 성과평가는 실제매출과 고정예산매출과의 비교로 이루어진다.

매출차이는 다음과 같은 두 가지 상황으로 나타난다.

- 실제매출이 큰 경우(유리한 차이 F, favorable variance): 고정예산매출 < 실제매출
- 실제매출이 작은 경우(불리한 차이 U, unfavorable variance): 고정예산매출 > 실제매출

원가차이와 비교

원가차이는 실제원가가 큰 경우 불리한 차이인 반면에 매출차이는 실제매출이 큰 경우 유리한 차이이다. 즉, 이익에 미치는 효과는 반대이다.

매출차이는 다시 가격에 대한 차이와 수량에 대한 차이인 매출조업도차이로 구분할 수 있다.

(1) 매출가격차이(selling price variance)

실제매출액과 변동예산매출액의 차이를 말한다. 실제판매량에 근거한 실제가격과 예산가격의 차이를 말한다.

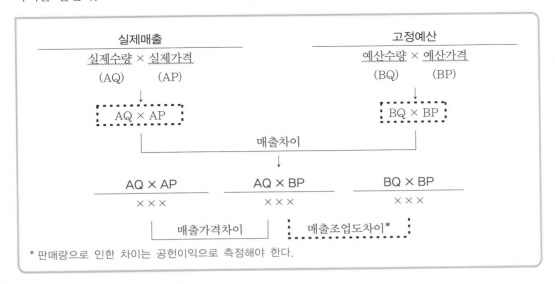

* 판매량으로 인한 차이는 공헌이익으로 측정해야 한다.

(2) 매출조업도차이(sales volume variance)

매출조업도차이는 실제판매수량과 고정예산판매수량의 차이가 이익에 미치는 영향을 나타낸다. 즉, 판매량차이는 매출과 변동원가 모두에 영향을 미치므로 판매량으로 인한 이익차이는 매출에서 변동원가를 차감한 공헌이익으로 측정해야 한다.

실제판매량에 근거한 예산공헌이익은 변동예산공헌이익이므로 매출조업도차이는 변동예산공헌이익과 고정예산공헌이익의 차이이다.

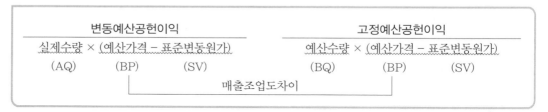

핵심 Check 매출조업도차이 다른 접근방법

고정원가의 변동예산과 고정예산은 동일하므로 매출조업도차이는 변동예산영업이익과 고정예산영업이익의 차이다.

(3) 매출가격차이와 매출조업도차이

매출가격차이와 매출조업도차이는 다음과 같이 나타낼 수 있다.

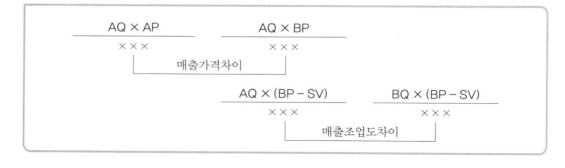

또한, 매출가격차이는 양변에 AQ × SV를 차감하여 다음과 같이 나타낼 수도 있다.

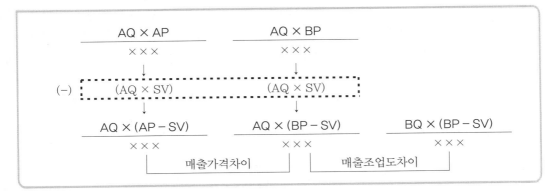

표준변동원가(SV)와 예산공헌이익(BP − SV)

표준변동제조원가와 표준변동판매관리비를 합한 금액을 표준변동원가라 하고 예산판매가격에서 표준변동원가를 차감한 금액을 예산공헌이익이라 한다.

3. 복수제품의 매출차이

지금까지는 하나의 제품을 가정하여 차이분석을 하였으나 현실적으로 상호 대체가능한 여러 종류의 제품을 판매한다. 이러한 경우 각 제품의 예상판매량과 상대적인 판매비율을 미리 결정할 수 있다. 따라서 실제 판매비율이 예상과 달라질 수 있어 이에 대한 추가적인 분석이 필요하다.

복수제품인 경우 매출조업도차이는 다시 매출배합차이와 매출수량차이로 구분할 수 있다.

- 매출배합차이(sales mix variance): 실제 총수량을 기준으로 실제배합과 예산배합의 차이가 공헌이익에 미치는 영향
- 매출수량차이(pure sales volume variance): 예산배합을 기준으로 실제수량과 예산수량의 차이가 공헌이익에 미치는 영향

복수제품 차이분석

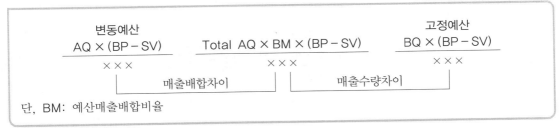

4. 매출수량차이의 통제가능성

매출수량차이는 기업의 시장점유율과 기업이 속한 산업의 시장규모에 따라 영향을 받는다. 기업 입장에서 시장점유율은 통제가능한 요소지만 시장규모는 통제불가능한 요소라고 볼 수 있다. 이러한 관점에서 매출수량차이는 시장점유율차이와 시장규모차이로 구분할 수 있다.

- 시장점유율차이(market share variance): 실제 규모를 기준으로 실제점유율과 예산점유율의 차이가 공헌이익에 미치는 영향
- 시장규모차이(market size variance): 예산점유율을 기준으로 실제규모와 예산규모의 차이가 공헌이익에 미치는 영향

예산배합하의 변동예산		고정예산
Total AQ × BM × (BP − SV)		BQ × (BP − SV)
실제규모 × 실제점유율 × BACM	실제규모 × 예산점유율 × BACM	예산규모 × 예산점유율 × BACM
×××	×××	×××
	시장점유율차이	시장규모차이

핵심 Check 예산평균공헌이익(BACM, budget average contribution margin)

제품의 상대적인 판매비율이 유지된 상태에서 단위당 평균공헌이익을 말한다.

예제 4: 복수제품 매출차이분석

(주)한국은 20×1년에 영업을 개시하였으며 제품 A와 제품 B를 생산하고 있다. 당해연도의 예산과 실제자료는 다음과 같다.

예산자료

제품	단위당 판매가격	단위당 변동원가	단위당 공헌이익	판매량
A	₩60	₩45	₩15	300단위
B	110	85	25	1,200
합계				1,500단위

실제자료

제품	단위당 판매가격	단위당 변동원가	단위당 공헌이익	판매량
A	₩60	₩50	₩10	600단위
B	150	115	35	1,200
합계				1,800단위

20×1년 예상고정원가는 ₩10,000이며 실제고정원가는 ₩9,000이었다. 또한, 회사는 연초에 시장조사기관이 예측한 전체 시장규모 15,000개와 판매부문이 추정한 10%의 예산시장점유율을 기준으로 예산을 설정하였으나, 실제시장규모는 20,000단위였다.

요구사항

1 매출가격차이와 매출조업도차이를 구하시오.

2 매출배합차이와 매출수량차이를 구하시오.

3 시장점유율차이와 시장규모차이를 구하시오.

보기 풀이

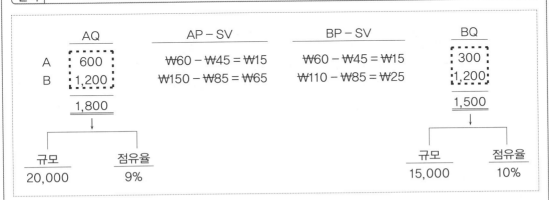

1 매출가격차이와 매출조업도차이

매출가격차이는 다음과 같이 두 가지 방법으로 계산할 수 있다.

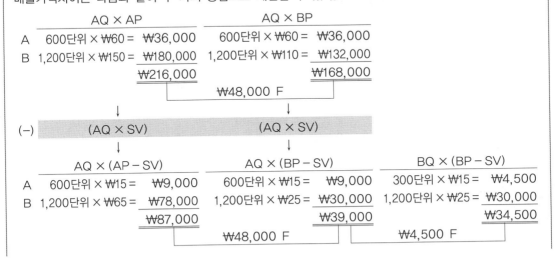

2 매출배합차이와 매출수량차이

매출조업도차이는 매출배합차이와 매출수량차이로 구분할 수 있다.

$$\underline{AQ \times (BP - SV)} \qquad\qquad\qquad \underline{BQ \times (BP - SV)}$$

A	600단위 × ₩15 = ₩9,000	0.2*1	300단위 × ₩15 = ₩4,500	
B	1,200단위 × ₩25 = ₩30,000	0.8	1,200단위 × ₩25 = ₩30,000	
	1,800단위 　　₩39,000　1,800단위		1,500단위 　₩34,500	

실제판매량 　　　　　　　　　　　　예산배합

*1 300단위 ÷ 1,500단위 = 0.2

⇓

$$\underline{AQ \times (BP - SV)} \qquad \underline{Total\ AQ \times BM \times (BP - SV)} \qquad \underline{BQ \times (BP - SV)}$$

A	600단위 × ₩15 = ₩9,000	1,800단위 × 0.2 × ₩15 = ₩5,400	300단위 × ₩15 = ₩4,500
B	1,200단위 × ₩25 = ₩30,000	1,800단위 × 0.8 × ₩25 = ₩36,000	1,200단위 × ₩25 = ₩30,000
	₩39,000	₩41,400	₩34,500

₩2,400 U　　　　　　　　₩6,900 F

3 시장점유율차이와 시장규모차이

매출수량차이는 시장점유율차이와 시장규모차이로 구분할 수 있다.

$$\underline{Total\ AQ \times BM \times (BP - SV)} \qquad\qquad \underline{BQ \times (BP - SV)}$$

A	1,800단위 × 0.2 × ₩15 = ₩5,400	300단위 × ₩15 = ₩4,500
B	1,800단위 × 0.8 × ₩25 = ₩36,000	1,200단위 × ₩25 = ₩30,000
	1,800단위 × ₩23*2 = ₩41,400	1,500단위 × ₩23 = ₩34,500

*2 예산평균공헌이익: ₩15 × 0.2 + ₩25 × 0.8 = ₩23

⇓

$$\underline{실제규모 \times 실제점유율 \times BACM} \quad \underline{실제규모 \times 예산점유율 \times BACM} \quad \underline{예산규모 \times 예산점유율 \times BACM}$$

20,000단위 × 9% × ₩23	20,000단위 × 10% × ₩23	15,000단위 × 10% × ₩23
= ₩41,400	= ₩46,000	= ₩34,500

₩4,600 U　　　　　　　　₩11,500 F

03 이익중심점

1. 의의

특정 원가와 수익에 대한 권한과 책임을 부여받은 중심점으로 분권화된 사업부 등과 같이 책임영역이 큰 조직단위를 말하며 판매부문에 판매비에 대한 권한과 책임을 추가로 부여하여 이익중심점으로 관리하기도 한다. 책임대상은 연초 계획한 예산이익이다.

- **관련부서:** 사업부 또는 판매부문
- **책임대상:** 예산이익(BQ × BP, SQ × SP)
- **평가방법:** 매출차이분석 및 원가차이분석

2. 평가방법

매출차이분석과 원가차이분석을 통하여 이익에 대한 차이를 분석할 수 있다.

04 투자중심점

1. 의의

특정 원가와 수익뿐만 아니라 투자의사결정에 대해서도 권한과 책임을 부여받은 중심점으로 독립적인 사업부 등과 같이 책임범위가 가장 큰 포괄적인 책임중심점이다. 책임대상은 연초 계획한 예산이익과 투자된 자산에 대한 효율성이다.

- **관련부서:** 독립된 사업부
- **책임대상:** 예산이익(BQ × BP, SQ × SP), 투자된 자산의 효율성
- **평가방법:** 투자수익률(ROI), 잔여이익(RI), 경제적부가가치(EVA)

2. 평가방법

투자중심점을 평가하는 방법은 투자수익률(ROI), 잔여이익(RI), 경제적부가가치(EVA)가 있으며 관련 내용은 다음과 같다.

(1) 투자수익률(ROI, return of investment)

이익을 투자금액으로 나눈 수익성 지표이며 다음과 같이 매출이익률과 자산회전율로 구분할 수 있다.

$$투자수익률 = \frac{영업이익}{투자금액}$$

$$= \frac{영업이익}{매출액} \times \frac{매출액}{투자금액}$$

$$= 매출이익률 \times 자산회전율$$

$$\Downarrow$$

- 투자안 투자수익률 > 기존 투자수익률: 투자안 채택
- 투자안 투자수익률 < 기존 투자수익률: 투자안 기각

① 장점
- 계산이 간편하며 투자자산의 효율성을 평가할 수 있다.
- 비율로 제시되어 상대적인 수익성 평가에 유용하다.
- 투자규모가 다르거나 동일 산업의 다른 기업과 비교하는 데 유용하다.

② 단점
- 회사 전체적으로 유리한 투자안을 부당하게 기각하는 준최적화현상이 발생할 수 있다.
- 투자중심점이 보유하고 있는 위험이 고려되지 않는다.
- 회계적 이익을 사용하며 화폐의 시간가치를 고려하지 않아 투자의사결정과 일관성이 결여된다.

핵심 Check 준최적화(sub-optimization)현상

특정 투자안의 투자수익률이 회사 전체의 최저필수수익률을 상회하는 경우 회사 전체 입장에서는 채택되어야 한다. 그러나, 해당 투자안의 투자수익률이 개별 사업부의 현재 투자수익률보다 낮다면 투자로 인하여 개별 사업부의 전체 투자수익률이 낮아질 수 있어 기각될 우려가 있다.

(2) 잔여이익(RI, residual income)

투자로 인한 영업이익에서 투자금액으로 얻어야 하는 최소한의 금액을 차감하고 남은 잔액을 기준으로 평가하는 방법이다.

> 잔여이익 = 영업이익 − 투자금액 × 최저필수수익률*
> * 최저필수수익률은 자본비용으로 해당 투자중심점의 위험을 추가로 고려하여 결정한다.
> ⇓
> • 잔여이익 > 영(0): 투자안 채택
> • 잔여이익 < 영(0): 투자안 기각

① 장점
  • 금액으로 평가하여 준최적화현상을 방지할 수 있다.
  • 투자중심점이 위험을 최저필수수익률에 반영할 수 있다.

② 단점
  • 규모가 큰 경우 상대적으로 잔여이익이 높게 나타나 규모가 다른 경우 비교하기 어렵다.
  • 회계적 이익을 사용하며 화폐의 시간가치를 고려하지 않아 투자의사결정과 일관성이 결여된다.

예제 5: 투자수익률과 잔여이익

(주)서울에는 A와 B의 두 개의 사업부가 있는데 다음은 성과평가와 관련된 자료이다.

구분	A부문	B부문
투자액	2,000억원	4,000억원
순이익	400억원	720억원

요구사항

(주)서울의 자본비용은 10%이다. 각 사업부의 투자수익률, 잔여이익을 구하시오.

[풀이]

	A부문	B부문
ROI	₩400 ÷ ₩2,000 = 20%	₩720 ÷ ₩4,000 = 18%
RI	₩400 − ₩2,000 × 0.1 = ₩200	₩720 − ₩4,000 × 0.1 = ₩320

그러므로, ROI는 A부문이, RI는 B부문이 각각 더 우수하다.

(3) 경제적부가가치(EVA, economic value added)

투자로 인한 세후영업이익에서 투하자본의 자본비용을 차감하고 남은 잔액을 기준으로 평가하는 방법이다.

> 경제적부가가치 = 세후영업이익 − 투하자본[1] × 가중평균자본비용[2]
> [1] 투자금액 중 자본비용이 발생하는 항목을 의미한다.
> [2] 타인자본비용과 자기자본비용을 가중평균하여 결정한다.
> ⇓
> • 경제적부가가치 > 영(0): 투자안 채택
> • 경제적부가가치 < 영(0): 투자안 기각

① 장점
- 타인자본비용과 자기자본비용을 명시적으로 고려한다.
- 다른 측정치보다 기업가치와 좀 더 밀접한 관계가 있어 투자의사결정에 이용할 수 있다.
- 기업가치의 증가는 주주의 부 증가를 의미하여 경영자와 주주의 목표가 일치하게 된다.

② 단점
- 영업이익과 투하자본을 결정하는 데에 많은 수정사항이 있으며 계산과정이 복잡하다.
- 자기자본비용 계산과정이 어렵다.
- 회계처리방법에 따라 세후영업이익이 달라질 수 있다.

핵심 Check 투하자본

타인자본비용인 이자가 발생하는 비유동부채와 자기자본을 합하여 계산한다. 유동부채 중 이자가 발생하는 단기차입금이 없다고 가정하면 투하자본은 다음과 같이 계산할 수 있다.
- 비유동부채 + 자기자본
- <u>유동자산 + 비유동자산</u> − 유동부채
        총자산
- <u>유동자산 − 유동부채</u> + 비유동자산
        순운전자본

핵심 Check 가중평균자본비용(WACC, weighted average cost of capital)

타인자본비용과 자기자본비용을 타인자본과 자기자본의 시가를 기준으로 평균한 자본비용을 말한다. 또한, 타인자본비용은 이자로 인한 법인세절감효과를 고려하여 (1 - 세율)을 곱해야 한다.

$$\frac{\text{자기자본}}{\text{자기자본} + \text{타인자본}} \times \text{자기자본비용} + \frac{\text{타인자본}}{\text{자기자본} + \text{타인자본}} \times \text{타인자본비용} \times (1 - \text{세율})$$

예제 6: 경제적부가가치

다음은 (주)서울의 남부사업부와 중부사업부의 자료의 일부이다.

(1) 재무상태표와 손익계산서

	남부사업부	중부사업부
총자산	₩2,000,000	₩10,000,000
유동부채	500,000	3,000,000
세전영업이익	250,000	2,000,000

(2) 투하자본과 자본비용

장기부채: 시장가치 ₩7,000,000, 이자율 10%

자기자본: 시장가치 ₩7,000,000, 자본비용 14%

요구사항

법인세율은 40%이다. 남부사업부과 중부사업부의 경제적부가가치(EVA)를 구하시오. 단, 각 사업부에는 동일한 가중평균자본비용을 적용한다.

풀이

(1) 가중평균자본비용

₩7,000,000 ÷ (₩7,000,000 + ₩7,000,000) × 0.14 + ₩7,000,000 ÷ (₩7,000,000 + ₩7,000,000) × 0.1 × (1 - 0.4) = 0.1

(2) 경제적부가가치 = 세후영업이익 - 투하자본 × 가중평균자본비용

① 남부사업부: ₩250,000 × (1 - 0.4) - (₩2,000,000 - ₩500,000) × 0.1 = ₩0

② 중부사업부: ₩2,000,000 × (1 - 0.4) - (₩10,000,000 - ₩3,000,000) × 0.1 = ₩500,000

01 의의

생산성(productivity)이란 생산에 투입된 투입량과 그것으로 인한 산출량의 비율을 말한다.

02 종류

생산성은 측정하는 요소의 수에 따라 부분생산성과 총생산성으로 구분할 수 있다.

1. 부분생산성(single factor productivity)

원재료생산성, 노동생산성 및 자본생산성 등 단일요소의 생산성을 측정하는 것을 말한다.

$$부분생산성 = \frac{산출량}{개별요소투입량}$$

(1) 장점

하나의 요소만을 측정하므로 측정이 용이하며 특정 요소의 성과를 평가하는 데 유용하다.

(2) 단점

다른 요소들 간의 관계가 전체 생산성에 영향을 미치는 효과를 고려하지 못한다.

2. 총생산성(total factor productivity)

여러 요소들의 전체 생산성을 말하며 생산과정 전체 효율성을 측정하는 데 필요하다.

$$총생산성 = \frac{산출량}{모든\ 생산요소의\ 원가}$$

(1) 장점

모든 요소의 전체 생산성을 제시해준다.

(2) 단점

모든 요소가 복합되어 있으며 생산성과 관계없는 가격이나 구매정책에 영향을 받는다.

3. 이익연계생산성

가격의 효과를 배제하고 순수하게 생산성 변화가 이익에 미치는 영향을 측정하는 것을 말한다. 이는 생산성중립수량과 실제투입량의 차이를 구하고 분석연도의 가격을 곱하여 계산한다.

핵심 Check 생산성중립수량(PNQ, productivity neutral quantity)

> 비교연도의 산출량을 기준연도에 생산성을 유지하면서 생산할 경우의 투입량을 말한다.

$$PNQ = 기준연도\ 투입량 \times \frac{분석연도의\ 생산량}{기준연도의\ 생산량}$$

예제 1

(주)한국은 단일제품을 생산·판매하는 회사이다. 다음은 전기와 당기의 재무성과 일부 자료이다.

	전기	당기
매출	100단위 × ₩1,200 = ₩120,000	120단위 × ₩1,300 = ₩156,000
비용		
직접재료원가	2,000kg × ₩10 = 20,000	3,000kg × ₩12 = 36,000
직접노무원가	1,000시간 × ₩30 = 30,000	1,000시간 × ₩40 = 40,000
이익	₩70,000	₩80,000

요구사항

1 전기와 당기의 원가요소별 부분생산성을 구하시오.

2 전기와 당기의 총생산성을 구하시오.

3 전기를 기준연도로 당기의 이익연계생산성을 구하시오.

생산성중립수량(PNQ, productivity neutral quantity)

(1) 직접재료원가

$$\text{PNQ} = 2,000\text{kg} \times \frac{120\text{단위}}{100\text{단위}} = 2,400\text{kg}$$

(2) 직접노무원가

$$\text{PNQ} = 1,000\text{시간} \times \frac{120\text{단위}}{100\text{단위}} = 1,200\text{시간}$$

❶ 원가요소별 부분생산성

산출량을 각 요소수량으로 나누어 계산한다.

	전기	당기
직접재료원가 생산성	$\frac{100\text{단위}}{2,000\text{kg}} = 0.05\text{단위/kg}$	$\frac{120\text{단위}}{3,000\text{kg}} = 0.04\text{단위/kg}$
직접노무원가 생산성	$\frac{100\text{단위}}{1,000\text{시간}} = 0.10\text{단위/시간}$	$\frac{120\text{단위}}{1,000\text{시간}} = 0.12\text{단위/시간}$

❷ 총생산성

산출량을 총요소금액으로 나누어 계산한다.

	전기	당기
총요소생산성	$\frac{100\text{단위}}{₩50,000} = 0.0020$	$\frac{120\text{단위}}{₩76,000} = 0.0016$

❸ 이익연계생산성

	생산성중립원가	당기원가	이익연계생산성
직접재료원가	2,400kg × ₩12 = ₩28,800	3,000kg × ₩12 = ₩36,000	₩7,200 U
직접노무원가	1,200시간 × ₩40 = 48,000	1,000시간 × ₩40 = 40,000	8,000 F
계	₩76,800	₩76,000	₩800 F

보론 │ 영업이익의 전략적 분석

01 의의

영업이익은 기업의 주된 영업활동으로 인하여 발생한 결과로서 일정 기간의 성과를 평가하기 위한 자료로서의 역할뿐만 아니라 이익창출능력을 예측하거나 기업의 가치를 평가하는 데에 매우 중요한 자료이다.

02 영업이익의 세분화

영업이익의 변화가 해당 시장의 성장에 의해서인지 아니면 기업의 전략적인 의도에 따른 변화인지 여부를 분석하는 것을 말한다. 따라서, 영업이익의 변화는 시장규모의 변동으로 인한 효과와 전략의 실행으로 인한 효과로 구분할 수 있으며 기업의 주요 전략으로는 제품차별화전략과 원가우위전략이 있다.

핵심 Check 주요 전략

- 제품차별화전략(product differentiation strategy): 다른 회사의 제품에 비하여 독특한 특징과 기능을 부여하여 소비자로 하여금 구매를 유도하는 전략이다. 성장요소와 가격회복요소로 반영되어 영업이익에 유리한 결과를 가져올 수 있다.
- 원가우위전략(cost leadership strategy): 다른 회사의 제품에 비하여 낮은 가격에 공급할 수 있는 경쟁력을 갖추는 전략이다. 생산성요소로 반영되어 영업이익에 유리한 결과를 가져올 수 있다.

일반적으로 수익으로 인한 효과와 비용으로 인한 효과를 성장요소, 가격회복요소, 생산성요소로 세분화하여 분석한다.

1. 성장요소(growth component)

산출량이나 생산요소 투입량의 변화에 대한 영업이익의 변화를 의미한다. 또한, 가격과 능률은 전기와 동일한 상태를 유지하기 위하여 가격은 기준연도 가격을 사용하고 투입량은 비교연도 생산성을 유지한 생산성중립수량을 사용한다.

핵심 Check 생산성중립수량(PNQ, productivity neutral quantity)

비교연도의 산출량을 기준연도에 생산성을 유지하면서 생산할 경우의 투입량을 말한다.

$$PNQ = \frac{\text{분석연도의 생산량}}{\text{기준연도의 생산성지수}}$$

$$= \text{기준연도 투입량} \times \frac{\text{분석연도의 생산량}}{\text{기준연도의 생산량}}$$

(1) 수익으로 인한 효과

판매량 증가로 인한 효과를 말한다.

(2) 비용으로 인한 효과

산출량의 변화에 대한 투입량의 증가로 인한 효과를 말한다.

핵심 Check 변동원가와 고정원가

변동원가는 산출량 변화에 따라 변하지만 고정원가는 일정한 생산능력하에서 변하지 않는다.

2. 가격회복요소(price recovery component)

산출량이나 생산요소 투입량의 가격 변화에 대한 영업이익의 변화를 의미한다. 또한, 능률은 전기와 동일한 상태를 유지하기 위하여 투입량은 비교연도 생산성을 유지한 생산성중립수량을 사용한다.

(1) 수익으로 인한 효과

판매가격 변동으로 인한 효과를 말한다.

(2) 비용으로 인한 효과

생산요소가격 변동으로 인한 효과를 말한다.

3. 생산성요소(productivity component)

생산성의 변화에 대한 영업이익의 변화를 의미한다. 즉, 분석연도의 투입량과 생산성중립수량과의 차이를 분석연도의 가격을 사용하여 계산한다.

(1) 수익으로 인한 효과

생산성요인으로 인한 효과는 없다.

(2) 비용으로 인한 효과

투입량의 생산성 변동으로 인한 효과를 말한다.

4. 분석모형

기준연도와 분석연도를 수익으로 인한 효과와 비용으로 인한 효과로 구분하여 세 가지 요소로 세분화하여 분석한다. 단, 기준연도와 분석연도는 각각 전기와 당기로 한다.

(1) 수익으로 인한 효과

> ### 예제 1: 수익 세분화분석
>
> (주)한국은 품질에 대한 경쟁력 우위를 활용한 차별화전략과 원가우위전략으로 경쟁사보다 다소 높은 가격의 청소기를 생산하고 있다. 청소기에 대한 전기와 당기의 자료는 다음과 같다.
>
> | | 전기 | 당기 |
> |---|---|---|
> | 판매수량 | 5,000단위 | 5,300단위 |
> | 단위당 판매가격 | ₩300 | ₩320 |
>
> **요구사항**
>
> 전기와 당기의 매출액 변화를 세분화하여 분석하시오.
>
> **풀이**
>
> 분석모형을 이용하여 전기와 당기의 판매수량과 단위당 판매가격을 기준으로 성장요소와 가격회복요소로 인한 변화를 각각 구분한다.
>
> • 수익 세분화
>
> | 기준연도성과 | 성장요소반영성과 | 가격요소반영성과 | 분석연도성과 |
> |---|---|---|---|
> | 5,000단위 × ₩300 | 5,300단위 × ₩300 | 5,300단위 × ₩320 | 5,300단위 × ₩320 |
> | = ₩1,500,000 | = ₩1,590,000 | = ₩1,696,000 | = ₩1,696,000 |
> | | ₩90,000 F | ₩106,000 F | – |

(2) 비용으로 인한 효과

기준연도성과	성장요소반영성과	가격요소반영성과	분석연도성과
전기투입량 × 전기투입가격	생산성중립수량 × 전기투입가격	생산성중립수량 × 당기투입가격	당기투입량 × 당기투입가격
	성장요소	가격회복요소	생산성요소
	투입량 변화	투입가격 변화	생산성 변화

예제 2: 비용 세분화분석

(주)한국은 품질에 대한 경쟁력 우위를 활용한 차별화전략과 원가우위전략으로 경쟁사보다 다소 높은 가격의 청소기를 생산하고 있다. 청소기에 대한 전기와 당기의 자료는 다음과 같다.

		전기	당기
• 판매수량		5,000단위	5,300단위
• 재료원가	원재료투입량	10,000kg	10,500kg
	kg당 단가	₩40	₩45
• 가공원가	연간 생산능력	6,000단위	6,000단위
	단위당 가공원가	₩90	₩95
• 고객관리원가	연간 고객관리능력	200명	190명
	고객당 고객관리원가	₩150	₩160

원가는 재료원가, 가공원가 및 고객관리원가이며 이 중 가공원가는 당기 연간 생산능력에 의해서 결정되고 고정활동원가인 고객관리원가는 연간 고객관리능력에 의해서 결정된다.

요구사항

전기와 당기의 원가 변화를 원가요소별로 세분화하여 분석하시오(단, 가공원가와 고객관리원가 생산성중립수량은 전기 생산능력과 고객관리능력을 사용한다).

풀이

분석모형을 이용하여 전기와 당기의 투입수량과 단위당 투입가격을 기준으로 성장요소, 가격회복요소 및 생산성요소로 인한 변화를 각각 구분한다. 또한, 생산성중립수량은 다음과 같다.

- 재료원가 생산성중립수량

$$PNQ = 기준연도\ 투입량 \times \frac{분석연도의\ 생산량}{기준연도의\ 생산량}$$

$$= 10,000kg \times \frac{5,300단위}{5,000단위} = 10,600kg$$

- 가공원가, 고객관리원가 생산성중립수량

PNQ = 기준연도 생산능력

- 비용으로 인한 효과

기준연도성과	성장요소반영성과	가격요소반영성과	분석연도성과
전기투입량 × 전기투입가격	생산성중립수량 × 전기투입가격	생산성중립수량 × 당기투입가격	당기투입량 × 당기투입가격
성장요소	가격회복요소	생산성요소	
투입량 변화	투입가격 변화	생산성 변화	

(1) 재료원가

기준연도성과	성장요소반영성과	가격요소반영성과	분석연도성과
10,000kg × ₩40 = ₩400,000	10,600kg × ₩40 = 424,000	10,600kg × ₩45 = ₩477,000	10,500kg × ₩45 = ₩472,500
	₩24,000 U	₩53,000 U	₩4,500 F

(2) 가공원가

기준연도성과	성장요소반영성과	가격요소반영성과	분석연도성과
6,000단위 × ₩90 = ₩540,000	6,000단위 × ₩90 = ₩540,000	6,000단위 × ₩95 = ₩570,000	6,000단위 × ₩95 = ₩570,000
	−	₩30,000 U	−

(3) 고객관리원가

기준연도성과	성장요소반영성과	가격요소반영성과	분석연도성과
200명 × ₩150 = ₩30,000	200명 × ₩150 = ₩30,000	200명 × ₩160 = ₩32,000	190명 × ₩160 = ₩30,400
	−	₩2,000 U	₩1,600 F

(주)한국은 품질에 대한 경쟁력 우위를 활용한 차별화전략과 원가우위전략으로 경쟁사보다 다소 높은 가격의 청소기를 생산하고 있다. 청소기에 대한 전기와 당기의 자료는 다음과 같다.

		전기	당기
• 매출	판매수량	5,000단위	5,300단위
	단위당 판매가격	₩300	₩320
• 재료원가	원재료투입량	10,000kg	10,500kg
	kg당 단가	₩40	₩45
• 가공원가	연간 생산능력	6,000단위	6,000단위
	단위당 가공원가	₩90	₩95
• 고객관리원가	연간 고객관리능력	200명	190명
	고객당 고객관리원가	₩150	₩160

원가는 재료원가, 가공원가 및 고객관리원가이며 이 중 가공원가는 당기 연간 생산능력에 의해서 결정되고 고정활동원가인 고객관리원가는 연간 고객관리능력에 의해서 결정된다.

요구사항

1 전기와 당기의 영업이익 변화를 성장요소, 가격회복요소 및 생산성요소로 세분화하시오.

2 청소기 시장의 성장률은 전기 대비 2%로 성장하였으며 시장점유율의 변화는 제품차별화에 의한 것으로 분석하고 있다. 전기와 당기의 영업이익의 변화를 시장규모의 변화, 제품차별화전략 및 원가우위전략으로 구분하고 전략의 성공 여부를 제시하시오.

3 회사의 실제 고객 수는 전기에는 160명, 당기에는 150명이었다. 가공원가와 고객관리원가의 당기 미사용원가를 구하시오(단, 미사용원가는 당기원가를 적용한다).

풀이

(1) 전략이 영업이익에 미치는 효과
- 시장규모확대는 성장요소에 반영되어 영업이익에 유리한 결과를 가져올 수 있다.
- 제품차별화전략은 성장요소와 가격회복요소로 반영되어 영업이익에 유리한 결과를 가져올 수 있다.
- 원가우위전략은 생산성요소로 반영되어 영업이익에 유리한 결과를 가져올 수 있다.

(2) 미사용활동원가
고정원가에서 발생하는 것으로 미리 확보한 생산능력 중에서 실제로 사용되지 못한 부분을 말한다.

1 영업이익의 세분화분석

[예제 1]과 [예제 2]의 자료를 정리하면 다음과 같다.

	전기성과	성장요소반영성과	가격요소반영성과	당기성과
수익	₩1,500,000	₩1,590,000	₩1,696,000	₩1,696,000
비용	970,000	994,000	1,079,000*	1,072,900
이익	₩530,000	₩596,000	₩617,000	₩623,100

₩66,000 F	₩21,000 F	₩6,100 F
성장요소	가격회복요소	생산성요소

* 전기 생산성을 유지한 상태에서의 원가로 생산성중립원가라 한다.

2 시장규모의 변화, 제품차별화전략 및 원가우위전략으로 구분

(1) 시장규모효과
  - 성장요소: 5,000단위 × 2% = 100단위

(2) 제품차별화전략효과
  - 성장요소: 300단위 − 100단위(시장규모효과) = 200단위
  - 가격회복요소

(3) 원가우위전략효과
  - 생산성요소

위 효과를 정리하면 다음과 같다.

시장규모	성장요소	$₩66,000 \times \dfrac{100단위}{300단위}$ =	₩22,000 F	24%
제품차별화전략	성장요소	$₩66,000 \times \dfrac{200단위}{300단위}$ =	44,000 F	47
	가격회복요소		21,000 F	23
원가우위전략	생산성요소		6,100 F	6
			₩93,100 F	100%

영업이익의 증가를 분석한 결과 시장규모 확대로 인한 비중은 24%, 제품차별화전략으로 인한 비중은 70%(= 47% + 23%), 원가우위전략으로 인한 비중은 6%로 나타난다. 따라서 시장규모확대와 원가우위전략도 영업이익 증가에 영향을 주었으나 제품차별화전략으로 인한 효과가 가장 높은 것으로 분석된다.

3 미사용원가

구분	확보한 능력 ①	사용한 능력 ②	미사용능력 ③(= ① − ②)	가격 ④	미사용원가 ⑤(= ③ × ④)
가공원가	6,000단위	5,300단위	700단위	₩95	₩66,500
고객관리원가	190명	150명	40명	160	6,400
					₩72,900

제15장 | 객관식 문제

01 분권화와 책임회계, 성과평가와 관련하여 다음의 설명 중에서 가장 적절한 것은?

[세무사 02]

① 분권화(decentralization)로부터 얻을 수 있는 효익으로 내부이전가격의 신속한 결정을 들 수 있다.

② 원가중심점은 특정 원가의 발생에만 통제책임을 지는 책임중심점으로 판매부문이 한 예가 될 수 있다.

③ 하부경영자가 자신의 성과측정치를 극대화할 때 기업의 목표도 동시에 극대화될 수 있도록 하부경영자의 성과측정치를 설정해야 하는데, 이를 목표일치성(goal congruence)이라고 한다.

④ 잔여이익(residual income)이 갖고 있는 준최적화(sub-optimization)의 문제점을 극복하기 위하여 투자수익률이라는 개념이 출현하였다.

⑤ 투자수익률법은 투자규모가 다른 투자중심점을 상호 비교하기가 어렵다는 문제점이 있는 반면에 잔여이익법에는 이런 문제점이 없다.

02 다음 중 분권화된 조직에서의 책임회계제도, 대체가격, 투자중심점, 성과평가 등과 관련된 설명으로 옳지 않은 것은?

[세무사 05]

① 책임회계제도는 조직의 자원이 어느 기능을 위하여 사용되었는가 보다는 누가 사용하였는가에 관심을 둔다.

② 이익중심점이란 수익과 비용 모두에 대하여 책임이 부여된 조직의 하위단위 또는 부문을 말한다.

③ 잔여이익(residual income)이란 투자중심점이 사용하는 영업자산으로부터 당해 투자중심점이 획득하여야 하는 최소한의 이익을 초과하는 영업이익을 말한다.

④ 조직의 하위부문 사이에 재화를 주고받을 경우 각 하위부문에 대한 공정한 성과평가를 하려면 공급부문의 변동원가에 근거하여 대체가격을 설정하는 것이 바람직하다.

⑤ 투자수익률(return on investment)이란 수익성 지표의 일종으로서 이는 투하된 자본금액에 대한 이익의 비율로 나타낸다.

※ 다음은 03 ～ 04에 관련된 자료이다.

(주)한국의 원재료에 대한 당해연도 예산과 실제자료는 다음과 같다.
(1) 예산자료

종류	표준투입량	톤당 원가	총원가
A	0.2톤	₩160,000	₩32,000
B	0.4톤	100,000	40,000
C	0.4톤	120,000	48,000
			₩120,000

(2) 실제자료(단, 당기 실제산출량은 100톤이다)

종류	실제투입량	톤당 원가	총원가
A	10톤	₩200,000	₩2,000,000
B	50톤	120,000	6,000,000
C	50톤	100,000	5,000,000
			₩13,000,000

03 당해연도 원재료수량차이를 구하시오.

① ₩600,000 불리   ② ₩600,000 유리   ③ ₩480,000 불리

④ ₩480,000 유리   ⑤ ₩320,000 불리

04 당해연도 원재료배합차이를 구하시오.

① ₩600,000 불리   ② ₩600,000 유리   ③ ₩480,000 불리

④ ₩480,000 유리   ⑤ ₩320,000 불리

05 (주)한국은 보통과 고급의 두 가지 우산을 판매한다. (주)한국의 20×1년 2월의 매출에 대한 자료는 다음과 같다. 두 가지 우산의 매출수량차이는 얼마인가? (단, 모든 차이는 공헌이익을 기준으로 한다)

[회계사 04]

고정예산 총공헌이익	₩2,800,000
2월에 판매될 예산 우산수량	2,000단위
보통우산의 단위당 예산공헌이익	₩1,000
고급우산의 단위당 예산공헌이익	3,000
총매출수량차이	700,000(불리)
보통우산의 실제 매출배합비율	60%

① 보통 ₩400,000(불리), 고급 ₩300,000(불리)
② 보통 ₩300,000(불리), 고급 ₩400,000(불리)
③ 보통 ₩100,000(유리), 고급 ₩800,000(불리)
④ 보통 ₩800,000(불리), 고급 ₩100,000(유리)
⑤ 보통 ₩500,000(불리), 고급 ₩200,000(불리)

06 (주)서울의 3월 예산 대비 실적자료는 다음과 같다. 동 자료를 토대로 당초 예상보다 영업이익이 ₩200만큼 줄어든 원인을 분석하고자 한다. 다음의 자료를 이용하여 매출조업도차이는 얼마인가? (단, 유리한 차이는 (F)로 불리한 차이는 (U)로 표시한다)

[회계사 03 수정]

	3월 실적(actual)	3월 예산(budget)
판매수량	400개	300개
매출액	₩7,200	₩6,000
변동원가	4,800	3,000
고정원가	1,400	1,800
영업이익	1,000	1,200

① ₩1,800(F)　　　② ₩600(F)　　　③ ₩1,000(U)
④ ₩1,800(U)　　　⑤ ₩1,000(F)

07 투자중심점(investment center)의 투자성과 평가지표에 관한 다음의 설명 중 가장 타당하지 않은 것은? [회계사 09]

① 투자수익률(ROI; return on investment)은 투하자본에 대한 투자이익의 비율을 나타내는 수익성 지표이며, 매출이익률에 자산회전율을 곱하여 계산할 수 있다.

② 투자수익률은 기업의 여러 투자중심점의 성과를 비교하는 데 유용할 수 있지만, 투자수익률의 수준이 투자중심점 경영자의 성과평가기준으로 사용될 경우에는 목표불일치 문제를 야기할 수 있다.

③ 잔여이익에 의한 투자중심점 성과평가는 투자수익률에 의한 준최적화문제를 해결할 수 있으며, 각기 다른 투자규모의 투자중심점들의 성과를 잔여이익에 의하여 직접적으로 비교평가할 수 있는 장점이 있다.

④ 경제적부가가치(EVA; economic value added)는 세후영업이익에서 투하자본에 대한 자본비용을 차감하여 계산할 수 있다.

⑤ 경제적부가가치의 관점에서는 영업이익이 당기순이익보다 기업의 경영성과를 평가하는 데 유용한 지표라고 본다.

08 (주)서울의 A부문의 회계자료는 다음과 같다.

매출	₩1,000,000
변동원가	600,000
고정원가(추적가능원가)	100,000
평균투자자본	200,000
부가이자율(최저필수수익률)	6%

위의 자료를 이용하여 잔여이익을 구하면 얼마인가? [세무사 01]

① ₩168,000
② ₩202,000
③ ₩288,000
④ ₩312,000
⑤ ₩420,000

09 (주)한국은 A, B 두 개의 사업부만 두고 있다. 투자수익률과 잔여이익을 이용하여 사업부를 평가할 때 관련 설명으로 옳은 것은? (단, 최저필수수익률은 6%라고 가정한다)

구분	A부문	B부문
투자금액	₩250,000,000	₩300,000,000
감가상각비	25,000,000	28,000,000
영업이익	20,000,000	22,500,000

① A사업부와 B사업부의 성과는 동일하다.
② A사업부가 투자수익률로 평가하든 잔여이익으로 평가하든 더 우수하다.
③ B사업부가 투자수익률로 평가하든 잔여이익으로 평가하든 더 우수하다.
④ 투자수익률로 평가하는 경우 B사업부, 잔여이익으로 평가하는 경우 A사업부가 각각 더 우수하다.
⑤ 투자수익률로 평가하는 경우 A사업부, 잔여이익으로 평가하는 경우 B사업부가 각각 더 우수하다.

10 (주)세무는 사무실용과 가정용 공기청정기를 판매한다. 다음은 (주)세무의 20×1년 예산과 실제결과에 대한 자료이다.

(20×1년 예산)			
제품	단위당 판매가격	단위당 변동원가	판매수량
사무실용 공기청정기	₩180	₩120	30,000대
가정용 공기청정기	₩135	₩90	90,000대
(20×1년 실제결과)			
제품	단위당 판매가격	단위당 변동원가	판매수량
사무실용 공기청정기	₩165	₩112.5	37,800대
가정용 공기청정기	₩120	₩82.5	88,200대

20×1년도 공기청정기의 전체 실제시장규모는 1,050,000대이며, (주)세무의 시장점유율차이는 ₩1,023,750(유리)이다. (주)세무가 예상한 20×1년도 전체 공기청정기의 시장규모는?

[세무사 20]

① 857,143대   ② 923,077대   ③ 1,100,000대
④ 1,150,000대   ⑤ 1,200,000대

11 (주)세무는 사업부의 성과를 평가하기 위해 각 사업부의 EVA(경제적부가가치)를 계산하려고 하는데, 사업부 중 한 곳인 남부사업부의 재무상황은 총자산 ₩2,000,000, 유동부채 ₩500,000, 영업이익 ₩400,000이다. (주)세무의 두 가지 자금원천 중 하나인 타인자본의 시장가치는 ₩6,000,000이고, 그에 대한 이자율은 10%이다. 나머지 원천인 자기자본의 시장가치는 ₩9,000,000이고 그에 대한 자본비용은 15%이다. (주)세무에게 적용되는 법인세율은 40%이다. 각 사업부의 EVA계산은 기업전체의 가중평균자본비용을 적용한다. 이러한 상황에서 계산된 남부사업부의 EVA는?

[세무사 21]

① ₩58,000   ② ₩69,000   ③ ₩72,000
④ ₩74,000   ⑤ ₩78,000

12 (주)대한은 20×1년 실제결과와 고정예산을 비교하기 위해 다음과 같은 자료를 작성하였다.

구분	실제결과	고정예산
판매량	30,000단위	25,000단위
매출액	₩1,560,000	₩1,250,000
변동원가		
제조원가	900,000	625,000
판매관리비	210,000	125,000
공헌이익	₩450,000	₩500,000
고정원가		
제조원가	47,500	37,500
판매관리비	62,500	62,500
영업이익	₩340,000	₩400,000

(주)대한은 20×1년 시장규모를 250,000단위로 예측했으나, 실제 시장규모는 400,000단위로 집계되었다. (주)대한은 20×1년도 실제 판매량이 고정예산 판매량보다 증가하였으나, 영업이익은 오히려 감소한 원인을 파악하고자 한다. 이를 위해 매출가격차이(sales price variance), 시장점유율차이, 시장규모차이를 계산하면 각각 얼마인가? (단, U는 불리한 차이, F는 유리한 차이를 의미한다) [회계사 22]

	매출가격차이	시장점유율차이	시장규모차이
①	₩60,000 F	₩200,000 U	₩300,000 F
②	₩60,000 U	₩200,000 F	₩300,000 U
③	₩60,000 F	₩300,000 U	₩400,000 F
④	₩80,000 F	₩200,000 U	₩300,000 F
⑤	₩80,000 U	₩300,000 F	₩400,000 U

13 (주)대한의 A사업부는 단일제품을 생산 및 판매하는 투자중심점이다. A사업부에 대해 요구되는 최저필수수익률은 15%, 가중평균자본비용은 10%, 그리고 법인세율은 40%이다. 다음은 20×3년도 (주)대한의 A사업부에 관한 예산자료이다.

- A사업부의 연간 총고정원가는 ₩400,000이다.
- 제품 단위당 판매가격은 ₩550이다.
- 제품 단위당 변동원가는 ₩200이다.
- 제품의 연간 생산 및 판매량은 각각 2,000단위이다.
- A사업부에 투자된 평균영업자산과 투하자본은 각각 ₩1,000,000이다.

A사업부의 잔여이익(RI)과 경제적 부가가치(EVA)는 각각 얼마인가? [회계사 23]

	잔여이익	경제적 부가가치
①	₩150,000	₩80,000
②	₩150,000	₩90,000
③	₩150,000	₩100,000
④	₩140,000	₩80,000
⑤	₩140,000	₩90,000

제15장 | 객관식 문제 정답 및 해설

01 ③ ① 분권화(decentralization)에서 자율성을 강조하게 되면 내부이전가격결정 의사결정이 지연될 수 있다.
② 원가중심점은 제조부문이 그 예가 될 수 있으며, 판매부분은 수익중심점으로 설정될 수 있다.
④ 준최적화(sub-optimization)현상은 투자수익률이 가지고 있는 문제점으로써 해결방안으로는 잔여이익(residual income)과 경제적부가가치(economic value added)가 있다.
⑤ 투자수익률법은 평가대상의 수익률에 의하여 평가하기 때문에 투자규모가 다른 투자중심점을 적절하게 평가할 수 있다.

02 ④ 공급부문의 변동원가를 기준으로 대체가격을 설정하면 대체로 인한 이익이 모두 구매부문으로 이전된다.

03 ①

	AQ × SP			SQ × SP	
A	10톤 × ₩160,000 =	₩1,600,000	100톤 × 0.2 × ₩160,000 =	₩3,200,000
B	50톤 × ₩100,000 =	5,000,000	100톤 × 0.4 × ₩100,000 =	4,000,000
C	50톤 × ₩120,000 =	6,000,000	100톤 × 0.4 × ₩120,000 =	4,800,000
		₩12,600,000		₩12,000,000

₩600,000 불리

04 ②

	AQ × SP			Total AQ × BM × SP	
A	10톤 × ₩160,000 =	₩1,600,000	110톤 × 0.2 × ₩160,000 =	₩3,520,000
B	50톤 × ₩100,000 =	5,000,000	110톤 × 0.4 × ₩100,000 =	4,400,000
C	50톤 × ₩120,000 =	6,000,000	110톤 × 0.4 × ₩120,000 =	5,280,000
		₩12,600,000		₩13,200,000

₩600,000 유리

05 ①

	Total BQ × BM × (BP − SV)	BQ × (BP − SV)
보통우산	$1,500 \times 0.8 \times ₩1,000 = ₩1,200,000$	$2,000 \times 0.8^{*2} \times ₩1,000 = ₩1,600,000$
고급우산	$1,500 \times 0.2 \times ₩3,000 = \underline{\quad 900,000}$	$2,000 \times 0.2 \times ₩3,000 = \underline{\quad 1,200,000}$
	$1,500 \times ₩1,400 = \underline{₩2,100,000}$	$2,000 \times ₩1,400^{*1} = \underline{₩2,800,000}$

$₩700,000$ 불리

*1 예산평균공헌이익(BACM): $₩2,800,000 \div 2,000$단위 $= ₩1,400$

*2 보통우산 매출비율 $= x$

$₩1,400 = ₩1,000x + ₩3,000 \times (1 - x) \rightarrow x = 0.8$

(1) 보통우산 매출수량차이

$₩1,600,000 - ₩1,200,000 = ₩400,000$ 불리

(2) 고급우산 매출수량차이

$₩1,200,000 - ₩900,000 = ₩300,000$ 불리

06 ⑤

BQ   300개

AQ   400

BP $₩6,000 \div 300$개 $= ₩20$

SV $₩3,000 \div 300$개 $= ₩10$

AQ × (BP − SV)	BQ × (BP − SV)
$400 \times (₩20 - ₩10) = ₩4,000$	$300 \times (₩20 - ₩10) = ₩3,000$

$₩1,000$ 유리

07 ③ 잔여이익의 장점은 준최적화현상을 방지할 수 있지만, 투자규모가 다를 경우 일반적으로 투자규모가 상대적으로 큰 투자안의 잔여이익이 더 크게 나타나므로 적절한 평가가 이루어지지 않을 수 있다.

08 ③ 잔여이익 = 영업이익 − 투자액 × 최저필수수익률

$= (₩1,000,000 - 600,000 - 100,000) - ₩200,000 \times 6\% = ₩288,000$

09 ②

	A부문	B부문
투자수익률	$₩20,000,000 \div ₩250,000,000$	$₩22,500,000 \div ₩300,000,000$
	$= 8.0\%$	$= 7.5\%$
잔여이익	$₩20,000,000 - ₩250,000,000 \times 6\%$	$₩22,500,000 - ₩300,000,000 \times 6\%$
	$= ₩5,000,000$	$= ₩4,500,000$

10 ⑤ 1. 예산평균공헌이익(BACM)

$₩60 \times 0.25 + ₩45 \times 0.75 = ₩48.75$

2. 예산점유율(x)

실제규모 × 실제점유율 × BACM	실제규모 × 예산점유율 × BACM
$1,050,000$대 $\times 12\%^{*} \times ₩48.75$	$1,050,000$대 $\times x\% \times ₩48.75$
$= ₩6,142,500$	$= ₩5,118,750$

$₩1,023,750$ 유리

* $(37,800$대 $+ 88,200$대$) \div 1,050,000$대 $\times 100 = 12\%$

∴ 예산점유율(x) $= ₩5,118,750 \div ₩48.75 \div 1,050,000$대 $\times 100 = 10\%$

3. 예상시장규모(y)

$y \times 10\% = 120,000$대

∴ 예상시장규모(y): 1,200,000대

11 ② 1. 가중평균자본비용

$$\frac{₩9,000,000}{₩15,000,000} \times 0.15 + \frac{₩6,000,000}{₩15,000,000} \times 0.1 \times (1 - 0.4) = 0.114$$

2. EVA(경제적부가가치)

$₩400,000 \times (1 - 0.4) - ₩1,500,000 \times 0.114 = ₩69,000$

12 ① 1. 자료정리

AQ	AP − SV	BP − SV	BQ
30,000단위	₩52 − ₩30[*1] = ₩22	₩50 − ₩30 = ₩20	25,000단위

[*1] (₩625,000 + ₩125,000) ÷ 25,000단위 = ₩30

2. 매출가격차이와 매출조업도차이

AQ × (AP − SV)	AQ × (BP − SV)	BQ × (BP − SV)
30,000단위 × ₩22	30,000단위 × ₩20	25,000단위 × ₩20
= ₩660,000	= ₩600,000	= ₩500,000

₩60,000 F   ₩100,000 F

3. 시장점유율차이와 시장규모차이

실제규모 × 실제점유율 × 예산평균공헌이익	실제규모 × 예산점유율 × 예산평균공헌이익	예산규모 × 예산점유율 × 예산평균공헌이익
400,000단위 × 7.5%[*2] × ₩20[*4]	400,000단위 × 10%[*3] × ₩20	250,000단위 × 10% × ₩20
= ₩600,000	= ₩800,000	= ₩500,000

₩200,000 U   ₩300,000 F

[*2] 30,000단위 ÷ 400,000단위 × 100 = 7.5%
[*3] 25,000단위 ÷ 250,000단위 × 100 = 10%
[*4] ₩500,000 ÷ 25,000단위 = ₩20

13 ① RI = 영업이익 − 투자액 × 최저필수수익률

= $2,000 \times (₩550 - ₩200) - ₩400,000 - ₩1,000,000 \times 15\% = ₩150,000$

EVA = 세후영업이익 − 투하자본 × 가중평균자본비용

= $[2,000 \times (₩550 - ₩200) - ₩400,000] \times (1 - 40\%) - ₩1,000,000 \times 10\%$

= ₩80,000

제15장 | 주관식 문제

문제 01　　투자수익률과 잔여이익

다음을 읽고 물음에 답하시오.

(주)한국은 두 개의 주요 사업부인 신문사업부와 TV사업부를 갖고 있다. 20×1년과 20×2년의 요약 재무자료는 다음과 같다.

	영업이익		매출액		총자산	
	20×1년	20×2년	20×1년	20×2년	20×1년	20×2년
신문사업부	₩1,890	₩2,310	₩9,450	₩9,660	₩9,240	₩10,290
TV사업부	273	336	12,600	13,440	5,670	6,300

각 사업부의 경영자에 대한 연간 보너스는 사업부별 투자수익률(영업이익을 자산총액으로 나눈 것)에 따라 결정된다. 전년도보다 투자수익률이 증가한 것으로 보고하는 사업부의 경영자는 자동적으로 상여금을 받을 자격이 있다. 그러나 투자수익률이 감소된 것으로 보고하는 사업부의 경영자는 (주)한국의 이사회에 감소된 원인을 설명해야만 하며, 상여금을 받을 가능성이 거의 없다.

신문사업부의 경영자인 김대표는 컬러프린터로 고속 인쇄능력을 가진 기계에 대한 ₩400의 투자안을 고려하고 있다. 새로운 기계의 컬러로 인한 효과와 뉴스를 신속하게 처리할 수 있는 능력으로 20×3년도 영업이익은 ₩60만큼 증가할 것이다. (주)한국의 각 사업부의 투자에 대한 최저필수수익률은 12%이다.

요구사항

[물음 1]　수익성분석을 위한 매출이익률 및 자산회전율을 이용하여 계산한 투자수익률을 사용하여 20×2년 두 사업부의 투자수익률의 차이를 설명하시오. 20×2년도 자산총액을 투자액으로 사용하라.

[물음 2]　김대표는 고속 컬러프린터가 효과가 있음에도 불구하고 이에 대한 투자를 부정적으로 생각하는지 설명하시오.

[물음 3] (주)한국의 CEO는 각 사업부의 상급경영자 유인보상액을 사업부의 잔여이익을 토대로 하는 방안을 고려하고 있다.

(1) 20×2년 각 사업부의 잔여이익을 계산하시오.

(2) 잔여이익을 성과측정치로 채택하면 김대표의 고속 컬러프린터에 대한 거부감이 감소되겠는가?

풀이

[물음 1] ROI(투자수익률)

	매출이익률		자산회전율		투자수익률
신문사업부	$\dfrac{₩2,310}{₩9,660}$	$\times$	$\dfrac{₩9,660}{₩10,290}$	$=$	22.4%
TV사업부	$\dfrac{₩336}{₩13,440}$	$\times$	$\dfrac{₩13,440}{₩6,300}$	$=$	5.3%

[물음 2] 컬러프린터 투자 의사결정

(1) 컬러프린터 투자수익률

$$\frac{₩60}{₩400} \times 100 = 15.0\%$$

(2) 컬러프린터 투자 후 20×2년 예상투자수익률

$$\frac{₩2,310 + ₩60}{₩10,290 + ₩400} = 22.2\%$$

20×2년 투자수익률 22.4%보다 떨어지므로 회사의 성과평가 정책에 따라 부정적으로 생각할 수 있다.

[물음 3] RI(잔여이익)

(1) 20×2년 잔여이익

	영업이익	최저필수수익		잔여이익
신문사업부	₩2,310	₩10,290 × 12% =	₩1,235	₩1,075
TV사업부	336	₩6,300 × 12% =	756	(420)

(2) 투자안 잔여이익

영업이익	최저필수수익	잔여이익
₩60	₩400 × 12% = ₩48	₩12

투자안은 신문사업부의 잔여이익을 증가시키므로 김대표의 거부감이 감소될 것이다.

복수원재료차이분석

(주)한국은 화학제품을 생산하고 있다. 그런데 제품생산공정이 복잡하여 투입원재료의 적정한 배합을 유지하고 원재료의 손실을 막기 위해서는 엄격한 통제가 요구된다. 만일 효과적인 통제가 안되면 산출물과 능률측면에서 손실이 발생하게 된다. (주)한국의 화학제품 X는 1회에 420kg씩 생산되며, 420kg을 생산하는 데 관련된 표준원재료배합 및 표준원가에 대한 자료는 다음과 같다.

원재료	표준투입량	kg당 표준원가	총원가
A	100kg	₩0.3	₩30
B	225	0.2	45
C	50	0.4	20
D	125	0.6	75
	500kg		₩170

화학제품 X를 생산하는 과정에서 증발로 인해 80kg의 감손이 발생한다. (주)한국은 당기에 총 120회 생산을 실시하여 이를 완성하였으며, 이를 위해 당기에 구입되어 사용된 원재료에 관련된 자료는 다음과 같다.

원재료	구입량	총구입가격	사용량
A	21,750kg	₩4,350	10,000kg
B	36,800	11,040	28,300
C	8,000	2,400	6,800
D	16,000	8,000	14,200
	82,550kg	₩25,790	59,300kg

각 물음은 서로 독립적이다.

요구사항

[물음 1] 각 원재료별 원재료가격차이를 계산하시오(단, 원재료가격차이는 사용량을 기준으로 분석하시오).

[물음 2] 각 원재료별 원재료수량차이를 계산하고, 이를 배합차이와 수율차이로 구분하시오.

원재료		kg당 구입가격
A	₩4,350 ÷ 21,750kg =	₩0.2/kg
B	₩11,040 ÷ 36,800kg =	0.3
C	₩2,400 ÷ 8,000kg =	0.3
D	₩8,000 ÷ 16,000kg =	0.5

[물음 1] 가격차이

	AQ × AP		AQ × SP	
A	10,000kg × ₩0.2 =	₩2,000	10,000kg × ₩0.3 =	₩3,000
B	28,300kg × ₩0.3 =	8,490	28,300kg × ₩0.2 =	5,660
C	6,800kg × ₩0.3 =	2,040	6,800kg × ₩0.4 =	2,720
D	14,200kg × ₩0.5 =	7,100	14,200kg × ₩0.6 =	8,520
		₩19,630		₩19,900

₩270 유리

[물음 2] 배합차이 및 수율차이

	AQ × SP		Total AQ × BM × SP		SQ × SP	
A	10,000kg × 0.3 =	₩3,000	59,300 × 100/500 × 0.3 =	₩3,558	120 × 100 × 0.3 =	₩3,600
B	28,300kg × 0.2 =	5,660	59,300 × 225/500 × 0.2 =	5,337	120 × 225 × 0.2 =	5,400
C	6,800kg × 0.4 =	2,720	59,300 × 50/500 × 0.4 =	2,372	120 × 50 × 0.4 =	2,400
D	14,200kg × 0.6 =	8,520	59,300 × 125/500 × 0.6 =	8,895	120 × 125 × 0.6 =	9,000
		₩19,900		₩20,162		₩20,400

배합차이 ₩262 유리   수율차이 ₩238 유리

수익중심점 성과평가

(주)한국은 노트북를 생산하고 있다. 회사는 세 가지 다른 A, B, C모델의 시장을 갖고 있다. 최고경영자는 총공헌이익이 예산보다 낮아 실제 결과가 예산과 다른 이유를 분석하려고 한다. 기업의 20×1년 3사분기 예산 및 실제 운영자료는 다음과 같다.

〈자료 1〉 20×1년 3사분기 예산자료

	판매가격	단위당 변동원가	단위당 공헌이익	판매량
A	₩379	₩182	₩197	12,500단위
B	269	98	171	37,500단위
C	149	65	84	50,000단위
				100,000단위

〈자료 2〉 20×1년 3사분기 실제자료

	판매가격	단위당 변동원가	단위당 공헌이익	판매량
A	₩349	₩178	₩171	11,000단위
B	285	92	193	44,000단위
C	102	73	29	55,000단위
				110,000단위

요구사항

[물음 1] 실제 및 예산공헌이익을 계산하라.

[물음 2] 세 종류의 제품에 대하여 실제 및 예산매출배합을 계산하라.

[물음 3] 20×1년 3사분기 동안의 매출조업도차이, 매출배합차이, 매출수량차이를 계산하라.

[물음 1] 실제 및 예산공헌이익

(1) 실제공헌이익

제품	공헌이익
A	₩1,881,000
B	8,492,000
C	1,595,000
	₩11,968,000

(2) 예산공헌이익

제품	공헌이익
A	₩2,462,500
B	6,412,500
C	4,200,000
	₩13,075,000

[물음 2] 실제 및 예산매출배합

(1) 실제매출배합

제품	실제판매량	실제매출배합	
A	11,000단위	11,000단위 ÷ 110,000단위 =	10.0%
B	44,000단위	44,000단위 ÷ 110,000단위 =	40.0%
C	55,000단위	55,000단위 ÷ 110,000단위 =	50.0%
	110,000단위		100.0%

(2) 예산배합비율

제품	예산판매량	예산매출배합	
A	12,500단위	12,500단위 ÷ 100,000단위 =	12.5%
B	37,500단위	37,500단위 ÷ 100,000단위 =	37.5%
C	50,000단위	50,000단위 ÷ 100,000단위 =	50.0%
	100,000단위		100.0%

[물음 3] 매출조업도차이, 매출배합차이 및 매출수량차이

	실제판매량 × 실제매출배합 × 예산 단위당 공헌이익	실제판매량 × 예산매출배합 × 예산 단위당 공헌이익	예산판매량 × 예산매출배합 × 예산 단위당 공헌이익
A	110,000단위 × 0.1 × ₩197 = ₩2,167,000	110,000단위 × 0.125 × ₩197 = ₩2,708,750	100,000단위 × 0.125 × ₩197 = ₩2,462,500
B	110,000단위 × 0.4 × ₩171 = ₩7,524,000	110,000단위 × 0.375 × ₩171 = ₩7,053,750	100,000단위 × 0.375 × ₩171 = ₩6,412,500
C	110,000단위 × 0.5 × ₩84 = ₩4,620,000	110,000단위 × 0.5 × ₩84 = ₩4,620,000	100,000단위 × 0.5 × ₩84 = ₩4,200,000
	₩14,311,000	₩14,382,500	₩13,075,000

매출배합차이 ₩71,500 U   매출수량차이 ₩1,307,500 F

매출조업도차이 ₩1,236,000 F

문제 04　　투자중심점 성과평가

다음을 읽고 물음에 답하시오.

(주)한국의 사업부 중 하나인 제1사업부는 정수기를 생산·판매하고 있다. (주)한국의 정수기는 전국적으로 수요가 꾸준히 증가하며, 이 정수기에 대한 가격의 변화는 시장수요에 그다지 영향을 미치지 않는 것으로 판단된다. (주)한국의 제1사업부는 투자중심점으로 설계되어 있으며, 이 회사의 최근 투자수익률(ROI)은 평균 20%이다. 다음 1년 동안 제1사업부와 정수기에 관한 예상자료는 다음과 같다.

제1사업부의 연간 총고정원가	₩1,000,000
정수기 한 대당 변동원가	₩300
정수기의 연간 판매대수	10,000대
제1사업부의 평균 총자산	₩1,600,000

요구사항

[물음 1]　(주)한국은 투자중심점 경영자의 성과평가를 투자수익률(ROI)에 근거하여 평가한다면, 제1사업부의 사업부장이 불리한 평가를 받지 않기 위해 부과해야 하는 정수기 단위당 최소판매가격은 얼마인가?

[물음 2]　투자수익률(ROI)만을 이용하여 투자중심점 경영자의 성과평가를 하는 경우 발생할 수 있는 문제점을 2줄 이내로 설명하시오.

※ 위의 [물음 1] ~ [물음 2]와 별도로 다음 [물음 3]에 답하시오.

최근 들어 투자중심점의 성과평가를 위한 재무측정치로서 경제적부가가치(EVA)가 자주 사용되고 있다. 경제적부가가치는 다음과 같이 정의된다.

> 경제적부가가치 = 세후순영업이익 - (가중평균자본비용 × 투하자본)

[물음 3]　(주)한국의 20×1년 초 총자산은 3,000억원인데, 이는 부채 2,000억원과 자본 1,000억원으로 구성되어 있다. 모든 부채는 이자발생부채이다. (주)한국의 부채에 대한 연이자율은 10%이고, 법인세율은 25%이며, 자기자본비용은 15%이다. (주)한국의 20×1년 영업이익은 440억원이다. (주)한국의 20×1년 EVA를 계산하시오.

[물음 1] 최소판매가격

$$\frac{10,000 \times (P - ₩300) - ₩1,000,000}{₩1,600,000} = 20\%$$

∴ P = ₩432

[물음 2] 투자수익률의 단점

자기사업부의 성과평가를 위해서 회사 전체적으로 이익이 되는 투자안을 기각할 우려가 있다. 즉 준최적화현상이 발생할 가능성이 있다.

[물음 3] 경제적부가가치

(1) 투하자본 = 2,000억원 + 1,000억원 = 3,000억원

(2) 가중평균자본비용 = 1,000억/3,000억 × 0.15 + 2,000억/3,000억 × 0.1 × (1 - 0.25)
= 0.1

∴ EVA = 440억원 × (1 - 0.25) - 3,000억원 × 0.1 = 30억원

문제 05   경영자보상

다음을 읽고 물음에 답하시오.   [회계사 03]

(주)한국전자는 핸드폰을 생산·판매하고 있다. (주)한국전자는 신제품개발담당 경영자인 김 이사의 주도하에 디지털카메라의 기능이 부가된 카메라폰에 새로운 통역기능이 추가된 A제품의 개발을 고려하고 있다. 김이사는 20×1년도에 연구개발을 시작하여 20×5년도에 시장에서 쇠퇴하는 A제품의 수명주기예산자료를 다음과 같이 작성하였다.

A제품의 수명주기예산자료

구분	20×1년	20×2년	20×3년	20×4년	20×5년
생산·판매량		5,000단위	15,000단위	25,000단위	10,000단위
단위당 판매가격		₩100	₩80	₩60	₩50
연구개발·설계원가	₩170,000				
단위당 제조원가		₩40	₩30	₩20	₩16
단위당 마케팅· 고객서비스원가		₩45	₩41	₩34	₩29

모든 현금유입과 유출은 연중 계속하여 발생하지만 계산의 편의를 위해 매년 기말시점에 발생하는 것으로 가정한다. 또한 위의 모든 수익과 비용은 현금수익과 현금비용이며, 화폐의 시간가치, 세금 및 인플레이션효과는 무시한다.

요구사항

[물음 1] (주)한국전자의 A제품에 대한 20×5년까지 연도별 예산누적 현금흐름을 보이시오.

[물음 2] 신제품 개발팀에서는 A제품 이외에 또다른 방안으로 B제품의 개발도 함께 고려하고 있다. B제품의 요약된 수명주기예산자료가 다음과 같다고 하자.

B제품의 수명주기예산자료

구분	20×1년	20×2년	20×3년	20×4년	20×5년
현금수입	–	₩773,000	₩1,570,000	₩947,000	₩570,000
현금비용	₩187,000	₩703,000	₩1,450,000	₩730,000	₩490,000

(1) 한편 (주)한국전자와 김이사의 고용계약만기는 20×3년 말이며, 20×0년 말 현재로서는 계약연장계획이 없다. 김이사의 성과보상은 매년 순현금흐름(= 현금수입 – 현금비용)의 일정비율에 의해 결정된다고 하자. 이러한 상황하에서 자신의 성과보상을 극대화하려는 김이사는 두 가지 대안 중에서 어떤 제품을 개발해야 한다고 주장하겠는가? 간략하게 서술하시오.

(2) 20×0년도에 CPA자격증을 취득하고 입사한 정회계사는 회사입장에서 보다 유리한 투자안을 선택하려고 한다. 정회계사의 선택이 김이사의 선택과 일치하는지의 여부를 보이시오.

(3) 만일 두 사람의 의견이 일치한다면 그 원인은 무엇이며, 서로 의견이 다르다면 그 원인에 대해서 논하시오.

[물음 1] A제품의 연도별 예산누적 현금흐름

	20×1년	20×2년	20×3년	20×4년	20×5년
현금유입	–	₩500,000	₩1,200,000	₩1,500,000	₩500,000
현금유출	₩(170,000)	(425,000)	(1,065,000)	(1,350,000)	(450,000)
연간 순현금흐름	₩(170,000)	₩75,000	₩135,000	₩150,000	₩50,000
누적 순현금흐름	₩(170,000)	₩(95,000)	₩40,000	₩190,000	₩240,000

[물음 2] 경영자보상분석

(1) 김이사의 주장

① B제품의 예산누적 현금흐름

	20×1년	20×2년	20×3년	20×4년	20×5년
현금유입	–	₩773,000	₩1,570,000	₩947,000	₩570,000
현금비용	₩(187,000)	(703,000)	(1,450,000)	(730,000)	(490,000)
순현금흐름	₩(187,000)	₩70,000	₩120,000	₩217,000	₩80,000
누적 순현금흐름	₩(187,000)	₩(117,000)	₩3,000	₩220,000	₩300,000

② 김이사의 선택

김이사는 자신의 성과보상을 극대화하기 위해서는 두 가지 대안 중에서 20×3년까지의 예산누적 순현금흐름이 큰 제품이 유리하기 때문에 20×3년까지의 누적 현금흐름이 ₩3,000인 B제품보다는 누적 현금흐름이 ₩40,000인 A제품을 개발해야 된다고 주장할 것이다.

(2) 회사의 입장에서 유리한 투자안은 투자기간 전체의 누적순현금흐름이 큰 투자안이 유리하기 때문에 정회계사는 20×5년까지의 누적 현금흐름이 ₩300,000인 B제품을 선택할 것이다. 그렇기 때문에 정회계사의 선택과 김이사의 선택은 일치하지 않는다.

(3) 두 사람의 의견은 서로 다르다. 그 원인은 김이사에 대한 성과보상체계가 투자안의 전체의 성과에 대한 보상이 되지 않기 때문이다. 투자기간 중인 20×3년까지의 투자성과만으로 보상되므로 김이사의 목표와 회사 전체의 목표가 일치하지 않기 때문에 김이사는 전체 최적화에 반대하는 의사결정으로 자신의 목표 극대화를 추구하게 된다.

다음을 읽고 물음에 답하시오.

[회계사 01]

당사는 전자계산기를 제조하는 회사로서 제품 D와 T를 생산하고 있다. 올해 시장규모는 D 제품 200,000개, T제품 300,000개, 총 500,000개로 예상하고 있다. 두 제품에 대한 당기 예산자료는 다음과 같다.

	D	T
기초재고	1,500개	1,000개
단위당 판매가격	₩38	₩35
단위당 직접재료원가	10	12
단위당 변동가공원가	5	6
단위당 변동판매비	3	4
판매량	18,000개	27,000개
기말재고	1,000개	2,500개

그러나 당기의 실제 시장규모는 D제품이 180,000개, T제품이 270,000개로 전체 시장규모가 총 450,000개에 그쳤다. 실제 판매자료는 다음과 같다.

	D	T
기초재고	1,500개	1,000개
단위당 판매가격	₩36	₩40
단위당 직접재료원가	9	10
단위당 변동가공원가	5	6
단위당 변동판매비	3	4
판매량	15,300개	22,950개
기말재고	1,000개	2,500개

고정가공원가와 고정판매비 발생액은 ₩300,000이고, 전기 및 당기의 단위당 원가는 동일하다.

요구사항

[물음 1] 매출조업도차이 계산 시 회사의 실제공헌이익이 아닌 예산공헌이익을 사용하는 이유를 2줄 이내로 쓰시오.

[물음 2] 매출수량차이를 구하고 이를 시장점유율차이와 시장규모차이로 세분하시오. 이중에서 영업담당 부장이 통제가능한 차이가 무엇인지 설명하시오.

[물음 3] 회사가 시장규모에 미치는 영향이 미미하다고 할 때 시장규모차이에 대한 책임은 누가 져야 하는가?

[물음 4] throughput contribution에 의하면 직접재료원가만이 재고가능원가에 포함되며, 나머지는 모두 당기비용으로 처리된다. 제품 T의 기초재고가 1,000개인 경우와 3,000개인 경우 각각에 대하여 제품 T의 실제 영업이익을 구하시오. 그리고 이러한 차이가 나는 이유가 무엇인지 설명하시오. (단, 판매량 및 기말재고는 두 가지 경우 모두 22,950개와 2,500개라고 가정한다)

[물음 5] throughput contribution에 의한 영업이익과 변동원가계산에 의한 영업이익이 차이 나는 이유를 설명하시오. (변동원가계산에 의한 영업이익을 구할 필요는 없음)

[물음 1] **매출조업도차이 계산 시 예산공헌이익을 사용하는 이유**

판매량 차이는 매출과 변동원가 모두에 영향을 미치므로 판매량으로 인한 이익차이는 공헌이익으로 측정해야 한다. 또한 가격효과를 배제하기 위하여 예산공헌이익을 사용한다.

[물음 2] **매출수량차이분석**

	D	T	합계
BP − SV(예산공헌이익)	₩38 − ₩18 = ₩20	₩35 − ₩22 = ₩13	
BQ(예산판매량)	18,000개	27,000개	45,000개
AQ(실제판매량)	15,300개	22,950개	38,250개

변동예산	변동예산(예산점유율화)	고정예산
450,000 × 8.5%*2 × ₩15.8	450,000개 × 9%*1 × ₩15.8	45,000개 × ₩15.8*3
= ₩604,350	= ₩639,900	₩711,000

시장점유율차이 ₩35,550 U | 시장규모차이 ₩71,100 U

매출수량차이 ₩106,650 U

*1 예산점유율 $= \dfrac{45,000개}{500,000개} = 9\%$

*2 실제점유율 $= \dfrac{38,250개}{450,000개} = 8.5\%$

*3 BACM(예산평균공헌이익) $= \dfrac{18,000 \times ₩20 + 27,000 \times ₩13}{18,000 + 27,000} = @₩15.8$

영업담당부장 입장에서 시장규모차이는 통제불능요소이기 때문에 통제가능한 차이는 시장점유율차이이다.

[물음 3] **시장규모차이**

회사가 시장선도자가 아니라면 시장규모차이에 대해서 책임지는 부서는 없다.

[물음 4] 초변동원가계산에서의 영업이익

    (1) 기초재고가 1,000개인 경우

매출	₩918,000[*2]
직접재료원가	229,500[*3]
공헌이익	₩688,500
변동가공원가[*1]	146,700[*4]
변동판매비	91,800[*5]
고정원가	300,000
영업이익	₩150,000

    [*1] 직접노무원가 + 변동제조간접원가
    [*2] 22,950개 × ₩40 = ₩918,000
    [*3] 22,950개 × ₩10 = ₩229,500
    [*4] 24,450개 × ₩6 = ₩146,700
    [*5] 22,950개 × ₩4 = ₩91,800

    (2) 기초재고가 3,000개인 경우

매출	₩918,000[*6]
직접재료원가	229,500[*7]
공헌이익	₩688,500
변동가공원가	134,700[*8]
변동판매비	91,800[*9]
고정원가	300,000
영업이익	₩162,000

    [*6] 22,950개 × ₩40 = ₩918,000
    [*7] 22,950개 × ₩10 = ₩229,500
    [*8] 22,450개 × ₩6 = ₩134,700
    [*9] 22,950개 × ₩4 = ₩91,800

    초변동원가계산에서는 직접재료원가만이 제품원가가 되고 변동가공원가 발생액은 전액 당
    기 비용처리되므로 위의 차이는 생산량차이에 따른 변동가공원가의 차이이다.

[물음 5] 초변동원가계산과 변동원가계산에서의 영업이익차이

    초변동원가계산에서는 변동원가계산의 차이는 재고자산에 대한 변동가공원가의 자산화 여부에
    있다.

제16장

불확실성하의 의사결정

01 의의

관리회계에서 다루는 주요 내용은 내부 정보이용자인 경영자로 하여금 의사결정과 성과평가에 필요한 정보를 제공하는 것을 말한다. 여기서 의사결정(decision making)은 여러 대안 중에서 하나의 대안을 선택하는 것을 말하며 경영자는 이러한 과정에서 필요한 자료를 시의적절하게 제공받아야 한다. 지금까지의 의사결정은 모든 자료가 제시된 상황에서 이익을 극대화할 수 있는 대안을 선택하였지만 현실적으로 미래 상황은 정확하게 예측할 수 없다. 이러한 불확실한 상황에서의 의사결정은 확률과 성과표(payoff table) 등 다소 복잡한 과정을 거치게 되며 불확실성을 제거하기 위하여 정보(information)를 취득할지 여부를 판단해야 한다.

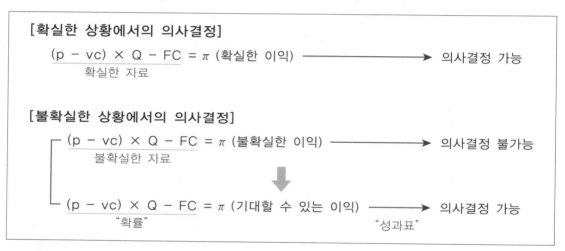

1. 확률(probability)

일정한 조건하에서 어떤 상황이 일어날 가능성을 0과 1 사이의 수로 표현한 것으로 모든 상황의 확률의 합은 1이 된다. 불확실한 상황에서 확률이 주어진다면 확률을 반영한 값을 가지고 최적 대안을 선택할 수 있다.

2. 성과표와 기회손실표

(1) 성과표(payoff table)

특정 대안을 선택할 때 발생가능한 상황에 따라 얻을 수 있는 결과를 이익, 손실, 효용 등으로 표현한 것을 말한다. 불확실성하의 의사결정은 성과표 작성으로 시작되며 발생가능한 상황은 주어진 여건으로 여기에 확률이 부여된다.

상황 대안	S1(P)	S2(1 − P)
A1	성과	성과
A2	성과	성과

S(state of nature): 발생가능한 상황
A(alternatives): 선택가능한 대안
P(probability): 확률

(2) 기회손실표(opportunity loss table)

특정 대안을 선택할 때 발생가능한 상황에 따라 나타나는 기회손실(opportunity loss)을 표현한 것을 말한다.

> 기회손실 = 주어진 상황의 최대성과 − 선택한 대안의 실제성과

여기서 기회손실이란 최선의 대안을 선택하지 못하고 다른 대안을 선택할 때 발생하는 손실을 말하며 예측오차의 원가(cost of prediction error) 또는 조건부손실(conditional loss)이라고도 한다.

상황 대안	S1(P)	S2(1 − P)
A1	기회손실	기회손실
A2	기회손실	기회손실

S(state of nature): 발생가능한 상황
A(alternatives): 선택가능한 대안
P(probability): 확률

(주)한국은 신제품을 생산·판매하기 위하여 새로운 설비를 도입하고자 한다. 새로운 설비는 A와 B 두 가지 모델이 있으며 관련 자료는 다음과 같다.

(1) 각 모델의 수익과 원가자료는 다음과 같다.

	A모델	B모델
단위당 판매가격	₩100	₩160
단위당 변동원가	70	120
단위당 공헌이익	₩30	₩40
총고정원가	₩20,000	₩35,000

(2) 신제품의 예상판매량과 확률은 다음과 같다.

수요량	확률
1,000단위	0.4
2,000단위	0.6

요구사항

1 위 자료를 이용하여 성과표를 작성하시오.
2 위 자료를 이용하여 기회손실표를 작성하시오.

[풀이]

> 수량이 Q일 때 각 모델의 이익함수는 다음과 같다.
> ① A모델: ₩30 × Q − ₩20,000
> ② B모델: ₩40 × Q − ₩35,000

1 성과표 작성
(1) 각 모델의 상황별 성과는 다음과 같다.
   ① A모델

대안＼상황	1,000단위(0.4)	2,000단위(0.6)
A모델	₩10,000[*1]	₩40,000[*2]

*1 ₩30 × 1,000단위 − ₩20,000 = ₩10,000
*2 ₩30 × 2,000단위 − ₩20,000 = ₩40,000

② B모델

대안 \ 상황	1,000단위(0.4)	2,000단위(0.6)
B모델	₩5,000[*3]	₩45,000[*4]

*3 ₩40 × 1,000단위 − ₩35,000 = ₩5,000
*4 ₩40 × 2,000단위 − ₩35,000 = ₩45,000

(2) 각 모델의 발생가능한 상황에 따라 나타나는 성과는 다음과 같다.

대안 \ 상황	1,000단위(0.4)	2,000단위(0.6)
A모델	₩10,000	₩40,000
B모델	5,000	45,000

2 기회손실표 작성

(1) 각 모델의 상황별 기회손실(예측오차의 원가)은 다음과 같다.

① A모델

대안 \ 상황	1,000단위(0.4)	2,000단위(0.6)
A모델	₩0[*5]	₩5,000[*6]

*5 1,000단위 상황의 최대성과 − A모델의 실제성과
= ₩10,000 − ₩10,000 = ₩0
*6 2,000단위 상황의 최대성과 − A모델의 실제성과
= ₩45,000 − ₩40,000 = ₩5,000

② B모델

대안 \ 상황	1,000단위(0.4)	2,000단위(0.6)
B모델	₩5,000[*7]	₩0[*8]

*7 1,000단위 상황의 최대성과 − B모델의 실제성과
= ₩10,000 − ₩5,000 = ₩5,000
*8 2,000단위 상황의 최대성과 − B모델의 실제성과
= ₩45,000 − ₩45,000 = ₩0

(2) 각 모델의 발생가능한 상황에 따라 나타나는 기회손실은 다음과 같다.

대안 \ 상황	1,000단위(0.4)	2,000단위(0.6)
A모델	−	₩5,000
B모델	₩5,000	−

02 선택기준

성과표에 표시된 각 대안의 성과와 주어진 상황에서의 확률을 곱하면 각 대안의 기댓값을 계산할 수 있다. 이러한 각 대안별 기댓값을 기준으로 최적 대안을 선택할 수 있다. 또한, 각 성과에 주관적인 만족도를 고려한 효용을 기준으로 주어진 상황에서의 확률을 곱하면 각 대안의 기대효용을 계산할 수 있고 이를 근거로 최적 대안을 선택할 수 있다.

1. 기대가치기준(expected value criterion)

특정 대안에 대한 상황별 성과에 주어진 상황에 대한 확률을 곱하여 더한 값을 기대가치(expected value) 또는 기댓값이라고 하며 이를 근거로 최적 대안을 선택하는 것을 말한다.

> 기대가치 = Σ(각 상황별 성과 × 해당 상황별 확률)

(1) 기대이익극대화기준

성과표상의 성과가 이익인 경우 기대가치는 기대이익이며 이러한 기대이익이 가장 큰 대안을 선택하는 것을 말한다.

(2) 기대비용(손실)극소화기준

성과표상의 성과가 비용(손실)인 경우 기대가치는 기대비용이며 이러한 기대비용이 가장 작은 대안을 선택하는 것을 말한다.

예제 2: 기대가치기준

[예제 1]의 자료를 이용하여 다음의 요구사항에 답하시오.

요구사항

1 성과표를 이용하여 최적 대안을 선택하시오.
2 기회손실표를 이용하여 최적 대안을 선택하시오.
3 **1**과 **2**의 최적 대안선택 결과에 대하여 논하시오.

풀이

> (1) 성과표상 계산된 기대가치는 기대이익이므로 가장 큰 대안을 선택한다.
> (2) 기회손실표상 계산된 기대가치는 기대기회손실이므로 가장 작은 대안을 선택한다.
> (3) 선택하는 기준이 달라도 동일한 상황이므로 성과표상 최적 대안과 기회손실표상 최적 대안은 일치한다.

1 성과표를 이용한 최적 대안

각 대안별 기대가치: Max(①, ②)
① A모델: ₩10,000 × 0.4 + ₩40,000 × 0.6 = ₩28,000
② B모델: ₩5,000 × 0.4 + ₩45,000 × 0.6 = ₩29,000
∴ B모델을 선택한다.

2 기회손실표를 이용한 최적 대안

각 대안별 기대기회손실: Min(①, ②)

① A모델: ₩0 × 0.4 + ₩5,000 × 0.6 = ₩3,000

② B모델: ₩5,000 × 0.4 + ₩0 × 0.6 = ₩2,000

∴ B모델을 선택한다.

3 성과표와 기회손실표의 최적 대안 선택 비교

성과표는 각 대안의 이익을 기준으로 하고 기회손실표는 각 대안의 기회손실을 기준으로 하여 서로 다른 기준을 사용하더라도 두 방법에 의한 선택은 동일하다.

2. 기대효용기준(expected utility criterion)

특정 대안에 대한 상황별 효용에 주어진 상황에 대한 확률을 곱하여 더한 값을 기대효용(expected utility)이라고 하며 이를 근거로 최적 대안을 선택하는 것을 말한다.

> 기대효용 = Σ(각 상황별 효용 × 해당 상황별 확률)

(1) 효용(utility)

의사결정자의 주관적인 만족을 말하며 위험(변동성)에 대한 태도를 말한다.

(2) 위험에 대한 태도

다음과 같이 세 가지 형태로 나눌 수 있다.

① 위험회피형(risk aversion): 위험의 증가는 주관적인 만족을 떨어뜨려 수익의 증가에 대한 효용의 증가율이 체감하는 경우를 말하며 이성적인 의사결정자는 위험회피형이라고 가정한다.

② 위험중립형(risk neutral): 위험은 주관적인 만족에 영향을 미치지 못하여 수익의 증가에 대한 효용의 증가는 정비례한다. 따라서 기대가치기준의 최적 대안의 선택과 일치한다.

③ 위험선호형(risk loving): 위험의 증가는 주관적인 만족을 상승시켜 수익의 증가에 대한 효용의 증가율이 체증하는 경우를 말한다.

[기대효용기준] 위험에 대한 태도

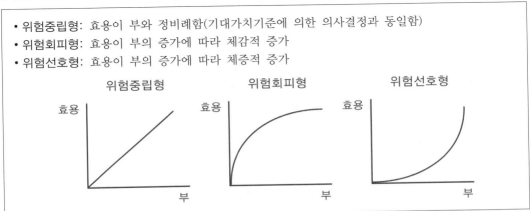

- 위험중립형: 효용이 부와 정비례함(기대가치기준에 의한 의사결정과 동일함)
- 위험회피형: 효용이 부의 증가에 따라 체감적 증가
- 위험선호형: 효용이 부의 증가에 따라 체증적 증가

회사는 이익에 대한 효용함수를 다음과 같이 설정하였다. [예제 1]의 자료를 이용하여 다음의 요구사항에 답하시오.

$$U(\pi) = \sqrt{\pi}$$

단, U: 효용, π: 이익

요구사항

1 효용을 기준으로 성과표를 작성하시오.
2 기대효용을 기준으로 최적 대안을 선택하시오.

[풀이]

효용함수를 이용하여 효용을 기준으로 성과표를 작성한 후 대안별 기대효용을 기준으로 최적 대안을 선택한다.

1 성과표
(1) 각 모델의 상황별 효용은 다음과 같다.
① A모델

상황 대안	1,000단위(0.4)	2,000단위(0.6)
A모델	100.00[*1]	200.00[*2]

[*1] $\sqrt{10,000} = 100.00$
[*2] $\sqrt{40,000} = 200.00$

② B모델

상황 대안	1,000단위(0.4)	2,000단위(0.6)
B모델	70.71[*3]	212.13[*4]

[*3] $\sqrt{5,000} = 70.71$
[*4] $\sqrt{45,000} = 212.13$

(2) 각 모델의 발생가능한 상황에 따라 나타나는 성과는 다음과 같다.

상황 대안	1,000단위(0.4)	2,000단위(0.6)
A모델	100.00	200.00
B모델	70.71	212.13

2 기대효용기준 최적 대안 선택
각 대안별 기대효용: Max(①, ②)
① A모델: $100.00 \times 0.4 + 200.00 \times 0.6 = 160$
② B모델: $70.71 \times 0.4 + 212.13 \times 0.6 = 155$
∴ A모델을 선택한다.

정보취득 의사결정

01 의의

불확실한 상황에서의 의사결정은 확률과 성과표를 이용하여 기대가치기준 또는 기대효용기준으로 최적 대안을 선택한다. 이러한 선택은 개별상황이 발생하기 전 주관적인 예측에 의한 것으로 만약 의사결정을 하기 전에 어떠한 신뢰할 수 있는 정보가 있다면 기대할 수 있는 성과는 증가하게 될 것이다. 따라서 정보에 대한 가치는 정보취득 후 성과와 정보취득 전 성과와의 차이이므로 의사결정자는 정보로 인하여 증가한 성과와 정보의 가격과의 비교를 통해서 정보취득에 대한 의사결정을 해야 한다. 또한, 정보는 정확도에 따라서 완전정보와 불완전정보로 구분할 수 있다.

(1) 완전정보(perfect information)

미래의 불확실성을 완전히 제거할 수 있는 정보이다.

(2) 불완전정보(imperfect information, 또는 표본정보, sample information)

미래의 불확실성을 일부 제거할 수 있는 정보이다.

02 완전정보의 기대가치(EVPI; expected value of perfect information)

완전정보를 취득하기 위해서 지불할 수 있는 최대금액으로 완전정보하의 기대성과에서 기존정보하의 기대가치를 차감하여 계산한다.

> 완전정보의 기대가치 = 완전정보하의 기대성과 - 기존정보하의 기대가치

1. 완전정보하의 기대성과(expected payoff with perfect information)

특정 상황에 대한 불확실성을 모두 제거할 수 있는 100% 정확한 정보가 있다면 해당 상황하에서 가장 높은 성과를 선택할 것이다. 따라서 완전정보하의 기대성과는 다음과 같다.

> 완전정보하의 기대성과 = Σ(각 상황별 가장 높은 성과 × 해당 상황별 확률)

2. 완전정보의 기대가치와 기대기회손실

정보 취득 전 주관적인 예측으로 인한 사전적인 의사결정은 실제 결과와는 다를 것이다. 이 차이를 기회손실이라고 한다. 결국, 정보로 인하여 기회손실을 줄일 수 있으므로 정보에 대해 지불할 수 있는 최대가격인 완전정보의 기대가치와 특정 대안의 기대기회손실은 동일하다.

[예제 1]의 자료를 이용하여 다음의 요구사항에 답하시오.

요구사항

1 완전정보의 기대가치를 구하시오.

※ 위 요구사항과 별도로 다음의 자료를 이용하여 **2**와 **3**에 답하시오.
회사의 A모델 최대 생산가능량은 3,000단위이며 현재 최대 판매가능수량은 2,000단위이다.
회사는 A모델 여유생산설비를 이용하여 다음의 두 가지 대안에 활용할 수 있다.
- B모델에 사용하여 고정원가 ₩5,000 절감
- 새로운 C모델을 생산

C모델을 추가할 경우 C모델과 관련된 자료는 다음과 같다.
(1) C모델의 단위당 판매가격과 원가

	C모델
단위당 판매가격	₩100
단위당 변동원가	60
단위당 공헌이익	₩40
총고정원가	₩20,000

(2) C모델의 예상판매량과 확률

수요량	확률
500단위	0.7
1,000단위	0.3

2 C모델의 추가 여부를 결정하시오.
3 C모델의 미래판매량을 정확하게 알 수 있는 정보가 있는 경우 지급할 수 있는 최대금액을 결정하시오.

(1) 완전정보하의 기대가치는 각 상황별 가장 높은 성과에서 해당 상황별 확률을 곱하여 합산해야 한다. 각 상황별 가장 높은 성과는 다음과 같다.

대안 \ 상황	1,000단위(0.4)	2,000단위(0.6)
A모델	₩10,000	₩40,000
B모델	₩5,000	₩45,000

(2) C모델의 추가 여부 의사결정에 있어서 선택가능한 대안은 C모델의 추가 또는 포기이며 포기하는 경우의 성과는 B모델 사용으로 인한 총고정원가 절감액인 ₩5,000이다. C모델의 이익함수는 다음과 같다.

C모델: ₩40 × Q − ₩20,000

1 완전정보의 기대가치

(1) 완전정보하의 기대가치

Σ(각 상황별 가장 높은 성과 × 해당 상황별 확률)

= ₩10,000 × 0.4 + ₩45,000 × 0.6 = ₩31,000

(2) 완전정보의 기대가치

완전정보하의 기대가치 − 기존정보하의 기대가치

= ₩31,000 − ₩29,000 = ₩2,000

2 C모델 추가 여부 결정

(1) 성과표 작성

대안 \ 상황	500단위(0.7)	1,000단위(0.3)
C모델 추가	₩0*1	₩20,000
B모델 활용	5,000*2	5,000

*1 ₩40 × 500단위 − ₩20,000 = ₩0
*2 제품 총고정원가 절감액: ₩5,000

(2) 각 대안별 기대가치: Max(①, ②)

① C모델 추가: ₩0 × 0.7 + ₩20,000 × 0.3 = ₩6,000

② B모델 활용: ₩5,000 × 0.7 + ₩5,000 × 0.3 = ₩5,000

∴ C모델을 추가한다.

3 완전정보의 기대가치

(1) 완전정보하의 기대가치

Σ(각 상황별 가장 높은 성과 × 해당 상황별 확률)

= ₩5,000 × 0.7 + ₩20,000 × 0.3 = ₩9,500

(2) 완전정보의 기대가치

완전정보하의 기대가치 − 기존정보하의 기대가치

= ₩9,500 − ₩6,000 = ₩3,500

03 불완전정보의 기대가치(EVSI; expected value of imperfect information, sample information)

특정 상황에 대한 불확실성을 모두 제거할 수는 없지만 기회손실을 줄여줄 수 있기 때문에 정보로서 가치가 있으며 이러한 정보를 취득하기 위해서 지불할 수 있는 최대금액으로 불완전정보하의 기대성과에서 기존정보하의 기대가치를 차감하여 계산한다.

> 불완전정보의 기대가치 = 불완전정보하의 기대성과 - 기존정보하의 기대가치

1. 불완전정보하의 기대성과(expected payoff with imperfect information, sample information)

완전정보하의 기대성과와는 달리 사전확률(prior probability)을 사후확률(posterior probability)로 수정하는 절차와 더불어 다소 복잡한 단계를 거쳐야 한다. 일반적으로 다음의 다섯 단계를 거쳐서 계산할 수 있다.

[1단계] 결합확률표 작성

[2단계] 정보별 확률 계산

[3단계] 사전확률을 사후확률로 변환

[4단계] 사후확률을 이용한 정보별 기대가치 계산

[5단계] 불완전정보의 기대가치 계산

| 참고 | 베이즈 정리(bayes' theorem) |

베이즈 정리는 사전확률과 조건부확률을 이용하여 사후확률을 구하는 방법이다.

2. 완전정보의 기대가치와 불완전정보의 기대가치

완전정보는 특정 상황에 대한 불확실성을 모두 제거할 수는 있지만 불완전정보는 일부만 제거할 수 있기 때문에 완전정보의 기대가치는 불완전정보의 기대가치보다 크다.

[예제 1]의 자료를 이용하여 다음의 요구사항에 답하시오.

요구사항

회사는 미래판매량에 대한 정보를 얻기 위하여 관련 전문가에게 의뢰하려고 한다. 전문가의 예측이 판매량 1,000단위의 경우 70%, 판매량 2,000단위의 경우 80%의 정확도로 예측한다고 할 때, 전문가에 대한 최대지불가능금액을 구하시오.

풀이

[1단계] 결합확률표 작성

전문가예측	상황(판매량)	
	S_1(1,000단위) $P(X_1)$: 0.4	S_2(2,000단위) $P(X_2)$: 0.6
I_1(1,000단위)	$0.7 \times 0.4 = 0.28$[*1]	$0.2 \times 0.6 = 0.12$
I_2(2,000단위)	$0.3 \times 0.4 = 0.12$[*2]	$0.8 \times 0.6 = 0.48$

*1 $P(I_1 \mid X_1) \cdot P(X_1)$
*2 $P(I_2 \mid X_1) \cdot P(X_1)$

[2단계] 정보별 보고서를 받을 확률 계산

I_1: $0.28 + 0.12 = 0.4$
I_2: $0.12 + 0.48 = 0.6$

[3단계] 사전확률(prior probability)을 사후확률(posterior probability)로 변환

전문가예측	상황(판매량)	
	S_1(1,000단위)	S_2(2,000단위)
I_1(1,000단위)	$0.28 \div 0.4 = 0.7$	$0.12 \div 0.4 = 0.3$
I_2(2,000단위)	$0.12 \div 0.6 = 0.2$	$0.48 \div 0.6 = 0.8$

[4단계] 각 정보별 기대가치 계산

(1) I_1(1,000단위)

행동대안	상황(판매량)		기대가치
	S_1(1,000단위) $P(X_1)$: 0.7	S_2(2,000단위) $P(X_2)$: 0.3	
A모델	₩10,000	₩40,000	₩19,000[*3]
B모델	5,000	45,000	17,000[*4]

*3 ₩10,000 × 0.7 + ₩40,000 × 0.3 = ₩19,000
*4 ₩5,000 × 0.7 + ₩45,000 × 0.3 = ₩17,000

∴ I_1(1,000단위)일 경우 A모델이 최적이다.

(2) I_2(2,000단위)

| 행동대안 | 상황(판매량) | | 기대가치 |
	S_1(1,000단위) $P(X_1)$: 0.2	S_2(2,000단위) $P(X_2)$: 0.8	
A모델	₩10,000	₩40,000	₩34,000[5]
B모델	5,000	45,000	37,000[6](*)

[5] ₩10,000 × 0.2 + ₩40,000 × 0.8 = ₩34,000
[6] ₩5,000 × 0.2 + ₩45,000 × 0.8 = ₩37,000

∴ I_2(2,000단위)일 경우 B모델이 최적이다.

[5단계] 불완전정보하의 기대가치 계산

불완전정보하의 기대가치: ₩19,000[7] × 0.4[8] + ₩37,000 × 0.6 = ₩29,800

[7] I_2(1,000단위)에서 A모델의 기대가치
[8] I_2(1,000단위)의 확률

그러므로 최대지불가능금액(불완전정보의 기대가치)은 다음과 같다.

불완전정보하의 기대가치	₩29,800
(−) 기존정보하의 기대가치	29,000
불완전정보의 기대가치	₩800

3 차이조사 의사결정

01 의의

회사는 책임중심점에 따라 예산을 설정하고 실적과 차이를 통해서 평가 및 통제활동을 수행하게 된다. 특히, 대표적인 원가중심점인 제조부문은 각 원가요소별로 수량표준과 가격표준을 각각 설정한 후 차이분석 과정에서 문제가 발생한 경우 시의적절한 조사를 통하여 문제를 보완할 수 있다. 다만, 조사하는 과정에서 상당한 시간과 비용이 요구되므로 사전에 조사 여부에 대하여 충분히 검토해야 한다. 이러한 조사 여부에 대한 의사결정을 기대가치 기준에 의해서 해결할 수 있다.

조사와 관련된 비용은 다음과 같다.

(1) 조사를 하는 경우 발생비용
- 조사비용: 조사과정에서 발생하는 비용
- 개선비용: 문제점 발견 후 해소하는 데 소요되는 비용

(2) 조사를 하지 않는 경우 발생비용
- 공정이상손실: 문제점이 있음에도 수정하지 않아서 발생하는 비용

> **핵심 Check** 임계확률(critical probability)
>
> 조사 여부에 무차별한 공정이 정상상태일 확률로서 조사를 하는 경우 기대비용과 조사를 하지 않는 경우 기대비용이 일치하는 확률을 말한다.

02 성과표

차이조사 의사결정의 성과표에는 조사를 하는 경우와 하지 않는 경우 각각 비용이 표시되므로 기대가치는 기대비용이며 이러한 기대비용이 가장 작은 대안을 선택한다.

상황 대안	공정이 정상(P)	공정이 비정상(1 − P)
조사를 하는 경우	조사비용	조사비용 + 개선비용
조사를 하지 않는 경우	−*	공정이상손실

* 조사를 하지 않았으나 공정이 정상이므로 비용은 발생하지 않는다.

(주)한국은 지난 달 공정가치분석을 통하여 불리한 재료수량차이가 ₩12,000 발생되었다. 따라서, 공장의 책임자는 공정의 이상 여부를 조사하려고 한다. 관련 정보를 분석한 결과 다음과 같은 정보를 수집하였다.

공정조사비용	₩2,000
공정이상 시 수정비용	7,000
공정이상 시 수정하지 않음으로써 발생할 미래손실의 현재가치	15,000
공정이 정상일 사전확률	0.6

요구사항

1️⃣ 조사 여부를 결정하시오.
2️⃣ 회사가 두 가지 대안에 대한 무차별한 결과를 가져오게 될 공정이 정상상태일 확률(임계확률)을 구하시오.
3️⃣ 외부연구기관에서 공정의 정상상태 여부에 대한 완전정보를 제공해 준다면 지불할 수 있는 최대지불가능금액을 구하시오.

풀이

1️⃣

(1) 성과표 작성

	상황	
행동대안	S_1(정상)	S_2(비정상)
	$P(X_1)$: 0.6	$P(X_2)$: 0.4
조사 O	₩2,000[*1]	₩9,000[*2]
조사 ×	–	15,000[*3]

*1 조사비용
*2 조사비용 + 수정비용
*3 비정상공정 손실

(2) 최적 대안 선택

기대비용(조사 O): ₩2,000 × 0.6 + ₩9,000 × 0.4 = ₩4,800

기대비용(조사 ×): ₩0 × 0.6 + ₩15,000 × 0.4 = ₩6,000

기대비용최소화이므로 조사한다.

❷

공정이 정상상태일 확률 = P

행동대안	상황		기대비용
	S_1(정상)	S_2(비정상)	
	$P(X_1)$: P	$P(X_2)$: 1 − P	
조사 O	₩2,000	₩9,000	₩2,000P + ₩9,000(1 − P)
조사 ×	−	15,000	₩15,000(1 − P)

₩2,000 × P + ₩9,000 × (1 − P)와 ₩15,000 × (1 − P)가 동일한 P(확률)를 구해야 한다.

₩2,000 × P + ₩9,000 × (1 − P) = ₩15,000 × (1 − P)

∴ P = 0.75

❸

(1) 완전정보의 기대가치(EVPI)

완전정보하의 기대비용 ₩0 × 0.6 + ₩9,000 × 0.4 = ₩3,600

(−) 기존정보하의 기대비용 　　　　　　　　　4,800

완전정보의 기대가치 　　　　　　　　　　　₩1,200

(2) 완전정보의 기대가치가 정보제공에 대한 최대지불가능금액이므로 지불할 수 있는 금액은 ₩1,200 이다.

01 의의

CVP분석은 원가 및 조업도의 변화에 대한 이익의 변화를 살펴볼 수 있는 유용한 관리기법 중 하나이다. CVP분석은 총원가를 변동원가와 고정원가로 구분한 후 총수익에서 총변동원가를 차감한 공헌이익에서 총고정원가를 차감하는 형식으로 이익을 나타낼 수 있으며 이를 공헌이익접근법이라 한다.

$$(P - vc) \times Q - FC = \pi$$

단, P: 단위당 판매가격
vc: 단위당 변동원가
Q: 판매량
FC: 총고정원가
π: 이익

의사결정자는 일정한 판매가격(P)을 결정한 상태에서 원가추정을 통하여 vc와 FC를 찾아낼 수 있다면 위 등식을 이용하여 목표판매량에 대한 이익을 즉각적으로 확인할 수 있으나 현실적으로 위 모든 요소들은 미래 상황에 따라 달라질 수 있어 정확하게 예측할 수 없는 변수들이다. 그러나 판매량(Q)을 확률값을 가진 유일한 변수라고 가정하고 해당 확률분포를 추정할 수 있다면 판매량의 변화에 대한 영업이익의 변화를 통계학적 방법을 활용하여 합리적으로 예측할 수 있다.

핵심 Check 원가함수추정

CVP분석을 수행하기 위해서는 총원가는 변동원가와 고정원가로 구분할 수 있으며 관련 범위 내에서 선형이라는 가정과 함께 a(FC)와 b(vc)를 찾는 과정이 선행되어야 한다. 이 과정을 원가함수추정이라 한다.

02 분석방법

1. 기본개념

(1) 확률변수(random variable)
변수란 어떠한 조건에서 변하는 값을 말하며 확률변수란 특정 확률로 발생하는 결과를 수치화한 값을 말한다.
- **이산확률변수(discrete random variable)**: 어떠한 구간의 모든 값이 아닌 특정 값으로만 분리된 변수
- **연속확률변수(continuous random variable)**: 어떠한 구간의 모든 값이 가능하여 연속적으로 이어진 변수

(2) 확률분포(probability distribution)
확률변수의 모든 값과 그에 대응하는 확률들의 상태가 어떻게 분포하고 있는지 나타내는 함수
- **이산확률분포(discrete probability distribution)**: 이산확률변수의 확률분포
- **연속확률분포(continuous probability distribution)**: 연속확률변수의 확률분포

(3) 표준편차(standard deviation)
분산(variance)을 제곱근 해준 값으로 표준편차가 작을수록 평균값에서 변량들의 거리가 가깝다. 모집단의 표준편차(population standard deviation)는 σ로 나타낸다.
- **편차(deviation)**: 실제값의 평균에 대한 오차
- **분산(variance)**: 편차가 음수나 0(zero)이 되는 것을 방지하기 위하여 편차를 제곱

(4) 기대판매량(E(Q): expected quantity)
상황별 판매량에 주어진 상황에 대한 확률을 곱하여 더한 값을 말한다.

$$기대판매량(E(Q)) = \Sigma(각 상황별 판매량 \times 해당 상황별 확률)$$

(5) 기대영업이익(E(π): expected income)
상황별 영업이익에 주어진 상황에 대한 확률을 곱하여 더한 값을 말한다.

$$기대영업이익(E(\pi)) = \Sigma(각 상황별 영업이익 \times 해당 상황별 확률)$$

또는, 다음과 같이 기대판매량을 영업이익의 함수에 대입하여 계산할 수도 있다.

$$(P - vc) \times E(Q) - FC = E(\pi)$$

(6) 영업이익의 표준편차($\sigma(\pi)$): standard deviation of income)

영업이익이 평균값에서 얼마나 흩어져 있는지를 나타내는 것으로 단위당 공헌이익에 판매량의 표준편차($\sigma(Q)$)를 곱하여 계산할 수 있다.

$$\text{영업이익의 표준편차}(\sigma(\pi)) = cm \times \sigma(Q)$$

2. 이산확률분포와 연속확률분포를 이용한 CVP분석

(1) 이산확률분포

확률변수의 값이 특정 값으로만 이루어진 확률분포를 말한다. 또한, 확률변수가 두 개이고 그 변수가 가질 수 있는 경우의 수가 제한적인 경우에는 확률수(probability decision tree)를 이용할 수 있다.

참고 | 다변수 확률변수와 결합확률분포

- 다변수 확률변수: 이산확률변수가 두 개 이상 있는 경우
- 결합확률분포: 복수의 확률변수가 관련된 상황하에서 결정되는 확률분포

예제 7: 이산확률분포

(주)한국은 단일제품은 생산·판매하는 회사이다. 단위당 공헌이익은 ₩100이며, 연간 고정원가는 ₩60,000이다. 당해연도 예상판매량은 다음과 같다.

판매량	500단위	800단위	1,000단위
확률	30%	50%	20%

요구사항

1️⃣ 기대영업이익을 구하시오.
2️⃣ 기대판매량을 이용하여 기대영업이익을 구하시오.
3️⃣ 판매량의 표준편차가 100단위일 경우 영업이익의 표준편차를 구하시오.

풀이

1️⃣
(1) 성과표

	500단위(30%)	800단위(50%)	1,000단위(20%)
₩100Q − ₩60,000	₩100 × 500 − ₩60,000 = ₩(10,000)	₩100 × 800 − ₩60,000 = ₩20,000	₩100 × 1,000 − ₩60,000 = ₩40,000

(2) 기대영업이익
= ₩(10,000) × 0.3 + ₩20,000 × 0.5 + ₩40,000 × 0.2 = ₩15,000

2

(1) 기대판매량

= 500 × 0.3 + 800 × 0.5 + 1,000 × 0.2 = 750단위

(2) 기대영업이익 = 단위당 공헌이익 × 기대판매량 − 고정원가

= ₩100 × 750 − ₩60,000 = ₩15,000

3

영업이익의 표준편차 = 단위당 공헌이익 × 판매량의 표준편차

= ₩100 × 100단위 = ₩10,000

예제 8: 확률수를 이용한 분석

(주)한국은 단일제품을 생산·판매하는 회사이다. 연간 고정원가는 ₩60,000이며, 판매량과 공헌이익에 대한 예상자료는 다음과 같다.

판매량		공헌이익	
수량	확률	금액	확률
500단위	0.4	₩100	0.3
600	0.6	200	0.7

요구사항

1 확률수를 이용하여 기대영업이익을 구하시오.

2 이익이 발생할 확률을 구하시오.

[풀이]

1

판매량	단위당 공헌이익	공헌이익	고정원가	영업이익	확률	기대영업이익
500단위(0.4)	₩100(0.3)	₩50,000	₩60,000	₩(10,000)	0.12	₩(1,200)
	200(0.7)	100,000	60,000	40,000	0.28	11,200
600단위(0.6)	100(0.3)	60,000	60,000	0	0.18	0
	200(0.7)	120,000	60,000	60,000	0.42	25,200
					1.00	₩35,200

∴ 기대영업이익 = ₩35,200

2

기대영업이익이 0보다 클 확률: 0.28 + 0.42 = 0.7

(2) 연속확률분포

확률변수의 값이 연속적으로 이루어진 확률분포를 말하며 정규분포와 균일분포로 구분할 수 있다.

1) 정규분포(normal distribution)

평균(중심)에 가까울수록 밀집되어 좌우대칭인 종 모양의 형태로 N(평균(μ), 분산(σ^2))으로 표현되는 분포를 말한다. 또한, 정규분포의 모양은 표준편차(σ)에 따라 달라지며 확률은 구간 사이의 넓이로 계산한다.

핵심 Check 표준정규분포(standard normal distribution)

다양한 정규분포를 단 하나로 나타내기 위하여 평균(μ)을 "0"으로 표준편차(σ)는 "1"이 되도록 표준화한 분포로 N(0, 1)로 표현되며 모든 수치(X)는 다음의 공식을 통해서 표준화된 수치(Z)로 바꿀 수 있다.

$$Z = \frac{X - \mu}{\sigma}$$

예제 9: 정규분포

(주)한국은 단일제품은 생산·판매하는 회사이다. 단위당 공헌이익은 ₩100이며, 연간 고정원가는 ₩60,000이다. 당해연도 예상판매량은 정규분포를 따르며 평균판매량은 750단위, 판매량의 표준편차는 100단위이다. 다음은 표준정규분포표의 일부이다. 요구사항에 답하시오.

z	$P(0 \leq Z \leq z)$
1.0	0.3413
1.5	0.4332
2.0	0.4772

요구사항

❶ 손익분기점 판매량을 구하시오.
❷ 영업이익이 발생할 확률을 구하시오.
❸ 영업이익이 ₩25,000 ~ ₩35,000일 확률을 구하시오.

[풀이]

❶

$$손익분기점\ 판매량(Q) = \frac{고정원가}{단위당\ 공헌이익}$$

$$= \frac{₩60,000}{₩100} = 600단위$$

②

영업이익이 발생할 확률은 손익분기점을 초과할 확률을 구하면 된다.

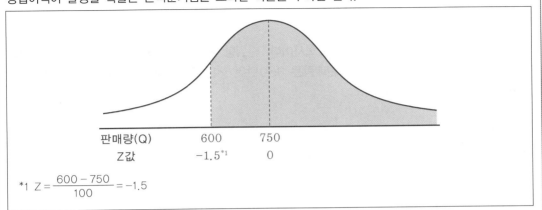

판매량(Q)	600	750
Z값	-1.5^{*1}	0

*1 $Z = \dfrac{600 - 750}{100} = -1.5$

$P(Z > -1.5) = 0.5 + P(0 \leq Z \leq 1.5)$
$= 0.5 + 0.4332 = 0.9332$

∴ 영업이익이 발생할 확률 = 93.32%

③

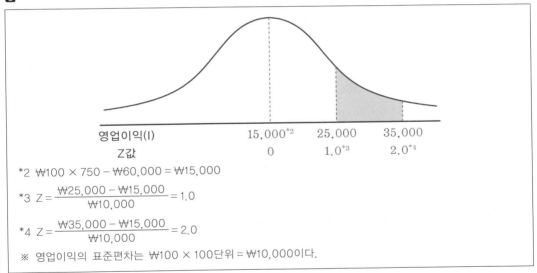

영업이익(I)	$15,000^{*2}$	25,000	35,000
Z값	0	1.0^{*3}	2.0^{*4}

*2 ₩100 × 750 − ₩60,000 = ₩15,000

*3 $Z = \dfrac{₩25,000 - ₩15,000}{₩10,000} = 1.0$

*4 $Z = \dfrac{₩35,000 - ₩15,000}{₩10,000} = 2.0$

※ 영업이익의 표준편차는 ₩100 × 100단위 = ₩10,000이다.

$P(₩25,000 \leq I \leq ₩35,000) = P(0 \leq Z \leq 2.0) - P(0 \leq Z \leq 1.0)$
$= 0.4772 - 0.3413 = 0.1359$

∴ 영업이익이 ₩25,000 ~ ₩35,000일 확률 = 13.59%

2) 균일분포(uniform distribution)

어떠한 구간에서의 모든 확률이 균일한 변수들의 함수를 말한다.

예제 10: 균일분포

(주)한국은 단일제품을 생산·판매하는 회사이다. 단위당 공헌이익은 ₩100이며, 연간 고정원가는 ₩60,000이다. 당해연도 예상판매량은 350단위~1,150단위의 구간에서 균일분포를 이루고 있다. 요구사항에 답하시오.

요구사항

1 영업이익이 발생할 확률을 구하시오.
2 영업이익이 ₩20,000 ~ ₩30,000일 확률을 구하시오.

[풀이]

1

영업이익이 발생할 확률은 손익분기점을 초과할 확률을 구하면 된다.

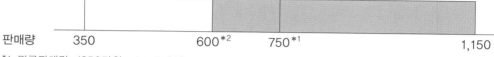

판매량　　　350　　　　　　　　　600*2　　750*1　　　　　　　　　　1,150

*1 평균판매량: (350단위 + 1,150단위) ÷ 2 = 750단위
*2 손익분기점 판매량: ₩60,000 ÷ ₩100 = 600단위

∴ 영업이익이 발생할 확률 $= \dfrac{1,150단위 - 600단위}{1,150단위 - 350단위} = 0.6875$

2

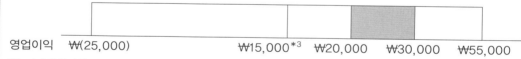

영업이익　₩(25,000)　　　　　　　　₩15,000*3　₩20,000　₩30,000　₩55,000

*3 기대영업이익: ₩100 × 750 − ₩60,000 = ₩15,000

∴ 영업이익이 ₩20,000 ~ ₩30,000일 확률 $= \dfrac{₩30,000 - ₩20,000}{₩55,000 - ₩(25,000)} = 0.125$

5 재고관리

01 의의

재고(inventory)란 미래 경제적 효익을 지닌 자원으로 생산에 필요한 원자재부터 판매 목적으로 보유하는 제품 및 상품 등 다양한 형태로 존재한다. 원자재를 보유함으로써 독립적인 생산활동을 할 수 있고 제품 및 상품을 보유함으로써 예기치 못한 수요에 대처할 수 있다. 그러나 재고는 보관, 감모 및 자금의 기회비용 등 보유하는 과정에서 여러 가지 비용이 발생하기 때문에 효율적인 재고관리가 필요하다.

또한, 재고관리의 목적은 다음과 같다.

- 적정 수준의 원자재로 안정적인 조업활동
- 적정 수준의 제품 및 상품으로 매출기회 확대
- 재고유지비용 감소
- 원활한 운전자금 운용

02 재고관리비용

1. 재고주문비용(ordering costs)

필요한 재고를 주문한 후 입고할 때까지 소요되는 비용을 의미한다. 대표적인 예로는 운송비, 통관비, 검수비용 등이 있으며 주문횟수에 1회당 주문비용을 곱하여 측정한다.

$$재고주문비용 = 주문횟수 \times 1회당 주문비용(O)$$

2. 재고유지비용(holding costs)

재고를 보유하는 데 소요되는 비용을 말한다. 대표적인 예로는 재고로 인한 자금의 기회비용, 보관비용, 보험료 등이 있으며 평균재고수량에 단위당 유지비용을 곱하여 측정한다.

$$재고유지비용 = 평균재고수량 \times 단위당 유지비용(H)$$

3. 재고부족비용(out-of-stock costs)

재고를 보유하지 못해서 발생하는 비용을 말한다. 대표적인 예로는 원자재 부족으로 인한 생산차질, 미래 판매기회 상실과 고객이탈 등이 있다.

4. 작업준비비용(setup costs)

재고를 자체생산할 경우 제조를 위한 준비과정에서 발생하는 비용을 말하며 생산준비비라고도 한다. 대표적인 예로는 설비장치 변경비용, 시운전비용, 인력 재배치비용 등이 있다.

03 재고관리모형

1. 경제적 주문량(EOQ)

(1) 의의

재고주문비용과 재고유지비용을 최소화할 수 있는 1회 주문수량을 말한다.

(2) 가정

- 주문비용은 주문량 크기와 관계없이 일정하다.
- 재고유지비용은 주문량 크기에 비례하여 발생한다.
- 구입원가는 주문량 크기와 관계없이 일정하다.
- 재고의 사용률이 일정하다.
- 재고부족원가는 없다.

EOQ도표

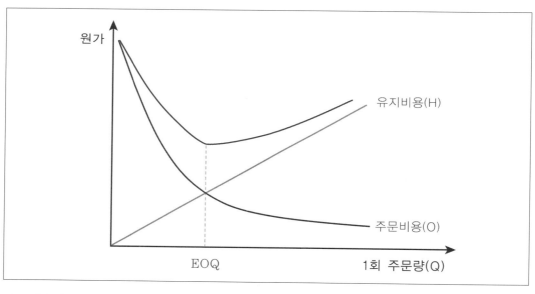

주문비용과 유지비용은 서로 상쇄효과가 있으며 총원가를 최소화하는 주문량은 주문비용과 유지비용이 일치한다.

(3) 계산식

- 재고주문비용 = 주문횟수 × 1회 주문비용

$$= \frac{총수요량}{1회\ 주문량} × 1회\ 주문비용$$

$$= \frac{D}{Q} × O$$

- 재고유지비용 = 평균재고 × 단위당 유지비용

$$= \frac{1회\ 주문량}{2} × 단위당\ 유지비용$$

$$= \frac{Q}{2} × H$$

- 총원가 = $\frac{D}{Q} × O + \frac{Q}{2} × H$

총원가를 최소화하는 Q가 경제적 1회 주문량이다.
또한, 다음과 같이 EOQ를 계산할 수 있다.

$$EOQ = \sqrt{\frac{2 × 총수요량 × 1회\ 주문비용}{단위당\ 유지비용}}$$

$$= \sqrt{\frac{2 × D × O}{H}}$$

2. 경제적 생산량(EPQ)

(1) 의의

작업준비비용과 재고유지비용을 최소화할 수 있는 1회 생산량을 말한다.

(2) 가정

- 작업준비비용은 생산량 크기와 관계없이 로트별로 일정하다.
- 재고유지비용은 생산량 크기에 비례하여 발생한다.
- 생산단가는 생산량의 크기와 관계없이 일정하다.
- 수요율은 일정하다.
- 생산은 정기적으로 이루어진다.

(3) 계산식

- 작업준비비용 = 준비횟수 × 1회 작업준비비용

$$= \frac{\text{총수요량}}{\text{1회 생산량}} \times \text{1회 작업준비비용}$$

$$= \frac{D}{Q} \times S$$

- 재고유지비용 = 평균재고 × 단위당 유지비용

$$= \frac{\text{1회 생산량}}{2} \times \frac{p-d}{2} \times \text{단위당 유지비용}$$

$$= \frac{(p-d) \times Q}{2p} \times H$$

단, p: 연간생산율(단, $p \geq d$)

　　d: 연간수요율

- 총원가 $= \frac{D}{Q} \times O + \frac{(p-d) \times Q}{2p} \times H$

총원가를 최소화하는 Q가 경제적 1회 생산량이다.

또한, 다음과 같이 EPQ를 계산할 수 있다.

$$EPQ = \sqrt{\frac{2 \times \text{총수요량} \times \text{1회 작업준비비용}}{\text{단위당 유지비용}} \times \frac{\text{생산율}}{\text{생산율} - \text{수요율}}}$$

$$= \sqrt{\frac{2 \times D \times S}{H} \times \frac{p}{p-d}}$$

참고 | 재고 증가를 구분하지 않는 방법

EPQ는 EOQ와 유사하지만 생산을 통해 제품을 공급받고 일정량을 사용하게 된다. 따라서 재고는 생산량에서 사용량을 차감한 부분이나 이를 구분하지 않고 다음과 같이 계산할 수도 있다.

$$EPQ = \sqrt{\frac{2 \times \text{총수요량} \times \text{1회 작업준비비용}}{\text{단위당 유지비용}}}$$

$$= \sqrt{\frac{2 \times D \times S}{H}}$$

---

3. 재주문점(ROP)

재고를 주문한 후 입고되기까지 조달기간이 소요되므로 조달기간 동안 사용할 재고수준을 예측해야 한다. 재주문점은 재고를 주문해야 할 현재의 재고수준을 의미한다. 즉, 조달기간 동안의 사용량에 안전재고를 합하여 계산한다.

$$ROP = L \times \underbrace{\frac{D}{n}}_{\text{조달기간 동안 사용량}} + \underbrace{S}_{\text{안전재고}}$$

L: 조달기간   n: 재고사용일
D: 총재고수요량   S: 안전재고

예제 11: EOQ, ROP, 안전재고

(주)한국의 재고관리정책은 다음과 같다.

- 연간 수요량   10,000단위
- 1회 주문비용   ₩1,000
- 단위당 연간 유지비용   2,000

요구사항

1 경제적 1회 주문량(EOQ)을 구하시오.
2 1회 주문량이 다음과 같을 경우 각각의 재고 관련 총비용을 구하시오.
- 50단위
- 100단위
- 200단위
3 **1**과 **2**와 별도로 회사의 연간 조업일수는 250일이고 조달기간은 5일이다. 또한, 회사는 안전재고를 20단위 유지하고자 한다. 재주문점(ROP)을 구하시오.

(1) 경제적 1회 주문량으로 주문할 경우 주문비용과 재고유지비용은 동일하다.
(2) 최적의 안전재고수준은 안전재고수준에 따른 기대부족수량을 계산한 후 부족비용과 유지비용의 합이 가장 작은 재고수준을 선택한다.

1 경제적 1회 주문량(EOQ)

$$\sqrt{\frac{2 \times 10,000\text{단위} \times ₩1,000}{₩2,000}} = 100\text{단위}$$

2 재고 관련 총비용

- 주문횟수: 총수요량 ÷ 1회 주문량
- 주문비용: 주문횟수 × 1회 주문비용
- 평균재고: 1회 주문량 ÷ 2
- 유지비용: 평균재고 × 단위당 유지비용

구분	50단위		100단위		200단위	
주문횟수	10,000단위÷50단위=	200회	10,000단위÷100단위=	100회	10,000단위÷200단위=	50회
주문비용	200회×₩1,000=	₩200,000	100회×₩1,000=	₩100,000	50회×₩1,000=	₩50,000
평균재고	50단위÷2=	25단위	100단위÷2=	50단위	200단위÷2=	100단위
유지비용	25단위×₩2,000=	₩50,000	50단위×₩2,000=	₩100,000	100단위×₩2,000=	₩200,000
계		₩250,000		₩200,000		₩250,000

∴ 경제적 1회 주문량이 100단위인 경우 주문비용과 유지비용은 동일하고 총비용이 가장 작다.

3 재주문점(ROP)

$$1\text{일 사용량} \times \text{조달기간} + \text{안전재고} = \frac{10,000}{250\text{일}} \times 5\text{일} + 20\text{단위} = 220\text{단위}$$

예제 12: 경제적 생산량(EPQ)

(주)한국은 휴대폰 배터리를 생산·판매하는 회사로 하루 800단위의 부품을 생산하고 있다. 이를 위한 작업준비비용은 1회당 ₩50,000이고 연평균 재고유지비용이 단위당 ₩3,000이며 연간 수요량은 120,000단위이다.

요구사항

1 연간 작업일수를 250일이라 할 때 경제적 생산량(EPQ)을 구하시오.
2 **1**의 생산량을 적용하여 연간 작업준비비용과 재고유지비용을 구하시오.

풀이

하루 수요량은 연간 수요량에서 연간 작업일수로 나누어 계산할 수 있다.

$$d = \frac{120,000단위}{250일} = 480단위$$

---

1 경제적 생산량(EPQ)

$$\sqrt{\frac{2 \times 총수요량 \times 1회\ 작업준비비용}{단위당\ 재고유지비용}} \times \sqrt{\frac{p(생산율)}{p(생산율) - d(수요율)}}$$

$$= \sqrt{\frac{2 \times 120,000단위 \times ₩50,000}{₩3,000}} \times \sqrt{\frac{800단위}{800단위 - 480단위}} ≒ 3,162단위$$

2 작업준비비용과 재고유지비용

(1) 작업준비비용

$$\frac{120,000단위}{3,162단위} \times ₩50,000 ≒ ₩1,897,533$$

(2) 재고유지비용

$$\frac{(800단위 - 480단위) \times 3,162단위}{2 \times 800단위} \times ₩3,000 = ₩1,897,200$$

예제 13: 경제적 생산량과 예측오차의 원가

(주)한국은 자동차 타이어를 생산·판매하고 있다. 타이어의 연간 수요량은 100,000단위이며 단위당 변동제조원가는 ₩30이다. 타이어를 생산하기 위한 작업준비비용은 1회당 ₩1,500이다. 연간 단위당 재고유지비용은 변동제조원가의 10%로 추정하고 있다.

요구사항

1 경제적 생산량을 계산하고 작업준비비용과 재고유지비용을 각각 구하시오.
2 (주)한국의 실제 재고유지비용은 변동제조원가의 40%로 확인되었다. (주)한국이 **1**에서 계산한 수량을 기준으로 생산한 경우 기회손실(예측오차의 원가)을 구하시오.

(1) 재고유지비용
   - 추정: ₩30 × 10% = ₩3
   - 실제: ₩30 × 40% = ₩12
(2) 기회손실
   실제 재고유지비용을 적용한 경제적 생산량을 기준으로 한 총비용에서 잘못 추정한 재고유지비용을 적용한 경제적 생산량을 기준으로 한 총비용의 차이를 말한다.

1 경제적 생산량과 작업준비비용 및 재고유지비용

(1) 경제적 생산량(EPQ)

$$\sqrt{\frac{2 \times 총수요량 \times 1회\ 작업준비비용}{단위당\ 재고유지비용}} = \sqrt{\frac{2 \times 100,000단위 \times ₩1,500}{₩3}} = 10,000단위$$

(2) 작업준비비용과 재고유지비용

   - 작업준비비용 = $\dfrac{100,000단위}{10,000단위} \times ₩1,500 = ₩15,000$

   - 재고유지비용 = $\dfrac{10,000단위}{2} \times ₩3 = ₩15,000$

2 기회손실

(1) 실제 재고유지비용
   ₩12

(2) 실제 재고유지비용에 근거한 경제적 생산량(EPQ)

$$\sqrt{\frac{2 \times 총수요량 \times 1회\ 작업준비비용}{단위당\ 재고유지비용}} = \sqrt{\frac{2 \times 100,000단위 \times ₩1,500}{₩12}} = 5,000단위$$

(3) 기회손실

주어진 상황의 최대성과	$\dfrac{100,000단위}{5,000단위} \times ₩1,500 + \dfrac{5,000단위}{2} \times ₩12 =$	₩60,000
선택한 대안의 실제성과	$\dfrac{100,000단위}{10,000단위^*} \times ₩1,500 + \dfrac{10,000단위^*}{2} \times ₩12 =$	75,000
기회손실		₩15,000

* 실제 재고유지비용에 근거한 경제적 생산량은 5,000단위이나 잘못된 추정으로 인하여 10,000단위를 적용하여 생산하였다.

4. 적시생산시스템(JIT; just-in-time)

(1) 의의
주문이 들어왔을 때 제품을 생산하는 것으로 필요한 만큼의 재고를 적시에 공급받아 재고를 없애고 비용을 최소화할 수 있는 무재고시스템을 말한다.

> **핵심 Check** 전통적재고관리(EOQ모형)
>
> 재고주문비용과 재고유지비용을 최소화할 수 있는 주문수량으로 일정재고를 평균적으로 보유하는 것을 말한다.

(2) 관련 개념

1) 수요견인시스템(pull system)
최종공정의 작업지시로 출발하여 후공정에서 사용한 만큼의 재고를 전공정에서 보충하는 시스템을 말한다.

2) 칸반시스템(kanban system)
물량을 기재한 일종의 카드로서 후공정과 전공정을 연결시키는 역할을 하며 낭비를 줄이고 효과적으로 통제할 수 있다.

3) 생산 평준화
수요 변동에 대응하고 한 작업에 집중되는 것을 배제하여 전 공정이 원활하게 진행될 수 있도록 생산 평준화가 필요하다.

4) 소로트 생산
생산 평준화를 위해서는 한 번에 대량으로 생산하는 것보다 소로트 생산이 필요하다. 또한, 소로트 생산은 작업준비횟수와 작업준비비용이 상승하므로 작업준비시간의 단축도 필요하다.

5) 효율적인 설비배치와 다기능 작업자
작업을 유연하게 할 수 있는 설비배치가 필요하며 이를 효율적으로 운영할 수 있는 다기능 작업자가 필요하다.

(3) 장·단점

① 장점
- 소로트 생산과 작업준비시간 단축으로 생산시간이 단축된다.
- 재고감소로 인한 재고유지비용이 감소한다.
- 철저한 품질관리로 불량률이 감소한다.
- 제조주기를 줄이고 재고회전율을 높여 생산성이 향상된다.

② 단점
- 공급자와의 마찰은 공급사슬(supply chain)에 문제를 발생시킨다.
- 불량이나 적시에 공급되지 않는다면 고객으로부터 신뢰가 상실된다.
- 시스템 도입 및 적용에 많은 시간과 비용이 필요하다.

(4) 적시생산시스템(JIT시스템)이 원가·관리회계에 미친 영향

- 재고가 없으므로 원가흐름의 가정이 필요 없다.
- 공급업체와의 장기예약으로 매입가격이 낮아질 가능성이 있다.
- 셀생산방식으로 원가의 추적가능성이 향상된다.
- 회계처리가 단순화된다(역류원가계산).

예제 14: JIT와 관련원가분석

(주)한국은 JIT시스템을 적용하여 필요한 부품을 자체생산하고 있다. 회사는 내년에 총 10,000 개의 부품을 생산할 예정이며 필요한 총제조원가를 다음과 같이 분석하였다.

직접재료원가	₩90,000,000
직접노무원가	24,000,000
변동제조간접원가	30,000,000
고정제조간접원가	50,000,000
	₩194,000,000

회사는 부품 전량을 외부로부터 구입하는 것을 검토하고 있다. 외부구입가격은 단위당 ₩20,000 이고 외부에서 구입하면 고정제조간접원가에 포함된 임차료 ₩35,000,000을 절감할 수 있다. 또한, 자가생산을 중단하면 현재 사용하는 설비를 임대하여 연간 ₩25,000,000의 임대수익을 얻을 수 있다.

요구사항

1 부품에 대한 외부구입 여부를 결정하시오.

2 회사는 외부구입 여부를 검토하는 과정에서 다음과 같은 사실을 추가로 발견하였다. 외부 로부터 부품을 구매하기 위한 1회 주문비용은 ₩50,000이고 부품의 보관, 파손 등으로 외 부구입가격의 5%의 유지비용이 발생할 것으로 나타났다. 부품에 대한 외부구입 여부를 결 정하시오(단, 연간 부품 주문횟수는 회사가 결정할 수 있다).

【풀이】

부품 주문횟수를 회사가 결정할 수 있으므로 EOQ(경제적 1회 주문량)모형을 적용하여 총재고비용을 최소화할 수 있는 주문량을 계산한 후 **1**에서의 증분이익에 재고비용을 추가로 반영한다.

1 외부구입 의사결정

증분수익	임대수익	₩25,000,000
증분비용	직접재료원가	(90,000,000)
	직접노무원가	(24,000,000)
	변동제조간접원가	(30,000,000)
	고정제조간접원가	(35,000,000)
	외부구입비용 10,000개 × ₩20,000 =	200,000,000
증분이익		₩4,000,000

∴ 외부로부터 구입하는 것이 유리하다.

2 외부구입 의사결정(재고비용 고려)

(1) 경제적 1회 주문량

$$= \sqrt{\frac{2 \times 10,000개 \times ₩50,000}{₩1,000^*}} = 1,000개$$

＊ 유지비용 = ₩20,000 × 5%

(2) 재고비용

- 재고주문비용 = 주문횟수 × 1회 주문비용

$$= \frac{10,000개}{1,000개} \times ₩50,000 = ₩500,000$$

- 재고유지비용 = 평균재고 × 단위당 유지비용

$$= \frac{1,000개}{2} \times ₩1,000 = ₩500,000$$

(3) 의사결정

증분수익	임대수익	₩25,000,000
증분비용	직접재료원가	(90,000,000)
	직접노무원가	(24,000,000)
	변동제조간접원가	(30,000,000)
	고정제조간접원가	(35,000,000)
	외부구입비용 10,000개 × ₩20,000 =	200,000,000
	재고비용 ₩500,000 + ₩500,000 =	1,000,000
증분이익		₩3,000,000

∴ 외부로부터 구입하는 것이 유리하다.

04 단일기간 재고모형

농수산물, 신문, 잡지 등 사용기간이 제한되거나 장기간 보관이 어려운 재고는 구입하거나 생산 후 일정 기간 내에 판매 또는 소비하지 못하면 사용가치가 낮아져 폐기하거나 낮은 가격에 처분해야 한다. 단일기간 재고모형은 이러한 상황에서 최적 주문량 또는 생산량을 결정하는 재고모형이다.

> **기대가치 = Σ(각 상황별 성과* × 해당 상황별 확률)**
>
> * 이 경우의 각 상황별 성과는 상황별 한계이익과 한계손실로 표시한 후 확률값을 곱한 후 합산하여 계산한다.

- 한계이익: 판매로 인한 이익 ≥ 폐기 또는 낮은 가격 처분으로 인한 손실
- 한계손실: 판매로 인한 이익 ≤ 폐기 또는 낮은 가격 처분으로 인한 손실

예제 15: 최적주문량과 완전정보의 기대가치

(주)한국은 축구응원용 티셔츠를 판매하고 있다. 회사는 티셔츠를 장당 ₩100에 구매하여 ₩300에 판매하고 있다. 티셔츠의 구매는 1,000장을 단위로 주문하며 판매되지 않은 재고는 폐기처분된다. 예상판매량과 판매량에 대한 확률이 다음과 같다.

판매량	확률
1,000단위	0.3
2,000단위	0.4
3,000단위	0.2
4,000단위	0.1

요구사항

1 기대가치기준에 의한 최적 구매수량을 구하시오.
2 완전정보의 기대가치를 구하시오.

단위당 판매가격	₩300
단위당 구매가격	100
단위당 이익	₩200

∴ 판매 시 단위당 ₩200 이익이 발생하며, 미판매분에 대해서는 구입가격인 단위당 ₩100의 손실이 발생한다.

1

(1) 성과표 작성

구분	상황(판매량)			
	S1(1,000단위) P: 0.3	S2(2,000단위) P: 0.4	S3(3,000단위) P: 0.2	S4(4,000단위) P: 0.1
1,000	₩200,000[*1]	₩200,000	₩200,000	₩200,000
2,000	100,000[*2]	400,000	400,000	400,000
3,000	−[*3]	300,000	600,000	600,000
4,000	(100,000)[*4]	200,000	500,000	800,000

*1 ₩200 × 1,000단위(판매량) = ₩200,000
*2 ₩200 × 1,000단위(판매량) − ₩100 × 1,000단위(미판매량) = ₩100,000
*3 ₩200 × 1,000단위(판매량) − ₩100 × 2,000단위(미판매량) = ₩0
*4 ₩200 × 1,000단위(판매량) − ₩100 × 3,000단위(미판매량) = ₩(100,000)

(2) 최적구매수량 결정

기대가치(1,000): ₩200,000 × 0.3 + ₩200,000 × 0.4 + ₩200,000 × 0.2 + ₩200,000 × 0.1 = ₩200,000

기대가치(2,000): ₩100,000 × 0.3 + ₩400,000 × 0.4 + ₩400,000 × 0.2 + ₩400,000 × 0.1 = ₩310,000

기대가치(3,000): ₩0 × 0.3 + ₩300,000 × 0.4 + ₩600,000 × 0.2 + ₩600,000 × 0.1 = ₩300,000

기대가치(4,000): ₩(100,000) × 0.3 + ₩200,000 × 0.4 + ₩500,000 × 0.2 + ₩800,000 × 0.1 = ₩230,000

∴ 2,000단위를 구입한다.

2

완전정보하의 기대가치	₩200,000 × 0.3 + ₩400,000 × 0.4 + ₩600,000 × 0.2 + ₩800,000 × 0.1	= ₩420,000
(−) 기존정보하의 기대가치		310,000
완전정보의 기대가치		₩110,000

제16장 | 객관식 문제

01 불확실성하의 의사결정에 대한 설명 중 옳지 않은 것은?

① 완전정보는 정보취득원가와 상관없이 항상 취득할 가치가 있다.

② 불확실성은 발생가능한 상황에 대한 확률로 나타낸다.

③ 완전정보의 기대가치는 불완전정보의 기대가치보다 항상 크거나 같다.

④ 완전정보를 가지고 최적의 의사결정을 하면 예측오류의 오차는 발생하지 않는다.

⑤ 불완전정보는 미래상황에 대한 불확실성을 완전히 없애지 못하는 정보이다.

※ 다음은 02 ~ 03에 관련된 자료이다.

	A(0.3)	B(0.2)	C(0.4)	D(0.1)
a1	₩20,000	₩15,000	₩5,000	₩0
a2	30,000	20,000	10,000	(10,000)
a3	40,000	30,000	5,000	0
a4	60,000	20,000	0	(30,000)

02 완전정보하의 기댓값은 얼마인가?

① ₩11,000　　　　② ₩16,000　　　　③ ₩19,000

④ ₩24,000　　　　⑤ ₩28,000

03 완전정보의 기댓값(EVPI)은 얼마인가?

① ₩8,000　　　　② ₩11,000　　　　③ ₩12,000

④ ₩16,000　　　　⑤ ₩17,000

04 (주)서울의 생산공정의 상태는 정상상태와 비정상상태로 구분할 수 있으며, 각 상태에서의 평균생산원가의 확률분포는 다음과 같다.

공정이 정상일 때		공정이 비정상일 때	
평균생산원가	확률	평균생산원가	확률
₩7,000	0.1	₩9,500	0.1
6,000	0.2	8,000	0.3
5,000	0.3	7,000	0.3
4,000	0.3	6,000	0.2
3,000	0.1	5,000	0.1

제조공정이 정상적으로 가동될 사전적 확률은 0.7이다. (주)서울의 제조공정의 평균생산원가가 ₩7,000이라면 제조공정이 정상일 확률은 얼마인가?

① 0.4295   ② 0.3562   ③ 0.4375

④ 0.5863   ⑤ 0.7543

(주)한국은 최근 개발에 성공한 신제품을 생산하기 위해서, 제조기계 甲과 乙 두 기계 중 하나를 구입하려고 한다. 甲과 乙 기계는 그 성능에 있어 약간의 차이가 있기 때문에 이익에 기여하는 정도도 다소 차이가 있다. 아래의 자료는 甲과 乙기계의 구입 시에 수요량(생산량)의 변동에 따른 예상이익의 성과표이다.

	수요량	
	1,000단위(40%)	2,000단위(60%)
甲기계	₩9,000	₩20,000
乙기계	8,000	22,000

05 만일 (주)한국이 제품의 수요량 변동을 정확히 예측할 수 있도록 하는 완전정보를 얻을 수 있다면, 이 정보의 대가로서 지급할 수 있는 최대한의 금액은 얼마인가?

① ₩400   ② ₩600   ③ ₩800

④ ₩1,200   ⑤ ₩1,600

06 (주)한국이 제품의 수요량 변동을 정확히 예측할 수 없고 외부전문가로부터 정보를 얻고자 한다. 수요량에 대한 정보의 신뢰도가 1,000단위일 경우 90%, 2,000단위일 경우 80%라면, 외부전문가로부터 정보획득에 따른 최대지불가능금액은 얼마인가? (단, 소수점 이하 반올림하시오)

① ₩90   ② ₩70   ③ ₩150

④ ₩230   ⑤ ₩120

07 (주)한국은 원가차이에 대한 조사 여부를 결정하기 위해 다음과 같은 정보를 갖고 있다.

• 원가차이를 조사하는 데 소요되는 추정원가	?
• 생산공정에 이상이 있을 경우 수정하는 비용	₩1,500,000
• 생산공정에 이상이 있음에도 수정하지 않음으로써 발생하는 미래손실추정액의 현재가치	6,000,000
• 정상상태일 확률	70%

만약, 회사가 조사를 하고자 한다면, 조사비용으로 지출할 수 있는 최대금액은 얼마인가?

① ₩1,000,000　　② ₩2,000,000　　③ ₩1,350,000
④ ₩2,500,000　　⑤ ₩3,000,000

08 다음은 (주)대한의 매출 관련 예상 자료이다.

매출액	₩240,000
총변동원가	135,000
총고정원가	40,000
판매량	3,000단위

추가판촉행사에 ₩10,000을 투입한다면, 예상 판매량이 400단위 증가할 확률이 60%, 200단위 증가할 확률이 40%이다. 이 판촉행사를 실시하면 영업이익의 기대치가 어떻게 변하는가?

[세무사 09]

① ₩1,000 감소　　② ₩1,200 감소　　③ ₩1,500 감소
④ ₩1,200 증가　　⑤ ₩1,500 증가

서울산업은 갑과 을, 두 제품 중 하나를 생산하려 한다. 각 제품의 관련 자료는 다음
과 같다.

	갑	을
단위당 예상 판매가격 범위	₩50 ~ ₩150	₩50 ~ ₩100
단위당 변동원가	₩20	₩30
총고정원가	₩16,000	₩24,000
예상판매량(= 생산량)	200단위	400단위

판매가격이 예상범위 내에서 균일분포(uniform distribution)로 발생한다면 어
느 제품이 이익을 발생시킬 확률이 얼마나 더 큰가? [세무사 05]

① 갑이 30% 더 크다.
② 갑이 20% 더 크다.
③ 갑이 10% 더 크다.
④ 을이 10% 더 크다.
⑤ 을이 30% 더 크다.

10 (주)세무는 공정이 정상인지에 대해 조사 여부를 결정하고자 한다. 공정 조사비용은 ₩20,000이며, 조사 후 공정이 비정상 상태일 때 교정비용은 ₩30,000이다. 공정이 비정상인데 조사하지 않으면 손실 ₩90,000이 발생한다. 공정이 정상일 확률은 60%, 비정상일 확률은 40%이다. 공정 상태에 대해 완전한 예측을 해주는 완전정보시스템이 있다면 그 완전정보를 얻기 위해 지불가능한 최대금액은? [세무사 19]

① ₩4,000 ② ₩12,000 ③ ₩16,000
④ ₩20,000 ⑤ ₩32,000

11 (주)대한은 단일제품을 생산하며 20×1년의 판매가격 및 원가자료는 다음과 같다.

항목	단위당 금액
판매가격	₩50
변동제조원가	20
변동판매비	5

고정제조원가와 고정판매비는 각각 ₩20,000과 ₩10,000이다. (주)대한의 경영자는 판매촉진을 위해 인터넷 광고를 하려고 한다. 인터넷 광고물 제작에는 ₩5,000의 고정판매비가 추가로 지출된다. 인터넷 광고를 하지 않을 경우 판매량은 1,200단위와 1,800단위 사이에서 균등분포(uniform distribution)를 이루고, 인터넷 광고를 하면 판매량은 1,500단위와 2,000단위 사이에서 균등하게 분포한다. (주)대한이 인터넷 광고를 함으로써 기대영업이익은 얼마나 증가 또는 감소하는가? [회계사 19]

① ₩0 ② ₩1,250 증가 ③ ₩1,250 감소
④ ₩2,250 증가 ⑤ ₩2,250 감소

12 (주)세무는 기존에 생산 중인 티셔츠 제품계열에 새로운 색상인 하늘색과 핑크색 중 한 가지 제품을 추가할 것을 고려 중이다. 추가될 제품은 현재의 시설로 생산가능하지만, 각각 ₩200,000의 고정원가 증가가 요구된다. 두 제품의 판매단가는 ₩10, 단위당 변동원가는 ₩8으로 동일하다. 마케팅부서는 두 제품의 시장수요에 대해 다음과 같은 확률분포를 제공하였다.

수요량	기대확률	
	하늘색	핑크색
50,000단위	0.0	0.1
100,000	0.2	0.1
200,000	0.2	0.2
300,000	0.4	0.2
400,000	0.2	0.4

(주)세무의 기대영업이익을 최대화하는 관점에서 두 제품 중 상대적으로 유리한 제품과 유리한 영업이익차이를 모두 올바르게 나타낸 것은? [세무사 21]

① 핑크색, ₩30,000
② 하늘색, ₩32,000
③ 핑크색, ₩34,000
④ 하늘색, ₩36,000
⑤ 핑크색, ₩38,000

01 ① 완전정보를 취득하기 위하여 지출되는 비용보다 완전정보로 인하여 증가되는 기대이익이 더 커야 한다.

02 ⑤ ₩60,000 × 0.3 + ₩30,000 × 0.2 + ₩10,000 × 0.4 + ₩0 × 0.1 = ₩28,000

03 ① (1) 완전정보하의 기대가치
  ₩28,000

  (2) 기존정보하의 기대가치

	A(0.3)	B(0.2)	C(0.4)	D(0.1)	기댓값
a1	₩20,000	₩15,000	₩5,000	₩0	₩11,000
a2	30,000	20,000	10,000	(10,000)	16,000
a3	40,000	30,000	5,000	0	20,000(선택)
a4	60,000	20,000	0	(30,000)	19,000

  ∴ 완전정보의 기대가치 = ₩28,000 − ₩20,000 = ₩8,000

04 ③

상황	사전확률	조건부확률	결합확률	사후확률*
정상	0.7	0.1	0.07	0.4375
비정상	0.3	0.3	0.09	0.5625
	1.0		0.16	1.000

  * 사후확률

  $$\frac{0.7 \times 0.1}{0.16} = 0.4375$$

  $$\frac{0.3 \times 0.3}{0.16} = 0.5625$$

05 ① (1) 완전정보하의 기대가치
  ₩9,000 × 0.4 + ₩22,000 × 0.6 = ₩16,800

  (2) 기존정보하의 기대가치

	1,000단위(40%)	2,000단위(60%)	기댓값
甲기계	₩9,000	₩20,000	₩15,600
乙기계	8,000	22,000	16,400(선택)

  ∴ 완전정보의 기대가치 = ₩16,800 − ₩16,400 = ₩400

06 ⑤ (1) 불완전정보하의 기대가치

① 결합확률표

	수요량		확률
	1,000단위(40%)	2,000단위(60%)	
1,000단위(90%)	0.9 × 0.4 = 0.36	0.2 × 0.6 = 0.12	0.48
2,000단위(80%)	0.1 × 0.4 = 0.04	0.8 × 0.6 = 0.48	0.52

② 정보별 기대가치

• 1,000단위(48%)

	수요량		기댓값
	1,000단위(0.36/0.48)	2,000단위(0.12/0.48)	
甲기계	₩9,000	₩20,000	₩11,750(선택)
乙기계	8,000	22,000	11,500

• 2,000단위(52%)

	수요량		기댓값
	1,000단위(0.04/0.52)	2,000단위(0.48/0.52)	
甲기계	₩9,000	₩20,000	₩19,154
乙기계	8,000	22,000	20,923(선택)

→ 불완전정보하의 기대가치 = ₩11,750 × 0.48 + ₩20,923 × 0.52 = ₩16,520

(2) 기존정보하의 기대가치: ₩16,400

∴ 불완전정보의 기대가치 = ₩16,520 − ₩16,400 = ₩120

07 ③ 조사비용 = x

	공정상태		기대비용
	정상(0.7)	비정상(0.3)	
조사 O	x	x + ₩1,500,000	$0.7x + (x + ₩1,500,000) × 0.3$
조사 ×	−	6,000,000	$6,000,000 × 0.3$

$0.7x + (x + ₩1,500,000) × 0.3 ≤ 6,000,000 × 0.3$

∴ x = ₩1,350,000

08 ④

p	₩80[*1]
vc	45[*2]
cm	₩35
FC	₩40,000

[*1] ₩240,000 ÷ 3,000단위 = ₩80
[*2] ₩135,000 ÷ 3,000단위 = ₩45

판촉 전 영업이익: 3,000단위 × ₩35 − ₩40,000 = ₩65,000
판촉 후 기대영업이익: 3,320단위[*3] × ₩35 − (₩40,000 + ₩10,000) = ₩66,200

[*3] 판촉 후 기대판매량
(3,000단위 + 400단위) × 0.6 + (3,000단위 + 200단위) × 0.4 = 3,320단위

∴ 기대영업이익 증가분 = ₩66,200 − ₩65,000 = ₩1,200

09 ① (1) 손익분기점 달성을 위한 판매가격

갑: $(P - ₩20) \times 200$단위 $- ₩16,000 = 0 \rightarrow P = ₩100$

을: $(P - ₩30) \times 400$단위 $- ₩24,000 = 0 \rightarrow P = ₩90$

(2) 이익이 발생할 확률

갑: $(₩150 - ₩100) \div (₩150 - ₩50) = 50\%$

을: $(₩100 - ₩90) \div (₩100 - ₩50) = 20\%$

∴ 이익이 발생할 확률은 갑이 30% 더 크다.

10 ② 1. 최적대안선택

	정상(0.6)	비정상(0.4)	기대비용
검사(O)	₩20,000	₩20,000 + ₩30,000	₩32,000
검사(×)	–	90,000	36,000

2. 완전정보하의 기대비용

$₩0 \times 0.6 + ₩50,000 \times 0.4 = ₩20,000$

3. 완전정보의 기대가치

$₩32,000 - ₩20,000 = ₩12,000$

11 ② 1. 기대판매량

(1) 광고 전: $\dfrac{1,200단위 + 1,800단위}{2} = 1,500단위$

(2) 광고 후: $\dfrac{1,500단위 + 2,000단위}{2} = 1,750단위$

2. 손익구조

	광고 전	광고 후
단위당 판매가격	₩50	₩50
단위당 변동원가	25	25
단위당 공헌이익	₩25	₩25
고정원가	₩30,000	₩35,000*
예상판매량	1,500단위	1,750단위

* $₩30,000 + ₩5,000 = ₩35,000$

3. 영업이익 비교

(1) 광고 전 영업이익

$1,500단위 \times ₩25 - ₩30,000 = ₩7,500$

(2) 광고 후 영업이익

$1,750단위 \times ₩25 - ₩35,000 = ₩8,750$

∴ 영업이익은 ₩1,250 증가한다.

12 ① 1. 기대판매량

    (1) 하늘색: 0 + 20,000단위 + 40,000단위 + 120,000단위 + 80,000단위

         = 260,000단위

    (2) 핑크색: 5,000단위 + 10,000단위 + 40,000단위 + 60,000단위 + 160,000단위

         = 275,000단위

  2. 기대영업이익

    (1) 하늘색: 260,000단위 × ₩2 − ₩200,000 = ₩320,000

    (2) 핑크색: 275,000단위 × ₩2 − ₩200,000 = ₩350,000

    ∴ 핑크색의 기대영업이익이 ₩30,000만큼 더 크다.

문제 01   완전정보와 불완전정보의 가치

다음을 읽고 물음에 답하시오.

(주)한국은 제품을 생산하는 데 반자동기계(A기계)와 완전자동기계(B기계)를 사용할 수 있다.

	A기계	B기계
단위당 변동제조원가	₩150	₩50
단위당 변동판매비와 관리비	50	50
고정제조간접원가	100,000	350,000
고정판매비와 관리비	50,000	50,000

이 회사는 판매량을 추정하고 있는데 호경기일 확률은 70%이고 이때는 3,000단위가 팔릴 것이다. 불경기일 확률은 30%이고 이때는 1,000단위가 팔릴 것이다. 단위당 판매가는 두 제품 다 ₩500으로 가정한다.

요구사항

[물음 1]   미래의 상황이 위의 자료와 같을 경우 기대가치기준 최적 대안을 선택하시오.

[물음 2]   어딘가에서 확실한 정보를 제공한다고 하면 지불할 수 있는 최대수수료를 구하시오.

[물음 3]   어딘가에서 다음과 같은 정보를 제공할 경우 지불할 수 있는 최대수수료를 구하시오. (단, 호경기일 때는 정확도가 90%이고 불경기일 때는 정확도가 80%이다. 확률 계산 시 소수점 아래 둘째 자리까지 계산하라)

[물음 1] 최적 대안 선택

상황별 영업이익을 계산하면,

대안	상황		기대가치
	x_1: 수요량이 3,000개 $P(x_1) = 0.7$	x_1: 수요량이 1,000개 $P(x_2) = 0.3$	
a1: A기계 구입	₩750,000	₩150,000	₩570,000(*)
a2: B기계 구입	800,000	0	560,000

따라서 A기계 구입 시 기대가치가 더 크므로 A기계를 구입한다.

[물음 2] 완전정보의 기대가치(EVPI)

완전정보하의 기대가치 ₩800,000 × 0.7 + ₩150,000 × 0.3 = ₩605,000
기존정보하의 기대가치   570,000
완전정보의 기대가치(EVPI)   ₩35,000

따라서 완전정보를 구입하는 데 지불할 수 있는 최대수수료는 ₩35,000이다.

[물음 3] 불완전정보의 기대가치(EVSI)

(1) 결합확률

정보	x_1 $P(x_1) = 0.7$	x_2 $P(x_2) = 0.3$	합계
b1(호경기예측)	(0.9) 0.63	(0.2) 0.06	0.69
b2(불경기예측)	(0.1) 0.07	(0.8) 0.24	0.31

(2) 사후확률

정보	x_1 $P(x_1) = 0.7$	x_2 $P(x_2) = 0.3$
b1(호경기예측)	63/69 = 0.91	6/69 = 0.09
b2(불경기예측)	7/31 = 0.23	24/31 = 0.77

(3) 정보별 최적 대안

b1 ⌈ a1   ₩750,000 × 0.91 +   ₩150,000 × 0.09 = ₩696,000
    ⌊ a2   ₩800,000 × 0.91 +   ₩0 × 0.09 =   728,000(*)
b2 ⌈ a1   ₩750,000 × 0.23 +   ₩150,000 × 0.77 =   288,000(*)
    ⌊ a2   ₩800,000 × 0.23 +   ₩0 × 0.77 =   184,000

(4) 불완전정보의 가치

EVSI = ₩728,000 × 0.69 + ₩288,000 × 0.31 − ₩570,000 = ₩21,600

다음을 읽고 물음에 답하시오. 단, 각 물음은 서로 독립적이다.

(주)한국은 커피 홀더를 생산·판매하고 있다. (주)한국이 추정한 올해의 수요량은 다음과 같다.

수요량	확률
10,000개	0.1
20,000	0.4
30,000	0.3
40,000	0.2

커피 홀더의 단위당 판매가격은 ₩30이며, 각 생산량에 대한 제조 및 판매비는 다음과 같다.

	생산량			
	10,000개	20,000개	30,000개	40,000개
변동원가	₩140,000	₩280,000	₩420,000	₩560,000
고정원가	80,000	100,000	120,000	140,000
합계	₩220,000	₩380,000	₩540,000	₩700,000

커피 홀더의 주문단위는 10,000개씩이며 (주)한국은 생산량이 수요량을 초과하는 경우 그 초과수량은 무상으로 처분해야 한다. 반면에, 생산량이 수요량에 미달하는 경우에는 판매기회를 상실하게 된다.

요구사항

[물음 1]   (주)한국이 생산해야 할 최적 수량을 계산하시오.

[물음 2]   미래수요량에 대해 100% 신뢰할 수 있는 정보를 얻을 수 있는 경우 정보에 대해서 지불할 수 있는 최대금액을 계산하시오.

(1) 수요량에 대한 매출액

	10,000개	20,000개	30,000개	40,000개
매출액	₩300,000*	₩600,000	₩900,000	₩1,200,000

* 10,000개 × ₩30 = ₩300,000

(2) 성과표

		10,000개(0.1)	20,000개(0.4)	30,000개(0.3)	40,000개(0.2)
10,000개	매출액	₩300,000	₩300,000	₩300,000	₩300,000
	총원가	(220,000)	(220,000)	(220,000)	(220,000)
	이익	₩80,000	₩80,000	₩80,000	₩80,000
20,000개	매출액	₩300,000	₩600,000	₩600,000	₩600,000
	총원가	(380,000)	(380,000)	(380,000)	(380,000)
	이익	₩(80,000)	₩220,000	₩220,000	₩220,000
30,000개	매출액	₩300,000	₩600,000	₩900,000	₩900,000
	총원가	(540,000)	(540,000)	(540,000)	(540,000)
	이익	₩(240,000)	₩60,000	₩360,000	₩360,000
40,000개	매출액	₩300,000	₩600,000	₩900,000	₩1,200,000
	총원가	(700,000)	(700,000)	(700,000)	(700,000)
	이익	₩(400,000)	₩(100,000)	₩200,000	₩500,000

[물음 1] 최적 생산량

10,000개 ₩80,000 × 0.1 + ₩80,000 × 0.4 + ₩80,000 × 0.3 + ₩80,000 × 0.2 = ₩80,000
20,000개 ₩(80,000) × 0.1 + ₩220,000 × 0.4 + ₩220,000 × 0.3 + ₩220,000 × 0.2 = 190,000
30,000개 ₩(240,000) × 0.1 + ₩60,000 × 0.4 + ₩360,000 × 0.3 + ₩360,000 × 0.2 = 180,000
40,000개 ₩(400,000) × 0.1 + ₩(100,000) × 0.4 + ₩200,000 × 0.3 + ₩500,000 × 0.2 = 80,000

∴ 최적 생산량은 20,000개이다.

[물음 2] 완전정보의 가치

(1) 완전정보하의 기대가치
₩80,000 × 0.1 + ₩220,000 × 0.4 + ₩360,000 × 0.3 + ₩500,000 × 0.2
= ₩304,000

(2) 완전정보의 기대가치
완전정보하의 기대가치 − 기존정보하의 기대가치(정보가 없는 경우 기대가치)
= ₩304,000 − ₩190,000 = ₩114,000

다음을 읽고 물음에 답하시오.

(주)한국의 단위당 판매가격 및 원가자료는 다음과 같다.

판매가격	₩100
변동제조원가	50
변동판매비	10
총고정제조간접원가	10,000
총고정판매비	5,000
법인세율	40%

요구사항

[물음 1] 다음을 계산하시오.

(1) 세후 목표순이익 ₩1,200을 달성하기 위한 판매량

(2) 세후 순이익 ₩1,200에서의 영업레버리지도

[물음 2] 변동제조원가가 20% 상승할 확률이 40%이고 50% 상승할 확률이 60%일 때 세후 목표순이익 ₩12,000을 달성하기 위한 기대판매량을 구하시오.

[물음 3] (주)한국의 전문 경영자는 TV광고 시 판매량이 증가할 것으로 기대하고 있다. TV 광고를 하지 않을 경우 판매량은 300단위와 400단위 사이에서 균등확률분포(uniform distribution)를 이루고 TV광고를 하는 경우에는 판매량이 370단위와 610단위 사이에서 균등확률분포를 이룬다. 이때 각각의 영업이익(손실)을 구하고 광고에 대한 의사결정을 하시오(단, TV광고비는 ₩7,000이다).

[물음 1] 세후 목표순이익 달성을 위한 판매량과 영업레버리지도

    (1) 세후 목표순이익 ₩1,200을 달성하기 위한 판매량(Q_{TI})

$$Q_{TI} = \frac{₩15,000 + ₩1,200/(1 - 0.4)}{₩100 - ₩60} = 425단위$$

    (2) 세후 순이익 ₩1,200에서의 영업레버리지도(DOL)

$$DOL = \frac{₩40 × 425단위}{₩40 × 425단위 - ₩15,000} = 8.5$$

[물음 2] 세후 목표순이익 ₩12,000을 달성하기 위한 판매량(Q_{TI})

    (1) 기대변동제조원가

      ₩50 × 1.2 × 0.4 + ₩50 × 1.5 × 0.6 = ₩69

    (2) 새로운 변동원가

      ₩69 + ₩10 = ₩79

$$Q_{TI} = \frac{₩15,000 + ₩12,000/(1 - 0.4)}{₩100 - ₩79} = 1,667단위$$

[물음 3] 판매량이 균등확률분포일 경우 광고 여부 의사결정

    (1) TV광고를 하지 않을 경우

$$₩40 × \frac{300단위 + 400단위}{2} - ₩15,000 = ₩(1,000)$$

    (2) TV광고를 할 경우

$$₩40 × \frac{370단위 + 610단위}{2} - (₩15,000 + ₩7,000) = ₩(2,400)$$

    ∴ TV광고를 하지 않는 것이 ₩1,400만큼 유리하다.

다음을 읽고 물음에 답하시오.

(주)한국은 A와 B제품을 생산·판매하고 있다. 원가부서와 판매부서에서 제시한 A와 B제품 생산 및 판매와 관련된 원가자료는 다음과 같다.

구분	A	B
단위당 직접재료원가	₩1,500	₩2,000
단위당 직접노무원가	1,000	3,000
단위당 변동제조간접원가	600	1,000
연간 고정제조간접원가	12,000,000	20,000,000
단위당 변동판매비	1,500	2,000
연간 고정판매비	16,000,000	23,000,000
단위당 판매가격	8,500	14,000

(주)한국의 생산설비의 연간 생산능력은 70,000기계시간이다. A제품 1단위 생산에 소요되는 기계시간은 1시간이며, B제품 1단위 생산 시 소요되는 기계시간은 1.5시간이다. A제품의 연간 수요량은 21,500단위이며 B제품에 대한 연간 수요량은 36,500단위이다. A와 B제품 각각의 최대 생산량은 연간 수요량을 초과하지 않는다.

요구사항

최근에 (주)한국이 생산설비를 확장하여 기계시간을 20,000시간 늘렸다. 생산설비 확장으로 인해 고정제조간접원가가 ₩10,000,000 증가하였으나 제품별 단위당 변동제조간접원가는 변화가 없었다. 생산설비 확장 이후 (주)서울에서 (주)한국이 생산하는 B제품을 단위당 ₩10,000에 구입하겠다는 의사를 표시하여 왔다. 그러나 구입수량은 정해지지 않았으며 상당히 유동적이다. (주)서울의 특별주문에 따른 구입수량은 다음과 같은 확률분포를 갖는 것으로 추정된다.

구입수량	10,000개	20,000개	30,000개
구입수량별 확률	0.3	0.5	0.2

(주)한국의 특별주문에 의해 B제품을 판매하는 경우 특별주문에 따른 판매로 인해 고정판매비가 ₩1,000,000 추가로 발생될 것이다. 특별주문에 대한 수락 여부를 분석하고 가부를 설명하시오.

(1) 생산여력
① 최대조업도 70,000시간 + 20,000시간 = 90,000시간
② 현재조업도

A	21,500시간*1
B	54,750시간*2
합계	76,250시간

*1 21,500단위 × 1시간 = 21,500시간
*2 36,500단위 × 1.5시간 = 54,750시간

∴ 생산여력(유휴설비): 90,000시간 − 76,250시간 = 13,750시간

(2) 생산우선순위 결정

	A (21,500단위)	B 정규(36,500단위)	B 특별주문(Q)
단위당 판매가격	₩8,500	₩14,000	₩10,000
단위당 변동원가	(4,600)*3	(8,000)*4	(8,000)*4
단위당 공헌이익	₩3,900	₩6,000	₩2,000
기계시간	÷ 1시간	÷ 1.5시간	
기계시간당 공헌이익	₩3,900/시간	₩4,000/시간	
생산우선순위	2순위	1순위	

*3 ₩1,500 + ₩1,000 + ₩600 + ₩1,500 = ₩4,600
*4 ₩2,000 + ₩3,000 + ₩1,000 + ₩2,000 = ₩8,000

(3) 의사결정

제품 B 특별주문수량	10,000개	20,000개	30,000개
필요기계시간	15,000시간	30,000시간	45,000시간
생산여력	13,750시간	13,750시간	13,750시간
부족한 기계시간	1,250시간	16,250시간	31,250시간
포기한 정규판매 ┌ 제품 A	1,250단위	16,250단위	21,500단위
└ 제품 B	0	0	6,500단위

특별주문 수락 시			
증분수익			
공헌이익 증가(₩2,000)	₩20,000,000	₩40,000,000	₩60,000,000
증분비용			
기회원가*5 ┌ 제품 A(₩3,900)	4,875,000	63,375,000	83,850,000
└ 제품 B(₩6,000)	0	0	39,000,000
고정판매비	1,000,000	1,000,000	1,000,000
증분이익(손실)	₩14,125,000	₩(24,375,000)	₩(63,850,000)
확률	× 0.3	× 0.5	× 0.2
기대증분이익(손실)	₩4,237,500	₩(12,187,500)	₩(12,770,000)

*5 정규판매 포기수량 × 단위당 공헌이익

∴ 기대증분이익(손실)이 ₩4,237,500 − ₩12,187,500 − ₩12,770,000 = ₩(20,720,000)
< 0이므로 기각한다.

[별해] 성과표 이용

	10,000개(0.3)	20,000개(0.5)	10,000개(0.2)	기댓값
수락	14,125,000	(24,375,000)	(63,850,000)	(20,720,000)
거절	−	−	−	−

제17장

전략적 원가관리

01 의의

전략적 원가관리(strategic cost management)란 기업환경 변화에 효과적으로 대응하기 위하여 전략을 수립하고 실행하는 과정에서 원가정보를 활용하고 관리하는 것을 말한다.

> **핵심 Check** 전통적 원가관리의 문제점
>
> • 조업도기준방식으로 인하여 원가계산에 왜곡이 발생하였다.
> • 재고자산의 평가에 초점이 맞춰져 있었다.
> • 재무보고를 위한 방식으로 원가의 발생원인을 파악할 수 없었다.
> • 활동과 기업운영과정에 대해서는 정보가 없었다.

02 전략적 원가관리의 등장 배경

치열한 경쟁과 소비자의 다양한 요구에 대응하기 위하여 기업의 전략수립과 실행에 도움이 되는 원가정보를 요구하게 되었으며 이러한 원가정보를 활용한 관리기법을 모두 전략적 원가관리라 한다.

• 조업도기준방식으로 인하여 원가계산에 왜곡이 발생하였다.
  ⇨ 원가발생원인 파악
  ⇨ 활동기준원가계산, 활동기준경영
• 재고자산의 평가에 초점이 맞춰져 있었다.
  ⇨ 원가절감 및 품질향상
  ⇨ 적시생산시스템, 카이젠원가계산, 품질원가계산
• 재무보고를 위한 방식으로 적절한 원가관리를 할 수 없었다.
  ⇨ 원가범위확대
  ⇨ 목표원가계산, 제품수명주기원가계산
• 활동과 기업운영과정에 대해서는 정보가 없었다.
  ⇨ 핵심역량 강화 및 효율적 운영
  ⇨ 가치사슬, 균형성과표, 제약이론

2 제품수명주기원가계산

01 의의

제품수명주기원가계산(products life cycle costing)은 전통적인 생산과정에서의 원가계산방식에서 벗어나 연구개발, 설계, 생산, 마케팅, 유통, 고객서비스에 이르는 모든 활동의 원가계산을 의미한다. 이러한 제품수명주기원가계산은 수명주기 전 과정에서 발생하는 원가를 종합적으로 고려하여 제품별 예산설정, 수익성분석 및 전략적 의사결정에 보다 유용한 정보를 제공할 수 있다.

> **핵심 Check** 생산자관점 vs 구매자관점
>
> • 생산자관점: 연구개발, 설계, 생산, 마케팅, 유통, 고객서비스
> • 구매자관점: 구매, 사용, 처분(폐기)

> **참고** 제조물책임법(PL, product liability law)
>
> 생산자에 대한 배상책임이 강화될수록 생산자관점 수명주기는 더 확대된다.

02 유용성

1. 수익성분석과 가격결정

제품수명주기 전 과정 원가를 집계하여 장기적인 제품별 수익성분석이 가능하며 제품이 판매가격 결정에 적절한 정보를 제공한다.

2. 제품수명주기 단계별 원가의 상호관련성

제조 이전 단계에서의 연구개발 및 설계비 증가는 제조원가와 고객서비스원가의 절감을 가져올 수 있어 수명주기 단계별 원가의 상호관련성을 파악할 수 있다.

> **핵심 Check** 품질향상과 고객만족
>
> 품질향상은 제조 이전 단계의 원가를 높이지만 고객만족으로 이어져 구매자관점에서 원가를 낮춘다.

3. 혁신적인 원가절감 모색

제조 이전 단계에서 수명주기 전 과정에서 발생하는 원가의 80 ~ 90%가 결정되므로 제조단계에서의 원가절감보다는 연구개발, 설계 등 제조 이전 단계에서부터 혁신적인 원가절감을 모색할 수 있다.

고착원가(구속원가)와 발생원가

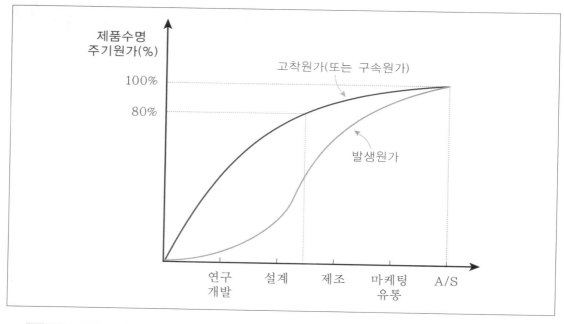

예제 1: 제품수명주기 원가계산

(주)한국이 새롭게 출시하고자 하는 제품의 수명주기는 3년으로 예상하며 예상판매량은 1,000 단위, 판매가격은 ₩200이다. 회사는 활동기준원가계산을 적용하여 신제품에 대한 제품수명주기예산을 설정하고자 한다. 관련 자료는 다음과 같다(단, 화폐의 시간가치는 무시한다).

구분	수명주기				
	연구개발	생산	마케팅	유통	고객서비스
연구개발비	₩50,000				
단위당 변동원가		₩25	₩10	₩5	₩6
뱃치당* 변동원가		200			
고정원가		10,000	8,000	5,000	7,000

* 뱃치당 제품 수는 50단위이다.

요구사항

❶ 신제품에 대한 제품수명주기 손익계산서를 작성하시오.

❷ 신제품에 대한 제품수명주기예산을 설정하고 각 단계별 총원가에서 차지하는 비율을 나타내시오.

❸ 회사는 연구개발비를 ₩10,000만큼 추가로 지출하면 예상판매량을 20% 증가시킬 수 있고 고객서비스 고정원가를 ₩6,000만큼 절감할 것으로 분석하고 있다. 그러나, 판매량 증가로 인하여 가격은 ₩20만큼 낮아지며 뱃치당 수량도 40단위가 될 것으로 예상하고 있다. 연구개발비를 추가할 것인지에 대한 의사결정을 제시하시오.

	수량	가격	뱃치수	연구개발비	고객서비스(고정)
변경 전	1,000단위	₩200	1,000단위 ÷ 50단위 = 20뱃치	₩50,000	₩7,000
변경 후	1,200단위	180	1,200단위 ÷ 40단위 = 30뱃치	60,000	1,000

❶ 신제품에 대한 제품수명주기 손익계산서

매출액	1,000단위 × ₩200 =	₩200,000
제품수명주기원가		
연구개발		50,000
생산	1,000단위 × ₩25 =	25,000
	20뱃치 × ₩200 =	4,000
		10,000
마케팅	1,000단위 × ₩10 =	10,000
		8,000
유통	1,000단위 × ₩5 =	5,000
		5,000
고객서비스	1,000단위 × ₩6 =	6,000
		7,000
이익		₩70,000

❷ 제품수명주기예산과 비율

구분	수명주기					합계
	연구개발	생산	마케팅	유통	고객서비스	
연구개발비	₩50,000					
단위당 변동원가		₩25,000	₩10,000	₩5,000	₩6,000	
뱃치당 변동원가		4,000				
고정원가		10,000	8,000	5,000	7,000	
계	₩50,000	₩39,000	₩18,000	₩10,000	₩13,000	₩130,000
비율	38%	30%	14%	8%	10%	100%

❸ 연구개발비 지출 의사결정

증분수익	변경 후 매출	1,200단위 × ₩180 =	₩216,000
	변경 전 매출	1,000단위 × ₩200 =	(200,000)
증분비용	연구개발비		10,000
	생산변동원가	200단위 × ₩25 =	5,000
	생산뱃치원가	10뱃치 × ₩200 =	2,000
	마케팅변동원가	200단위 × ₩10 =	2,000
	유통변동원가	200단위 × ₩5 =	1,000
	고객서비스변동원가	200단위 × ₩6 =	1,200
	고객서비스고정원가절감		(6,000)
			₩800

증분이익

그러므로 연구개발비를 추가로 지출하는 것이 유리하다.

3 가치사슬

01 의의

가치사슬(value chain)이란 원재료 투입에서부터 제품이 최종소비자에게 인도되는 과정에서 가치를 창출하는 활동들이 서로 연결되어 있다는 것을 말한다.

1. 유용성

가치사슬 전 과정을 분석하면 각 단계별 원가관리가 가능하며 각 단계별 활동을 경쟁사와의 비교를 통하여 효과적인 전략수립이 가능하다. 또한, 각 단계별 원가의 상호관련성을 파악할 수 있다.

2. 활동기준원가계산의 활용

가치사슬 전 과정을 활동으로 구분하고 활동분석을 통한 비부가가치활동의 개선과 원가동인 분석으로 경쟁우위를 위한 전략수립에 대한 정보를 제공한다.

> **핵심 Check** 상류원가와 하류원가
>
> • 상류원가(upstream cost): 제조 이전에 발생한 활동과 관련된 원가
> • 하류원가(downstream cost): 제조 이후에 발생한 활동과 관련된 원가

02 가치사슬분석

가치사슬분석(value chain analysis)이란 각 활동을 분석하여 경쟁우위에 있는 활동인 부가가치활동과 비부가가치활동을 구분하여 최종소비자에게 가치를 전달하는 데 관련된 과정을 분석하는 것을 말한다. 가치를 추구하는 활동은 다음과 같이 두 가지로 나눌 수 있다.

1. 본원적 활동(primary activities)

제품과 서비스의 생산과 배분에 관련된 기능을 수행하는 활동을 말한다.

> • 구매물류: 구매하여 운반 및 저장하는 활동
> • 생산 및 운영: 투입요소를 제품으로 전환하는 운영활동
> • 판매물류: 제품을 고객에게 전달하는 활동
> • 판매 및 마케팅: 고객이 제품을 구매하도록 유도하는 활동
> • 서비스: 제품가치를 유지하고 증가시키는 활동

2. 지원적 활동(support activities)

본원적 활동을 지원하는 활동을 말한다.

- 기업의 조직구조: 일반관리 및 경영활동
- 인적자원관리: 채용, 훈련, 교육 및 보상과 관련된 활동
- 기술개발: 공정개선 및 연구개발활동
- 조달: 원료, 부품 및 기계 등 조달활동

03 본원적 경쟁전략

기업은 내부 자원을 활용하는 과정에서 경쟁우위를 창출할 수 있으며 가치사슬분석을 통하여 경쟁우위가 있는 핵심역량에 더 많은 자원을 투자하여 높은 경쟁력을 확보할 수 있다. 본원적 경쟁전략(generic competitive strategy)은 경쟁기업에 비하여 우위에 있는 기업의 고유핵심역량을 말한다.

(1) 원가우위전략(cost leadership strategy)

경쟁사보다 낮은 원가로 제품을 생산하는 것을 말하며 가격 측면에서 경쟁우위를 확보하는 전략이다. 규모의 경제, 저가격의 원자재, 학습효과 및 효율적인 프로세스로 낮은 원가를 유지하여 시장점유율 확대로 인한 매출극대화를 추구한다.

(2) 차별화전략(differentiation strategy)

경쟁사에서 가지고 있지 못한 특별한 디자인, 기능, 서비스 제공에서 경쟁우위를 확보하는 전략이다. 경쟁사의 모방이 어렵기 때문에 가격프리미엄으로 다소 높은 가격과 고객충성도 확보가 가능하다.

(3) 집중화전략(focus strategy)

산업 내 세분화된 시장에서 원가우위 또는 차별화우위로 경쟁우위를 확보하는 전략이다. 원가집중화는 세분화된 시장에서 원가절감을 추구하고 차별화 집중화는 세분화된 시장에서 차별화된 제품으로 경쟁우위를 확보하여 특정 고객을 만족시키는 전략을 말한다.

04 공급사슬과의 관계

공급사슬(supply chain)은 투입요소부터 완성된 산출물이 최종소비자에게 인도되기까지 공급망, 생산공장, 물류, 창고, 도·소매 및 소비자로 연결된 과정을 말한다.

1. 공급사슬관리

공급사슬관리(supply chain management)란 공습사슬 각 단계의 경쟁력을 분석하여 핵심역량에 집중할 수 있도록 전체흐름을 설계하고 관리하는 것을 말한다.

(1) 구매관리
- 아웃소싱(outsourcing)
- 오프쇼어링(offshoring)과 리쇼어링(reshoring)

(2) 물류관리
- 수송방식의 선택
- 재고의 배치

2. 공급사슬과 가치사슬의 비교

공급사슬은 조달, 전환 및 물류와 관련된 공급망으로 생산에서 납품까지 제품의 공급을 통한 고객 만족을 강조한다. 반면에 가치사슬은 제품에 가치를 부가하는 활동으로 고객가치를 높이고 경쟁우위를 확보하는 데 그 목적이 있다.

예제 2: 가치사슬

(주)한국은 제품 X와 제품 Y 두 종류의 제품을 생산·판매하고 있다. 회사는 가치사슬 각 단계별 원가를 직접원가와 간접원가로 분류하고 간접원가는 각 단계별 원가동인을 기준으로 배분하고 있다.

(1) 각 단계별 직접원가

구분	제품 X	제품 Y
연구	₩12,000	₩10,000
설계	4,000	5,000
생산	16,000	15,000
마케팅	2,000	2,500
유통	5,000	4,000
고객서비스	3,000	2,000
	₩42,000	₩38,500

(2) 각 단계별 간접원가 및 원가동인

구분	간접원가	배부기준	원가동인수 제품 X	원가동인수 제품 Y
연구	₩30,000	개발시간	400시간	600시간
설계	10,000	제품종류	1종류	1종류
생산	40,000	생산단위	1,000단위	1,500단위
마케팅	8,000	주문횟수	30횟수	50횟수
유통	6,000	배송횟수	25횟수	25횟수
고객서비스	5,000	고객대응시간	20시간	80시간
	₩99,000			

요구사항

1 제품별 제품수명주기 단위당 원가를 구하시오.

2 제품별 원가를 상류원가, 제조원가 및 하류원가로 각각 구분하여 나타내시오.

3 회사는 외부보고용 재무제표에 표시할 제품원가는 설계원가와 생산원가의 합계금액으로 판단하였다. 재무제표에 표시될 각 제품별 단위당 제품원가를 구하시오(단, 소수점 첫째 자리에서 반올림하시오).

4 **1**, **2**, **3**과 별도로 전 제품은 모두 정부기관에 납품하기로 하였다. 기관에서 보상하는 원가에는 마케팅원가와 고객서비스원가는 포함되지 않는다. 제품별로 기관에서 보상을 받을 수 있는 원가를 구하시오.

풀이

(1) 각 단계별 간접원가배분금액

구분	간접원가	배부율	배분금액 제품 X	배분금액 제품 Y
연구	₩30,000	₩30/시간*	₩12,000	₩18,000
설계	10,000	5,000/종류	5,000	5,000
생산	40,000	16/단위	16,000	24,000
마케팅	8,000	100/횟수	3,000	5,000
유통	6,000	120/횟수	3,000	3,000
고객서비스	5,000	50/시간	1,000	4,000
	₩99,000		₩40,000	₩59,000

* ₩30,000 ÷ 1,000시간 = ₩30/시간

(2) 수명주기원가 구분

- 상류원가: 연구 및 설계
- 하류원가: 마케팅, 유통 및 고객서비스

1 제품별 제품수명주기 단위당 원가

구분	제품 X 직접원가	제품 X 간접원가	제품 X 합계	제품 Y 직접원가	제품 Y 간접원가	제품 Y 합계
연구	₩12,000	₩12,000	₩24,000	₩10,000	₩18,000	₩28,000
설계	4,000	5,000	9,000	5,000	5,000	10,000
생산	16,000	16,000	32,000	15,000	24,000	39,000
마케팅	2,000	3,000	5,000	2,500	5,000	7,500
유통	5,000	3,000	8,000	4,000	3,000	7,000
고객서비스	3,000	1,000	4,000	2,000	4,000	6,000
	₩42,000	₩40,000	₩82,000	₩38,500	₩59,000	₩97,500

그러므로 단위당 원가는 다음과 같다.

- 제품 X: ₩82,000 ÷ 1,000단위 = ₩82
- 제품 Y: ₩97,500 ÷ 1,500단위 = ₩65

2 제품별 상류원가, 제조원가 및 하류원가

구분	제품 X			제품 Y		
	직접원가	간접원가	합계	직접원가	간접원가	합계
연구	₩12,000	₩12,000	₩24,000	₩10,000	₩18,000	₩28,000
설계	4,000	5,000	9,000	5,000	5,000	10,000
상류원가			₩33,000			₩38,000
생산	16,000	16,000	₩32,000	15,000	24,000	₩39,000
제조원가			₩32,000			₩39,000
마케팅	2,000	3,000	₩5,000	2,500	5,000	₩7,500
유통	5,000	3,000	8,000	4,000	3,000	7,000
고객서비스	3,000	1,000	4,000	2,000	4,000	6,000
하류원가			₩17,000			₩20,500

3 재무제표에 표시될 각 제품별 단위당 제품원가

구분	제품 X			제품 Y		
	직접원가	간접원가	합계	직접원가	간접원가	합계
연구			⋮			⋮
설계	₩4,000	₩5,000	₩9,000	₩5,000	₩5,000	₩10,000
생산	16,000	16,000	32,000	15,000	24,000	39,000
마케팅						
유통			⋮			⋮
고객서비스						
			₩41,000			₩49,000

그러므로 단위당 제품원가는 다음과 같다.
- 제품 X: ₩41,000 ÷ 1,000단위 = ₩41
- 제품 Y: ₩49,000 ÷ 1,500단위 = ₩33

4 제품별 보상을 받을 수 있는 원가

구분	제품 X			제품 Y		
	직접원가	간접원가	합계	직접원가	간접원가	합계
연구	₩12,000	₩12,000	₩24,000	₩10,000	₩18,000	₩28,000
설계	4,000	5,000	9,000	5,000	5,000	10,000
생산	16,000	16,000	32,000	15,000	24,000	39,000
마케팅			⋮			⋮
유통	5,000	3,000	8,000	4,000	3,000	7,000
고객서비스			⋮			⋮
			₩73,000			₩84,000

4 균형성과표

01 의의

기업의 비전을 달성하기 위하여 전략을 재무적 관점, 고객관점, 내부프로세스관점, 학습과 성장관점의 네 가지 관점의 성과지표로 전환하여 관리하는 성과평가시스템이다.

핵심 Check 과거평가제도의 문제점

- 기업의 비전 및 전략과 연결되어 있지 않다.
- 회계상 과거자료에 근거하여 평가한다.
- 재무적인 수치에 의존한다.
- 지속적인 피드백이 부족하다.
- 무형자산에 대한 가치를 인식하지 못한다.

1. 네 가지 관점

다음의 네 가지 관점은 서로 인과관계를 가져야 하고 기업의 전략적 목표와 연결되어야 한다.

- **재무적 관점**: 우리는 주주에게 어떻게 보여야 하는가?
- **고객관점**: 우리는 고객에게 어떻게 보여야 하는가?
- **내부프로세스관점**: 우리는 어떤 비즈니스 프로세스에 탁월해야 하는가?
- **학습과 성장관점**: 우리는 개선능력을 어떤 방향으로 길러야 하는가?

2. 균형의 의미

학습으로 인한 구성원의 역량은 조직의 내부프로세스를 개선을 유발하고 이는 고객만족으로 이어져 결과적으로 재무성과를 향상시킬 수 있어 네 가지 관점 모두 균형을 이뤄야 한다.

재무적 관점	vs	비재무적 관점
과거결과		미래목표
유형자산		무형자산
계량적		비계량적
단기성과		중장기성과
결과		원인
주주		이해관계자

3. 주요 구성요소

기업의 비전을 네 가지 관점에서의 전략적 목표를 설정하고 각각의 주요 성공요인에 대한 지표를 설정하여 목표를 설정하는 것으로 이루어져 있다.

구분	KGI	CSF	KPI	target	initiative
재무적 관점	매출증가 원가우위	가격경쟁력 납기우위	영업이익률 ROI	10% 증가 15% 증가	영업사원증원 물류시스템도입
고객관점	고객만족향상 신규고객확보	품질향상 높은서비스	고객만족도 신규고객수	20% 향상 10% 증가	고객대응매뉴얼 방문상담
내부프로세스 관점	원가절감 품질향상	납기준수 생산성향상	작업시간 신제품수	표준시간준수 10개 이상	작업표준화 개발회의
학습과 성장 관점	동기부여 정보시스템	직원만족향상 정보활용향상	직원만족도 시스템활용도	의사소통활성 시스템교육	동호회활성 커리큘럼개발

- strategy map: CSF 간의 인과관계를 나타내주는 그림
- KGI: 네 가지 관점에서의 달성해야 할 전략적 목표
- CSF: 비전과 전략을 달성하기 위한 주요 성공요인
- KPI: CSF의 달성 여부를 측정하기 위한 구체적인 핵심성과지표
- target: KPI의 목표수준을 수치화한 것
- initiative: KPI를 달성하기 위한 구체적인 활동

참고 KGI vs CSF vs KPI

- KGI(Key Goal Indicator)
- CSF(Critical Success Factor)
- KPI(Key Performance Indicator)

02 네 가지 관점의 주요 내용

과거의 재무적 성과지표는 기업의 운영에 대한 결과로서 비재무적인 측면은 적절하게 고려하지 못한다. 따라서, 다른 비재무적인 측면도 균형 있게 고려하여 결과적으로 재무적인 성과로 연결되어야 한다.

1. 재무적 관점(finance perspective)

기업의 재무적인 성과가 얼마나 향상되었는지를 나타내주며 성과지표는 다음의 세 가지 측면에서 살펴볼 수 있다.
- 수익성 측면: 영업이익률, 투자수익률, 잔여이익, 경제적부가가치 등
- 안정성 측면: 유동비율, 자기자본비율 등
- 성장성 측면: 자산증가율, 영업이익증가율 등

2. 고객관점(customer perspective)

고객의 요구에 대하여 얼마나 잘 만족시켰는지를 나타내주며 성과지표는 다음의 세 가지 측면에서 살펴볼 수 있다.
- 고객만족 측면: 고객만족도, 시장점유율 등
- 시장유지 측면: 고객유지율, 계약해지율 등
- 시장확장 측면: 누적시장점유율, 신규고객확보율 등

3. 내부프로세스관점(internal business process perspective)

전략의 실행을 위한 내부프로세스가 얼마나 향상되었는지를 나타내주며 내부프로세스는 다음과 같이 세 가지로 나누어 살펴볼 수 있다.

(1) 혁신프로세스

고객의 요구를 충족시키는 제품이나 서비스를 개발하는 것으로 주요 성과지표는 신제품의 수, 신제품 수익률, 신제품개발기간 등이 있다.

(2) 운영프로세스

제품이나 서비스를 고객에게 전달하는 과정으로 원활한 운영과 원가절감을 강조하는 것으로 시간, 원가 및 품질에 대한 개선을 목적으로 한다. 각 항목에 대한 주요 성과지표는 다음과 같다.
- 시간: 고객대응시간, 납품주기, 제조주기효율성
- 원가: 부가가치원가, 비부가가치원가
- 품질: 불량률, 반품률, 재작업률

핵심 Check 고객대응시간(customer response time), 제조주기(manufacturing lead time)

* 생산시간 = 가공 + 검사 + 이동 + 저장

핵심 Check 제조주기효율성(MCE; manufacturing cycle efficiency)

$$제조주기효율성 = \frac{부가가치시간(= 가공(공정)시간)}{제조주기}$$

(3) 판매 후 서비스프로세스

고객에게 전달한 후 고객 서비스를 향상하는 것으로 주요 성과지표는 불량 및 반품처리, 불만처리건수, 불만처리시간 등이 있다.

4. 학습과 성장관점(learning & growth perspective)

구성원의 역량과 정보시스템이 얼마나 향상되었는지를 나타내주며 성과지표는 다음의 세 가지 측면에서 살펴볼 수 있다.
- 인적자원 측면: 구성원 수, 이직률 등
- 정보시스템 측면: 정보시스템활용도, 사내인트라넷 등
- 조직문화 측면: 구성원만족도, 보상체계 등

03 유용성 및 한계점

균형성과표는 다음과 같은 유용성과 한계점을 지니고 있어 운용과정에 있어 적절한 보완과 개선이 필요하다.

1. 유용성

- 단순한 결과지표가 아닌 전략과 성과보상의 연결을 통한 관리적 성과평가를 추구한다.
- 성과지표를 통해 전략을 구체화하고 각 성과지표들 간의 관계를 명확하게 하여 성과지표로부터 재무성과까지 인과관계를 확인할 수 있다.
- 비전과 전략에 대한 공유, 참여, 학습을 통하여 원활한 의사소통이 가능하다.
- 조직의 행동과 프로세스 개선을 통하여 구성원의 역량을 강화할 수 있다.

2. 한계점

- 비재무적 성과지표의 계량화가 어렵다.
- 비재무적 성과지표가 재무적 성과로 나타나는 과정에 많은 시간이 소요된다.
- 비재무적 성과지표가 재무적 성과에 미치는 정도를 정량화하기 어렵다.
- 제도를 운영하는 데에 많은 시간과 비용이 요구된다.

예제 3: 제조주기, 고객대응시간, 제조주기효율성

(주)한국은 고객이 주문하는 시점부터 인도되는 시점까지의 총시간을 다음과 같이 측정하였다.

구분	시간
주문시간	2시간
가공시간	3시간
검사시간	1시간
이동시간	4시간
저장시간	2시간
인도시간	5시간

요구사항

1. 제조주기를 구하시오.
2. 고객대응시간을 구하시오.
3. 제조주기효율성을 구하시오.

풀이

(1) 제조주기: 생산준비를 개시한 시점부터 생산완료시점까지의 시간
(2) 고객대응시간: 고객이 주문한 시점부터 인도완료시점까지의 시간
(3) 제조주기효율성: 총제조주기 중 부가가치시간이 차지하는 비중이며 부가가치시간은 가공시간이다.

$$= \frac{부가가치시간(= 가공(공정)시간)}{제조주기}$$

1 제조주기

가공시간 + 검사시간 + 이동시간 + 저장시간 = 3시간 + 1시간 + 4시간 + 2시간 = 10시간

2 고객대응시간

주문시간 + 제조주기 + 인도시간 = 2시간 + 10시간 + 5시간 = 17시간

3 제조주기효율성

$$\frac{부가가치시간(= 가공(공정)시간)}{제조주기} = \frac{3시간}{10시간} = 30\%$$

(주)한국은 드론을 생산·판매하는 회사이며 모든 제품은 lot단위(1lot당 500단위)로 생산하고 있다. 현재 생산하고 있는 제품 X의 판매량은 20,000단위이며 관련 자료는 다음과 같다.

	제조주기		제조간접원가		단위당 판매가격	단위당 기초원가
	대기시간	생산시간	lot당	제조주기시간당		
X	100시간	120시간	₩5,000	₩30	₩50	₩10

한편, 회사는 새로운 사양의 제품 Y를 추가하려고 한다. 제품 Y의 예상판매량은 15,000단위이며 제품 X의 판매량에는 영향을 미치지 않지만 대기시간이 늘어날 것으로 예상된다. 제품 Y를 추가할 경우 관련 자료는 다음과 같다.

	제조주기		제조간접원가		단위당 판매가격	단위당 기초원가
	대기시간	생산시간	lot당	제조주기시간당		
X	200시간	120시간	₩5,000	₩30	₩50	₩10
Y	200	150	5,000	20	60	20

회사는 JIT시스템을 적용하여 재고자산을 보유하지 않는다.

요구사항

❶ 제품 X만 생산하는 경우 예상영업이익을 구하시오.
❷ 제품 Y를 추가하는 경우 예상영업이익을 구하시오.

(풀이)

(1) lot당 수량
  500단위/lot
(2) 제품별 lot수
  · 제품 X: 20,000단위 ÷ 500단위 = 40lot
  · 제품 Y: 15,000단위 ÷ 500단위 = 30lot
(3) 제조간접원가
  · 공통: lot당 ₩5,000
  · 개별: 제조주기시간당 제품 X는 ₩30, 제품 Y는 ₩20
(4) 제조주기
  · 제품 X만 생산하는 경우

	제조주기		계
	대기시간	생산시간	
X	100시간	120시간	220시간

- 제품 X와 제품 Y 모두 생산하는 경우

	제조주기		계
	대기시간	생산시간	
X	200시간	120시간	320시간
Y	200	150	350

(5) 제품 단위당 판매가격 및 기초원가

	단위당 판매가격	단위당 기초원가
X	₩50	₩10
Y	60	20

❶ 제품 X의 영업이익

매출	20,000단위 × ₩50 =	₩1,000,000
기초원가	20,000단위 × ₩10 =	(200,000)
제조간접원가 ┌	40lot × ₩5,000 =	(200,000)
└	40lot × 220시간 × ₩30 =	(264,000)
영업이익		₩336,000

❷ 제품 X와 제품 Y 모두 판매한 경우 영업이익

제품 X의 제조주기는 320시간으로 증가한다.

매출 ┌ X	20,000단위 × ₩50 =	₩1,000,000
└ Y	15,000단위 × ₩60 =	900,000
기초원가 ┌ X	20,000단위 × ₩10 =	(200,000)
└ Y	15,000단위 × ₩20 =	(300,000)
제조간접원가 ┌ X	40lot × ₩5,000 =	(200,000)
│ Y	30lot × ₩5,000 =	(150,000)
│ X	40lot × 320시간 × ₩30 =	(384,000)
└ Y	30lot × 350시간 × ₩20 =	(210,000)
영업이익		₩456,000

[별해]

	X			Y		
매출	20,000단위 × ₩50 =	₩1,000,000		15,000단위 × ₩60 =	₩900,000	
기초원가	20,000단위 × ₩10 =	(200,000)		15,000단위 × ₩20 =	(300,000)	
제조간접원가 ┌	40lot × ₩5,000 =	(200,000)		30lot × ₩5,000 =	(150,000)	
└	40lot × 320시간 × ₩30 =	(384,000)		30lot × 350시간 × ₩20 =	(210,000)	
		₩216,000			₩240,000	

∴ ₩216,000 + ₩240,000 = ₩456,000

(주)한국은 택배전문회사이다. 이 회사의 서비스 품질은 (1) 정시운송, (2) 운송 중 파손물량의 수로 측정된다. 회사는 고객에 대한 서비스의 품질을 향상시키기 위해서 새로운 운송시스템을 도입하고자 한다. 새로운 시스템을 도입하면 다음과 같은 효과가 있을 것으로 예측된다.

(1) 정시운송률 10% 증가

(2) 운송 중 파손물량 1,000단위 감소(파손물량 1단위당 ₩50의 비용발생)

회사는 정시운송률이 1% 증가할 때마다 연간 공헌이익이 ₩10,000만큼 증가하며, 새로운 시스템을 도입할 경우 연간 ₩120,000의 추가비용이 예상된다.

요구사항

새로운 시스템에 대한 도입 여부를 결정하시오.

[풀이]

증분수익
   정시운송성과   10 × ₩10,000 =   ₩100,000
   파손물량감소 1,000단위 × ₩50 =   50,000   ₩150,000
증분비용
   도입비용   (120,000)
증분이익   ₩30,000 ≥ 0

∴ 회사는 새로운 시스템을 도입한다.

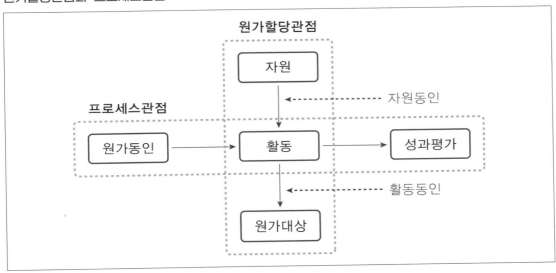

5 활동기준경영

01 의의

활동은 목표를 달성하기 위하여 시간과 자원을 소비하는 구체적인 사건을 말한다. 활동은 원가할당관점(cost assignment view)과 프로세스관점(process view)으로 구분되어 경영활동 과정에서 원가를 발생하는 요인을 찾는 데에 초점을 맞추고 있다. 이는 정확한 원가계산과 함께 활동개선에 유용한 정보를 제공하는 것에 목적을 두고 있다.

원가할당관점은 주로 활동을 기준으로 한 원가계산을 강조하고 프로세스관점은 원가동인 파악으로 활동개선을 강조한다.

원가할당관점과 프로세스관점

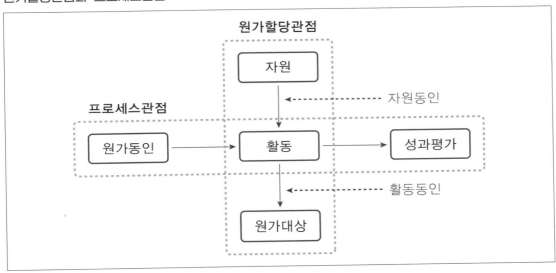

(1) 원가할당관점

- **자원**: 활동에 필요한 자원은 무엇인가?
- **활동**: 어떠한 활동이 필요한가?
- **원가대상**: 활동이 필요한 대상은 무엇인가?

> **참고** 자원동인과 활동동인
>
> - **자원동인**(resource drivers): 기업의 자원을 소비한 활동에 할당하는 기준
> - **활동동인**(activity drivers): 각 활동의 원가를 원가대상에 할당하는 기준

(2) 프로세스관점

- 원가동인: 활동이 왜 일어나는가?
- 활동: 어떠한 활동이 필요한가?
- 성과평가: 활동이 얼마나 잘 수행되었는가?

핵심 Check 원가동인(cost drivers)

활동이 일어나는 원인을 파악하는 것을 말한다.

02 활동분석

활동개선을 위해서는 활동을 파악하고 평가하는 과정이 필요하다. 이러한 활동분석을 통하여 가치를 증가시키는 활동은 효율적으로 수행하며 가치를 증가시키지 못하는 활동은 축소 또는 제거를 통해서 원가를 절감할 수 있다.

또한, 활동분석을 통하여 고객에게 가치를 부여할 수 있는지 여부에 따라 부가가치활동과 비부가가치활동으로 구분할 수 있다.

1. 부가가치활동과 비부가가치활동

(1) **부가가치활동**(value added activity)

고객에게 가치를 부여하는 활동을 말한다.

(2) **비부가가치활동**(non value added activity)

고객에게 가치를 부여하지 못하는 활동으로 불필요하거나 비효율적으로 수행되는 활동을 말한다.

핵심 Check 비부가가치활동의 종류 및 관리를 통한 원가절감방안

- 종류: 계획(scheduling), 이동(moving), 대기(waiting), 검사(inspecting), 저장(storing)
- 관리방안: 제거(elimination), 선택(selection), 감소(reduction), 공유(sharing)

2. 부가가치원가와 비부가가치원가

(1) **부가가치원가**(value added costs)

부가가치활동과 관련된 원가이며 이는 활동이 부가가치표준수량*에 의해 수행될 때 발생하는 원가를 말한다.

* 부가가치표준수량(value added standard quantity): 특정 활동이 효율적으로 수행할 때 필요한 활동수량

부가가치원가 = 부가가치표준수량 × 단위당 표준원가

(2) 비부가가치원가(non value added costs)

비부가가치활동과 관련된 원가이며 이는 실제활동수량과 부가가치표준수량의 차이로 발생하는 원가를 말한다.

> 비부가가치원가 = (실제활동수량 − 부가가치표준수량) × 단위당 표준원가

3. 활동원가차이분석

활동원가차이분석에서 가장 중요한 절차는 사전에 부가가치활동과 비부가가치활동을 구분하고 각 활동에 대한 부가가치표준수량을 결정해야 한다. 또한, 활동원가차이분석은 부가가치원가와 비부가가치원가를 파악하여 개선하는 데에 목적을 두고 있어 일반적인 원가중심점 원가차이와는 의미가 다르다.

핵심 Check 일반적인 원가중심점 원가차이

실제원가와 실제산출량에 허용된 표준배부금액과 비교한다.

(1) 변동활동원가차이

실제원가		부가가치표준
AQ × AP	AQ × SP	SQ × SP
×××	×××	×××
	소비차이	능률차이

AQ: 실제 사용한 활동수
AP: 실제가격
SQ*: 부가가치표준수량
SP: 표준가격
* 일반적인 원가중심점 원가차이에서의 SQ는 "실제산출량에 허용된 표준수량"으로 "부가가치표준수량"과는 그 의미가 다르다.

1) 소비차이(spending variance)
   실제 사용한 활동수에 대한 실제가격과 표준가격의 차이이다.

2) 능률차이(efficiency variance)
   표준가격에 대한 실제 사용한 활동수와 부가가치표준수량의 차이로서 변동활동원가의 비부가가치원가이다.

(2) 고정활동원가차이

변동활동원가와 같이 소비차이와 활동수량차이로 구분할 수 있으며 고정활동원가의 경우 미리 일정 수준의 활동수준을 획득함으로써 사용하지 않은 활동수량에 대한 차이를 추가로 분석한다. 이를 미사용활동수량차이라 한다.

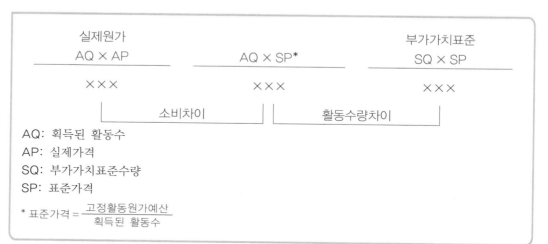

1) 소비차이(spending variance)

미리 획득된 활동수에 대한 실제가격과 표준가격의 차이이다.

2) 활동수량차이(activity volume variance)

표준가격에 대한 실제 사용한 활동수와 부가가치표준수량의 차이로서 고정활동원가의 비부가가치원가이다.

(3) 미사용활동수량차이(unused activity variance)

표준가격에 대한 미리 획득된 활동수와 실제 사용한 활동수의 차이로서 사용하지 않은 활동수를 말한다. 또한, 미사용활동수량차이가 활동수량을 줄이기 위한 노력에 의한 것이라면 유리한 차이가 된다.

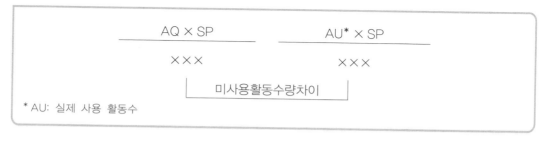

(주)한국은 활동원가차이분석을 위해서 아래와 같은 활동별 관련 자료를 수집하였다.

(1) 원가동인, 부가가치표준수량(SQ) 및 표준가격(SP)

활동	원가동인	SQ	SP
가동활동	가동시간	8,000시간	₩20
검사활동	검사시간	0	25

(2) 추가자료
- 가동활동은 가동시간에 따라 발생하는 변동원가로 실제 가동시간은 10,000시간이다.
- 검사활동은 검사시간에 따라 발생하며 단기공급계약에 따라 검사직원 2명(1명당 1,000시간)을 고용하고 있다. 또한, 검사활동의 개선으로 30%의 검사시간을 절감하였다.

(3) 실제가격(AP)과 표준가격(SP)은 동일하다.

요구사항

1 각 활동의 소비차이, 능률차이 및 활동수량차이를 구하시오.
2 검사활동의 미사용활동차이를 구하시오.
3 각 활동별 부가가치원가와 비부가가치원가를 구하시오.

[풀이]

> (1) 변동원가의 능률차이와 고정원가의 활동수량차이는 비부가가치원가이다.
> (2) 검사활동은 고정원가이며 획득된 활동수는 2,000시간이고 실제 활동수는 30%만큼 감소한 1,400시간이다.

1 소비차이, 능률차이 및 활동수량차이
(1) 가동활동

실제원가 AQ × AP	AQ × SP	부가가치표준 SQ × SP
10,000시간 × ₩20 = ₩200,000	10,000시간 × ₩20 = ₩200,000	8,000시간 × ₩20 = ₩160,000

소비차이 ₩0 　　　능률차이 ₩40,000 U

(2) 검사활동

실제원가 AQ* × AP	AQ × SP	부가가치표준 SQ × SP
2,000시간 × ₩25 = ₩50,000	2,000시간 × ₩25 = ₩50,000	0시간 × ₩25 = ₩0

소비차이 ₩0 　　　활동수량차이 ₩50,000 U

* 고정원가이므로 획득된 활동수는 감소하지 않는다.

AQ × SP	AU × SP
2,000시간 × ₩25	1,400시간 × ₩25
= ₩50,000	= ₩35,000

₩15,000 F

❸ 부가가치원가와 비부가가치원가

구분	부가가치원가 (SQ × SP)	비부가가치원가 (능률차이, 활동수량차이)
가동활동	₩160,000	₩40,000
검사활동	0	50,000
	₩160,000	₩90,000

다음과 같이 계산할 수도 있다.

구분	활동수	부가가치 표준수량	비부가가치 수량	표준가격	부가가치 원가	비부가가치 원가
가동활동	10,000	8,000	2,000	₩20	₩160,000	₩40,000
검사활동	2,000	0	2,000	25	0	50,000
					₩160,000	₩90,000

예제 7: 활동원가차이분석과 미사용활동차이(II)

(주)한국은 활동원가차이분석을 위해서 아래와 같은 활동별 관련 자료를 수집하였다.

(1) 원가동인, 부가가치표준수량(SQ) 및 표준가격(SP)

활동	원가동인	SQ	SP
가동활동	가동시간	8시간/뱃치	₩50
검사활동	검사횟수	0회	?

(2) 추가자료
- 실제생산량은 12,000단위이다.
- 가동활동은 뱃치수준의 활동으로 실제뱃치규모는 120단위이고 뱃치당 실제가동시간은 10시간이다. 또한, 가동활동의 부가가치 뱃치규모는 100단위이다.
- 검사활동은 뱃치수준의 활동으로 검사직원 1명이 20뱃치를 검사할 수 있고 총 4명의 검사직원을 고용하고 있다. 검사직원의 1인당 급여는 ₩24,000이며 실제 검사받은 뱃치수는 70뱃치이다.
- 모든 활동은 뱃치별로 이루어진다.

(3) 실제가격(AP)과 표준가격(SP)은 동일하다.

요구사항

❶ 각 활동의 소비차이, 능률차이 및 활동수량차이를 구하시오.

❷ 검사활동의 미사용활동차이를 구하시오.

❸ 각 활동별 부가가치원가와 비부가가치원가를 구하시오.

> 풀이

(1) 변동원가의 능률차이와 고정원가의 활동수량차이는 비부가가치원가이다.

(2) 검사활동은 고정원가이며 획득된 활동수는 80회이고 실제활동수는 70회이다.

❶ 소비차이, 능률차이 및 활동수량차이

(1) 가동활동

- $AQ = \dfrac{\text{실제생산량}}{\text{실제뱃치규모}} \times \text{실제가동시간}$

  $= \dfrac{12,000단위}{120단위} \times 10시간 = 1,000시간$

- $SQ = \dfrac{\text{실제생산량}}{\text{표준뱃치규모}} \times \text{표준가동시간}$

  $= \dfrac{12,000단위}{100단위} \times 8시간 = 960시간$

실제원가 AQ × AP	AQ × SP	부가가치표준 SQ × SP
1,000시간 × ₩50 = ₩50,000	1,000시간 × ₩50 = ₩50,000	960시간 × ₩50 = ₩48,000

소비차이 ₩0　　　　능률차이 ₩2,000 U

(2) 검사활동

- $SP = \dfrac{\text{예산고정원가}}{\text{예산뱃치수}}$

  $= \dfrac{4명 \times ₩24,000}{80뱃치} = ₩1,200$

실제원가 AQ × AP	AQ × SP	부가가치표준 SQ × SP
80회 × ₩1,200 = ₩96,000	80회 × ₩1,200 = ₩96,000	0회 × ₩1,200 = ₩0

소비차이 ₩0　　　　활동수량차이 ₩96,000 U

❷ 미사용활동차이

AQ × SP	AU × SP
80회 × ₩1,200	70회 × ₩1,200
= ₩96,000	= ₩84,000

₩12,000 F

❸ 부가가치원가와 비부가가치원가

구분	부가가치원가 (SQ × SP)	비부가가치원가 (능률차이, 활동수량차이)
가동활동	₩48,000	₩2,000
검사활동	0	96,000
	₩48,000	₩98,000

03 변동예산과 성과보고서

성과평가는 기준과 실적을 비교함으로써 진행되고 공정한 평가를 위해서는 달성가능하고 수용가능한 예산이 설정되어야 한다. 예산설정에 활동을 도입함에 따라 단일조업도를 기준으로 하는 전통적인 예산의 단점을 보완할 수 있다.

1. 활동기준변동예산(activity flexible budgeting)

활동기준예산은 예상활동수를 기준으로 작성하는 것으로 활동기준변동예산은 좀 더 의미 있는 비교를 위해서 실제 수행한 활동수를 기준으로 작성한 예산을 말한다.

핵심 Check 전통적인 변동예산

> 단일의 조업도를 기준으로 변동원가와 고정원가로 구분하여 실제조업도를 기준으로 작성한 예산을 말한다.

2. 성과보고서

실제 발생한 원가와 예산과의 비교는 성과보고서를 통해서 살펴볼 수 있다.

(주)한국은 20×1년 영업을 개시하였으며 단일제품을 대량생산하고 있다. 다음은 올해 초 설정한 예산과 5,000단위의 생산에 대한 실제원가 자료이다(단, 올해 실제 노동시간은 10,000시간이다).

구분	예산	실제원가
직접재료원가	제품 단위당 ₩150	₩760,000
직접노무원가	노동시간당 ₩80	720,000
부품검수원가	노동시간당 ₩30 + ₩200,000	470,000
재료이동원가	노동시간당 ₩20 + ₩300,000	620,000
품질검사원가	₩500,000	500,000
작업준비원가	₩400,000	450,000
구매주문원가	₩300,000	280,000
계		₩3,800,000

요구사항

1 변동예산에 의한 성과보고서를 작성하시오.

2 회사는 간접원가에 대해서 활동기준을 적용하여 변동예산을 설정하고자 한다. 다음의 자료를 이용하여 활동기준변동예산을 설정하고 성과보고서를 작성하시오.

구분	원가동인	예산	실제 원가동인소비량
부품검수원가	생산량	단위당 ₩20 + ₩350,000	?
재료이동원가	이동횟수	이동횟수당 ₩15,000 + ₩180,000	30회
품질검사원가	검사횟수	검사횟수당 ₩12,000 + ₩350,000	12
작업준비원가	준비횟수	준비횟수당 ₩8,000 + ₩370,000	12
구매주문원가	주문횟수	주문횟수당 ₩15,000 + ₩240,000	4

풀이

(1) 전통적 변동예산
- 직접재료원가와 직접노무원가는 각각 제품단위, 노동시간에 대한 순수변동원가이다.
- 부품검수원가와 재료이동원가는 노동시간을 조업도로 하는 준변동원가이다.
- 품질검사원가, 작업준비원가 및 구매주문원가는 고정원가이다.
- 고정원가는 변동예산과 고정예산이 동일하다.

(2) 활동기준변동예산
- 직접재료원가와 직접노무원가는 각각 제품단위, 노동시간에 대한 순수변동원가이다.
- 간접원가는 각각의 다른 원가동인에 비례하는 변동원가와 고정원가로 구성되어 있다.

❶ 전통적 변동예산 성과보고서

각 원가요소별 예산식에 실제조업도(생산량 5,000단위 및 10,000노동시간)를 반영하여 변동예산을 작성한다.

구분	실제원가	원가차이		변동예산
직접재료원가	₩760,000	₩10,000 U	5,000단위 × ₩150 =	₩750,000
직접노무원가	720,000	80,000 F	10,000시간 × ₩80 =	800,000
부품검수원가	470,000	30,000 F	10,000시간 × ₩30 + ₩200,000 =	500,000
재료이동원가	620,000	120,000 U	10,000시간 × ₩20 + ₩300,000 =	500,000
품질검사원가	500,000	–		500,000
작업준비원가	450,000	50,000 U		400,000
구매주문원가	280,000	20,000 F		300,000
계	₩3,800,000	₩50,000 U		₩3,750,000

전체변동예산은 ₩3,750,000이고 전체원가차이는 ₩50,000만큼의 불리한 차이이다.

❷ 활동기준변동예산 성과보고서

각 원가요소별 예산식에 실제 원가동인소비량을 반영하여 변동예산을 작성한다.

구분	실제원가	원가차이		변동예산
직접재료원가	₩760,000	₩10,000 U	5,000단위 × ₩150 =	₩750,000
직접노무원가	720,000	80,000 F	10,000시간 × ₩80 =	800,000
부품검수원가	470,000	20,000 U	5,000단위 × ₩20 + ₩350,000 =	450,000
재료이동원가	620,000	10,000 F	30회 × ₩15,000 + ₩180,000 =	630,000
품질검사원가	500,000	6,000 U	12회 × ₩12,000 + ₩350,000 =	494,000
작업준비원가	450,000	16,000 F	12회 × ₩8,000 + ₩370,000 =	466,000
구매주문원가	280,000	20,000 F	4회 × ₩15,000 + ₩240,000 =	300,000
계	₩3,800,000	₩90,000 F		₩3,890,000

전체변동예산은 ₩3,890,000이고 전체원가차이는 ₩90,000만큼의 유리한 차이이다.

6 목표원가계산

01 의의

다양한 새로운 제품의 출시로 인하여 제조 이전 단계에서의 원가예측에 대한 중요성과 가격 경쟁력으로 인하여 제조단계에서의 원가절감보다는 연구개발, 설계 등 제조 이전 단계에서부터 혁신적인 원가절감을 모색하는 방법을 말한다.

> **핵심 Check** 목표원가(target costs)
>
> 목표가격(target price)에서 목표이익(target income)을 얻을 수 있도록 허용가능한 원가를 말한다.

1. 시장환경의 변화

공급자 위주의 시장에서 소비자 위주의 시장으로 변화함에 따라 고객이 수용가능한 가격의 중요성은 점차 강조되고 있다.

공급자 시장	실제원가 + 목표이익 = 목표가격
	↓
소비자 시장	목표가격 − 목표이익 = 목표원가

2. 제품설계단계의 중요성

제품 원가의 대부분이 설계단계에서 확정되므로 사전에 통제 및 관리함으로써 제품수명주기 전 과정에서 종합적인 원가관리가 가능하다.

> **핵심 Check** 목표원가계산의 문제점
>
> - 전사적 참여유도로 인한 담당자들의 마찰우려
> - 원가절감을 위한 개발지연으로 제품출시지연
> - 과도한 원가절감목표로 인한 구성원들의 불만

02 원가기획

설계 및 기획단계에서부터 목표이익을 기초로 원가절감방안을 모색하고 원가를 관리하는 활동을 말하며 가치공학, 동시설계 등을 그 예로 들 수 있다.

(1) 가치공학(VE; value engineering)

요구되는 품질 및 기능을 허용가능한 원가 내에서 달성하도록 설계하는 것을 말한다.

$$\text{• 생산자 관점 } V(value) = \frac{F(function)}{C(cost)}$$

$$\text{• 소비자 관점 } V(value) = \frac{B(benefits)}{P(price)}$$

(2) 동시설계(CE; concurrent engineering)

설계 및 기획단계에서부터 생산, 판매, 회계 및 마케팅 등 모든 참여자가 제품수명주기 전 과정에서 원가를 관리하는 것을 말한다.

또한, 공급자, 외부협력업체 및 고객 등 기업의 가치사슬에 포함되는 모든 구성원들을 참여시켜 원가절감의 효과를 극대화하는 노력을 말한다.

> **참고** 게스트엔지니어링(guest engineering)
>
> 협력업체에서 파견된 외부기술자들과 함께 공동으로 설계 및 개발업무를 수행하는 것을 말한다.

예제 9: 목표원가계산과 손익분기점분석

(주)한국은 도시락 포장용기를 생산·판매하고 있다. 현재 시장가격은 단위당 ₩2,000이다. 최근 치열한 가격경쟁으로 단위당 평균가격은 ₩1,800에 거래되어 있어 가격을 낮추지 않으면 판매량은 크게 감소할 것으로 예측하고 있다. 또한, 회사는 현재의 이익수준을 유지하고자 한다 (단, 실제원가와 표준원가는 동일하다).

다음은 회사가 분석한 올해 발생한 원가 관련 자료이다.

구분	실제원가	원가동인	실제활동수	부가가치표준활동수
직접재료원가	₩15,000,000	생산량	100,000단위	100,000단위
직접노무원가	25,000,000	생산량	100,000단위	100,000단위
작업준비활동	50,000,000	준비횟수	200회	150회
수선유지활동	45,000,000	처리횟수	150회	120회
품질관리활동	10,000,000	검사횟수	100회	–
	₩145,000,000			

요구사항

1 목표원가를 구하시오.

2 비부가가치원가를 모두 제거한다면 목표원가를 달성할 수 있는지 그 근거를 제시하시오.

3 목표원가를 달성하기 위한 단위당 비부가가치 목표절감액을 구하시오.

4 현재가격에서의 손익분기점 판매수량과 비부가가치원가를 모두 제거한 후 목표가격을 기준으로 한 손익분기점 판매수량을 각각 구하시오.

【풀이】

(1) 간접원가의 비부가가치활동에 대한 비부가가치원가를 계산할 수 있다.

(2) 활동별 단위당 원가

구분	실제원가	실제활동수	단가
직접재료원가	₩15,000,000	100,000단위	₩150
직접노무원가	25,000,000	100,000단위	250
작업준비활동	50,000,000	200회	250,000
수선유지활동	45,000,000	150회	300,000
품질관리활동	10,000,000	100회	100,000
	₩145,000,000		
생산량	÷100,000단위		
단위당 원가	₩1,450		

(3) 활동별 부가가치원가와 비부가가치원가

구분	단가	부가가치활동	부가가치원가	비부가가치활동	비부가가치원가
직접재료원가	₩150	100,000단위	₩15,000,000	–	–
직접노무원가	250	100,000단위	25,000,000	–	–
작업준비활동	250,000	150회	37,500,000	50회	₩12,500,000
수선유지활동	300,000	120회	36,000,000	30회	9,000,000
품질관리활동	100,000	–		100회	10,000,000
			₩113,500,000		₩31,500,000
				생산량	÷100,000단위
					₩315

(4) 현재이익

₩2,000 – ₩1,450 = ₩550

(5) 현재가격과 목표가격의 자료정리

활동기준원가계산에서 비단위수준 활동원가는 단위수준에서 이루어지는 손익분기점 분석에서는 고정원가로 분류한다.

	현재가격	목표가격
단위당 판매가격	₩2,000	₩1,800
단위당 변동원가	400	400(직접재료원가와 직접노무원가)
단위당 공헌이익	₩1,600	₩1,400
총고정원가	₩105,000,000	₩73,500,000(활동원가)

❶ 목표원가

목표가격 − 현재이익 = ₩1,800 − ₩550 = ₩1,250

❷ 비부가가치원가를 모두 제거하는 경우 목표원가를 달성 여부

달성원가 = 현재원가 − 절감액 = ₩1,450 − ₩315 = ₩1,135

∴ 비부가가치원가를 모두 제거하면 목표원가를 달성할 수 있다.

❸ 목표원가를 달성하기 위한 단위당 비부가가치 목표절감액

목표절감액 = 현재원가 − 목표원가 = ₩1,450 − ₩1,250 = ₩200

❹ 현재가격에서의 손익분기점 판매수량과 목표가격에서의 손익분기점 판매수량

(1) 현재가격에서의 손익분기점 판매수량

$$\text{손익분기점 판매수량} = \frac{\text{고정원가}}{\text{단위당 공헌이익}} = \frac{₩105,000,000}{₩1,600} = 65,625\text{단위}$$

(2) 목표가격에서의 손익분기점 판매수량

$$\text{손익분기점 판매수량} = \frac{\text{고정원가}}{\text{단위당 공헌이익}} = \frac{₩73,500,000}{₩1,400} = 52,500\text{단위}$$

7 카이젠원가계산

01 의의

카이젠원가계산(kaizen costing)은 제품수명주기상 제조단계에서의 원가절감을 모색하는 것으로 이미 설계된 제품의 기능을 유지하면서 제조과정에서 지속적인 개선을 통하여 원가절감을 모색하는 것을 말한다.

> **참고** 카이젠(kaizen)
>
> 개선을 의미하는 일본 용어

> **참고** 카이젠원가계산의 한계점과 보완방안
>
> 원가절감의 책임이 작업자에게 부여되어 원가절감에 대한 압박이 가중될 수 있다. 따라서, 신제품의 경우 일정 기간 유예기간를 제시하여 생산과정에 집중하여 학습과 적응의 기회를 제공하는 것이 요구된다.

02 표준원가계산과의 비교

표준원가계산은 사전에 설정한 표준원가를 달성하고자 하는 원가통제를 강조하는 데 반하여 카이젠원가계산은 사전에 설정한 원가절감 목표를 달성하고자 하는 원가절감을 강조하는 시스템이다. 또한, 두 방법은 다음과 같은 차이를 보이고 있다.

	표준원가계산	카이젠원가계산
기능	원가통제기능	원가절감기능
지식보유자	관리자나 엔지니어	작업자
공정에 대한 관점	안정적	지속적 개선

> **핵심 Check** 목표원가계산과의 비교
>
> 목표원가계산은 제조 이전 단계에서의 설계 및 기획단계에서 획기적인 원가절감을 모색하는 데 반하여 카이젠원가계산은 제조단계에서의 점진적인 원가절감을 모색하는 방법이다.

(주)한국은 도시락 포장용기를 생산·판매하고 있다. 활동원가는 변동활동인 작업준비활동, 수선유지활동과 고정활동인 품질관리활동이 있다. 이 중 품질관리활동에서 발생하는 원가는 검사직원 한 명이 50회를 검사할 수 있는 총 2명에 대한 인건비이다(단, 실제원가와 표준원가는 동일하다).

다음은 회사가 분석한 올해 발생한 원가 관련 자료이다.

구분	실제원가	원가동인	실제활동수	부가가치표준활동수
작업준비활동	₩50,000,000	준비횟수	200회	150회
수선유지활동	45,000,000	처리횟수	150회	120회
품질관리활동	10,000,000	검사횟수	100회	–
	₩105,000,000			

요구사항

❶ 회사는 검사활동의 개선으로 인하여 검사횟수를 20%만큼 절감하였다. 미사용활동원가를 구하시오.

❷ 회사는 내년도 예산을 설정함에 있어서 비부가가치원가의 30%를 감소하는 카이젠예산을 적용하기로 하였다. 내년도 생산량이 올해와 동일한 수준으로 유지되는 경우 활동원가에 대한 예산을 설정하시오.

❸ 회사가 내년에 카이젠예산을 달성하는 경우 올해에 비하여 실제 절감할 수 있는 원가를 구하시오.

> 풀이

(1) 검사활동의 경우 검사횟수 절감분은 미사용활동수이다.
(2) 고정원가의 경우 생산요소의 불가분성으로 인하여 카이젠예산을 달성하더라도 여전히 2명의 검사인원을 고용해야 하므로 실제원가는 절감할 수 없다.
(3) 활동별 단위당 원가

구분	실제원가	실제활동수	단가
작업준비활동	₩50,000,000	200회	₩250,000
수선유지활동	45,000,000	150회	300,000
품질관리활동	10,000,000	100회	100,000
	₩105,000,000		

(4) 활동별 부가가치원가와 비부가가치원가

구분	단가	부가가치활동	부가가치원가	비부가가치활동	비부가가치원가
작업준비활동	₩250,000	150회	₩37,500,000	50회	₩12,500,000
수선유지활동	300,000	120회	36,000,000	30회	9,000,000
품질관리활동	100,000	–	–	100회	10,000,000
			₩73,500,000		₩31,500,000

1 미사용활동원가

• 미사용활동수 = 획득한 활동수 − 사용한 활동수
   = 100회 − 80회 = 20회

• 미사용활동원가 = 미사용활동수 × 표준단가
   = 20회 × ₩100,000 = ₩2,000,000

2 카이젠예산

카이젠예산은 올해 실제원가에서 비부가가치원가의 30%를 차감하여 설정한다.

구분	실제원가 ①	비부가가치원가 ②	카이젠절감 ③(= ② × 30%)	카이젠예산 (① − ③)
작업준비활동	₩50,000,000	₩12,500,000	₩3,750,000	₩46,250,000
수선유지활동	45,000,000	9,000,000	2,700,000	42,300,000
품질관리활동	10,000,000	10,000,000	3,000,000	7,000,000
	₩105,000,000	₩31,500,000	₩9,450,000	₩95,550,000

3 카이젠예산을 달성하는 경우 실제 원가절감액

품질관리활동은 고정활동으로 검사직원 2명의 급여는 고정원가이다. 카이젠표준을 달성하더라도 여전히 2명을 고용해야 하므로 획득된 활동수는 변함이 없어 원가는 절감되지 않는다.

구분	카이젠절감	실제 절감액
작업준비활동	₩3,750,000	₩3,750,000
수선유지활동	2,700,000	2,700,000
품질관리활동	3,000,000	−
	₩9,450,000	₩6,450,000

01 의의

품질원가(COQ; cost of quality)란 제품 생산과정에서 발생하는 품질을 대상으로 품질과 관련된 문제점을 개선하고 적정 수준의 품질을 달성하기 위한 비용을 측정 및 평가하는 것을 말한다.

> **핵심 Check** 품질의 종류
>
> • 설계품질(quality of design): 시장에서 요구하는 기능과 디자인이 잘 반영되는지 여부(소비자품질)
> • 적합품질(quality of conformation): 설계된 대로 적합하게 생산되는지 여부(생산자품질)
> • 사용품질(quality of use): 고객이 얼마나 만족하는지 여부

> **핵심 Check** 한계점
>
> • 품질원가의 세부적인 원가요소를 구분하기 어렵다.
> • 품질개선에 대한 효과가 나타나기까지 많은 시간이 소요된다.
> • 기업이미지 훼손 등 질적인 효과는 측정하기 어렵다.

02 분류

1. 통제원가(control costs)

불량을 방지하기 위하여 발생하는 것으로 예방원가와 평가원가로 구분할 수 있다.

(1) 예방원가(prevention costs)

품질관리와 관련된 제도 도입 및 유지에 관련하여 발생하는 원가로 불량을 사전에 예방하기 위해 소비되는 원가를 말한다.
• 제품설계비용, 품질계획비용, 검사 및 시험계획비용
• 예방적 생산설비 유지보수비용, 공정관리비용
• 공급업자선정비용, 외주업체관리비용
• 작업자 교육비용, 품질교육훈련비용

(2) 평가원가(appraisal costs)

일정 수준의 품질의 적합도를 보장하기 위하여 원자재, 제품 및 공정상태에 실시되는 검사활동 등 측정 및 검사에 관련하여 발생하는 원가로 불량을 찾는 과정에서 소비되는 원가를 말한다.

- 원재료 및 제품검사비용, 수입검사비용
- 공정검사비용
- 시험비용, 검사 및 시험기기 유지, 교정비용
- 품질인증비용

2. 실패원가(failure costs)

불량으로 인하여 발생하는 것으로 내부실패원가와 외부실패원가로 구분할 수 있다.

(1) 내부실패원가(internal failure costs)

설계 및 품질이 사전에 설정한 기준에 맞지 않은 원자재, 제품 및 공정의 불량에서 발생하는 비용으로 생산과정에서 어떠한 결함으로 인하여 소비되는 원가를 말한다.

- 폐기비용, 재작업비용
- 불량으로 인한 공정중단비용
- 자재 및 외주불량비용
- 불량분석비용, 불량대책비용

(2) 외부실패원가(external failure costs)

제품이 출하된 후 불량이 소비자에게 전달되어 발생하는 것으로 불량으로 인한 외부 고객과의 관계에서 소비되는 원가를 말한다.

- 보증수리비용, 보증기간 중의 불만비용
- 불량으로 인한 회수비용, 불량품 교환비용
- 고객서비스센터 운영비용, 손해배상비용
- 기업이미지 훼손으로 인한 판매기회 상실비용

3. 품질원가 항목 간의 관계

일반적으로 현재의 기술수준이나 설비 등이 안정적인 경우 통제원가와 실패원가 간에는 상충관계(trade-off)가 존재한다. 즉, 통제원가는 품질수준과 (+)의 관계를 가지며 실패원가는 품질수준과 (-)의 관계를 가진다.

(1) 허용품질수준관점

통제원가와 실패원가의 상충관계로 인하여 총품질원가를 최소화하는 최적의 품질수준을 유지하는 것을 말한다.

(2) 무결점수준관점

작업자의 동기부여, 생산성 등으로 불량률이 영(0)에 가까우면 예방원가는 더 감소하고 이는 품질향상과 고객만족이 높아질 수 있다는 것을 말한다.

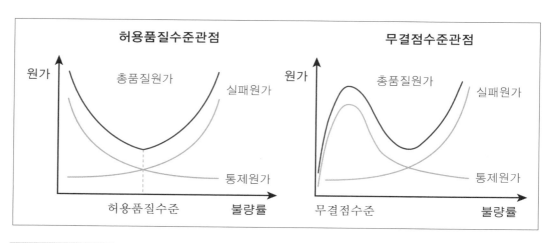

	허용품질수준관점	무결점수준관점

허용품질수준관점: 원가 / 총품질원가 / 실패원가 / 통제원가 / 허용품질수준 / 불량률

무결점수준관점: 원가 / 총품질원가 / 실패원가 / 통제원가 / 무결점수준 / 불량률

예제 11: 품질원가

(주)한국은 치과용 기자재를 생산·판매하는 회사이다. 회사는 제품의 품질경쟁력을 확보하기 위하여 전사적인 품질관리시스템을 도입하였으며, 제품별 품질원가는 다음과 같다.

구분	A형	B형
생산 및 판매수량	10,000단위	5,000단위
단위당 판매가격	₩200,000	₩150,000
단위당 변동원가	120,000	80,000
설계개선에 소요된 시간	6,000시간	1,000시간
단위당 품질검사시간	1시간	0.5시간
재작업수량비율	4%	10%
제품당 재작업원가	₩50,000	₩40,000
고객의 요청에 따른 수선비율	3%	8%
단위당 수선비용	₩40,000	₩50,000
불량으로 인하여 상실될 추정매출수량	–	300단위
손해배상추정액	₩10,000,000	₩5,000,000

품질관리와 관련하여 설계개선에 참여한 직원과 품질검사원의 임률은 다음과 같다.

설계개선에 참여한 직원   시간당 ₩7,500
품질검사원   시간당 ₩4,000

요구사항

품질원가를 네 가지 범주로 구분하고 제품별 품질원가와 매출액 대비 품질원가비율을 나타내시오.

구분	A형	B형
매출액	10,000단위 × ₩200,000 = ₩2,000,000,000	5,000단위 × ₩150,000 = ₩750,000,000
1. 예방원가	2.25%*	1.00%
설계개선비용	6,000시간 × ₩7,500 = ₩45,000,000	1,000시간 × ₩7,500 = ₩7,500,000
2. 평가원가	2.00%	1.33%
품질검사비용	10,000단위 × 1시간 × ₩4,000 = ₩40,000,000	5,000단위 × 0.5시간 × ₩4,000 = ₩10,000,000
3. 내부실패원가	1.00%	2.67%
재작업원가	10,000단위 × 4% × ₩50,000 = ₩20,000,000	5,000단위 × 10% × ₩40,000 = ₩20,000,000
4. 외부실패원가	1.10%	6.13%
수선비용	10,000단위 × 3% × ₩40,000 = ₩12,000,000	5,000단위 × 8% × ₩50,000 = ₩20,000,000
상실된 공헌이익	–	300단위 × (₩150,000 – ₩80,000) = ₩21,000,000
손해배상추정액	₩10,000,000	₩5,000,000

$$* \ \frac{₩45,000,000}{₩2,000,000,000} \times 100 = 2.25\%$$

보론 | 다운사이징

01 의의

다운사이징(downsizing)이란 조직의 효율성을 향상시키기 위하여 조직의 인력, 직무, 부서 등이 축소를 통하여 비효율적인 조직을 바꾸는 경영혁신기법의 하나를 말한다. 단지, 조직을 축소, 폐쇄하거나 단순화하여 성과를 높이려는 단기적 전략이 아닌 장기적인 경영전략이다. 즉, 비생산적인 사업부문과 불필요한 조직을 없애고 수익성이 높은 사업으로 전환하는 데에 그 목적이 있다.

1. 한계점

다운사이징을 통해 직원들의 사기가 저하되고 직무만족, 조직몰입도에 부정적인 영향으로 오히려 생산성이 떨어지는 등의 부작용이 있을 수 있다.

2. 특징

• 조직의 의도적인 행위로서 사업쇠퇴로 인한 규모축소와는 다르다.
• 조직의 효율성을 강조한다.
• 조직의 업무프로세스에 변화를 초래한다.

3. 유형

• 인원감축으로 인한 다운사이징
• 업무재편성으로 인한 다운사이징
• 조직구조나 조직문화 변경으로 인한 다운사이징

02 기대효과

경영환경의 변화가 급변할수록 다운사이징은 기업의 환경 변화에 대응할 수 있는 주요 전략의 하나이다. 또한, 성공적인 다운사이징은 원가우위와 생산성 향상으로 인한 경쟁력확보라는 측면으로 나타날 수 있다. 따라서 다운사이징으로 기대할 수 있는 효과는 다음과 같다.

> • 비생산적인 조직을 축소하여 원가절감
> • 적극적인 참여유도로 생산성과 효율성 향상
> • 조직개편으로 인한 의사소통 활성
> • 탄력적인 조직운영으로 의사결정의 신속화

(주)한국은 직원들에게 저렴하고 좋은 품질의 음료를 제공하기 위하여 회사 내에 커피하우스를 운영하고 있다. 연간 운영일수는 250일이며 커피하우스에서 발생한 손실분에 대해서는 회사에서 보조금을 지급하고 있다. 최근 회사의 전반적인 원가절감 정책으로 인하여 커피하우스 운영방안에 대해서 몇 가지 방안을 검토하고 있다.

지난해 커피하우스 운영상황은 다음과 같다.

(1) 판매품목

구분	가격	일 판매량	일 매출
아메리카노	₩1,000	150개	₩150,000
카페라떼	1,200	100	120,000
케이크 등	–	–	100,000
			₩370,000

(2) 운영비

원료비율	60%
연간 급여	₩15,000,000(복리후생비 30% 별도)
연간 시설운영비용	30,000,000

회사는 커피하우스 다운사이징(인력감축)을 검토하고 있다. 다운사이징의 효과는 다음과 같을 것으로 기대하고 있다.

(1) 판매품목

원료비율을 낮추기 위해서 음료는 아메리카노 하나만 판매한다.

구분	가격	일 판매량	일 매출
아메리카노	₩1,000	180개	₩180,000
케이크 등	–	–	100,000
			₩280,000

(2) 운영비

원료비율은 50%로 낮아지며 인력감축으로 인하여 연간 급여도 낮아진다.

원료비율	50%
연간 급여	₩10,000,000(복리후생비 30% 별도)
연간 고정운영비용	₩30,000,000

요구사항

1 지난해 커피하우스에 지급한 보조금을 구하시오.

2 다운사이징으로 인하여 줄일 수 있는 보조금을 구하시오.

3 회사는 다운사이징 후 외부업체로부터 다음과 같은 제안을 받았다.

(1) 외부업체는 커피하우스 시설을 이용하는 대가로 회사에 매월 시설임차료 ₩2,000,000 을 지급한다.

(2) 외부업체는 손익분기점을 초과하는 매출액의 5%를 추가로 지급한다.

(3) 외부업체가 제시한 판매계획은 다음과 같다.

구분	가격	일 판매량	일 매출
아메리카노	₩1,200	150개	₩180,000
카페라떼	1,500	120	180,000
케이크 등	–	–	120,000
			₩480,000

(4) 외부업체의 원료비율은 75%로 예상하고 있다.

외부업체 제안에 대한 수락 여부를 제시하시오(단, 제안을 수락하는 경우 모든 인력은 감축할 수 있고, 외부업체가 제시한 판매계획은 달성가능한 것으로 가정한다).

> **풀이**

---

(1) 커피하우스의 수익

음료 등의 판매로 인한 연간 매출

(2) 커피하우스의 비용

- 원료비율 60%
- 연간 급여
- 연간 복리후생비(= 연간 급여 × 30%)
- 연간 운영비용

(3) 외부업체의 공헌이익률과 고정원가

원료비율이 75%이므로 공헌이익률은 25%이며, 고정원가는 회사에 지급하는 임차료 ₩24,000,000 (= ₩2,000,000 × 12개월)이다.

---

1 보조금

수익	매출	₩370,000 × 250일 =	₩92,500,000
비용	원료	₩92,500,000 × 60% =	55,500,000
	급여		15,000,000
	복리후생비	₩15,000,000 × 30% =	4,500,000
	운영비용		30,000,000
이익(손실)			₩(12,500,000)

∴ 연간 보조금지급액은 ₩12,500,000이다.

2 보조금 감소액

다운사이징 후 보조금은 다음과 같다.

수익	매출	₩280,000 × 250일 =	₩70,000,000
비용	원료	₩70,000,000 × 50% =	35,000,000
	급여		10,000,000
	복리후생비	₩10,000,000 × 30% =	3,000,000
	운영비용		30,000,000
이익(손실)			₩(8,000,000)

다운사이징 후 보조금은 ₩8,000,000으로 예상되므로, 보조금 절감액은 ₩12,500,000 − ₩8,000,000 = ₩4,500,000이다.

3 외주업체의뢰 수락 여부 결정

(1) 외부업체 손익분기점 매출액

$$\frac{고정원가}{공헌이익률} = \frac{₩24,000,000}{25\%} = ₩96,000,000$$

(2) 손익분기점 매출액 초과금액

- 예상매출액

  ₩480,000 × 250일 = ₩120,000,000

- 손익분기점 매출액 초과금액

  ₩120,000,000 − ₩96,000,000 = ₩24,000,000

(3) 의사결정

증분수익	임대수익	₩2,000,000 × 12개월 =	₩24,000,000
	초과수익	₩24,000,000 × 5% =	1,200,000
증분비용	운영비용		30,000,000
증분손익			₩(4,800,000)

외부업체의 제안을 수락할 경우 손실 ₩4,800,000은 다운사이징 후 손실(보조금) ₩8,000,000보다 작으므로 제안을 수락한다.

보론 | 대리이론

01 의의

대리이론(agency theory)은 분권화된 경영환경에서 위임자와 대리인 사이에 자신의 효용만을 추구하는 과정에서 발생하는 문제를 분석하는 것을 말한다.

> **핵심 Check** 대리이론의 기본가정
>
> • 대리인(경영자)은 자신의 효용극대화를 추구한다.
> • 대리인의 행동을 감시하는 데에 비용이 소비된다.

02 대리비용(agency costs)

위임자가 대리인이 충실하게 대리계약을 이행하는지 여부를 감시하는 데 소요되는 비용을 말한다.

(1) 감시비용(monitoring costs)

대리인이 자신의 효용에 반하는지 위임자가 감시하는 데 소요되는 비용이다.

예 사외이사제도 등

(2) 보증비용(bonding costs)

대리인이 위임자의 효용에 반하지 않다는 것을 위임자에게 보증하는 데 소요되는 비용이다.

예 외부회계감사 등

(3) 잔여손실(residual costs)

위임자와 대리인의 의사결정의 차이로 인하여 발생하는 부의 감소이다.

03 정보의 불균형 문제

위임자와 대리인은 자신만의 효용을 추구하므로 정보의 불균형으로 인하여 다음과 같은 문제가 발생한다.

(1) 도덕적해이(moral hazard)

위임자가 대리인의 행동을 잘 파악할 수 없을 때 대리인이 자신의 효용을 추구하여 위임자의 효용에 반하는 행동을 하는 현상을 말한다.

(2) 역선택(adverse selection)

대리인이 위임자가 획득할 수 없는 정보를 가지고 있을 때 대리인이 위임자에게 잘못된 정보를 제공하면서 발생하는 현상을 말한다.

04 시사점

대리인(경영자)은 자신의 효용을 극대화하기 위하여 성과측정치를 높이거나 비금전적인 혜택을 위해서 불필요한 지출을 할 수 있다. 즉, 대리이론은 대리인(경영자)이 기업 전체의 이익을 극대화하는 방향으로 행동하지 않을 수 있다는 근거를 제시해준다.

예제 1

(주)한국은 분권화된 여러 사업부로 구성되어 있고 투자수익률(ROI)에 의하여 각 사업부의 책임자를 평가하고 있다.

이 중 어느 한 사업부 책임자인 A씨는 지난 연초에 본인 사무실을 확장공사하여 다음과 같은 비용을 지출하였다.

- 비품 등 구입비용 ₩350,000
- 기타 지출비용 150,000

비품 등 구입비용은 내용연수 5년에 정액법으로 1년분의 감가상각비를 인식하고 기타 지출비용은 지난해 전액 비용처리하였다. 지난해 A씨는 평균투자액기준으로 9%의 투자수익률(ROI)을 달성하였다(단, 지난해 평균투자액은 ₩2,500,000이었다).

요구사항

❶ 사무실 확장공사가 해당 사업부의 투자수익률(ROI)에 미친 영향을 제시하시오.
❷ 투자수익률(ROI)이 낮아짐에도 불구하고 사무실을 확장공사하는 이유를 대리이론(agency theory)에 근거하여 제시하시오.
❸ 지난해 비품 등 구입비용이 ₩100,000이었다면 지난해 달성한 투자수익률(ROI)을 구하시오.

풀이

(1) 지난해 영업이익
   평균투자액 × 투자수익률(ROI) = ₩2,500,000 × 9% = ₩225,000
(2) 사무실 확장의 평균투자액과 비용

   - 평균투자액 $= \dfrac{\text{기초투자액} + \text{잔존가치}}{2} = \dfrac{₩350,000 + ₩280,000}{2} = ₩315,000$

   - 비용 = 감가상각비 + 기타 지출비용 = ₩70,000 + ₩150,000 = ₩220,000
(3) 비품 등 구입비용이 ₩100,000인 경우 평균투자액

   평균투자액 $= \dfrac{\text{기초투자액} + \text{잔존가치}}{2} = \dfrac{₩100,000 + ₩80,000}{2} = ₩90,000$

---

❶ 투자수익률(ROI)의 변화

공사 전 투자수익률(ROI)을 계산할 때 사무실 확장으로 인한 평균투자액은 차감하고 관련 비용은 가산한다.

$$투자수익률(ROI) = \frac{영업이익}{투자액} = \frac{₩225,000 + ₩220,000}{₩2,500,000 - ₩315,000} = 20.37\%$$

∴ 공사 전 투자수익률(ROI)은 20.37%이고 공사 후 투자수익률은 9%이다.

❷ 대리이론

대리인은 자신의 효용을 극대화하는 방향으로 행동하기 때문에 A씨는 투자수익률(ROI)의 증가보다는 사무실 확장공사로 인하여 더 큰 효용을 얻고 있다.

❸ 새로운 투자수익률(ROI)

공사 전 평균투자액에 사무실 확장으로 인한 평균투자액을 가산하고 공사 전 영업이익에 공사 후 비용을 차감한다.

$$투자수익률(ROI) = \frac{영업이익}{투자액} = \frac{₩445,000 - (₩20,000 + ₩150,000)}{₩2,185,000 + ₩90,000} = 12.09\%$$

01 다음의 전략적 원가관리기법에 관한 설명 중 타당한 것은? [회계사 08]

① 적시생산시스템(JIT)은 짧아진 제품수명 및 제품의 다양성에 따라 증가하는 재고관리비용 등을 감소시키는 방안으로 유용하며, 초변동원가계산법(throughput costing)을 사용하여 제품원가를 계산하여야 한다.

② 전사적 품질관리(TQM)의 도입 후 내부실패원가와 외부실패원가의 상충관계(trade-off)에 입각하여 품질원가를 분석하고, 적정한 불량률은 허용해야 하는 것으로 인식이 변화하였다.

③ 제약이론(theory of constraint)은 병목공정(bottleneck)에 의하여 전체 공정의 처리량이 제한되는 현상에 주목한 이론으로, 비효율적 재고 및 대기시간의 절감을 위하여 모든 공정을 병목공정의 처리량에 맞추어 진행할 것을 장기적인 개선책으로 제안한다.

④ 제품수명주기원가(product life-cycle cost)는 제품의 기획 및 개발·설계에서 고객서비스와 제품폐기까지의 모든 단계에서 발생하는 원가를 의미하며, 제품수명주기원가의 상당 부분은 제품의 기획에서 설계까지 이르는 과정에서 확정된다.

⑤ 목표원가(target cost)는 시장상황의 검토를 통하여 예상되는 제품의 목표가격을 확인한 후 기업이 필요로 하는 목표이익을 차감하여 결정되며, 기존 생산공정을 유지하며 발생하는 제조원가를 고려하여 생산개시 후 결정된다.

02 다음은 전략적 관리회계 토픽들과 관련된 문장들이다.

> a. 균형성과표(BSC; balanced scorecard)는 일반적으로 기업들이 수립된 전략의 커뮤니케이션과 실행보다는 전략의 질에 문제가 있음을 강조한다.
> b. BSC의 균형(balance)이란 단기와 장기, 내부와 외부, 재무와 비재무적 관점 그리고 선행 및 후행지표를 동시에 활용할 것을 강조하는 개념이다.
> c. 활동기준원가계산(ABC)에서는 전통적인 고정원가, 변동원가의 2분류체계에 비해 단위기준, 뱃치기준, 제품기준, 시설기준 4원가분류체계를 이용하는 것이 일반적이다.
> d. 타겟코스팅(target costing)은 제조(양산)단계에서의 지속적이고 증분적인 소규모 개선활동을 의미한다.
> e. 병목자원의 관리를 중요시하는 TOC(제약이론)는 효율성보다는 효과성을 강조한다.

위의 문장들 중 올바르거나 타당한 문장들만을 모은 것은?

[회계사 03]

① a, b, c 　　　　② a, b, c, d 　　　　③ b, e
④ b, c, e 　　　　⑤ c, d, e

03 균형성과표(BSC; balanced score card)에 관한 다음의 설명 중 가장 타당하지 않은 것은?

[회계사 09]

① 균형성과표는 재무적인 성과지표를 중심으로 하는 전통적인 성과측정제도의 문제점을 보완할 수 있는 성과측정시스템으로 인식되고 있다.
② 균형성과표는 조직의 비전과 전략을 성과지표로 구체화함으로써 조직의 전략수행을 지원한다.
③ 균형성과표의 다양한 성과지표 간의 인과관계를 통하여 조직의 전략목표 달성과정을 제시하는 성과지표의 체계를 전략지도(strategy map)라고 한다.
④ 균형성과표는 일반적으로 재무관점, 고객관점, 내부프로세스관점, 학습과 성장관점의 다양한 성과지표에 의하여 조직의 성과를 측정하고자 한다.
⑤ 균형성과표는 조직의 수익성을 최종적인 목표로 설정하기 때문에 4가지 관점의 성과지표 중에서 학습과 성장관점의 성과지표를 가장 중시한다.

04 대규모 가구제조업을 영위하는 서울회사는 적시생산시스템(JIT시스템)을 채택하고
자 한다. 높은 재고수준을 요하는 업종의 특성으로 이 회사의 평균재고액은
₩75,000,000이다. 서울회사가 JIT시스템을 채택하면 현재 사용 중인 가구보관
창고 2개가 더 이상 필요 없게 되며, 이 가구보관창고를 다른 회사에 임대할 경우 한
개당 연간 ₩4,000,000의 임대료를 받을 것으로 예상한다. 추가적인 원가절감요
인으로 창고운영비와 재고자산손해보험료 등 연간 ₩500,000을 절감할 수 있으며,
재고수준감소에 따라 재고자산파손비와 기업의 자금비용으로 각각 평균재고액의
1%, 5%의 원가를 절감할 수 있다. 그러나 JIT시스템은 가구의 주문횟수를 증가시
켜 주문원가 ₩5,000,000이 추가적으로 발생한다. 또한 수요가 일시적으로 증가
할 경우 수요에 감당하지 못하여 연간 200단위의 재고부족원가가 예상된다. 재고자
산의 단위당 공헌이익은 ₩20,000이다. 서울회사가 JIT시스템을 채택할 경우 절감
할 수 있는 원가는 얼마인가?   [세무사 03]

① ₩4,000,000   ② ₩5,000,000   ③ ₩6,000,000
④ ₩7,000,000   ⑤ ₩8,000,000

05 제약이론(theory of constraints)에 대한 다음의 설명 중 가장 타당하지 않은 것
은?   [회계사 09]

① 제약이론에서는 기업의 생산활동과 관련된 내부적 제약요인을 집중적으로 관리
   하고 개선하여 생산활동을 최적화하고자 한다.
② 제약이론의 생산최적화 과정은 제약요인을 찾아 개선한 후에 또 다른 제약요인
   을 찾아 지속적으로 개선하는 과정을 밟는다.
③ 제약이론을 원가관리에 적용한 재료처리량 공헌이익(throughput contribution)
   은 매출액에서 직접재료원가와 직접노무원가를 차감하여 계산한다.
④ 제약이론은 재료처리량 공헌이익을 증가시키고, 투자 및 운영원가를 감소시키
   는 것을 목적으로 한다.
⑤ 제약이론에서는 운영원가를 단기적으로 변화시킬 수 없는 고정원가로 본다.

06 다음 중 원가관리회계의 이론 및 개념들에 대한 설명으로 옳지 않은 것은?

[회계사 21]

① 안전재고는 재고부족으로 인해 판매기회를 놓쳐서 기업이 입는 손실을 줄여준다.

② 제품의 품질수준이 높아지면, 실패원가가 낮아진다. 따라서 품질과 실패원가는 음(−)의 관계를 가진다.

③ 제약이론은 주로 병목공정의 처리능력 제약을 해결하는 것에 집중해서 기업의 성과를 높이는 방법이다.

④ 제품수명주기원가계산은 특정 제품이 고안된 시점부터 폐기되는 시점까지의 모든 원가를 식별하여 측정한다.

⑤ 적시생산시스템(JIT)은 재고관리를 중요하게 생각하며, 다른 생산시스템보다 안전재고의 수준을 높게 설정한다.

※ 다음은 07 ~ 08에 관련된 자료이다.

[회계사 04]

(주)대한은 기계공정과 마무리공정에서 사무용 의자를 만들고 있다. 이에 관련된 자료는 다음과 같다.

	기계공정	마무리공정
연간 처리능력	1,000단위	800단위
연간 생산수량	800	800
고정운영원가(직접재료원가 제외)	₩8,000,000	₩4,800,000
단위당 고정운영원가	10,000	6,000

의자는 단위당 ₩90,000에 판매되고 기계공정 초기에 ₩40,000의 직접재료원가가 투입된다. (주)대한은 이 외에 다른 변동원가가 없다. 또한 생산된 완제품은 모두 판매할 수 있다.

07 (주)대한은 마무리공정의 처리능력을 100단위 증가시킬 수 있는 최신설비를 마무리 공정에 설치할 것을 고려하고 있다. 이 최신설비의 연간원가는 ₩4,000,000이다. (주)대한이 이 설비를 설치한다면 얼마의 순이익이 추가로 발생하는가?

① ₩0
② ₩1,000,000
③ ₩(4,000,000)
④ ₩4,000,000
⑤ ₩8,000,000

08 (주)대한은 현재 마무리공정에서 200단위의 불량품을 생산했다. 이 불량품으로 인해 발생하는 총손실은 얼마인가?

① ₩0
② ₩4,800,000
③ ₩8,000,000
④ ₩10,000,000
⑤ ₩18,000,000

09 (주)민국카드의 고객센터에는 50명의 직원들이 신규고객유치와 불만처리 업무를 수행하고 있다. 통상적으로 신규고객유치는 건당 6분, 불만처리 업무에는 건당 15분이 소요된다. 직원들의 정규근무시간은 1주일에 5일, 주당 40시간이며, 총근무시간은 업무수요에 따라 조절이 가능하다. 주당 정규급여는 1인당 ₩320,000이고 초과근무수당은 시간당 ₩12,000이다. 향후 1주일 동안 예상되는 1일 평균 업무수요가 다음과 같을 경우, 노무원가를 최소화하기 위해 신규로 채용해야 할 직원은 몇 명인가?

[회계사 09]

구분	1일 평균 업무수요
신규고객유치	1,450건
불만처리	1,200건

① 3명
② 4명
③ 5명
④ 6명
⑤ 7명

10 (주)세무는 에어컨을 제조하는데, 에어컨의 품질원가를 파악하기 위해 다음의 자료를 수집하였다. 품질원가에 관한 설명으로 옳지 않은 것은?

[세무사 21]

• 생산판매단위: 6,000개	• 시험검사 노무임률: ₩60
• 판매단가: ₩1,500	• 재작업률: 10%
• 단위당 변동원가: ₩800	• 단위당 재작업원가: ₩400
• 제품설계시간: 1,000시간	• 보증수리비율: 5%
• 제품설계 노무임률: ₩80	• 단위당 수리원가: ₩500
• 단위당 시험검사시간: 0.5시간	• 품질로 인해 상실된 추정판매량: 400개

① 예방원가는 ₩80,000이다.
② 평가원가는 ₩180,000이다.
③ 내부실패원가는 ₩240,000이다.
④ 외부실패원가는 ₩150,000이다.
⑤ 총품질원가는 ₩930,000이다.

11 (주)세무의 품질관리 활동원가는 다음과 같다.

활동	원가(또는 비용)	활동	원가(또는 비용)
공손품 재작업	₩400	보증수리원가	₩2,000
납품업체 평가	500	반품 재작업	1,000
불량품 폐기	600	품질교육훈련	1,000
완제품 검사	700	재공품 검사	300

위 원가(비용)를 다양한 유형별로 구분하여 자세히 분석한 결과, 예방원가(prevention cost)를 현재보다 50% 증가시키면 외부실패원가(external failure cost)를 현재보다 40% 절감할 수 있을 것으로 예상하였다. 이를 실행할 경우, 회사의 이익은 얼마나 증가하는가?

[세무사 23]

① ₩400 ② ₩450 ③ ₩690
④ ₩700 ⑤ ₩850

제17장 | 객관식 문제 정답 및 해설

01 ④ ① 적시생산시스템은 생산의 전 과정에서 불필요한 재고의 보유를 제거하여 낭비를 줄이는 것을 목적으로 하고 있으며, 제약이론에서 초변동원가계산법을 사용한다.
      ② 통제원가와 실패원가의 상충관계에 입각하여 품질원가를 분석하며 적정 불량률을 허용하는 관점에서 불량률을 0으로 하는 관점으로 전환하고 있다.
      ③ 제약이론은 초단기적인 접근방법이며 직접재료원가 이외의 모든 제조원가는 운영비용으로 처리한다.
      ⑤ 목표원가는 제품의 연구·개발 및 설계에 착수하기 전에 목표원가를 설정하여 그 범위 내에서 제품설계가 이루어지도록 하는 기법이다.

02 ④ a. 균형성과표는 전략의 구체화와 조직원들의 의사소통을 강조한다.
      d. 제조단계에서의 지속적이고 증분적인 개선활동은 카이젠원가시스템에 관한 설명이다.

03 ⑤ 균형성과표는 조직의 장기적인 성장을 위하여 4가지 관점의 균형을 중시한다.

04 ① 증분수익
      임대료수익   ₩4,000,000 × 2 =   ₩8,000,000
      증분비용
        창고운영비 절감   (500,000)
        자본비용 절감   ₩75,000,000 × 6% = (4,500,000)
        재고주문원가   5,000,000
        재고부족원가   200단위 × ₩20,000 =   4,000,000
      증분이익   ₩4,000,000

05 ③ 재료처리량 공헌이익은 매출액에서 직접재료원가를 차감하여 계산한다.

06 ⑤ 적시생산시스템(JIT)은 재고관리를 중요하게 생각하며, 다른 생산시스템보다 안전재고의 수준을 낮게 설정한다.

07 ②

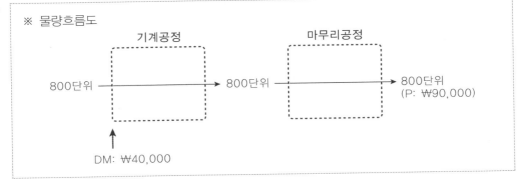

증분수익

　매출증가　　　　100단위 × ₩90,000 = ₩9,000,000

증분비용

　변동원가 증가　　100단위 × ₩40,000 =　4,000,000

　설비설치비용　　　　　　　　　　　　　4,000,000

증분이익　　　　　　　　　　　　　　　₩1,000,000

08 ⑤　불량으로 인한 손실은 변동원가와 매출 감소로 인한 공헌이익 감소이므로, 200단위 × ₩90,000 = ₩18,000,000이다.

09 ③　(1) 추가인원(추가시간)

　　　　총필요시간　　1,450건 × 6분 + 1,200건 × 15분 =　26,700분

　　(−)　현재가용시간　　　　50명 × 8시간 × 60분 =　24,000

　　　　추가필요시간　　　　　　　　　　　　　　　　2,700분

　　∴ 1일 추가필요시간 = 2,700분 ÷ 60분 = 45시간

　　(2) 인력운영방법

　　5명 충원 시(5명 × 8시간 = 40시간) 5시간이 부족하므로, 추가 1명을 고용하는 방안과 기존 인력을 활용하여 초과근무하는 방안이 있다.

　　① 인력충원: 1명 × 8시간 × ₩8,000 = ₩64,000

　　② 초과근무: 5시간 × ₩12,000 = ₩60,000

　　기존인력을 활용하여 초과근무하는 방안이 ₩4,000만큼 적으므로 신규 채용인원은 5명이다.

10 ④　설계　　　(예방)　　　　1,000시간 × ₩80 = ₩80,000

　　시험　　　(평가)　　　6,000개 × 0.5시간 × ₩60 =　180,000

　　재작업　　(내부실패)　　　6,000개 × 10% × ₩400 =　240,000

　　보증　　　(외부실패)　　　6,000개 × 5% × ₩500 =　150,000

　　추정손실　(외부실패)　400개 × (₩1,500 − ₩800) =　280,000

11 ②　(1) 유형별 품질원가

유형	활동	금액
예방원가	납품업체 평가, 품질교육훈련	₩500 + ₩1,000 = ₩1,500
평가원가	완제품 검사, 재공품 검사	₩700 + ₩300 = ₩1,000
내부실패원가	공손품 재작업, 불량품 폐기	₩400 + ₩600 = ₩1,000
외부실패원가	보증수리원가, 반품 재작업	₩2,000 + ₩1,000 = ₩3,000

　　(2) 증분손익

　　증분수익

　　증분비용　예방원가 증가　　　₩1,500 × 50% =　　₩750

　　　　　　　외부실패원가 절감　₩3,000 × 40% =　(1,200)

　　증분이익　　　　　　　　　　　　　　　　　　　₩450

　　∴ ₩450만큼 증가한다.

제17장 | 주관식 문제

활동기준원가계산하에서의 원가차이분석

다음을 읽고 물음에 답하시오.

(주)한국은 원재료가공, 구매주문, 품질검사의 3가지 활동에 대하여 부가가치표준을 설정하였으며 올해의 관련 자료는 다음과 같다.

활동	원가동인	부가가치표준수량	표준가격
원재료가공	원재료가공량	24,000m	₩10/m
구매주문	구매주문횟수	800회	50/회
품질검사	검사시간	0시간	12/시간

원재료가공 및 구매주문원가는 전액 변동활동원가이며, 품질검사원가는 검사직원의 고정급여이다. 회사는 1명당 연간 2,000시간을 검사할 수 있는 검사직원 2명을 고용하고 있다. 따라서, 품질검사의 획득된 활동능력(activity capacity acquired)은 연간 4,000시간이다. 품질검사직원에 대한 연간 총예산급여는 ₩48,000이다.

올해의 실제생산활동결과는 다음과 같다.

(1) 실제원재료가공	30,000m
(2) 실제구매주문	1,000회
(3) 실제검사시간	2,800시간
(4) 실제제조간접원가	
원재료가공	₩300,000
구매주문	50,000
품질검사	48,000
합계	₩398,000

요구사항

[물음 1] 각 활동원가의 차이분석을 하시오. 활동조업도차이(activity volume variance)는 무엇을 의미하는가?

[물음 2] 품질검사활동의 미사용활동차이(unused capacity variance)를 계산하시오. 미사용활동차이는 무엇을 의미하는가?

[물음 3] 각 활동에 대하여 부가가치원가와 비부가가치원가를 계산하시오.

[물음 4] 내년에는 비부가가치원가의 30%를 감소시키려 한다면 내년의 카이젠표준(kaizen standards)은 얼마인가? 이러한 카이젠표준이 달성될 경우 올해에 비하여 절감되는 원가를 구하시오. (단, 내년의 생산량은 올해와 동일하다고 가정한다)

풀이

[물음 1] 활동원가의 차이분석

(1) 차이분석

① 원재료가공

AQ × AP	AQ × SP	SQ* × SP
	30,000m × ₩10	24,000m × ₩10
₩300,000	= ₩300,000	= ₩240,000
	소비차이 ₩0	능률차이 ₩60,000 U

* 부가가치표준

② 구매주문

AQ × AP	AQ × SP	SQ* × SP
	1,000회 × ₩50	800회 × ₩50
₩50,000	= ₩50,000	= ₩40,000
	소비차이 ₩0	능률차이 ₩10,000 U

* 부가가치표준

③ 품질검사

실제	예산	SQ × SP
	4,000시간 × ₩12	0시간 × ₩12
₩48,000	= ₩48,000	= ₩0
	소비차이 ₩0	조업도차이 ₩48,000 U

(2) 활동조업도차이

품질검사활동의 비부가가치원가를 의미한다.

[물음 2] 미사용활동차이

(1) 품질검사활동의 미사용활동차이

= (획득된 활동능력 − AQ) × SP*

= (4,000시간 − 2,800시간) × ₩12 = ₩14,400

$$* \; SP = \frac{₩48,000}{4,000시간} = ₩12$$

(2) 미사용활동차이

미사용활동능력의 원가를 의미하며, 이는 품질검사활동의 비부가가치원가(활동조업도차이)를 감소시키려는 노력이 어느 정도 진척되었는지를 나타낸다. 즉, 올해의 미사용활동차이가 ₩14,400 유리하다는 것은 비부가가치원가를 감소시키려는 노력이 상당히 진척되었음을 보여준다. 만약 활동의 실제사용량이 800시간만큼 추가로 감소된다면 검사직원을 1명만 고용하여 연간 ₩24,000의 품질검사원가를 실제로 절감할 수 있을 것이다.

[물음 3] 부가가치원가와 비부가가치원가

	총원가(A)	부가가치원가(B)	비부가가치원가(A − B)
원재료가공	₩300,000	₩240,000	₩60,000
구매주문	50,000	40,000	10,000
품질검사	48,000	0	48,000
합계	₩398,000	₩280,000	₩118,000

[물음 4] 카이젠표준원가

(1) 카이젠표준

원재료가공	₩300,000 − ₩60,000 × 30% =	₩282,000
구매주문	₩50,000 − ₩10,000 × 30% =	47,000
품질검사	₩48,000 − ₩48,000 × 30% =	33,600
합계		₩362,600

(2) 원가절감액

원재료가공	₩60,000 × 30% =	₩18,000
구매주문	₩10,000 × 30% =	3,000
품질검사		−*
합계		₩21,000

* 카이젠표준이 달성되어도 여전히 2명의 검사직원을 계속 고용하여야 하므로 이들의 고정급여는 절감되지 않는다.

다음을 읽고 물음에 답하시오.

(주)한국은 절단공정에서 원재료를 절단하고 압축공정에서 가공하여 제품 A를 생산한다. 20×1년 1월 중 (주)한국의 각 공정과 관련된 자료는 다음과 같다.

구분	절단공정	압축공정
공정별 월 생산능력	2,000개	1,500개
공정별 월 생산수량	1,500개	1,500개
월간 고정운영비용	₩30,000	₩45,000

제품 A는 단위당 판매가격이 ₩100이고 생산된 제품은 모두 판매된다. 재료는 절단공정의 초기에 전량 투입되고 제품 단위당 직접재료원가는 ₩20이며 이외의 다른 변동원가는 없다. 아래 각 물음은 독립적이다.

요구사항

[물음 1]　(주)한국이 ₩10,000을 지출하여 압축공정을 개선한다면 압축공정의 월 생산능력이 100개 증가할 것으로 예상된다. 이 경우 예상되는 이익의 증가 혹은 감소액을 밝히시오.

[물음 2]　(주)서울은 개당 ₩45에 제품 A 200개를 압축 가공할 수 있다는 제안을 해왔다. 단, 절단공정 완성품은 (주)한국이 (주)서울에게 공급한다. 이 제안을 수락할 경우 예상되는 이익의 증가 혹은 감소액을 밝히시오.

[물음 3]　압축공정에서 100개의 불량품이 발생한다고 가정한다. 불량품 제거를 위해 필요한 공정개선비로 얼마까지 지출할 수 있는가?

[물음 1] 압축공정 개선의사결정

        증분수익   매출 증가   100개 × ₩100 =   ₩10,000

        증분비용   변동원가 증가   100개 × ₩20 =   2,000

                         개선비용   10,000

        증분이익   ₩(2,000) ≤ 0

        ∴ 개선하지 않는다.

[물음 2] 외부구입의사결정

        증분수익 매출 증가   200개 × ₩100 = ₩20,000

        증분비용 변동원가 증가 200개 × ₩20 =   4,000

                 외주비 증가   200개 × ₩45 =   9,000

        증분이익   ₩7,000 ≥ 0

        ∴ 외주가공을 의뢰한다.

[물음 3] 지출가능한 공정개선비

        증분수익 매출 증가   100개 × ₩100 =   ₩10,000

        증분비용 개선비 증가 x

        증분이익   ₩10,000 $- x$ ≥ 0

        ∴ x ≤ ₩10,000

다음을 읽고 물음에 답하시오.

[회계사 05]

하남전자(주)는 100개의 부품을 조립하여 에어컨 OAC를 생산하여 단위당 판매가격 ₩530으로 매월 5,000단위씩 중국 바이어에게 수출하고 있다. OAC(old air conditioner)의 단위당 제조원가는 ₩485이며 매월 제조원가는 ₩2,425,000이고, 이에 대한 자료는 다음과 같다.

직접재료원가	₩1,500,000
직접노무원가	300,000
기계가공원가	250,000
검사원가	100,000
재작업원가	15,000
엔지니어링원가	260,000
총제조원가	₩2,425,000

하남전자(주)의 경영진이 확인한 결과 활동원가집합, 각 활동별 원가동인 및 각 간접원가 집합별 원가동인 단위당 원가는 다음과 같다.

제조활동 원가집합	내용	원가동인	원가동인의 단위원가
기계가공원가	부품기계조립	기계시간	기계시간당 ₩50
검사원가	부품과 제품검사	검사시간	검사시간당 10
재작업원가	불합격품의 수리	OAC의 재작업량	단위당 30
엔지니어링원가	제품과 공정의 설계·관리	엔지니어링시간	엔지니어링시간당 400

위에서 설명한 바와 같이 각 활동원가는 해당 원가동인에 따라 변화한다. 또한 OAC의 설계에 관한 추가정보는 아래와 같다.

① 단위당 검사시간은 2시간, 단위당 기계가공시간은 1시간이다. 이때 부품과 제품검사는 모든 단위에 대한 전수검사가 실시된다.

② 기존 제조공정하에서는 OAC 생산량의 10%가 재작업대상이다.

최근 중국산 경쟁제품이 저가격 파상공세로 대량 출하되면서 가격경쟁이 치열해지고 있다. 경영진은 이에 대한 대응방안을 모색한 결과 가격경쟁력을 유지하기 위해서는 단위당 판매가격을 ₩480 수준으로 인하할 필요가 있다고 판단하였다. 그러나 가격인 하조치에도 불구하고 판매증가는 없을 것이며, 만일 현행가격을 그대로 유지한다면 엄청난 수출 감소의 충격이 발생할 것으로 예상된다. 이러한 위기상황에서 경영진은 원가관리회계팀장에게 단위당 제조원가를 ₩50만큼 절감할 수 있는 구체적인 방안을 강구하라고 요구하였다. 원가회계팀장이 판단하기에는 충분하지 않지만 제조공정의 혁신이나 표준원가방식에 의해 기존 제조공정의 효율성을 개선한다면 단위당 ₩30 정도를 절감할 수 있을 것으로 예상된다. 이와 달리 엔지니어링팀장은 가치공학과 목표원가방식을 도입하여 기존 OAC의 부품을 10% 수준으로 줄여 검사를 단순화시켜줄 설계변경을 제안하였다. 즉 설계변경을 통하여 기존 OAC를 대체할 신형 NAC(new air conditioner)를 내놓는 일이다. 설계변경에 따른 NAC의 구체적인 원가절감의 기대효과는 아래와 같다.

① NAC의 직접재료원가 절감액: 단위당 ₩30
② NAC의 직접노무원가 절감액: 단위당 ₩10
③ NAC 기계가공시간은 10% 감소되며, 미사용 기계가공 생산능력(capacity)은 선풍기의 제조용으로 활용된다.
④ NAC의 검사 소요시간 감소: 10%
⑤ NAC의 재작업 감소: 10% 수준에서 5% 수준으로 대폭 감소
⑥ 엔지니어링 생산능력은 설계변경 전과 동일한 수준으로 유지
OAC의 원가동인 단위당 원가는 그대로 NAC에도 적용되는 것으로 가정한다.

요구사항

[물음 1] NAC의 단위당 제조원가를 계산하시오.

[물음 2] 설계변경에 따른 NAC에 대해 책정된 단위당 원가절감목표의 달성 여부를 설명하시오(계산과정을 제시할 것).

[물음 3] 위의 상황에서는 원가절감을 위한 전략으로 ① 기존 제조공정의 효율성을 개선하는 방안과 ② 설계변경에 따른 대체품 NAC를 개발하는 방안이 제안되고 있다. ①과 ② 중에서 원가절감의 효과가 보다 큰 전략은 어느 것인가? 그 이유에 대해서 설명하시오(5줄 내외).

[물음 4] 최근 디지털기기 등 첨단제품의 가격이 급락하고, 제품·제조기술을 혁신하여 시장경쟁력을 획기적으로 높이는 기업들이 다수 출현하고, 장기불황하에서 제조기술을 개발하고 제조공정을 혁신해 온 일본기업들이 경쟁력을 회복하면서 이들 선진기업과의 기술격차가 국내 기업들에게 큰 위협요인으로 작용하고 있다. 결과적으로 이러한 경영환경의 변화하에 실무계와 학계로부터 표준원가 중심의 전통적인 원가절감 사고에 대한 한계가 지적되었고, 그 대안으로 부상되고 있는 원가기획, 즉 가치공학과 목표원가 중심의 새로운 원가절감사고에 대한 관심이 커지고 있다.

과연 전통적 원가절감사고와 새로운 원가절감사고에는 어떤 차이가 있는가? 수명주기원가의 관점에서 보면, 원가기획에서는 원가절감에 대한 발상의 대전환이 필요하다는 점을 알 수 있는데, 이러한 원가기획의 구체적인 시각은 무엇인가에 대해서 간략하게 설명하시오(5줄 내외).

[물음 5] 원가기획은 저원가와 고품질을 양립시킬 수 있는 탁월한 전략적 원가관리이지만, 이 우수한 특질로 인하여 필연적으로 수반되는 역기능은 ① 부품공급회사의 경영악화 우려, ② 다품종소량생산에 따른 설계업무내용의 다양화와 설계업무량의 과다 및 이를 충족시켜야 할 설계기술의 지속적인 갱신요구 등으로 인한 담당엔지니어의 심리적 중압감 가중, ③ 확정된 목표원가의 준수에 따른 가격결정능력의 상실 등 다양하게 존재한다. 특히 조직 간 원가관리 분야에 있어서 위의 ①에 해당하는 완제품조립회사와 부품공급회사 간의 구체적인 역기능의 예와 그에 대한 해소방안을 간략하게 제시하시오(5줄 내외).

[물음 6] 기업의 실무현장에서 어떤 원가시스템을 도입하느냐에 따라 원가절감에 대한 견해, 실행방안 및 그 효과가 크게 달라진다. 특히 채택된 원가시스템에 따라 누가 원가절감에 가장 적합한 지식을 가지고 있느냐에 대한 시각차이 때문에 원가절감의 임무를 주도하는 신분이 달라진다. 왜 그런지 전통적인 원가관리기법에 해당하는 표준원가와 카이젠원가를 비교하여 간략하게 설명하시오(3줄 내외).

[물음 1] NAC의 단위당 제조원가

	OAC	원가절감액	NAC
직접재료원가	₩1,500,000	5,000개 × ₩30 = ₩150,000	₩1,350,000
직접노무원가	300,000	5,000개 × ₩10 = 50,000	250,000
기계가공원가	250,000	−	250,000
검사원가	100,000	5,000개 × 2시간 × 0.1 × ₩10/시간 = 10,000	90,000
재작업원가	15,000	5,000개 × 0.05 × ₩30 = 7,500	7,500
엔지니어링원가	260,000	−	260,000
총제조원가	₩2,425,000		₩2,207,500

∴ NAC의 단위당 원가: ₩2,207,500/5,000개 = ₩441.5

[물음 2] 원가절감 달성 여부

NAC의 원가절감액 = ₩485 − ₩441.5 = ₩43.5
경영진의 요구처럼 ₩50의 원가절감을 달성할 수 없다.

[물음 3] 원가절감전략분석

전문가들에 의하면 제품원가의 90% 이상이 연구개발과 설계 등 제조 이전 단계에서 결정되기 때문에, ② 설계변경에 따른 대체품 NAC를 개발하는 방안이 원가절감의 효과가 보다 큰 전략이다.

[물음 4] 표준원가계산과 새로운 원가절감기법과의 비교

표준원가계산	새로운 원가절감기법
• 원가통제시스템	• 원가절감시스템
• 관리자와 엔지니어가 표준을 설정하면 작업자는 표준에 따라 기존 공정하에서 작업 수행	• 시장의 상황이나 고객의 욕구 등을 고려하여 목표가격에서 목표이익을 뺀 목표원가를 미리 결정
• 표준원가의 달성목적	• 목표원가의 달성목적
• 표준의 미달성 시 차이조사를 실시	• 목표원가절감액 미달성 시 차이조사를 실시

[물음 5] 부품공급업자와의 역기능 해소방안

완제품 조립회사는 원가절감을 위해서 부품공급회사에게 납품일정준수와 납품단가를 낮추도록 요청할 수 있다. 이로 인하여 부품공급회사는 경영악화로 완제품조립회사와의 관계가 악화될 수 있다. 이에 대한 해소방안으로는 원가기획 시 부품공급업자 참여를 통하여 공동 목표를 설정하고 장기계약을 통하여 관계 개선을 도모할 수 있다.

[물음 6] 표준원가계산과 카이젠원가계산과의 비교

표준원가계산시스템에서는 생산공정을 설계하고 관리하는 경영자나 공학자가 원가절감에 대한 지식을 보유하고 있다고 가정하나 카이젠원가시스템에서는 생산공정에 가까이 있는 현장작업자들이 원가지식을 보유하고 있다고 가정한다.

다음을 읽고 물음에 답하시오.   [CMA 수정]

(주)한국의 제주사업부에서는 부품 X를 생산·판매하고 있다. 이 부품의 연간 수요량은 60,000개이며, 단위당 변동제조원가는 ₩50이다. 이 부품을 생산하기 위해서는 작업준비가 필요하며, 작업준비 1회당 소요되는 작업준비비용은 ₩900이다. 연간 재고유지비용은 단위당 ₩12인데, 이는 연간 재고투자에 대한 요구수익률 14%에 해당하는 ₩7(= ₩50 × 14%)과 보험료, 보관료 등 ₩5을 합한 것이다. 제주사업부의 관리자인 김씨는 최근 재고비용을 줄이기 위하여 적시재고시스템(JIT)의 도입을 고려하고 있다. 이 회사는 분권화된 사업부제로 운영되기 때문에 적시재고시스템의 도입에 관한 의사결정은 김씨에 의해 이루어진다.

제주사업부에서 적시재고시스템(JIT)을 도입할 경우의 효과는 다음과 같이 파악되었다.

(1) JIT를 도입할 경우 이와 관련된 조정업무를 담당할 직원을 고용해야 하므로 이 직원의 연간급여 ₩55,000이 지출되지만 작업준비 및 작업준비비용은 발생하지 않게 된다.

(2) 1회 생산규모는 JIT 도입 이전 생산규모의 1/5로 축소되고 생산횟수는 이전의 5배로 증가될 것이다.

(3) JIT로 인하여 품질이 향상되면 부품 X의 단위당 판매가격을 ₩0.5만큼 높일 수 있다. 사업부의 성과평가는 영업이익에 기초하여 이루어지며 사업부 영업이익을 계산할 때에는 사업부 투자액에 대한 자본비용이 고려되지 않는다.

요구사항

[물음 1]   적시재고시스템(JIT) 도입 이전의 EPQ를 계산하고, 그때의 연간 작업준비비용과 재고유지비용을 구하시오.

[물음 2]   적시재고시스템(JIT)의 도입 여부를 결정하시오.

[물음 3]   제주사업부의 관리자인 김씨의 적시재고시스템(JIT)의 도입 여부를 결정하시오.

[물음 4]   회사의 최고경영자는 각 사업부의 성과평가와 관련하여 개선할 점을 제시하시오.

[물음 1] 경제적 1회 생산량(EPQ)

(1) 재고관련비용(TC)

Q를 1회 생산규모(EPQ)라고 하고, 경제적 1회 생산량에서의 작업준비비용과 재고유지비용은 동일하다.

작업준비횟수 × 1회 작업준비비용 = 평균재고량 × 단위당 유지비용

$$\rightarrow \frac{A}{Q} \times P = \frac{Q}{2} \times H$$

$$\rightarrow \frac{60,000개}{Q} \times ₩900 = \frac{Q}{2} \times ₩12$$

$$\rightarrow \frac{₩54,000,000}{Q} = 6Q$$

∴ 경제적 1회 생산량은 3,000개이다.

(2) 재고유지비용

$$= \frac{Q}{2} \times H$$

$$= \frac{3,000개}{2} \times ₩12 = ₩18,000$$

∴ 작업준비비용과 재고유지비용은 각각 ₩18,000이다.

[별해]

(1) $EPQ = \sqrt{\dfrac{2 \times 60,000개 \times ₩900}{₩12}} = 3,000개$

(2) 작업준비비용: $\dfrac{60,000개}{3,000개} \times ₩900 = ₩18,000$

(3) 재고유지비용: $\dfrac{3,000개}{2} \times ₩12 = ₩18,000$

[물음 2] 회사 입장에서의 적시생산시스템 도입 여부 결정

증분수익	60,000개 × ₩0.5 =		₩30,000
증분비용			
증가 조정직원급여		₩55,000	
감소 작업준비비용		(18,000)	
재고유지비용	$\dfrac{3,000개}{2}$ × ₩12 × 80% =	(14,400)	22,600
증분이익			₩7,400 > 0

∴ (주)한국은 적시재고시스템을 도입해야 한다.

[물음 3] 제주사업부 입장에서의 적시생산시스템 도입 여부 결정

증분수익	60,000개 × ₩0.5 =		₩30,000
증분비용			
증가 조정직원급여		₩55,000	
감소 작업준비비용		(18,000)	
재고유지비용	$\frac{3,000개}{2}$ × ₩5* × 80% =	(6,000)	31,000
증분손실			₩(1,000) < 0

* 사업부의 성과평가는 영업이익에 기초하여 행해지므로 제주사업부의 관리자인 김씨는 재고투자에 대한 자본비용 ₩7(= ₩50 × 14%)을 무시하고 단위당 연간 재고유지비용을 ₩5(= ₩12 − ₩7)으로 간주할 것이다.

∴ 제주사업부의 관리자인 김씨는 적시재고시스템을 도입하지 않을 것이다.

[물음 4] 성과평가 개선방안

준최적화(sub-optimization)현상을 방지하고 각 사업부의 의사결정이 회사 전체의 관점에서 최적의사결정이 되도록 하기 위해서는 재고투자에 대한 자본비용을 성과평가에 포함시켜야 한다.